CB047133

"A disciplina da leitura diária da Bíblia é uma daquelas que sempre estão em perigo de se tornar uma rotina ou uma tarefa. É aí que um bom guia devocional pode ser útil em manter as histórias e ensinamentos da Escritura frescos e instigantes. Alistair Begg produziu tal obra. Como *Dia a dia com Spurgeon*, este não é um guia para longas passagens da Escritura, mas uma série de reflexões de versículos particulares referentes a aspectos específicos da fé. Cada um foi desenvolvido para fazer o cristão pensar mais claramente, amar a Deus mais fervorosamente e agir de formas que são mais piedosas. Para os que procuram por algum livro que revigore suas devoções, este pode muito bem ser o que buscam."
Carl R. Trueman
Professor de Estudos Bíblicos e Religiosos, Grove City College, Pensilvânia; autor de *The Rise and Triumph of the Modern Self*.

"Um bom devocional diário é uma ajuda maravilhosa para o desenvolvimento do hábito de leitura e meditação nas Escrituras. E este aqui, como você esperaria, vindo de Alistair Begg, é puro ouro. Com a habilidade de um cirurgião espiritual, ele cuidadosamente disseca tanto as Escrituras quanto o nosso coração. Uma dose devocional diária de sabedoria de um dos melhores pregadores do nosso tempo. Como isso poderia ser outra coisa senão alimento que dá vida para a mente e coração?"
Derek W. H. Thomas
Pastor titular, First Presbyterian Church, Columbia, Carolina do Sul; professor parceiro, Ministério Ligonier; professor reitor, Reformed Theological Seminary.

"Acho que estes devocionais diários de Alistair Begg são uma grande ajuda para a leitura bíblica diária — um barômetro sério da nossa saúde espiritual. Vez após vez fui levado a pensar de uma nova maneira sobre uma passagem, e então recebi outro capítulo que me fez refletir mais profundamente sobre os versículos que o comentário havia aberto. Um presente muito oportuno para ajudar no discipulado da igreja."
Rico Tice
Pastor auxiliar, All Souls Langham Place, Londres; fundador do Christianity Explored Ministries; autor de *Faithful Leaders* e *Honest Evangelism*.

"Se você estiver procurando por direcionamento sábio e perceptivo para ajudá-lo a ver e experimentar o impacto profundo das palavras de Deus na Escritura, você amará este devocional. Cada reflexão diária é uma joia que foca a luz do texto escolhido da Escritura para o nosso pensamento, afeições e comportamento. Não consigo imaginar que possa ser lido sem que o leitor se beneficie!"
John Woodhouse
Ex-diretor do Moore Theological College, Sydney, Austrália.

"Estas reflexões diárias de Alistair Begg são simples, mas profundas; curtas, mas substanciais; desafiadoras, mas encorajadoras. Elas oferecem verdade para toda a vida, verdade para consagrar a vida, verdade para transformar a vida. Juntas, formam um recurso devocional ideal para indivíduos, casais e famílias de igual forma."
Tim Challies
Blogueiro; autor de *Visual Theology* e *Epic*.

"Aqui fala um pastor que conhece tanto sua Bíblia quanto o seu povo. Ele não apenas entende a Escritura, mas a aplica amavelmente como remédio para a alma. Estas meditações diárias farão isso. Ajudarão você a conhecer melhor a Bíblia e como ela se encaixa. Esticarão sua mente com teologia profunda e estimulante, expressa com clareza acessível. Aquecerão e alimentarão seu coração, pois exalam a beleza de Cristo. Fui atingido pelo frescor e variedade destas meditações, de cada parte da Escritura, e pelo coração pastoral que bate através delas. Aqui há alimento rico para a alma, fruto de muitos anos explorando as Escrituras e cuidando de seu povo."
Christopher Ash
Escritor residente, Tyndale House, Cambridge, Reino Unido; autor de *Zeal Without Burnout* e *Married For God*.

"Neste rico recurso, Alistair Begg fornece o que esperamos dele — verdade bíblica sólida apresentada com clareza, de forma cativante e focada na pessoa e obra de Cristo."
Nancy Guthrie
Apresentadora no podcast Help Me Teach the Bible; autora de *Ainda melhor que o Éden* e *Saints and Scoundrels*.

"Estas meditações ajudarão você a adorar quando estiver celebrando, confortarão você quando estiver com dificuldade, encorajarão quando estiver em dúvida e serão um bálsamo quando estiver sofrendo. A cada dia, Alistair aponta para a glória e bondade de Deus à medida que se revela a nós em sua Palavra. Quem quer que você seja, há um grande tesouro para você neste livro."
Keith & Kristyn Getty
Compositores de hinos; fundadores do projeto Getty Music e da conferência Sing!

DEVOCIONAL VERDADE PARA A VIDA

ENCONTRO DIÁRIO COM A PALAVRA DE DEUS

ALISTAIR BEGG

```
Dados Internacionais de Catalogação na Publicação (CIP)
       (Câmara Brasileira do Livro, SP, Brasil)

   Begg, Alistair
      Devocional verdade para a vida : encontro diário
   com a palavra de Deus / Alistair Begg ; coordenação
   editorial Gisele Lemes ; tradução Alex Motta. --
   1. ed. -- São José dos Campos, SP : Editora Fiel,
   2024.

      Título original: Truth for life : 365 daily
   devotions.
      ISBN 978-65-5723-328-3

      1. Calendário devocional 2. Devoções diárias -
   Cristianismo 3. Literatura devocional 4. Reflexões
   teológicas 5. Vida cristã I. Lemes, Gisele.
   II. Título.

24-190927                                      CDD-242
```

Índices para catálogo sistemático:

1. Devoções diárias : Cristianismo   242

Tábata Alves da Silva - Bibliotecária - CRB-8/9253

DEVOCIONAL VERDADE PARA A VIDA:
Encontro diário com a Palavra de Deus

Traduzido do original em inglês:
Truth For Life: 365 Daily Devotions

Copyright © Alistair Begg, 2021
Todos os direitos reservados.

∎

Originalmente publicado em inglês por
The Good Book Company
Wheaton, Illinois 60187, USA

Copyright © 2023 Editora Fiel
1ª edição em português: 2024

Todos os direitos em língua portuguesa reservados
por Editora Fiel da Missão Evangélica Literária

Proibida a reprodução deste livro por
quaisquer meios sem a permissão escrita
dos editores, salvo em breves citações,
com indicação da fonte.
Os textos das referências bíblicas foram extraídos da
versão Almeida Revista e Atualizada, 2ª ed. (Sociedade
Bíblica do Brasil), salvo indicação específica.

∎

Diretor: Tiago J. Santos Filho
Editor-chefe: Vinicius Musselman Pimentel
Editor: Vinicius Lima
Coordenação Editorial: Gisele Lemes
            e Michelle Almeida
Tradução: Alex Motta
Revisão: Gabriel Lago
Diagramação: Rubner Durais
Capa: Rubner Durais
ISBN: 978-65-5723-328-3

FIEL Editora

Caixa Postal 1601
CEP: 12230-971
São José dos Campos, SP
PABX: (12) 3919-9999
www.editorafiel.com.br

SUMÁRIO

Introdução	7
Janeiro	9
Fevereiro	40
Março	68
Abril	99
Maio	129
Junho	160
Julho	190
Agosto	221
Setembro	252
Outubro	282
Novembro	313
Dezembro	343
Agradecimentos	374
Notas	375

INTRODUÇÃO

A Palavra de Deus é um presente glorioso. Ela nos foi dada pelo nosso Pai a fim de podermos conhecer seu Filho e vivermos no poder do seu Espírito, em obediência à sua verdade.

Vale a pena parar para refletir a respeito dessa realidade: quando lemos a Bíblia, estamos lidando com as palavras do Criador do universo, ditas para sua Criação. É impossível entendermos a nós mesmos, o nosso mundo ou qualquer outra coisa sem a sua Palavra. Ao lermos um jornal, ao tentarmos entender nossa sociedade e ao olharmos para nossa história e para o nosso futuro, é da Bíblia que precisamos se quisermos entender todas essas coisas. A Palavra de Deus é a verdade da qual eu e você precisamos para navegar o dia a dia desta vida e para nos dirigirmos àquele em quem encontramos a vida que realmente é vida.

Então, neste devocional, de longe as palavras mais importantes em cada página são aquelas no topo, embaixo da data e do título. Essas são as palavras do Deus vivo e eterno que reina. Meu objetivo com os comentários abaixo dessas palavras divinamente inspiradas é simplesmente explicá-las, encorajar você a partir delas e refletir sobre como elas nos inspiram e nos equipam para apreciarmos o viver para Cristo em cada área de nossa vida. A Palavra de Deus diz, a respeito de si mesma, que é capaz de "tornar-te sábio para a salvação pela fé em Cristo Jesus" e que essas palavras sopradas por Deus são "[úteis] para o ensino, para a repreensão, para a correção, para a educação na justiça, a fim de que o homem de Deus seja perfeito e perfeitamente habilitado para toda boa obra" (2Tm 3.15-17).

Este é um devocional *diário*, pois o homem não vive de pão somente, mas de toda palavra que vem da boca de Deus (Mt 4.4). Isto é, a Palavra de Deus nos sustenta todos os dias e é tão necessária para nossa saúde espiritual como o alimento é para a saúde física. Em alguns dias, você pode se ver lendo a Palavra de Deus com alegria, e em outros você pode ler mais pelo dever; porém ela é essencial todos os dias. Eu penso nisso como exercício. Se você é um corredor, há momentos em que você está correndo na pista e a sensação é incrível; e há outros nos quais parece mais um esforço e você precisa se forçar a continuar. A maioria de nós não se levantará da cama a cada manhã pensando em quão fantástico será o nosso tempo com a Palavra de Deus. Se encararmos a Escritura pensando que precisamos ficar agitados enquanto lemos ou que devemos "receber uma bênção" toda vez que a abrimos, então seremos leitores da Bíblia frustrados ou intermitentes. Haverá momentos de prazer e de animação, nos quais você sentirá algo ao ler e meditar na Palavra de Deus — mas não se preocupe se esses momentos não acontecerem todos os dias, ou ainda mesmo na maioria dos dias. Comprometa-se em ler a Bíblia todos os dias (e, se perceber que perdeu o hábito de fazer isso, apenas retorne de onde parou), pois a Palavra de Deus é viva e ativa e irá operar em você de maneiras muito mais profundas e intensas do que os seus sentimentos podem intuir.

E a Escritura irá — ou deveria — fazer a diferença em nossa mente, coração e vida. Portanto, ao final de cada meditação, você encontrará três ícones: 🗣 ♡ ✋ . Eles são estímulos para você dizer a si mesmo: *Agora que li e considerei esses versículos...*

- *como Deus está me chamando a pensar diferente?*
- *como Deus está ordenando as afeições do meu coração — o que eu amo?*
- *o que Deus está me chamando a fazer hoje?*

Pode ser que a Palavra de Deus não fale a todas as três áreas todos os dias; mas aprender a se perguntar essas perguntas assegurará que você esteja aberto para o que o Espírito de Deus possa dizer sobre sua mente, coração e vida; e eles também serão estímulos úteis para orar em resposta ao que foi lido.

Além desses ícones, você encontrará uma passagem que está relacionada de alguma forma com o que foi considerado. Se tiver tempo, abra a passagem e aprecie o aprofundamento na Palavra de Deus. Também acho muito proveitoso ler toda a Escritura do início ao fim em um ano; por isso, no final de cada página, você encontrará um plano de leitura bíblica que lhe permitirá fazer exatamente isso.

As palavras de Deus são palavras das quais nós precisamos. Então oro por você: que, ao receber essas palavras a cada dia, este livro mude sua vida, filho amado de Deus, à medida que seu Espírito opera através de sua Palavra para mostrar seu Filho a você. Por que não fazer dessas palavras sua oração também? Você pode começar cada dia usando as palavras dos meus amigos Keith Getty e Stuart Townend e orando:

Espírito Santo, sopro vivo de Deus,
Sopra vida nova em minha alma disposta.
Que a presença do Senhor ressurreto
Venha renovar meu coração e me tornar completo.
Faz a tua Palavra vir à vida em mim;
Dá-me fé para o que não posso ver,
Dá-me paixão pela tua pureza;
Espírito Santo, sopra vida nova em mim.[1]

1º DE JANEIRO
DEUS DA CRIAÇÃO

No princípio, criou Deus os céus e a terra. (Gn 1.1)

Nunca houve um tempo quando Deus não existia. Antes que existisse o tempo, antes que houvesse qualquer coisa, havia Deus. E, uma vez que sua natureza é imutável, ele também sempre existiu na Trindade — Deus Pai, Deus Filho e Deus Espírito Santo.

Quando lemos a Bíblia, descobrimos que cada membro da Trindade esteve envolvido na Criação: Deus Pai tomou a iniciativa, Deus Espírito é descrito como "pairando" sobre a ação, e Deus Filho foi o agente da Criação em tudo o que foi feito (Gn 1.2-3; Jo 1.3).

"Todas as coisas brilhantes e belas, todas as criaturas grandes e pequenas"[2] deveriam nos maravilhar; elas foram feitas pela ordem de Deus. E ele não é apenas o Criador de tudo; ele também é o Senhor de tudo aquilo que ele criou. Toda a natureza está em suas mãos, sob o seu controle. Ao vermos as ondas quebrando na areia da praia, é incrivelmente encorajador saber que cada uma delas está lá como resultado do governo soberano de Deus. Ele não abandonou sua Criação, e nunca irá fazê-lo.

É importante lembrarmos que Deus é também transcendente. Ele está em seu trono, acima, além e distinto de tudo aquilo que ele fez. Isso é o que distingue o cristianismo do panteísmo, a ideia de que o mundo natural é a manifestação de Deus e, portanto, tudo é uma parte dele de alguma forma. Com essa crença, não ousamos matar uma mosca ou pisar sobre uma formiga, pois esses insetos são divinos. De forma similar, não devemos cortar uma árvore ou comer carne, pois essas também são "partes de Deus". Ensinos como esse são equivocados, mal orientados e tendem a levar à idolatria. A Escritura deixa claro, vez após vez, que as pessoas escolhem adorar "a criatura em lugar do Criador" (Rm 1.25). Quando vemos uma ótima pintura, nós a admiramos e apreciamos com razão, e então elogiamos o pintor. Toda a Criação é a tela de Deus, e toda ela fala dos "atributos invisíveis de Deus, assim o seu eterno poder, como também a sua própria divindade" (v. 20).

Apenas Deus deve ser adorado, pois a Criação existe pelo seu poder e para a sua glória. Sua existência não conhece nem início nem fim, e ele reinará para sempre. Ele é o Rei. Hoje, exalte-o como somente ele merece. Dê uma caminhada ou olhe pela janela e louve-o ao ver a beleza dele exibida em tudo o que ele fez. Louve-o, pois ele continua a governar sobre sua Criação, sustentando você em sua soberana mão.

APOCALIPSE 4

A Bíblia em um ano: Gn 1-3; Rm 1

2 DE JANEIRO
CONTEMPLE O SEU DEUS!

Ó Sião, você que anuncia boas novas, suba a um alto monte!
Ó Jerusalém, você que anuncia boas novas, levante a sua voz fortemente! Levante-a,
não tenha medo. Diga às cidades de Judá: "Eis aí está o seu Deus!" (Is 40.9 NAA)

Durante a vida do profeta Isaías, o povo de Deus foi tomado cativo em um território estrangeiro. Eles estavam abatidos, sem poder cantar canções de louvor ao Senhor (veja Sl 137.1-4). Mesmo enquanto eles estavam nesse estado de exílio, Deus veio ao seu povo com palavras de consolo (Is 40.1) — consolo que se encontra somente no cumprimento da sua promessa: que a glória do Senhor seria revelada não apenas a Israel, mas a toda a humanidade.

Essa boa notícia não era algo para guardar em segredo. O povo de Deus deveria dar um brado triunfante, cativando uns aos outros com a glória de sua esperança. Uma vez descrito como um "povo que andava em trevas", agora eles viram uma grande "luz" (Is 9.2).

A distinção entre as trevas deste mundo caído e a luz dos céus é uma imagem impressionante que está por todo o livro de Isaías e, na verdade, por toda a Bíblia. As trevas são o resultado do desinteresse em Deus, rebeldia contra ele e relutância em fazer o que ele diz. Há apenas uma mensagem que ilumina tamanha escuridão e revigora corações e mentes: "Eis aí está o seu Deus!"

Essa mensagem é tão relevante para o povo de Deus hoje quanto no tempo de Isaías. A escuridão frequentemente parece pesada, e a luz às vezes parece bem fraca. No entanto, muitas vezes a mensagem de esperança também surge em tempos de incerteza. Deus prometeu: "A glória do Senhor se manifestará, e toda a carne a verá, pois a boca do Senhor o disse" (Is 40.5). Por fim, Deus cumpriu essa promessa quando encarnou e estabeleceu sua presença entre nós.

Quando João escreveu seu Evangelho, ele recordou a exata cena pela qual Isaías esperava, dizendo: "E o Verbo se fez carne e habitou entre nós, cheio de graça e de verdade" (Jo 1.14). Aqui estava — *ele* era — a Luz do mundo, e "a luz resplandece nas trevas, e as trevas não prevaleceram contra ela" (v. 5). Isaías estava descrevendo aquele que viria — mas nós, como João, podemos refletir sobre a obra concluída: a glória prometida que agora foi revelada.

Deus veio a nós, dissipando a nossa escuridão e trazendo salvação. Você pode contemplar o seu Deus em uma manjedoura, em uma cruz, saindo de uma sepultura e agora reinando nas alturas. Não é difícil ver as trevas — mas devemos, não obstante, olhar para a luz, pois nela encontramos a esperança que lança fora o medo e as boas novas que são dignas de serem anunciadas. Hoje, aí está o seu Deus!

ISAÍAS 40.1-31

3 DE JANEIRO

TODA PROMESSA CUMPRIDA

Livro da genealogia de Jesus Cristo, filho de Davi, filho de Abraão. (Mt 1.1)

O início do Novo Testamento pode não nos parecer inspirador à primeira vista. Na verdade, se alguém estivesse lendo a Bíblia inteira pela primeira vez e chegasse ao final de Malaquias, que aponta para a frente com antecipação, sua animação poderia falhar quando o livro seguinte começasse com... uma genealogia. Eles (e nós!) podem até ser tentados a pular Mateus e começar outro Evangelho.

Tenha em mente, porém, que as promessas que Deus fez ao seu povo no Antigo Testamento aguardavam todas o seu cumprimento. Ao lermos o Novo Testamento, percebemos que, na verdade, ele não poderia começar de uma maneira mais adequada, uma vez que a genealogia em Mateus traça uma linha de Abraão até Davi e, finalmente, até Jesus como aquele que cumpriria todas essas promessas.

Da mesma forma, Marcos, ao longo do seu Evangelho, retorna aos profetas que apontavam para aquele que havia de vir. Marcos usa o Antigo Testamento a fim de preparar o cenário para essa realidade impressionante, a sua segunda frase começa com "Conforme está escrito na profecia de Isaías..." (Mc 1.2). E as primeiras palavras que ele registra de Jesus são: "O tempo está cumprido, e o reino de Deus está próximo" (v. 15). Os discípulos de Jesus tiveram o privilégio de testemunhar o que os profetas e reis ansiavam ver (veja Lc 10.24) — um privilégio que perdura até agora pela obra iluminadora da Palavra de Deus.

O Novo Testamento nos mostra que os meios pelos quais as promessas de Deus são cumpridas podem ser resumidos em duas palavras: *Jesus Cristo*. Deus fez suas promessas a Israel usando uma terminologia e categorias que eles entendiam — palavras como *nação* e *templo*. A vinda de Cristo redefiniu conceitos veterotestamentários à luz do Evangelho: as profecias do Antigo Testamento, descobrimos, são todas cumpridas cristologicamente — pela pessoa de Cristo e na pessoa de Cristo. Logo, em vez de procurar por um novo templo na terra de Israel, encontramo-nos com Deus através de seu Filho, o Senhor Jesus; desfrutamos de sua presença em cada um de nós pelo seu Espírito; e olhamos para a realidade do reino de Cristo para transformar nossa vida tanto agora quanto para todo o sempre.

A vinda do Filho de Deus quebra as barreiras das categorias do Antigo Testamento. Isso não é para ser inquietante para o povo de Deus; é para ser emocionante! Cristo é o cumprimento perfeito de todas as promessas de Deus. Ele é a realidade de todas as grandes garantias de Deus.

Não espere mais, então, para ver como Deus irá cumprir todas as suas promessas. Sabemos agora que cada uma delas, foi, é e sempre será satisfeita através de Cristo. Ele prometeu estar com você, operar por você e em você, e prometeu também levá-lo para um reino eterno de perfeição. Há momentos nos quais é difícil agarrar-se a essas promessas. Quando esses momentos vierem, devemos nos lembrar do homem nascido de Abraão e da linhagem de Davi, concebido do Espírito, o qual foi capaz de anunciar: "O tempo está cumprido, e o reino de Deus está próximo", foi pregado a uma cruz e ressuscitou do túmulo, para que todas as promessas de Deus se tornassem um "sim" nele.

MATEUS 1.1-18

4 DE JANEIRO
CONTENTE EM CRISTO

Aprendi a viver contente em toda e qualquer situação.
Tanto sei estar humilhado como também ser honrado. (Fp 4.11-12)

Vivemos em uma sociedade permeada por descontentamento. Propagandas nos condicionam a sermos invejosos. O verdadeiro problema, porém, não é tanto a sociedade em que vivemos, mas o estado de nosso coração e mente. Somos atraídos para longe do contentamento por tantas coisas que clamam por nossa atenção: títulos, posses, influência ou fama. Contudo, todas essas coisas e outras mais buscam nos roubar qualquer senso de alegria no que Deus nos deu, convencendo-nos de que nunca será suficiente. A busca é interminável.

Paulo, no entanto, poderia dizer não apenas que ele era contente, mas que poderia ser contente "em toda e qualquer situação". Isso é o que todos estão buscando! Qual era o segredo, então? Era fundamentar seu senso de identidade e sua percepção da vida na suficiência do Senhor Jesus Cristo. Paulo não se fazia de durão diante da dificuldade, nem oferecia um falso evangelho de autossuficiência. Não; seu contentamento era o resultado de dobrar seu coração e mente à vontade de Deus, não importavam as condições.

Nem todo mundo viveu as duas coisas. Nem todo mundo sabe como a outra metade vive. Mas Paulo sabia. Ele sabia o que era estar aquecido e alimentado, como também sabia o que era passar frio e nudez. Se a fonte de contentamento de Paulo estivesse em suas circunstâncias, sua vida teria sido uma constante montanha-russa, deixando-o intoxicado pelos maravilhosos luxos em um instante e sobrecarregado pela ausência deles no outro. Tal espírito inconstante teria neutralizado Paulo, tornando-o incapaz de servir a Cristo.

Paulo era um homem comum com necessidades comuns. Em uma carta a Timóteo, de uma masmorra em Roma, Paulo escreveu: "Procura vir ter comigo depressa. [...] traze a capa [...], os livros, especialmente os pergaminhos" (2Tm 4.9, 13). Ele havia sido abandonado pelos outros e carecia de certos itens pessoais. Sim, Paulo queria coisas como roupas, livros e companhia — mas ele sabia que ficaria bem sem eles, pois sua paz repousava em algo maior.

Como Paulo, o seu contentamento pode e deve ser fundamentado, em última análise, em sua união com Jesus. Recuse qualquer ambição que não seja pertencer a ele e permanecer inteiramente à disposição dele. Quando você conhece a Cristo e quão maravilhoso ele é — que ele é o seu tudo em todos, mais precioso que a prata, mais valioso que o ouro, mais belo que os diamantes, e que nada que você tem pode se comparar a ele[3] —, a maneira como você enxerga suas circunstâncias e a medida do seu contentamento serão completamente transformadas.

SALMO 73

5 DE JANEIRO

NOSSO GRANDE SUMO SACERDOTE

Porque todo sumo sacerdote, sendo tomado dentre os homens, é constituído nas coisas concernentes a Deus, a favor dos homens, para oferecer tanto dons como sacrifícios pelos pecados [...]. Ninguém, pois, toma esta honra para si mesmo, senão quando chamado por Deus, como aconteceu com Arão. Assim, também Cristo a si mesmo não se glorificou para se tornar sumo sacerdote, mas o glorificou aquele que lhe disse: Tu és meu Filho, eu hoje te gerei; como em outro lugar também diz: Tu és sacerdote para sempre, segundo a ordem de Melquisedeque. (Hb 5.1, 4-6)

O conceito de sacerdócio e o sistema sacrificial estão bastante distantes do nosso mundo ocidental contemporâneo, mas entendê-los é fundamental para a vida cristã. A prática do sacrifício animal em Israel no Antigo Testamento não era um sistema criado por homens em uma tentativa vã de chegar a Deus e tornar os humanos aceitáveis diante dele. Em vez disso, seu propósito era ajudar o povo da aliança de Deus a entender seu caráter, expectativas e a maravilha de seu plano de redenção (e isso ainda pode nos ajudar dessa forma hoje). Em todas as suas nuances, Deus estava orientando o seu povo em direção à obra consumada e perfeita do Senhor Jesus Cristo, que viria tanto como o Grande Sumo Sacerdote do seu povo quanto como o sacrifício perfeito oferecido por eles.

Historicamente, o sumo sacerdote de Israel viria da linhagem de Arão, irmão de Moisés, e seria considerado "[cabeça] entre os seus irmãos" (Lv 21.10). Esse indivíduo teria experimentado as mesmas condições, pressões e provações sociais que os homens e mulheres representados por ele, o que o ajudaria a ser um defensor mais compassivo em favor deles.

Muito antes da chegada de Jesus, todavia, o padrão histórico de nomeações de sumos sacerdotes havia sido corrompido por Herodes, o Grande, e outros governantes, que escolhiam eles próprios os sumos sacerdotes. Eles não entendiam que o papel do sumo sacerdote não era uma honra a ser outorgada por homens, mas era, em última análise, um chamado de Deus, como foi para Arão. Os sumos sacerdotes não deveriam representar uma instituição política; eles deveriam representar o povo de Deus diante do próprio Deus.

Esse é um dos fatores que fazem de Jesus o melhor sumo sacerdote: ele não tomou sobre si a glória de se tornar um sumo sacerdote; em vez disso, ele foi designado pelo Pai. Ele reconheceu: "Se eu me glorifico a mim mesmo, a minha glória nada é; quem me glorifica é meu Pai, o qual vós dizeis que é vosso Deus" (Jo 8.54). Ele suportou perfeitamente as mesmas dificuldades que enfrentamos. Ele foi adiante do Todo-Poderoso Deus pelos nossos pecados, embora não tivesse pecado algum. Com um espírito de mansidão, Jesus nos impulsiona em direção à justiça. Visto que ele ofereceu o sacrifício perfeito — de fato, porque ele era o sacrifício perfeito —, você e eu podemos aproveitar a presença de Deus tanto agora como para sempre. Nenhum pecado ou sofrimento, nenhuma frustração ou desespero, nada torna essa realidade gloriosa menos verdadeira: que você tem um sacerdote, para sempre, e, portanto, tem um lugar com ele, para sempre.

HEBREUS 4.14–5.10

A Bíblia em um ano: Gn 13–15; Rm 5

6 DE JANEIRO

ESTIMANDO A PALAVRA DE DEUS

Filho meu, guarda as minhas palavras e conserva dentro de ti os meus mandamentos. Guarda os meus mandamentos e vive; e a minha lei, como a menina dos teus olhos. Ata-os aos dedos, escreve-os na tábua do teu coração. (Pv 7.1-3)

Acho perigoso fazer compras de mercado quando estou com fome. De repente estou tentado a comprar comida que, sob circunstâncias normais, não me chamaria a atenção de forma alguma. Não estou sozinho, de acordo com o Rei Salomão: "A alma farta pisa o favo de mel, mas à alma faminta todo amargo é doce" (Pv 27.7).

O mesmo princípio pode ser aplicado à nossa ambição pela pureza. Há um perigo real em vivermos espiritualmente famintos, porque não nos alimentamos da Palavra de Deus.

Se quisermos tentar, de forma significativa, manter nossa pureza, é imperativo que não apenas leiamos a Palavra de Deus; precisamos também estimá-la. Salomão — o rei de Israel a quem Deus deu sabedoria que superava a de todos (1Rs 3.3-14) — usa uma linguagem que chega a uma noção de estimar a Palavra de Deus quando ele orienta seu filho a "guardar" suas palavras, a "entesourar", a mantê-las como a "menina dos seus olhos", a "atá-las" e "escrevê-las" em seu coração.

Para nos relacionarmos com a Palavra de Deus dessa maneira, precisamos ir além de usar a Bíblia meramente como um livro didático para estudar, um conjunto de passagens para embasar nossos argumentos ou um livro de promessas que abrimos ocasionalmente. Estimar a Palavra de Deus requer que busquemos a perspectiva do salmista, o qual, distanciando-se dos orgulhosos e escarnecedores do seu tempo, diz a respeito do homem que anda com Deus: "o seu prazer está na lei do Senhor, e na sua lei medita de dia e de noite" (Sl 1.2).

Há uma correlação direta entre deleitar-se na Palavra de Deus — permitir que ela controle e direcione a nossa vida — e manter o zelo pela pureza. Se falharmos em estimar a Escritura, o problema não é *se* iremos tropeçar na questão da pureza, mas *quando*.

Cada um de nós pode manter seu caminho puro se guardarmos a Palavra de Deus em nosso coração (Sl 119.9). Você tem um plano para memorizar a Escritura? Permita-me desafiá-lo a se comprometer a memorizar um versículo da Bíblia, seja de vez em quando, seja todos os dias, todas as semanas ou quando quer que seja. Faça um plano e siga-o.

Banqueteie-se na Palavra de Deus e fique satisfeito. Estime a Escritura e seja puro.

SALMO 119.1-16

7 DE JANEIRO

O EVANGELHO EM EXIBIÇÃO

Vivei, acima de tudo, por modo digno do evangelho de Cristo. (Fp 1.27)

A maneira como nos vestimos, sorrimos ou franzimos a testa, como nos comportamos, o tom e conteúdo da nossa fala... Todos os dias, estamos sempre fazendo declarações para as pessoas que estão ao nosso redor sobre o que realmente importa e no que a vida verdadeiramente consiste.

Para os cristãos, tais declarações devem estar em harmonia com o Evangelho.

Então Paulo chamou os filipenses para preencherem a fenda entre suas crenças e o seu comportamento — entre o credo que professavam e a conduta que exibiam. O chamado de Cristo para nós hoje não é diferente. Ainda assim, não importa quão maduros sejamos em nossa fé e quanto preenchamos a fenda, sempre haverá mais a ser feito.

A frase de Paulo "vivei [...] por modo" vem do verbo grego *politeuesthe*, que a NIV traduz como "comportem-se". A raiz dessa palavra vem de *polis*, que significa "cidade" e nos dá outras palavras como *polícia* e *política*. Em um sentido muito real, Paulo está preocupado com a cidadania e a conduta cristã. À medida que nos entendemos como membros da cidade de Deus, aprendemos o que significa viver como estrangeiros e embaixadores naquela outra cidade, a cidade do homem. Quando preenchermos a fenda entre crença e comportamento, outros terão uma prévia do céu através de suas interações conosco.

Logo, que tipo de declaração nossas atitudes deveriam dar? Simplesmente esta: o Evangelho de Cristo é o Evangelho do amor. Vemos isso nas palavras de João:

> Nisto consiste o amor: não em que nós tenhamos amado a Deus, mas em que ele nos amou e enviou o seu Filho como propiciação pelos nossos pecados. Amados, se Deus de tal maneira nos amou, devemos nós também amar uns aos outros. (1Jo 4.10-11)

Em outras palavras, assim como Deus nos ama, devemos amar aqueles ao nosso redor — mesmo aqueles que nós, ou outros, tendemos a ver como desagradáveis ou impossíveis de amar — e devemos fazê-lo com esperança e alegria! Essa mensagem de amor é o desafio que Paulo nos dá.

Não meramente nas palavras que diz,
Não apenas nos atos confessados,
Mas da maneira mais inconsciente
Cristo é expresso.[4]

Portanto, pare para pensar em que roupas você vestirá hoje, quando sorrirá e quando franzirá a testa, como se comportará e qual será o tom e conteúdo de sua fala. Que tipo de declarações você está fazendo para o mundo? Sejam estas declarações dignas do Evangelho do amor.

🎧 ♡ ✋ 1 JOÃO 4.7-21

A Bíblia em um ano: Gn 18-19; Rm 7

8 DE JANEIRO
LUTANDO CONTRA A AMARGURA

Saíram tropas da Síria, e da terra de Israel levaram cativa uma menina, que ficou ao serviço da mulher de Naamã. Disse ela à sua senhora: Tomara o meu senhor estivesse diante do profeta que está em Samaria; ele o restauraria da sua lepra. (2Rs 5.2-3)

O sofrimento em si mesmo e por si mesmo não leva alguém a um relacionamento mais profundo com Deus. Como os que ouvem a Palavra de Deus, mas não respondem com fé, o sofrimento divorciado da fé e esperança irá, na verdade, amargurar-nos, conforme nosso coração se endurece ao invés de amolecer em relação a Deus. Em outras palavras, o sofrimento nos fará ou correr para Deus, ou correr dele. Em meio às provações, precisamos nos perguntar: "Essa provação está me tornando amargo e insensível, ou amável e manso?"

No meio do livro de 2 Reis, dentre as histórias de monarcas e profetas, encontramos uma imagem extraordinária de mansidão e humildade diante de grande sofrimento, através do exemplo de uma pequena menina israelita. Os sírios haviam capturado essa jovem menina em um ataque, a levaram para longe de sua família e de Israel, e a forçaram a trabalhar a serviço de Naamã, um comandante no exército sírio. Que tragédia insondável para uma criança pequena e sua família!

Ainda assim, no meio de seu grande sofrimento, temos um vislumbre de seu coração tenro: ao saber que seu mestre sofria de lepra, essa criança contou à esposa de Naamã como ele poderia ser curado. Se ela tivesse se permitido tornar-se amargurada, então, quando a notícia se espalhou pela casa de que seu mestre estava doente, ela poderia ter concluído: *Bem, não é nada mais do que ele merece.* Mas ela não pensou isso. Ela quis o melhor para seu inimigo, ao invés de torcer pelo pior. Isso é memorável. Como ela pôde fazer isso? Porque, presumivelmente, diante de seu vazio e tristeza de ser separada da própria família, ela se voltou vez após vez ao seu amável Senhor e às suas promessas.

Ao trilharmos pelo nosso próprio sofrimento e ao buscarmos ministrar àqueles que estão em profunda aflição, não devemos nunca nos esquecer de cultivar um coração tenro e aberto. Isso será fácil? De maneira alguma! Mas a fidelidade de Deus é tão vasta, tão compreensiva, que é capaz de nos sustentar, mesmo em nossa mais profunda dor. Portanto, volte-se para Deus em todas as circunstâncias e console-se em sua fidelidade e provisão. Quando fizer isso, então você poderá "consolar os que estiverem em qualquer angústia, com a consolação com que nós mesmos somos contemplados por Deus" (2Co 1.4).

2 CORÍNTIOS 5.6-21

9 DE JANEIRO
O CONVITE DOS CONVITES

Vinde a mim, todos os que estais cansados e sobrecarregados, e eu vos aliviarei.
(Mt 11.28)

Quando você recebe convites, provavelmente se pergunta as mesmas coisas: de quem é? Para quem é? Por que isso importa? Esse versículo apresenta um dos mais amáveis convites em todo o Novo Testamento — mas, para entendê-lo melhor, precisamos perguntar essas mesmas coisas.

Primeiro, esse é um convite pessoal. Não é um convite a um programa, nem um convite a uma religião ou filosofia a ser incluída junto ao hinduísmo, budismo, confucionismo, *new age*-ismo, humanismo ou qualquer outro "ismo" que possa ser encontrado entre as cosmovisões de hoje. Esse é um convite do próprio Jesus. Ele está oferecendo a cada um de nós: "Venha a mim".

A importância desse convite está em quem o faz. Nos Evangelhos, Jesus declara quem ele é: o Messias, o Salvador do mundo, o Filho de Deus (veja Jo 4.25-26; 1Jo 4.14). Por causa de sua identidade, Jesus pode ordenar uma resposta — mas, em vez disso, ele nos estende um convite.

E quem ele convida a vir? "Todos os que estais cansados." Esse convite abrange a todos. Não exclui um certo grupo de um grupo maior, mas descreve toda a humanidade. Cada um de nós precisa ouvir essas palavras, porque não há uma pessoa que não esteja figuradamente empurrando um carrinho de mão com todas as preocupações, responsabilidades, medos e fracassos que constituem sua vida.

Por que tudo isso importa? Jesus nos convida a encontrar "descanso para a [nossa] alma". Ele está falando em termos eternos sobre um descanso que nunca falha. Está nos chamando para um banquete, e ele nem mesmo pede que providenciemos as roupas. Aparecemos para o banquete tais como estamos. Deus toma todas as roupas de "Aqui estão minhas boas obras" que tantos de nós gostamos de vestir, chama-as de trapos e as joga fora. Ele toma todas as roupas de "Sou tão mau e desalinhado, que não há esperança" e as joga fora também. No lugar delas, ele nos cobre com o "manto de justiça" (Is 61.10), o qual é fornecido pelo próprio Jesus Cristo. Podemos descansar do nosso esforço de fazer algo de nós mesmos ou de merecer o céu por nós mesmos, quando vamos a Jesus e recebemos dele tudo de que precisamos e poderíamos precisar.

Esse é o convite dos convites. Hoje, pela primeira ou milésima vez, leve seus fardos a ele. Receba seu descanso.

Tal como estou, sem me esquivar,
Me entrego a quem me quis salvar.
Pois padeceste em meu lugar,
Ó Salvador, eu venho a ti.[5]

MATEUS 11.25-30

10 DE JANEIRO
MUITO EM COMUM

Todos os que creram estavam juntos e tinham tudo em comum. (At 2.44)

Um dos maiores atrativos da igreja primitiva aos olhos do mundo pagão ao redor era seu estilo de vida comunitário. O que unia pessoas tão diversas — gentios e judeus, circuncisos e incircuncisos, bárbaros e citas, escravos e livres (Cl 3.11)? Jesus Cristo. Não havia nenhuma explicação para a comunhão das vidas desses cristãos à parte de Cristo.

Desde esses dias até hoje, a igreja sempre esteve unida em uma comunhão única marcada por diversas coisas em comum. A primeira é a sua *fé* em comum. A igreja primitiva não se reunia com base em etnia, educação, interesses ou qualquer outra coisa; em vez disso, levavam suas vidas diversas sob uma fé compartilhada em Jesus Cristo como seu Salvador. Hoje, *comunhão* permanece uma expressão eloquente da mesma unidade; há um pedaço de pão e uma taça para compartilharmos de um só corpo. Jesus é o Pão da vida, que nos sustém e nos une.

Em segundo lugar, temos uma *família* em comum. Quando cremos em Jesus como nosso Salvador, somos recebidos em sua família com outros crentes, tendo o mesmo Pai celestial. Esse vínculo familiar transcende o das famílias terrenas, pois a família da fé é eterna. Sendo assim, devemos cuidar dos interesses de nossos irmãos celestiais. Para nós crentes, não amarmos uns aos outros deveria ser não apenas triste, mas contraditório: "aquele que ama a Deus ame também a seu irmão" (1Jo 4.21).

Terceiro, pela graça de Deus, a verdadeira igreja também experimenta um *sentimento* em comum. Vemos uma versão inferior disso em eventos de esportes: cada fã é diferente individualmente, mas juntos compartilham um sentimento, convicção e objetivo em comum. Às vezes eles são animados juntos e às vezes são rebaixados juntos. Similarmente, como membros de uma família, compartilhamos da alegria, paz, dor e tristeza uns dos outros. Como Paulo coloca, "Se um membro sofre, todos sofrem com ele; e, se um deles é honrado, com ele todos se regozijam" (1Co 12.26). A metáfora de Paulo nesse capítulo é da igreja como um corpo: como crentes, somos diferentes e temos forças e fraquezas variadas, então constituímos um corpo que funciona melhor unido do que separado. Minhas limitações e fraquezas são complementadas pelas suas forças e vice-versa.

Todas as famílias têm suas dificuldades e lutas, e todos somos pecadores; então é fácil esquecer o privilégio de pertencer ao povo de Deus. Quando foi a última vez que você agradeceu ao seu Pai pela sua família da igreja? Quando foi a última vez que você olhou à sua volta, em um domingo, para os seus irmãos reunidos, e se deixou animar ao saber que você faz parte disso pela graça?

Nosso mundo, assim como no tempo dos apóstolos, é cheio de divisão e solidão. As pessoas estão quebradas, temerosas e perdidas. Porém nós, o corpo unido de Cristo, podemos oferecer a este mundo uma comunhão profunda e um futuro eterno cheio de esperança. Você tem a oportunidade de se tornar as mãos e pés do seu Pai celestial, alcançando as vidas das pessoas à medida que as convida para a sua família. Você agarrará essa oportunidade?

COLOSSENSES 3.5-17

11 DE JANEIRO
LOUVOR NA ESCURIDÃO

*Então, Jó se levantou, rasgou o seu manto, rapou a cabeça
e lançou-se em terra e adorou; e disse: Nu saí do ventre de minha mãe e nu voltarei;
o Senhor o deu e o Senhor o tomou; bendito seja o nome do Senhor!
Em tudo isto Jó não pecou, nem atribuiu a Deus falta alguma.* (Jó 1.20-22)

Jó é talvez o maior exemplo bíblico de perseverança em meio à tribulação. Apesar de ser um homem íntegro e reto, em apenas um dia ele experimentou a morte dos seus filhos e a perda de quase todas as suas posses. Ainda assim, uma de suas primeiras reações foi reconhecer a soberania de Deus, tanto no muito quanto na miséria, em trazer circunstâncias alegres e em trazer outras dolorosas. À medida que o caos, a frustração e a dor caíram sobre ele, ele raspou sua cabeça, vestiu um manto rasgado e caiu ao chão, não apenas em angústia, mas também em adoração.

Memoravelmente, na escuridão dessa dor, "Jó não pecou, nem atribuiu a Deus falta alguma". Em vez disso, em suas lágrimas, ele confiou na providência de Deus. Em outras palavras, ele reconheceu que Deus sabe o que está fazendo em toda circunstância. Deus é digno do nosso louvor até mesmo nas situações mais difíceis. Jó sabia que seus dias estavam nas mãos de Deus (Sl 31.15).

A maioria de nós já viveu em gritos de angústia e rios de lágrimas. Sabemos como pode ser difícil reconhecer a soberania de Deus e sua bondade em meio à tempestade. Perguntamo-nos onde ele está. Em nossa resposta humana à dor, somos inclinados a achar que declarações sobre a soberania de Deus são obsoletas e clichês — mas não são. Na verdade, com o passar do tempo ou com a mudança das circunstâncias, podemos olhar para trás e reconhecer que não houve uma situação trágica que Deus não tenha permitido soberanamente. Ele permite todas as coisas acontecerem pelas suas mãos, e elas não o pegam de surpresa.

Não devemos menosprezar a dor dos outros, nem oferecer respostas fáceis. Em vez disso, somos chamados a estimular uns aos outros à semelhança com Cristo em tempos de aflição, lembrando-nos uns aos outros de que Deus nos garantiu a vida eterna e um amor inabalável, e que o seu cuidado preservou o nosso espírito (Jó 10.12). E, é claro, podemos olhar para trás na história e ver que nosso Deus entrou na escuridão deste mundo e sondou as profundezas do sofrimento. Ele é um Deus que sabe o que é ser como nós. Ele é um Deus que preparou para nós um futuro onde não haverá dor ou pranto.

Mesmo nas dificuldades da vida e nas profundezas da dor, a providência paternal de Deus permite todas as coisas para o nosso bem e para a sua glória. Ele provou saber o que está fazendo. Por isso, ainda podemos louvá-lo na escuridão.

SALMO 22

12 DE JANEIRO

PODER E PUREZA

Seis dias depois, tomou Jesus consigo a Pedro e aos irmãos Tiago e João e os levou, em particular, a um alto monte. E foi transfigurado diante deles; o seu rosto resplandecia como o sol, e as suas vestes tornaram-se brancas como a luz. (Mt 17.1-2)

Como John Lennon e Paul McCartney sugeriram uma vez, há lugares dos quais nos lembraremos por toda a nossa vida.[6] Certamente Pedro, Tiago e João considerariam esse monte, onde viram a transfiguração de Cristo, como um desses lugares. Sem dúvidas, Pedro nunca se esqueceu (2Pe 1.17-18).

O que estava envolvido na transfiguração? Para início de conversa, ela mudou a aparência de Jesus. Sua face "resplandeceu". Claramente isso não foi uma questão de limpeza, mas de transformação sobrenatural. Havia um brilho radiante em sua face, que Mateus pôde descrever apenas como "como o sol". Suas roupas eram tão brancas, que cegavam — mais brancas do que você ou eu jamais vimos —, o que significava a pureza incomparável do céu.

Uma das maneiras como o Antigo Testamento descreve a Deus é que se cobre "de luz como de um manto" (Sl 104.2). E foi assim que Jesus se parecia no topo do seu monte. Quem faz algo assim? Somente Deus! Não era coincidência, mas uma pista de que a transfiguração era uma revelação não apenas vinda de Deus, mas a respeito do próprio Deus. Nessa cena, Cristo se revela como Deus de uma maneira sem precedentes. A Escritura nos conta que Jesus é "o resplendor da glória [de Deus]" (Hb 1.3). Contudo, quando ele entrou em nosso mundo, a glória de Deus estava coberta na humilde humanidade de Cristo. A transfiguração foi aquilo a que João Calvino se referiu como "uma exibição temporária de sua glória".[7] Foi um pequeno subir das cortinas — uma pequena amostra no monte e na mente dos três discípulos. Deus estava tornando possível para Pedro, Tiago e João terem uma prova do que eles não podiam ainda compreender plenamente, mas que um dia iriam desfrutar pela eternidade.

Na Escritura, quando há uma exibição da majestade de Deus, as pessoas costumam reagir caindo com a face no chão. Os discípulos não eram diferentes, respondendo com terror. Mas Jesus graciosamente lhes disse: "Erguei-vos e não temais" (Mt 17.7).

Será que você e eu nos aproximamos de Cristo com admiração similar à sua perfeita santidade e transcendência? Ou existe a possibilidade de que nossa visão de Deus às vezes seja muito pequena? Venha a ele de tal forma que você se encontre com a face no chão ao considerar o poder e a pureza de Cristo. Então ouça-o, em sua misericórdia, dizer: *Levante-se. Você não precisa temer.* Essa é a maneira de viver em admiração e alegria hoje e todos os dias, até que você veja, por si mesmo, o glorioso Senhor.

MATEUS 17.1-9

13 DE JANEIRO

AMIZADE VERDADEIRA

*O homem que tem muitos amigos sai perdendo;
mas há amigo mais chegado do que um irmão.* (Pv 18.24)

Ninguém gosta de se sentir sozinho e sem nenhum amigo. Todos reconhecemos a importância da amizade e do presente inestimável que um verdadeiro amigo pode ser. A amizade profunda — o tipo marcado por consistência, honestidade e sensibilidade — é o padrão que a Bíblia nos apresenta.

Salomão diz que um verdadeiro amigo é sempre leal, não importam as circunstâncias: "Em todo tempo ama o amigo" (Pv 17.17). Vemos nossos amigos exatamente como eles são, e ainda permanecemos consistentes em nossa lealdade a eles. Além disso, amigos sinceros estão preparados para ferir a fim de que seus amigos possam se tornar tudo o que Deus pretende que eles sejam: "Leais são as feridas feitas pelo que ama" (27.6). Podemos não gostar disso em especial, mas cada um de nós necessita de amigos que nos responsabilizem quando erramos — e cada um de nós é chamado a ser esse tipo de amigo também.

Devemos considerar também o nosso uso da linguagem: como Paulo diz, "Não saia da vossa boca nenhuma palavra torpe, e sim unicamente a que for boa para edificação [...] e, assim, transmita graça aos que ouvem" (Ef 4.29). Você pode partir um coração com apenas uma palavra e pode levar uma vida inteira para repará-lo.

Homens e mulheres que levam esses princípios a sério podem se perguntar: "Existe mesmo algum amigo que personifique tais características? Existe alguém que eu conheça que seja sempre constante, que me repreenda em amor, que mostrará graça e sensibilidade todas as vezes que lidar comigo?" E a resposta para essas perguntas é encontrada, em última análise, na pessoa de Cristo. O escopo da amizade do Senhor Jesus é incrível! Ele fez amizade com os indivíduos mais estranhos — parando debaixo de uma árvore para conversar com um publicano, pedindo água a uma mulher imoral, estendendo a mão a um leproso. Ele era consistente em seu amor; estava preparado para falar palavras de verdade, por mais desafiadoras que fossem; encorajava as pessoas. Com a maior autoridade, Jesus é aquele que amou seus amigos o suficiente para dar sua vida por eles (Jo 15.13). Ele é o amigo dos pecadores:

*Quão bondoso amigo é Cristo, / Revelou-nos seu amor;
E nos diz que lhe entreguemos / Os cuidados, sem temor.*[8]

A amizade de Jesus é o padrão para nós. Como amigos de Cristo, somos chamados a amar e a sermos amigos de outras pessoas assim como Jesus. Na verdade, Jesus disse: "Vós sois meus amigos, se fazeis o que eu vos mando" (Jo 15.14). Devemos aproveitar cada oportunidade para compartilhar a extensão da amizade dele com aqueles que não têm amigos e estão desamparados.

Vivemos em um mundo onde conhecidos frequentemente são incontáveis e "amigos de redes sociais" são muitos. Mas isso não é amizade verdadeira. Você tem amigos que são constantes, próximos e iguais a Cristo? Se você tem, ame-os. Se não tem, ore para tê-los. E, hoje, seja esse tipo de amigo para os outros. Você pode ser justamente a resposta para a solidão de alguém ou a proteção para evitar a ruína de alguém.

TIAGO 5.13-20

14 DE JANEIRO

LIBERDADE DE NÓS MESMOS

[Ele] interrogou os discípulos: De que é que discorríeis pelo caminho? Mas eles guardaram silêncio; porque, pelo caminho, haviam discutido entre si sobre quem era o maior. E ele, assentando-se, chamou os doze e lhes disse: Se alguém quer ser o primeiro, será o último e servo de todos. (Mc 9.33-35)

A rivalidade é um elemento da vida. Em um time, uma rivalidade amigável pode significar impulsionar uns aos outros, auxiliando os membros do time a se tornarem mais rápidos ou mais fortes. Porém, quando a rivalidade dá ocasião ao egoísmo ou à inveja, ela enfraquece a unidade.

No caminho para Cafarnaum, Jesus ensinava os discípulos, dizendo: "O Filho do Homem será entregue nas mãos dos homens, e o matarão; mas, três dias depois da sua morte, ressuscitará" (Mc 9.31). Talvez, conforme Jesus caminhava à frente deles, ele tenha ouvido pedaços da conversa dos discípulos esbarrando-se pelo caminho atrás dele. A discussão deles estava repleta de rivalidade invejosa sobre a grandeza deles mesmos.

Esse é um assunto ruim para conversas em qualquer ocasião, mas especialmente nesse contexto. Que coisa inapropriada: enquanto Jesus lhes dava instruções a respeito de seu próprio sofrimento e morte, eles estavam preocupados com o próprio status e grandeza!

Jesus perguntou a eles sobre a conversa para usá-la como uma oportunidade para instrução. No espaço de uma frase, ele virou as ideias de grandeza humana completamente de cabeça para baixo. A verdadeira grandeza em seu reino está em se colocar por último e agir como um servo para todos. Afinal de contas, é dessa forma que o rei desse reino vivia, e vive, pois ele "não veio para ser servido, mas para servir e dar a sua vida em resgate por muitos" (Mc 10.45).

Se formos honestos, quando consideramos essa cena, vemos nossa face nas dos discípulos. Ouvimos nossa voz ecoar as deles. Pegamo-nos lutando por uma posição assim como eles. A rivalidade egoísta vem à tona frequentemente e nos lugares onde menos se espera. Ainda assim, o antídoto é sempre o mesmo: humildade. Todos nós precisamos do tipo de humildade, escreve David Wells, que é uma

> liberdade de nós mesmos que nos habilita a estar em posições nas quais não temos nem reconhecimento, nem importância, nem poder, nem visibilidade, onde até mesmo experimentamos privações e ainda assim temos alegria e deleite. [...] É a liberdade de saber que não estamos no centro do universo, nem mesmo no centro do nosso próprio universo privado.[9]

Essa é uma lição difícil de aprender. Mesmo assim, apesar da nossa rivalidade e da ausência de nossa humildade, Jesus não nos abandona. Ver nossa própria face nessa cena é sermos lembrados de que estamos em constante necessidade da graça de Deus, conforme seguimos pelo caminho do discipulado. Apenas a graça de Deus pode tirar o seu foco de si mesmo e libertá-lo de si. Apenas olhar para aquele que deixou as glórias do céu para morrer por você em uma cruz pode mudar seu coração a ponto de você buscar servir, não ser servido e se importar menos com o seu prestígio do que com o bem dos outros. Jesus está chamando você hoje para servir, assim como ele serve você.

ROMANOS 12.3-13

15 DE JANEIRO
O REI TRIUNFANTE

Graça e paz a vós outros, da parte daquele que é, que era e que há de vir, da parte dos sete Espíritos que se acham diante do seu trono e da parte de Jesus Cristo, a Fiel Testemunha, o Primogênito dos mortos e o Soberano dos reis da terra. (Ap 1.4-5)

O que você faz quando suas convicções cristãs e as circunstâncias da sua vida parecem declarar duas verdades diferentes?

Esse era o dilema enfrentado pelos primeiros leitores do livro de Apocalipse. O último livro em nossa Escritura não foi escrito para confundir, mas para abençoar (Ap 1.3). Não devemos considerá-lo como se fosse uma coletânea de enigmas ou uma espécie de cubo mágico teológico. Em vez disso, precisamos entender o que João escreveu aos leitores em um contexto histórico — crentes do primeiro século que estavam sendo esbofeteados e perseguidos pelas autoridades do seu tempo — a fim de oferecer esperança e segurança.

O Evangelho estava sendo pregado, e o povo de Deus estava absolutamente convencido de que, ainda que Jesus tivesse ido embora, ele retornaria. Eles acreditavam que, como assunto Senhor e Rei, Jesus estava em pleno controle de todas as circunstâncias, e sua vontade estava sendo estabelecida por toda a terra. Essa era a convicção deles. Contudo, quando eles olhavam para as suas circunstâncias, elas não pareciam bater com as suas convicções. Nenhuma dessas coisas que eles afirmavam uns aos outros e compartilhavam com seus amigos e vizinhos parecia estar acontecendo. Abundaram os zombadores. Na verdade, o apóstolo Pedro já havia avisado aos crentes: "Nos últimos dias, virão escarnecedores", e eles perguntariam: "Onde está a promessa da sua vinda? Porque, desde que os pais dormiram, todas as coisas permanecem como desde o princípio da criação" (2Pe 3.3-4).

Enquanto a igreja era pequena e sitiada, os impérios dos homens cresciam em força e importância. A perseguição aumentava em intensidade, e o Maligno indubitavelmente veio e insinuou a esses cristãos sofredores que eles haviam comprado uma grande ilusão. Eles precisavam que Jesus viesse e lhes desse a sua perspectiva, de forma que suas tribulações não os desencorajasse, confundisse ou sobrecarregasse. Eles precisavam entender simplesmente isto: que Jesus ainda era o Senhor e Rei triunfante. Sua ressurreição dos mortos havia declarado sua autoridade e integridade. Podiam confiar nele com as vidas e o futuro do seu povo.

Em um mundo que continua a oprimir o povo de Deus, o livro de Apocalipse é exatamente do que a igreja precisa hoje. Enquanto o pessimismo econômico, privação material e problemas de moralidade e identidade pessoal ameaçam desenredar as mentes de homens e mulheres, a mensagem de João nos lembra que nossa fé cristã é suficiente para os desafios e questionamentos que nos confrontam. As suas circunstâncias sugerem que talvez suas convicções sobre sua fé possam estar equivocadas? Descanse nesta certeza: Jesus ressuscitou, Jesus reina e, enfim, Jesus vence.

APOCALIPSE 1.1-8

A Bíblia em um ano: Gn 36-38; Rm 12

16 DE JANEIRO
REFRIGÉRIO PARA DIAS MAIS DIFÍCEIS

Basta; toma agora, ó Senhor, a minha alma, pois não sou melhor do que meus pais. Deitou-se e dormiu debaixo do zimbro; eis que um anjo o tocou e lhe disse: Levanta-te e come. (1Rs 19.4-5)

Todos nós certamente já nos encontramos em um vale espiritual quando esperávamos estar no topo de um monte. Talvez, quando menos esperávamos, veio a fadiga física, ou recebemos notícias desencorajadoras, ou um pecado que nos atormenta persistentemente retornou para nos afligir. Circunstâncias preocupantes em nossa vida frequentemente convergem, desencadeando uma mudança da fé para o medo.

O profeta Elias acabou se escondendo no deserto em grande parte porque seu foco havia mudado: ele havia começado a olhar para Deus através de suas circunstâncias, ao invés de olhar para suas circunstâncias através de Deus. Ele havia engrandecido as dificuldades de sua vida, e isso o paralisou. Ao começar a andar pela vista e não pela fé, sua paz foi perturbada e sua prosperidade espiritual foi corroída.

Elias havia caído na armadilha do "eu". Ao se concentrar nos muitos fracassos dos israelitas com respeito a Deus, ele se tornou presa da noção de que era o único servindo a Deus (1Rs 19.10). Sua fé e esperança foram trocadas por descontentamento e falta de paz. Por pena de si mesmo, ele fugiu para o deserto, negligenciando seu trabalho debaixo de um zimbro, orando para que morresse. Ainda assim, ao invés de julgá-lo ou disciplina-lo, Deus veio a Elias e o reanimou com comida e bebida, preparando-o para a jornada adiante. Com um sussurro gentil, o Senhor então revelou a si mesmo novamente para o seu servo abatido e o restabeleceu, dando-lhe uma nova lista de tarefas para cumprir (v. 4-16).

Em meio a tempos difíceis, frequentemente nos permitimos ter pena de nós mesmos. Começamos a pensar que somos os únicos enfrentando tribulações. Alguns de nós podem até se ver na experiência de Elias; o Senhor nos usou grandiosamente e tivemos influência com o Evangelho no passado, mas, por qualquer razão que seja, estamos agora bem longe daquele topo de monte. Deus pode permitir que caiamos muito baixo — porém ele nunca nos abandonará. Como o anjo esteve com Elias quando ele estava em seu vale, também o Espírito de Deus está conosco em nosso vale.

Se você se perceber em um deserto, não apenas procure um zimbro para se achegar debaixo de sua sombra. Não presuma que seus melhores dias ficaram para trás. Deus tem um propósito para você e para mim. Ele completa o que iniciou (Fp 1.6). Revigore-se com o lembrete da presença de Deus e siga em frente na obra para a qual ele o chamou.

2 CORÍNTIOS 4.7-18

17 DE JANEIRO

PODE HAVER ESPERANÇA NO LUTO

Não queremos, porém, irmãos, que sejais ignorantes com respeito aos que dormem, para não vos entristecerdes como os demais, que não têm esperança. Pois, se cremos que Jesus morreu e ressuscitou, assim também Deus, mediante Jesus, trará, em sua companhia, os que dormem. (1Ts 4.13-14)

Mais cedo ou mais tarde, você enfrentará o luto quando alguém que você ama deixar esta vida. A pergunta não é se você enfrentará o luto; mas *como*.

Alguns dos tessalonicenses estavam confusos a respeito do retorno de Jesus Cristo e da ressurreição dos mortos. Sua falta de entendimento estava causando angústia. Como eles deveriam pensar a respeito de companheiros cristãos que haviam morrido antes do retorno de Jesus? Onde estavam esses cristãos agora, e o que havia sido feito deles?

Paulo começa lembrando os crentes da distinção entre o povo de Deus e o resto da humanidade, "que não têm esperança". Um dia, já fomos como todo o resto: "lembrem-se de que no passado [...] vocês estavam sem Cristo [...] não tendo esperança e sem Deus no mundo" (Ef 2.11-12 NAA). No entanto, agora fomos redimidos e transformados. Fomos levados do desespero à esperança. Essa mudança deve ser de grande encorajamento para nós. É a fé viva e pessoal que nos distingue dos "demais".

Ademais, ao se referir "aos que dormem", Paulo enfatiza a natureza temporária da morte para o crente. Não é uma condição permanente. Contudo, ainda que a metáfora de dormir nos ajude a lidar com o que acontecerá com o nosso corpo no momento da morte, ela não explica a totalidade do que acontece com a alma. Não há a intenção de transmitir a ideia de que a alma fica inconsciente no período entre a morte e a ressurreição. Jesus ensinou claramente que, após a morte, haveria uma consciência instantânea de alegria ou dor (veja, por exemplo, Lc 16.22-24). Está claro na Escritura que a morte leva o crente imediatamente para uma experiência mais próxima, rica e cheia de Jesus (Lc 23.42-43; Fp 1.21-24).

O foco na natureza temporária da morte inspira nosso entendimento do luto cristão. Para um descrente enlutado, a morte traz apenas o choro triste do desespero e um vazio profundo que nenhuma medida de pensamento positivo ou clichês pode preencher. Todavia, para o crente, há uma tristeza genuína e cheia de lágrimas, mas que deve sempre estar acompanhada de um salmo exultante de esperança; pois, quando o Senhor voltar, ele "trará, em sua companhia, os que dormem". O funeral de um cristão não é um tempo de dizer adeus para sempre, mas sim: "nos vemos em breve". A ausência de um ente querido é temporária; o reencontro será permanente.

Quando as perguntas mais intrigantes da vida nos tentam ao desespero, podemos encontrar conforto em sabermos que a Palavra de Deus é suficiente para todas as coisas, incluindo o nosso entendimento da morte. Guarde esses versículos em seu coração e imprima-os em sua memória, pois virá o dia quando você precisará se agarrar a eles. E faça disto a sua oração: "Senhor Jesus, me ajuda a me tornar um estudante do Livro, para não mais viver com confusão e inquietação, mas que eu seja preenchido com o teu conhecimento como alguém que reside na tua companhia, para que eu possa viver e enfrentar o luto com esperança".

1 TESSALONICENSES 4.13-18

18 DE JANEIRO

COMPROMETIMENTO COM A ORAÇÃO

*[Daniel] se punha de joelhos, e orava, e dava graças,
diante do seu Deus, como costumava fazer.* (Dn 6.10)

Comprometimento de curto prazo não é muito difícil. É a constância da disciplina que é mais difícil para nós — contudo, ela é uma chave para o crescimento espiritual.

A natureza frequentemente esporádica do nosso comprometimento é observada nos programas de exercício, memorização da Bíblia, planos de leitura e resoluções de Ano-Novo que rapidamente abandonamos. Quantos de nós começamos bem alguma coisa, apenas para abandoná-la mais tarde! No entanto, da mesma forma, você provavelmente já encontrou pessoas que são incrivelmente consistentes e disciplinadas. Elas levam seu cão para passear exatamente na mesma hora, todos os dias, ou coletam sua correspondência com tamanha pontualidade, que você poderia usar isso para ajustar seu relógio; e, quando elas se dispõem a executar uma tarefa ou aprender uma nova habilidade, fazem-no com uma diligência que deixa você sem nenhuma dúvida de que elas irão até o fim.

Daniel era um homem que exibia tal consistência em disciplina quando o assunto era oração. Sua vida não era marcada por explosões de entusiasmo seguidas duma inércia crônica. Ele claramente orava, quer estivesse com vontade, quer não. Provavelmente havia momentos em que ele se levantava de seus joelhos sentindo-se verdadeiramente abençoado, e outras vezes em que ele se sentia indiferente, mas ainda assim persistia. Ele orava, orava e orava, não importavam as circunstâncias. Isso é disciplina!

Quando batia uma crise, ela não gerava o estilo de vida disciplinado de Daniel; antes, ela o revelava. Após o Rei Dario estabelecer um decreto que tornava ilegal orar a qualquer deus ou homem que não fosse o rei por um período de 30 dias (Dn 6.7), Daniel poderia ter racionalizado obediência ao rei em lugar da obediência ao Senhor. Ele poderia ter argumentado que, por ter acumulado um crédito tão fenomenal na força de todos os seus anos de oração, ele poderia ficar um mês sem orar. Aparentemente, no entanto, tal pensamento nunca nem ao menos passou pela sua cabeça. Em vez disso, ele permaneceu em oração assim "como costumava fazer".

Sem dúvidas, havia uma conexão entre a vida de oração de Daniel e a coragem que ele demonstrou em obedecer ao Deus de Israel em vez do mais poderoso rei no mundo conhecido. Nosso Senhor nos disse, também, que devíamos "orar sempre e nunca esmorecer" (Lc 18.1). Não devemos abandonar a oração por um tempo se não estivermos com vontade ou tivermos pouco tempo livre por uma temporada. Se quisermos viver para Jesus mesmo quando estivermos sob pressão, nossa vida de oração deve ser constante. Devemos considerar a oração como um elemento fundamental da nossa fé, não um mero suplemento agradável.

A porta está bem aberta para você demonstrar o mesmo tipo de comprometimento consistente com a oração, assim como Daniel fez. Através da disciplina regular, a oração pode se tornar sua reação natural a todas as situações de sua vida. Será que você precisa separar um tempo a cada dia para orar e agradecer ao seu Deus, não importam as circunstâncias? Aonde quer que Deus nos leve, o que quer que façamos, não importa como seu plano se desdobre, que nossas orações jamais cessem.

EFÉSIOS 3.14-21

19 DE JANEIRO
NENHUM OUTRO NOME

Não há salvação em nenhum outro; porque abaixo do céu não existe nenhum outro nome, dado entre os homens, pelo qual importa que sejamos salvos. (At 4.12)

Perto do campus da Universidade Northwestern no subúrbio de Chicago, há um templo amplo erigido pelo bahaísmo. É uma estrutura magnífica, com nove pórticos — um para cada uma das nove grandes religiões mundiais —, todos apontados para um auditório central. A arquitetura tem como propósito representar os muitos caminhos para a "verdade", a qual os bahaístas creem que não pode ser encontrada em nenhum único dogma, pessoa ou entidade.

Essa mentalidade não é muito diferente do ambiente cultural no qual o apóstolo Paulo viveu. O Império Romano era bastante aberto, bastante disposto a pensar expansivamente e bastante preparado para absorver todo tipo de religião. De fato, Roma abrigava uma vasta coleção de ídolos e deuses em seu panteão, prestando homenagem à sua crença de múltiplas vias para a verdade.

Como, então, podia um lugar tão pluralista, aberto, de cultura politeísta, também jogar cristãos aos leões no Coliseu? Por que o Imperador Nero escolheu os crentes, indo tão longe a ponto de usar seus corpos como tochas humanas para iluminar suas festas?

A resposta repousa em um simples fato: a cultura romana não *podia* e não *iria* tolerar o cristianismo, porque os cristãos não estavam preparados para simplesmente adicionar Cristo ao panteão imaginado. Em vez disso, eles se agarraram à verdade de que, como Pedro e João corajosamente contaram à mesma corte judaica que sentenciou o Senhor Jesus à morte, não há salvação em nenhum outro nome, senão o de Jesus. Na cultura de Roma no primeiro século, assim que o povo professava essa crença, eles eram desprezados, zombados e por vezes até mesmo sentenciados à morte.

O pluralismo não pode tolerar aqueles — de fato, com frequência, ele é impiedosamente intolerante em relação a estes — que rejeitam sua visão de que todos os caminhos são igualmente válidos. Por volta de dois mil anos depois, precisamos reconhecer que vivemos num ambiente comparável ao Império Romano, embora seja, felizmente, menos brutal em sua perseguição. O cristianismo bíblico, com um Cristo que virá novamente em glória, uma Bíblia inerrante e um Deus triúno, é uma ofensa para o mundo pluralista.

Contudo, a despeito do que o mundo ao nosso redor possa crer, Jesus não pertence a um pedestal ao lado de falsos deuses ou figuras religiosas. Ele é muito mais do que apenas mais um pórtico que aponta para a verdade. Como o deus filisteu, Dagom, caiu e se quebrou diante da arca do Senhor (1Sm 5.1-4), assim também será revelado que todos os outros não são nada comparados a Cristo. Essa mensagem não é popular, mas permanece verdadeira — e isso é maravilhoso; pois, se não houvesse um Salvador crucificado, não haveria caminho algum para a vida eterna, visto que todos os outros caminhos levam apenas para a morte. Um dia, Buda, Maomé e todos os outros falsos profetas irão se prostrar aos pés de Jesus e declarar que ele é o Senhor, para a glória de Deus Pai. Até que esse dia venha, agarre-se firme à verdade e busque mostrar às pessoas o único que *é o* caminho, *a* verdade e *a* vida de que todos precisamos (Jo 14.6). Foram os cristãos seguindo o exemplo de João e de Pedro de se recusarem a desistir ou a permanecer em silêncio que mudaram o Império Romano; logo, pela graça de Deus, possamos nós também transformar de igual modo o mundo hoje ao seguirmos os seus passos.

ATOS 4.1-22

A Bíblia em um ano: Gn 46-48; Rm 15.14-33

20 DE JANEIRO
CONTANDO OS NOSSOS DIAS

Ensina-nos a contar os nossos dias, para que alcancemos coração sábio. (Sl 90.12)

Em seu livro *E se fosse verdade...*, Marc Levy encoraja os leitores a imaginar um banco creditando à sua conta um valor de 86.400 dólares a cada manhã. A conta não pode transferir nenhum saldo de um dia para o outro, e apaga qualquer valor remanescente. O que você faria? Iria sacar cada centavo, é claro!

Ele então aponta que todos nós temos, *sim*, um banco como aquele: chama-se tempo. A cada manhã, recebemos 86.400 segundos, e a cada noite perdemos qualquer tempo que não tenhamos usado sabiamente. Não há saldo nem cheque especial; podemos viver apenas no saldo de cada dia e esperar obter o máximo dele.[10]

Apesar de os cristãos terem a esperança certa da vida eterna, nosso tempo nesta terra ainda é limitado. É por isso que, no Salmo 90, Moisés nos lembra, à luz da brevidade de nossa existência humana e da eternidade de Deus, de contarmos nossos dias corretamente, a fim de podermos alcançar coração sábio.

Em nossa cultura ocupada, podemos nos tornar tão preocupados em viver o agora, que não reconhecemos a relação entre nossa mortalidade e o pecado. Se não tivermos resposta alguma para a morte e não quisermos viver temendo-a, o melhor que podemos fazer é ignorá-la e viver como se nossos dias não estivessem contados.

Todavia, na ressurreição de Jesus Cristo, nós temos, sim, uma resposta para a morte, e não precisamos temê-la. Nossa vida pode confiar no cuidado providencial de Deus e atestá-lo, pois ele dá substância, fundamento e significado à nossa existência. Precisamos que Deus imprima essa verdade em nosso coração e mente.

Contar os nossos dias corretamente é o resultado tanto de uma transformação interna que o Espírito de Deus efetua com o tempo como também um esforço consciente de usar nosso tempo à luz da eternidade. E não há dia melhor para começar a contar os nossos dias corretamente! Não permaneceremos nesta idade por mais um segundo sequer. Quando conhecemos cristãos mais velhos que exibem sabedoria profunda e são contentes com a forma como passaram a própria vida, é por causa do comprometimento que fizeram em sua juventude. O exemplo deles deve nos inspirar a seguir a orientação de Eclesiastes: "Lembra-te do teu Criador nos dias da tua mocidade, antes que venham os maus dias, e cheguem os anos dos quais dirás: Não tenho neles prazer" (Ec 12.1).

Seja tão determinado a evitar o desperdício do tempo nesta vida quanto é em evitar o desperdício do dinheiro em sua conta bancária. Valorize os momentos deste mundo e aparentemente insignificantes e peça a Deus que os use para fazer diferença em sua alma e aos outros ao seu redor. Faça cada segundo contar para Cristo.

2 TIMÓTEO 4.1-8

21 DE JANEIRO
CIDADÃOS DE ALGUM OUTRO LUGAR

> *Pois muitos andam entre nós, dos quais, repetidas vezes, eu vos dizia e, agora, vos digo, até chorando, que são inimigos da cruz de Cristo. O destino deles é a perdição, o deus deles é o ventre, e a glória deles está na sua infâmia, visto que só se preocupam com as coisas terrenas. Pois a nossa pátria está nos céus, de onde também aguardamos o Salvador, o Senhor Jesus Cristo, o qual transformará o nosso corpo de humilhação, para ser igual ao corpo da sua glória.* (Fp 3.18-21)

"Não somos daqui." É o que os residentes da cidade de Filipos, na Grécia do primeiro século — até mesmo os que nasceram lá —, diriam, pois viviam sob as leis romanas, vestiam roupas romanas e escreviam seus documentos em latim. Eles eram cidadãos romanos. O lugar inteiro se parecia com Roma — mas não era Roma. Os cidadãos de Filipos estavam na Grécia, mas viviam como cidadãos de Roma.

Ser um cristão, Paulo disse a eles, é similar: estamos vivendo a vida cristã ainda que ausentes da capital cristã — a qual, você ficará aliviado em saber, não é Washington, DC, nem Londres! Os verdadeiros "degraus do Capitólio" são muito mais altos e mais grandiosos. Nossa cidadania é no céu, e, enquanto vivemos aqui como estrangeiros — como pessoas que não se encaixam —, faremos diferença no mundo à nossa volta.

Como cristãos, nossa grande oportunidade diária é caminhar em um novo dia e ser diferente — sermos o que somos: cidadãos do céu, um povo que não é daqui. Devemos ouvir as pessoas dizerem: "Ei, eu posso perceber, pela forma como você anda e fala, que há algo diferente a seu respeito". Isso significa que, quando pensa sobre a vida, você precisa se perguntar algumas coisas: *Qual é o objeto da minha devoção, aquilo que me motiva e orienta a minha existência? É a minha aparência? É o meu currículo? É paixão e prazer? Pelo que estou vivendo?*

A Bíblia nos alerta que, se vivermos para "usufruir prazeres transitórios do pecado" (Hb 11.25), uma hora eles irão nos engolir e drenar nosso fôlego de vida. Em vez disso, devemos viver na expectativa de um futuro de glória. Seremos transformados; teremos novos corpos "[iguais] ao corpo da sua glória". Nossos corpos celestiais não serão enfraquecidos pelo pecado, por desejo egoísta ou por desintegração. Estaremos em casa, um dia, e será maravilhoso!

Se as pessoas suspeitam pela sua vida e descobrem pela sua fala que você tem a cidadania no céu, que você serve o Deus vivo e espera ansiosamente para ir para casa, onde sua vida será completamente transformada, então, mais cedo do que tarde, algumas delas irão pedir que você lhes dê a "razão da esperança que há em vós" (1Pe 3.15).

Portanto, lembre-se de onde você está. O impacto do Evangelho, sob Deus, está diretamente relacionado à sua disposição em viver como Cristo. Permita que a maravilha da sua cidadania celestial o torne sensível e compassivo à medida que você se move entre aqueles que são "inimigos da cruz" (Fp 3.18). Cristo retornará — e, quando ele voltar, o dia em que você irá para casa terá chegado. Se por acaso não for hoje, então hoje é um dia de oportunidade para você ser diferente. Como você aproveitará essa oportunidade?

1 PEDRO 2.9-17

22 DE JANEIRO
QUANDO AS TEMPESTADES VÊM

Ora, levantou-se grande temporal de vento, e as ondas se arremessavam contra o barco, de modo que o mesmo já estava a encher-se de água. [...] eles o despertaram e lhe disseram: Mestre, não te importa que pereçamos? E ele, despertando, repreendeu o vento e disse ao mar: Acalma-te, emudece! (Mc 4.37-39)

Qualquer um que tenha vivido tempo suficiente sabe que, na vida, as tempestades certamente virão. Às vezes, aparentemente do nada, somos confrontados com uma inesperada demissão, um diagnóstico sinistro, a dolorosa perda de um ente querido ou a tristeza de um adeus. Como os discípulos pegos pela tempestade no Mar da Galileia, podemos nos sentir sobrecarregados por essas provações, como se o nosso barco estivesse afundando.

Seguir a Jesus não nos isola das tempestades da vida, mas podemos nos confortar ao saber que Deus promete não nos abandonar nessas horas. Ele pode acalmar nosso coração e pode até mesmo emudecer as próprias tempestades.

Quando as tempestades vêm, somos tentados a duvidar de Deus. Os discípulos questionaram a Jesus, embora tivessem visto seus milagres em primeira mão. Eles encararam Jesus nos olhos e compartilharam refeições com ele todos os dias — porém, quando a tempestade se levantou, eles chegaram a um nível de pânico de incredulidade como se tivessem se esquecido de quem era Jesus e do que ele era capaz de fazer. Nós não nos pegamos assim também com frequência? Assim que a turbulência nos atinge — assim que os ventos e ondas da vida se levantam —, nossas dúvidas e fraquezas explodem e nos esquecemos de quem é que habita em nós e o que ele é capaz de fazer.

Deus não impede que as tempestades venham. Mas ele é um Deus que tanto está presente através delas quanto é soberano sobre elas. Jesus não apenas ficou com os discípulos durante a tempestade, mas demonstrou seu poder ao acalmá-la. Como Deus, ele havia criado o próprio mar. Por que o mar lhe seria um problema? Para nós, também, até mesmo as circunstâncias que parecem não ter solução e ser intransponíveis se desdobram exatamente como ele planejou. Quando as dificuldades, o medo e a dor persistem, podemos confiar nele para nos dar a paz que "excede todo o entendimento" (Fp 4.7) e nos fazer atravessar até um lugar de calmaria, quer esse lugar chegue nesta vida, quer chegue apenas além da tempestade final da morte.

A pergunta, então, não é: "Tempestades virão em minha vida?" Elas certamente virão. Em vez disso, devemos perguntar: "Quando as tempestades vierem, crerei eu que Jesus Cristo é capaz de lidar com elas — e será que eu lhe permitirei fazer isso?" Ele pode dissipar nuvens de dúvida que embaçam nossa mente. Ele pode consertar nosso coração quebrado. Ele pode suavizar nosso anseio por amor. Ele pode reviver nosso espírito cansado. Ele pode acalmar nossa alma ansiosa.

Quando você enxergar Jesus como Criador do universo, como aquele que acalmou o mar e aquele no qual todas as coisas se sustentam, então você também poderá experimentar a calmaria da tempestade.

MARCOS 4.35-41

23 DE JANEIRO

A OBRA DO SENHOR

*E tudo o que fizerdes, seja em palavra, seja em ação,
fazei-o em nome do Senhor Jesus, dando por ele graças a Deus Pai.* (Cl 3.17)

Hoje, eu e você temos trabalho para fazer.

Em sua primeira carta aos coríntios, quando o apóstolo Paulo instruiu a igreja a receber Timóteo calorosamente em sua comunidade, não era porque Timóteo estivesse tentando fazer um nome para si, possuísse algum título ou honraria, ou estivesse buscando se tornar notável. Não; era simplesmente porque Timóteo estava "[trabalhando] na obra do Senhor" (1Co 16.10).

A obra do Senhor é qualquer coisa na qual podemos colocar nossas mãos ou concentrar nossa mente e que seja agradável a Deus, ao trabalharmos para ele em vez de fazê-lo para impressionar os outros (Cl 3.23). Isso pode ser dentro do corpo de Cristo ou em serviço ao mundo à nossa volta.

Paulo propositalmente inclui a frase "tudo o que fizerdes" no versículo 17. O "tudo" do serviço cristão significa que, em todos os nossos empreendimentos, com a ajuda do Espírito Santo, devemos buscar nos posicionarmos para eficazmente nos envolvermos no ministério do Evangelho. Seja ao ajudar o próximo, seja ao acolher visitantes que atravessam as portas de nossa igreja, seja nos voluntariando na comunidade, todo tipo de serviço é uma oportunidade de direcionar os outros para o nosso Salvador. Que privilégio é saber que fomos colocados aqui na terra para nos envolvermos em ver pessoas incrédulas tornando-se seguidores comprometidos de Jesus Cristo!

Dentro do corpo de Cristo, devemos reconhecer que nosso crescimento espiritual é o resultado do serviço de outras pessoas ao Senhor. Paulo corretamente via os coríntios como resultado do seu labor no nome de Cristo, ao escrever: "Acaso, não sois fruto do meu trabalho no Senhor?" (1Co 9.1). A própria existência da igreja em Corinto devia-se ao fato de que o apóstolo estava fazendo a obra do Senhor. Paulo não era nem irrelevante nem preeminente; na verdade, ele foi propositalmente designado para uma responsabilidade específica.

Como cristãos, nosso chamado não é para apenas nos sentarmos e aprendermos, mas também para crescermos e irmos, a fim de pescar e alimentar. Deus nomeia cada crente para responsabilidades específicas dentro do ministério e serviço cristãos, e essas responsabilidades incluem trabalhar para ele em quaisquer circunstâncias e oportunidades que vierem em nosso caminho hoje; pois elas não apenas vêm por acaso, mas por arranjo divino. Paulo admiravelmente modelou isso para nós através de sua obediência ao chamado de Deus, ao reconhecer que ele era "um instrumento escolhido" que deveria levar o nome de Deus "perante os gentios e reis, bem como perante os filhos de Israel" (At 9.15).

A obra do Senhor era algo que Paulo levava a sério. Nós também devemos agir assim. Somos todos chamados a honrar Deus onde quer que estejamos. Considere o que pode mudar em como você pensaria e no que você faria se, em todos os momentos, você se perguntasse: "Agora, o que Jesus quer que eu faça aqui? Como posso louvar seu nome e alegrá-lo neste momento?" Hoje, você possui o privilégio de ter trabalho a fazer para ele.

SALMO 127

A Bíblia em um ano: Is 5–6; Mc 2

24 DE JANEIRO
DEVOLVENDO AO DOADOR

Porque quem sou eu, e quem é o meu povo para que pudéssemos dar voluntariamente estas coisas? Porque tudo vem de ti, e das tuas mãos to damos. (1Cr 29.14)

Algum tempo atrás, parte da equipe da minha igreja decidiu colocar adesivos em tudo no prédio, anunciando que era "Propriedade da Igreja Parkside". Inicialmente, perguntei-me se realmente esperávamos que alguém, ao roubar um cesto de lixo, o viraria, leria o adesivo e de repente decidiria devolvê-lo. Parecia um exercício razoavelmente sem sentido. Eu logo descobri, entretanto, que eu até gostava de virar as coisas de ponta-cabeça e ver os pequenos adesivos que declaravam: "Isso pertence à igreja"!

Lembretes do senhorio e da provisão graciosa de Deus ecoam por toda a Escritura. Quando o Rei Davi se envolveu em fazer planos para o templo, ele se dirigiu para a providência de Deus com clareza e humildade; ele sabia que, como seres criados em um mundo criado, podemos apenas dar ao nosso Criador aquilo que já nos foi dado pelo nosso Criador. No Novo Testamento, também, o apóstolo Paulo escreve: "Que tens tu que não tenhas recebido? E, se o recebeste, por que te vanglorias, como se o não tiveras recebido?" (1Co 4.7).

As palavras de Davi não eram uma nova percepção para o povo de Deus. Gerações antes, quando os israelitas se preparavam para construir o tabernáculo, Moisés lhes havia instruído: "Tomai, do que tendes, uma oferta para o Senhor" (Êx 35.5). O que eles tinham em seu meio? Apenas o que o Criador havia fornecido. Apenas o que o Redentor lhes havia garantido em seu êxodo do Egito (12.35-36). Apenas o que o Sustentador da vida deles havia tornado possível para eles fazerem (35.30-35).

Quanto à propriedade da igreja que agora foi etiquetada, podemos dizer que tudo o que temos — na verdade, tudo na Criação — está estampado com o selo da posse de Deus. Abraham Kuyper, um teólogo influente que também serviu como primeiro-ministro na Holanda no começo do século XX, disse: "Não há um centímetro quadrado de todo o domínio da nossa existência humana sobre o qual Cristo, que é Soberano sobre *tudo*, não clame: 'Meu!'"[11]

Esse ponto de vista é enormemente diferente daquela da nossa cultura contemporânea, que tende em direção a duas noções falsas: ou que somos autocriados, ou que tudo na terra, incluindo a nós mesmos, é deus. Não é assim, diz a Bíblia: "Ao Senhor pertence a terra e tudo o que nela se contém, o mundo e os que nele habitam" (Sl 24.1).

Deus está nos chamando a andar em humildade ao nos lembrarmos de que tudo que temos vem dele. Nossa própria vida deveria proclamar: "Eu pertenço a Deus!" Não há nada que você possa oferecer a Deus que já não esteja sob a posse dele. Portanto, de boa vontade e generosamente, dê — dinheiro, tempo, talento — conforme Deus o direcionar, em resposta à graça dele.

2 CORÍNTIOS 8.1-15

25 DE JANEIRO
PROSSIGA NA GRAÇA

> *Alguns deles [...] falavam também aos gregos, anunciando-lhes o evangelho do Senhor Jesus. [...] muitos, crendo, se converteram ao Senhor. A notícia a respeito deles chegou aos ouvidos da igreja que estava em Jerusalém; e enviaram Barnabé até Antioquia. Tendo ele chegado e, vendo a graça de Deus, alegrou-se e exortava a todos a que, com firmeza de coração, permanecessem no Senhor.* (At 11.20-23)

"Misteriosos feitos são as obras do meu Deus."[12] Na vida da igreja primitiva, foi a perseguição das congregações em Jerusalém — as únicas igrejas no mundo a essa altura — que fez a mensagem do Evangelho alcançar mais longe e mais rápido do que teria acontecido se esses primeiros cristãos não tivessem sido forçados a fugir de sua cidade. Como os crentes foram dispersados pelas cidades da Fenícia, Chipre e Antioquia, o Evangelho se espalhou aos "helenistas" — os gregos — na igreja, e muitos creram.

No entanto, quando a notícia dessas conversões de gentios chegou à igreja em Jerusalém, ela não foi bem aceita de imediato. Até aquele ponto, a expansão do Evangelho havia sido quase inteiramente entre os judeus. Agora, relatava-se que os gregos estavam se tornando cristãos também. Isso confrontou a igreja com um novo desenvolvimento para o qual eles não estavam realmente preparados. O que estava acontecendo? Eles deveriam sorrir ou fazer cara feia para isso? Quem eles poderiam enviar para lidar com um encontro como esse?

Não deveria nos surpreender que eles decidiram enviar Barnabé. Ainda que nem todo mundo na igreja pudesse lidar com novas e diferentes oportunidades, Barnabé era um encorajador e um homem que reconhecia a obra redentora de Deus nos outros, até mesmo quando isso era surpreendente ou estranho (veja At 9.26-28). Com certeza, Barnabé reconheceu que o que havia acontecido era a obra do Senhor, e estava contente em exibir a graça de Deus, encorajando novos crentes com a exortação de que todos precisamos: continuemos na graça e permaneçamos verdadeiros a Deus com todo o nosso coração.

Se tivermos vivido nossa vida na tentativa de canalizar o Espírito de Deus em nossas trincheiras de concreto, tendo determinado que esse caminho ou aquele lugar é o único no qual Deus operará, devemos reconsiderar tal coisa. Como Deus continua a expandir seu reino e derrama seu Espírito sobre o povo que menos espera ser incluído, temos a oportunidade de responder com o tipo de entusiasmo que Barnabé modelou. Apesar de a mensagem do Evangelho ser imutável, nosso mundo e época estão em constante mudança. Contudo, Deus continua a chamar pessoas para ele "de todas as nações, tribos, povos e línguas" (Ap 7.9). Devemos esperar que ele nos surpreenda — que ele opere de maneiras que não prevemos e em um prazo que é diferente do nosso. E, quando ele fizer isso, precisamos estar prontos para sermos como Barnabé, "[cheios] do Espírito Santo e de fé" (At 11.24), regozijando-nos nas novas obras de Deus, dispostos a sermos parte dela e encorajando os outros a continuarem na graça dele.

ATOS 10.1-48

A Bíblia em um ano: Is 10–13; Mc 4.1-20

26 DE JANEIRO

QUANDO AS COISAS NÃO SAEM DO SEU JEITO

Longe de vós, toda amargura, e cólera, e ira, e gritaria, e blasfêmias, e bem assim toda malícia. (Ef 4.31)

A maioria de nós, se não todos, sabemos como é acordar com o pensamento de que a vida não está nem um pouco próxima de como gostaríamos que ela fosse. Talvez você tenha se sentido assim quando acordou hoje. No corpo, nas emoções, nos relacionamentos, nas finanças e até mesmo na área espiritual, podemos estar enfrentando dias especialmente difíceis, e, como resultado, somos tentados a ficar desiludidos. O que devemos fazer?

Uma forma útil de começar é pedir a Deus pela sua proteção contra três fontes poderosas de aflições espirituais: os "assassinos silenciosos" da amargura, do ressentimento e da autocomiseração. Esses três irão estrangular lentamente sua fé e transbordar em inveja e malícia em direção àqueles que possuem o que tanto queremos. Então, nas situações que enfrentamos, as quais talvez apenas Deus e nós conhecemos, precisamos da ajuda dele para responder com coração brando ao invés de um espírito severo.

Em sua carta aos crentes em Éfeso, Paulo os encorajou — na verdade, ordenou — a abandonar toda amargura, cólera e ira. Embora seja mais fácil falar do que fazer, a ordem de Paulo em si mesma é bem direta. Na verdade, não há nunca uma ordem na Palavra de Deus a que não possamos obedecer, não importa o quão difícil pareça, pois Deus sempre nos capacita para o que ele ordena. Logo, se ele diz: *Abandone algo*, eu e você podemos estar certos de que ele pode aplicar o poder do Espírito em nossa vida para nos habilitar a fazer o que ele ordenou. Quando vivemos com amargura, ressentimento ou autocomiseração enchendo nosso coração, então podemos culpar somente a nós mesmos. Por mais que eu queira, não posso depositar a responsabilidade em Deus.

Um indivíduo que poderia ter argumentado que suas circunstâncias legitimam esses três sentimentos venenosos era Ana, cuja história lemos no início de 1 Samuel. Ela deve ter lutado contra cada um deles enquanto mais um mês se passava sem que ela engravidasse, enquanto mais um dia trazia as provocações da outra esposa de seu marido e ela via os filhos que Deus dera a essa mulher. Mas ela levou suas frustrações e tristeza e fez algo melhor com elas: orou. Ela derramou seu coração diante de Deus. E, sabendo que fora ouvida, ela foi embora em paz. Conquanto, a essa altura, seu corpo ainda permanecesse infértil e suas circunstâncias permanecessem inalteradas, seu espírito havia sido liberto pelo seu Pai celestial.

Deus protegeu Ana dos assassinos silenciosos da amargura, do ressentimento e da autocomiseração — e ele também há de nos proteger. Portanto, você não precisa ficar acordado à noite tentando se assegurar de que sua vida acontecerá da forma como você quer. E você não precisa ser dominado pelo sentimento de desencorajamento de acordar para mais um dia de circunstâncias indesejáveis. Em vez disso, você pode usar esses momentos para aprender o valor de deixar as dúvidas e situações que não entende aos cuidados de Deus — que é, afinal, exatamente o lugar onde elas devem ficar.

1 SAMUEL 1

27 DE JANEIRO
ELE VEIO PELOS CANIÇOS FERIDOS

Não esmagará a cana quebrada, nem apagará a torcida que fumega;
em verdade, promulgará o direito. (Is 42.3)

Os grandes líderes políticos de antigamente dependiam da força para governar. (Muitos hoje ainda dependem.) Ciro, o Grande, rei da Pérsia, era descrito como alguém que atropelava pessoas até a morte e pisava nelas como um oleiro pisa o barro (veja Is 41.25). Contudo, ao mesmo tempo, Isaías profetizou sobre um Servo que viria — o qual estaria em contraste direto com os governantes do seu tempo.

Jesus, o Servo, é manso, suave e bondoso. Aqueles a quem os outros são tentados a rejeitar e descartar, estes ele está disposto a usar, e é capaz de fazê-lo. Que palavra de encorajamento!

Na figura de um caniço quebrado, vemos a importância da ternura em relação a nós. Você não pode se apoiar em um caniço quebrado, nem pode fazer música com ele. Ainda assim, Jesus cata do chão aqueles a quem outros colocaram de lado e faz uma bela melodia na sua vida e através dela. Hoje, você pode estar se sentindo terrivelmente pisoteado, machucado pelo que os outros fizeram a você, ou ferido por erros passados. Talvez você esteja tentado a crer que está quebrado e sem utilidade. Mas há uma notícia gloriosa para você: o Servo cata caniços quebrados e faz isso com cuidado.

Jesus também faz uso de pavios fumegantes. Ele não os apaga; em vez disso, pega o cepo oscilante e faz dele uma luz brilhante. Talvez você tenha sido levado a crer que seus melhores dias já passaram; você é uma velha vela crepitando, uma chama fraca quase se apagando. Se você não tem tudo bem resolvido até agora, você diz a si mesmo, provavelmente não há esperança alguma para você. Porém, mais uma vez, há uma boa notícia: pavios fumegantes encontram esperança nesse Servo, que veio para nos reacender.

Jesus tem um interesse fenomenal nos zés-ninguém — os caniços quebrados, os pavios fumegantes. Ele os redime e os usa para levar luz ao mundo e louvor ao seu nome. Em verdade, de um jeito ou de outro, somos todos caniços quebrados e pavios queimando levemente. Estamos dispostos a reconhecer nossa situação humilde a fim de podermos conhecer a mansidão e bondade do Servo? Afinal...

Ele nunca apagará o pavio fumegante,
Mas o elevará a uma chama;
O caniço quebrado ele nunca quebra,
Nem despreza o mais vil nome.[13]

LUCAS 7.11-17

A Bíblia em um ano: Is 17–19; Mc 5.1-20

28 DE JANEIRO
MAIS QUE APENAS UM NOME

Disse Deus a Moisés: Eu Sou o Que Sou. Disse mais:
Assim dirás aos filhos de Israel: Eu Sou me enviou a vós outros. (Êx 3.14)

Em outras culturas, o significado dos nomes não importa tanto. Escolhemos um nome porque gostamos de como ele soa ou por ser precioso para nossa família em especial. Em outras culturas, no entanto, um nome pode ter, em si mesmo, um grande significado. Seu significado pode estabelecer algo sobre a pessoa que o carrega ou as esperanças do povo que o dá.

Quando Moisés se encontrou com Deus na sarça ardente, perguntou: "Eis que, quando eu vier aos filhos de Israel e lhes disser: O Deus de vossos pais me enviou a vós outros; e eles me perguntarem: Qual é o seu nome? Que lhes direi?" (Êx 3.13). O nome que Deus compartilha com Moisés — YHWH (trazido para o português como "Eu Sou o Que Sou") — tem quatro consoantes e nenhuma vogal. Tente pronunciar YHWH e verá que é praticamente impossível. Ele é, se você preferir, um nome impronunciável.

O que é que Deus está fazendo ao responder dessa forma? Moisés estava pedindo por um nome de autoridade para dar ao povo de Israel e a Faraó, mas Deus lhe deu esse nome impronunciável. Deus parece estar dizendo: *Não há nenhum nome que possa encapsular adequadamente a totalidade de quem eu sou. Então, diga a eles que Eu sou o Que Sou enviou você. Diga a Faraó que veja o que eu faço pelo meu povo. Então ele saberá quem eu sou.*

A Bíblia é a história não apenas da obra da salvação de Deus, mas também da revelação do caráter de Deus. Muitos de nós nos tornamos adeptos de lermos nossas Bíblias e perguntarmos coisas importantes para aplicação: "Como isso se relaciona ou se aplica? O que isso significa para mim?" Essas questões não são irrelevantes ou erradas, mas não são as perguntas mais fundamentais a fazer. Deus é o herói da história e o tema do livro, então a primeira pergunta que devemos fazer a cada passagem deve ser esta: "O que isso me fala à respeito de Deus?" A Bíblia foi escrita para estabelecer os feitos, o caráter e a glória de Deus.

Muitos de nós cremos que o que precisamos da igreja a cada domingo são porções anedóticas ou listas inspiracionais que tratem das nossas finanças, relacionamentos e outras questões que podemos estar enfrentando. Nunca houve outra época na história do cristianismo na qual mais livros de tutoriais para crentes tenham sido escritos. Ainda assim, como estamos nos saindo de verdade? Aparentemente, sabemos como fazer tudo, mas não conhecemos quem Deus é!

Para que Moisés pudesse fazer o que Deus o chamou a fazer, ele precisava entender quem Deus era (e é). Ele, como nós, precisava saber que Deus é mais do que apenas um nome.

Vidas são transformadas quando lemos a Bíblia e perguntamos: "O que eu posso descobrir sobre Deus?" É como se víssemos o que Deus fez e entendêssemos melhor quem ele é, de forma que crescemos em admiração e amor por ele — e então seremos capazes de viver como ele deseja, realizando seu chamado em nossa vida. Nunca iremos escavar as profundezas das glórias do nosso indizivelmente maravilhoso Deus, mas passaremos a eternidade vendo mais e mais dele. E, conforme lemos sua Palavra, isso pode começar hoje mesmo.

ÊXODO 3.1-22

29 DE JANEIRO

A JUSTIÇA FOI SATISFEITA

Porque, se nós, quando inimigos, fomos reconciliados com Deus mediante a morte do seu Filho, muito mais, estando já reconciliados, seremos salvos pela sua vida. (Rm 5.10)

Deus não é um vovô bonzinho ou um Papai Noel cósmico que apenas distribui presentes e que, na verdade, não está muito preocupado com mais nada.

Não — ele é santo e justo. Então nós, seres humanos, por causa do nosso pecado, estamos alienados de Deus. Existe uma hostilidade entre a humanidade e nosso Criador. Essa não é uma mensagem que se escuta com muita frequência, e certamente não é muito palatável. Mas Deus não omite essa hostilidade. Ele nunca fez isso e nunca fará. A Escritura é muito clara quanto à disposição de Deus em relação ao pecado. De fato, Paulo descreve os seres humanos como inimigos de Deus, deixando claro que o pecado nos separa de Deus. A linguagem de Paulo também ecoa as palavras do salmista, que diz sobre Deus: "odeias todos os que praticam o mal" (Sl 5.5 NVI) — uma mensagem que não é nem agradável de ler nem fácil de entender à primeira vista.

Onde, então, está nossa esperança? Como podemos ser reconciliados com Deus? Como Deus pode punir o pecado como deve e ainda assim perdoar pecadores?

Ó, amável sabedoria do nosso Deus! / Quando tudo era pecado e vergonha,
Um segundo Adão veio / para a luta e para o resgate.[14]

Jesus, pela sua morte na cruz, satisfez a justiça de Deus. Ele tomou sobre si tanto a nossa obrigação de obedecer perfeitamente à lei de Deus quanto a nossa dívida por termos falhado nisso. Ele então satisfez nossa obrigação através de sua vida sem pecado e cancelou a nossa dívida pela sua morte sacrificial na cruz. Quando nossa alienação de Deus resultou em Deus odiar a nossa existência pecaminosa, ele não nos abandonou. Em vez disso, Deus veio e nos reconciliou através de seu Filho. Se isso não soa como a notícia mais incrível de todas, então ainda não entendemos devidamente a seriedade do nosso pecado, ou a realidade do juízo divino, ou a magnitude da nossa salvação.

Para aqueles de nós que são cristãos há bastante tempo, é fácil criar familiaridade, se não desdém e então complacência. Mas a morte de Cristo não é apenas o ponto de entrada para a nossa fé; ela é a nossa fé. Hoje, portanto, pare para ver o segundo Adão, a humanidade perfeita, tendo êxito no que o primeiro Adão falhou e derrotando o diabo, revertendo os efeitos da Queda. Esse é o Evangelho. Seus pecados foram perdoados. Você foi resgatado. Você agora é um amigo onde uma vez foi um inimigo. Cristo é agora sua confiança, sua paz e sua vida.

A realidade de estar em Cristo não é uma questão trivial; é uma garantia maravilhosa. Quando somos impotentes diante do pecado, o poder de Cristo nos liberta. Quando não podíamos suportar um débito tão alto, ele o carregou no madeiro (1Pe 2.24). Você agora está assentado com ele nos céus. Seu maior sucesso hoje não será se elevar mais alto do que ele já o elevou; nem a sua maior luta ou fracasso pode tragá-lo de lá.

COLOSSENSES 1.15-23

30 DE JANEIRO

PROTEGIDO POR SUA PRESENÇA

O Senhor era com José, que veio a ser homem próspero. (Gn 39.2)

Não há lugar melhor para servir a Deus do que onde ele colocou você.

Não há emprego perfeito, família impecável, nem um conjunto de circunstâncias livre de problemas. Aqueles de nós que buscam constantemente pela vida ideal, esquecendo-se de que a perfeição é reservada para o céu, se colocam em uma jornada que será marcada por frequentes decepções.

É um eufemismo dizer que as condições que José experimentou foram menos que ideais. Após começar sua vida como o objeto do amor especial de seu pai, ele se encontrou como o objeto dos negócios de comerciantes de escravos. A segurança do lar de sua família foi trocada pelas algemas da escravidão.

Como José, todos nós vemos nossas circunstâncias mudarem com o tempo. Podemos nos mudar para longe da casa em que moramos por tanto tempo; nossos entes queridos podem enfrentar turbulências; dificuldade financeira ou problemas de saúde podem ocorrer inesperadamente. Poucos de nós, entretanto, experimentaram um colapso tão íngreme quanto o de José. (E, se você tiver experimentado, quão encorajador é saber que a Escritura inclui histórias da intervenção de Deus na vida de pessoas como você!) Podemos pensar que José tinha todas as razões para fugir, se esconder, desistir, se tornar antagônico — e, ainda assim, a presença de Deus o carregou por cada vale.

José não foi protegido *das* suas circunstâncias; ele foi protegido *nas* suas circunstâncias. Ele foi protegido pela presença de Deus. Há uma lição para nós aqui. Nunca é a resiliência, o conhecimento ou a sabedoria de um crente que o guarda. Em vez disso, o servo de Deus é protegido pela própria presença de Deus. É natural para nós pedir a Deus que mude nossa situação, que remova grandes dificuldades, ou que nos tire das provações. Olhamos à nossa volta e pensamos: "Eu nunca barganhei por isso!" Começamos a crer na mentira de que tudo ficará bem se pelo menos fugirmos ou se nossos problemas simplesmente forem removidos. Mas o fato é que não importa aonde formos, os problemas virão e a perfeição será ilusória deste lado do céu. Nosso único verdadeiro refúgio, como o salmista diz, é no Senhor (Sl 11.1).

Deus poderia ter planejado a vida de José de outra forma. Em vez disso, ele escolheu permitir que os eventos se desenrolassem como aconteceram. Seu objetivo era que "por muitos perigos, labutas e armadilhas"[15] ele carregaria seu servo. O Senhor estava com José, não menos quando ele andava no comboio dos escravos e se sentava no mercado dos escravos do que quando foi elevado ao respeito e à proeminência na casa de seu mestre. E a presença do Senhor está conosco também. De fato, ele prometeu a nós: "eis que estou convosco todos os dias até à consumação do século" (Mt 28.20) — tanto por vales como pelo alto dos montes. Em que situação Deus colocou você hoje? E como saber que ele está com você aí, e tem uma boa obra para você fazer aí, muda sua percepção tanto das circunstâncias que você teria escolhido como das que certamente não escolheria?

FILIPENSES 4.4-13

31 DE JANEIRO
NÃO SE ENVERGONHE

Não te envergonhes, portanto, do testemunho de nosso Senhor, nem do seu encarcerado, que sou eu; pelo contrário, participa comigo dos sofrimentos, a favor do evangelho, segundo o poder de Deus, que nos salvou e nos chamou com santa vocação. (2Tm 1.8-9)

É muito fácil nos envergonharmos — nos envergonharmos do Mestre, dos servos do Mestre e da mensagem do Mestre. Portanto, é um grande desafio ouvir como Paulo exorta a Timóteo e a nós: "Não te envergonhes".

Conversas vagas sobre religião, Deus e espiritualidade são amplamente toleradas na cultura ocidental; frequentemente ouvimos ou lemos todo tipo de afirmação ambígua que parece estar vagamente alinhada com o Evangelho. No entanto, o que é inaceitável pelo padrão da sociedade é uma declaração clara de que não há salvação em nenhum outro a não ser Jesus Cristo. Se estivermos preparados para afirmar com Pedro que "abaixo do céu não existe nenhum outro nome, dado entre os homens, pelo qual importa que sejamos salvos" (At 4.12), então a palavra de Paulo a Timóteo aqui será também para nós: "Participa dos sofrimentos a favor do evangelho".

O convite de Paulo para participarmos do privilégio de sofrer pelo Evangelho é, em certo sentido, preocupante para nós. Está em forte contraste com o triunfalismo cristão dos nossos dias, que sempre busca representar a vida cristã em cores vibrantes. Muitos querem apenas confirmar e afirmar o poder de Deus para curar, para realizar milagres e para levar seu povo à vitória. Todavia, a Bíblia e a experiência humana nos contam que, na vasta maioria dos casos — e deixando de lado a morte como a cura definitiva —, aqueles pelos quais temos orado continuarão a sofrer e a viver em meio a dias difíceis. Precisamos falar a verdade: nas palavras de John Newton, o cristão precisa passar "por muitos perigos, labutas e armadilhas"[16] — e haverá sempre mais provações no horizonte, especialmente se quisermos permanecer fiéis ao nosso chamado de pregar o Evangelho até aos confins da terra (At 1.8).

Como, então, perseveraremos no sofrimento pelo Evangelho? É o poder de Deus, através da graça de Deus, que nos preserva até o fim. A letra de Newton fala sobre essa realidade: "Foi a graça que me trouxe em segurança até aqui e será a graça que me levará para casa". Uma verdade maravilhosa!

Deus salvou você, e ele pode preservá-lo em meio ao sofrimento. Deus comissionou você e pode lhe dar coragem quando você for chamado a testemunhar a verdade sobre ele. A verdade do poder sustentador dele é capaz de impulsionar o seu coração e de transformar a sua vida. Em meio a dificuldades e dias cheios de dúvida, você pode se agarrar a essa realidade como um bastião para sua alma. E, quando estiver tentado a se encolher para não tomar uma posição pelo Mestre, por seus servos ou por sua mensagem, você poderá olhar para o seu poder e oferecer uma oração silenciosa, a fim de que o seu testemunho seja eficaz ao abrir a boca para falar. "Não te envergonhes".

ROMANOS 1.8-17

A Bíblia em um ano: Is 28–29; Mc 7.1-13

1º DE FEVEREIRO
ADORAÇÃO ALEGRE

Sabei que o Senhor é Deus; foi ele quem nos fez, e dele somos;
somos o seu povo e rebanho do seu pastoreio. (Sl 100.3)

O livro de Salmos já foi descrito como um armário de medicamentos para nossa alma. Nele podemos encontrar lamentos para os oprimidos, clamores a Deus em tempos difíceis e ofertas de louvor e ação de graça. O que quer que o aflija, você encontrará bálsamo no Saltério.

Todos os salmos de louvor em particular são permeados por esta verdade fundacional: o Senhor é Deus, e nós somos dele. A nossa própria existência como povo de Deus é um indicador de quem ele é. Outrora não éramos um povo, mas agora somos. Outrora não tínhamos recebido misericórdia, mas agora a recebemos diariamente (1Pe 2.10).

A verdade é que não somos de nós mesmos. Nunca fomos. Somos criaturas feitas à imagem de Deus, formadas por um Criador. Ele é o Oleiro que nos modelou, e "nós somos dele". Além disso, somos pecadores redimidos, "comprados por preço" por um Salvador amoroso (1Co 6.20). Ele é o Pastor que deu a vida por nós e agora cuida de nós (Jo 10.11-15), e "nós somos dele". Fomos comprados duas vezes: na Criação e na Redenção, somos dele.

Portanto, o que agora é nosso no Senhor Jesus Cristo não é ocasião para o orgulho, mas para louvor. Saber que o Senhor é Deus e que somos dele deve nos impulsionar a louvá-lo e a agradecer-lhe (Sl 100.3).

Louvor é o reconhecimento espontâneo do que é valioso. As pessoas naturalmente louvam o que elas valorizam. Deus é o nosso Criador e nosso Redentor e, portanto, tem direito ao nosso louvor e é digno dele. Ninguém nem nada merece o seu louvor mais do que ele.

Até mesmo em circunstâncias não ideais, ainda assim temos razão para louvar a Deus simplesmente por ele ser quem é. Quando nos despedimos de um ente querido ou perdemos um emprego que provê nossos confortos terrenos, ainda assim podemos escolher louvá-lo. Quando nossa voz é sufocada pelas lágrimas, quando nosso coração falha conosco, quando nossas circunstâncias nos frustram, quando a vida parece nos decepcionar — ainda assim podemos encontrar, na "misericórdia" de Deus, que "dura para sempre" (Sl 100.5), razão interminável para adoração cheia de alegria e louvor agradecido. Ele nunca é menos do que o seu poderoso Criador e amoroso Salvador.

Um coração grato é uma marca distintiva da experiência cristã. Que você seja marcado por isso hoje.

SALMO 148

2 DE FEVEREIRO

O PRIVILÉGIO DA ORAÇÃO

De uma feita, estava Jesus orando em certo lugar; quando terminou, um dos seus discípulos lhe pediu: Senhor, ensina-nos a orar como também João ensinou aos seus discípulos. (Lc 11.1)

Nossa comunhão com Deus através do Senhor Jesus Cristo é manifestada principalmente através de nossas orações. Elas são evidências do nosso relacionamento com ele. Ele não apenas fala conosco através de sua Palavra, mas também nos concedeu o maravilhoso privilégio de nos comunicarmos com ele em oração.

A Escritura nos fornece vários relatos da vida de oração de Jesus. Quanto melhor familiarizados estivermos com esses relatos, mais perceberemos que Jesus tratava a oração como um hábito santo. Ele orava regularmente bem cedo de manhã para colocar os planos do dia diante do seu Pai. Orar em um lugar silencioso e solitário permitia que Jesus seguisse a voz do seu Pai acima do barulho das multidões e até mesmo dos pedidos de seus discípulos. A oração formou o contexto ou a estrutura de todas as decisões que ele tomou.

A rotina de oração de Jesus levou seus discípulos a pedir: "Senhor, ensina-nos a orar". Eles ficaram aparentemente chocados pela intensidade e foco de Jesus, o que gerou uma fome em seus corações por uma intimidade similar com o Pai.

Em resposta ao pedido deles, Jesus instruiu seus discípulos: "não useis de vãs repetições, como os gentios; porque presumem que pelo seu muito falar serão ouvidos" (Mt 6.7). Em outras palavras, ao orar, não devemos balbuciar ou tagarelar. Em vez disso, no exemplo que Jesus deu em seguida — nominalmente, a oração do Senhor —, descobrimos que os filhos espirituais de Deus são livres para se dirigirem a Deus simples e diretamente como a seu Pai celestial.

E pelo que devemos orar? Para começar, devemos pedir que o nome de Deus seja honrado corretamente, para que ele traga o seu reino em nós e ao nosso redor e para que ele supra nossas necessidades diárias. Devemos admitir nossa necessidade por arrependimento diário, a necessidade de estender perdão aos outros e a nossa dependência de Deus para lidarmos com a tentação. Em nossas orações, Jesus explicou, devemos buscar e pedir para ver a glória e graça de Deus em meio à nossa vida cotidiana.

Em nossa peregrinação cristã, não há nada que possamos conceber que seja mais importante — ou mais difícil de manter — do que uma vida de oração significativa. Mas aqui está a ajuda. Se Jesus, o Filho divino de Deus, precisava orar, então você e eu também precisamos. Esse pensamento humilhante deve nos colocar de joelhos. E, uma vez ajoelhados, podemos empregar livremente a oração do Senhor como um auxílio para nossa própria oração. Deus deu a você o grande privilégio de poder se achegar a ele em oração e se dirigir a ele como Pai. Ele está pronto para ouvir e para ajudar. Não deixe de tratar a oração como um hábito santo, e nunca como um extra opcional.

LUCAS 11.1-13

3 DE FEVEREIRO

NÓS O CHAMAMOS DE PAI

Quando orardes, dizei: Pai, santificado seja o teu nome. (Lc 11.2)

No momento em que uma criança é adotada, sua vida inteira muda: ela recebe um novo nome, uma nova família e, com frequência, um estilo de vida completamente novo. Contudo, a realidade legal pode existir sem que a criança sinta uma sensação verdadeira de pertencer a essa família. Uma coisa é uma criança ir e viver em uma casa; outra é a realidade mais profunda de experimentar e expressar completamente a união de uma família — de chamar os novos pais de "mamãe" e "papai".

O mesmo é verdade sobre nossa adoção espiritual quando professamos fé em Jesus Cristo. Nossa adoção muda nossa condição de maneira completa, eterna e incontestável. Mas Deus não está satisfeito com uma simples mudança de nome, por assim dizer. Ele quer que saibamos o que significa sermos seus filhos e filhas. Ele anseia que nós tenhamos o espanto experiencial de pensarmos nele como nosso Pai celestial. Para isso, ele nos dá seu Espírito para moldar nosso caráter e nos ajudar a enxergar nosso relacionamento com ele como o de Pai e filho. "Porque vós sois filhos", Paulo disse à igreja da Galácia, "enviou Deus ao nosso coração o Espírito de seu Filho, que clama: Aba, Pai!" (Gl 4.6).

A experiência cristã não deveria ser simplesmente como uma transação legal. Ela é muito mais que um dogma ou doutrina. A salvação não é apenas o perdão dos pecados; também é o acolhimento da transformação capacitada pelo Espírito. O cristianismo não é mecânico, mas relacional. O que Jesus realizou de forma objetiva e legal na cruz, a isto o Espírito dá continuidade de modo subjetivo e vívido em nosso coração. Fomos resgatados, aceitos e amados. Com essa mudança, podemos esperar devoção, paixão, lágrimas, iluminação, envolvimento e, enfim, louvor.

Quando somos tentados a nos esquecermos de nossa nova condição como filhos de Deus, o Espírito está a postos para testificar: *Não, você é verdadeiramente dele! Você foi comprado pelo mais alto preço. Você é amado e estimado.* Quando não fizemos o que Deus queria que fizéssemos e quando nos sentimos machucados, quebrados e desencorajados, o Espírito nos ajuda a clamar: "Ó Pai, Pai, você poderia me ajudar, por favor?" Tais pedidos deveriam nos servir como lembretes da maravilha da obra consumada de Jesus — seu sacrifício redentor e o envio do Espírito para viver em nosso coração. Sem isso, não haveria relacionamento com Deus, a não ser dele como nosso Criador e Juiz; portanto, não haveria oportunidade alguma para nosso coração clamar: "Aba! Pai!"

Deus não sela nossa adoção como filhos com algum sinal peculiar ou dom, mas pelo testemunho persuasivo do seu Espírito. Ao falarmos com ele em oração, ouvirmos dele através de sua Palavra e andarmos com ele, crescemos em conhecimento do seu poder e de sua obra dentro de nós. Visto que fomos libertos da maldição do pecado e recebemos a bênção da adoção, podemos clamar a Deus como nosso Pai, adorando-o e louvando-o em espírito e em verdade.

Cristão, hoje, independentemente de qualquer outra coisa que seja verdade sobre você, aqui está a maior realidade: você é um filho adotivo de Deus. Nada nem ninguém pode mudar isso. Então, hoje, seja o que for que você esteja sentindo, que essa verdade seja o que mais lhe traz consolo, fundamento, tranquilidade e motivação: você é um filho de Deus.

ROMANOS 8.12-25

4 DE FEVEREIRO
VENHA O TEU REINO

Venha o teu reino. (Lc 11.2)

O Reino de Deus é imensamente distinto de qualquer reino terreno que já existiu ou um dia existirá. Reinos terrenos estão sob a influência de soberanos cujo poder é limitado e, inevitavelmente, há de declinar. O Reino de Deus, no entanto, é bem mais que uma entidade geopolítica ou mera parte da história. Trata-se de um reino eterno, universal e pessoal, e o domínio do Senhor sobre ele permanecerá por todas as gerações (Sl 145.13).

Devemos ter essas verdades em mente quando oramos "Venha o teu reino". Quando seguimos o exemplo de Jesus e oramos assim, uma das coisas que estamos pedindo é que o domínio soberano de Deus seja, cada vez mais, estabelecido em nosso coração e vida. Estamos orando para que aqueles que conhecem a Cristo vivam numa submissão crescente e jubilosa ao reinado dele.

Aí está uma perspectiva bastante diferente de qualquer outra com que deparemos diariamente. Em geral, a cultura ocidental de hoje exalta as conquistas pessoais e a autossuficiência. Somos estimulados a acreditar que estamos no controle. Contudo, quando o Reino de Deus vem em nossa vida — quando oramos para Jesus tomar o lugar que lhe é devido no trono de nosso coração —, ocorre uma revolução. Já não somos escravos do pecado. O Rei da Criação reside em nossa vida e começa a nos conformar à imagem de seu Filho (Rm 8.29). Quando oramos dessa maneira, o Espírito Santo nos ministra estabelecendo o domínio real de Deus sobre cada dimensão da nossa vida.

E isso não é tudo. Quando oramos "Venha o teu reino", também estamos reconhecendo que Deus é o Rei das nações — ele reina sobre todas as questões temporais. Isaías o descreve assobiando às nações para virem "das extremidades da terra; e vêm apressadamente" (Is 5.26). O Rei chama as nações da mesma forma como chamamos nosso cão para dentro de casa. Quando Deus assobia, elas correm para atender à sua ordem.

Portanto, não precisamos entrar em pânico ou nos deixar tiranizar por qualquer mudança nas potências terrenas. Antes, podemos nos regozijar no Senhor, nosso Rei, que é soberano sobre todas essas coisas.

Seu reino não falha,
Ele reina sobre terra e céus;
As chaves da morte e do inferno
A nosso Jesus são dadas:
Elevai o coração,
Alçai a voz!
Regozijai-vos, repito, regozijai-vos![17]

SALMO 2

A Bíblia em um ano: Is 37–38; Mc 9.30-50

5 DE FEVEREIRO
O SUFICIENTE PARA HOJE

O pão nosso de cada dia dá-nos diariamente. (Lc 11.3 NAA)

Se pão representa qualquer coisa ao longo da história, é o sustento diário. Outras comidas certamente são adições agradáveis para nossa existência; mas, quando pensamos em pão, a maioria de nós pensa nas necessidades mais básicas da vida de alguém sendo atendidas.

Esse tipo de pensamento é consistente com a provisão única de Deus para o seu povo. No Antigo Testamento, a experiência dos israelitas de vagar no deserto exigiu deles dependência total em Deus para atender a suas necessidades diárias. Uma das maneiras mais tangíveis através da qual eles aprenderam essa lição foi pela provisão de Deus no maná do céu.

Deus deixou claro ao seu povo que, a cada dia, ele forneceria maná o suficiente para um dia, e um dia apenas. Eles não deveriam deixar nenhuma sobra até a manhã seguinte (Êx 16.19). Seu propósito em suprir pão suficiente para apenas um dia de cada vez era ensinar o seu povo a confiar em sua provisão. Infelizmente, alguns israelitas duvidaram que ele faria o que prometeu e o desobedeceram, guardando um pouco de maná para o dia seguinte (pois duvidar das promessas de Deus sempre leva à desobediência de seus mandamentos). Eles acordaram pela manhã confrontados pelo fedor dos restos de maná infestados de bichos (v. 20). Deus estava lhes ensinando a confiar nele para a sua provisão. Era uma lição que eles poderiam levar um longo tempo para aprender.

Quando vemos esse exemplo do Antigo Testamento e consideramos as palavras "o pão nosso de cada dia dá-nos diariamente", percebemos que, nesse versículo da oração do Senhor, Jesus está sublinhando uma realidade atemporal: em todas as eras, Deus ensina o seu povo a não confiar na provisão em si mesma, que nos deixa ansiando por mais, mas no *Provedor*, que satisfaz todas as nossas necessidades.

Deus deseja que acordemos e descubramos outra vez sua provisão diária. É por isso que ele instruiu os israelitas a guardarem um pouco de maná para a posteridade, dizendo: "Dele encherás um gômer e o guardarás para as vossas gerações, para que vejam o pão com que vos sustentei no deserto" (Êx 16.32). Ao seguir essa instrução, uma geração poderia falar à próxima sobre a realidade e espanto da contínua provisão diária de Deus.

O Pai, o qual viemos a conhecer através de Jesus, se importa com nossas necessidades pessoais, práticas e materiais. Talvez você tenha acordado esta manhã cercado de problemas que estão acontecendo agora ou eventos que estão por vir em sua vida, sentindo-se ansioso sobre eles. Lembre-se disto: você é do interesse pessoal de Deus e pode se aproximar dele com confiança, pedindo-lhe tudo que for necessário para hoje. E então você pode confiar nele para dar exatamente o que você precisa hoje, e amanhã, e para sempre. Você pode jogar todo o peso de suas ansiedades sobre ele, pois ele se importa com você e o provê (1Pe 5.7).

ÊXODO 16

6 DE FEVEREIRO
UM ESPÍRITO PERDOADOR

Perdoa-nos os nossos pecados, pois também nós perdoamos a todo o que nos deve. (Lc 11.4)

Em um rápido relance, esse pedido pode soar como um *quid pro quo*[18] — que perdoarmos os outros de alguma forma faz com que mereçamos o direito de sermos perdoados. No entanto, se permitirmos que a Escritura fale por si própria, reconheceremos que o oposto é que é verdade. Deus perdoa apenas os penitentes — aqueles que sentem tristeza santa e se arrependem pelos seus pecados. E qual é uma das maiores evidências de ser penitente? Um espírito perdoador! Em outras palavras, quando perdoamos uns aos outros, não conquistamos o perdão; mostramos que já fomos transformados pela graça perdoadora de Deus.

Jesus ensinou que é inconcebível que nós, a quem tanto se perdoou, nos recusemos a perdoar as dívidas de outras pessoas contra nós (Mt 18.21-35). Entretanto, ainda somos tentados a guardar rancor, a permanecer irados, a "perdoar, mas não esquecer". Afirma-se que D. L. Moody comparou a ideia a alguém que enterra o machado, mas deixa o cabo para fora.

Um espírito que não perdoa é talvez o maior assassino da vida espiritual genuína. Não devemos afirmar estarmos buscando a Deus se ativamente nutrimos inimizade em nosso coração contra nossos irmãos. Isso extinguirá a chama da alegria cristã e tornará quase impossível nos beneficiarmos do ensino da Bíblia. Não é de surpreender, então, que Jesus diga essencialmente: *O que estou dizendo sobre um espírito de perdão é um elemento fundamental da oração piedosa. Pode ter certeza disso.*

Você está guardando rancor ou revivendo a injustiça que alguém cometeu contra você em sua mente? Há alguém que você deixou de perdoar? Reflita sobre o perdão que você recebeu e peça a Deus que o ensine e capacite a perdoar — pois, ao perdoar os pecados dos outros contra você, você revela que entendeu a graça de Deus e que foi verdadeiramente perdoado por ele.

Como pode teu perdão alcançar e abençoar
O coração que não perdoa
Que medita sobre erros e não deixará
Uma velha amargura partir?
Em luz ardente tua cruz revela
A verdade que mal conhecemos,
Quão pequenas as dívidas dos homens conosco,
Quão grande o nosso débito a ti.
Senhor, limpa as profundezas de nossa alma,
E ordena que cesse o ressentimento;
Então, reconciliada a Deus e aos homens,
Nossa vida espalhará tua paz.[19]

MATEUS 18.21-35

A Bíblia em um ano: Is 41-42; Mc 10.32-52

7 DE FEVEREIRO
VITÓRIA SOBRE A TENTAÇÃO

Não nos conduzas à tentação. (Lc 11.4 ACF)

A Bíblia claramente ensina que Deus não é o autor do pecado e da tentação: ele mesmo não tenta ninguém (Tg 1.13). Sendo esse o caso, por que oraríamos e pediríamos a Deus para não nos conduzir à tentação? O que estamos pedindo exatamente para que Deus faça ou não faça?

Encontramos nossa resposta na distinção sutil entre provar e tentar. Quando oramos "Senhor, não nos conduzas à tentação", o que estamos realmente dizendo é "Deus, ajuda-nos a não deixarmos a provação que vem de ti se tornar uma tentação de Satanás para o mal". Estamos pedindo de igual modo que ele não nos conduza às provações sem a sua presença e poder, os quais nos ajudarão a atravessá-las em fé e alegria, ao invés de nos afundarmos em desespero ou falta de fé.

Essa frase da oração do Senhor é, portanto, importante, porque necessariamente nos lembra da realidade e proximidade da tentação. Em Gênesis 4, Deus alerta a Caim: "saiba que o pecado o ameaça à porta; ele deseja conquistá-lo, mas" — e aqui entra a exortação — "você deve dominá-lo" (Gn 4.7 NVI). Infelizmente, Caim não respondeu com um pedido a Deus para dar-lhe tudo o que lhe era necessário para dominar sobre a tentação; ao invés disso, ele permitiu que ela o conquistasse e o arruinasse. Na oração do Senhor, Jesus nos ensina a não cometermos o mesmo erro.

Dada a tendência do pecado de nos consumir, não podemos simplesmente pedir a Deus que não nos conduza à tentação e então crermos que a situação está resolvida. Não: nossas ações devem corresponder a nossas orações. Se estamos pedindo genuinamente ao Senhor por ajuda para não violarmos seus mandamentos santos, então não podemos nos colocar ao alcance do pecado de maneira negligente, desnecessária ou deliberada.

Deus tanto está disposto como é perfeitamente capaz de nos ajudar em nossa batalha contra a tentação. Ele está inteiramente comprometido, em sua aliança de amor, em assegurar que nenhum de seus filhos cairá nas garras do pecado. Nunca haverá uma ocasião em nossa vida em que a tentação para pecar será tão forte que a graça e o poder de Deus não poderão nos capacitar a suportá-la; como a Escritura nos lembra: "Deus é fiel e não permitirá que sejais tentados além das vossas forças; pelo contrário, juntamente com a tentação, vos proverá livramento" (1Co 10.13). Também nunca haverá uma falha em resistir à tentação que não possa ser coberta pelo sangue de Cristo.

Portanto, em toda situação e diante de cada tentação, lembre-se disto: em Cristo estamos "no lado vitorioso".[20] Você pode resistir, pois tem o Espírito para orientá-lo e guardá-lo. Quais tentações frequentes à desobediência você está enfrentando no momento? Em que lugares ou em quais momentos as provações se tornam tentações? Peça a Deus pela sua ajuda agora mesmo — pois você precisa dela, e ele está pronto para fornecê-la.

LUCAS 4.1-13

8 DE FEVEREIRO
NOSSO AMIGO CELESTIAL

Qual dentre vós, tendo um amigo, e este for procurá-lo à meia-noite e lhe disser: Amigo, empresta-me três pães, pois um meu amigo, chegando de viagem, procurou-me, e eu nada tenho que lhe oferecer. [...] digo-vos que, se não se levantar para dar-lhos por ser seu amigo, todavia, o fará por causa da importunação e lhe dará tudo o de que tiver necessidade. Por isso, vos digo: Pedi, e dar-se-vos-á. (Lc 11.5-9)

É tentador pensar que falar sobre Deus é a principal expressão de nosso relacionamento com ele. Entretanto, é possível falarmos sobre Deus sem qualquer conhecimento íntimo sobre quem ele verdadeiramente é. Frequentemente a evidência do nosso relacionamento pessoal com Deus não é encontrada em nossas palavras públicas, mas em nossas orações privadas — não no que dizemos *sobre* ele, mas no que dizemos *a* ele. De fato, afirma-se que Robert Murray M'Cheyne observou: "O que um homem é de joelhos diante de Deus, isto é o que ele é — e nada mais".

Nisso reside um desafio! Afinal, se formos honestos, muitas de nossas orações refletem um relacionamento estático ou distante, não o dinamismo que deveria marcar uma amizade íntima. Todavia, se isso é verdade a nosso respeito, então podemos estar certos de que não estamos sozinhos. Os discípulos de Jesus também desejavam crescer em intimidade com seu Pai celestial, mas sabiam que precisavam que o Senhor lhes ensinasse como fazer isso (Lc 11.1) — e, como resposta, Jesus, tendo delineado o que veio a ser chamado de "oração do Senhor", contou a eles uma parábola sobre o pedido ousado de um amigo.

Jesus começa sua ilustração estabelecendo o relacionamento dos dois homens em sua história: eles eram amigos. Então ele prossegue com a explicação de como um deles, querendo demonstrar hospitalidade a um hóspede, vai até a casa do outro homem à meia-noite para pedir pão. Ele até mesmo arrisca acordar a família inteira de seu amigo apenas para fazer o seu pedido. Por causa de sua persistência ousada, Jesus diz que o segundo homem se levanta e dá ao primeiro o que ele precisa.

O que precisamos entender dessa história de Jesus é isto: se uma amizade humana sincera produz tal resposta generosa, podemos ter certeza de que Deus nunca irá nos negar nada de que verdadeiramente precisamos quando formos a ele em oração. O pedido do homem era ousado, mas, por mais exigente que possa parecer, é ouvido pelo amigo e respondido por causa de sua persistência. Quanto mais, então, podemos ser absolutamente confiantes de que nosso Pai celestial está preparado para nos responder quando nos aproximamos dele com um coração sincero e humilde.

A segurança diante de Deus não é necessariamente presunçosa. Pelo contrário, podemos ter confiança diante do seu trono por causa da amizade que ele estabeleceu conosco através de Jesus. Por causa dele, podemos falar com nosso Criador com a "importunação" de um amigo próximo. Que pensamento! Não há meia-noite com Deus, nem nunca haverá um momento no qual ele estará incomodado por irmos até ele como nosso Amigo. Tudo o que precisamos fazer é bater à porta.

EFÉSIOS 1.15-23

A Bíblia em um ano: Is 45–46; Mc 11.20-33

9 DE FEVEREIRO
ORANDO COM CONFIANÇA

Pois todo o que pede recebe; o que busca encontra; e a quem bate, abrir-se-lhe-á. [...]
Ora, se vós, que sois maus, sabeis dar boas dádivas aos vossos filhos, quanto mais o Pai celestial dará o Espírito Santo àqueles que lho pedirem? (Lc 11.10, 13)

Quando um adolescente que acabou de tirar sua carteira de motorista pede a chave do carro para sua mãe ou pai, não costuma ser um pedido vago e indiferente. Pelo contrário, sua mente está toda envolvida nisso, e sua vontade está focada: "Por favor, eu posso pegar a chave do carro? Eu quero o carro. Eu gostaria de usar o carro. Estou pedindo por ele agora."

Similarmente, os verbos que Jesus usa para ensinar seus discípulos como fazer pedidos a Deus em oração — pedir, buscar, bater — transmitem urgência, consistência e clareza. É como se ele estivesse dizendo: *Eu quero que vocês orem de uma maneira que envolva uma determinação humilde e persistente. Quero que busquem e continuem buscando, e quero que vocês batam com uma sinceridade urgente.*

Ele está convidando você e eu a irmos diante do nosso Pai celestial e simplesmente pedirmos.

No entanto, precisamos ser cuidadosos em relação *ao que* pedimos. Quando apresentamos nossos pedidos diante de Deus, eles precisam ser temperados pelo Espírito através do que João Calvino chama de "o freio da Palavra de Deus".[21] Em outras palavras, a Bíblia ensina que podemos pedir com total confiança pelas coisas que Deus diz que são boas e corretas — coisas como sua ajuda para podermos apresentar nosso corpo como sacrifício vivo, para crescermos como testemunhas do Evangelho, ou para aumentar nosso desejo pela adoração. Mas não precisamos pensar que podemos manipular a Deus, demandando que ele nos dê o que quer que seja que tornará nossa vida mais fácil ou mais rica. É possível "[pedir] e não [receber], porque pedis mal, para esbanjardes em vossos prazeres" (Tg 4.3).

Então devemos pedir com ousadia, mas também devemos pedir com humildade. Devemos pedir que Deus faça grandes coisas, e então devemos aceitar sua resposta. Há boas razões para Deus não nos dar sempre o que pedimos, mesmo quando o que pedimos é bom e piedoso em si mesmo. Nossas orações nem sempre estão alinhadas com a boa e soberana vontade dele. Nem sempre podemos determinar o que é bom para nós — mas Deus sempre sabe o que é melhor para os seus filhos. Portanto, quando levarmos nossos pedidos diante de Deus, precisamos ter a sua Palavra como um mapa e lembrar que ele está trabalhando para realizar seus propósitos em nossa vida e nos conformar à imagem do seu Filho.

Logo, vá a Deus e apenas peça. Seus pedidos podem ser específicos, ousados e moldados pela Palavra de Deus — e então você pode esperar, e de fato desejar, que Deus os responda exatamente como ele achar melhor.

COLOSSENSES 1.9-12

10 DE FEVEREIRO
DEUS DESCANSOU

*E abençoou Deus o dia sétimo e o santificou;
porque nele descansou de toda a obra que, como Criador, fizera.* (Gn 2.3)

A humanidade é o pináculo da Criação. Não somos meros macacos avançados; de toda a Criação de Deus, somente nós somos feitos à sua imagem (Gn 1.27). Somos criaturas porque fomos feitos por um Criador — mas também somos únicos dentre todas as criaturas, porque fomos feitos como Deus. A humanidade possui dignidade inalienável, e Deus deseja que respeitemos nosso Criador e vivamos em relacionamento com ele.

Se o homem é o pináculo da Criação, então o descanso é o objetivo final da Criação. Quando Deus completou sua obra criativa, ele descansou. Isso não significa que ele cessou de ser presente ou ativo em seu mundo, mas sim que ele descansou de criar. Não havia necessidade para melhorias ou adições. Não havia nada que precisasse ser desfeito e refeito. E o grande projeto de Deus — seu desejo para os seres humanos — é que nós também pudéssemos viver com ele no maravilhoso e contínuo dia de descanso.

O relato da Criação em Gênesis 1 repete a frase "houve tarde e manhã" para cada um dos primeiros seis dias. Porém, quando chega ao sétimo dia, o padrão é quebrado. O sétimo dia é, por assim dizer, um dia contínuo no qual Deus está buscando um povo para si. Ele está trazendo a humanidade a um relacionamento com ele próprio, provendo para eles, protegendo-os, dando a eles comunhão uns com os outros e concedendo-lhes autoridade sobre a sua Criação.

Parte do propósito do sábado, como instruído nos Dez Mandamentos, era dar aos israelitas um entendimento disso, do projeto final de Deus para a vida (Êx 20.8-11). Ao descansar e refletir, eles considerariam tudo que poderia significar viver como povo de Deus sob o governo e a bênção deste.

Quando Jesus chama um povo para si mesmo, ele diz: "Vinde a mim, todos os que estais cansados e sobrecarregados, e eu vos aliviarei. [...] achareis descanso para a vossa alma" (Mt 11.28-29). O autor de Hebreus pega essa ideia e declara: "resta um repouso sabático para o povo de Deus" (Hb 4.9 NAA). O que foi projetado na beleza do Éden e destruído na Queda será um dia restaurado quando entrarmos na presença de Deus. Experimentamos agora o descanso ao levarmos nosso pecado a Jesus para ser tratado e nossas dores a Jesus para encontrar ajuda. Experimentaremos um dia o descanso perfeito da vida ressurreta em um mundo restaurado, cheio da santidade do nosso Deus perfeito. Isso é uma esperança para preencher nosso olhar e reorientar nosso coração para os nossos melhores e piores dias neste mundo. Verdadeiramente descansaremos em paz um dia.

Conforme andamos em direção a esse futuro, o padrão de Deus deve ser o padrão que imitamos. Como Deus ordenou, devemos honrar o dia do Senhor — e separar tempo para considerar tudo o que ele deseja para nós, para aproveitarmos a vida da comunhão com ele e nos juntarmos a ele à medida que ele ativamente busca um povo para chamar de seu.

♫ ♡ ✍ SALMO 8

11 DE FEVEREIRO
HERDANDO O REINO

Ou não sabeis que os injustos não herdarão o reino de Deus? (1Co 6.9)

Nada define os crentes mais do que sua membresia no Reino de Jesus Cristo. Isso é parte do que torna os cristãos únicos. Somos membros de um reino completamente novo. Podemos ser negros ou brancos, ricos ou pobres, homem ou mulher, mas o que nos une é a fidelidade a um Rei — a saber, Jesus. Marchamos sob suas instruções, nos regozijamos em meio às suas tropas e estamos contentes de executar suas ordens.

O Reino de Deus é um reino de justiça. O caráter de Deus é a perfeição, seus padrões são excelentes e ele não pode contemplar o pecado. Portanto, aqueles que negam seu caráter e rejeitam seus padrões, Paulo alerta, "não herdarão o reino de Deus". Um estilo de vida marcado pela maldade, rebelião e autossuficiência é incompatível com o governo de Cristo — logo, a decisão de passar a vida dessa forma é uma decisão de viver fora das fronteiras do reino dele.

Devemos notar que Paulo não está se referindo a atos isolados de injustiça. Nenhum membro do Reino de Cristo vive uma vida sem pecado deste lado da glória eterna. Na verdade, Paulo está se referindo a alguém que persistentemente vai atrás do pecado ou o tolera. Ele tem em mente o tipo de vida que declara: "Eu não quero que Deus interfira em minhas escolhas, mas quero viver com a ideia de que, na verdade, eu realmente faço parte do seu reino, e quero todos os benefícios disso".

Deus traça fronteiras em seu reino. Com certeza não é o caso de que todos estão dentro, não importa quem sejam, em que creiam ou o que desejem! Essa ideia pode soar bastante palatável, mas ela simplesmente não é o que a Palavra de Deus ensina — Deus, e nenhum outro, decide quem faz parte do seu reino.

Deus diz que haverá um dia de juízo. De fato, Jesus retornará em sua glória e "todas as nações serão reunidas em sua presença, e ele separará uns dos outros" (Mt 25.32). O reino não é uma ideia que Jesus introduziu em algum momento para corrigir um defeito no sistema. Isso foi planejado desde toda a eternidade.

O juízo vindouro deveria criar um senso de urgência no evangelismo e deveria criar honestidade sobre e inflexibilidade para com o nosso pecado. Precisamos apresentar ao mundo — e pregar a nós mesmos — um Salvador vivo na pessoa de Jesus, que fará exatamente o que ele disse que fará. Somente ao reconhecer o nosso pecado e nossa necessidade por um Salvador é que herdaremos este Reino eterno de Deus.

LUCAS 13.22-30

12 DE FEVEREIRO
A CHAVE PARA A UNIDADE

*Nele vocês também estão sendo edificados juntos,
para se tornarem morada de Deus por seu Espírito.* (Ef 2.22 NVI)

Quando alguém vem a Cristo pela fé, a transformação de sua identidade é abrangente. Na linguagem que Paulo emprega em Efésios 2, o pecador morto agora está vivo em Cristo; o filho da ira se tornou filho de Deus. Mas a nova identidade não é meramente individual. Não estamos, cada um de nós, sozinhos em Cristo; estamos nele *com todo o povo de Deus*. É por isso que Paulo, em Efésios 2, vai da nossa experiência individual da graça para a obra comunitária que a graça de Deus realiza. Paulo nos diz: "Já não sois estrangeiros e peregrinos, mas concidadãos dos santos, e sois da família de Deus" (v. 19). O "um novo homem" (v. 15) que Cristo está fazendo é gloriosamente reunido com coerdeiros da graça. Isso não quer dizer que nossa identidade humana individual se torne irrelevante. Nossa origem e composição — nosso sexo, etnia e história pessoal — não são destruídas em Cristo. Somos quem somos, feitos à imagem de Deus, formados de acordo com seus propósitos. Mas o que nos unifica *em* Cristo — nossa união *com* Cristo — transcende todo o resto.

Precisamos estar conscientes da tentação de esquecer a razão para a nossa unidade. Ninguém está imune de tornar elementos de sua identidade em barreiras — barreiras de condição, de cor, de classe, de tipo de personalidade ou de preferências pessoais. Como cristãos, precisamos estar preparados para reconhecer quão fácil é errar nisso. Precisamos estar preparados, se formos culpados desse mal, para nos arrepender do que desagrada a Deus e lamentarmos por isso.

A chave para a união cristã é o Evangelho. Paulo reconheceu que apenas Deus pode amolecer corações duros, apenas Deus pode abrir olhos cegos e apenas Deus pode trazer pessoas diferentes em união e formar algo verdadeira e gloriosamente unido. Deus está fazendo "um novo homem" e está tornando esse novo homem em sua igreja. Em Cristo, Deus está construindo um "templo santo" (Ef 2.21 A21) que "juntamente [está] sendo [edificado] para habitação de Deus no Espírito". Parcialidade baseada em raça, classe ou condição não tem espaço no espaço onde Deus habita pelo seu Espírito. Um dia você experimentará a plenitude da sua união com Cristo e seu povo pela eternidade; mas isso pode, e deve, começar agora. Você tem o privilégio de nutrir essa unidade hoje na forma como usa o seu tempo e na forma como você pensa sobre seus irmãos na sua igreja, em como ora por eles e fala com eles.

Estamos construindo dia após dia,
Conforme os momentos passam,
Nosso templo, que o mundo não pode ver;
Cada vitória conquistada pela graça
Certamente encontrará seu lugar
Em nosso edifício pela eternidade.[22]

1 CORÍNTIOS 13

13 DE FEVEREIRO
A REALIDADE FINAL

*Assim diz Deus, o Senhor, que criou os céus e os estendeu, formou a terra
e a tudo quanto produz; que dá fôlego de vida ao povo que nela está e o espírito aos
que andam nela. Eu, o Senhor, te chamei em justiça, tomar-te-ei pela mão,
e te guardarei. (Is 42.5-6)*

Em 1932, Albert Einstein observou: "Nossa situação na Terra parece estranha. Todos nós aparecemos aqui involuntariamente e sem convite para uma visita breve, sem sabermos os *porquês* e *para quês*".[23] De fato, você não precisa de muito tempo até ouvir alguém dizer que vivemos em um mundo fortuito, onde a história se repete meramente e não há um propósito primordial no universo. Se isso é verdade, então é difícil encontrar importância na vida. Não há nada, a não ser viver e depois morrer.

Deus fala da ausência de propósito resultante dessa visão da realidade. Ele proclama a realidade última que muda tudo: ele próprio. Deus se apresenta, revelando sua identidade: "Eu, o Senhor". O nome de Deus (aqui, "o Senhor") não é simplesmente para o chamarmos assim; ele expressa o ser de Deus. Os muitos nomes de Deus na Bíblia dão informações importantes sobre quem ele é: eterno, autossustentável, soberano... e muito mais!

Conforme Deus fala, ele também revela o seu poder. Os céus são projetados por ele, e ele é quem estendeu a terra e deu forma e vida a tudo que vem dela. A estabilidade e a produtividade da Criação estão fundamentadas no Criador. Não somos o produto de algum surto evolutivo autoexistente, mas o ato direto de um Projetista. Não podemos entender nossa existência à parte de Deus. Não fomos feitos para isso.

E qual é o propósito de Deus agora para tudo o que ele fez? Trazer justiça à terra por meio da salvação. "Eu, o Senhor, te chamei em justiça, tomar-te-ei pela mão, e te guardarei, e te farei mediador da aliança com o povo e luz para os gentios." Ele não está falando aqui para nós, mas para o seu Filho, o Servo que Isaías apresenta. Quando precisamos de conselho, de amizade, de perdão, de salvação, Deus já disse: "Eis aqui o meu servo, a quem sustenho" (Is 42.1).

Nunca estaremos tão satisfeitos na vida como quando descobrimos nossa realidade última em Cristo. Fluindo dessa realidade, encontramos o nosso propósito: "glorificar a Deus e gozá-lo para sempre".[24] Se deseja ter propósito e satisfação na vida, você precisa apenas crer e se regozijar no Servo do Senhor, glorificando a Deus assim como Simeão fez: "Porque os meus olhos já viram a tua salvação, a qual preparaste diante de todos os povos: luz para revelação aos gentios, e para glória do teu povo de Israel" (Lc 2.30-32).

ISAÍAS 42.1-13

14 DE FEVEREIRO
UM DISCÍPULO DE CRISTO

Ora, havia em Damasco um discípulo chamado Ananias. Disse-lhe o Senhor numa visão: Ananias! Ao que respondeu: Eis-me aqui, Senhor! (At 9.10)

Todos os dias, você está moldando a sua reputação. E, como cristão, todos os dias está moldando a reputação de Cristo também. O que a nossa vida diz sobre Cristo conforme andamos por aí como seus discípulos?

Ananias pode ser uma pessoa menos conhecida da Bíblia, mas ele teve uma influência profunda na vida de Paulo e, portanto, em toda a história da igreja. Isso é resultado de sua fidelidade diária e devota como discípulo de Cristo. Três traços de seu discipulado podem ajudar a moldar o nosso próprio caráter e comprometimento com Cristo à medida que buscamos ser usados no Reino de Deus.

Primeiro, Ananias era, como a KJV[25] coloca, "um *certo* discípulo"[26] (ênfase acrescentada): alguém que foi especificamente escolhido. Mesmo antes de trazer Paulo (até então conhecido como Saulo) para Damasco ou chamar Ananias, Deus soberanamente orquestrou a propagação da igreja após o dia de Pentecostes em Jerusalém para alcançar pelo menos 320 quilômetros ao norte de Damasco, onde um grupo de crentes, incluindo Ananias, estavam então estabelecidos. Então, desse grupo, Deus escolheu especificamente Ananias para entrar em contato com Paulo após sua conversão. Essa profunda demonstração da soberania de Deus deve nos inspirar e nos encorajar a confiar que Deus pode estar trabalhando de maneiras ainda invisíveis para nos preparar e nos usar para realizar a sua vontade.

Em seguida, vemos que Ananias era um discípulo *ousado*. Ele se identificava como um seguidor do Senhor — parte do mesmo grupo em Damasco que Paulo estava a caminho de perseguir antes de sua conversão (At 9.1). A lealdade de Ananias não era simplesmente a uma igreja local, uma denominação ou uma visão teológica, mas ao próprio Senhor Jesus Cristo. Da mesma forma, se Jesus se apropriou de nossa vida e nos mudou, então também não podemos manter esse fato que muda vidas guardado para nós mesmos. Assim como dizemos não ao pecado quando recebemos a salvação de Cristo, também precisamos dizer não ao sigilo sobre a nossa fé. Ou nosso discipulado destruirá nosso sigilo, ou nosso sigilo destruirá nosso discipulado.

Finalmente, Ananias era um discípulo *comprometido*. Mais tarde, Paulo se lembraria de Ananias como um "Um homem, chamado Ananias, piedoso conforme a lei, tendo bom testemunho de todos os judeus que ali moravam" (At 22.12). Uma reputação como essa não é conquistada em cinco minutos, ou mesmo cinco dias, mas lentamente, no fluxo e refluxo constante da vida. Ananias desenvolveu tal reputação ao dedicar toda a sua vida a seguir a Deus e sua Palavra — uma dedicação que ele certamente demonstrou através de seus afazeres cotidianos e interações com os outros.

A vida de Ananias nos desafia a sermos fiéis de maneiras aparentemente pequenas em dias aparentemente ordinários. Talvez um dia sejamos chamados a fazer algo extraordinário para o Senhor — mas não devemos esperar até lá para vivermos de todo o coração para ele. Isto é o que os discípulos fazem: buscar a Deus com ousadia, devoção e humildade, e confiar completamente nele. Quer você esteja no meio de estudos, criação de filhos, buscando uma carreira ou enfrentando a aposentadoria e a velhice, procure fazer tudo fielmente para a glória de Deus. Tenha como objetivo ser conhecido simplesmente como Ananias era: um discípulo de Jesus Cristo.

🎧 ♡ ✋ ATOS 9.1-19

📖 A Bíblia em um ano: Is 62–64; Mc 14.27-52

15 DE FEVEREIRO
O DIA DA EXPIAÇÃO

Porque a vida da carne está no sangue. Eu vo-lo tenho dado sobre o altar, para fazer expiação pela vossa alma, porquanto é o sangue que fará expiação em virtude da vida. (Lv 17.11)

Quando Deus resgatou os israelitas do Egito, a redenção deles os levou a um relacionamento com ele. Vivendo sob o governo de Deus, o povo desfrutou da presença dele no tabernáculo. Porém, desde o início, os israelitas não podiam guardar a Lei de Deus. Isso gerou um dilema: como um Deus santo poderia viver com um povo pecador?

Em um dia específico de cada ano — o Dia da Expiação —, o sumo sacerdote de Israel era instruído por Deus a entrar no Santo dos Santos — o lugar no tabernáculo onde a presença de Deus habitava — para oferecer sacrifícios pelos pecados do povo. O sumo sacerdote pegaria dois bodes sem defeito. O primeiro ele sacrificaria como oferta pelo pecado do povo, e depois aspergiria seu sangue no tampo da arca, também conhecido como propiciatório. Os israelitas mereciam a morte por seus pecados, mas Deus graciosamente providenciou esse bode como um substituto para morrer em seu lugar. O povo podia viver porque o animal havia morrido. E o resultado dessa expiação era visto no que acontecia com o segundo bode: o sacerdote colocava as mãos na cabeça dele, confessava os pecados do povo sobre ele e então o expulsava para bem longe no deserto. O sumo sacerdote era então capaz de aparecer diante do povo, dizendo, com efeito: *Os seus pecados foram expiados. O sangue foi derramado e, pelo derramamento de sangue, há remissão para o pecado. O outro bode eu expulsei para o deserto, e da mesma forma você não precisa mais se preocupar com seus pecados nem carregá-los como um fardo nas costas.*

De uma maneira muito específica, Deus estava estabelecendo esta verdade essencial: *ele está disposto a fazer o que for necessário para trazer pessoas pecadoras à sua presença.* Como o seu povo era (e ainda é!) indisciplinado, ele teve de prover um sacrifício pela pecaminosidade deles, permitindo que se aproximassem dele com base nas ações de outro. E cada sacrifício apontava para além de si mesmo, para o sacrifício perfeito que Cristo ofereceria pela sua morte na cruz, lidando com o pecado de uma vez por todas. Como resultado, podemos desfrutar de total confiança diante de Deus. Mas essa confiança não está em nós mesmos; antes: "Tendo, pois, irmãos, intrepidez para entrar no Santo dos Santos, pelo sangue de Jesus, pelo novo e vivo caminho que ele nos consagrou pelo véu, isto é, pela sua carne" (Hb 10.19-20).

Quando você estiver sendo tentado a vacilar, a duvidar e a olhar para suas próprias obras como a base da sua segurança, lembre-se desses dois bodes, ambos lhe indicando a obra de Jesus na cruz. Seu pecado foi pago e removido. Seu desempenho não acrescenta nem subtrai nada da sua condição diante de nosso Deus santo. Aqui é onde você encontra sua confiança:

Em uma vida que não vivi, / Em uma morte que não morri,
Na vida de outro, na morte de outro, / Aposto toda a minha eternidade.[27]

HEBREUS 10.11-25

16 DE FEVEREIRO
QUEM DIZEIS QUE EU SOU?

Respondendo Simão Pedro, disse: Tu és o Cristo, o Filho do Deus vivo.
Então, Jesus lhe afirmou: Bem-aventurado és, Simão Barjonas, porque não foi carne
e sangue que to revelaram, mas meu Pai, que está nos céus. (Mt 16.16-17)

Quando lemos os Evangelhos, torna-se evidente que, quando as pessoas encontravam Jesus de Nazaré, raramente reagiam com uma neutralidade educada. As suas palavras e ações inspiravam profundo amor e devoção, mas também temor e ódio. O que poderia explicar essa gama de respostas?

Nessa conversa na estrada para Cesareia de Filipe, Pedro falou — como costumava acontecer — e por outros além de si mesmo, quando respondeu: "Tu és o Cristo". A palavra que ele usou para identificar Jesus foi *Christos*, que em grego significa "Messias" ou "Ungido". Ao longo do Antigo Testamento, Deus ungiu reis, juízes e profetas, mas todos eles eram representantes e porta-vozes apontando para o futuro Messias, o Salvador, o próprio Ungido de Deus. Portanto, o que Pedro declarou foi especialmente notável. Ele estava dizendo a Jesus: <u>Tu</u> *és aquele.* <u>Tu</u> *és aquele de quem os profetas falaram.*

O que é ainda mais surpreendente é a explicação de Jesus para a declaração de Pedro. Pedro não chegou a essa conclusão porque era esperto, ou porque tinha uma capacidade avançada de pensamento lógico e racional, ou porque um pregador inspirador lhe havia explicado isso. Sua declaração foi possível porque, na verdade, Deus Pai revelou a ele.

A confissão de fé de Pedro, como a nossa, nunca poderia ter acontecido por sua própria força. A fé é um dom que nos é dado. Essa troca entre Pedro e Jesus é um exemplo concreto do Espírito de Deus tomando a Palavra de Deus e trazendo-a à mente e ao coração de alguém de uma maneira que faz com que essa pessoa declare o messianismo de Jesus.

Como Pedro, nossa capacidade de declarar Jesus como Senhor e Messias não é obra nossa; é "dom de Deus; não de obras, para que ninguém se glorie" (Ef 2.8-9). Se a nossa fé fosse o resultado de nossa própria capacidade intelectual, inteligência emocional ou bondade moral, poderíamos depositar confiança — poderíamos nos gloriar — em nós mesmos. Contudo, nos dias bons, isso nos deixará orgulhosos, e nos dias ruins nos deixará frágeis. Não: a nossa fé repousa inteiramente no dom de Deus, e assim colocamos nossa confiança nele — e somos humildes nos nossos melhores dias e confiantes nos piores. Alegre-se com gratidão hoje, então, porque Deus se deleita em transformar corações e mentes pela verdade da sua Palavra, a fim de que possamos nos juntar a Pedro ao declarar: "Tu és o Cristo".

EFÉSIOS 2.1-10

17 DE FEVEREIRO
UMA PALAVRA PARA OS FILHOS

Filhos, obedecei a vossos pais no Senhor, pois isto é justo.
Honra a teu pai e a tua mãe (que é o primeiro mandamento com promessa),
para que te vá bem, e sejas de longa vida sobre a terra. (Ef 6.1-3)

Em duas ocasiões, quando Paulo dá a seus leitores uma longa lista dos maus frutos da impiedade, bem no meio encontramos uma pequena frase: "desobedientes aos pais" (Rm 1.30; 2Tm 3.2). Por outro lado, quando você lê a história da igreja, descobre que, em tempos de avivamento espiritual, seguiu-se disso a piedade prática — incluindo a submissão das crianças à autoridade piedosa dos pais.

A obediência dos filhos aos pais não é mera sugestão; é uma obrigação. A Escritura ensina que tal obediência é correta de acordo com a ordem natural da Criação de Deus, de acordo com a Lei dele, e como resposta ao Evangelho. Os pais não devem ter medo de pedir, e enaltecer, a obediência. Mas Paulo não diz apenas que a obediência é correta; ele também diz que ela é recompensada. No Senhor Jesus, há uma bênção que acompanha a atenção aos mandamentos e promessas de Deus. E, quando as relações entre pais e filhos são marcadas por amor, confiança e obediência, não criamos apenas pessoas saudáveis; criamos uma sociedade saudável e coesa.

Os pais que desejam produzir tal obediência fariam bem em se lembrar de cinco verdades importantes que a Bíblia ensina sobre nossos filhos:

1. "Herança do Senhor são os filhos" (Sl 127.3). Eles são um presente e uma bênção. Pensar em nossos filhos deve incitar gratidão ao Doador desses filhos.
2. Não somos donos de nossos filhos; eles pertencem a Deus. Eles estão emprestados a nós por um tempo limitado.
3. Os filhos são imperfeitos desde a concepção, culpados de pecado e não merecedores da vida eterna — assim como todos nós (Sl 58.3; Rm 3.23).
4. Por serem pecadores, os filhos precisam dos mandamentos de Deus. Como pais, somos responsáveis por instruí-los na Lei de Deus desde os primeiros dias.
5. Nossos filhos podem ser salvos somente pela graça. Portanto, precisamos ensiná-los a olhar somente para Jesus para a salvação.

Muitos de nós vivemos em uma cultura na qual essas verdades são resistidas. Por um lado, os filhos são vistos como intrinsecamente bons, e a sua educação, saúde ou felicidade é considerada o bem mais elevado. Por outro, muitas vezes eles são alvo de piadas ou motivo de reclamações. Às vezes, mesmo dentro da própria igreja, há uma ausência de declarações bíblicas claras sobre a paternidade. Mas aqui está o que Deus diz: os filhos que crescem em casa devem obedecer a seus pais; os pais devem criar seus filhos para conhecer a Lei de Deus e a graça de Deus. Se formos criar uma geração em nossos lares e em nossas igrejas que seja mais piedosa e mais zelosa do que a nossa, faremos bem em nutrir nossos filhos no contexto da verdade de Deus. Muitos de nós somos pais com crianças em nossas casas. Todos nós somos membros de igrejas com crianças em nosso meio. Então, o que você deve fazer para contribuir para a saúde espiritual da próxima geração?

PROVÉRBIOS 2

18 DE FEVEREIRO
COMPRADOS PARA DEUS

*Com o teu sangue compraste para Deus os que procedem
de toda tribo, língua, povo e nação e para o nosso Deus os constituíste
reino e sacerdotes; e reinarão sobre a terra.* (Ap 5.9-10)

Eu estava no seminário com uma candidata missionária galesa chamada Mary Fisher. Ela estava estudando a língua xona para poder ensinar meninos e meninas no Zimbábue. Dentro de um tempo relativamente curto após sua chegada lá, houve um ataque terrorista na escola onde ela estava ensinando. Junto com muitos outros professores e crianças, Mary não sobreviveu; sua vida foi extinta naquele ataque.[28] Contudo, embora sua morte tenha sido trágica, sua vida testificou da alegria de servir a Deus, que a tudo supera, não apenas aqui, mas também na eternidade.

No cântico dos anciãos reunidos em torno do Cordeiro em Apocalipse, somos lembrados de que o propósito da morte de Cristo foi que pudéssemos ser resgatados por Deus. Fomos libertos do pecado que nos prendia em suas garras para que, tendo sido comprados pelo sangue de Cristo, vivamos para ele. Nosso louvor é para Deus. Nosso serviço, como o de Mary Fisher, é para Deus.

Conforme os crentes do primeiro século olhavam em volta e viam alguns de seus amigos levados em cativeiro por sua fé, eles tentavam entender o triunfo de Cristo sobre a morte, a vitória de sua ascensão e a realidade de seu retorno. À luz da tribulação que enfrentavam, esses cristãos foram capazes de encontrar encorajamento na lembrança de que, mesmo Jesus tendo feito expiação por nossos pecados, o seu foco estava sempre no Pai. Ele nos comprou *para Deus*.

De que outra forma entendemos as tragédias contadas nas biografias de missionários ou explicamos o aparente caos desenfreado representado na morte dos mártires? A última gravação de Mary Fisher oferece clareza. Como cantora e violonista, ela estava ensinando às crianças em sua aula a letra de uma música baseada nas palavras de Paulo à igreja de Filipos: "Porquanto, para mim, o viver é Cristo, e o morrer é lucro" (Fp 1.21).[29] Andar em seu caminho e segurar sua mão, a canção declara, é o caminho da paz e alegria.

Essa música não é nada além de retórica vazia, a menos que Apocalipse 5 seja absolutamente verdadeiro quando nos diz que Jesus foi à cruz para nos comprar para Deus. E Apocalipse 5 é absolutamente verdadeiro; e assim, mesmo que todo o nosso fôlego fosse arrancado em serviço a ele, mesmo que toda a nossa vida fosse pisoteada por causa do seu nome, ainda assim seria tempo, energia e vida bem gastos. Você foi resgatado por Deus para louvá-lo hoje e gozá-lo por toda a eternidade. Seja lá o que aguarda você hoje, certifique-se de caminhar ao longo do dia com isso como sua maior paixão e seu maior propósito.

FILIPENSES 1.12-18

19 DE FEVEREIRO

O CUSTO DE RECLAMAR

Queixou-se o povo de sua sorte aos ouvidos do Senhor; ouvindo-o o Senhor, acendeu-se-lhe a ira. (Nm 11.1)

Não deve haver lugar para murmuração na vida cristã.

Essa foi uma lição que Israel aprendeu da maneira mais difícil (e aprendeu lentamente). Depois que Deus os libertou da escravidão no Egito, os israelitas receberam a sua Lei, receberam os seus mandamentos e sabiam do próprio destino. Partiram ansiosamente para chegar à terra prometida, mas não haviam ido muito longe — não haviam passado nem mesmo da primeira curva na estrada — e já começaram a reclamar. Eles queriam carne para comer em vez de maná, e até mesmo desejaram estar de volta no Egito (Nm 11.4-6). Onde antes eles pensavam que a provisão diária de maná de Deus era uma indicação maravilhosa do seu amor por eles, agora reclamavam de precisar comer a mesma coisa de sempre.

Murmurar parece ser uma coisa pequena, mas é um sinal de que falta gratidão. Sempre que a incredulidade e a falta de gratidão marcam a vida dos filhos de Deus, as consequências são inevitáveis. Podemos não acabar como os israelitas, que vagaram no deserto por 40 anos, mas nossa própria murmuração não é isenta de custo.

Você se lembra de quando sentiu pela primeira vez a emoção de sua fé recém-descoberta? Talvez você tenha comprado sua primeira cópia do Novo Testamento e pensou que tudo o que estava descobrindo era fantástico. Você o lia em todos os lugares. Então, talvez, algo aconteceu no caminho; agora parece ser apenas "a mesma velha Bíblia", e você gostaria que Deus fizesse algo mais dramático, algo melhor? Você se lembra de um tempo em que compartilhar sua fé parecia um privilégio emocionante — mas agora parece um fardo e uma obrigação? Você se lembra de uma época quando transbordava de gratidão pela cruz — mas agora você se concentra mais nas maneiras como Deus não o conduziu pelos caminhos ou para os lugares que você teria preferido?

Quando o apóstolo Paulo escreveu à igreja primitiva, ele os lembrou da história de Israel como um aviso:

> Não ponhamos o Senhor à prova, como alguns deles já fizeram e pereceram pelas mordeduras das serpentes. Nem murmureis, como alguns deles murmuraram e foram destruídos pelo exterminador. Estas coisas lhes sobrevieram como exemplos e foram escritas para advertência nossa. (1Co 10.9-11)

Se temos fé em Cristo, fomos libertos da escravidão do pecado — até mesmo da nossa murmuração! Fomos libertos por um sacrifício: o derramamento do sangue de Cristo na cruz. E nós também partimos em uma jornada, não para Canaã, mas para o céu. À luz disso, Deus nos deu promessas maravilhosas e advertências necessárias. Não presuma sua provisão nem murmure sobre a rota pela qual ele o conduz, mas, em vez disso, encha-se de gratidão por tudo o que ele proveu material e espiritualmente. A cruz está atrás de você, o céu está diante de você, e o Espírito habita dentro de você. Não há necessidade nem desculpa para murmurar.

SALMO 95

20 DE FEVEREIRO
ANTÍDOTO PARA A ANSIEDADE

Não andeis ansiosos de coisa alguma; em tudo, porém, sejam conhecidas, diante de Deus, as vossas petições, pela oração e pela súplica, com ações de graças. E a paz de Deus, que excede todo o entendimento, guardará o vosso coração e a vossa mente em Cristo Jesus. (Fp 4.6-7)

Se eu lhe dissesse para escrever todas as coisas pelas quais você esteve ansioso esta semana, ou até mesmo hoje, imagino que você teria uma lista considerável. Sei que eu teria! E, no entanto, a Palavra de Deus nos diz: "Não andeis ansiosos de coisa alguma". Então, como devemos reagir quando nos sentimos sufocados na batalha contra a ansiedade?

Paulo diz que o antídoto para a ansiedade sufocante é oração e gratidão. Essa resposta não é natural. Na verdade, vai diretamente contra as tendências de nosso coração pecaminoso. A maioria de nós acha consideravelmente mais fácil recuar para um canto e reclamar, ou ruminar nas circunstâncias que nos preocupam, num esforço de controlá-las, em vez de levar as questões que nos induzem à ansiedade para Deus, em oração. Quão fácil — e quão infrutífero — é escolhermos sentar e ficar preocupados, permitindo que a ansiedade nos paralise, em vez de nos ajoelharmos e clamarmos a ele.

A oração engole a pergunta "Como vou lidar com isso?", orientando-nos para longe de nós mesmos e para a provisão de Deus. A oração direciona o nosso foco para Deus, que é inteiramente competente, que conhece nossas necessidades intimamente e que nos dará o que pedimos ou algo melhor do que podemos imaginar. E um coração agradecido nos ajuda a confrontar sem amargura a pergunta "Por que isso aconteceu comigo?", auxiliando-nos a lembrar das promessas de Deus. Ele sempre age com propósito, cumpre o seu plano e sabe exatamente o que está fazendo.

Alguns de nós tínhamos pais que funcionavam como nossos despertadores quando morávamos em casa. Quando precisávamos acordar em um determinado horário da manhã, tudo que tínhamos de fazer era avisar ao nosso pai ou à nossa mãe, e estávamos confiantes de que eles nos acordariam. Tudo o que nos restava fazer era dormir! Esse é o tipo de reação que Paulo quer que tenhamos diante da ansiedade. Devemos ir diretamente ao nosso Pai celestial e dizer: "Tu irás cuidar disso para mim?" E Deus sempre responde: *Eu cuido disso. Confie em mim.*

Quando entendermos que Deus está no controle de todas as coisas, levaremos todas as nossas lutas e desafios a ele. A paz que ele provê será uma fortaleza para o nosso coração.

Mesmo que os problemas nos assaltem e os perigos nos amedrontem,
Mesmo que amigos íntimos nos desapontem e todos os inimigos se unam,
Ainda assim, uma coisa nos assegura, qualquer que seja a ocasião,
A promessa nos assegura: "O Senhor proverá".[30]

Portanto, por que não escrever essa lista das coisas com as quais você tem estado ansioso esta semana? Então ore a respeito delas, levando essas situações ao trono do céu e deixando-as lá. E depois, ao lado de cada item, você pode escrever o que Deus lhe diz: *Eu cuido disso. Confie em mim.*

1 PEDRO 5.6-11

A Bíblia em um ano: Êx 12-13; 1Ts 2

21 DE FEVEREIRO
ENTRE VÓS NÃO SERÁ ASSIM

Mas Jesus, chamando-os a si, disse-lhes: Sabeis que os que julgam ser príncipes dos gentios, deles se assenhoreiam, e os seus grandes usam de autoridade sobre eles; mas entre vós não será assim. (Mc 10.42-43 ACF)

Uma das grandes mentiras em quase todas as gerações é que o povo de Deus alcançará melhor o próximo incrédulo se eles se parecerem, soarem, agirem e viverem o mais semelhantemente possível com ele. O Novo Testamento não apoia isso, nem a história da igreja. Em vez disso, a história confirma o que a Bíblia ensina — a saber, que o povo de Deus é sempre mais eficaz em uma cultura estrangeira quando, tanto por sua vida quanto por seu estilo de vida, ele é claramente contracultural (1Pe 2.11-12).

Pouco antes dessas palavras de Jesus, Tiago e João, os "filhos do trovão", foram até Jesus pedir um favor: eles queriam lugares de honra em seu reino (Mc 10.35-45). Esse desejo, contudo, não nasceu da lealdade, mas da ambição crua, semelhante à dos governantes romanos daquela época, que buscavam autopromoção.

Jesus não amenizou sua resposta. Sua linguagem era radical. Os discípulos eram seus seguidores, e eles deveriam ser diferentes. Eles precisavam entender que, no Reino de Deus, o caminho para cima é na verdade o caminho para baixo. A honra é encontrada em dar, não em receber. A grandeza é exibida no servir, não em ser servido. O maior exemplo desse princípio é o próprio Jesus, que "não julgou como usurpação o ser igual a Deus; antes, a si mesmo se esvaziou, assumindo a forma de servo, tornando-se em semelhança de homens; e, reconhecido em figura humana, a si mesmo se humilhou, tornando-se obediente até à morte e morte de cruz" (Fp 2.6-8).

Isso é desafiador, pois vivemos em uma cultura que se preocupa com a autoestima, o autoengrandecimento e o status de ser o único responsável pelas suas conquistas. Contudo, se professamos ser seguidores de Jesus, as suas palavras aqui nos lembram que não devemos ser marcados pela cultura, mas por ele.

Tendemos a ter uma preocupação doentia de sermos considerados relevantes, intelectualmente sensatos e socialmente aceitáveis. Quando é que isso já foi uma estratégia eficaz para a obra do Evangelho? A escolha é clara: ou vamos fazer o que Jesus diz, ou vamos fazer o que a cultura diz.

Não devemos diminuir a força das palavras de Jesus nem a escala de seu desafio. Mas também não precisamos nos desesperar, pois podemos encontrar encorajamento no fato de que João acabou entendendo. Perto do fim de sua vida, ele escreveu: "Nisto conhecemos o amor: que Cristo deu a sua vida por nós; e devemos dar nossa vida pelos irmãos" (1Jo 3.16). Ouça esta palavra de uma graça desconfortável — "entre vós não será assim" — e seja conformado à imagem de Jesus, disposto a renunciar aos seus direitos e à sua reputação em serviço e amor.

FILIPENSES 2.1-11

22 DE FEVEREIRO
O CONHECIMENTO DE DEUS

Não ensinará jamais cada um ao seu próximo, nem cada um ao seu irmão, dizendo: Conhece ao Senhor, porque todos me conhecerão, desde o menor até ao maior deles, diz o Senhor. (Jr 31.34)

Nos dias do profeta Jeremias, Deus se recusou a quebrar a aliança que havia feito com o seu povo. Porém, a despeito de sua misericórdia, o povo de Deus continuou a pecar. Isso apresentava um problema: como Deus poderia cumprir as promessas que havia feito para abençoar o seu povo quando eles continuamente demonstravam infidelidade para com ele?

Como parte de seu grande plano, Deus prometeu uma nova aliança — uma obra de recriação interior. Como o teólogo Alec Motyer escreve: "Quando seu povo não podia se elevar à altura de seus padrões, o Senhor não rebaixa seus padrões para corresponder à capacidade deles; ele transforma o seu povo."[31]

Essa nova aliança é o propósito e a promessa de Deus de regenerar corações por meio do sangue do Senhor Jesus. Ele toma o nosso coração e molda-o em perfeita forma — como encaixar uma peça num quebra-cabeça — para que a sua Lei se torne um deleite para nós.

Na declaração de Deus dessa nova aliança, o verbo "conhecer" é fundamental. No original em hebraico, o significado é claro desde o início em Gênesis: a declaração direta de que Adão "conheceu" sua esposa e eles tiveram filhos (Gn 4.1) demonstra o nível de intimidade que a palavra comunica. Deus está dizendo que, quando o seu povo chega a um entendimento do seu amor, eles não farão meros estudos bíblicos a uma curta distância; antes, serão pessoas que o conhecem verdadeiramente.

O que Jeremias falou no tempo futuro, somos capazes de aproveitar no presente; pois, entre a sua profecia e o nosso tempo, o Senhor Jesus ergueu um cálice de vinho na noite anterior à sua morte e anunciou: "Este é o cálice da nova aliança no meu sangue derramado em favor de vós" (Lc 22.20). Pela graça de Deus, você e eu podemos conhecer o Rei dos reis e o Senhor dos senhores. Não apenas isso, mas ele também conhece o nome de cada um de nós, individualmente; conhece nossas necessidades e está comprometido com nosso bem-estar. Jesus carrega os nossos nomes diante do Pai — e, por causa de tudo o que ele é e tudo o que ele fez, esses nomes estão escritos no Livro da Vida.

Que tipo de Rei é esse? A resposta está além da nossa capacidade de compreender por completo. Algum dia, nós o veremos face a face e entenderemos muito mais do que entendemos hoje. Contudo, ainda assim, hoje você pode viver com a confiança que vem de saber que conhece o Deus que o redimiu por meio de seu Filho, o qual habita e opera em você por seu Espírito e em cuja sala do trono você estará um dia.

JEREMIAS 31.31-40

23 DE FEVEREIRO

CONFORMADOS À SUA IMAGEM

*Porquanto aos que de antemão conheceu,
também os predestinou para serem conformes à imagem de seu Filho,
a fim de que ele seja o primogênito entre muitos irmãos.* (Rm 8.29)

Não é incomum alguém perguntar a casais que estão casados há muito tempo se os dois por acaso não seriam irmãos, pois assumiram muitas das características um do outro. Até certo ponto, isso faz sentido, não é? Tornamo-nos parecidos com a companhia que temos. O mesmo deve ser verdade para nós em nossa caminhada com Cristo.

O propósito de Deus para sua vida é conformá-lo à semelhança do seu Filho. Pense nisto: considere as perfeições humanas de Jesus e perceba que você se tornará como ele! Deus está profundamente comprometido com isso; é uma obra que ele promete que irá "completá-la até ao Dia de Cristo Jesus" (Fp 1.6). O que Deus está fazendo hoje? Podemos resumir simplesmente assim: ele está nos tornando mais parecidos com Cristo.

Muitos de nós estamos familiarizados com a garantia de Romanos 8.28 de que "todas as coisas cooperam para o bem daqueles que amam a Deus, daqueles que são chamados segundo o seu propósito". Mas o versículo seguinte nos diz que "bem" é esse que o nosso Deus Todo-Poderoso está operando em todas as facetas da nossa vida: "sermos conformados à imagem de seu Filho".

Deus está muito mais preocupado com a sua semelhança com Cristo do que com o seu conforto. Muitas vezes, faz-se mais progresso espiritual através da decepção e do fracasso do que através do sucesso e do riso. Embora não devamos procurar dificuldades, podemos reconhecer que nosso Pai sabe mais do que nós, e nada o pega de surpresa. Quando experimentamos uma oração "não respondida", ou quando nossos desafios e dor perduram muito mais do que desejamos, encontramos esperança em ver que o propósito eterno de Deus está em ação na vida dos seus filhos e através destes.

Você e eu não somos os únicos que experimentamos períodos significativos de desespero silencioso ou desapontamento contínuo quando somos tentados a perguntar: "O que Deus está *fazendo*?" O que ele estava fazendo quando os perseguidores de Estêvão tiraram suas jaquetas e atiraram pedras nele (At 7.58)? O que ele estava fazendo quando Paulo foi expulso de Damasco e o desceram pela muralha em uma cesta (9.25)? O que ele estava fazendo quando Pedro foi preso pelo rei Agripa (12.3)? Por mais difícil que seja ver, ele estava realizando seu plano eterno: tornar seus seguidores mais parecidos com Jesus enquanto caminhavam para casa em direção a Jesus.

Aqui está a fonte de sua esperança quando você se levantar de manhã. Faça chuva ou faça sol, venha deleite ou decepção, Deus definitivamente cumprirá os propósitos dele em sua vida ao longo do dia. Seu Pai celestial tem um plano e um propósito para cada um que ele chama de seu. Você pode ser capaz de ver como ele está fazendo isso em tempo real, ou alguns meses depois, ou talvez não até que você esteja com Cristo na eternidade. Mas saiba disto: hoje é outro dia em que seu Pai o tornará mais parecido com o seu Filho.

ROMANOS 8.26-39

24 DE FEVEREIRO
ESPERANÇA NO SILÊNCIO

Eis que eu envio o meu mensageiro, que preparará o caminho diante de mim; de repente, virá ao seu templo o Senhor, a quem vós buscais, o Anjo da Aliança, a quem vós desejais; eis que ele vem, diz o Senhor dos Exércitos. (Ml 3.1)

O povo de Deus é um povo que espera.

Depois que o povo de Deus voltou do exílio na Babilônia, os "Profetas Menores" Ageu, Zacarias e Malaquias trouxeram a Palavra de Deus a eles. A mensagem deles era semelhante ao que seus antecessores haviam dito antes do povo ir para o cativeiro: *Vocês, israelitas, são ridículos! Vocês continuam quebrando a aliança. E, se continuarem quebrando a aliança, Deus virá em juízo.*

Mas a mensagem dos Profetas Menores não era *apenas* de juízo. Também havia esperança. Eles podem ter retornado fisicamente à terra, mas espiritualmente o povo ainda estava no exílio. Judá — todo o remanescente de Israel — se agarrou à esperança de que Deus cumpriria a sua promessa para que o seu povo pudesse aproveitar as suas bênçãos. Mas o Reino de Deus ainda não havia chegado da maneira como os profetas anteriores haviam declarado que viria — porque o Rei de Deus ainda não havia chegado. Então o povo esperava que o Senhor voltasse e cumprisse todas as promessas de salvação.

O último dos profetas veterotestamentários, Malaquias, insistiu que esse Rei ainda apareceria — mas 400 anos de silêncio se seguiram. As pessoas nasceram, cuidaram de seus negócios, trabalharam e morreram, e assim o ciclo continuou. Provavelmente eles perguntaram uns aos outros: "E quanto a estas palavras: 'Eis que eu envio o meu mensageiro, que preparará o caminho diante de mim'? Já se passaram séculos desde essa promessa."

Em dado momento, algumas dessas pessoas podem ter caminhado até o mercado quando uma figura de aparência engraçada, vestindo uma roupa estranha e comendo uma dieta estranha, apareceu nas ruas, citando o Antigo Testamento: "Eis aí envio diante da tua face o meu mensageiro, o qual preparará o teu caminho; voz do que clama no deserto: Preparai o caminho do Senhor, endireitai as suas veredas" (Mc 1.2-3). Com essas palavras, João Batista encerrou gerações de silêncio. Após muitos longos anos de espera, Deus foi fiel em cumprir suas promessas, assim como ele sempre é. Ele enviou tanto seu mensageiro como o seu Rei para que todas as pessoas pudessem experimentar sua bênção — a saber, o cumprimento da salvação por meio de Jesus Cristo.

Em nossos dias, o povo de Deus ainda está olhando para a frente. Sabemos que Jesus veio; também sabemos que ele está vindo. O Reino de Deus ainda não chegou em toda a sua plenitude gloriosa. Portanto, somos um povo de espera em um mundo de gratificação instantânea, um povo expectante em um mundo de rápida desilusão.

Quando parecer que Deus está demorando muito para cumprir as promessas dele na sua vida, não perca a esperança. Geração após geração, ele provou ser fiel — e, ao enviar Jesus, ele apresentou o cumpridor de todas as promessas. Você pode descansar na constância dele. "Certamente", diz Jesus, "venho sem demora" (Ap 22.20). Ele fará o que disse.

2 PEDRO 3.1-13

25 DE FEVEREIRO
CORRA PARA VALER

Não sabeis vós que os que correm no estádio, todos, na verdade, correm, mas um só leva o prêmio? Correi de tal maneira que o alcanceis. Todo atleta em tudo se domina; aqueles, para alcançar uma coroa corruptível; nós, porém, a incorruptível. Assim corro também eu, não sem meta; assim luto, não como desferindo golpes no ar. (1Co 9.24-26)

As competições atléticas eram importantes na cultura grega que permeava o Império Romano oriental na época do Novo Testamento. Um comentador resume Corinto como uma cidade cujas massas exigiam apenas duas coisas: pão e jogos.[32]

Concursos locais menores davam uma série de prêmios, mas em grandes eventos havia apenas um — uma coroa muitas vezes de louros ou pinho. Os competidores passavam meses e meses de suas vidas separando-se de tudo o que eles poderiam aproveitar caso não se dedicassem — todos os relacionamentos, toda a comida, todas as atividades de lazer que minariam sua capacidade de vencer —, a fim de fixar o olhar em uma coroa de louros. Paulo usa essa ilustração para encorajar os crentes a viverem com os olhos fixos no prêmio eterno de glorificar a Cristo e serem unidos a ele.

Nas corridas de *cross country* escolares, o que começa como uma grande companhia muitas vezes rapidamente se torna três grupos: um pequeno grupo busca o ouro, a grande maioria dos corredores no meio vai atrás de um resultado que "dá para o gasto", e os que ficam para trás são tipicamente as almas cínicas, perturbadas, desiludidas e arrependidas. A palavra para "correr" que Paulo usa no versículo descreve o correr não como um retardatário, não como um andarilho, não como um participante sem comprometimento, mas como um ganhador do prêmio. Como cristãos, devemos nos recusar a correr sem rumo. Devemos ir em busca de ouro.

Viver com foco no prêmio requer sacrifício — especificamente, o sacrifício de qualquer desejo contrário à vontade de Deus. A palavra "atleta" no versículo 25 traduz a palavra *agonizomenos*, da qual obtemos a palavra "agonia". Ser atleta é escolher não se sentir confortável. Ser cristão é escolher a mesma coisa. Estamos preparados para agonizar e nos sacrificar por Cristo, sabendo que só assim experimentaremos a alegria de ganhar o prêmio de uma vida bem vivida por ele?

Mas como devemos oferecer tal sacrifício ou correr com tal foco? Não será o resultado de nossa própria força ou justiça própria. Isso tudo é a alma e a substância da falsa religião. Não: apenas nossa união com Cristo provê o poder e o potencial para essa mudança. Jesus deu o exemplo de sacrifício voluntário com o prêmio eterno em mente (Hb 12.2). Quando ele sustenta nosso coração e nossa vida, não há limite para a extensão a que iremos alegremente enquanto corremos nossa corrida por ele e seguimos atrás dele.

Acredita-se que, quando perguntado sobre o plano de corrida que lhe permitiu ganhar o ouro nos 400 metros rasos nas Olimpíadas de 1924, o famoso olímpico e missionário escocês Eric Liddell tenha respondido: "Corro os primeiros 200 metros o mais rápido que posso. Então, pelos 200 metros seguintes, com a ajuda de Deus, corro ainda mais." Hoje, então, não corra sem rumo ou devagar, mas, com a ajuda de Deus, corra ainda mais em busca do ouro, por amor a ele e por sua glória.

HEBREUS 12.1-3

26 DE FEVEREIRO

PALAVRAS QUE MACHUCAM

Ora, a língua é fogo; é mundo de iniquidade; a língua está situada entre os membros de nosso corpo, e contamina o corpo inteiro, e não só põe em chamas toda a carreira da existência humana, como também é posta ela mesma em chamas pelo inferno. [...] a língua, porém, nenhum dos homens é capaz de domar. (Tg 3.6, 8)

Três coisas nunca voltam: a flecha atirada, a palavra dita e a oportunidade perdida. O que dizemos não pode ser apagado. Além disso, seremos chamados a prestar contas de cada palavra que proferimos — até mesmo as que dissemos por descuido — no dia do acerto de contas (ver Mt 12.36). Como disse o rei Salomão: "O que guarda a boca conserva a sua alma, mas o que muito abre os lábios a si mesmo se arruína" (Pv 13.3); e "A morte e a vida estão no poder da língua" (18.21). Nossas palavras podem servir para encorajar, nutrir e curar. Mas elas também podem causar contendas, criar discórdia e infligir danos. Salomão nos dá uma imagem multifacetada do que caracteriza tais palavras que machucam tanto. Ele descreve palavras que machucam como aquelas que são imprudentes, sendo "como pontas de espada" (12.18). Nossas palavras muitas vezes se espalham sem contenção e nos tornamos alguém que "responde antes de ouvir" (18.13 ACF). "No muito falar não falta transgressão" (10.19).

Você provavelmente já ouviu o ditado de que paus e pedras podem quebrar nossos ossos, mas as palavras nunca podem nos prejudicar — porém isso é totalmente errado. As feridas podem desaparecer, e as marcas que elas fizeram podem ser esquecidas. Mas as palavras que machucam, ditas a nós e sobre nós, tendem a permanecer conosco por muito tempo. Mais verdadeiras são estas linhas:

Uma palavra descuidada pode inflamar contendas,
Uma palavra cruel pode destruir uma vida,
Uma palavra amarga pode o ódio instilar,
Uma palavra brutal pode ferir e matar.

Seria difícil estimar quantas amizades são desfeitas, quantas reputações são arruinadas ou a paz de quantas casas é destruída por palavras que machucam. A própria fonte de toda essa animosidade e linguagem abusiva, de acordo com Tiago, não é outra senão o próprio inferno. Sim, nossa língua é "um fogo", e "nenhum homem pode domar a língua" sem a obra do Espírito Santo de Deus.

Pare e pense em quantas palavras você usou nas últimas 24 horas e em como elas foram usadas. "A morte e a vida estão no poder da língua" — então, alguma de suas palavras causou dano, destruindo outra pessoa de alguma forma? Esse é um pecado do qual se deve arrepender e desviar. Isso é algo que você precisa fazer, tanto diante de Deus quanto da pessoa a quem essas palavras foram ditas?

Em seguida, pense nas palavras que você pode falar nas próximas 24 horas. Como elas podem ser usadas para trazer vida? Como você pode refletir aquele que "não cometeu pecado, nem dolo algum se achou em sua boca"? Em vez disso, "quando ultrajado, não revidava com ultraje; [...] carregando ele mesmo [...] os nossos pecados, para que nós, mortos para os pecados, vivamos para a justiça" (1Pe 2.22-24).

♫ ♡ ✋ TIAGO 3.2-12

27 DE FEVEREIRO
PALAVRAS QUE AJUDAM

De uma só boca procede bênção e maldição. Meus irmãos, não é conveniente que estas coisas sejam assim. Acaso, pode a fonte jorrar do mesmo lugar o que é doce e o que é amargoso? Acaso, meus irmãos, pode a figueira produzir azeitonas ou a videira, figos? Tampouco fonte de água salgada pode dar água doce. (Tg 3.10-12)

No curso de nossa vida, somos confrontados pela injustiça, pela indelicadeza, pelas circunstâncias desagradáveis e, muitas vezes, por pessoas desagradáveis. Antes de oferecer uma resposta verbal nessas situações, faríamos bem em lembrar desta verdade aprendida de nosso Senhor: nossas palavras refletem nosso coração (Mt 12.34). Se nossas palavras não são semelhantes a Cristo, devemos olhar primeiro não para a nossa boca, mas para o nosso coração. Da mesma forma, é uma indicação da obra de nosso Senhor dentro de nós quando respondemos a conflitos e desafios com palavras que *ajudam* ao invés daquelas que machucam.

Nossa língua contém imenso poder, e podemos aproveitá-la para ajudar, encorajar, afirmar, enriquecer, reconciliar, perdoar, unir, suavizar e abençoar. Não é por acaso que muitos dos provérbios do Antigo Testamento abordam as palavras que falamos. De acordo com Salomão, "A boca do justo é manancial de vida" (Pv 10.11). Ele compara esse uso de palavras a brincos adoráveis que adornam a beleza do usuário e a belos ornamentos que realçam a beleza de uma casa (25.12). Talvez sua declaração mais clássica sobre o poder da fala seja sua observação de que, "Como maçãs de ouro em salvas de prata, assim é a palavra dita a seu tempo" (v. 11).

O que faz com que uma linguagem seja tão vivificante? Como nossa boca pode trazer bênçãos aos outros? Palavras de bênção são marcadas por honestidade, por "falar a verdade em amor" (Ef 4.15, NVT). Elas são atenciosas, ditas por alguém que "medita o que há de responder" (Pv 15.28). Costumam ser poucas e marcadas pela razão: "Quem retém as palavras possui o conhecimento, e o sereno de espírito é homem de inteligência" (17.27).

E, claro, palavras úteis serão palavras gentis. Embora possa ser difícil lembrar no meio de circunstâncias difíceis, permanece verdade que "A resposta branda desvia o furor" (Pv 15.1). De fato, uma resposta gentil brota da força moral; é preciso muito mais autocontrole para responder com gentileza do que dar lugar à paixão e à raiva desenfreadas.

O que marcará suas palavras? Você se comprometerá a usar sua língua — aquele membro pequeno, mas imensamente poderoso, de seu corpo — para abençoar ao invés de amaldiçoar, para dar vida ao invés de destruí-la, e para ajudar ao invés de machucar?

Decida hoje usar suas palavras para o bem daqueles com quem interage, honrando a Cristo em seu coração e deixando o doce aroma dele encher seu discurso. Em seguida, reconheça humildemente que você não pode fazer isso sozinho (Tg 3.8) e peça a ele que o encha com seu Espírito — o Espírito que planta a paz, a gentileza e o autocontrole em seu coração e em sua fala (Gl 5.22-23).

GÁLATAS 5.16-25

28 DE FEVEREIRO
COMPROMETIDO E CONSISTENTE

Eu, porém, perseverei em seguir o Senhor, meu Deus. Então, Moisés, naquele dia, jurou, dizendo: Certamente, a terra em que puseste o pé será tua e de teus filhos, em herança perpetuamente, pois perseveraste em seguir o Senhor, meu Deus. (Js 14.8-9)

Muitas pessoas começam a vida voando, apenas para depois perder o que quer que tenha sido que uma vez as tornou bem-sucedidas. Talvez elas fossem bem conhecidas como um jovem homem ou mulher. Aos 40 anos, sua vida era de proeminência, influência e status. Na igreja, podemos ver tais indivíduos — na verdade, podemos ver a *nós mesmos* — como supremamente úteis a Deus. Todavia, muitas vezes, somos tentados a nos tornar mestres do ontem, frequentemente olhando para os "bons anos" e murmurando sobre como as coisas se tornaram.

Embora seja verdade para muitos, isso não era verdade para Calebe, que fugiu da apatia em potencial e persistiu na fé. Ele passou sua meia-idade em um ambiente menos do que desejável. Quando ele fez 40 anos, ficou preso vagando pelo deserto por quatro décadas, porque as pessoas ao seu redor não tinham fé em Deus. No entanto, durante esse tempo de frustração e andanças, Calebe permaneceu livre de amargura e descontentamento.

Na verdade, as coisas acabaram ficando tão ruins, que as pessoas começaram a procurar um líder para levá-las de volta aos bons e velhos tempos (Nm 14.4). No entanto, ninguém realmente precisa de um líder para voltar atrás; você pode simplesmente voltar! Precisamos de líderes para nos impulsionar para a frente. Há um amanhã. Há gerações ainda por vir. Há propósitos ainda a se desdobrarem no plano de Deus para o nosso mundo.

Calebe revela esse espírito. O aparente comprometimento de seu início de vida foi acompanhado por sua consistência nos anos intermediários. Ele era comprometido e consistente não apenas aos 40, mas também aos 50, 60 e 70 anos. Ao longo das décadas, ele "[perseverou] em seguir o Senhor".

Para muitos, o casamento, o estabelecimento de um lar, preocupações com os negócios, problemas de saúde e assim por diante são frequentemente acompanhados por uma perda de ardor espiritual e eficácia. Muitos são aqueles que têm grandes recursos, energia e sabedoria para oferecer, mas que decidem relaxar, deixando a obra do ministério para a próxima geração. Como os israelitas no deserto, eles se contentam com o desinteresse, o criticismo e o cinismo, deixando de ver a desintegração em suas próprias vidas espirituais.

E quanto ao seu comprometimento, suas conversas e sua afiação espiritual? Continuam como já foram um dia? Há uma grande necessidade na igreja hoje, como havia na geração do deserto de Israel, de homens e mulheres da fé experimentados, que vivam vidas marcadas por um comprometimento consistente, nos bons e maus momentos, quer seja oportuno, quer não, pelos anos que eles caminham em direção à herança prometida pelo Senhor aos seus seguidores fiéis. Como será isso para você hoje — e daqui a dez anos?

JUÍZES 1.1-20

A Bíblia em um ano: Êx 29–30; Tg 1

1º DE MARÇO

UM BASTIÃO PARA NOSSA ALMA

Bendito o Deus e Pai de nosso Senhor Jesus Cristo, que nos tem abençoado com toda sorte de bênção espiritual nas regiões celestiais em Cristo, assim como nos escolheu, nele, antes da fundação do mundo, para sermos santos e irrepreensíveis perante ele; e em amor nos predestinou para ele, para a adoção de filhos, por meio de Jesus Cristo. (Ef 1.3-5)

Deus ama você há muito, muito tempo.

O impressionante derramar de louvor de Paulo no início de sua carta aos efésios nos anuncia a maravilha de tudo o que Deus fez por nós em Cristo. Uma das características que o torna tão marcante é que começa com Deus, lembrando-nos de que, antes mesmo de existirmos, ele tomou a iniciativa de atrair as pessoas para si. Podemos ser tentados a acreditar que precisamos buscar a Deus por meio de esforço humano; sem dúvida, muitas religiões do mundo ensinam exatamente isso. Porém, desde o início, a Bíblia ensina que na verdade é Deus quem estende a mão a nós.

Nossa eleição em Cristo não é um tipo de reflexão histórica posterior; ela surge lá atrás, na eternidade passada, antes da Criação. Sim, nós decidimos seguir a Cristo — mas é muito humilhante reconhecer que nunca poderíamos ter escolhido a Deus se ele não nos tivesse escolhido antes da criação do mundo. Você não seria capaz de decidir segui-lo se ele não tivesse primeiro decidido tornar você filho dele.

Há uma tensão delicada em reconciliar a responsabilidade do homem com a soberania de Deus. Muitas pessoas acreditam que devem escolher entre as duas quando, na verdade, ambas as ideias são bíblicas e conectadas. São duas verdades que estão lado a lado, aparentemente irreconciliáveis em nossas mentes humanas finitas, mas ambas inteiramente verdadeiras. Não precisamos nos preocupar com elas como um exercício intelectual. Em vez disso, somos livres para responder, curvando-nos em admiração com a bondade do Deus Todo-Poderoso em nosso favor.

A doutrina da eleição não é uma bandeira sob a qual marchamos, mas um bastião para nossa alma.[33] Faz toda a diferença para nossa segurança e nossa alegria. Uma vez que se reconhece humildemente que sua identidade em Cristo foi estabelecida no momento em que ele primeiro firmou o afeto dele em você, mesmo antes do alvorecer dos tempos, você encontra liberdade e tem confiança. Você não precisa inventar alguma razão em si mesmo para entender por que recebeu a incrível graça de Deus; você pode simplesmente se alegrar em saber que ele o escolheu porque ele o ama. Você não precisa viver sobrecarregado por seu pecado ou esmagado porque sente estar fazendo pouco progresso em sua vida cristã, pois o amor dele nunca foi baseado em seu desempenho ou em sua promessa de fazer melhor. Você pode caminhar pelos picos e vales desta vida com a certeza de que é amado por aquele que fez e dirige todas as coisas — e que, como você nunca teve de conquistar o amor dele, nunca poderá perdê-lo.

JOÃO 6.35-51

2 DE MARÇO
NADA EM MINHA MÃO

Cristo nos resgatou da maldição da lei, fazendo-se ele próprio maldição em nosso lugar (porque está escrito: Maldito todo aquele que for pendurado em madeiro), para que a bênção de Abraão chegasse aos gentios, em Jesus Cristo, a fim de que recebêssemos, pela fé, o Espírito prometido. (Gl 3.13-14)

Como crentes em Jesus, fomos livrados da grande maldição do pecado. A maravilha desse livramento nos agarra no momento em que entendemos que essa maldição, que significa sermos culpados perante Deus e merecermos morrer, foi removida de nós por Cristo.

No entanto, tendo sido salvo, é fácil esse maravilhamento se desgastar e o apego afrouxar. Podemos facilmente viver vidas agradáveis e confortáveis que tornam difícil ver o poder do pecado sobre nós. Somos tão facilmente inclinados a acreditar que, se nos esforçarmos um pouco mais em nossos casamentos, nossos empregos, nossos relacionamentos e nossas conquistas, seremos boas pessoas, merecedores de bênçãos. Queremos ser realizadores, não crentes. Somos constantemente atraídos de volta à falsa religião do esforço próprio.

Tal era a tentação para a igreja da Galácia. E então Paulo escreveu a eles e disse essencialmente: *Essa não é a mensagem cristã.* Na verdade, é o oposto dela! Se o Evangelho diz que Jesus veio apenas para acrescentar algo à nossa vida que estava faltando, a maldição da Lei ou não seria motivo de preocupação, ou seria irremediável. Mas a maldição é real e deve ser resolvida. Por que estaríamos interessados em alguém que morreu para tomar nosso lugar, a menos que primeiro entendamos que merecemos a maldição que ele carregou?

Precisamos apenas olhar para a Lei de Moisés para ver o efeito de sua maldição (veja, por exemplo, Êx 20.1-17). A Lei revela como não amamos a Deus de todo o coração. Nós não obedecemos a ele. Não amamos os outros como a nós mesmos. Nem sempre dizemos a verdade. Somos culpados de cobiça. A lista continua. Porém, quando o Espírito de Deus nos convence e vemos nossas faltas, cantamos com o compositor do hino: "O trabalho das minhas mãos não pode cumprir as exigências da tua Lei".[34] Vemos o peso da maldição que uma vez repousava sobre nós e ainda deveria repousar sobre nós, então somos capazes de ver a Cristo em toda a sua glória como nosso Salvador, o qual veio para remover seu fardo.

Este é o âmago da nossa fé. Quando olhamos para a cruz e vemos como Jesus estava pendurado nela, enxergamos o que ele fez como algo necessário e voluntário. Ele tomou lugar onde deveríamos estar. Isso é graça.

Se fôssemos capazes de nos acertar com Deus por nossos próprios esforços, não haveria nenhuma maravilha na Redenção e nenhuma beleza na perspectiva da adoção. Quando somos tentados a olhar para nós mesmos e para nossas obras, devemos nos lembrar de que Cristo quebrou a maldição. E nessa maravilha podemos nos gloriar. Não importa quantos dias ou anos se passaram desde que você foi agarrado pela graça; cante agora mesmo para si de uma nova maneira:

Nada em minha mão eu trago,
Apenas à tua cruz me agarro.

GÁLATAS 2.15-3.9

3 DE MARÇO

DESCANSO PARA ALMA

Temamos, portanto, que, sendo-nos deixada a promessa de entrar no descanso de Deus, suceda parecer que algum de vós tenha falhado. Porque também a nós foram anunciadas as boas novas, como se deu com eles; mas a palavra que ouviram não lhes aproveitou, visto não ter sido acompanhada pela fé naqueles que a ouviram. (Hb 4.1-2)

Muitas vezes os cristãos são ótimos no lazer, mas péssimos em descansar. Por quê? Uma razão pode ser o fato de a cultura ocidental valorizar muito a busca incansável por níveis cada vez mais altos de sucesso e prosperidade. Até mesmo o nosso lazer está cheio de "buscas" e um desejo de melhorar e realizar. E por trás disso está a aflição de todas as culturas: nossa alienação do Deus que nos criou e nos fez tanto para trabalhar quanto para descansar.

Quando o pecado entrou no mundo, o descanso escapou da humanidade. Seja o que for que você possa dizer sobre a humanidade, é inegável que não somos marcados por tranquilidade ou sossego. O lazer não é descanso se você trabalhou tanto para alcançar apenas alguns momentos de paz ou se preenche seu tempo de lazer com coisas para fazer. Certamente há algo mais que Deus deseja.

Deus oferece um descanso que acalma a nossa alma. O descanso da alma flui de uma vida que se rendeu a ele em fé. Quando o pó da morte, que veio do pecado, caiu sobre a humanidade, não pudemos mais desfrutar do descanso mais profundo que Deus pretendia que tivéssemos. Precisamos de uma Nova Criação — e é exatamente isso que Deus providenciou! "Se alguém está em Cristo, é nova criatura" (2Co 5.17). Na Criação, Deus estabeleceu o princípio do descanso físico e, na Redenção, estabeleceu a possibilidade do descanso espiritual perfeito. No entanto, ainda assim, pessoas de todos os estilos de vida — até mesmo alguns cristãos professos — insistem em viver suas vidas em negligência a Deus. Elas desprezam o convite dele para descansarem suas almas, permanecendo apenas ouvintes da Palavra, mas não praticantes (Tg 1.22), e então esperam entrar em seu descanso quando morrerem. A Bíblia não estende esperança alguma para tal perspectiva em relação à vida. Assim como os israelitas no deserto descobriram que as promessas de Deus não ofereciam benefício algum a eles porque não acreditaram nelas, nós também não podemos esperar conhecer o dom de Deus de descanso da alma, nesta vida ou na vindoura, se continuarmos em nosso próprio esforço sem fé.

Felizmente, tudo se resolve em Jesus. Ele atravessa a fachada da pretensão religiosa vazia e do esforço mundano desesperado e nos oferece um convite gracioso: "Vinde a mim, todos os que estais cansados e sobrecarregados, e eu vos aliviarei. Tomai sobre vós o meu jugo e aprendei de mim, porque sou manso e humilde de coração; e achareis descanso para a vossa alma" (Mt 11.28-29). Esse é um descanso que aproveitamos mesmo enquanto trabalhamos, um descanso que nos permite descansar verdadeiramente de nosso trabalho e que um dia desfrutaremos de modo pleno, final e eterno na presença de Jesus.

Sua alma está descansada hoje? Ou você está ansioso com o que o amanhã pode trazer, ou exausto com o que você sente que deve realizar hoje? A obra que satisfaz o seu maior desejo e resolve a sua maior necessidade — a obra da salvação — foi terminada por Jesus em seu favor no Calvário. Ele convida você a ir a ele: saber que ele cuidou do seu futuro eterno e que as tarefas que ele tem como propósito para você hoje serão todas feitas — nem mais nem menos. Portanto, *creia* nele e permita que a sua alma descanse verdadeiramente.

HEBREUS 4.1-10

4 DE MARÇO
PERDOADO E PERDOADOR

Não devias tu, igualmente, compadecer-te do teu conservo, como também eu me compadeci de ti? (Mt 18.33)

Uma pessoa perdoada deve ser uma pessoa que perdoa — e, como o perdão não vem naturalmente para nós, precisamos ouvir isso de novo e de novo.

Em outras palavras, perdoamos porque Deus, por meio de Jesus, nos perdoa. A Bíblia deixa perfeitamente claro que o perdão não brota de nenhum mérito humano e não é o resultado de nossos próprios esforços para sermos graciosos e perdoarmos os outros; pelo contrário, ele vem da graça de Deus.

Uma das principais evidências de que alguém realmente se arrependeu de seus pecados, portanto, é um espírito perdoador. Por outro lado, se continuamente nutrimos inimizade, rancor e amargura em nosso coração, não apenas prejudicamos nossa própria vida e comprometemos nossos relacionamentos, mas, francamente, também questionamos se de fato descobrimos a natureza do perdão de Deus.

É impossível estender o perdão genuíno a menos que o tenhamos experimentado por nós mesmos, e é impossível não fazer isso se o tivermos. Isso só fluirá de nosso coração quando formos transformados pela graça de Deus e tivermos considerado a enormidade de nossa ofensa contra ele. Quando tal transformação ocorre, o pecado dos outros contra nós terá menos peso, conforme Deus nos capacita a perdoar assim como fomos perdoados.

Este é o princípio por trás da parábola de Jesus sobre o servo em Mateus 18, o qual, tendo sido perdoado de uma dívida equivalente a 8 bilhões de dólares no primeiro século, em seguida se recusou a perdoar uma dívida de 20 mil dólares. Jesus quer que enxerguemos a irracionalidade do servo que havia sido perdoado de uma enorme dívida ao se recusar a perdoar a dívida que lhe era devida. Analisada de forma isolada, essa dívida era substancial; colocada em contraste com a quantia que fora perdoada a ele mesmo, era minúscula. Da mesma forma, é inconcebível que nós, perdoados de uma dívida tão vasta de ofensa contra Deus, deixemos de perdoar os outros.

Se tivermos experimentado a misericórdia de Deus, então certamente não devemos negligenciar o exercício do perdão. Ao perdoar os outros, desfrutamos da plenitude do perdão de Deus. Renuncie os registros de pecados que você está tentado a guardar. Quando isso for difícil porque o erro que você está sendo chamado a perdoar era sério, olhe para a dívida pela qual Deus o perdoou e olhe para o que ele entregou para realizá-lo — e isso permitirá que você estenda misericórdia por sua vez. Sem dúvida, se Deus o perdoou, ele derramará sua graça e misericórdia para ajudá-lo a andar em harmonia com os outros.

MARCOS 11.20-25

5 DE MARÇO
DEUS É POR NÓS

Ninguém, ao ser tentado, diga: Sou tentado por Deus;
porque Deus não pode ser tentado pelo mal e ele mesmo a ninguém tenta. (Tg 1.13)

Quando nos tornamos crentes em Jesus Cristo e os laços do pecado são quebrados, uma série de coisas se tornam verdadeiras para nós imediatamente. Somos transferidos da morte para a vida e habitados pelo Espírito de Deus. Somos colocados dentro de sua família. Somos redimidos, mudados e nascidos de novo. O pecado não reina mais em nossa vida.

No entanto, ele *permanece*.

Ao confiar em Cristo, não estamos vivendo uma vida de conforto na qual estamos isentos de ataques do Maligno ou das tendências sutis do nosso próprio coração. Em vez disso, do ponto de conversão até o ponto de ver Cristo e de ser feito como ele, o cristão está envolvido em "uma guerra contínua e irreconciliável"[35] contra a tentação.

A Escritura está cheia de advertências sobre a tentação: aquela sedução ao pecado e ao mal que todos nós experimentamos. A tentação não é simplesmente a atração de coisas que são selvagens e impensáveis, mas o impulso de pegar as coisas boas que Deus nos deu e usá-las (ou fazer mau uso) de uma maneira que peca contra Deus. Em *Cartas de um diabo a seu aprendiz*, C. S. Lewis alude a essa sutileza do pecado quando Maldanado exorta seu aprendiz de diabo a "encorajar os humanos a aproveitar os prazeres que nosso Inimigo [a saber, Deus] produziu, às vezes, ou de maneiras, ou em graus, que ele proibiu".[36]

A Escritura é clara no sentido de que Deus nunca é e não pode ser a fonte da tentação. Quando Tiago afirmou que "Deus [...] a ninguém tenta", ele construiu sua declaração em cima do caráter de Deus. Deus é incapaz de tentar os outros para o mal, porque ele mesmo é insuscetível ao mal. Tentar outros para o mal exigiria um prazer no mal que Deus não possui.

A palavra traduzida como "tentar" também pode ser tomada como "testar". Portanto, o que nossa natureza decaída pode transformar em tentação ao pecado também é um teste que pode fortalecer a nossa fé. Quando enfrentamos um momento de teste, coisa que Deus permite, devemos lembrar que o propósito de Deus não é o nosso fracasso, mas sermos beneficiados. O diabo anseia que fracassemos, porém Deus anseia que tenhamos sucesso. Ele é por nós e está operando todas as coisas, até mesmo provações e tentações, para o nosso bem.

Então, quais tentações você está enfrentando regularmente (ou a quais está cedendo)? Aprenda a enxergá-las como tentações, mas também como oportunidades — como momentos para escolher obedecer, agradar seu Pai, crescer em maior conformidade a Cristo — para ganhar uma vitória em sua guerra contínua. "Resisti ao diabo, e ele fugirá de vós" (Tg 4.7).

1 PEDRO 1.13-21

6 DE MARÇO

ONDE ESTÁS?

Esconderam-se da presença do Senhor Deus, o homem e sua mulher, por entre as árvores do jardim. E chamou o Senhor Deus ao homem e lhe perguntou: Onde estás? (Gn 3.8-9)

Através das fronteiras étnicas, linguísticas e geográficas, as crianças em todos os lugares aproveitam a diversão de brincar de esconde-esconde. É um jogo universal e inocente. Mas o primeiro jogo de esconde-esconde neste mundo não foi divertido nem inocente. Foi algo mortalmente sério.

Depois da desobediência de Adão e Eva no jardim, eles se esconderam um do outro, atrás de folhas de figueira, e de seu Criador, atrás das árvores do jardim. Eles tentaram abafar o que haviam feito — e Deus veio procurá-los com uma pergunta simples: "Onde estás?"

Essa pergunta gira em torno da suposição comum de que o homem está procurando por Deus, o qual está escondido em algum lugar dentro ou além do universo. Em vez disso, descobrimos o oposto: somos nós que nos escondemos, e Deus é quem vem à nossa busca.

A pergunta pode parecer estranha para Deus fazer a esses primeiros humanos. Afinal, Deus já não sabe tudo? Mas Deus perguntou onde Adão e Eva estavam não para que ele pudesse obter novas informações, mas porque queria ajudá-los a entender a situação deles. Deus veio para *atraí-los* mais do que para *expulsá-los*.

Imagine as muitas maneiras como Deus poderia ter reagido em resposta à rebelião de Adão e Eva. Se ele tivesse respondido estritamente em julgamento, poderia ter instantaneamente trazido a sentença de morte da qual ele os havia avisado (Gn 2.16-17). Contudo, é da natureza de Deus sempre ter misericórdia; então ele apareceu com uma única pergunta. Esse é o primeiro vislumbre da graça de Deus depois que a humanidade lhe virou as costas. Deus não lhes deu, de imediato, o que eles justamente mereciam; em vez disso, por sua imensa bondade, ele concedeu o que não era merecido: uma oportunidade de responder e retornar.

Nenhum de nós se sentiria confortável se as pessoas mais próximas de nós pudessem ver todos os nossos pensamentos mais profundos e ações anteriores. Podemos esconder a verdade uns dos outros, e talvez até de nós mesmos. Todavia, esconder de Deus é inútil. Simplesmente não há como esconder e não há para onde transferir a culpa.

Não devemos acreditar na mentira de que Deus não verá os "pequenos" pecados que mantemos escondidos dos outros. Ele vê. Sobretudo, ele vê em nossa alma e sabe exatamente o que fizemos e onde estamos. Maravilhosamente, não precisamos fingir que podemos nos esconder. Ele vem a nós em misericórdia, não em julgamento, pois "Deus enviou o seu Filho ao mundo, não para que julgasse o mundo, mas para que o mundo fosse salvo por ele" (Jo 3.17). Você está sobrecarregado por algum pecado constante ou vergonha secreta? Está procurando esconder de Deus o que tem escondido dos outros? Nunca houve um momento melhor para parar de se esconder dele. Entre na luz. Revele o que não pode permanecer oculto diante dele — para que ele possa cobrir isso com o seu sangue e para que você possa saber que é conhecido e perdoado. Ele é um Deus bondoso e salvador que deseja um relacionamento conosco.

1 JOÃO 1.8–2.2

A Bíblia em um ano: Jó 3–4; 1Co 2

7 DE MARÇO
JESUS AO LONGO DA ESCRITURA

Então, o eunuco disse a Filipe: Peço-te que me expliques a quem se refere o profeta. Fala de si mesmo ou de algum outro? Então, Filipe explicou; e, começando por esta passagem da Escritura, anunciou-lhe a Jesus. (At 8.34-35)

Ao percorrermos a Bíblia, reconhecemos que Jesus não chegou do nada. Do início ao fim, a Bíblia é um livro sobre ele. De fato, até mesmo os profetas do Antigo Testamento, sob a inspiração do Espírito, escreveram sobre Jesus. Se tirarmos os olhos de Cristo, então, por mais que conheçamos bem a Escritura, teremos perdido seu centro, sua chave e seu herói.

Nos Evangelhos, Jesus direcionou as pessoas ao Antigo Testamento para ajudá-las a entender quem ele era. No início de seu ministério, ele estava certa vez na sinagoga lendo o pergaminho de Isaías. Ao terminar, Lucas nos diz: ele "passou [...] a dizer" aos seus ouvintes: "Hoje, se cumpriu a Escritura que acabais de ouvir" (Lc 4.21). Mais tarde, falando a pessoas especialmente interessadas e versadas na Escritura do Antigo Testamento, Jesus as advertiu: "Examinais as Escrituras, porque julgais ter nelas a vida eterna, e são elas mesmas que testificam de mim" (Jo 5.39). Depois de sua morte e ressurreição, quando encontrou alguns de seus seguidores abatidos no caminho de Emaús, Jesus, "começando por Moisés, discorrendo por todos os Profetas, expunha-lhes o que a seu respeito constava em todas as Escrituras" (Lc 24.27).

Em outras palavras, Jesus ensinou claramente que cada parte do Antigo Testamento encontra seu foco e cumprimento nele.

Quando você lê as Escrituras, encontra Jesus, porque esse livro testifica dele. Ainda que nossos estudos e compreensão das passagens do Antigo Testamento nos forneçam verdades éticas boas e importantes sobre a vida, há um grande perigo de perdermos a Verdade, Jesus. O propósito de cada página de sua Bíblia é que você encontre Jesus, venha a conhecê-lo e proclame seu grande nome, tudo para a glória dele.

Em cada sermão que você ouve, cada lição que você estuda e cada passagem da Palavra de Deus que você lê, pergunte a si mesmo: "Isso me levou a Cristo? Eu descobri Jesus nela?" E não pare de ouvir, estudar e ler até que você possa responder que sim, pois é nele que os tesouros da salvação, da verdade, da sabedoria e do consolo são encontrados.

SALMO 119.17-32

8 DE MARÇO

A ESPERANÇA DE ABRAÃO

*Não duvidou, por incredulidade, da promessa de Deus;
mas, pela fé, se fortaleceu, dando glória a Deus.* (Rm 4.20)

Antes que Abraão tivesse filhos, Deus lhe prometeu que haveria uma vasta companhia de pessoas que seriam seus descendentes. O tempo passou, e parecia que Abraão e sua esposa, Sara, nunca teriam qualquer descendência. A promessa parecia correr o risco de falhar, então Abraão e Sara decidiram lidar com a questão em suas próprias mãos. Sara ofereceu a sua criada Agar para dar à luz um filho a Abraão, e Agar teve um bebê, Ismael. No entanto, Deus deixou claro que os descendentes que ele havia prometido não viriam através da linhagem de Ismael. Deus estava mostrando a Abraão e a Sara que, se sua promessa fosse cumprida, então somente ele poderia cumpri-la. Abraão recebeu somente uma tarefa: confiar na promessa de Deus — uma promessa que enfrentava dificuldades esmagadoras e que, portanto, exigia um Deus Todo-Poderoso para seu cumprimento.

Com o passar dos anos, Sara ainda não havia concebido. Deus veio a Abraão mais uma vez, novamente garantindo que, mesmo em sua idade avançada, Sara teria um filho. Finalmente, aos 90 anos, ela deu à luz um menino, Isaque, cujo nome significa "ele ri". Abraão, que uma vez riu maravilhado com a perspectiva do nascimento de Isaque (Gn 17.17), estava agora certamente tomado de espanto.

Deus cumpre suas promessas. É impossível para uma mulher de 90 anos dar à luz, mas Deus é capaz de fazê-lo. A promessa de um herdeiro para este casal de idosos não exigia nada além do dom sobrenatural da vida. Sem a intervenção divina de Deus, não teria havido descendência; não teria havido nascimento algum. De igual forma, não pode haver vida espiritual sem a intervenção de Deus. Mas pelo seu poder pode haver vida nova — vida verdadeira! Desde o início, Deus estava ensinando ao seu povo que é preciso um milagre para o Evangelho criar raízes em qualquer vida.

Deus cumpre suas promessas. E suas promessas ao seu povo são muitas, são impressionantes, e todas são sim em Cristo (2Co 1.20). Nossa parte é fazer o que Abraão aprendeu a fazer: confiar nas promessas de Deus, mesmo quando elas parecem distantes ou impossíveis. Afinal, uma promessa que enfrenta dificuldades esmagadoras exige um Deus Todo-Poderoso para seu cumprimento — e esse é precisamente o Deus que você e eu chamamos de Pai.

Existe alguém que você conheça que precisa ser lembrado de que Deus cumpre suas promessas hoje? Sejamos honestos: esse é um lembrete do qual todos nós precisamos. Como Abraão, deposite sua esperança em Deus somente. Ele é capaz de cumprir suas promessas e é somente pelo seu poder que elas serão cumpridas. Mas você já sabe que Deus faz milagres, apenas olhando no espelho, pois foi preciso o mesmo poder divino que colocou as estrelas no lugar e que sustenta o mundo para despertar seu coração, levá-lo à fé e dar a você a vida eterna.

GÊNESIS 15.1-21

9 DE MARÇO

UMA OPORTUNIDADE DE APRENDIZADO

Tomai sobre vós o meu jugo e aprendei de mim. (Mt 11.29)

O que um pai pergunta aos seus filhos depois que eles voltam da escola? Alguns perguntarão: "Você aprendeu alguma coisa hoje?" No entanto, muitos mais dirão algo como: "Você se divertiu hoje?"

No que diz respeito à escola, talvez não importe muito qual pergunta é feita e qual prioridade está sendo revelada. Mas a mesma pergunta é frequentemente feita sobre a igreja: será que nos *divertimos* na igreja hoje? *Curtimos* a igreja?

Em vez disso, deveríamos perguntar: "O que estamos *aprendendo* sobre Jesus e a partir dele?"

Jesus nos dá o grande privilégio de termos a oportunidade de aprender com ele. Ao longo dos Evangelhos, ele fala de uma forma que aborda as grandes questões da vida: *Quem sou eu? De onde vim? Por que estou aqui? Para onde eu vou? A vida sequer importa?*

Conhecer a Cristo como Senhor e Salvador pessoal muda a maneira como alguém pensa sobre esses grandes tópicos. Isso transforma a perspectiva da pessoa sobre o tempo, recursos, carreira, o tipo de pessoa com quem deseja se casar ou o tipo de cônjuge que deseja ser. Isso acontece porque conhecer Jesus verdadeiramente é convidá-lo a ser a autoridade na vida. Tudo muda à medida que aprendemos com ele.

Ir a Jesus começa com aprender que Cristo morreu pelos pecados de uma vez por todas, o justo (que é ele) pelos injustos (que somos nós), para nos reconciliar com Deus (1Pe 3.18) — e então respondemos a isso. Simplesmente ter um conhecimento intelectual de tais coisas não é o mesmo que acreditar, confiar e estar alegremente unido àquele que nos oferece tudo isso.

Todos nós conhecemos pessoas que estão tentando desvendar o enigma de suas vidas, juntando as peças do quebra-cabeça da melhor forma possível, e todos nós estamos na mesma posição. Porém, até que estejamos dispostos a aprender com Deus, as peças não se encaixarão. Mas agora podemos verdadeiramente conhecer a Deus, não por causa de nossas proezas intelectuais, mas porque Deus escolhe se fazer conhecido através da verdade de sua Palavra.

Você está disposto a aprender com Jesus em todas as áreas da sua vida? Você vê como um privilégio, e não um fardo, seguir seu ensino e se colocar sob sua autoridade? Certifique-se de aproveitar todas as oportunidades para aprender a verdade do Evangelho, e que ela satisfaça os anseios do seu coração e transforme sua vida dia após dia.

EFÉSIOS 4.17–5.2

10 DE MARÇO

A MENTIRA DO ISOLAMENTO

Até quando, Senhor? Esquecer-te-ás de mim para sempre?
Até quando ocultarás de mim o rosto? (Sl 13.1)

As pessoas dizem que o tempo voa quando você está se divertindo. Porém, quando as coisas são transpostas para uma escala menor, a vida parece se mover em câmera lenta. Nós nos pegamos pensando: "Eu não sei se algum dia conseguirei sair dessas circunstâncias. E não sei como posso suportá-las."

O Salmo 13 contém uma pergunta recorrente: "Até quando? Até quando?" As circunstâncias de Davi não são descritas, mas ele claramente se sente esquecido e abandonado — um sentimento com o qual todos podemos nos identificar. É semelhante ao que sentimos quando perdemos um ente querido ou quando sentimos que devemos caminhar sozinhos por um vale de provações.

Estar isolado dos relacionamentos humanos é, sem dúvida, esmagador. Mas o que Davi escreve aqui é ainda mais significativo. Ele está expressando um sentimento de isolamento do próprio Deus.

Esse sentimento é compartilhado por muitos do povo de Deus ao longo das Escrituras. Em Isaías, o povo exilado de Deus clama: "O Senhor me desamparou, o Senhor se esqueceu de mim" (Is 49.14). Peregrinos cristãos — seguidores e servos genuínos de Jesus — às vezes têm vontade de dizer: "Creio que o Senhor realmente nos esqueceu. Se ele não tivesse se esquecido de nós, se ainda estivesse conosco, como estaríamos nesse dilema? Se ele realmente estivesse cuidando de nós, certamente não teríamos de suportar estas provações."

No entanto, na depressão emergente de Davi, descobrimos que sua percepção (como frequentemente acontece conosco) não reflete a realidade. E Davi tem a maturidade espiritual e a humildade para reconhecer que o que ele *sente* ser a verdade não se alinha com o que ele *sabe* ser de fato a verdade. Logo, ele se lembra da misericórdia de Deus, sua salvação e sua generosidade — e resolve se alegrar nessas coisas, mesmo enquanto luta e sofre (Sl 13.5-6).

Esta é a tensão cheia de esperança da vida cristã. Perguntamos: "Até quando, Senhor? Onde estás?", ainda quando lembramos ao nosso próprio coração que Deus não deixou de nos amar, nos livrar ou trabalhar em nós.

Não acredite na mentira do abandono que as suas emoções podem alimentar. Descanse na resposta reconfortante de Deus ao seu povo esquecido:

> Acaso, pode uma mulher esquecer-se do filho que ainda mama, de sorte que não se compadeça do filho do seu ventre? Mas ainda que esta viesse a se esquecer dele, eu, todavia, não me esquecerei de ti. Eis que nas palmas das minhas mãos te gravei; os teus muros estão continuamente perante mim. (Is 49.15-16)

O cuidado de Deus por seus filhos é como o sol: é constante. Até mesmo quando as nuvens o obscurecem, ele ainda está lá. Sempre está lá.

Você vai confiar na constância de Deus hoje? Quando você estiver se sentindo abandonado, saiba que Deus olha para as próprias mãos, gravadas com todos e cada um dos nomes de seus filhos, e ele diz: *Aí está você. Eu não o esqueci.*

SALMO 13

11 DE MARÇO

COMO ELE PLANEJOU

E que tens tu que não tenhas recebido?
E, se o recebeste, por que te vanglorias, como se o não tiveras recebido? (1Co 4.7)

Nós a chamamos por nomes diferentes, disfarçando-a de muitas maneiras — mas a inveja é muitas vezes um dos pecados evangélicos "tolerados". É improvável que você a encontre em uma lista dos "Dez Maiores Pecados" contra os quais um pastor está alertando sua igreja ou mencionando com muita frequência quando os crentes compartilham suas lutas uns com os outros. Está na lista de Deus, no entanto, e é frequentemente mencionada nas Escrituras. Na verdade, a inveja está entre alguns dos comportamentos pecaminosos mais sórdidos que as epístolas do Novo Testamento abordam, porque ela deve ser levada muito a sério (veja, por exemplo, Rm 13.13).

Não houve muitas mudanças desde que Paulo escreveu aos coríntios. A igreja local comum ainda enfrenta muito caos e divisão causados pela inveja — e um dos perigos da inveja pode ser a maneira como ela nos leva a duvidar de que Deus sabe o que está fazendo ao distribuir os dons.

Tudo o que vocês têm, Paulo diz a esses membros orgulhosos, desunidos e invejosos da igreja, *vocês receberam* — e o Doador dos dons, o Criador do universo, não comete erros. Então, como poderiam eles — e nós — andar por aí arrogantemente, como se pudessem fazer um trabalho melhor de estar no controle da Criação? Será que nós determinamos nossa altura, circunferência, velocidade ou alguma de nossas habilidades? Quem nos fez únicos? Deus! Nosso DNA é divinamente planejado. Nossas circunstâncias são exatamente como Deus pretende, e ele não comete erros. A inveja é um pecado, pois é a atitude que sugere que Deus não é bom ou não sabe o que nos faria bem. A inveja é o sabor que sentimos da idolatria.

Quando estamos tocando flautim na orquestra da vida, podemos nos pegar olhando para uma grande tuba a algumas cadeiras de distância, sendo tocada com notas graves em alto volume, e sermos tentados a dizer a nós mesmos: "Ninguém pode me ouvir. Meu som não é bom o suficiente." Daí flui uma sensação de amargura sobre o nosso posicionamento e uma sensação de inveja do tocador de tuba. Mas nosso é o som do flautim por uma razão. É o instrumento que fomos destinados a tocar — então vamos tocá-lo com alegria e excelência!

Em nossos esforços para usar os dons que Deus nos deu, por que temos ciúmes uns dos outros? Por que deixamos o descontentamento nos roubar a alegria que ele ofereceu gratuitamente?

Por que permitimos que o que ele fez por outra pessoa nos cegue para o que ele fez por nós — o que não é menos importante, ao nos dar riquezas eternas em sua presença? Aqui está a verdade que cada um de nós precisa recitar: "Deus me deu exatamente o que eu preciso, sou composto exatamente como ele planejou, e tudo o que ele me deu — e o que não me deu — é para o meu bem e sua glória".

Não permita que a inveja o consuma. Em vez disso, viva alegremente o papel para o qual você foi criado. Pois você é feitura dele, recriado em Cristo Jesus para boas obras, as quais Deus de antemão preparou para que você ande nelas (Ef 2.10). Que isso seja o suficiente para você hoje.

1 TIMÓTEO 6.6-12

12 DE MARÇO
REMORSO RADICAL

Então, Judas, o que o traiu, vendo que Jesus fora condenado, mudou de ideia, devolveu as trinta moedas de prata aos principais sacerdotes e aos anciãos, dizendo: Pequei, traindo sangue inocente. [...] Então, Judas [...] retirou-se e foi enforcar-se.
(Mt 27.3-5)

O que aconteceu com Judas depois que ele traiu Jesus? Ele "mudou de ideia". Essa frase também foi traduzida de forma útil como "[Ele] foi tomado de remorso" (NVI). O coração de Judas foi alterado, aparentemente no mesmo instante — e, com isso, sua perspectiva também.

O Judas que vemos no Jardim do Getsêmani, liderando uma procissão de homens armados para prender Jesus com ousadia e animosidade descarada, não é o Judas que vemos aqui, horas depois, diante dos principais sacerdotes e anciãos. Seu coração endurecido foi substituído por um espírito de pesar que tomou conta de sua alma.

Considere a experiência de Judas por um momento, e seja este um lembrete de que o pecado sempre oferece uma falsa esperança. Os momentos antes de pecarmos muitas vezes parecem radicalmente diferentes daqueles que se seguem. É a mesma mudança drástica que Adão e Eva sentiram no Jardim do Éden após sua desobediência. Tudo o que sabiam no momento antes de comer o fruto, tudo o que previram naquele ato de rebelião, tornou-se pó em suas bocas (Gn 3.6-8). De igual forma, tudo o que parecia tão atraente para Judas ao entregar Jesus a seus inimigos rapidamente se tornou nada para ele.

Quando pecamos, todas as influências enfeitiçantes e inebriantes — tudo o que nos levou a nos rebelarmos — desaparecem em um momento. O que brilhava acaba provando ser ouro de tolo. Apenas a verdade nua e crua permanece: *pequei contra um Deus santo e amoroso*.

Com um remorso tão radical, temos uma escolha: nos arrependermos e sermos reconciliados com Deus, ou nos desesperarmos e nos condenarmos. Tragicamente, Judas escolheu a última opção. Sua culpa era tão grande, que certamente cada rosto que via o acusava, cada som que ouvia o perfurava, cada reverberação em sua alma o condenava. Ele tentou aliviar sua culpa devolvendo seu pagamento aos principais sacerdotes — mas remover o peso do saco de moedas de si mesmo não era suficiente para remover o peso de seu coração. Sentindo-se isolado e fora de alcance, ele teve uma morte terrível.

Talvez hoje você também esteja se sentindo esmagado pelo seu pecado. Talvez você mesmo tenha procurado consertar as coisas, mas o peso ainda é maior do que você pode suportar. Se sim, saiba disto: a história de Judas não precisa ser a sua. Você pode se voltar para Cristo. Ele oferece liberdade e perdão: um jugo suave e um fardo leve (Mt 11.28-30). Foi por isto que Cristo morreu — a Redenção de traidores pecaminosos como Judas.

O exemplo de Judas é um lembrete para nós da próxima vez que o pecado nos chamar. Quais pecados estão se mostrando particularmente tentadores para você neste momento? Lembre-se: como eles se parecem de antemão não é como eles farão você se sentir depois. Para momentos de tentação, aqui está a ajuda, e, para momentos de culpa, aqui está a esperança. O perdão de Deus está esperando por nosso remorso e arrependimento. Tudo o que você deve fazer é voltar-se para ele.

SALMO 51

13 DE MARÇO

COM A MAIOR PACIÊNCIA

Os sinais do meu apostolado foram manifestados entre vós com toda a paciência, por sinais, prodígios e maravilhas. (2Co 12.12 ACF)

Quando pensamos no período imediatamente após a ressurreição e ascensão de Cristo, quando os apóstolos prosperaram no ministério e a igreja nasceu, é fácil imaginar os "sinais, prodígios e maravilhas" que foram realizados — e desejar que estivéssemos lá para ver, para ter nossa fé fortalecida e nosso ministério promovido por eles.

Sem dúvida, tanto a qualidade quanto a quantidade de eventos sobrenaturais naquela época eram especiais e irrepetíveis. Os apóstolos eram sobrenaturalmente dotados de uma maneira que os cristãos contemporâneos não são. Porém é importante notar que a igreja primitiva não fez dessas experiências a marca de referência de sua fé. Não podemos nos concentrar apenas nos milagres e perder seu contexto de vista: aqueles que foram preenchidos com o Espírito de Deus estavam imediatamente preocupados em entender e proclamar a Palavra de Deus, o que os capacitou a ter "toda a paciência" — ou, como algumas traduções dizem, "grande perseverança" — ao longo da vida deles. O que edificou a igreja não foram tanto os milagres dos apóstolos, mas a resistência fiel e ousada desses apóstolos.

Paulo não queria que o foco de seu ministério estivesse nas muitas maravilhas que realizou ou nas provações significativas que suportou, mas na fé resoluta que Deus lhe dera e nas verdades que ele pregava. Observando o ministério de Paulo, vendo seus fardos e ouvindo os clamores de seu coração, é fácil para nós ver que os sinais e maravilhas que Deus realizou por meio dele não foram feitos para serem exibições chamativas de carisma cristão. Em vez disso, eles nasceram do sofrimento e da adversidade, ocorreram em uma vida que foi estendida até os limites, e sublinharam a verdade da mensagem que estava sendo pregada.

Conhecer esse contexto teria feito com que os seguidores de Paulo perguntassem não tanto como ele fez tais milagres, mas como ele poderia demonstrar uma fé tão firme. Como ele poderia continuar com "toda a paciência" enquanto sofria? Apenas por sua fé em Jesus Cristo e seu conhecimento da Palavra de Deus.

O que nos permite resistir a testes e enfrentar desafios na vida cristã com paciência? São milagres? Sinais? Maravilhas? Não — embora o favor especial de Deus possa ser uma ajuda para nós em algum momento, na verdade é uma compreensão sólida e experiencial da doutrina cristã básica que, sem dúvida, será a luz para o nosso caminho quando tudo parecer escuro (Sl 119.105), a raiz da fé que é profunda, a âncora para nossa alma (Hb 6.19). Quando a verdade de Deus se estabelece em nosso coração e mente, podemos dizer com confiança: "Quão firme a fundação, ó santos do Senhor, assentada para a vossa fé na excelente Palavra de Deus!"[37]

O que sustentará você? Não são experiências externas, mas fé interior. A obra do Espírito dentro de você sempre será um milagre maior do que qualquer coisa que Deus possa fazer ao seu redor. Que os outros olhem para você e vejam não apenas as maravilhas que ele opera em sua vida, mas também toda a sua paciência através da provação e do poder de Espírito de Deus, conforme você se submete à verdade da Palavra dele.

TIAGO 5.7-11

14 DE MARÇO

COMPROMETIMENTO EXEMPLAR

E Josué, filho de Num, e Calebe, filho de Jefoné, [...] rasgaram as suas vestes e falaram a toda a congregação dos filhos de Israel, dizendo: A terra pelo meio da qual passamos a espiar é terra muitíssimo boa. Se o Senhor se agradar de nós, então, nos fará entrar nessa terra e no-la dará, terra que mana leite e mel. (Nm 14.6-8)

Em 3 de maio de 1953, um avião com destino a Londres, saindo de Cingapura, caiu 35 quilômetros a noroeste de Calcutá, na Índia, sem sobreviventes. Fred Mitchell, que havia se tornado o diretor do *China Inland Mission* dez anos antes, estava viajando naquela aeronave. Em sua biografia, Fred foi descrito como "um homem comum de uma casa de aldeia com pais da classe trabalhadora, que passou a maior parte de sua vida como químico nas províncias — e que andou com Deus".[38]

Até que Calebe, filho de Jefoné, se tornasse um espia, designado por Moisés para vasculhar a terra que Deus havia prometido dar a seu povo, também não havia nada que indicasse que ele fosse particularmente importante ou distinto. Mas foi quase certamente nessas experiências comuns, ao longo da trilha monótona de sua vida, que Deus forjou e desenvolveu o caráter que é revelado em Números 14.

A crise tende a revelar caráter. Quando os espias israelitas voltaram para relatar suas descobertas em Canaã, anunciaram que as cidades estavam fortificadas e que "não poderemos subir contra aquele povo, porque é mais forte do que nós [...] e éramos, aos nossos próprios olhos, como gafanhotos" (Nm 13.31, 33). E o povo respondeu acusando Deus de trazê-los para uma terra onde seriam mortos (14.3).

O compromisso de Calebe com Deus se destaca. Ele estava preparado para resistir à maré da opinião popular. Quando os espias recomendaram não entrar na terra prometida, ele se opôs a eles. Quando todos estavam se rebelando contra Deus, ele não se juntou a eles. Ele com seu fiel amigo Josué foram os únicos homens a aconselhar obediência corajosa a Deus.

Calebe estava certo do que poderia ser realizado pelo poder de Deus. Ele não negou a verdade do que os outros espias tinham a dizer; ele simplesmente olhou para isso de uma perspectiva diferente. Não confiava em sua capacidade nem na capacidade dos israelitas, mas no poder de Deus e na confiabilidade de seu caráter. Ele era um homem de fé em meio ao medo. Ele sabia que um gafanhoto ajudado por Deus é um gafanhoto que pode fazer grandes coisas.

Embora possamos sentir que nossa vida seja simplesmente rotineira, sempre podemos buscar a Deus no ordinário. Nos momentos mais triviais, ele forjará nosso caráter para que também possamos nos tornar pessoas de coragem em todas as circunstâncias. Deus não está procurando gigantes por meio de quem realizar seus planos. Ele está procurando pessoas comuns que estejam preparadas para confiar nele, sair com fé e obedecer corajosamente. Não há nada que impeça você de ser essa pessoa hoje.

NÚMEROS 13.25–14.25

15 DE MARÇO
O PLANO ETERNO DE DEUS

> *Bendito o Deus e Pai de nosso Senhor Jesus Cristo, que nos tem abençoado com toda sorte de bênção espiritual nas regiões celestiais em Cristo, assim como nos escolheu, nele, antes da fundação do mundo, para sermos santos e irrepreensíveis perante ele.*
> (Ef 1.3-4)

A Bíblia não dá uma resposta direta sobre porque Deus permitiu que a Queda acontecesse no Jardim do Éden. Ela simplesmente afirma que Deus está no controle de todas as coisas — até mesmo disso.

Na carta de Paulo aos efésios, no entanto, temos um vislumbre do plano eterno de Deus. Vemos que Deus estava trabalhando antes de nosso mundo existir e não foi pego de surpresa pela Queda. Quando o reino foi estragado como resultado da rebelião de Adão e Eva, Deus já sabia que isso aconteceria. Antes de Adão e Eva serem criados, antes de serem desobedientes, Deus já havia planejado o resgate.

Quando pensamos na missão de resgate de Deus, que culminou na cruz, não devemos vê-la como algo suprido em um momento de crise. Em vez disso, devemos ver a cruz como fundamentada na mente eterna de Deus, que havia determinado desde toda a eternidade chamar um povo para si mesmo por meio de Jesus e restaurar sob ele tudo o que seria estragado pela Queda.

O propósito de Deus nesse plano era e é "segundo o beneplácito de sua vontade" e é "para louvor da glória de sua graça" (Ef 1.5-6). A motivação no plano eterno de Deus não era apenas um desejo de fazer homens e mulheres felizes — embora homens e mulheres se tornem, *sim*, felizes como resultado —, mas uma preocupação com seu próprio nome. Ele estava determinado para que tudo fosse colocado sob os pés e o controle de seu Filho, o Senhor Jesus, como deveria ser. Assim, o plano eterno de Redenção de Deus tem mais a ver com ele do que conosco. Claro, também diz respeito a nós. Transforma-nos. Mas tem tudo a ver com Deus. Até que o Evangelho nos leve a louvá-lo e viver para ele, ainda não o entendemos adequadamente.

Deus é o centro deste mundo. Desde a Queda, homens e mulheres se recusaram a aceitar a autoridade dele e, em vez disso, gastaram suas energias tentando depô-lo, com resultados catastróficos. Não há parte alguma desta vida presente que não esteja coberta com o pó da morte, porque o homem determinou que não gosta da ideia de Deus no centro.

Você vai reajustar sua vida e reconhecer o direito de Deus de supervisionar todos os aspectos dela? Você viverá para o louvor dele em vez do seu e para a causa dele em vez da sua? O paradoxo é este: ao buscar a glória dele ao invés da sua própria, você experimentará a alegria que vem de fazer sua vida orbitar em torno do Filho — a alegria de viver da maneira que Deus planejou para você e para toda a Criação desde a eternidade.

EFÉSIOS 1.3-14

16 DE MARÇO

CONSOLO PARA UMA MENTE PERTURBADA

Sois guardados pelo poder de Deus, mediante a fé, para a salvação preparada para revelar-se no último tempo. Nisso exultais, embora, no presente, por breve tempo, se necessário, sejais contristados por várias provações. (1Pe 1.5-6)

Há duas coisas que precisamos reconhecer sobre o sofrimento — a saber, que ele *realmente* existe e *realmente* dói. A aflição é uma realidade na vida de todos em um momento ou outro. Tal aflição assume muitas formas, das quais o sofrimento mental não é a menos importante.

Ao escrever aos irmãos sobre o sofrimento, Pedro reconheceu que existem muitas e variadas maneiras pelas quais podemos ser entristecidos. A tristeza específica pela qual os primeiros leitores de Pedro estavam sobrecarregados era a angústia mental que vem de suportar dificuldades — mas Pedro estava plenamente ciente de que existem todos os tipos de provações que golpeiam nossa mente e esmagam nosso espírito.

Por causa do Evangelho, Pedro não precisa terminar com uma nota de desesperança e desespero. Em vez disso, ele nos dá promessas às quais podemos nos apegar.

Em primeiro lugar, Pedro nos lembra que nossas provações duram apenas "por breve tempo". Agora, "por breve tempo" precisa ser entendido à luz da eternidade; até mesmo uma vida inteira é "por breve tempo" em comparação com a eternidade! Assim, um longo período de sofrimento nesta vida ainda é, na economia de Deus e na estrutura do seu plano e propósito para os seus filhos, "por breve tempo". Isso não quer dizer que tal sofrimento parecerá *breve* — especialmente quando estivermos no meio dele. Para muitos, o sofrimento significa que um minuto pode parecer um dia, um dia pode parecer um ano e um ano pode parecer que nunca vai acabar. Mas podemos e devemos nos apegar a esta promessa: nossa miséria atual não é nosso fim eterno. O sofrimento pode preencher sua vida hoje, mas um dia, "no último tempo", a salvação é que preencherá.

Em segundo lugar, podemos dizer com confiança que, em todos os momentos de sofrimento, Deus está presente. No relato da conversão de Saulo de Tarso, encontramos Jesus intimamente identificado com o sofrimento de seu povo. Ele diz: "Saulo, Saulo, por que *me* persegues?" (At 9.4, ênfase acrescentada). Como Jesus poderia dizer "me" quando estava no céu? Foi porque, através do Espírito, Cristo estava presente com o seu povo. Ele se solidarizou com eles. Seu Espírito estava com eles, guardando-os enquanto caminhavam pelos vales em direção ao dia da salvação final. Ele faz o mesmo por nós.

Você tem no Senhor Jesus um Grande Sumo Sacerdote que é perfeitamente capaz de se solidarizar com seus sofrimentos (Hb 4.15). Quando você é tentado a acreditar nas mentiras de que Deus o abandonou ou que ninguém mais entende onde você esteve ou o que você está passando, você pode ter confiança nisto: "não há pulsação nem agonia que o nosso coração possa conhecer que Deus não sinta lá de cima".[39] E você também pode estar seguro disto: um dia a tristeza ficará para trás e só a glória estará à frente. Essa é uma verdade na qual você pode se alegrar hoje, seja lá o que o dia de hoje lhe reserve.

1 PEDRO 1.3-9

A Bíblia em um ano: Jó 30–31; 1Co 10.19-33

17 DE MARÇO
LIBERTO PELA ORAÇÃO

Porque estou certo de que isto mesmo, pela vossa súplica e pela provisão do Espírito de Jesus Cristo, me redundará em libertação. (Fp 1.19)

Há pessoas em sua vida pelas quais você não ora porque acha que elas não precisam? Com nossa perspectiva humana limitada, pode ser fácil ignorar aqueles que aparentam exteriormente ter tudo bem resolvido. Mas a verdade é que todos nós precisamos e nos beneficiamos das orações dos outros.

Quando o apóstolo Paulo estava na prisão, ele escreveu à igreja de Filipos e afirmou saber que sua libertação seria o resultado não apenas da ajuda do Espírito Santo, mas também das orações do povo de Deus. Quer se referisse à libertação de suas dificuldades imediatas ou à libertação final que o levaria à presença de Cristo, Paulo queria que seus amigos cristãos em Filipos soubessem que ele dependia das orações dos outros para sustentá-lo durante seu ministério.

Isso não era exclusivo a essa congregação. Quando Paulo escreveu aos cristãos em Roma, ele disse a mesma coisa: "Rogo-vos, pois, irmãos, por nosso Senhor Jesus Cristo e também pelo amor do Espírito, que luteis juntamente comigo nas orações a Deus a meu favor, para que eu me veja livre" (Rm 15.30-31). Ele ansiava que eles se esforçassem juntos e se revigorassem. Ele desejava que seu serviço fosse útil aos santos. Ele queria ser livrado. E tudo isso, segundo ele lhes disse, poderia ser realizado através de suas orações! Como o grande pregador vitoriano C. H. Spurgeon disse certa vez, a oração é a corda que toca o sino no campanário de Deus.[40] Sob a providência de Deus, ela desencadeia seu padrão, plano e poder.

Clame a Deus — é isso que Paulo está nos exortando a fazer. Se quisermos ver o Espírito de Deus se mover de uma maneira que só pode ser descrita como sobrenatural, precisamos primeiro estar dispostos a orar de maneira fervorosa, humilde e contínua. As palavras de Paulo nos dizem que, quando nos reunimos com outros santos, podemos apoiá-los em suas fraquezas. Podemos pedir que tenham coragem. Podemos desempenhar um papel em seu livramento.

Então, quem você conhece que precisa de suas orações? Você vai orar por eles — diligente, corajosa e persistentemente? E quem você conhece que parece não precisar de suas orações? Bem, essas pessoas precisam! Você vai orar por elas da mesma maneira?

FILIPENSES 1.3-11

18 DE MARÇO

O LEÃO CONQUISTADOR

*E eu chorava muito, porque ninguém foi achado digno de abrir o livro,
nem mesmo de olhar para ele. Todavia, um dos anciãos me disse: Não chores; eis que
o Leão da tribo de Judá, a Raiz de Davi, venceu para abrir o livro e os seus sete selos.
Então, vi, no meio do trono e dos quatro seres viventes e entre os anciãos, de pé, um
Cordeiro como tendo sido morto.* (Ap 5.4-6)

Quando crianças, muitos de nós ouvimos nossos pais dizerem: "Você se lembrou de...?" Um exemplo que me lembro de ouvir muitas vezes quando voltei da casa de alguém foi: "Você se lembrou de dizer 'obrigado'?" Eu não precisava de uma nova revelação; eu simplesmente precisava me lembrar.

Enquanto observava a visão que Jesus deu a ele da realidade celestial, o apóstolo João foi levado às lágrimas quando confrontado pelo medo de não haver ninguém que pudesse olhar para os segredos do mundo e explicar os problemas de sua experiência do primeiro século. Mas João não precisava de novas informações. Ele precisava ser lembrado do que já sabia. Ele errou por ter esquecido o básico.

João foi instruído a não chorar, mas a olhar para aquele que poderia abrir o pergaminho. Quando ele se virou, viu "de pé, um Cordeiro como tendo sido morto". As feridas do Cordeiro eram um lembrete da morte de Cristo, pela qual ele alcançou a salvação. Mas esse Cordeiro estava de pé, representando o triunfo de sua ressurreição. Aqui, nessa visão, vemos Jesus, o todo-misericordioso e todo-poderoso. Ele é o Cordeiro e é o Leão. Ele merece e exige a adoração e a obediência de todo o mundo, e ele as terá.

Jesus foi a solução para as lágrimas de João, assim como ele é para nossas próprias lágrimas de medo quando sentimos o mundo nos pressionando — quando nos sentimos desgastados, pequenos, fracos e marginalizados e quando somos tentados a acreditar que este mundo, em vez de estar sob controle, é governado apenas pelo caos.

Nenhum de nós sabe o que um dia trará ou o que acontecerá durante a noite. Esses segredos pertencem a Deus somente. Mas que grande graça experimentamos quando Deus nos dá um tapinha no ombro e nos leva à nossa Bíblia, dizendo: *Você está esquecendo que o Leão da tribo de Judá realmente triunfou, que ele está no comando, que ele supervisiona o futuro, que ele é Rei?* "Não temas", Jesus já havia dito a João: "Eu sou o primeiro e o último e aquele que vive; estive morto, mas eis que estou vivo pelos séculos dos séculos e tenho as chaves da morte e do inferno" (Ap 1.17-18).

Então, quando você se sentir desencorajado, derrotado ou perturbado pelo presente ou pelo futuro, o chamado é simplesmente este: lembre-se do que você já sabe. Olhe para o Leão de Judá, que é para nós o Cordeiro morto. Ele é digno e capaz de abrir os pergaminhos e direcionar a história deste mundo ao seu fim: ao seu retorno e à nossa entrada na glória.

🎧 ♡ 🖐 APOCALIPSE 5

A Bíblia em um ano: Jó 34-35; 1Co 11.17-34

19 DE MARÇO
A VERDADEIRA VOZ PROFÉTICA

Curam superficialmente a ferida do meu povo, dizendo: Paz, paz; quando não há paz. (Jr 8.11)

Quando confrontados com uma condição médica grave, nenhum de nós quer receber tratamento de um médico incompetente. Imagine ir a um médico cujo remédio para a gangrena é simplesmente colocar um bom curativo, oferecer-lhe um adesivo para seus problemas e recomendar-lhe uma tarde agradável. Isso pode fazer você se sentir melhor, mas não trataria o problema — e você logo se sentiria consideravelmente pior!

Na era do Antigo Testamento, o papel dos profetas era falar a Palavra de Deus e chamar o povo de Deus a obedecer à sua aliança. Deus colocaria sua Palavra na boca dos profetas e eles anunciariam o que Deus disse — não o que eles mesmos tinham em mente. E, muitas vezes, a mensagem deles era: *Cuidado! O julgamento está chegando.* Essa não é exatamente uma declaração agradável!

Como a mensagem de Deus era tão desafiadora, os falsos profetas se tornaram numerosos — e, de certa forma, eles tinham o melhor dos dois mundos. Eles eram conhecidos como profetas e podiam sair por aí fazendo grandes declarações, mas também podiam dizer às pessoas o que queriam ouvir. O falso profeta era como um médico ruim, dizendo ao povo que tudo daria certo quando, na realidade, o prognóstico era sombrio. É maravilhoso ouvir que tudo está bem e que sua terra está em paz — a menos que o inimigo esteja prestes a aparecer no horizonte. Então, você precisa estar preparado.

Embora os verdadeiros profetas falassem do julgamento vindouro de Deus, sua mensagem também advertia o povo contra a complacência e os encorajava contra o desespero. Deus sempre garantiu seu compromisso com o seu povo, prometendo um futuro maravilhoso para eles. A única esperança deles diante do julgamento seria encontrar refúgio não à parte de Deus, mas *em* Deus.

Os falsos profetas ainda abundam em nosso tempo. Suas palavras são ouvidas na lisonja do preletor de formatura comum: "Vocês são o maior grupo de jovens que essa comunidade já viu. O futuro está em suas mãos. Vocês estão prontos para voar!" Mas palavras igualmente superficiais também são ditas em muitas igrejas, com ensinamentos que consistem em generalidades vagas e meias verdades supostamente inspiradoras para os ouvintes — e uma meia verdade também é uma meia mentira.

Precisamos de verdadeiras vozes proféticas em nossos dias, tanto quanto o povo de Deus precisava no tempo de Jeremias. Nossas igrejas, nossa nação e o mundo precisam daqueles que têm a coragem de falar a verdade, mesmo que isso traga zombaria e rejeição: falar do pecado, insistir que Deus tem padrões éticos, alertar sobre o julgamento, anunciar o futuro retorno de Jesus e, portanto, ser capaz de apontar de forma convincente para o único que pode salvar.

Peça a Deus que levante indivíduos que estejam preparados para desafiar seus ouvintes com a Palavra de Deus e em submissão ao Espírito de Deus. Ore para que, quando ouvir a Palavra de Deus verdadeiramente pregada por meio de tal voz, você se proteja contra a complacência, esteja disposto a ouvir e esteja pronto para se refugiar em Deus, aquele que é a sua única esperança. E ore para que, no seu bairro e no seu local de trabalho, você seja essa voz.

1 TESSALONICENSES 5.1-11

20 DE MARÇO

GRATIDÃO GRACIOSA

Sendo fortalecidos com todo o poder, segundo a força da sua glória, em toda a perseverança e longanimidade; com alegria, dando graças ao Pai, que vos fez idôneos à parte que vos cabe da herança dos santos na luz. (Cl 1.11-12)

Quase todo mundo aprecia um bom presente. Família, liberdade, lazer, uma cama quente e uma bebida refrescante contribuem para um coração agradecido, e todos nós somos naturalmente capazes de expressar pelo menos um pouco de gratidão por eles. "Obrigado" é uma frase que aprendemos cedo.

O avivalista americano Jonathan Edwards utilmente distinguiu entre o que ele chamou de "gratidão natural" e "gratidão graciosa".[41] A gratidão natural começa com as coisas que recebemos e os benefícios que as acompanham. Qualquer pessoa é capaz de gratidão natural. No entanto, a gratidão graciosa é muito diferente, e apenas os filhos de Deus podem experimentá-la e expressá-la. A gratidão graciosa reconhece o caráter, a bondade, o amor, o poder e as excelências de Deus, independentemente de quaisquer dons ou prazeres que ele tenha dado. Ela sabe que temos motivos para ser gratos a Deus, seja um dia bom ou um dia ruim, quer estejamos empregados ou desempregados, quer as notícias diárias sejam otimistas ou esmagadoras, quer estejamos completamente saudáveis ou enfrentando um diagnóstico terminal. Tal gratidão só é descoberta pela graça e é uma verdadeira marca do Espírito Santo na vida de uma pessoa. A gratidão graciosa nos permite enfrentar todas as coisas com a consciência de que Deus está profundamente envolvido em nossas vidas e circunstâncias, pois ele nos fez objetos especiais de seu amor.

Quando Jonathan Edwards morreu devido a uma vacina contra a varíola, Sarah, sua esposa, escreveu à filha: "O que posso dizer? Um Deus santo e bom nos cobriu com uma nuvem escura." Observe a sinceridade nisso. Não há triunfalismo superficial. Mas seu marido não foi tirado por acaso; foi o governo soberano de Deus que determinou o momento certo para trazer Jonathan à sua recompensa eterna. E então Sarah continuou: "Mas meu Deus vive; e ele tem meu coração. [...] Todos nós somos dados a Deus: aí estou eu; aí amo estar."[42]

Em meio à tristeza, nunca seremos capazes de dizer palavras como essas por gratidão natural, que não pode nos ajudar na perda. Tal reflexão só pode fluir da gratidão graciosa. Você pode estar enfrentando circunstâncias difíceis ou mesmo dolorosas no momento; e, se não estiver, esse dia chegará, pois este é um mundo caído. Contudo, nesses momentos, você pode se apegar ao amor de Deus e escolher confiar na bondade de Deus, expressa mais claramente na cruz. Então, mesmo nas horas mais escuras, você conhecerá a alegria da presença dele e sempre terá motivos para lhe agradecer. Há força, dignidade e adoração em poder dizer: "o Senhor o deu e o Senhor o tomou; bendito seja o nome do Senhor" (Jó 1.21).

ROMANOS 11.33-36

21 DE MARÇO

POR QUE A DEMORA?

Havendo Deus, outrora, falado, muitas vezes e de muitas maneiras, aos pais, pelos profetas, nestes últimos dias, nos falou pelo Filho, a quem constituiu herdeiro de todas as coisas, pelo qual também fez o universo. (Hb 1.1-2)

Há muitas maneiras de descrever o tempo no qual vivemos: século XXI, pós-moderno, globalizado, tecnológico. Todavia, de maneira fundacional e fundamental, vivemos nos "últimos dias". Essa frase pode soar muito estranha ou emocionante, dependendo da sua familiaridade. De fato, pode haver uma grande confusão em torno da ideia dos "últimos dias".

O Novo Testamento usa essa frase simplesmente para descrever o tempo entre a primeira e a segunda vinda de Jesus. Jesus *já* veio e Jesus *ainda* virá. Nós vivemos entre esses dois grandes postos de preparação na história da salvação. Sua primeira aparição trouxe o seu reino à terra e inaugurou os "últimos dias" como uma realidade presente. Sua vida, morte, ressurreição e ascensão apontam para o Espírito de Deus em ação — e, se o Espírito de Deus está em ação, Jesus ensina: "certamente é chegado o reino de Deus sobre vós" (Mt 12.28).

Jesus, portanto, fala no tempo presente quando convida uma multidão a "receber o reino de Deus" (Mc 10.15; Lc 18.17). Ele está falando de uma entrada não em algum reino futuro, mas em uma realidade presente — o atual governo e reinado do próprio Jesus.

Então o reino é *agora*. Mas o reino também é *depois*: algo que ansiamos no futuro, totalmente inaugurado pelo retorno do Senhor Jesus. Na sua segunda vinda, Jesus estabelecerá plenamente o seu reino. Em sua segunda vinda, ele receberá os crentes para "[possuir] por herança o reino que vos está preparado desde a fundação do mundo" (Mt 25.34, ACF), e "a terra se encherá do conhecimento do Senhor" (Is 11.9). O reino que chegou pela primeira vez com seu Rei no passado virá plenamente, em toda a sua perfeição e glória, no futuro.

O cristão, portanto, vive nesta dimensão intermediária referida como os "últimos dias". Aqueles que estão em Cristo pertencem à Nova Criação, mas ainda não receberam todos os benefícios e bênçãos dessa Nova Criação. Por enquanto, os crentes vivem na era presente, em um mundo caído marcado pelo pecado, ansiando pela era vindoura.

Por que, então, o tempo entre a primeira e a segunda vinda de Cristo parece tão longo? Por que a demora? É porque Deus deliberadamente dilatou o retorno de Jesus para que mais pessoas tenham a oportunidade de ouvir as palavras que ele disse, se arrependam e creiam (2Pe 3.9). Os últimos dias são os dias de oportunidade para entrar no reino antes que a porta se feche.

Uma vez que sabemos em que época vivemos e cuja chegada a levará a uma conclusão, "que tipo de pessoa [devemos] ser?" (2Pe 3.11 A21). As Escrituras nos dizem: "Empenhem-se para serem encontrados por ele em paz, imaculados e inculpáveis. Tenham em mente que a paciência de nosso Senhor significa salvação" (vv. 14-15 NVI). Em outras palavras, se "os últimos dias" chegarem ao fim hoje e o Senhor Jesus voltar em sua glória, certifique-se de que você será encontrado vivendo de uma maneira que o agrade e buscando maneiras de falar palavras que o proclamem.

LUCAS 17.20-37

22 DE MARÇO

RENDIÇÃO MAJESTOSA

Tendo, pois, Judas recebido a escolta e, dos principais sacerdotes e dos fariseus, alguns guardas, chegou a este lugar com lanternas, tochas e armas. Sabendo, pois, Jesus todas as coisas que sobre ele haviam de vir, adiantou-se e perguntou-lhes: A quem buscais? Responderam-lhe: A Jesus, o Nazareno. Então, Jesus lhes disse: Sou eu. [...] [Eles] recuaram e caíram por terra. (Jo 18.3-6)

Todos os escritores dos Evangelhos cobrem eventos semelhantes da vida de Jesus, mas cada um destaca detalhes e aspectos particulares da identidade de Jesus. Uma das intenções de João era estabelecer a supremacia e a vitória de Jesus sobre as próprias circunstâncias que deveriam degradá-lo e humilhá-lo. Considere a prisão de Jesus no Jardim do Getsêmani: ele se rendeu de bom grado, mas com autoridade, revelando sua majestade como Salvador do mundo. Certa vez, as pessoas tentaram forçar uma coroa de rei sobre Jesus, e ele se retirou porque sabia que a realeza mundana não era o seu destino (Jo 6.15). Aqui, quando os soldados vieram para forçar uma cruz sobre ele, ele sabia tudo o que se desdobraria. Eles certamente esperavam ter de procurar por toda parte por esse notório carpinteiro galileu. Em vez disso, aqui estava ele, entregando-se voluntariamente, com uma majestade em sua voz, uma expressão em seus olhos e uma influência sobre sua pessoa que contribuíam para a magnitude do momento. Não é de admirar que eles "recuaram e caíram por terra".

Quando Jesus se entregou àqueles que o tratariam como um blasfemo e criminoso, ele não negou quem era. Na verdade, ele usou uma linguagem que comunicava a sua identidade e autoridade divinas. Jesus usou a frase "Eu sou" não apenas para dizer aos soldados que ele era Jesus de Nazaré, mas também para se identificar como aquele que apareceu a Moisés na sarça ardente (Êx 3.14). Essa foi a mesma frase que, meses antes, quase o fizera ser apedrejado (Jo 8.58-59), pois era uma afirmação clara de ser o autoexistente Deus vivo.

Agora, aqui está esse Deus, dando um passo à frente para impedir que seus amigos resistam e permitir que seus inimigos o matem. Por quê? Quando Cristo veio à frente no jardim, ele não estava apenas protegendo seus discípulos, mas também estava provendo para o seu povo. Ele deu um passo à frente como substituto de humanos pecadores, como o cumprimento de tudo o que havia sido previsto há muito tempo. Ele sabia exatamente para o que caminhava: "Cristo morreu, uma única vez, pelos pecados, o justo pelos injustos, para conduzir-vos a Deus" (1Pe 3.18).

Em sua combinação de rendição voluntária e autoridade divina, Cristo deu o próximo passo em direção à cruz, onde seu sacrifício conquistou a nossa salvação. Ele não correu da cruz, mas caminhou resolutamente em direção a ela. E ele fez isso por você.

É uma coisa tão maravilhosa,
Quase maravilhosa demais para ser verdade,
Que o próprio Filho de Deus venha do céu
E morra para salvar uma criança como eu.[43]

JOÃO 18.1-14

A Bíblia em um ano: Pv 1–2; 1Co 14.21-40

23 DE MARÇO
TODA BOA DÁDIVA E DOM PERFEITO

Toda boa dádiva e todo dom perfeito são lá do alto, descendo do Pai das luzes, em quem não pode existir variação ou sombra de mudança. (Tg 1.17)

Você já foi comprar um presente e não tinha ideia do que o destinatário pretendido precisava ou queria? Você não sabia que tamanho ou cor de camisa comprar, ou se o brinquedo da criança era apropriado para a idade; então, no fim das contas, você simplesmente jogou as mãos para cima em frustração e disse: "Vou comprar qualquer coisa! Eles vão trocar de qualquer forma. Quem se importa?"

Dar presentes nem sempre é tão fácil ou divertido quanto deveria ser. O fato é que mesmo o melhor de nós não pode dar presentes perfeitos todas as vezes, porque somos falhos. Falta-nos a percepção e o conhecimento, e às vezes os recursos ou mesmo a disposição, para dar o presente certo. Nisso somos totalmente diferentes de Deus, pois Deus é o doador de dons perfeitos e *somente* dons perfeitos. Ele é espontaneamente bom e transborda de generosidade. Ele dá sem esperar nada em troca e não restringe a sua bondade com base no que os destinatários merecem. E nenhum presente dele precisa ser trocado.

Não só Deus é perfeitamente generoso, mas essa generosidade nunca muda. Mesmo os melhores pais terrenos precisam ser abordados no momento certo e da maneira certa, porque podem ser inconsistentes. As crianças aprendem a escolher seus momentos. Quando eu era adolescente, achava fácil ler a linguagem corporal do meu pai enquanto ele estava em espera na empresa de eletricidade, e pensava: "Não tenho certeza se agora é a hora de pedir dois pneus novos para o meu carro".

Contudo, com nosso Pai celestial, não precisamos nos perguntar se não há problema em nos aproximarmos para falar com ele. Ele não é inconstante nem pronto para se irar. Podemos ter certeza de que ele sempre agirá adequadamente. Nunca o encontraremos pego de surpresa, incapaz, indisponível ou sem vontade. Por meio de Cristo, ele é acessível e responde aos apelos do nosso coração e às nossas preocupações diárias.

Somos filhos de Deus, e uma das maneiras pelas quais nosso Pai expressa seu amor por nós está em seus dons perfeitos para nós. Logo, uma marca de cada um de seus filhos deve ser a gratidão. Se conhecemos o caráter de nosso Pai, como podemos ser outra coisa senão gratos — mesmo quando seus dons não são os que teríamos escolhido para nós mesmos? Portanto, tenha o cuidado de reconhecer suas bênçãos diariamente. Lembre-se de que todas as coisas boas são dádivas dele. Não deixe de dizer a ele:

Grande é tua fidelidade, ó Deus meu Pai,
Não há sombra de mudança em ti [...]
Tudo o que eu precisava tua mão proveu —
Grande é tua fidelidade, Senhor, para mim![44]

SALMO 103

24 DE MARÇO
A TOLICE DO FAVORITISMO

E Israel amava a José mais do que a todos os seus filhos,
porque era filho da sua velhice; e fez-lhe uma túnica de várias cores.
Vendo, pois, seus irmãos que seu pai o amava mais do que a todos os seus irmãos,
aborreceram-no e não podiam falar com ele pacificamente. (Gn 37.3-4 ARC)

Favoritismo nos relacionamentos é tolice.

Vemos isso em toda a história do povo de Deus no Antigo Testamento, mas talvez seja maior na vida de José, pois ele era o objeto do interesse especial de seu pai, Jacó. José "era filho da velhice [de Jacó]" e do grande amor da vida deste, Raquel. Então Jacó, a quem Deus havia renomeado Israel, amava esse filho mais do que aos outros. Brotaram muitos frutos ruins nessa família a partir dessa raiz de parcialidade.

Jacó expressou seu favoritismo por meio de um presente, uma "túnica de várias cores" que ele mesmo havia feito. Era claramente um símbolo de favoritismo — um que José obviamente gostava de usar. Este casaco controverso provocou intensa hostilidade dos irmãos de José. De sua hostilidade brotaram malícia e intenção assassina. No fim das contas, eles chegaram ao ponto de vender seu próprio irmão como escravo e fingir sua morte.

Se o presente de um casaco poderia incitar tal resposta, então certamente o problema era muito maior do que o próprio casaco. Deve ter havido um pecado profundo nos bastidores. E é exatamente isso que encontramos com os irmãos de José. O problema deles não era tanto que o casaco era muito valioso; era que colocava José em uma classe diferente deles. Ao dar esse presente a ele, Jacó elevou José acima de seus irmãos e isso os corroeu. A escolha de um favorito sempre exige a escolha implícita de um não favorito, o que é um gatilho tanto para a arrogância e o orgulho daquele escolhido como favorito, quanto para o ressentimento e a amargura daqueles que não são. Você pode ter visto ao seu redor, ou mesmo em sua própria vida, os efeitos corrosivos de ser um favorito ou ser preterido por esse status.

Jacó deveria ter sido mais sábio, pois ele mesmo havia sido objeto de favoritismo indevido — sua própria mãe o preferiu a seu irmão, Esaú, e isso levou ao caos. Seu relacionamento com Esaú, como o de José com seus irmãos, foi prejudicado por anos.

Não sejamos rápidos demais, porém, para nos distanciarmos da mentalidade e das ações de Jacó ou de seus filhos, como se nunca pudéssemos ser culpados de algo semelhante. Devemos todos tomar cuidado com a loucura do favoritismo nos relacionamentos e a fúria que tantas vezes o acompanha. A parcialidade é um erro comum e compreensível, mas lança sombras profundas, escuras e destrutivas.

Em vez de simplesmente balançar a cabeça em desaprovação à tolice de Jacó, vamos aprender com ela. Cada relacionamento é um presente único de Deus. Quando mostramos favoritismo àqueles que estão à nossa volta, por qualquer motivo que seja, podemos ter certeza de que isso irá fraturar e devastar os relacionamentos. Se, no entanto, valorizamos cada amigo, membro da família e o próximo com amor e carinho evidentes, honramos a Deus e encorajamos o coração daqueles que ele colocou ao nosso redor.

GÊNESIS 37

A Bíblia em um ano: Pv 6-7; 1Co 15.29-58

25 DE MARÇO
PENSANDO DE FORMA CRISTÃ

Finalmente, irmãos, tudo o que for verdadeiro,
tudo o que for nobre, tudo o que for correto, tudo o que for puro,
tudo o que for amável, tudo o que for de boa fama, se houver algo de excelente
ou digno de louvor, pensem nessas coisas. (Fp 4.8 NVI)

De muitas formas, somos o que pensamos. Nossa mente é a raiz de nossas ações, e é através de nossa mente que nossas afeições são despertadas. Portanto, é absolutamente imperativo que pensemos sobre as coisas certas e aprendamos a pensar da forma correta. Em outras palavras, precisamos aprender a pensar de forma cristã.

Algumas pessoas diriam que pensar de forma cristã é ter uma mente que apenas contempla tópicos explicitamente cristãos, fechando-se a qualquer outra noção. Mas isso não se encaixa na descrição de pensamento cristão que encontramos na Escritura. Na verdade, a Bíblia ensina que devemos pensar sobre *tudo*, mas que precisamos aprender a fazer isso a partir de uma perspectiva bíblica (2Co 10.5). Devemos considerar a música, engenharia, medicina, arte, justiça, liberdade e o amor — toda a gama da existência humana — através da lente das verdades reveladas da Palavra de Deus.

O apóstolo Paulo entendeu isso, então ele nos deu uma lista de qualidades com as quais devemos construir a estrutura do nosso pensamento. Como seguidores de Cristo, Paulo disse, nossos pensamentos devem ser direcionados e governados por qualidades como a verdade, justiça e pureza.

Como ele diz, devemos pensar sobre aquelas coisas nas quais há "algo de excelente". A palavra que ele usa para "excelente" é a palavra grega *areté*, a palavra mais abrangente na língua grega para "virtude". Em outras palavras, Paulo nos dá uma norma pela qual podemos julgar nossos padrões regularmente. Podemos olhar para a Palavra de Deus e perguntar: "Aquilo sobre o qual estou escolhendo pensar e a forma como estou escolhendo pensar sobre isso estão alinhados com a excelência moral? Estão alinhados com a aprovação de Deus?"

Quão desafiador isso é! Essa maneira de pensar não acontecerá em um vácuo ou sem muito esforço. Se esperamos cultivá-la, precisamos meditar na Palavra de Deus dia e noite (Js 1.8). Conforme continuamente nos esforçamos para sermos transformados pela renovação da nossa mente (Rm 12.2), não apenas iremos glorificar a Deus, mas seremos também fortalecidos pela nossa capacidade de lutar pelo Evangelho em nossas conversas.

Então, conforme você pensa sobre seus pensamentos, aqui estão três perguntas para fazer ao buscar aplicar esse versículo em sua vida:

Existe qualquer coisa sobre a qual eu deva pensar mais?
Existe qualquer coisa sobre a qual eu deva pensar menos — ou nem sequer pensar nada?
Existe qualquer coisa sobre a qual eu deva pensar de outra maneira?

🎧 ♡ 🖐 SALMO 1

26 DE MARÇO

GUARDANDO-NOS NO AMOR DE DEUS

Guardai-vos no amor de Deus, esperando a misericórdia de nosso Senhor Jesus Cristo, para a vida eterna. (Jd 21)

Ainda que Deus seja perfeitamente capaz de "vos guardar de tropeços" e fazer com que você persevere na fé (Jd 24), ele ainda o chama para desempenhar um papel ativo em seguir em frente na vida cristã — isto é, guardar-se em seu amor.

Buscar o amor de Deus deve ser algo constante em nossa vida. É por isso que a Bíblia tem tanto a dizer sobre isso! No percurso da fé, não há como seguirmos apenas na força de algumas poucas remadas iniciais; nossa fé não será fortalecida sozinha. Então, como é nos guardarmos no amor de Deus?

Primeiro, a Escritura nos ensina que, para preservarmos nosso amor por Deus, precisamos permanecer em constante ódio contra todo o pecado (veja Pv 8.13; Sl 97.10; Rm 12.9). Comece a brincar com o pecado, encoraje-o ou permita empolgar-se por ele, e seu amor por Deus irá inevitavelmente decair.

Segundo, podemos nutrir nosso amor por Deus ao nos deleitarmos nas ordenanças que ele deu à igreja. Jesus instituiu a Ceia, por exemplo, que é uma forma específica dele se encontrar conosco, revelando-nos que podemos conhecer o seu amor e amá-lo também. É impossível para nós nos mantermos em um relacionamento com Deus enquanto ao mesmo tempo nos separamos dos meios de graça que ele estabeleceu.

Terceiro, precisamos nos lembrar de que nos guardarmos no amor de Deus não é apenas uma busca individual, mas também é uma tarefa comunitária. Somos chamados eficazmente a Cristo de maneira individual, mas não vivemos nele de forma solitária. Como pedras vivas, somos edificados em uma casa espiritual a fim de sermos um sacerdócio santo de crentes (1Pe 2.5). Cultivar amizades profundas e honestas com outras pessoas que amam a Deus *nos* ajuda a amar a Deus. Os relacionamentos raramente são neutros. Se quisermos crescer em nossa fé, precisamos buscar a companhia de amigos piedosos.

Crescer em nossa fé exige ação e responsabilidade — mas também requer paciência à medida que esperamos pela "misericórdia de nosso Senhor Jesus Cristo, para a vida eterna". Devemos buscar um relacionamento crescente com nosso Pai celestial, abandonando o pecado e desfrutando dos dons de Deus junto com outras pessoas que têm uma nova natureza e são habitadas pelo Espírito Santo, enquanto esperamos ansiosamente pela redenção do nosso corpo e a perfeita consumação dos propósitos de Deus (Rm 8.23).

Portanto, "desenvolvei a vossa salvação com temor e tremor; porque Deus é quem efetua em vós" (Fp 2.12-13). Não trabalhamos pela nossa salvação, mas a desenvolvemos, em todas as áreas da nossa vida. Contra qual pecado você precisa lutar? De que formas você deve buscar uma profunda amizade cristã? Guarde-se no amor de Deus.

1 JOÃO 5.12-21

27 DE MARÇO
SALVOS POR UM SACRIFÍCIO

O sangue vos será por sinal nas casas em que estiverdes;
quando eu vir o sangue, passarei por vós, e não haverá entre vós praga destruidora,
quando eu ferir a terra do Egito. (Êx 12.13)

O que acontece na Ceia? Por que os cristãos comem o pão e bebem do cálice?

À medida que buscamos responder a essas perguntas, muitos de nós não pensam em voltar até Moisés. Se nos colocarmos bem perto de sua história, tudo que teremos é uma visão truncada de juncos, sarça ardente e pragas. Porém, se nos afastarmos o suficiente, veremos e seremos capazes de compartilhar a glória de uma perspectiva maior do propósito de Deus.

Deus, para pôr o êxodo de seu povo Israel em movimento, passando pela terra em juízo, enviou a última de dez pragas sobre o Egito, e todo primogênito egípcio foi morto. Os primogênitos israelitas também teriam morrido, pois não eram inocentes de pecado, e o pecado leva à morte (Rm 6.23). Mas Deus proveu um caminho para escaparem através da Páscoa. Quando o Senhor via o sangue do cordeiro sacrificado na verga da porta, pintado usando um molho de hissopo (Êx 12.22), ele passava sobre aquela casa sem matar o primogênito.

No Antigo Testamento, esse "passar sobre" foi um grande ato da salvação de Deus. Nele e através dele, Deus ensinou a seu povo um princípio vital: *Deus salva por substituição.* Ele salvou esse povo porque os animais foram sacrificados em seu lugar. Como Moisés registra, naquela noite no Egito "não havia casa em que não houvesse morto" (Êx 12.30). Um filho havia morrido, ou um cordeiro havia morrido. O povo de Deus merecia a morte pelos seus pecados, mas, porque eles confiaram no sacrifício de outro, como Deus havia ordenado e o qual Deus havia provido, eles foram livrados. Todos os anos, ao longo da história veterotestamentária, o povo de Deus recordou esse evento e se lembrou da grande verdade: Deus salva por substituição.

Todos aqueles anos e todas aquelas festas sublinham a importância do momento em que, como João Batista viu Jesus vindo, ele disse: "Eis o Cordeiro de Deus, que tira o pecado do mundo!" (Jo 1.29). Aqui estava alguém que era a provisão de Deus para salvar seu povo do pecado e libertá-lo, assim como o cordeiro pascal.

O êxodo de Israel é um prenúncio do grande êxodo da humanidade: quando homens ou mulheres, merecedores do juízo de Deus, confiam no sangue que foi derramado por eles na cruz, eles encontram liberdade do pecado. Cada algema é quebrada, assim como as correntes dos israelitas caíram quando eles foram libertos da escravidão.

Da próxima vez que você estiver pensando sobre a Ceia, considere a história de Moisés, a sarça ardente e as pragas. Então conecte os pontos e lembre-se de que a razão para tomarmos a Ceia é porque Jesus é o nosso sacrifício. Ele é o Cordeiro de Deus. Ele é o nosso substituto. Você não tem mais juízo para temer, pois ele ficou para trás, pago e resolvido na cruz. Você está no caminho para a terra prometida.

JOÃO 19.16b-37

28 DE MARÇO

UMA DIETA SÓLIDA

Porquanto vos tendes tornado tardios em ouvir. [...] Tendes, novamente, necessidade de alguém que vos ensine, de novo, quais são os princípios elementares dos oráculos de Deus; assim, vos tornastes como necessitados de leite e não de alimento sólido. Ora, todo aquele que se alimenta de leite é inexperiente na palavra da justiça, porque é criança. Mas o alimento sólido é para os adultos. (Hb 5.11-14)

Imagine visitar seu restaurante favorito e perceber que todos os clientes estão sentados à mesa bebendo leite em mamadeiras gigantes. Que cena bizarra seria! Ainda assim, essa é a imagem que o autor de Hebreus ilustrou quando ele exortou os judeus cristãos de sua época a permanecerem famintos por uma semelhança cada vez maior com Cristo. Ele sabia que muitos já estavam se tornando complacentes em sua fé. Aqueles que já deveriam ter se tornado mestres precisavam, antes, revisar o maternal da fé todo de novo.

A dificuldade para esses crentes em entender os princípios bíblicos não resultou de nenhum assunto complexo nem de inabilidade do autor de explicar com clareza. Em vez disso, eles eram deliberadamente tardios em aprender. Quando o autor escreve que eles eram "tardios em ouvir", a palavra "tardio" é a mesma que ele usa posteriormente quando os alerta a não serem "indolentes" (Hb 6.12).[45] Ali ele exorta seus leitores, em vez de tolerar tal atitude indolente, a serem "imitadores daqueles que, pela fé e pela longanimidade, herdam as promessas".

Se esses cristãos primitivos tivessem sido almas disciplinadas que estivessem ouvindo cuidadosamente e tentando entender os conceitos bíblicos e simplesmente tendo dificuldade nisso, o autor provavelmente não teria sido tão duro com eles. Mas esse não era o caso. Ele teve de repreender membros da igreja que deveriam estar recebendo ardentemente a verdade, mas que haviam se tornado apáticos. Seu entusiasmo diminuiu. Eles pararam de prestar atenção. Como resultado, eles não entendiam o que os impedia de serem ainda mais transformados pela verdade de Deus.

Se não formos vigilantes, o mesmo pode acontecer conosco. Não podemos nos sustentar com uma dieta de cereal de flocos de arroz, torradas e leite. Não há problema em gostar de leite. Está tudo bem em tê-lo como parte de nossa dieta. Mas não está nada bem bebermos leite como a totalidade da nossa alimentação. Isso é algo para os bebês, e nós não devemos permanecer como bebês. Precisamos aprender a comer alimentos mais nutritivos e expandir nosso paladar.

Torne seu objetivo continuamente "[crescer] na graça e no conhecimento de nosso Senhor" (2Pe 3.18), a fim de que você possa lidar com as implicações da genuína experiência cristã. Não se torne alguém que ouve as Boas Novas do Evangelho sendo proclamadas e diz em sua mente: "Ah, eu já sei isso. Posso parar de ouvir agora." Não se torne alguém que considera o sermão da manhã de domingo um alimento espiritual suficiente para durar a semana inteira. Não se torne alguém que fica chapinhando no raso e nunca faz um esforço para mergulhar bem fundo nas riquezas da Palavra de Deus. Seja alguém que ama o Evangelho e que, pela graça de Deus, nunca se cansa de ouvi-lo; e alguém que ama a Palavra de Deus — ama beber dela, mastigá-la e é impulsionado pela sua verdade vez após vez, à medida que você se torna mais e mais como seu grandioso assunto, nosso Senhor e Salvador.

SALMO 119.33-48

A Bíblia em um ano: Pv 13-15; Tt 2

29 DE MARÇO

O VERDADEIRO ISRAEL

Quando Israel era menino, eu o amei; e do Egito chamei o meu filho.
Quanto mais eu os chamava, tanto mais se iam da minha presença; sacrificavam
a baalins e queimavam incenso às imagens de escultura. (Os 11.1-2)

Quando Jesus nasceu, Maria e José o levaram para o Egito para protegê-lo da perseguição do rei Herodes. Quando Mateus registra esse evento, ele inclui essas palavras de Oseias, escritas sete séculos antes, e explica que na verdade eram uma profecia que Jesus cumpriu (Mt 2.13-15). Mas as palavras de Oseias não se referiam a um indivíduo, e sim a uma nação ("os chamava" [...] [eles] se iam [...] [eles] sacrificavam"). Podemos achar, então, que aqui encontramos um uso bastante arrogante da Escritura por Mateus.

Na verdade, porém, Mateus sabe exatamente o que está fazendo. Ele está deliberadamente identificando Jesus com Israel. Como Deus havia chamado seu amado povo — seu "filho" — para fora do Egito para adorá-lo na terra prometida, então agora, Mateus diz, Deus está chamando seu unigênito Filho, o Senhor Jesus, para fora do Egito e de volta à terra prometida. Contudo, Jesus era diferente. Como os israelitas, ele foi tentado no deserto, mas, ao contrário dos israelitas, ele não pecou (Mt 4.1-11; veja também Êx 32.1-6). Jesus é o verdadeiro Israel, o verdadeiro Filho.

No início de seu ministério, Jesus escolheu doze discípulos (Mt 10.1-4). Esse era um número significativo. Ao escolher doze, Jesus fez uma declaração. Ele, o verdadeiro Israel, estava chamando para si um povo, a fim de ser parte do novo Israel. Seus doze discípulos, em vez das doze tribos de Israel, eram agora a sua fundação. Nessa escolha, o foco do povo de Deus foi e é alinhado. Desde então, o verdadeiro Israel não é encontrado no que agora é chamado Oriente Médio, nem consiste apenas nos descendentes biológicos de Abraão. Em vez disso, ele abrange os descendentes espirituais de Abraão, tanto judeus como gentios. Os filhos de Deus são aqueles que seguem o exemplo de Abraão em depositar sua confiança nas promessas de Deus, as quais são cumpridas em Jesus.

A promessa, diz Paulo, "provém da fé" e será sempre "segundo a graça" (Rm 4.16). Não importa se você é judeu ou gentio, rico ou pobre, homem ou mulher. Não importa quem você é ou o que você fez. O mesmo princípio sempre se aplica: "Se sois de Cristo, também sois descendentes de Abraão e herdeiros segundo a promessa" (Gl 3.29). Somos "um em Cristo" (v. 28). O Evangelho é o mesmo para todos, pois o terreno está nivelado aos pés da cruz. Pessoas religiosas e morais carecem da mesma salvação que alguém que nunca vai à igreja e tem vivido sem levar em conta nenhum padrão ou credo. Temos apenas uma história para contar, mas é a única história de que nós — ou qualquer pessoa — precisamos.

Somos inegavelmente imperfeitos. Nós, como o primeiro Israel, somos propensos a nos afastarmos do nosso Pai e a adorarmos ídolos. Mas Jesus, o perfeitamente justo, o melhor e verdadeiro Israel, morreu para carregar nossos pecados, a fim de que pudéssemos nos lançar sobre sua misericórdia. Fomos reunidos à sua grandiosa companhia, na estrutura do verdadeiro reino de Israel, não por causa de quem somos ou do que fizemos, mas por causa de quem ele é e do que ele fez. Hoje, pela fé em Cristo Jesus, você é um filho de Deus, tão amado quanto ele foi e é (Gl 3.26).

MATEUS 4.1-11

30 DE MARÇO

PROVEITO INTERMINÁVEL

Quem quiser salvar a sua vida perdê-la-á; e quem perder a vida por minha causa achá-la-á. Pois que aproveitará o homem se ganhar o mundo inteiro e perder a sua alma? Ou que dará o homem em troca da sua alma? (Mt 16.25-26)

Jesus era um especialista em fazer perguntas — especialmente o tipo de perguntas que fazem as pessoas pararem e prestarem atenção. Quando somos confrontados com as perguntas de Jesus, como os discípulos foram aqui, precisamos ser cuidadosos para não nos desviarmos do seu efeito pretendido.

À primeira vista, a pergunta de Jesus sobre o ganho material às custas de nossa alma pode ser entendida primariamente como um alerta de punição iminente sobre o indivíduo egoísta. Somos tentados a ler a pergunta de Jesus de forma a assemelhá-lo a uma mãe que diz a seu filho: "Agora, se você não dividir com a sua irmã, você sabe o que acontecerá!" Mas essa pergunta em específico está mais na linha de uma observação. Jesus está apontando o que acontece quando orientamos nossa vida e decisões em torno de nossos próprios anseios pecaminosos — em torno de nossas posses, nossas realizações e nossa identidade desejada. Viver de tal maneira, ele diz, é perder sua própria vida.

A perda da vida da qual Jesus está falando aqui é, portanto, tanto a imediata quanto a eterna. Se considerarmos a vida como nada mais do que aquilo que podemos tirar dela para nós mesmos, nós na verdade perderemos as suas maiores alegrias; terminaremos apenas existindo, não vivendo de fato. Além disso, quando nos colocamos no trono de nossa vida, removemos Jesus de seu lugar legítimo e afirmamos a realidade de que, por natureza, preferimos buscar o mundo ao invés de abandonarmos nossos desejos na busca por Cristo. Se continuarmos dessa forma, iremos perder o dom da vida eterna que Jesus ama dar a seus subordinados.

Então, como devemos combater os desejos mundanos aqui e agora? Primeiro, precisamos reconhecer que, como o matemático e teólogo do século XVII, Blaise Pascal, disse, nós temos um buraco do formato de Deus no mais profundo estágio do nosso ser, e nada poderá preencher esse vazio a não ser o próprio Deus. Não existimos para buscar prazeres fugazes, mas para desfrutarmos de um relacionamento com o Deus vivo. Então, em segundo lugar, precisamos refletir continuamente no valor de nossa alma como evidenciado na cruel cena fora de Jerusalém, quando o Cristo sem pecado estava pregado à cruz — desprezado, rejeitado, transpassado, marcado e zombado —, para que pudéssemos ser trazidos a um relacionamento correto com Deus e receber livremente a vida eterna. O sacrifício de Jesus revela o quanto o destino eterno de nossa alma importa para Deus.

Seguir a Jesus como seu resgatador e seu Rei e reconhecer o valor dele acima de qualquer tesouro terreno não é uma decisão momentânea; é um comprometimento de uma vida inteira que é vivida dia após dia. Se você está preparado para ir à cruz dele diariamente, confessar em humildade quem ele é e entregar sua vida — suas preferências, seu conforto, sua prosperidade —, então seu proveito será interminável, agora e para todo o sempre. Poderíamos fazer bem pior do que nos perguntarmos no início de cada dia o que Jesus perguntou aos seus discípulos na estrada naquele dia: *Pois que aproveitará o homem se ganhar o mundo inteiro e perder a sua alma?*

MATEUS 16.13-27

31 DE MARÇO

CLAMANDO POR AJUDA

Cada vez que Israel semeava, os midianitas e os amalequitas, como também os povos do Oriente, subiam contra ele. [...] Assim, Israel ficou muito debilitado com a presença dos midianitas; então, os filhos de Israel clamavam ao Senhor. (Jz 6.3, 6)

Quando somos impotentes, estamos em melhor posição para aprender a fé verdadeira. No início de Juízes 6, o povo de Israel mais uma vez fez "o que era mau perante o Senhor" (v. 1). Eles haviam se prendido em um ciclo recorrente de rebeldia e arrependimento, tardios em aprender e prontos para esquecer que as suas circunstâncias difíceis estavam frequentemente relacionadas à sua desobediência. Por fim, os israelitas lutaram para entender que Deus lhes permitiria chegar a um lugar onde a sua única resposta poderia ser clamar por ajuda a fim de que ele os trouxesse à comunhão consigo, para a sua glória e para o bem deles. Ele também faz isso por nós hoje, operando seus propósitos nas vidas daqueles que sabem que são impotentes. São aqueles que sabem que são "humildes de espírito", não aqueles que pensam ser suficientes em si mesmos, aos quais Jesus promete o reino (Mt 5.3).

Alguns de nós cremos erroneamente que, se apenas seguirmos a Jesus, tudo sempre se resolverá. Bem no fundo, pensamos que Deus sempre e imediatamente intervirá para remover a dificuldade. Quando Deus não responde às nossas orações como ou quando queremos, nos perguntamos se ainda podemos confiar que ele sabe mais do que nós. Talvez você esteja nessa posição hoje.

Repetidamente ao longo da Escritura, Deus promete vir ao socorro quando pedimos: "De dia o sol não o ferirá; nem a lua, de noite. O Senhor o protegerá de todo o mal, protegerá a sua vida. O Senhor protegerá a sua saída e a sua chegada, desde agora e para sempre" (Sl 121.6-8). Essas são garantias da Palavra de Deus. Contudo, a maneira como ele realiza tais promessas muitas vezes é ao longo de solo rochoso, por meio de vales sombrios e em salas de espera desconfortáveis.

Quando Deus intercede pelo seu povo em Juízes, ele os leva de volta à sua Palavra, condenando-os. O profeta, dizendo as palavras do próprio Deus, lembra os israelitas do que eles precisavam saber: "Eu é que vos fiz subir do Egito e vos tirei da casa da servidão [...] e disse: Eu sou o Senhor, vosso Deus [...] contudo, não destes ouvidos à minha voz" (Jz 6.8, 10). Mas então, em uma pequena virada na história, bem quando esperamos o juízo de Deus, em vez disso lemos que "o Anjo do Senhor lhe apareceu" com estas palavras de misericórdia: "O Senhor é contigo" (v. 12).

Onde estaríamos se Deus tivesse nos entregado ao juízo que merecemos ao invés de demonstrar sua misericórdia dia após dia? Ele não deu ao povo de Israel o que eles mereciam, tampouco nos deu o que eu e você merecemos. A misericórdia e graça de Deus não tem fim. No entanto, em sua bondade, muitas vezes ele usa coisas difíceis em nossa vida para nos ensinar que ele é tudo de que precisamos. A remoção de algo bom nos causa dor, mas também nos leva a clamarmos a Deus e encontrarmos nele nossa força, paz e esperança. Clame a ele por auxílio, seja preenchido pela esperança de que o Deus que o ouve verdadeiramente sabe o que é melhor. O Senhor é com você!

ROMANOS 5.1-11

1º DE ABRIL
EXPECTATIVA ZELOSA

Também nós, que temos as primícias do Espírito, igualmente gememos em nosso íntimo, aguardando a adoção de filhos, a redenção do nosso corpo. (Rm 8.23)

A experiência cristã é tão maravilhosa quanto desafiadora.

Recebemos o perdão. Fomos adotados na família de Deus. Desfrutamos de uma comunhão uns com os outros mais profunda do que a afinidade natural. Possuímos a esperança segura do céu, que nos traz uma ardente expectativa. Temos o Espírito, o próprio Deus, habitando dentro de nós. Contudo, não somos separados das realidades da vida neste mundo caído. Experimentamos frustração, mágoa, decepção e gemidos.

Enquanto vivemos aqui na terra, temos um gostinho do céu, mas ainda não estamos lá.

O cristianismo não nos torna imunes à decadência ou ao pecado. Adoecemos, e nosso corpo falha. Continuamos a lutar contra o pecado e encontramos oposição à nossa fé. De fato, como os teólogos de Westminster articularam no século XVII, o cristão está envolvido em "uma guerra contínua e irreconciliável" contra o pecado.[46]

É possível nos amarrarmos a todo tipo de nó espiritual e teológico sobre nossa batalha contínua com o pecado. Podemos nos perguntar: "Por que eu ainda desobedeço?" Nesses momentos, você e eu precisamos nos lembrar dos "três tempos" da salvação, que resumem a obra de Deus na vida do cristão.

Se estamos escondidos em Cristo, então nós *já fomos* salvos da penalidade do pecado. E não temos nada a temer no dia do juízo, pois Jesus, pela sua morte na cruz, carregou nossos pecados e enfrentou a punição em nosso lugar. No tempo presente, *estamos sendo* salvos do poder do pecado. É um ministério divino contínuo; nenhum de nós estará inteiramente sem pecado deste lado do paraíso, mas Deus está operando dentro de nós, nos capacitando a dizer não ao que é errado e sim ao que é certo. E, finalmente, haverá um dia, quando Cristo retornar, em que *seremos* salvos da própria presença do pecado.

De vez em quando, temos um gostinho do céu que nos faz ansiar pelo que há de vir. É por isso que Paulo diz que "gememos em nosso íntimo, aguardando […] a redenção do nosso corpo". *Deveríamos* olhar para a frente, para o retorno de Cristo, com uma expectativa zelosa!

Como cristãos, devemos viver no mundo como cidadãos do céu, vivendo por enquanto como estrangeiros e forasteiros. Mas não teremos de viver longe de casa para sempre. Um dia, Jesus retornará — e, quando ele voltar, nos levará para junto dele, em nosso corpo ressurreto, em um reino aperfeiçoado. Hoje, não viva como se tudo o que há por aqui fosse tudo o que existe. Incline-se para a frente, pois seus melhores dias estão por vir. Você não está lá ainda — mas, com toda a certeza, um dia estará.

APOCALIPSE 22

2 DE ABRIL

UM NOVO LUGAR PARA HABITAR

Aquele que falava comigo tinha por medida uma vara de ouro para medir a cidade, as suas portas e a sua muralha. A cidade é quadrangular, de comprimento e largura iguais. E mediu a cidade com a vara até doze mil estádios. O seu comprimento, largura e altura são iguais. (Ap 21.15-16)

No passado, Deus habitou entre seu povo, Israel, no templo em Jerusalém, mas este foi destruído. Depois da destruição do templo pelas mãos do Rei Nabucodonosor da Babilônia, Deus prometeu que iria edificar um novo templo (Ez 40–43). Apesar de um segundo templo ter sido construído em Jerusalém, ele era uma sombra do primeiro e claramente não era um cumprimento dessa promessa (Ag 2.2-3) — uma promessa que seria finalmente cumprida através da vida, morte, ressurreição e ascensão de Jesus (Jo 2.19-22).

No templo, a presença de Deus estava concentrada no Santo dos Santos, um santuário interno que havia sido construído na forma de um cubo perfeito. Permitia-se a entrada de somente um homem, e este, o sumo sacerdote, podia entrar apenas uma vez por ano. Então, séculos depois, e com aquele primeiro templo sendo nada mais que uma memória distante, o apóstolo João recebeu essa visão de uma nova cidade do reino eterno de Deus, retratada como um cubo perfeito — mas agora não era um cubo que caberia em um edifício de uma cidade do Oriente Médio: tinha uma área tão extensa quanto o mundo conhecido no tempo de João.

Na Nova Criação, não haverá nenhum lugar específico onde a presença de Deus estará concentrada. Não haverá um edifício especial para visitarmos se quisermos nos encontrar com Deus, pois não haverá distância entre Deus e nós. João "não [viu] templo algum na cidade" (Ap 21.22 NVI) porque, nessa cidade, Deus estará lá, de maneira completa e espetacular, de uma forma que não podemos ainda compreender; e então *tudo* será espaço do templo. Essa é uma imagem radical de algo que é completamente novo — uma transformação tão vasta, tão rica e tão ampla nas circunstâncias, que, como o apóstolo Paulo diz, não podemos imaginar "o que Deus tem preparado para aqueles que o amam" (1Co 2.9).

Se estamos unidos com Cristo, a presença de Deus é conosco através do Espírito Santo. No entanto, nosso conhecimento de Deus e nossa intimidade com ele ainda são limitados. Nosso estado presente certamente não é tudo pelo qual ansiamos, nem é tudo o que Deus pretende para nós. Isso ainda está por vir — mas com certeza virá.

Você vive na ardente expectativa dessa intimidade inimaginável com Deus? Se você está sinceramente esperando esse lugar de habitação permanente com Deus, isso será aparente pela pureza de sua vida e pela preocupação ardente de ver os amigos, os parentes e o próximo virem a conhecer a Cristo. Sabendo que temos essa grande esperança, seremos purificados, da mesma forma como Cristo é puro (1Jo 3.3) — e não hesitaremos em contar aos outros sobre Jesus, tanto a partir de nossa vida quanto pela nossa boca.

APOCALIPSE 21.9-27

3 DE ABRIL
JESUS ESTÁ ENTRE NÓS

*Ao cair da tarde daquele dia, o primeiro da semana,
trancadas as portas da casa onde estavam os discípulos com medo dos judeus,
veio Jesus, pôs-se no meio e disse-lhes: Paz seja convosco!* (Jo 20.19)

Quando Jesus apareceu pela primeira vez aos seus discípulos após sua ressurreição, eles estavam acovardados atrás de portas trancadas, temendo o que as autoridades que crucificaram seu líder fariam em seguida. Mas portas trancadas não poderiam deter Jesus! Nada o impediu de entrar na casa e de reentrar na vida deles, provando ser ele o Salvador e a viva esperança deles. Ele podia ser visto, ouvido, tocado, conhecido — e se aproxima de nossa vida da mesma maneira. Não importa onde estivermos ou o que tivermos feito, Cristo pode entrar em nossa vida — em nossa tristeza, nossas trevas, nosso medo, nossas dúvidas — e tornar-se visto e conhecido, declarando: "Paz seja convosco!"

Talvez você seja um "Tomé cético", pronto para questionar os assuntos da fé. Em algum grau, perguntas são boas e saudáveis. Tomé foi direto com Jesus, essencialmente dizendo: *Eu não acreditarei em você a não ser que possa verdadeiramente pôr meu dedo nas suas cicatrizes.* Jesus respondeu a Tomé: *Tudo bem, se é isso que é necessário para você, então aqui está* (Jo 20.24-29). Jesus pode nos encontrar em nossas dúvidas. Ou talvez você seja um Pedro negador, pronto para renunciar à sua identidade em Cristo e pronto para sentir condenação por ter pisado na bola. Jesus tomou Pedro, que havia o questionado inúmeras vezes, mas que desmoronou perante a pergunta de uma jovem serva, e o tornou a pedra na qual sua igreja foi edificada (Mt 16.18). Jesus nos aceita a despeito de nossas falhas e usa nossa vida de maneiras transformadoras. Ou talvez você seja como Maria Madalena, cujo passado a assombra, fazendo com que você se sinta uma pessoa indigna do amor e aceitação de Jesus. Contudo, Deus não ordenou o primeiro encontro registrado de Jesus após sua ressurreição para ser com um professor de Escola Dominical, mas sim com uma mulher que tinha um passado sórdido crivado com pecado e que havia sofrido até mesmo possessão demoníaca. Não foi uma coincidência aleatória que o primeiro abraço, por assim dizer, do Cristo ressuscitado fosse com tal pessoa. Ele nos oferece o mesmo abraço redentor.

Jesus pode atravessar portas fechadas; ele pode atravessar corações endurecidos. Através de sua morte e ressurreição, ele foi capaz de construir uma ponte sobre o abismo que o pecado abriu entre uma humanidade rebelde e um Deus justo. Precisamos receber a salvação que ele oferece livremente. Ela precisa estar fresca em nossa mente a cada dia.

Você já fez isso? Já recebeu Jesus sem condições e sem reservas? Você o abraça diariamente? Você anuncia seu Evangelho a si mesmo a cada manhã? Confiar dessa maneira significa que precisamos nos dar em serviço a Deus. Submetemo-nos ao seu senhorio como nosso Salvador. Levamos as promessas de Deus no coração e recebemos a salvação que ele nos oferece livremente. Com essa fé, você verá que ele está ao seu lado, oferecendo uma paz eterna e íntima que triunfa sobre a sua tristeza, suas trevas, seu medo, suas dúvidas, transformando tudo isso. Ouça o Cristo ressurreto dizer a você: "Paz seja convosco!"

JOÃO 20.24-29

4 DE ABRIL

VENDO CRISTO NA ESCRITURA

Varões israelitas, atendei a estas palavras: Jesus, o Nazareno... (At 2.22)

Com o passar de cada ano, desenvolvi uma tendência maior a acordar no meio da noite. A preocupação, com frequência, invade rapidamente quando sou despertado do sono — e, como é apropriado para um pastor, uma das minhas preocupações é esta: será que estou enxergando e ensinando Cristo em toda a Escritura e a partir desta?

É possível estudar a Bíblia sem ter Cristo como nosso foco. Podemos nos orgulhar de entendê-la de uma forma bastante sistemática, mas, ao fazer isso, corremos o risco de nos encantarmos pelo próprio método em vez de enxergar a Cristo ali.

Em Atos 2, quando Pedro se dirige à multidão, ele diz: "Varões israelitas, atendei a estas palavras". (Seu tom parece autoritário, não parece?) E então perceba o que se segue: "Jesus, o Nazareno..." Pedro não começa apelando ao que o povo pensava que precisava, nem apresentando a eles todos os benefícios práticos do Evangelho, tampouco embarca em explicar um conjunto de doutrinas ou em demonstrar uma série de proposições. Em vez disso, ele procede em dizer quem Jesus é, por que Jesus veio e o que Jesus fez.

O ensino de Pedro era direcionado ao coração, enraizado na graça e concentrado em Cristo. Tal ensino tem um custo — um custo que nem todos estão dispostos a pagar. É bem mais fácil falar a respeito de questões da atualidade do que verdadeiramente conhecer e proclamar a Cristo. Às vezes, nas igrejas que têm a Bíblia em alta consideração, achamos mais confortável falar das nossas doutrinas favoritas do que do Cristo que muitas vezes nos deixa desconfortáveis e desafia nossos estilos de vida. No entanto, a coisa difícil a fazer é também a coisa certa. Que terrível desperdício de energia é alcançar percepções ou fornecer instruções sobre quase todas as coisas menos a história salvífica de Jesus!

O foco e o cumprimento da Escritura se encontram em Cristo. O verdadeiro teste de quão profundamente a Palavra de Deus está habitando em nós não é a nossa habilidade de articular a história em uma sentença: antes, é ver Jesus em toda a Escritura. Ele não é apenas o início da fé cristã, mas a totalidade dela. Tenha como objetivo aprofundar-se em Cristo, e não ir além dele.

Talvez esta deva ser nossa oração sempre que abrirmos as nossas Bíblias:

Mais sobre Jesus eu saberia,
Mais de sua graça para a outros mostrar;
Mais de sua plenitude salvadora enxergar,
Mais do amor dele, que morreu por mim.

Mais sobre Jesus, que eu possa aprender,
Mais de sua santa vontade discernirei;
O Espírito de Deus, meu mestre é,
Mostrando as coisas de Cristo para mim.[47]

LUCAS 24.13-35

5 DE ABRIL

O GOVERNO E A BÊNÇÃO DE DEUS

Se diligentemente ouvirdes a minha voz e guardardes a minha aliança, então, sereis a minha propriedade peculiar dentre todos os povos; porque toda a terra é minha. (Êx 19.5)

A obediência saiu de moda. Mas ela é central para a vida cristã.

Não é incomum ouvirmos até mesmo as melhores pessoas expressarem uma atitude negativa em relação à autoridade, pois vivemos numa era "antiautoridade". Dentro da igreja, o que antes era considerado uma visão sagrada da autoridade das Escrituras não entra com alegria na mente de alguns. No entanto, ao procurar encontrar a liberdade em nossos próprios termos e à parte da autoridade de Deus, também nos afastamos de sua bênção.

Quando Adão e Eva desobedeceram ao governo de Deus no Jardim do Éden, foram separados dele; perderam a bênção de sua presença. A rejeição da Lei de Deus sempre provocou e *sempre* provocará a separação de nosso Criador e a remoção de suas bênçãos. Em contraste, a restauração do governo de Deus sempre traz a bênção da comunhão e da parceria que Deus projetou para seu povo.

Essa promessa do governo e da bênção de Deus foi cumprida durante a história de Israel, quando Deus lhes deu sua Lei. A obediência dos israelitas à Lei não era para ser uma tentativa desesperada de alcançar a salvação; em vez disso, era uma resposta à salvação que já havia sido alcançada por eles. Deus primeiro estendeu a mão e agarrou seu povo, redimindo-os e libertando-os da escravidão no Egito — e *então* a Lei lhes foi dada.

Em outras palavras, Deus não deu a Lei como um mecanismo de redenção, nem a forneceu como um caminho para se tornar membro de seu povo. Em vez disso, tendo redimido os israelitas, ele lhes deu a Lei como um canal de sua graça, para que eles pudessem saber como viver sob seu governo e verdadeiramente desfrutar da sua bênção. Se esse princípio for virado de cabeça para baixo, tudo dará errado. Viveremos nossa vida nas garras ferozes do legalismo, pensando o tempo todo que nossos esforços podem nos colocar em uma posição correta diante de Deus. Porém, de igual forma, se esquecermos que Deus nos salvou para podermos aproveitar a vida sob seu governo, e se continuarmos a ignorar suas leis sempre que elas não se adequarem aos nossos próprios propósitos, então viveremos nossa vida nos perguntando por que a bênção parece ser ilusória.

A Lei de Deus não salva, mas é a "lei perfeita, lei da liberdade", e aquele que a obedece "será bem-aventurado no que realizar" (Tg 1.25). Como pessoas resgatadas do pecado por Deus, devemos responder à sua salvação escolhendo andar em alegre obediência.

Quando andamos com o Senhor
Na luz de sua Palavra,
Que glória ele derrama em nosso caminho!
Enquanto fazemos a sua boa vontade,
Ele permanece conosco,
E com todos os que confiam e obedecem.[48]

SALMO 119.49-64

6 DE ABRIL
UM SACRIFÍCIO ACEITÁVEL E APRAZÍVEL

Estou suprido, desde que Epafrodito me passou às mãos o que me veio de vossa parte como aroma suave, como sacrifício aceitável e aprazível a Deus. (Fp 4.18)

Aqui está uma noção incrível quando você tira um momento para considerá-la: você é capaz de dar prazer a Deus.

É um pensamento surpreendente: o nosso Criador pode se alegrar com as nossas ações. No entanto, a Escritura nos encoraja a ver que isso é uma realidade. Como cristãos, nos esforçamos para viver sob o sorriso de nosso Pai celestial. Um dos grandes motivadores bíblicos para obedecer a Deus é que a maneira como vivemos pode "agradar a Deus [...] cada vez mais" (1Ts 4.1) — e uma das maneiras como podemos fazer isso é através de nossa generosa oferta, que é "um sacrifício aceitável e aprazível a Deus".

Paulo descreveu a oferta da igreja em Filipos em terminologia que refletia a prática veterotestamentária de sacrifício animal. Quando o povo de Deus no Antigo Testamento levava suas ofertas queimadas, esses sacrifícios eram acompanhados pelo acender de incensos. Portanto, o sacrifício produzia um aroma atrativo. De certa forma, isso representava a aceitabilidade e doçura da oferta aos olhos de Deus. Da mesma maneira, Deus diz ao seu povo, no primeiro século e no século XXI: *Quando sua oferta vem de um coração que está alinhado ao meu, ela produz um belo aroma, e o seu sacrifício me traz prazer.*

Ao considerar esse tipo de oferta, não devemos ignorar a palavra "sacrifício" tão rapidamente. A oferta sacrificial não é necessariamente a mesma coisa que uma oferta generosa. É bem possível sermos generosos — como, na verdade, muitos crentes são — sem sentirmos um impacto em nossa vida ou circunstâncias.

Ao articular esse mesmo argumento para seus discípulos, Jesus chamou a atenção deles para uma pobre viúva que estava depositando seu dízimo na caixa de ofertas do templo. Conforme ele observava essa mulher depositar duas pequenas moedas, que valiam quase nada, e as comparou com as ofertas dos ricos perto dela, ele disse: "Esta viúva pobre deu mais do que todos. Porque todos estes deram como oferta daquilo que lhes sobrava; esta, porém, da sua pobreza deu tudo o que possuía, todo o seu sustento" (Lc 21.2-4). Os ricos eram generosos; a viúva era sacrificial. Ela abriu mão de tudo para que pudesse ofertar. E o Senhor notou e se agradou do que viu.

Não somos ofertantes sacrificiais por natureza. Mas a totalidade da jornada cristã — em receber e em dar, em cuidar e em compartilhar — é cheia de graça do início ao fim. Quando ofertamos sacrificialmente de um coração que deseja agradar a Deus, ele promete que, "segundo a sua riqueza em glória, há de suprir, em Cristo Jesus, cada uma de vossas necessidades" (Fp 4.19). Isso está refletido em tudo que Deus já deu, está dando e irá dar, o que abre nosso coração e nos permite dar *tanto* sacrificialmente *quanto* alegremente. E, quando fazemos assim, damos prazer a Deus.

As ações dos filipenses e seus extratos bancários mostravam que eles realmente acreditavam nisso. Até que ponto as suas ações mostram isso?

1 TESSALONICENSES 4.1-12

7 DE ABRIL

FICARÁS LIMPO

Eliseu lhe mandou um mensageiro, dizendo:
Vai, lava-te sete vezes no Jordão, e a tua carne será restaurada, e ficarás limpo.
Naamã, porém, muito se indignou e se foi. (2Rs 5.10-11)

Mesmo uma breve leitura da história e da sociologia revela a incapacidade humana de consertar nosso mundo quebrado. Há não muito tempo, afirmavam que as pessoas faziam coisas ruins porque eram pobres; se lidássemos com a necessidade material, veríamos um comportamento melhor. Agora, em alguns dos países mais ricos do mundo, certos sociólogos explicam que a ganância, a corrupção e o assassinato são o resultado de ter muito. Especialistas e líderes mundiais estão perplexos diante dessas forças externas, procurando respostas em todos os lugares errados.

Naamã tinha uma doença que o deixava infeliz e era completamente repulsiva de lidar. Ele tinha os recursos para tentar qualquer cura que quisesse, e provavelmente estava preparado para fazer qualquer coisa. O problema era que ele estava procurando nos lugares errados. Seu status, riqueza e conexões reais não produziram o remédio que ele desejava, e, ao ir até o rei de Israel em busca de alívio, seu pedido trouxe consternação; o rei rasgou suas roupas porque sabia que não podia ajudar (2Rs 5.7).

A resposta do rei foi o mesmo tipo de reação que muitos de nossos líderes mundiais provavelmente têm ao viajar pelo mundo, buscando fazer o que podem no serviço público. Sem dúvida, nas vigílias da noite, eles devem sentir vontade de rasgar suas roupas e dizer: "Como posso lidar com isso e fazer a diferença? Como podemos trazer a paz? Como podemos trazer uma cura?"

No entanto, o que o rei não podia fazer, isto o profeta de Deus podia. Mas a cura parecia ofensiva para o leproso! Naamã estava procurando algo grandioso — algo que se encaixasse em seu status elevado e o deixasse com um senso reforçado de importância própria. Ele pensou que a cura deveria ser menos simples ou mais impressionante. Ele considerou o remédio de Eliseu humilhante e ridículo.

Embora a lepra real tenha sido amplamente erradicada, todos nós ainda vivemos com essa condição repulsiva e terminal chamada pecado. Contudo, muitos não estão mais preparados para ouvir a cura do que Naamã estava. A mensagem de Cristo crucificado como o único e suficiente remédio para o nosso pecado era "escândalo para os judeus, loucura para os gentios" (1Co 1.23), e ainda é assim para muitos hoje. Até mesmo os crentes não estão imunes à tentação de pensar que, quando se trata de uma cura para o pecado, devemos fazer alguma coisa.

Precisamos diariamente abrir os olhos para o remédio de que necessitamos e nos curvarmos em humildade, como Naamã acabou fazendo (2Rs 5.14). Pois a pessoa que faz isso pode saber que as palavras "*ficarás* limpo" são uma coisa do passado, e pode se alegrar por ser vista por Jesus, o qual lhe diz: "*estais* limpos" (Jo 13.10-11; 15.3). Não se olhe no espelho e pense que a cura está em quem você é ou no que faz; em vez disso, olhe pela janela da fé, veja a cruz e saiba que ele fez tudo.

2 REIS 5.1-14

A Bíblia em um ano: Lv 8-10; Hb 9

8 DE ABRIL
DEUS VINGA O SEU POVO

Se possível, quanto depender de vós, tende paz com todos os homens; não vos vingueis a vós mesmos, amados, mas dai lugar à ira; porque está escrito: A mim me pertence a vingança; eu é que retribuirei, diz o Senhor. [...] Não te deixes vencer do mal, mas vence o mal com o bem. (Rm 12.18-19, 21)

Imagine uma criança que chega em casa, da escola, profundamente chateada por algo que outra criança disse ou fez. À beira das lágrimas por uma dor que parece maior do que uma montanha, seria fácil para ela pensar em nunca mais falar com a pessoa que lhe fez mal, ou planejar como dará o troco um dia.

No entanto, imagine que os pais dela lhe sugerissem escrever um simples bilhete, estendendo tanto perdão quanto amizade, e no dia seguinte, tendo feito isso, ela é capaz de relatar alegremente: "Eu consegui! Eu levei o bilhete para a escola e funcionou. Nós nos abraçamos e somos amigos. Foi fantástico!"

É isso que significa obedecer ao chamado de Paulo, aqui, para viver pacificamente "quanto depender de vós". Às vezes, a paz será ilusória; mas nunca permita que isso seja por causa de alguma falta da sua parte. E que nunca seja porque estamos buscando ou planejando vingança. A vingança é um prato que deve ser servido apenas por Deus e nunca pelo seu povo.

Para ser bem franco, a maioria das nossas disputas são na verdade apenas versões adultas do que acontece na infância. Nossa resposta diante da injustiça diz muito sobre aquilo em que verdadeiramente cremos. Iremos "[pagar] mal por mal" (1Pe 3.9), que é o caminho do mundo, ou iremos responder de acordo com a mente de Cristo?

Todos os nossos conflitos e mágoas empalidecem em comparação com o que Jesus enfrentou e sentiu. Ainda assim, quando Jesus foi insultado, ele não devolveu o insulto. Quando sofreu, não amaldiçoou ou ameaçou. Não podemos cometer o grande erro de aceitar a salvação de Jesus e, ao mesmo tempo, ignorar seu exemplo, enquanto passamos nossa vida tentando limpar nosso nome, defender nossos motivos e nos explicar, buscando reparação a cada erro e vingança a cada desprezo. Isso é o que vem naturalmente a nós; e o que nos liberta desse caminho é nos lembrarmos de que podemos confiar em Deus para vingar o seu povo no devido tempo. A justiça será feita, e não será por nós. Então, há alguém com quem você precise fazer as pazes? Há alguém que você está permitindo experimentar a sua ira ao invés do seu amor de alguma maneira? Amado, deixe a vingança com Deus e supere o mal com o bem. Faça-o hoje.

1 PEDRO 2.18-25

9 DE ABRIL

NOME SOBRE TODO O NOME

Achado na forma de homem, humilhou-se a si mesmo, sendo obediente até à morte, e morte de cruz. Por isso, também Deus o exaltou soberanamente, e lhe deu um nome que é sobre todo o nome. (Fp 2.8-9 ACF)

Em certo sentido, o melhor resumo da mensagem da Bíblia e a verdade mais fundamental neste universo é simplesmente esta: Jesus Cristo é o Senhor.

A maioria dos teólogos concorda que "o nome" a que Paulo se refere no versículo 9 só pode ser "Senhor" (Fp 2.11). Aqui, a palavra grega para "Senhor" é *kyrios*, que também é usada como a tradução do nome divino de Deus, *Yahweh*, mais de seis mil vezes na Septuaginta (a tradução grega do Antigo Testamento) — o nome que é traduzido na maioria das Bíblias inglesas hoje como Senhor [*Lord*]. O uso implícito de Paulo do nome divino de Deus enfatiza a divindade de Jesus, logo depois de nos lembrar da humilhação de Jesus durante seu tempo na terra.

Composto por quatro consoantes (YHWH), *Yahweh* é basicamente impronunciável em hebraico — e isso é proposital, pois os judeus não se atreviam a levar esse nome divino de Deus aos seus lábios. No entanto, Yahweh, o Deus indescritível, veio à terra como o Cristo encarnado e se revelou a homens e mulheres. Ele foi humildemente para a cruz e então foi elevado ao lugar mais alto — seu lugar de direito — e recebeu esse nome "acima de todo nome". Diz um comentador: "Ele mudou o nome inefável, para um nome pronunciável pelo homem e desejável por todo o mundo". Naquele que leva esse nome, a majestade de Deus "está revestida com vestes de misericórdia".[49]

A profecia do Antigo Testamento reforça essa ideia vez após vez. Em Isaías 45, Deus dá uma descrição que se aplica exclusivamente a si mesmo: "Não há outro Deus, senão eu, Deus justo e Salvador não há além de mim" (Is 45.21). Paulo, antes um oponente agressivo de Cristo e de seus seguidores, aplica essa descrição exata a Cristo, fazendo uma declaração impressionante da deidade de Jesus. Ele aponta que Jesus foi exaltado publicamente à posição que era legitimamente sua, mesmo antes de vir à terra e sofrer a humilhação em nosso lugar. Ele está agora sentado à destra do Pai. Sua majestade, portanto, agora pode ser vista por todos que o conhecem como Salvador. Sua identidade é clara e inquestionável.

Deus é o único Salvador — e Jesus é esse Salvador, de quem foi falado: "lhe porás o nome de Jesus, porque ele salvará o seu povo dos pecados deles" (Mt 1.21). Anos depois de Paulo ter tido seus olhos abertos para a verdade sobre quem Jesus é, ainda podemos perceber um senso de reverência admirada e de amor em suas palavras para os filipenses. Jesus Cristo é o Senhor. Ele possui o nome acima de todos os nomes. Paulo nunca permitiu ter familiaridade com essa verdade a ponto de produzir complacência a respeito disso. Nem nós devemos permiti-lo. Pare agora e deixe que cada palavra o impulsione a um louvor admirado a este homem: *Jesus*, o Salvador do seu povo… *Cristo*, o Rei há muito tempo prometido… *é o Senhor*, o indescritível, revelado Deus. E você pode chamá-lo de "irmão" (Hb 2.11).

🎧 ♡ 📖 APOCALIPSE 1.9-20

10 DE ABRIL
PAZ ÀS NAÇÕES

Eis aí te vem o teu Rei, justo e salvador, humilde, montado em jumento, num jumentinho, cria de jumenta. Destruirei os carros de Efraim e os cavalos de Jerusalém, e o arco de guerra será destruído. Ele anunciará paz às nações; o seu domínio se estenderá de mar a mar e desde o Eufrates até às extremidades da terra. (Zc 9.9-10)

A procissão que levou à chegada de Jesus em Jerusalém foi marcada por drama.

Muitas vezes nos Evangelhos, Jesus e os discípulos saíram sozinhos, para longe da multidão, tão silenciosa e secretamente quando possível. Teria sido possível para Jesus entrar na cidade discretamente. Em vez disso, ele se determinou, de propósito, a chegar a Jerusalém de uma maneira que o declarasse o Rei-Messias há muito prometido na Escritura.

Contudo, o conceito do povo do que significava para Jesus ser o Rei dos Judeus era tão distorcido, que eles não entenderam quem ele estava mostrando ser. O povo havia tentado anteriormente tornar Jesus rei à força, mas ele escapou (Jo 6.14-15). Ele sabia que o que eles pensavam que o rei faria não era o que ele veio fazer. A cabeça deles estava no lugar errado. O mesmo foi verdade quando se sugeriu que ele se envolvesse em algum tipo de revolução política, ao que ele respondeu: "O meu reino não é deste mundo" (Jo 18.36).

Na entrada triunfal, os cantos da multidão estavam cheios de paixão, expectativa e confusão. Eles não queriam viver debaixo do jugo romano. Eles queriam restauração nacional e revolução política. Precisavam de um herói político, e Jesus era sua melhor esperança. Aparentemente, eles estavam confiando que Jesus lhes entregaria algo que ele nunca veio entregar. Quando a multidão gritava: "Hosana!" — que significa "Salve-nos!" —, eles não estavam pensando na salvação pessoal e espiritual; antes, estavam pensando sobre o aqui e agora.

A menos que mantenhamos o Evangelho no centro de nosso pensamento, nós também podemos nos tornar reféns de uma confusão apaixonada e esperançosa como essa. Até mesmo hoje, muitos de nós continuamos a criar um Jesus que pode realizar nossas próprias expectativas, um "salvador" da nossa própria feitura, que veio nos trazer conforto, prosperidade ou saúde, para abençoar nossa família, bairro e nação. No entanto, Cristo não entrou em Jerusalém como um conquistador nacionalista em uma carruagem; ele veio como um internacionalista trazendo a paz, sentado humildemente em um jumento. Ele veio cumprir a profecia de Zacarias 9, proclamando "paz às nações" debaixo do seu governo perfeito e universal "de mar a mar". Essa é a mensagem do Evangelho — uma mensagem que é boa para todos, em todo lugar, sempre. Não é que os nossos sonhos e demandas sejam grandes demais para ele: na verdade, são muito pequenos.

Jesus nos desafia hoje, como desafiou o povo em seu tempo, a adorá-lo por quem ele é, não pelo que pensamos que ele deva ser. Não o mande curvar-se à sua agenda; considere um privilégio curvar-se você aos propósitos dele.

ZACARIAS 9.9-17

11 DE ABRIL
GUARDE A ESPADA

Então, Simão Pedro puxou da espada que trazia e feriu o servo do sumo sacerdote, cortando-lhe a orelha direita [...] Jesus disse a Pedro: Mete a espada na bainha; não beberei, porventura, o cálice que o Pai me deu? (Jo 18.10-11)

A prisão de Jesus no Jardim do Getsêmani revelou definitivamente sua submissão ao Pai. Quando os soldados vieram atrás dele, Jesus já havia decidido beber o cálice do sofrimento — sua morte na cruz — para nos ser um cálice de salvação.

Mas qual dos discípulos interveio, como se fosse a melhor hora? O impetuoso Simão Pedro, é claro — empunhando uma espada! Pedro não era estranho a atos e palavras impulsivas. Ele tentou caminhar sobre as águas até Cristo. Ele tentou repreender a Cristo. Ele se ofereceu para dar a vida por Cristo. E, no entanto, logo após ter tomado a dianteira em defesa de Jesus, ele negaria temerosamente até mesmo conhecê-lo.

A reação de Pedro ao ver seu Mestre preso é totalmente compreensível, mas completamente equivocada. Apesar de Pedro estar disposto a lutar por Cristo aqui, ele estava na verdade lutando contra Cristo. Ele estava lutando contra a própria vontade de Deus, o qual havia pretendido que Jesus seria o sacrifício expiatório pelos pecados. O exemplo de Pedro nos ensina uma lição importante; como Calvino exorta: "Aprendamos a moderar nosso zelo. E, como a devassidão de nossa carne sempre se coça para ousar mais do que Deus ordena, aprendamos que nosso zelo acabará mal sempre que ousarmos empreender qualquer coisa além da Palavra de Deus."[50]

Sabendo que a ação de Pedro precisava de correção, Jesus interveio com uma pergunta retórica: "Não beberei, porventura, o cálice que o Pai me deu?" Ele estava afirmando a parte da vontade de Deus que ele acabara de orar para aceitar, a mesma ação que mais tarde o levou a clamar na cruz: "Deus meu, Deus meu, por que me desamparaste?" (Mt 27.46). Por meio do seu sofrimento, sua glória foi magnificada, e a salvação foi oferecida gratuitamente a todos os que cressem. Nenhum caminho que Pedro pudesse ter orquestrado poderia ter sido melhor do que esse, e ele estava errado em resistir a isso.

Quando a nossa impaciência procura interferir nos planos de Deus, devemos aprender a guardar nossas espadas figuradas. Precisamos confiar no plano de Deus, esperar em seu tempo e agir de acordo com seu comando. Quanto mais familiarizados estivermos com as Escrituras — conhecermos a grande história, as promessas e as verdades encontradas nela —, mais entenderemos os planos de Deus. Porém, até mesmo assim, haverá momentos em que os caminhos de Deus são muito misteriosos para nós e seremos tentados a lutar contra o caminho no qual ele está nos levando. Talvez você esteja fazendo isso agora mesmo.

Leve a sério as palavras de Cristo a Pedro: "Mete a espada na bainha"! Confie na mão amorosa de Deus, obedeça aos seus mandamentos e siga a liderança dele. Ele é "o Autor e Consumador da nossa fé" (Hb 12.2 A21), e a história que ele está escrevendo é mais gloriosa do que você poderia imaginar ou direcionar para si mesmo.

SALMO 23

A Bíblia em um ano: Lv 15–16; Hb 11.20-40

12 DE ABRIL
O QUE VOCÊ FARÁ COM JESUS?

O meu reino não é deste mundo. [...] Tu dizes que sou rei.
Eu para isso nasci e para isso vim ao mundo, a fim de dar testemunho da verdade.
Todo aquele que é da verdade ouve a minha voz. (Jo 18.36-37)

O que você vai fazer com Jesus? Na manhã do que hoje é conhecido como a primeira Sexta-Feira Santa, as autoridades religiosas judaicas levaram Jesus para continuar seu julgamento diante de Pôncio Pilatos, o governador romano. Podemos ver, nos detalhes dos relatos do Evangelho, como Deus soberanamente orquestrou todos esses eventos. A determinação dos judeus de garantir a morte de Cristo por crucificação na verdade cumpriria o plano de Deus desde a eternidade. Deus também planejou a interação de Cristo com Pilatos. Enquanto estavam um diante do outro, Pilatos fez perguntas significativas sobre a identidade e autoridade de Jesus. Essas perguntas formaram um exame com ramificações eternas — um exame que todos precisamos fazer. Considere como o escritor de hinos articula isso:

Jesus está de pé no salão de Pilatos —
Sem amigos, abandonado, por todos traído;
Ouça! O que significa o chamado repentino?
O que você vai fazer com Jesus?

Pilatos acreditava estar realizando um exame em um nível puramente intelectual e natural. Mas responder à pergunta "Quem é Jesus?" é sempre uma questão espiritual e sobrenatural. Jesus não era um rei político, como Pilatos acreditava, mas o Rei celestial. Ele essencialmente disse a Pilatos: *Meu reino não encontra sua origem neste mundo. O interesse do meu reino é a transformação espiritual que é provocada no coração do meu povo. A razão pela qual nasci como rei é testemunhar a verdade de Deus.* Mas Pilatos, cego em sua incredulidade, já havia se decidido. Cansado e desdenhoso, ele procurou evitar a pergunta fundamental que todos devemos fazer: "O que farei com Jesus?" Todavia, ao tentar não responder, de qualquer forma ele deu sua resposta: *Rejeitarei sua reivindicação sobre mim e seu domínio sobre mim e, portanto, sua oferta para me resgatar.*

O que você vai fazer com Jesus?
Neutro você não pode ser;
Algum dia seu coração perguntará:
"O que ele fará comigo?"[51]

Neutro você não pode ser. Ou você viverá sob o governo de Jesus, ou não. Portanto, não feche sua Bíblia pela manhã e depois viva como se este mundo e suas preocupações e reis fossem tudo o que existe ou tudo o que importa. Não proceda como se Jesus não tivesse lugar ou interesse em sua vida neste mundo. Ele ficou sem amigos e abandonado diante de Pilatos para que você pudesse ser recebido como seu amigo em seu reino eterno. Não há opção de neutralidade — e, afinal, por que desejaríamos que houvesse?

JOÃO 18.28-40

13 DE ABRIL

HUMILDADE INIGUALÁVEL

Saiu, pois, Jesus trazendo a coroa de espinhos e o manto de púrpura. Disse-lhes Pilatos: Eis o homem! (Jo 19.5)

Lá estava Cristo — sua cabeça perfurada com uma coroa de espinhos, vestido com as roupas de outra pessoa, forçado a segurar um caniço como um cetro, tudo em zombaria de sua realeza — como o governador romano Pilatos declarou à multidão zombeteira: "Eis o homem!" Enquanto ele falava essas palavras com desprezo em mente, elas eram ironicamente apropriadas; lá estava o Salvador do mundo, vestido com uma humildade inigualável, adornado com um amor pródigo pelo mundo.

Temos muito a aprender com o exemplo de Cristo. Enquanto o humilde Rei suportava a ridicularização real e a "morte pré-morte" de flagelação brutal, ele não proferiu uma palavra em sua própria defesa. E por que eles o condenaram? Por ter curado uma mulher que ficou aleijada por 18 anos (Lc 13.10-13)? Por trazer de volta à vida a viúva do filho morto de Naim (Lc 7.11-17)? Por ressuscitar Lázaro dos mortos (Jo 11.1-44)? Por colocar as crianças em seus joelhos e encorajar seus discípulos a entender que "dos tais é o reino dos céus" (Mt 19.14)? Com base em que os acusadores de Cristo se acharam no direito de abusar dele dessa maneira? Não poderia haver motivo algum. Mas eles fizeram isso de qualquer maneira.

Quando nosso humilde Senhor permaneceu em silêncio durante suas numerosas provações, Pilatos se ofendeu e se sentiu desrespeitado. Há uma grande ironia aqui, já que o governador romano tentou tirar vantagem de sua posição sobre o Rei do universo! E, o tempo todo, esse Rei não fez nada para afirmar sua própria autoridade ou salvar sua própria vida. Ele humildemente sofreu um julgamento injusto, falou a verdade quando lhe fizeram perguntas e caminhou até a morte, tudo em nosso favor.

Eu me pergunto: realmente vejo esse homem que está diante de Pilatos, que está diante da multidão — que está diante de *mim*? Esse não é um indivíduo indefeso que não pode fazer nada por si mesmo. Este é o Deus encarnado.

Entendo por que ele seguiu por esse caminho de humilhação? "Oh, o amor que atraiu o plano da salvação"[52] — amor e salvação para você e para mim! Dois milênios atrás, houve um triste espetáculo do lado de fora do palácio do governador, em parte porque Jesus tinha nossos nomes diante de seus olhos — nomes que ele havia gravado nas palmas das mãos que seriam perfuradas pelos cravos cruéis (veja Is 49.16).

Que nunca sejamos como a multidão desordeira, zombando da humildade de Cristo, nem como Pilatos, esperando que Cristo se impressione conosco. Em vez disso, contemple esse Homem em toda a sua humildade — segurando esse caniço, carregando essa coroa, vestindo esse traje, pendurado naquela cruz — e veja-o acenando. Contemple o Homem e saiba, sem sombra de dúvida, que o amor dele por você não tem fim.

ISAÍAS 52.13–53.12

14 DE ABRIL

CEDENDO EM COVARDIA

Ao verem-no, os principais sacerdotes e os seus guardas gritaram: Crucifica-o! Crucifica-o! Disse-lhes Pilatos: Tomai-o vós outros e crucificai-o; porque eu não acho nele crime algum. Responderam-lhe os judeus: Temos uma lei, e, de conformidade com a lei, ele deve morrer, porque a si mesmo se fez Filho de Deus. Pilatos, ouvindo tal declaração, ainda mais atemorizado ficou. (Jo 19.6-8)

Pelo louvor de quem você viverá?

Quando Cristo foi levado a julgamento diante de Pilatos, o governador romano repetidamente declarou a inocência de Jesus — e ainda assim ele combinou suas declarações com atos terríveis contra Jesus.

Pilatos disse: "eu não acho nele crime algum" — e então entregou Jesus para ser brutalmente açoitado, uma surra tão intensa que às vezes causava cortes e lacerações onde veias, artérias e órgãos internos ficavam expostos.

Pilatos disse: "eu não acho nele crime algum" — e então permitiu que os soldados humilhassem Jesus com uma coroação falsa em zombaria, colocando uma coroa de espinhos sobre sua cabeça, vestindo-o e "adorando-o" com desdém.

Pilatos disse: "eu não acho nele crime algum" — mas ele libertou Jesus? Não; ele entregou Jesus a um esquadrão de execução cruel para ser morto.

Nunca houve um indivíduo mais atormentado que se encontrou com Cristo do que Pilatos. Aqui estava um homem de grande poder, mas que não tinha coragem de defender suas convicções. Aqui estava um homem de grande sucesso, mas que acabou cedendo, mostrando-se sob as armadilhas de sua posição como um covarde. Aqui estava um governador que era governado por suas próprias fraquezas.

Não podemos ser passivos ou indecisos em relação a quem Cristo é para nós. Ele é o Salvador ou ele não é ninguém? Abster-se de uma decisão sobre isso, como Pilatos procurou fazer, é abster-se de Cristo completamente.

Pilatos é um desafio para cada um de nós. Sua conduta nos obriga a nos perguntarmos: em que situações eu, como Pilatos, sei a coisa certa a fazer de alguma forma e, no entanto, temo o que outras pessoas dirão se eu fizer isso? Existem maneiras pelas quais minhas palavras ou conduta são governadas mais pelas expectativas e reações dos outros, ou por considerações de riqueza, posição ou promoção, do que pelos mandamentos de Cristo?

Que não cedamos nossa posição em relação a Cristo. Se deixarmos que as opiniões de nossos colegas, vizinhos ou familiares nos preocupem demais, podemos desistir do perdão, da paz, do céu e do próprio Cristo em troca de uma vida mais fácil agora. Em vez disso, sejamos corajosos.

Olhe novamente para Cristo: açoitado, zombado e morto por amor a você. Então olhe para aqueles que, talvez de maneira vociferante ou talvez educada, zombam da verdade de Jesus. A quem você prefere ofender? Você prefere ouvir o "muito bem" de quem?

Cristo está nos chamando para que saiamos e vivamos para ele. Você o fará?

JOÃO 19.1-16

15 DE ABRIL

UMA ESCOLHA A FAZER

*Pilatos escreveu também um título e o colocou no cimo da cruz;
o que estava escrito era: Jesus Nazareno, o Rei dos Judeus.* (Jo 19.19)

Quando Jesus foi crucificado, um sinal foi inscrito e erguido sobre ele, proclamando que ele era "o Rei dos Judeus". Embora a intenção por trás deste sinal fosse de provocação, ele declarava uma verdade para todos testemunharem: Jesus era e é realmente Rei! No entanto, também deve nos levar a nos perguntarmos: eu realmente vivo como se Jesus fosse o Rei da *minha* vida?

A Escritura nos diz que o sinal foi escrito em três idiomas — aramaico, a língua da maioria dos judeus do primeiro século em Jerusalém e arredores; latim, a língua oficial do Império Romano; e grego, a língua popular do comércio e da cultura (Jo 19.20). Nessas três línguas, testemunhas de todo o mundo conhecido puderam ler que Jesus era Rei. Ao ler o sinal, o mundo inteiro teve de fazer sua escolha sobre quem Jesus era para eles.

Vemos um microcosmo desse mundo — e do nosso — na variedade de personagens ao longo da história da morte de Jesus. Em Pilatos, vemos o político orgulhoso, indeciso e calculista. Nos soldados que pregaram Cristo em sua cruz, vemos aqueles concentrados em realizar negócios rotineiros. Naqueles que zombaram do Senhor, vemos pessoas cuja única interação com o divino é zombar dele. Na multidão de espectadores passivos, vemos aqueles que não têm nenhum interesse em assuntos eternos. Mas então, em meio à escuridão, em uma cruz vizinha, vemos um ladrão desesperado e moribundo olhar para o Salvador em busca de esperança — e encontrá-la. E, na família e amigos próximos de Jesus, vemos seguidores tristes, mas fiéis, apoiando Cristo e suas reivindicações — e testemunhando seu sepultamento em um túmulo que logo estaria vazio.

Todas essas pessoas viram o sinal: Jesus Nazareno, o Rei dos Judeus. Todos eles viram o homem na cruz embaixo desse sinal. Estivessem odiosos ou esperançosos, todos contemplaram esse evento histórico e todos tiveram de conciliar o evento e a condição de Cristo com suas próprias vidas. Enquanto o sinal pregado proclamava a realeza de Cristo, Jesus pregado proclamava o amor mais poderoso que o mundo já conheceu.

A questão permanece: o que devemos fazer com esse amor? Cada um de nós pode encontrar um rosto na multidão com o qual nos identificamos, seja um dos orgulhosos, dos passivos ou dos fiéis. Todos nós somos confrontados com a pessoa de Jesus Cristo, que transforma vidas.

Como a cruz e o túmulo vazio afetam seus relacionamentos, seu trabalho, seu propósito ou sua identidade? Se Jesus reina sobre você, a morte e ressurreição dele mudam tudo na maneira como você vive e o significado de sua vida. Há esperança para a eternidade e propósito para o agora ao olhar para esse homem e concordar com esse sinal. "Jesus é Rei" — dos judeus e dos gentios, do mundo inteiro, da sua vida e da minha.

LUCAS 23.32-56

16 DE ABRIL

UMA MORTE INCOMUM

Quando, pois, Jesus tomou o vinagre, disse: Está consumado!
E, inclinando a cabeça, rendeu o espírito. (Jo 19.30)

Os eventos em torno da morte de Jesus foram em grande parte movimentos rotineiros da jurisdição romana. Os julgamentos, os espancamentos, a procissão humilhante e a dolorosa crucificação faziam parte da rotina dos soldados envolvidos na execução de criminosos. O que não era rotina, contudo, era a escuridão que descia sobre todo o evento no meio do dia (Mt 27.45), como se Deus tivesse fechado os olhos para a cena dolorosa. Esta foi tanto uma execução rotineira quanto o maior ponto de virada em toda a eternidade.

O que o tornava tão importante era a identidade do homem pendurado na cruz do meio: ninguém menos que o Deus encarnado. Nossa mente jamais deve deixar de se surpreender com isto:

Bem poderia o sol nas trevas se esconder,
E trancar suas glórias do lado de dentro,
Quando Cristo, o poderoso Criador, morreu
Pelo pecado do homem, a criatura.[53]

A Escritura não dá muita ênfase aos sofrimentos físicos de Cristo na cruz. Ele certamente sofreu dores físicas graves, mas "os sofrimentos de seu corpo não eram nada comparados aos sofrimentos de sua alma; estes eram a alma de seus sofrimentos".[54] Jesus experimentou plenamente toda a dor e agonia de estar separado relacionalmente de Deus Pai — uma separação física, mental e espiritual. O que quer que você enfrente em sua vida, saiba que Jesus passou por coisas piores e, portanto, entende como você se sente. Não apenas isso, mas a angústia inimaginável que ele suportou foi por você. Somente quando chegou a hora certa, Cristo proclamou em triunfo: "Está consumado" — *tetelestai*: a dívida está satisfeita e terminada.

A crucificação de Cristo é frequentemente retratada com a cruz erguida acima da multidão que olhava. Na realidade, porém, uma vez que a cruz foi abaixada em seu lugar, os pés de Jesus provavelmente estavam muito perto do chão. De igual forma, a vida, morte e ressurreição de Cristo não estão acima de nossa vida, mas intimamente perto dela. Não, a morte de Jesus não foi uma morte comum, mas sim uma morte que promete dar, por meio da fé, a verdadeira vida. Tudo muda quando consideramos tudo o que aconteceu naquela cruz e dizemos a nós mesmos:

Ferido por mim, ferido por mim,
Lá na cruz ele foi ferido por mim;
Foi-se minha transgressão e agora estou livre,
Tudo porque Jesus foi ferido por mim.[55]

LUCAS 22.7-20

17 DE ABRIL
DO MEDO À FÉ

Então, saiu Maria Madalena anunciando aos discípulos: Vi o Senhor! (Jo 20.18)

O que transforma o medo em fé?

Após a crucificação de Jesus, os discípulos estavam em completa desordem, abatidos e amontoados com medo de perseguição. Um deles, Judas, já estava morto por suicídio. Outro, Pedro, cedeu sob pressão e negou a Jesus, seu líder e mestre, a quem eles testemunharam ser brutalmente morto. Suas esperanças e sonhos aparentemente morreram junto com ele. No entanto, apenas algumas semanas depois, esse mesmo grupo abatido estava nas ruas de Jerusalém declarando ousadamente Jesus como o Messias ressurreto. O que levou esses homens do medo covarde à fé corajosa? O que pode operar a mesma mudança em nós? Somente o Jesus ressurreto.

A origem judaica dos discípulos os levou a acreditar que o Messias apareceria e permaneceria para sempre. Isso inicialmente os fez ser esmagados pela morte de Jesus, pois parecia marcar a derrota total ao invés da vitória gloriosa. A mudança deles em proclamar com confiança Jesus como Messias após sua morte tem apenas uma explicação possível: eles devem ter visto o Jesus ressurreto. Se não o tivessem visto, teriam apenas se lembrado dele com carinho, ou talvez amargamente, como seu amado mestre — mas nada mais. Que perdão e esperança possíveis podem ser encontrados em um homem morto? Todavia, com um Messias ressuscitado, de repente tudo muda.

A Bíblia nos diz, em relatos de primeira mão, que os discípulos encontraram o Cristo ressurreto (veja, por exemplo, Jo 20.11–21.23). Alguns argumentam que os discípulos alucinaram, apenas o "vendo" por causa de sua fé fervorosa. Mas lembre-se: eles inicialmente não tinham fé em uma ressurreição! Na verdade, a Escritura nos diz que eles se sentaram atrás de portas trancadas com medo e decepção (20.19). E, mesmo que *tivessem* imaginado um Cristo ressurreto e reinante, provavelmente não teriam imaginado um Jesus que cozinhasse e comesse peixe na praia, que ainda tivesse as cicatrizes de sua morte brutal e que andasse pelas ruas e os encontrasse de várias maneiras. Tampouco teriam se retratado como tão covardes ou incluído os relatos de mulheres (cujo testemunho não era considerado válido naquela cultura). Em vez disso, eles teriam se apresentado como as figuras corajosas e proeminentes que primeiro descobriram o túmulo vazio. Qualquer tipo de explicação alternativa para o túmulo vazio exige ainda mais "fé" do que confiar no que nos foi revelado na Palavra de Deus.

A ressurreição muda tudo. Precisamos considerar os fatos que cercam a volta de Jesus dos mortos — mas também devemos considerar as Boas Novas gloriosas que ela nos oferece. Sem a ressurreição corporal literal de Jesus, o cristianismo é inútil: "É vã a vossa fé" (1Co 15.17). Porém, uma vez que Jesus realmente ressuscitou e está realmente reinando, então nele está o perdão que não pode ser encontrado em nenhum outro, e nele está uma esperança futura como nenhuma outra. Você, com os olhos da fé, viu o Senhor ressurreto e reinando? Então você, como Maria e como os discípulos, verá seu medo cheio de dúvidas tornar-se em fé confiante, ao proclamar ousadamente essa esperança ao seu próprio coração e a este mundo temeroso.

JOÃO 20.1-18

18 DE ABRIL
DEUS SABE O QUE É MELHOR

Senhor, o meu coração não é orgulhoso e os meus olhos não são arrogantes. Não me envolvo com coisas grandiosas nem maravilhosas demais para mim. De fato, acalmei e tranquilizei a minha alma. Sou como uma criança recém-amamentada por sua mãe; a minha alma é como essa criança. (Sl 131.1-2 NVI)

O processo de desmame de uma criança de sua mãe pode ser doloroso, mas é necessário para um desenvolvimento e maturidade saudáveis. Na cultura ocidental de hoje, o desmame ocorre bem cedo, antes que a personalidade realmente comece a aparecer. Quando este salmo foi escrito, a transição para longe do leite materno acontecia muito mais tarde, por volta dos 3 anos de idade.

O desmame pode, portanto, ser uma luta confusa para uma criança, pois ela aprendeu a ficar sem algo do qual antes desfrutava. Porém, uma vez desmamada, uma criança seria "acalmada e tranquilizada"; ela agora entenderia que a provisão ainda seria feita, e seria capaz de aproveitar o tempo com sua mãe por si só, em vez de usá-la como um meio para um fim. Não apenas isso, mas uma criança desmamada aprendia que sua mãe sabia mais que ela, mesmo quando um conforto estava sendo retirado e a decisão parecia desconcertante do ponto de vista de alguém de 3 anos de idade.

Tal como acontece com uma criança desmamada, é importante para nós, como filhos espirituais, reconhecer que nem sempre sabemos o que é melhor para nós mesmos. Podemos confiar que nosso Pai celestial sabe o que é melhor. Muitas vezes, porém, nosso coração orgulhoso nos faz questionar os caminhos misteriosos de Deus. Exigimos saber por que estamos passando por dor, problemas ou perdas, mas sem reconhecer que nossas perguntas podem expressar arrogância.

As perguntas são inevitáveis; elas são parte integrante da jornada. Contudo, o verdadeiro contentamento é encontrado em aprender a subordinar nossas perguntas. O contentamento diz: "Mesmo quando não consigo entender, ainda posso confiar". Devemos ter cuidado para que, em nosso orgulho, não exijamos que o Oleiro explique por que ele fez o vaso da maneira como fez (Is 45.9). A vontade e os caminhos precisos de Deus são um mistério, mas são sempre bons, pois ele é nosso Pai.

Com a ajuda do Senhor, podemos nos treinar para nos concentrarmos em sua providência e nos lembrarmos de que nossas circunstâncias são temporárias, que nosso Pai sabe o que está fazendo nelas e que elas não podem nos roubar a alegria e a glória que são, em última análise, nossas em Cristo. Nisto nossa alma pode se aquietar.

Na vida cristã, o contentamento é muitas vezes obtido através de uma experiência de confusão e desconforto, quando aprendemos a dizer: "Meu Pai está no comando aqui e está trabalhando para o meu bem como seu filho. Não preciso entender, pois posso confiar nele. Eu tenho a ele, e ele é suficiente para mim. Minha alma está calma, mesmo nesta tempestade." Que verdade maravilhosa somos capazes de dizer hoje!

SALMO 34

19 DE ABRIL
ADVERTÊNCIAS PARA LIVRAMENTO

Aquele, pois, que pensa estar em pé veja que não caia. (1Co 10.12)

Em uma biografia, tanto o autor, conforme ele escreve, quanto os leitores, conforme leem depois, enfrentam uma grande tentação de encobrir as falhas do biografado. A Escritura, por outro lado, não faz tentativa alguma de esconder ou justificar as falhas, fracassos ou pecados de seus heróis. E é nas consequências do triunfo espiritual que o potencial para a derrota costuma parecer em seu auge.

Em uma vitória da fé, Noé prosseguiu em obediência, sem que uma gota de chuva caísse, a construir a arca. Porém, após o dilúvio, lemos uma descrição lamentável de tudo que Noé permitiu ocorrer em sua embriaguez (veja Gn 9.20-27). Abrão inicia a jornada da fé; contudo, ele então trouxe desgraça sobre si mesmo e sua família através de suas mentiras quando foi ao Egito (12.10-20). Davi triunfou sobre Golias; no entanto, posteriormente se pegou perpetrando adultério (e muito possivelmente estupro), assassinato e caos (2Sm 11 em diante).

Cada um desses personagens é um herói que realizou grandes coisas para a causa de Deus e que também falhou. Todos eles eram confiantes, e então caíram drasticamente. A Bíblia nos dá esses exemplos, não como desculpas para nos escondermos atrás deles, mas como advertências para nos livrar da complacência quando as coisas vão bem, e também para não esperarmos muito dos outros — na verdade, para não esperarmos muito de nós mesmos!

O teólogo A. W. Pink nos lembra:

> Deus permite que os melhores homens se revelem, na melhor das hipóteses, apenas homens. Não importa quão ricamente dotados eles pareçam ser, quão eminentes no serviço de Deus, quão grandemente honrados e usados por ele: se o poder sustentador de Deus for retirado deles, ainda que por um momento, rapidamente será exposto que eles são "vasos de barro". Nenhum homem permanece de pé por mais tempo do que é sustentado pela graça divina. O santo mais experimentado, se entregue a si próprio, é imediatamente visto tão fraco quanto a água e tão tímido quanto um rato.[56]

Misericordiosamente, Deus não nos entrega a nós mesmos: ele nos provê justiça, salvação, verdade e a sua Palavra, a fim de que não apenas suportemos, mas permaneçamos firmes em meio a cada provação e tentação. Quando reconhecemos dentro de nós mesmos as mesmas fraquezas e derrotas experimentadas por heróis como Noé, Abraão e Davi, somos capazes de depender da graça e poder de Deus para nos sustentar através do Senhor Jesus, nosso único "livramento" (1Co 10.13). Que isso sirva de lembrete para você continuar em sua fé, crescendo em santidade ou impactando o mundo para o reino, não apenas como o resultado de sua força ou inteligência ou caráter, mas por causa da graça de Deus. A pessoa que verdadeiramente sabe disso, enxerga a complacência como um grave perigo e vê a oração como algo absolutamente essencial, pois sabe que é somente o Senhor que pode mantê-la de pé dia após dia, a cada momento. Você sabe disso?

1 CORÍNTIOS 10.1-13

20 DE ABRIL
SENHOR SOBERANO, PASTOR GENTIL

Eis que o Senhor Deus virá com poder, e o seu braço dominará;
eis que o seu galardão está com ele, e diante dele, a sua recompensa. Como pastor,
apascentará o seu rebanho; entre os seus braços recolherá os cordeirinhos. (Is 40.10-11)

Os Estados Unidos da América nunca se interessaram por soberanos ou sua soberania. Preferimos alguém em quem possamos votar para uma posição e convocar conforme necessário — e votar para que ele saia quando quisermos! E, se formos honestos, isso também é verdade para a forma como nos relacionamos com Deus. Preferimos controlar ao invés de sermos controlados.

Deus, no entanto, não pode ser gerenciado ou refeito à nossa imagem. Ele é o Senhor soberano, cuja existência contrasta perfeitamente com nossa fragilidade humana e natureza finita. Somos como grama e flores da primavera, que murcham e caem. Não é assim com Deus, que governa e reina sobre todas as coisas por toda a eternidade. Até mesmo sua Palavra permanece para sempre (Is 40.6-8).

Em sua soberania, Deus realizou uma conquista incrível: a vitória sobre o pecado e a morte. Em sua imensa sabedoria, ele, o Legislador, veio na pessoa de Jesus, submeteu-se e cumpriu a própria Lei que ele tinha dado e depois morreu no lugar dos pecadores para pagar nossa dívida e nos dar a vida eterna. Como Pedro pregou: "ao qual, porém, Deus ressuscitou, [...] porquanto não era possível fosse ele retido" pelo poder da morte (At 2.24). Esta é a vitória *dele*.

Embora Deus seja o Senhor soberano, ele também é nosso Pastor gentil. Ele não vem ao seu povo como um grande general em um campo de batalha; em vez disso, ele carrega seu rebanho perto dele, levando-o com compaixão. Aqueles que antes eram tristes, alienados e culpados e viviam com medo da morte, agora foram libertos. Vitoriosamente, ele declara: "guardava-os no teu nome, que me deste, e protegi-os, e nenhum deles se perdeu" (Jo 17.12).

Podemos nos alegrar na soberania de Deus, pois ele é poderoso e gentil, o Pastor buscando trazer os perdidos e cumprir a sua missão. Quando ele opera, sua voz fala e os surdos ouvem, sua luz brilha e os cegos veem. Fomos reunidos ao coração deste Pastor gentil e podemos viver confiantes de que este mundo pertence ao nosso Pai soberano.

Um desafio na vida cristã é ter uma visão de Deus que seja grande o suficiente: conhecê-lo como "o Senhor Deus" que "virá com poder" e diante de quem nos achegamos com temor reverente, como aquele que, "como pastor, apascentará o seu rebanho" e a quem seguimos em íntima amizade. O Senhor Jesus é tanto o Leão quanto o Cordeiro (Ap 5.5-6). Qual você acha mais difícil lembrar? À luz de qual destes é mais difícil viver? Lembre-se de ambos, e você obedecerá a ele e desfrutará dele, tanto como seu Soberano quanto como seu Pastor.

EZEQUIEL 34.11-24

21 DE ABRIL
ESCOLHIDO POR DEUS

Em amor nos predestinou para ele, para a adoção de filhos, por meio de Jesus Cristo, segundo o beneplácito de sua vontade, para louvor da glória de sua graça, que ele nos concedeu gratuitamente no Amado. (Ef 1.4-6)

Em *O mercador de Veneza*, de William Shakespeare, a personagem Pórcia oferece um solilóquio que ilustra a consideração do dramaturgo pelos princípios da misericórdia e do perdão:

Embora a justiça seja o seu apelo, considere o seguinte:
Caso, no curso da justiça, nenhum de nós
Veja a salvação. Oremos por misericórdia.[57]

Ao considerarmos a doutrina da eleição — que Deus "nos predestinou [...] para a adoção" —, não precisamos perguntar "Por que Deus não escolheria a todos?", mas sim "Por que Deus escolheria ter misericórdia de alguém?". A verdade é que, se apenas a justiça fosse feita, todos nós enfrentaríamos a condenação, pois a condenação é o que nosso pecado merece. Contudo, em seu amor por nós, Deus escolheu que "não [pereçamos], mas [tenhamos] a vida eterna" (Jo 3.16). Ele não nos escolheu por causa de qualquer coisa em nós (o que seria motivo para nos orgulharmos de nós mesmos), mas simplesmente por causa do amor que está nele (o que deve nos levar a louvá-lo e adorá-lo).

Um efeito que a compreensão de nossa eleição tem sobre nós como cristãos é que ela nos obriga a levar nosso pecado cada vez mais a sério, pois o propósito de ele nos escolher é que "[sejamos] santos e irrepreensíveis perante ele" (Ef 1.4). Em outras palavras, embora ele não tenha nos escolhido porque *somos* santos, fomos escolhidos para que possamos *nos tornar* santos. Há algo terrivelmente errado quando a crença no amor eletivo de Deus resulta em declararmos o direito de viver da maneira como escolhermos. Na verdade, os indivíduos que vivem constantemente e continuamente em pecado, mas reivindicam a salvação, mostram que não entenderam a Deus ou seu Evangelho.

Em contraste, a evidência de que fomos escolhidos por Deus, separados para ele e ministrados por ele através do Espírito Santo é, em última análise, vista à medida que somos cada vez mais conformados à imagem de seu Filho. O crescimento na pureza moral é a indicação final de uma profunda devoção a Jesus Cristo. Um interesse genuíno e uma admiração pelo amor eletivo de Deus produzem em nós uma conformidade com a própria beleza de Jesus.

O que esperamos ver na vida das pessoas que realmente entendem isso? Provavelmente não é fanfarronice, conversa egocêntrica ou defesas vazias da fé cristã. Não — veremos a humildade coexistindo com a certeza, a conversa deles cheia de Cristo em vez de si mesmos, e vidas de alegria e sacrifício. Isso pode ser, e deve ser, o que você vê em si mesmo, imperfeitamente, mas cada vez mais. E é isso que crescerá em você à medida que disser para si mesmo com um sorriso e um sentimento de admiração: "Não é que *eu* tenha escolhido a *ele*; *ele* escolheu a *mim*".

ÊXODO 20.1-21

A Bíblia em um ano: Dn 8-10; Ap 8

22 DE ABRIL

O CAMINHO DA INCREDULIDADE

Judas, o traidor, estava também com eles. (Jo 18.5)

No Jardim do Getsêmani, quando os soldados se aproximaram para prender o homem que os líderes judeus haviam decidido que agora deveria morrer, a figura central era, é claro, o Senhor Jesus. Mas Judas desempenhou um papel fundamental — e nos ensina uma lição difícil.

A traição de Judas contra Cristo revela uma hipocrisia profunda enraizada em uma negação ainda mais profunda. Sua traição serve como um alerta de como um coração, embora aparentemente perto de Deus, endurece à medida que percorre o caminho da incredulidade — um caminho marcado pela confiança traída e pela companhia corrupta.

O Jardim do Getsêmani não era um jardim qualquer. Os discípulos pareciam conhecê-lo bem. Para Jesus e os 12, era um lugar de comunhão, de relaxamento e, sem dúvida, de muitas lembranças felizes. E, no entanto, foi nesse belo lugar que Judas traiu a Cristo. É bastante surpreendente que ele tenha escolhido um lugar de tanta intimidade para realizar um ato de tanta infâmia, como um adúltero que rompe o vínculo do casamento em seu próprio leito matrimonial.

Imagine Judas andando ao longo do caminho e liderando um grupo de soldados e oficiais judeus (Jo 18.3). Aquele que estava tão terrivelmente perdido em seu espírito tornou-se um guia: o cego guiando os cegos. O caminho da incredulidade é um lugar solitário que muitas vezes implora pelo consolo falso do companheirismo sem esperança.

O jardim era um lugar bonito e tranquilo, mas, ainda assim, testemunhou um evento hediondo. Quando pensamos nos lugares onde fomos tentados a trair a Cristo — em férias adoráveis, no conforto de nossa casa, mesmo em lugares onde Cristo já se encontrou conosco, nos abençoou, nos cortejou e nos conquistou —, vemos claramente a perversidade de nosso coração em nossa disposição de nos juntarmos a Judas em sua traição.

Que o exemplo de Judas nos lembre que todos devemos estar em guarda. Não há espaço para complacência na vida cristã, não importa o que você tenha feito e visto, e não importa qual seja sua posição em sua igreja. Afinal, Judas viveu com Jesus por três anos, viu seus milagres e ouviu seu ensino. Contudo, ele ainda o traiu. "Aquele, pois, que pensa estar em pé veja que não caia" (1Co 10.12).

Como permanecemos seguidores e evitamos o caminho trágico tomado por Judas? Conforme a Palavra de Deus implora vez após vez, devemos tomar cuidado com uma dureza de coração que cresce lentamente e que nos leva a trilhar o caminho da incredulidade. Em vez disso, precisamos ouvir o Espírito Santo enquanto ele nos guia. Precisamos orar para encontrarmos uma ternura em nosso coração, uma abertura em nossa mente e um estímulo em nosso espírito, o qual nos diz: "Agora, vá em frente e abrace este Cristo!"

A dura lição de Judas é que somente pela graça de Deus podemos permanecer de pé. Portanto, ore para que você nunca seja encontrado entre os traidores: *Salva-me, Senhor, das verdadeiras tentações de duvidar de ti e de negar-te. Mostra-me a maravilha de tua proteção e provisão, e renova a minha certeza de que tu não perderás nenhum daqueles que o Pai te deu.*

JOÃO 10.11-30

23 DE ABRIL
VIDA FLUIRÁ PARA TODOS

Dezoito mil côvados em redor; e o nome da cidade desde aquele dia será:
O Senhor Está Ali. (Ez 48.35)

O melhor está por vir.

Os israelitas estavam no exílio havia seis décadas quando Ciro, da Pérsia, chegou ao poder no século VI a.C. Logo depois, o rei permitiu que alguns dos cativos israelitas voltassem para o seu lar anterior. Com grande esperança e expectativa, Esdras e Neemias voltaram e lideraram o povo na reconstrução do templo e dos muros de Jerusalém.

O número de exilados retornados era pequeno, e eles enfrentaram uma oposição significativa. Foram bem-sucedidos em seus esforços, mas não foram de forma alguma triunfantes. Na verdade, as pessoas mais velhas e sábias choraram quando lançaram os alicerces do templo, pois sabiam que não atenderia às grandes expectativas dos profetas (Ed 3.10-12).

Os anseios daqueles que choravam refletiam a profecia final de Ezequiel, que continha esta grande esperança: um novo templo um dia seria construído em uma Jerusalém maior. Seria mais magnífico do que o primeiro templo já fora, e Deus presidiria na imensa estrutura, da qual um rio fluiria, dando vida eterna ao mundo (veja Ez 40–48).

Os israelitas sabiam que o que estavam construindo não era o templo que Ezequiel havia profetizado. Não se encaixava muito bem. Nem o retorno da Babilônia foi o grande êxodo sobre o qual os profetas haviam falado. Eles foram deixados olhando para além de sua própria cidade e do templo reconstruído. Definitivamente, Ezequiel estava profetizando sobre a vinda do Reino de Deus, o qual estava além de sua compreensão.

No livro do Apocalipse, João descreve uma visão do céu que fornece uma vista diferente: a igreja no Reino de Deus. O plano de Deus nunca se limitou apenas aos israelitas; ele inclui muito mais. Ele está determinado a desfazer completamente os efeitos do pecado e renovar o mundo inteiro. Mais uma vez, a humanidade saberá o que significa viver continuamente na presença de Deus, na cidade chamada "O Senhor Está Ali". Deus estará em nosso meio, e dele a vida fluirá para todos:

Vi também a cidade santa, a nova Jerusalém, que descia do céu [...]. Nela, não vi santuário, porque o seu santuário é o Senhor, o Deus Todo-Poderoso, e o Cordeiro. A cidade não precisa nem do sol, nem da lua, para lhe darem claridade, pois a glória de Deus a iluminou, e o Cordeiro é a sua lâmpada. (Ap 21.2, 22-23)

Como os israelitas antes de nós, vivemos olhando para a frente. Nós nos inclinamos para o futuro na expectativa do retorno do Rei e da conclusão de sua salvação. Vamos nos juntar a Jesus em seu reino e experimentar a alegria que vem de estar com ele. Não se contente com o que esta vida tem a oferecer, nem fique desesperado com as decepções do aqui e agora. Nossos melhores dias estão à nossa frente, na cidade de Deus.

EZEQUIEL 47.1-12

24 DE ABRIL

DA TRISTEZA AO CONTENTAMENTO

[Jesus] lhes mostrou as mãos e o lado.
Alegraram-se, portanto, os discípulos ao verem o Senhor. (Jo 20.20)

A primeira Páscoa não parecia uma celebração típica da Páscoa.
Antes da ressurreição de Jesus ser descoberta, o dia foi marcado por lágrimas, devastação e perplexidade — não alegria, esperança e louvor. Os discípulos foram reunidos por medo, para proteger uns aos outros, não para cantar: "Cristo, o Senhor, ressuscitou hoje, Aleluia!"[58] Sentaram-se tristes; sua história havia estagnado, com a próxima página em branco.

Ou assim eles pensaram.

A Bíblia não tenta negar ou idealizar a tristeza sentida pelos seguidores de Cristo após sua crucificação. Eles não entendiam o que havia acontecido e certamente não sabiam o que aconteceria a seguir. A tristeza deles revela as limitações da humanidade em enxergar a situação como um todo. Apesar das profecias veterotestamentárias e da própria predição de Jesus sobre sua morte (Mc 8.31; 9.31; 10.33-34), o Evangelho de João nos diz que eles "ainda não tinham compreendido a Escritura, que era necessário ressuscitar ele dentre os mortos" (Jo 20.9). Eles não entenderam que, quando Jesus disse da cruz: "Está consumado!" (19.30), ele não estava expressando derrota, mas declarando vitória.

Essa vitória significava ressurreição. E, quando o Salvador ressurreto veio aos discípulos na escuridão, medo e tristeza deles, ele trouxe transformação. A incredulidade deles se transformou em fé, e a tristeza em alegria. Essa alegria estava enraizada no fato de que eles entenderam que Jesus havia ressuscitado dos mortos. A fé e o futuro deles retornaram e estavam enraizados nessa realidade maravilhosa. A escuridão do desespero deles tornou a luz da ressurreição ainda mais gloriosa.

Se você está procurando um deus que apenas o faça feliz, você não deve procurar o Deus da Bíblia. Ele *de fato* nos alegra — mais do que qualquer outra pessoa ou coisa —, mas muitas vezes ele começa nos deixando tristes. Estamos entristecidos por este mundo quebrado, entristecidos por nosso próprio pecado, entristecidos por Jesus ter morrido na cruz por nossa maldade, desobediência e desinteresse. É apenas sentindo verdadeiramente tal tristeza que podemos entender por completo a alegria que vem com nossa conta sendo acertada, nossa dívida sendo paga e nossos erros sendo perdoados.

Podemos conhecer a alegria de um amor que nos ama mesmo que não sejamos dignos dele — que nos ama quando não queremos ouvir. Que tipo de amor é esse? É o amor de Deus por homens e mulheres, por você e por mim! Hoje, desvie o olhar de si mesmo e olhe para ele. Isso é amor, e, quando sabemos que somos amados dessa maneira, somos capazes de ver a cura no mal e que a tristeza pode ser o solo no qual a alegria eterna cresce. Sobre qual parte da sua vida — talvez uma parte cheia de dor, arrependimento ou ansiedade — você precisa ouvir isso hoje? Lembre-se de que, seja o que for que você esteja passando, continua sendo verdade que Cristo, o Senhor, ressuscitou. Aleluia!

JOÃO 20.19-23

25 DE ABRIL
COMPAIXÃO PARA OS CEGOS

Ouvindo que era Jesus, o Nazareno, pôs-se a clamar:
Jesus, Filho de Davi, tem compaixão de mim! (Mc 10.47)

O cego Bartimeu estava sentado em completa escuridão. Ele podia ouvir a multidão, o movimento, a tagarelice de pessoas falando. Ele podia ouvir o barulho que sinalizava que Jesus de Nazaré estava em algum lugar na escuridão, mas ele era incapaz de vê-lo. Reconhecendo que esta poderia ser sua única chance de chamar a atenção de Jesus, em desespero, ele gritou: "Jesus, Filho de Davi, tem compaixão de mim!"

A simplicidade e clareza do pedido de Bartimeu era um testemunho de sua fé; indicava que ele realmente acreditava que Jesus era capaz de fazer o que estava pedindo. Pela graça de Deus, o cego Bartimeu viu o que inúmeros outros deixaram passar despercebido: ele viu que em Jesus poderia encontrar a compaixão de Deus. E, quando Jesus então abordou sua necessidade, Bartimeu e todos os que observaram o encontro entenderam que sua fé era a razão de sua cura. Mas Bartimeu nunca cometeu o erro de pensar que tudo de que realmente precisava era sua visão física. É por isso que, assim que recebeu a visão de Jesus, ele "seguiu a Jesus pelo caminho" (Mc 10.52 ACF).

Neste encontro, vemos um microcosmo de todo o Evangelho. A Bíblia frequentemente usa a cegueira como uma metáfora para a situação de homens e mulheres. Por exemplo, o apóstolo Paulo diz: "O deus deste século cegou o entendimento dos incrédulos, para que lhes não resplandeça a luz do evangelho da glória de Cristo" (2Co 4.4); e o próprio Jesus disse: "Eu vim a este mundo para juízo, a fim de que os que não veem vejam" (Jo 9.39). E, no início do Evangelho de Marcos, lemos que, embora os discípulos estivessem seguindo Jesus, eles ainda não viam nem entendiam tudo o que ele estava ensinando, então ele perguntou: "Tendo olhos, não vedes? E, tendo ouvidos, não ouvis?" (Mc 8.18).

Como, então, os cegos passam a ver? Assim como Bartimeu: indo a Jesus e clamando a ele por misericórdia, pedindo o perdão amoroso e a nova vida que só ele pode proporcionar. Você nunca conhecerá Jesus Cristo como uma realidade em sua vida até que o conheça como uma necessidade. Essa é uma verdade que precisávamos entender para aproveitar o primeiro dia de nossa nova vida seguindo-o; mas também é uma verdade que precisamos lembrar para continuarmos em nossa vida ainda a segui-lo. De qualquer maneira que você precise de compaixão agora, olhe para ele com os olhos da fé, dados por Deus, e simplesmente peça. A boa notícia é que Jesus ainda ouve, Jesus ainda se importa, Jesus ainda para, Jesus ainda escuta e Jesus ainda salva.

MARCOS 10.46-52

26 DE ABRIL

GLORIFICANDO A DEUS EM NOSSO CORPO

Segundo a minha ardente expectativa e esperança de que em nada serei envergonhado; antes, com toda a ousadia, como sempre, também agora, será Cristo engrandecido no meu corpo, quer pela vida, quer pela morte. (Fp 1.20)

Seu corpo e o que você faz com ele são importantes.

Mais de uma vez em seus escritos, o apóstolo Paulo expressa grande preocupação com o corpo das pessoas. Ele pergunta aos coríntios, por exemplo: "Acaso, não sabeis que o vosso corpo é santuário do Espírito Santo, que está em vós, o qual tendes da parte de Deus [...]?" Então ele continua dizendo: "Não sois de vós mesmos [...] Porque fostes comprados por preço. Agora, pois, glorificai a Deus no vosso corpo" (1Co 6.19-20). Em outras palavras, nosso corpo pertence ao Deus que o criou e o sustenta. Essa maneira de pensar está no cerne da teologia de Paulo.

Paulo encontrou grande alegria em saber que Jesus seria honrado, ou exaltado, em seu próprio corpo. Seu principal objetivo e oração era que, em seu ministério, ele possuísse coragem e fidelidade para fazer isso. Para Paulo, exaltar a Cristo significava valorizar seu grande nome: dar glória a ele. Vemos essa atitude expressa por João Batista, que disse de Jesus: "Convém que ele cresça e que eu diminua" (Jo 3.30). De igual forma, você nunca encontrará Paulo chamando a atenção para si mesmo. Ele se via apenas como um canal que levava a Cristo.

Não é surpresa, então, que, quando ele quis estabelecer suas credenciais como apóstolo, Paulo não disse "Ninguém me cause problemas" apenas porque ele era um apóstolo poderoso ou porque ele foi usado por Deus para pregar o Evangelho. Não — ele disse: "Ninguém me moleste; *porque eu trago no corpo as marcas de Jesus*" (Gl 6.17, itálico acrescentado). Através de seu corpo, seu compromisso foi revelado. Ele foi cada vez mais abusado por sua devoção a Cristo. Ele finalmente foi para o túmulo marcado, brutalizado e desfigurado — no entanto, durante suas provações, seu grito permaneceu: "Eu me alegrarei".

Deus era Senhor sobre toda a vida de Paulo: seu corpo, seu tempo, sua totalidade. Só isso poderia lhe trazer tanta alegria. Só isso pode nos trazer tanta alegria.

A conclusão é que você não pertence a si mesmo. Nada que você tem é seu. Tudo é uma mordomia, quer Deus lhe tenha dado muito, quer pouco. Você pertence a Deus, seu Criador e seu Redentor. Um dia, ele nos ressuscitará com corpos glorificados e imperecíveis (1Co 15.42-44, 51-54). Por enquanto, nesta vida, ele nos chama para servi-lo neste corpo. Em tudo o que você fizer com ele, então, que o seu corpo seja uma oferta que você alegremente coloca diante de Deus.

1 CORÍNTIOS 6.12-20

27 DE ABRIL
PEDINDO CORRETAMENTE

Nada tendes, porque não pedis; pedis e não recebeis,
porque pedis mal, para esbanjardes em vossos prazeres. (Tg 4.2-3)

A um Rei tu estás vindo,
Grandes petições trazes contigo;
Pois a graça e poder dele são tais,
Que ninguém pode pedir demais.[59]

Esse hino de John Newton nos lembra das palavras de Jesus: "Tudo quanto em oração pedirdes, crede que recebestes, e será assim convosco" (Mc 11.24). Jesus ensinou a seus discípulos em outro lugar: "Ora, se vós, que sois maus, sabeis dar boas dádivas aos vossos filhos, quanto mais vosso Pai, que está nos céus, dará boas coisas aos que lhe pedirem?" (Mt 7.11). Podemos ir a Deus e pedir coisas boas a ele. Nunca podemos pedir demais a Deus. No entanto, como Tiago diz, muitos de nós não recebemos esses dons de nosso Pai porque não temos a coragem de agir de acordo com o ensinamento de Jesus e simplesmente *pedir*. Ou pedimos, mas não solicitamos coisas que estejam de acordo com a sua vontade, e sim o que queremos receber dele para "[esbanjarmos]" em [nossos] prazeres" — para usar a fim de promover nossas prioridades, e não servir às dele.

Quando consideramos o que a Palavra de Deus ensina sobre a oração, descobrimos que devemos pedir — e pedir com humildade, sinceridade e amor, e com o entendimento de que Deus é soberano e a sua vontade é o que mais desejamos que seja feito. Quando Jesus estava no Jardim do Getsêmani, ele orou: "Aba, Pai, tudo te é possível; passa de mim este cálice; contudo, não seja o que eu quero, e sim o que tu queres" (Mc 14.36). Veja o equilíbrio aqui. Jesus tinha confiança absoluta no poder de Deus, teve a coragem de pedir a Deus que fizesse algo humanamente impossível e, no entanto, também mostrou completa submissão à vontade do Pai. Foi apenas o propósito soberano de Deus que impediu que o cálice fosse removido conforme Cristo orou. Não foi porque Cristo não "creu o suficiente" para que isso acontecesse. Da mesma forma, a ousadia, o entusiasmo e a semelhança de uma criança, que demonstramos ao pedir a Deus que faça o impossível, não são minados por sua soberania; eles são misericordiosamente controlados por ela.

Como filho de Deus, você pode ousadamente comparecer diante de seu Pai, confiando nele para realizar tudo o que você precisa e tudo o que você pede que esteja de acordo com a vontade dele. Seguindo o exemplo de Jesus, você pode submeter seus desejos à soberania amorosa de seu Pai. Ao confiar em Deus para a coisa certa da maneira certa, você pode ter certeza de que ele sempre dará a resposta certa. Você nunca pode pedir algo que seja grande demais para Deus fazer. Então é só pedir!

LUCAS 18.1-8

28 DE ABRIL

JESUS NOS ERGUE

E ele, clamando e agitando-o muito, saiu, deixando-o como se estivesse morto, a ponto de muitos dizerem: Morreu. Mas Jesus, tomando-o pela mão, o ergueu, e ele se levantou. (Mc 9.26-27)

Não há ninguém a quem Jesus não possa ajudar.

Em Marcos 9, lemos sobre a interação de Jesus com uma criança que havia muito tempo estava possuída por um espírito imundo. A situação do menino era assim desde jovem. Ele não podia falar nem ouvir. Quando o demônio o pegou, ele o jogou no chão, fazendo-o espumar pela boca, ranger os dentes e ficar rígido (Mc 9.18). Este jovem foi pego em uma circunstância terrível, essencialmente preso dentro de seu corpo, incapaz de ouvir quaisquer palavras de conforto que possam ter vindo a ele de seu pai, família ou amigos, incapaz de dar voz à sua dor e medo. Sua vida foi desfigurada pela tentativa de distorção e destruição da imagem de Deus que ele carregava.

Diante de uma situação tão desesperadora, Jesus interveio, dando uma palavra divina de repreensão ao espírito maligno. Por meio de uma repreensão tão poderosa, Cristo tirou a raiva impotente do inimigo, e o espírito maligno, tendo feito o seu pior, deixou o menino como se estivesse morto. E então Jesus o ressuscitou.

É isso que Jesus faz. Ele pega pessoas cujas vidas estão dizimadas — aquelas que estão a caminho da destruição — e faz o que só ele pode fazer: entra nessa vida, pega a pessoa pela mão, ergue-a... e ela fica de pé.

Jesus é o único que pode verdadeiramente dizer: "Eu sou a ressurreição e a vida. Quem crê em mim, ainda que morra, viverá; e todo o que vive e crê em mim não morrerá, eternamente" (Jo 11.25-26). Ele é o único que pode transformar alguém que parece totalmente indefeso e incapaz de mudar a si mesmo, concedendo-lhe uma nova vida.

Então, hoje, Jesus vem até você e diz: *Por que você simplesmente não traz seus fardos para mim? Você não pode se educar com dor e tristezas. A terapia não lhe dará respostas duradouras para toda a sua dor e confusão. De fato, é bom que você saiba que não pode fazer isso sozinho. Traga seus fardos para mim.*

Não só isso, ele também pode chegar aos outros através de você. Não há ninguém que você encontrará hoje que não precise da ajuda de Jesus, e ninguém a quem Jesus não possa ajudar. Por mais brilhante que a vida de alguém pareça, normalmente há arrependimento e ansiedade sob a superfície, e há sempre o pecado que está lentamente arrastando cada um de nós para a destruição — a menos e até que Jesus intervenha. Quando você aprende a ver as pessoas ao seu redor dessa maneira, você anseia compartilhar Cristo com elas; pois não há *ninguém* a quem Jesus não possa ajudar.

LUCAS 19.1-10

29 DE ABRIL

EXALTADO APROPRIADAMENTE

Pelo que também Deus o exaltou sobremaneira. (Fp 2.9)

Filipenses 2.5-8 é uma bela declaração sobre a humanidade, divindade, ministério e humilhação de Cristo. Tendo mapeado a humildade do Filho de Deus encarnado até a sua morte na cruz, para onde vai a sua mente a seguir? Naturalmente, pensamos na ressurreição. Mas Paulo não. Ele nos leva à exaltação de Cristo.

Há, diz Paulo, uma conexão lógica entre a humilhação de Jesus e sua exaltação: "*Pelo que também* Deus o exaltou sobremaneira" (v. 9, itálico acrescentado). O que é essa exaltação? É que o Pai deu a seu Filho o trono e ordenou este mundo para que, um dia, "ao nome de Jesus se dobre todo joelho, nos céus, na terra e debaixo da terra, e toda língua confesse que Jesus Cristo é Senhor, para glória de Deus Pai" (vv. 10-11).

Mas por que sua exaltação é apropriada? A Escritura nos dá várias respostas. Primeiro, a exaltação de Cristo é apropriada porque cumpre a profecia do Antigo Testamento e demonstra que Deus cumpre a sua palavra. O reconhecimento mundial de Jesus como Senhor ocorrerá porque Deus prometeu que ocorreria. Seiscentos anos antes de Jesus chegar ao palco da história humana, Isaías registrou estas palavras de Deus: "Eis que o meu Servo procederá com prudência; será exaltado e elevado e será mui sublime" (Is 52.13). E assim Cristo veio para suportar a dor e o pecado do mundo, cumprindo o papel de Servo Sofredor, erguido em uma cruz e depois erguido para ser exaltado em seu trono. Como Paulo escreveu em outro lugar: "Porque quantas são as promessas de Deus, tantas têm nele o sim" (2Co 1.20).

Em segundo lugar, a exaltação de Cristo é apropriada porque ele é Deus. A Bíblia nos ensina que o Filho é um com o Pai. Por causa de sua divindade, a exaltação é uma necessidade; não há outro lugar para Deus se assentar! Nenhum outro assento é adequado para o Filho, exceto à destra de seu Pai.

Finalmente, a exaltação de Cristo é apropriada porque ele é o querido Filho de seu Pai. Deus Pai observou o Filho obedientemente ir para a cruz para cumprir a aliança da Redenção e o ouviu gritar de dor: "Deus meu, Deus meu, por que me desamparaste?" (Mt 27.46). O Pai sabia que o Filho sofreu essa agonia por amor ao Pai e por amor ao seu povo. O Pai não deixaria seu Filho perfeito nessa condição terrível. Como o amor do Pai poderia fazer outra coisa senão exaltar o Filho de seu estado humilde?

A humilhação de Cristo por nós e a exaltação acima de nós são certamente suficientes para nos levar ao ponto em que nos curvamos em alegre submissão a ele. Elas nos mostram que há alguém que tem o status de exigir nossa obediência e o caráter para merecer nossa adoração. Elas nos lembram que a melhor coisa sobre o céu será a pessoa mais gloriosa no céu:

Não olharei para a glória, mas para o meu Rei da graça;
Não para a coroa que ele dá, mas para sua mão perfurada;
O Cordeiro é toda a glória da terra de Emanuel.[60]

ATOS 13.16-43

A Bíblia em um ano: Nm 5–6; Ap 16

30 DE ABRIL
RESPONDENDO AO SUCESSO DO OUTRO

Teve ainda outro sonho e o referiu a seus irmãos, dizendo:
Sonhei também que o sol, a lua e onze estrelas se inclinavam perante mim. [...]
Seus irmãos lhe tinham ciúmes. (Gn 37.9, 11)

A inveja é um sentimento comum à humanidade. É também um monstro — um gigante que pode comer qualquer pessoa viva.

Como você luta contra a inveja? Quem são aqueles em sua esfera de influência ou seu campo de visão que estão experimentando favor ou sucesso, e com quem de alguma forma você deseja trocar de lugar? Precisamos ser cautelosos. "A odiosa paixão da inveja", escreve George Lawson, "atormenta e destrói a própria pessoa enquanto busca a ruína de seu objeto."[61] A inveja tende a destruir o invejoso.

Eles ainda não sabiam, mas os irmãos de José estavam no caminho para os males do engano, da malícia e do tráfico de escravos de seu próprio irmão — para as formas mais detestáveis de crueldade. O primeiro passo nessa estrada foi a inveja que tinham dele. Mas eles não viram, e assim caminharam em direção a ações que presumivelmente não haviam tolerado quando José começou a compartilhar seus sonhos de grandeza.

Devemos aprender a enxergar a nossa inveja e a lidar com ela. Então, como podemos lidar com o sucesso dos outros sem sucumbir à amargura e à inveja?

Primeiro, reconhecemos que Deus é soberano sobre as coisas do homem. Deus determinou que José tivesse o que tinha e fosse o que era — e determinou uma posição menos significativa para os irmãos de José. Se estivessem preparados para considerar isso, embora fosse difícil, eles teriam sido poupados da dor autoinfligida de seu ódio invejoso.

Em segundo lugar, voltamo-nos para Deus em oração. F. B. Meyer, um grande pregador do século XIX, uma vez contou como outro pregador veio ministrar na mesma área em que ele já estava ministrando, e de repente houve saídas de sua congregação. A inveja começou a dominar sua alma, e a única liberdade que ele conseguiu encontrar foi orar por esse colega pastor — orar para que Deus abençoasse o ministério de outra pessoa. A oração afrouxa a pressão da inveja em nosso coração.

Deus é quem levanta e quem derruba. Se os irmãos de José tivessem compreendido essa verdade, não teriam tido ocasião de ficar com inveja. Deus também é aquele que nos dá cada respiração como um presente seu. Se tivessem entendido isso, teriam mais vontade de agradecer do que de ficar amargurados. Hoje, examine seu próprio coração, reconheça e se arrependa de qualquer inveja que tenha criado raízes. Curve-se em humildade e gratidão diante de seu Deus soberano.

🎧 ♡ 📖 1 SAMUEL 2.1-10

1º DE MAIO

O SALVADOR ADORMECIDO

E Jesus estava na popa, dormindo sobre o travesseiro; eles o despertaram e lhe disseram: Mestre, não te importa que pereçamos? E ele, despertando, repreendeu o vento e disse ao mar: Acalma-te, emudece! (Mc 4.38-39)

Coloque-se no lugar dos discípulos no momento em que eles navegavam no mar tempestuoso, enquanto Jesus dormia na popa do barco. Muitos deles eram pescadores experientes e entendiam que estavam sendo confrontados por uma possibilidade muito real de naufragarem — contudo, o Mestre deles parecia tê-los abandonado ao destino, no sono profundo em que estava.

O próprio fato de que Jesus precisava dormir revela que ele tinha um corpo humano real que sabia como era sentir fadiga, sede e fome. Ele experimentou em primeira mão as fraquezas do corpo. Ele até mesmo teve de encontrar um travesseiro para dormir, mostrando-nos saber o que era desconforto. Ele, que fez o universo, poderia ter transformado a madeira debaixo dele em uma substância muito mais confortável, adequada para um bom descanso; porém, em vez disso, o Senhor da glória deitou sua cabeça sobre um travesseiro, assim como você e eu.

Se Jesus não soubesse quais eram as fraquezas e tentações da humanidade, ele não seria um Sumo Sacerdote tão compadecido, oferecendo-nos misericórdia e graça do trono celestial (Hb 4.14-16). Mas a Bíblia deixa claro que ele sabia. Ele passou, por exemplo, pela dor do desprezo: "[Cristo] veio para o que era seu, e os seus não o receberam" (Jo 1.11). Até mesmo alguns dos seus discípulos fiéis — alguns dos próprios homens que estavam nesse barco — o negaram ou o abandonaram em determinado momento. Ele também experimentou o abuso da zombaria que deturpou a maravilha e a beleza de seu caráter (veja, por exemplo, Lc 7.34). Ele lutou por 40 dias e noites contra as mentiras e tentações do Maligno (Mt 4.1-11). Ele enfrentou total agonia e perturbação na cruz quando clamou: "Deus meu, Deus meu, por que me desamparaste?" (27.46). Não há experiência de dor ou insulto que possamos sofrer que já não tenha apertado o coração de Cristo — e, como ele passou por tais lutas, convida-nos a ir até ele enquanto nós mesmos as experimentamos.

Aqui, nesse pequeno incidente encaixado no início do Evangelho de Marcos, está o lembrete que transforma vidas: Jesus é o Cristo vivo, um Salvador que se compadece e um companheiro inabalável. Não há ninguém mais bem preparado para lidar com qualquer apuro pelo qual você ou eu possamos passar do que o Mestre cujos discípulos pegaram dormindo sobre um travesseiro. Você, assim como eles, pode clamar a ele e descobrir que aquele que precisava dormir no barco também é aquele que podia repreender uma tempestade — aquele que reina nas alturas, o qual não dormita, nem dorme, e não permitirá que os seus pés vacilem (Sl 121.3-4).

Hoje, em seus pensamentos, o que induz você ao medo? Tenha certeza de que o Senhor Jesus entende bem como é essa vida. Leve seu medo a ele agora, "lançando sobre ele toda a vossa ansiedade, porque ele tem cuidado de vós" (1Pe 5.7).

SALMO 121

2 DE MAIO

ELE MORREU PARA NOS TORNAR BONS

Não vos enganeis: nem impuros, nem idólatras, nem adúlteros, nem efeminados, nem sodomitas, nem ladrões, nem avarentos, nem bêbados, nem maldizentes, nem roubadores herdarão o reino de Deus. Tais fostes alguns de vós; mas vós vos lavastes, mas fostes santificados, mas fostes justificados. (1Co 6.9-11)

O Maligno não está interessado em nos persuadir a não nos preocuparmos com muitas das nossas atividades cristãs — mas ele está interessado em nos persuadir a nos desagararmos das verdades absolutas no que diz respeito à natureza e ao caráter de Deus, bem como às verdades absolutas a respeito da ética do seu reino. Reconhecendo isso, Paulo alertou os crentes de Corinto a não se desviarem para o campo minado do comportamento ímpio. "Não vos enganeis", diz Paulo; os injustos não "herdarão o reino de Deus".

Paulo descreve algumas áreas de impiedade que tinham se tornado aceitáveis em Corinto. A cidade era um centro comercial agitado, uma mistura de raças, credos e línguas. No entanto, como cultura, ela era irregular e sem raízes. Na verdade, o lugar era tão seriamente pervertido, que "Corinto" se tornou ela própria um sinônimo para imoralidade. Então, o que Paulo fez? Ele se aventurou nessa cidade com uma estratégia. Ele "se entregou totalmente à palavra, testemunhando aos judeus que o Cristo é Jesus" (At 18.5). Seu objetivo não era promulgar legislação, mas começar a proclamar.

Não há agenda legislativa que possa redimir a cultura. Em vez disso, há uma mensagem enviada de Deus para redimir homens e mulheres, e é simplesmente esta: "Jesus Cristo e este crucificado" (1Co 2.2). O Evangelho é a agenda de Deus para o nosso mundo. Ele usa o poder e a convicção de sua Palavra para falar à vida das pessoas e realizar mudanças radicais.

Paulo não se rendeu ao uso de retórica elaborada. Ele tinha uma mensagem e continuou a anunciá-la de novo e de novo. Ele sabia que apenas a morte expiatória de Cristo na cruz torna possível que homens e mulheres sejam libertos de seus pecados constantes, a fim de "[andar] em novidade de vida" (Rm 6.4).

É arriscado e desnecessário permanecer perverso. A mensagem do Evangelho ressoa tão alta e eficazmente hoje quanto nas ruas de Corinto; ela atravessa o engano do relativismo do mundo e a tendência de pensar que as leis por si mesmas podem mudar corações ou produzir fé. A grande necessidade de nossas vidas, nossas cidades e nossas nações é que pecadores sejam salvos. Não se engane com a ideia de que o pecado não importa. Não se engane com a ideia de que a maior necessidade da sua sociedade é qualquer outra coisa senão a notícia do Reino de Deus. Precisamos confessar a mensagem do Messias crucificado:

Ele morreu para que fôssemos perdoados,
Ele morreu para nos tornar bons,
Para que possamos enfim ir para o céu,
Salvos pelo seu precioso sangue.[62]

ATOS 18.1-11

3 DE MAIO
SEGUROS EM SOLO FIRME

Ilumina-me os olhos, para que eu não durma o sono da morte;
para que não diga o meu inimigo: Prevaleci contra ele; e não se regozijem os meus
adversários, vindo eu a vacilar. No tocante a mim, confio na tua graça;
regozije-se o meu coração na tua salvação. (Sl 13.3-5)

Quando vai acampar, uma das coisas mais importantes que você pode fazer é certificar-se de que as estacas da sua barraca estão presas com segurança em solo firme. Uma vez que esse passo for concluído, você pode partir para outras atividades com maior paz de espírito, sabendo que seu abrigo aguentará uma tempestade — o que certamente supera a alternativa de retornar ao local onde está acampado e ver que sua barraca voou!

Nesse versículo, Davi responde a se sentir esquecido e desapontado na vida, e a sofrer oposição injusta dos outros à sua volta. Ele começa a refletir sobre a situação; relembrando o que já sabe, Davi declara sua confiança no amor fiel de Deus.

Essa confiança era fruto da vontade. Apesar dos sentimentos em seu coração serem reais, Davi escolhe levar suas emoções sob a jurisdição da misericórdia e compaixão infalível de Deus. Só então ele poderia se alegrar novamente.

No novo céu e nova terra, as tempestades da vida finalmente serão acalmadas. Enquanto isso, passaremos por tempestades e até mesmo dilúvios. Iremos suportar com alegria à medida que confiarmos que nosso Pai é sábio. Quando ele não nos dá algo, é porque ele sabe que é melhor para nós não termos isso. Quando ele confia algo a nós que é difícil de aceitar, é porque ele está nos dando o privilégio de testemunhar a sua graça naquela circunstância. Quando ele nos leva pela chuva, é porque ele sabe que isso fará com que nos agarremos ainda mais a ele, e fará que nosso caráter se torne mais conformado ao dele (Tg 1.2-4).

Quando olhamos para os restos destroçados das nossas experiências mais penosas, muitas vezes parece que o colapso é iminente. Contudo, nesses momentos, podemos nos lembrar de que Deus nos dá "uma coroa em vez de cinzas, óleo de alegria, em vez de pranto, veste de louvor, em vez de espírito angustiado" (Is 61.3). Cada provação que enfrentamos é uma oportunidade de lembrarmos que, assim como aconteceu com Davi, é a misericórdia de Deus que protege nossa alma e nos dá motivo para deleite na salvação dele.

Hoje, o convite para cada um de nós é dizer: "Senhor Jesus Cristo, ajuda-me a ter as estacas da barraca da minha vida seguramente presas em tua misericórdia, para que, seja na vida ou na morte, na alegria ou na tristeza, na doença ou na saúde, eu possa me regozijar".

HEBREUS 12.3-11

4 DE MAIO

JESUS É REI

*Então, ouvi que toda criatura que há no céu e sobre a terra,
debaixo da terra e sobre o mar, e tudo o que neles há, estava dizendo:
Àquele que está sentado no trono e ao Cordeiro, seja o louvor, e a honra, e a glória,
e o domínio pelos séculos dos séculos. (Ap 5.13)*

A Bíblia deixa bem claro que a história está se movendo propositalmente em direção a uma conclusão definitiva. Essa realidade é um dos aspectos distintivos da cosmovisão bíblica. Uma maneira como o cristianismo se distingue, em outras palavras, é a questão de como todas as coisas terminam.

Às vezes, ao olhar fotografias antigas, acabamos nos perguntando: "Onde eu estou nessa foto?" — ou: "Será que eu estou mesmo *nessa* foto?" Contudo, quando se trata do plano Deus, cada pessoa está incluída individualmente na foto da história do Apocalipse. Ninguém está ausente da história. E, quando a história se encerrar, terminará em divisão e separação.

Jesus falou sobre essa separação quando disse que ovelhas e cabritos serão divididos (Mt 25.31-46): luz e trevas serão delineadas, e aqueles que creem em Jesus serão separados daqueles que não creem. Ninguém será deixado de fora, embora tragicamente alguns terão escolhido ser excluídos. Portanto, nossa posição nessa grande imagem importa.

Todo vai e vem da história deve ser visto à luz do fato de que há um trono no céu, e esse trono não está vazio; pelo contrário, ele está ocupado por Deus, que está no controle. Jesus é Rei e está sentado à destra do trono. Apesar de muitos ainda não reconhecerem seu reino, isso não altera a realidade de que ele reina.

Da queda da humanidade até o fim dos tempos existe, como o grande teólogo do século IV Agostinho de Hipona articulou, duas cidades rivais — dois amores rivais. Por nossa natureza, estamos envolvidos na cidade do homem, e apenas pela graça de Deus poderemos alguma hora estar envolvidos na cidade de Deus e nos devotarmos a ela.

A cidade terrena, a cidade do homem, está destinada a passar. Mas a cidade celestial, o Reino de Deus, permanecerá pelos séculos dos séculos. Reconhecemos Jesus como Rei? Como respondemos é uma questão de importância eterna. E como respondemos é também uma questão de consequência presente. Se Jesus é nosso Rei, então você viverá como seu subordinado, buscando obedecer a ele mesmo quando o mandamento dele contraria suas próprias preferências. Se Jesus é o seu Rei, você será leal a ele acima de todos os outros, pois este mundo não é sua casa, e você está apenas de passagem. Como Paulo escreveu: "Pois a nossa pátria está nos céus, de onde também aguardamos o Salvador, o Senhor Jesus Cristo" (Fp 3.20). Certifique-se de viver como um cidadão de um país melhor e como subordinado de um Rei maior. Passaremos a eternidade reunindo-nos com toda a Criação para dar honra a ele. Portanto, façamos isso em nossas palavras e conduta hoje, também.

SALMO 24

5 DE MAIO
RESTAURANDO O TEMPLO

Tendo feito um azorrague de cordas, expulsou todos do templo, bem como as ovelhas e os bois, derramou pelo chão o dinheiro dos cambistas, virou as mesas [...]. Lembraram-se os seus discípulos de que está escrito: O zelo da tua casa me consumirá. (Jo 2.15, 17)

Um pai poderia compreensivelmente se arder com uma ira justa se visse drogas causarem destruição na vida de seu filho. Não esperaríamos que ele levianamente ignorasse tal devastação. Antes, esperaríamos que ele fizesse todo o necessário para expulsar aquele mal, substituindo-o por restauração.

Quando Jesus, o Filho de Deus, entrou na casa de seu Pai na terra — o templo em Jerusalém — e deu uma olhada na cena, aquilo foi-lhe doloroso. Um lugar projetado para a adoração de Deus havia se tornado um lugar entregue à adoração ao dinheiro. Um lugar projetado para atrair o mundo para se encontrar com o Deus vivo havia se tornado um local que mantinha as nações afastadas. Ele achou intolerável que o nome de Deus, a glória de Deus, estivesse sendo sujo e manchado. Não há razão para darmos um passo atrás e suavizarmos as ações de Jesus. A ira santa de Cristo ardia com zelo e pureza. Não era o momento para uma conversa educada.

Jesus sabia exatamente por que o templo estava lá. Era o local de encontro com Deus. Era para ser a alegria de toda a terra. O que ele encontrou no lugar disso era o completo oposto do propósito do templo — e, em suas palavras e ações, ele o deixou abundantemente claro.

É interessante que, quando os fariseus confrontaram Jesus após isso, eles não contestaram as suas ações; eles contestaram a sua autoridade. Jesus respondeu a essa contestação com uma afirmação intrigante: "Destruí este santuário, e em três dias o reconstruirei" (Jo 2.19). O templo ao qual ele se referia, João explica, era ele próprio (v. 21). Um dia, Jesus iria a Jerusalém não para visitar o complexo do templo, mas para entregar seu próprio corpo e sangue, como o sacrifício pleno e final pelos nossos pecados, e então ressuscitar para nova vida e reinar para sempre. Era nessa autoridade que ele estava deixando clara a diferença entre a intenção de Deus para o templo e o que haviam feito dele.

Aqui, então, somos confrontados por um Jesus que é radical — que responde, com zelo e proteção, à questão da glória de Deus. Este Jesus não é manso e suave, sempre afirmativo e nunca contestador. Ele é o Grande Sumo Sacerdote, que não veio apenas para limpar o recinto do templo, mas também para limpar nosso coração e lidar com a nossa alienação. Nele, o verdadeiro templo, Deus edificou uma "Casa de Oração para todos os povos" (Is 56.7).

Então, olhe outra vez para Jesus, que não tolerou nenhum tipo de desvio na busca da glória de Deus, possibilitando que as nações o adorem corretamente. Olhe novamente para Jesus, que usou sua autoridade e perfeições voluntariamente para tomar nosso lugar e levar nosso castigo em seu corpo, a fim de que pudéssemos ser restaurados. Olhe de novo para Jesus, de cuja incrível graça você é um beneficiário. E que o zelo dele pela glória de Deus também seja seu.

MATEUS 27.35-56

6 DE MAIO

DADO LIVREMENTE

Fizestes bem, associando-vos na minha tribulação. E sabeis também vós, ó filipenses, que, no início do evangelho, quando parti da Macedônia, nenhuma igreja se associou comigo no tocante a dar e receber, senão unicamente vós outros. (Fp 4.14-15)

Ser cristão é ser receptor e doador.

Muitos de nós fomos educados sobre a importância de ter uma conta de aposentadoria para a qual fazemos contribuições constantes. No entanto, embora seja errado para nós descartarmos completamente a questão de tomar decisões financeiras sólidas, como crentes também devemos considerar o que damos e investimos à luz da eternidade.

Em sua carta à igreja em Filipos, o apóstolo Paulo elogiou seus irmãos e irmãs em Cristo por sua disposição de "[se associarem] na [sua] tribulação" — uma parceria que incluía compartilhar e dar presentes materiais. A generosidade dos filipenses era notável, pois contrastava diretamente com a ausência de tal apoio a Paulo por outras igrejas. Embora sua igreja fosse uma congregação incipiente, os crentes filipenses haviam determinado desde o princípio que apoiariam o apóstolo em sua obra do Evangelho.

O apoio deles a Paulo não era apenas proeminente, mas também duradouro. A doação dos filipenses não era esporádica. Pelo contrário, era marcada pela consistência e continuidade, à medida que procuravam ajudá-lo com suas necessidades vez após vez. Embora uma década tivesse se passado desde que Paulo pregara o Evangelho pela primeira vez a eles, esses homens e mulheres ainda estavam comprometidos.

Sua doação não foi o resultado de uma onda emocional única, nem o produto de manipulação externa. Não; essa igreja primitiva dava segundo a consciência de que tudo o que possuíam havia sido dado gratuitamente a eles. De fato, ao enviar os discípulos, Jesus os lembrou de que, porque "de graça [receberam]", deveriam "[dar] de graça" (Mt 10.8). Em outras palavras, o fundamento da parceria sacrificial, generosa e cheia de recursos é a graça de Deus. Esse fundamento é estabelecido quando entendemos que tudo o que somos e tudo o que temos — todos os nossos recursos, nossos dons e nossos talentos — vem de Deus.

Nem todos temos os mesmos dons ou capacidade para dar — e a doação monetária certamente não é o único caminho para a benevolência! No entanto, uma vez que somos todos receptores do que Deus nos deu, todos seremos aqueles que procuram dar aos outros. Deus propositalmente reuniu seu povo de tal maneira que cada um de nós deve dar "segundo a graça que nos foi dada" (Rm 12.6). Não devemos dar simplesmente porque fomos manipulados ou porque ouvimos uma música emocionante que nos levou ao ponto de chorar, nem devemos dar porque colocaremos nosso nome em um prédio ou em um banco. Não: devemos dar por uma razão, e uma razão apenas: porque Deus tão livremente e tão generosamente nos deu.

2 CORÍNTIOS 9.1-15

7 DE MAIO
TODOS ADORAMOS ALGO

Tornarei as trevas em luz perante eles e os caminhos escabrosos, planos. Estas coisas lhes farei e jamais os desampararei. Tornarão atrás e confundir-se-ão de vergonha os que confiam em imagens de escultura e às imagens de fundição dizem: Vós sois nossos deuses. (Is 42.16-17)

Nas palavras de Bob Dylan, você tem de servir alguém.[63] É verdade — todos nós adoramos alguma coisa. A única questão é o quê.

Muitas vezes, em nossa futilidade humana, acabamos nos apoiando e, por fim, servindo pequenas criações astutas de nossa própria invenção. Ao longo da história, o problema fundamental da humanidade tem sido que continuamos criando deuses falsos a quem vamos em busca de salvação falsa. Esses ídolos são simplesmente substitutos do verdadeiro Deus em nosso coração. Em vez de olharmos para o Senhor como o objeto de nossa devoção e a fonte de nossa satisfação, pegamos as coisas boas que ele criou para nosso prazer e as transformamos em vãs substituições no seu lugar.

C. S. Lewis coloca desta forma:

Somos criaturas débeis, brincando com bebida, sexo e ambição quando a alegria infinita nos é oferecida, como uma criança ignorante que quer continuar fazendo tortas de lama em um chiqueiro porque não consegue imaginar o que significa um convite para férias na praia. Somos muito facilmente satisfeitos.[64]

Quaisquer que sejam os substitutos em nosso coração nos quais possamos confiar, esses ídolos são impotentes. Eles não podem nos ajudar. Como Isaías deixa claro, eles nunca foram capazes de nos dizer o futuro ou mesmo nos ajudar a refletir sobre o passado; nem podem dar conselhos. Eles respondem às nossas perguntas com mero silêncio e expectativas não cumpridas (Is 41.22-23, 28-29).

Somente o Deus verdadeiro e vivo conhece todas as coisas do começo ao fim. Ele rompeu o silêncio, predizendo o que estava por vir. Ele prevalece sobre as trevas com sua luz. Ele substitui os "lugares difíceis" da maldade pelo "terreno plano" da justiça. Embora tenhamos anteriormente virado as costas para ele, Deus enviou seu Servo, Jesus, nosso Maravilhoso Conselheiro.

Você e eu somos constantemente confrontados por ídolos que chamam nossa atenção e nos seduzem a encontrar satisfação neles, em vez de a encontrarmos em Deus. Quais são os ídolos que falam mais alto aos seus ouvidos? Saiba que eles estão mentindo (embora, é claro, não lhe digam isso). A Palavra de Deus nos adverte da vergonha que está em adorá-los e nos leva a um caminho melhor: encontrar satisfação em servir e ser servido por Deus.

Você tem de servir alguém hoje. Certifique-se de que seja o Deus vivo e amoroso.

🎧 ♡ 👆 ROMANOS 1.16-32

A Bíblia em um ano: Nm 26–28; Mt 2

8 DE MAIO

O PODER DO ESPÍRITO

*Recebereis poder, ao descer sobre vós o Espírito Santo,
e sereis minhas testemunhas tanto em Jerusalém como em toda a Judeia e Samaria
e até aos confins da terra.* (At 1.8)

O Espírito Santo nos é dado para que o povo de Deus possa trazer a Palavra de Deus ao mundo de Deus.

Sem o Espírito, os eventos do livro de Atos — que contam a história da expansão do Evangelho, com os discípulos de Jesus nas ruas de Jerusalém proclamando a mensagem do Cristo ressurreto — não poderiam ter acontecido. Afinal, algumas semanas antes, esses mesmos discípulos estavam escondidos atrás de portas fechadas, um pequeno grupo assustado, de luto pelo seu Rei crucificado. O que explica sua transformação repentina?

A resposta é encontrada no triunfo de Jesus sobre a sepultura e na promessa que ele deu aos seus discípulos — a promessa de seu Espírito Santo de capacitá-los e enchê-los de poder. Essa promessa foi acompanhada de um mandamento: os seguidores de Jesus deveriam ir por todo o mundo e pregar as Boas Novas.

Antes que os discípulos saíssem com entusiasmo, Jesus afiou o foco deles. Eles ainda não haviam entendido o fato de que seu interesse não se limitava a Israel, mas era por todas as pessoas em todos os lugares. (E levaria mais algum tempo para eles reconhecerem plenamente esta verdade: veja At 10.1–11.18.) Jesus, portanto, ordenou a seus seguidores que fossem suas "testemunhas tanto em Jerusalém como em toda a Judeia e Samaria e *até aos confins da terra*".

Após a ascensão de Jesus, o Espírito Santo desceu sobre os seus seguidores, assim como Jesus havia prometido — e então a grande história da propagação da igreja em todo o mundo conhecido começou. Essa é uma história que ainda não terminou e inclui todos os crentes, à medida que o Evangelho continua a ser pregado em todo o mundo.

Se você está em Cristo, você possui esse mesmo Espírito e é capacitado pelo seu poder a espalhar a verdade sobre Jesus por todo o mundo. O Espírito não foi dado para que você e eu pudéssemos nos sentar e contar a outros cristãos sobre nossas experiências espirituais. Em vez disso, devemos usar nossos dons e talentos para levar o Evangelho às nações. Para alguns de nós, isso significa ir ao exterior em missão. Para outros, significa atravessar nossa rua ou nossa cidade, como parte dessa mesma missão.

Deus chama você para amar e servir até mesmo aqueles com quem você não compartilha nenhuma cidadania terrena. Ele o chama para atravessar divisões e ficar ao lado daqueles a quem você naturalmente seria indiferente, ou até mesmo daqueles que vivem em inimizade com você. Mas ele não o chama para reunir o amor e a coragem que isso requer. Não — devemos ser transformados por um poder fora de nós mesmos, e é isso que Jesus prometeu e o Espírito fornece. Portanto, peça a Deus que derrame de novo o Espírito dele em sua vida hoje, para que você possa proclamar as Boas Novas com coragem e zelo.

ATOS 1.1-11

9 DE MAIO

PERFEITA COMPAIXÃO

Convinha que, em todas as coisas, se tornasse semelhante aos irmãos, para ser misericordioso e fiel sumo sacerdote nas coisas referentes a Deus e para fazer propiciação pelos pecados do povo. Pois, naquilo que ele mesmo sofreu, tendo sido tentado, é poderoso para socorrer os que são tentados. (Hb 2.17-18)

Muitos de nós somos desencorajados pela regularidade com que enfrentamos a tentação. Podemos ficar envergonhados com o fascínio esmagador da tentação em nossa vida. Pode parecer obsessivo. Nesses momentos, é importante lembrar que a experiência de ser tentado em si não é pecado — pois Cristo, que era sem pecado, suportou isso. Porém, visto que ele não *cedeu* às tentações, como costumamos fazer, ele serve como nosso exemplo final enquanto nos esforçamos pela retidão.

Quando Cristo tomou sobre si a natureza humana, ele se tornou sujeito às suas limitações e provações. Portanto, embora Jesus seja o divino Filho de Deus e nosso Grande Sumo Sacerdote, não um mero mortal, podemos obter encorajamento ao saber que ele é perfeitamente capaz de se compadecer de nossas próprias lutas.

A compaixão de Cristo pelas provações que você e eu enfrentamos não depende da experiência do pecado, mas da experiência da *tentação* do pecado, que apenas aquele que é verdadeiramente sem pecado pode conhecer em toda a sua extensão. Jesus não demonstra compaixão à distância; ele conhece intimamente a dor e o desafio de suportar a tentação. Ele percorreu nossos caminhos terrenos.

Então, quando você está mais ciente das tentações que enfrenta e mais ciente de suas fraquezas, aqui é onde você pode ir. Não se apoie na sabedoria terrena dos "grandes sumos sacerdotes" do século XXI, que diriam que as tentações são desejos a serem saciados, que a culpa é uma aflição a ser rejeitada e que a vergonha é sempre inútil e desnecessária. Em vez disso, volte-se para *o* Grande Sumo Sacerdote, que diz a você que as tentações devem ser resistidas e que provê o poder para capacitá-lo a fazer isso (1Co 10.13), e que também lhe assegura que sua culpa e vergonha quando você cede foram carregadas no corpo dele e removidas na cruz.

Uma coisa que é realmente bonita sobre um relacionamento com o Senhor Jesus Cristo é que você pode se sentir confiante em seguir aquele que morreu para que você possa se apegar firmemente à fé que professa. Você pode, de maneira regular, humilde e segura, entrar na presença do próprio Deus Todo-Poderoso, que o recebe por meio de Cristo, seu perfeito compadecedor. E, um dia, na eternidade, não restará nada que você precise que Cristo pleiteie em seu favor. Você simplesmente será capaz de estar diante de Deus em adoração, louvando-o por convidá-lo à sua presença perfeita. Até lá, volte-se para aquele que sabe o que é enfrentar e resistir à tentação, e peça-lhe que esteja com você enquanto luta contra suas próprias tentações e se esforça para obedecer-lhe hoje.

HEBREUS 2.5-18

A Bíblia em um ano: Nm 32–34; Mt 4

10 DE MAIO

TERMOS E CONDIÇÕES

Se alguém quer vir após mim, a si mesmo se negue, tome a sua cruz e siga-me. Quem quiser, pois, salvar a sua vida perdê-la-á; e quem perder a vida por causa de mim e do evangelho salvá-la-á. (Mc 8.34-35)

Você não pode fazer muito online sem que concorde com os termos e condições de uso. E, uma vez que tenhamos marcado a caixa "Concordo", cartões de crédito, plataformas de rede social e sites nos notificarão de tempos em tempos que suas políticas legais mudaram — e que, para continuar usando os serviços que eles fornecem, devemos aceitar as novas.

Mudanças como essas podem ser frequentes e sutis. É praticamente impossível notar ou acompanhar todas elas. Felizmente, porém, os termos e condições de ser um seguidor de Cristo nunca mudaram e nunca mudarão. Eles não podem ser revogados ou adaptados às nossas preferências, porque Deus os estabeleceu. Nesses versículos, o Filho de Deus está estabelecendo os "termos e condições" para que alguém venha a se tornar parte de seu povo e receber a vida eterna.

Às vezes, tendemos a agir como se tivéssemos de nos puxar pela orelha para obedecer ao Senhor. Mas a verdade é totalmente o contrário! A Bíblia diz que, assim como confiamos em Jesus como resposta à sua iniciativa e graça (Ef 2.8), essa mesma graça também nos sustenta e possibilita que continuemos a segui-lo (Fp 1.6). Ele molda nossa mente, nossa moral, nossos modos e nossos meios para que possamos ser trazidos sob o controle daquele a quem declaramos como Majestade.

Uma das "condições" para seguir a Cristo, portanto, é que nossa vida já não seja para nós mesmos. Nossa identidade e objetivos individuais não são a prioridade. Em vez disso, somos transformados para dar frutos que sejam visíveis ao mundo exterior através da nossa união com Cristo. Ele nos chama a denunciar radicalmente a autoidolatria.

Ao negarmos a nós mesmos, tomamos nossa cruz e o seguimos. Infelizmente, a metáfora de "tomar nossa cruz" é muitas vezes banalizada; faríamos bem em lembrar que ser crucificado era na verdade uma das formas mais brutais e horríveis de execução que a humanidade já inventou. Ao usar a imagem de carregar uma cruz, Jesus está enfatizando que o discipulado tem um grande custo.

Mas Cristo não está nos chamando para fazer algo que ele já não tenha feito. Foi em uma cruz que ele nos comprou por preço (1Co 6.20). Caminhar com ele no discipulado é, portanto, uma marcha tanto para a morte quanto para a vida eterna. Não é um passeio, mas um sacrifício vivo, porque não pertencemos a nós mesmos. Mas tenha bom ânimo, pois também há beleza nessa marcha. Um dia, o Filho do Homem retornará em poder e glória, e em seu reino redimirá o que está quebrado. Até lá, perder a nossa própria vida em nome do Reino de Deus é um bom negócio, não importa o preço.

1 PEDRO 3.13-4.11

11 DE MAIO
ISTO PROCEDE DO SENHOR

Então, se dispôs ela [Noemi] com as suas noras e voltou da terra de Moabe, porquanto, nesta, ouviu que o Senhor se lembrara do seu povo, dando-lhe pão. (Rt 1.6)

Belém é uma cidade proeminente na história bíblica. Nesta cidade, Davi cuidou de suas ovelhas antes de ser ungido ao trono. Mil anos depois, quando diferentes pastores estavam cuidando de seus rebanhos, uma hoste de anjos proclamou o nascimento de Jesus Cristo na mesma cidade.

Antes de ambos os eventos significativos, no entanto, veio o período dos juízes, que foi caracterizado pela violência, desordem social e política, e caos religioso. Durante esta época tumultuada, a fome atingiu Belém, tornando a cidade cujo nome em hebraico significa "casa de pão" em uma casa de fome e desespero.

Nessas circunstâncias terríveis, um homem chamado Elimeleque escolheu levar sua esposa Noemi e seus dois filhos para a terra de Moabe, para encontrar comida. Embora o nome de Elimeleque signifique "Meu Deus é Rei", sua decisão de deixar a terra prometida de Deus e viver na terra dos inimigos de Israel pode nos fazer indagar se ele realmente estava confiando na provisão de Deus, se era um homem comprometido em obedecer ao seu governo.

Moabe acabou sendo um lugar de tragédia, não de fartura. Elimeleque e seus filhos morreram, deixando Noemi viúva. Depois de vários anos, porém, um pequeno raio de esperança rompeu a escuridão da dor de Noemi; notícias chegaram a ela de que a comida havia retornado a Belém. Deus havia provido para o seu povo na terra dele.

Milhares de anos depois, somos tentados a passar por cima desta verdade: Deus provê aquilo de que seu povo necessita. Talvez você saiba disso sobre sua salvação — mas como é fácil esquecer a sua provisão diária! Temos olhos para ver o que ele está nos dando e fazendo por nós no dia a dia de nossa vida? No final de cada dia, temos um coração transbordando de gratidão por tudo o que ele fez?

Um exemplo prático da provisão contínua de Deus é o próprio alimento que recebemos diariamente. Ninguém deve ter um maior sentimento de espanto e gratidão ao ver as compras do supermercado no porta-malas do carro do que um cristão! Em última análise, é Deus quem abastece as prateleiras de nossas lojas e despensas. Podemos dizer, ao pegarmos nossos ovos e nosso leite: "Isto procede do Senhor e é maravilhoso aos nossos olhos" (Sl 118.23).

Não importa quão sombrios e dramáticos os eventos da vida possam parecer; Deus ainda se importa com o seu povo, realiza os seus propósitos, e muitas vezes ele escolhe fazê-lo por meio de pessoas improváveis e de maneiras discretas. Ele se propôs a fazer grandes coisas por meio de Noemi e sua família — e tudo começou com o pão em Belém. Nós, também, precisamos abrir nossos olhos para ver que a provisão de alimentos de Deus aponta para a provisão dele para nossa maior necessidade de sustento — nosso Redentor, Jesus Cristo — e para a provisão dele com nosso mais alto chamado: "boas obras, as quais Deus de antemão preparou para que andássemos nelas", para a glória dele (Ef 2.10).

ATOS 17.24-31

A Bíblia em um ano: Jn; Mt 5.27-48

12 DE MAIO
O VALE DA DECISÃO

Disse, porém, Rute: Não me instes para que te deixe e me obrigue a não seguir-te; porque, aonde quer que fores, irei eu e, onde quer que pousares, ali pousarei eu; o teu povo é o meu povo, o teu Deus é o meu Deus. (Rt 1.16)

Há momentos ao longo da vida que exigem uma decisão. E, como o pastor e autor Rico Tice diz: "Somos as escolhas que fazemos".[65]

Depois de ser atingida pela tripla tragédia de enterrar seu marido e seus dois filhos em Moabe, Noemi decidiu voltar para sua cidade natal, Belém. No entanto, em vez de forçar suas noras, Rute e Orfa, a voltarem com ela, Noemi pediu que permanecessem em sua própria terra natal, Moabe, voltassem para suas famílias, se casassem de novo e vivessem uma vida plena (Rt 1.8-9). Rute e Orfa foram repentinamente confrontadas com uma escolha transformadora.

As vidas dessas três mulheres estavam entrelaçadas. Elas viveram uma com a outra, experimentaram a perda juntas, lamentaram juntas e choraram juntas. Por fim, Orfa escolheu ficar para trás, e Rute decidiu viajar para Belém com Noemi. Essencialmente, Orfa fez o que era esperado e sensato. Rute, por outro lado, abandonou o conhecido pelo desconhecido. Ela desistiu da probabilidade de se casar novamente para se agarrar à sogra idosa e indefesa.

Rute entendeu que sua decisão não deveria ser guiada por familiaridade, segurança ou possibilidades de relacionamentos. Este momento moldaria sua vida e seu destino. Permanecer em Moabe significaria permanecer com os falsos deuses de sua criação e dar as costas a tudo o que ela presumivelmente descobriu por Noemi sobre o Deus de Abraão, de Isaque e de Jacó. O Deus de Noemi se tornou o Deus de Rute. É por isso que ela decidiu ficar ao lado de Noemi.

A decisão de Rute no caminho para Belém aponta para o vale da decisão ao qual Jesus chama cada um de nós a ir: *Vocês querem ser meus discípulos ou querem voltar à vida que conheceram? Quem é que vai abandonar seu pai e sua mãe e tudo o que conhece — tudo o que representa estabilidade e segurança — por minha causa?* (veja Lc 14.26). Podemos dizer com confiança a Cristo: "Aonde quer que fores, irei eu"? Podemos declarar: "Embora o caminho a seguir não seja nem familiar nem popular, ainda assim o seguirei"?

Esta não é uma decisão que tomamos apenas no momento da salvação. Nós a fazemos todos os dias de nossa vida: voltaremos aos nossos velhos caminhos pecaminosos ou seguiremos o caminho da verdade? Faremos sacrifícios e correremos riscos para seguir a Deus e servir o seu povo?

A resposta ousada e fiel de Rute a essa escolha fundamental é um exemplo para nós ao considerarmos quais diplomas obter, quais carreiras seguir, como gastamos nosso tempo e com quem o gastamos, quanto dinheiro temos e como vamos administrá-lo, ou onde vamos viver e servir. Tais decisões, tomadas corretamente, nos marcarão como diferentes — como comprometidos sem reservas em seguir Jesus Cristo, aquele em quem de fato encontramos vida em abundância (Jo 10.10).

MARCOS 8.27-38

13 DE MAIO

O DEUS DO ORDINÁRIO

Assim, voltou Noemi da terra de Moabe, com Rute, sua nora, a moabita;
e chegaram a Belém no princípio da sega da cevada. (Rt 1.22)

Em uma manhã qualquer, enquanto você lê, assiste ou ouve as notícias, já se pegou pensando que é muito pequeno? Você já se perguntou: "Deus realmente sabe quem eu sou ou onde estou? Que interesse ele, o Criador de tudo, teria em mim?"

Você e eu somos bastante ordinários — e podemos facilmente acreditar que "ordinário" equivale a "não tem utilidade". No entanto, a história de Rute e Noemi revela algo diferente. Nela, descobrimos a mão soberana e providencial de Deus operando nas rotinas da vida e através destas. Ele sabe e ele cuida; ele sustenta e ele provê.

O livro do relato de Rute sobre a provisão e o cuidado de Deus começa com um erro. Elimeleque tomou a decisão infeliz de deixar a Belém faminta pela próspera Moabe com sua esposa Noemi e seus dois filhos — mas ele e seus filhos morreram lá.

Quer o motivo de Elimeleque tenha sido desespero, descontentamento ou desconfiança, a Escritura ilustra, através de sua escolha, que nossa tolice não pode deixar de lado a providência de Deus. Mesmo quando respondemos às circunstâncias com o espírito errado — quando figuradamente nos retiramos da terra da promessa de Deus —, ele ainda pode cumprir seus propósitos. Quando somos tentados a temer que Deus tenha negligenciado nossa vida por causa de nossos erros, podemos descansar em sua providência, que é capaz de trabalhar através de nossos maiores — ou menores — passos em falso.

Você já viu Deus se mover nos momentos ordinários da vida? Você o viu operando através dos seus erros? Ou você está preso na mentira de que Deus só opera de maneiras espetaculares e extraordinárias, ou através de nossos momentos de maior obediência?

Quando olhamos apenas para o extraordinário, sentimos falta da glória de Deus no ordinário — em uma tigela de maçãs na mesa, uma refeição bem preparada, um pássaro cantando, uma conversa com um amigo, a lua brilhando no céu noturno nublado. Quando presumimos que Deus só trabalha quando somos bons, deixamos escapar a graça de Deus ao operar através dos pecadores — através de uma conversa sobre Cristo com um vizinho, o arrependimento de um pai para um filho depois de ter-lhe falado impacientemente, uma oração feita por alguém porque a ansiedade nos impediu de dormir. Para Rute e Noemi, a própria visão de um campo de cevada, maduro para a colheita, era, em certo sentido, uma visão muito ordinária — mas, na verdade, declarava a provisão de Deus para elas. Erros foram cometidos e tristezas foram suportadas, mas a colheita de cevada mostrou que Deus sabe, cuida, sustenta e provê.

Deus não mudou. Embora tenha todo o universo para cuidar, ele direciona o olhar para você e para mim, e diz: *Eu te conheço. Seu nome está escrito na palma da minha mão. E, tão certo quanto cuidei de Noemi e de Rute, estou cuidando de você também* (veja Is 49.16). Deus está sustentando e guiando seus filhos. Que saber disso conforte seu coração e traga paz a você hoje — por mais ordinário que o dia possa ser.

SALMO 139

A Bíblia em um ano: 1Rs 3–5; Mt 6.19-34

14 DE MAIO

UMA TEOLOGIA DO LUTO

Não me chamem de Noemi, mas de Mara, porque o Todo-Poderoso me deu muita amargura. Quando saí daqui, eu era plena, mas o Senhor me fez voltar vazia. (Rt 1.20-21)

Quando Noemi retornou a Belém, deixando os túmulos de seu marido e filhos em Moabe, podemos apenas imaginar a dor e o sofrimento que ela experimentou ao voltar para lugares e rostos familiares. Que pensamentos e memórias teriam surgido? *Ah, aquela é a Sra. Fulana de Tal, e aqueles devem ser seus filhos. Olha como eles cresceram! É aqui que eu costumava trazer os meninos. Este é o lugar onde Elimeleque e eu costumávamos caminhar...*

Quando a amargura sobre sua situação se instalou, Noemi, cujo nome significa "agradável", decidiu que um nome mais adequado para si mesma era Mara, que significa "amarga". Ela não tentou colocar os desafios da vida de lado e convencer a todos de que estava tudo bem. Fazer isso teria sido menos do que honesto — uma traição à teologia que sustenta sua fé em meio ao que o escritor de hinos William Cowper chamou de "uma providência carrancuda".[66]

A situação de Noemi fala do fato de que, mesmo para o povo de Deus, certas dores na vida parecerão insuportáveis, algumas circunstâncias parecerão injustas e algumas perguntas permanecerão sem resposta. Sua resposta levanta uma questão: o que faremos quando o luto atingir nossa própria vida? A realidade do sofrimento é um problema para o cristão, mas não é um problema menor para todas as outras pessoas. Todos precisam lutar com o problema da dor. Um ateu não pode fazê-lo satisfatoriamente, porque, se não há Deus, simplesmente vivemos em um universo de acaso, onde as coisas simplesmente desmoronam. Mas o cristão pode perguntar — na verdade, *devemos* perguntar — assim: "Onde está Deus no meio disso?"

A expressão honesta de emoção de Noemi condiz com sua teologia. Ela não atribui tudo o que aconteceu ao acaso, mas reconhece a mão de Deus em ação. Ela declara que Deus está bem no meio de sua dor; ela o chama de *Shaddai*, "Todo-Poderoso", o Deus providente e protetor. O que significa *Shaddai*? É a característica de Deus que significa que suas melhores respostas vêm em nossas piores circunstâncias.[67] Noemi passou por fome, perda, tristeza, dúvidas e despedidas — mas, por conhecer a Deus como *Shaddai*, ela poderia deixar a explicação e a responsabilidade por tais provações amargas com ele.

Para onde você vai quando as ondas batem, quando as rodas saem da estrada, quando tudo dá errado? Deve ser do seu conhecimento sobre quem Deus é e como ele lida com o seu povo. Esta é uma base segura sobre a qual se apoiar. Para onde mais podemos ir?

Quando Noemi deixou Belém, havia fome. Quando ela voltou, houve colheita. Através das nuvens de tristeza, a luz da esperança começou a brilhar, conforme o palco foi sendo montado, para que Deus providenciasse abundantemente para Noemi e para Rute. Quando Deus está operando, até mesmo a desesperança pode ser a porta de entrada para novos começos e novas oportunidades. Um dia ele dissipará toda a escuridão. Deus é seu *Shaddai*. Em que parte da sua vida você precisa ouvir isso hoje? E quem ao seu redor precisa que você lhe compartilhe isso?

RUTE 1

15 DE MAIO

LEVANTE-SE E AJA

*Rute, a moabita, disse a Noemi: Deixa-me ir ao campo,
e apanharei espigas atrás daquele que mo favorecer.* (Rt 2.2)

Você já começou o dia deitado na cama pensando em tudo o que está à sua frente e ao seu redor? Você se sente sobrecarregado com os desafios do dia seguinte ou desapontado com a rotina?

Ao acordar naqueles primeiros dias de sua nova vida em Belém, Rute provavelmente teve de tirar um momento para se lembrar de onde estava e de tudo o que havia acontecido: *Meu marido morreu. Agora estou morando com minha sogra, também viúva, em uma terra estrangeira. Sei que tomei a decisão de partir, mas espero ter feito a coisa certa. E agora?*

Rute não ficou sentada esperando por alguma intervenção milagrosa antes de prosseguir com sua vida. Não: para ela, o bom senso a levou a pensar cuidadosamente, e pensar cuidadosamente a levou a uma ação prática. Rute sabia que ela e Noemi precisavam de provisões, e percebeu que era capaz de trabalhar. Ela, portanto, procurou o conselho de Noemi e sua aprovação antes de sair para os campos para trabalhar e encontrar comida.

O senso comum não significa que confiamos em nossas próprias percepções ou habilidades. Devemos confiar em Deus e buscá-lo. Mas também devemos usar as capacidades que ele nos deu para viver uma vida sensata, de acordo com sua vontade. Devemos estar preparados para fazer o que pudermos e deixar o resto aos cuidados de Deus. Não confunda passividade com piedade. Antes, por sua atitude e ações, Rute nos ensina que tudo o que Deus provê — cada oportunidade de obter o que precisamos — é uma misericórdia e favor imerecidos do Doador de toda boa e perfeita dádiva (Tg 1.17).

À medida que nos levantamos e agimos, podemos confiar que Deus não está ocioso. Ele está fazendo tudo de acordo com sua vontade (Rm 8.28), não como um pacote que desce do céu em uma corda, mas como um pergaminho que se desenrola a cada dia, conforme vivemos nossa vida. Seu favor nas coisas comuns da vida nos mantém marchando por mais um dia. Seu dia pode não parecer emocionante ou glorioso. Você pode não ter certeza de como superará o que o confronta. Mas é o dia que Deus lhe deu, e ele dará tudo de que você precisa para fazer tudo o que ele o chama a fazer.

Você, como Rute, vai se levantar e seguir com esta vida, que lhe foi dada, e viver para Deus e a glória dele?

2 TESSALONICENSES 3.7-12

16 DE MAIO

A TAPEÇARIA DA PROVIDÊNCIA DE DEUS

Ela se foi, chegou ao campo e apanhava após os segadores;
por casualidade entrou na parte que pertencia a Boaz, o qual era da família de
Elimeleque. Eis que Boaz veio de Belém. (Rt 2.3-4)

O que muitas vezes nos parece um emaranhado de nós é apenas a visão de trás da tapeçaria que Deus está tecendo.

Noemi e Rute experimentaram sua parcela de fios desgastados na vida. Elas chegaram a Israel viúvas e sem dinheiro — uma posição perigosa para as mulheres em uma sociedade sem lei (veja Jz 21.25). Na sociedade israelita do Antigo Testamento, a Lei permitia que os pobres entrassem nos campos e catassem (respigassem) as sobras de grãos enquanto seguiam os passos dos ceifeiros oficiais. Essa Lei foi estabelecida pelo próprio Deus e revelava seu cuidado e preocupação pelos necessitados. Mas a Lei de Deus nem sempre — poucas vezes — foi observada nesse período.

No entanto, quando Rute resolveu ir para os campos, Deus operou através desta Lei a fim de prover tangivelmente para ela e Noemi. A decisão aparentemente mundana de Rute tornou-se uma ilustração do plano providencial de Deus para as duas mulheres — e para toda a história da Redenção!

Rute acabou respigando na terra de Boaz, um parente distante do falecido marido de Noemi e um homem de posses e proeminência. Os antigos israelitas entendiam que a família era a unidade básica da sociedade, com os membros da família mais ampla tendo obrigações de amparar e proteger parentes que passavam dificuldade, como Noemi. Tudo isso sugere que Deus proveu generosamente para Rute e para Noemi, até mesmo de maneiras que parecem ordinárias à primeira vista.

Na verdade, ao lermos a história de Rute, notamos que muitos de seus detalhes se desdobram como se tivesse sido por acidente. *Por casualidade*, Rute decidiu respigar naquele dia. *Por casualidade*, Noemi a encorajou a fazer isso. *Por casualidade*, Boaz escolheu aquele momento para colher em seu campo. *Por casualidade*, Rute escolheu o campo dele. Contudo, quando olhamos para a história como um todo, vemos que todas essas casualidades foram instrumentos do cuidado providencial de Deus no desdobramento de seu propósito de redenção. Afinal, da linhagem de Boaz e Rute viria o rei Davi e, um dia, o próprio Senhor Jesus Cristo — um provedor e protetor maior que também "veio de Belém".

Conforme Deus tecia esses fios em sua bela história de provisão, Rute e Noemi certamente pensariam parecer emaranhadas, desconectadas e desgastadas em alguns momentos. Satanás muitas vezes quer que nos concentremos em circunstâncias aparentemente confusas e desanimadoras, duvidando de Deus e de sua boa provisão. Esquecemos tão facilmente que o que parece ser uma bagunça é apenas a visão de trás da tapeçaria que Deus está tecendo. Um dia, porém, quando tivermos a chance de ver sua obra de frente, todos esses fios estranhos e escuros provarão ter sido parte do padrão glorioso dele. Hoje, lembre-se de que não existem "coincidências", que incertezas e dificuldades são oportunidades para confiar em Deus e que, por trás de todas elas, ele está operando em seus planos para fazer prosperar o seu povo na fé e na piedade, a fim de levá-los para casa.

RUTE 2

17 DE MAIO
O SENHOR SEJA CONVOSCO!

Eis que Boaz veio de Belém e disse aos segadores: O Senhor seja convosco!
Responderam-lhe eles: O Senhor te abençoe! (Rt 2.4)

Você pode aprender muito sobre uma pessoa pelos seus cumprimentos.

Quando Boaz entrou em seu campo (e no livro de Rute) e cumprimentou seus trabalhadores, a profundidade de seu caráter e de seu relacionamento com Deus ficou clara.

Boaz vivia com a consciência da presença de Deus, e isso se mostrava em sua rotina. O mesmo é verdade de muitos santos em todo o Antigo Testamento. Eles não viam separação entre o sagrado e o secular; em vez disso, toda a vida deveria ser vivida diante da face de Deus. Quando você e eu vivemos com devoção semelhante, experimentamos transformação radical e bênçãos tanto em nossas palavras quanto em nossos relacionamentos.

Observe que, quando Boaz apareceu, ele não simplesmente soltou o nome do Senhor de maneira casual ou profana. Ele, com intenção e reverência, usou o nome de Deus em seu cumprimento, reconhecendo o lugar de autoridade e intimidade que Deus tinha em sua vida. Tal reverência restringe a superficialidade em nossa conversa e nos encoraja a buscar a bênção de Deus em todas as circunstâncias — quando nos deitamos, nos levantamos, caminhamos pela estrada ou conversamos com outras pessoas (Dt 6.7).

Ao entrar no campo, Boaz estabeleceu o padrão para seus obreiros, abençoando-os. Seu exemplo deve provocar em nós a seguinte indagação: "Que padrão estou estabelecendo no meu local de trabalho, na minha casa, no supermercado, na minha igreja?" Se a bênção e o contentamento do Senhor fazem parte da sua vida, seja você um diretor executivo ou um estagiário, quer seu trabalho envolva contabilidade ou trocar inúmeras fraldas, você pode retribuir a bênção com bênção, apontando para ele em tudo o que faz e diz.

Se Cristo realmente entrou em sua vida como Senhor e Salvador, sua fé deve ecoar em toda parte, em todos os momentos. Não encare o "tempo com Deus" apenas como uma reunião diária de 15 minutos, esperando que isso o sustente pelo resto do dia. Você nunca será capaz de levar os outros à presença de um Deus em cuja presença você não vive. Fale dele em sua conversa. Traga a presença e as promessas dele à mente nos pequenos triunfos e dificuldades do seu dia. Procure formar o hábito de conversar com ele durante as horas em que estiver acordado. Viva com a consciência da presença de Deus, e isso aparecerá em suas rotinas e reações.

Somente, ó Senhor, em teu querido amor,
Prepara-nos para o perfeito descanso no alto;
E ajuda-nos, este e todos os dias,
A vivermos mais perto ao orarmos.[68]

COLOSSENSES 4.2-6

18 DE MAIO

FAVOR E PROVISÃO

*Então, ela, inclinando-se, rosto em terra, lhe disse:
Como é que me favoreces e fazes caso de mim, sendo eu estrangeira?* (Rt 2.10)

Somente um coração que sabe que é indigno da graça ficará apropriadamente maravilhado ao recebê-la.

Rute trabalhava duro. De muitas maneiras, ao colher trigo atrás dos trabalhadores no campo de Boaz, ela exemplificou a exortação posterior do apóstolo Paulo aos tessalonicenses: "Procureis viver quietos, e tratar dos vossos próprios negócios, e trabalhar com vossas próprias mãos [...] para que andeis honestamente para com os que estão de fora, e não necessiteis de coisa alguma" (1Ts 4.11-12 ARC).

Apesar de ser viúva em uma terra estrangeira com uma sogra viúva, Rute não ficou sentada, mergulhada em autopiedade, à espera de alguma intervenção dramática. Em vez disso, ela aproveitou a oportunidade — ir aos campos para respigar as sobras — para sustentar a si mesma e a Noemi. Ela não apenas assumiu a responsabilidade de prover, mas também encarou sua tarefa, que consistia em longas horas e poucas pausas, com uma ética forte e persistente de trabalho (Rt 2.7).

Em todas essas coisas, Rute não insistiu em reconhecimento nem sentiu que merecia favor algum. Em vez de se parabenizar por seus esforços ou assumir o crédito por decidir trabalhar no campo de Boaz, ela considerou seu trabalho como nada mais do que seu dever. Portanto, quando Boaz a favoreceu e abençoou (Rt 2.8-9), ela respondeu com admiração e gratidão. Ela sabia que não tinha direito a nada dele e, portanto, recebeu isso como um presente.

Humildade e gratidão dormem na mesma cama. Um coração ingrato se casa com o orgulho, mas um coração humilde sempre será grato.

O favor e a proteção de Boaz prenunciavam o favor e a proteção eternos que Deus nos oferece por meio do maior descendente de Boaz, Jesus Cristo. Como Rute, também podemos ser humilhados ao ver ecos de nossa história eterna na história dela. Conforme Boaz oferece comida e água a Rute (Rt 2.9, 14), podemos ver seus rostos se transformarem nos rostos de outro homem e mulher — Jesus e uma mulher diante de um poço em Samaria, onde o Filho de Deus ofereceu água eterna que saciaria sua sede espiritual (Jo 4.1-45). Boaz satisfez as necessidades físicas de Rute naquele dia; Cristo satisfaz todas as nossas necessidades eternamente. Ele é a Água Viva e o Pão da Vida para todos nós.

"Como é que me favoreces e fazes caso de mim, sendo eu estrangeira?" Esta mesma pergunta deveria estar em nossos lábios regularmente: "Senhor Jesus, por que tenho achado graça aos teus olhos, para que me ames, sendo eu pecador?" A resposta é simples: graça. Não importa o que possamos fazer por nossas famílias, nossas igrejas e nosso Senhor; somos favorecidos por Deus apenas e sempre através da pura graça de sua parte. Você não tem outra condição e não precisa de outra. Por causa da provisão graciosa de Deus, você pode cantar: "Em Cristo, a rocha, eu permaneço; todo o resto é areia movediça".[69] Que o seu coração, hoje, cante com maravilhamento diante da graça que você recebeu.

EFÉSIOS 2.11-22

19 DE MAIO
RECEBIDO À SUA MESA

À hora de comer, Boaz lhe disse: Achega-te para aqui, e come do pão, e molha no vinho o teu bocado. Ela se assentou ao lado dos segadores, e ele lhe deu grãos tostados de cereais; ela comeu e se fartou, e ainda lhe sobejou. (Rt 2.14)

Você e eu somos chamados a ser pontes que atravessam a fenda entre a experiência de isolamento e uma vida de aceitação divina.

Para Rute, Boaz era essa ponte. No meio de um longo dia de labuta, Boaz convidou seus colegas de trabalho para desfrutar de uma refeição. Ele também convidou Rute para comer entre os ceifeiros. É fácil não entender o significado disso. Rute era uma estranha, uma estrangeira e uma mulher. As ações de Boaz foram inesperadas e culturalmente contraintuitivas. Elas se assemelhavam às de Cristo.

Boaz é um exemplo de alguém cujas ações foram a ponte entre o isolamento e a aceitação que Deus oferece. Como moabita, Rute teria parecido e agido de maneira diferente das de Belém. Além disso, o status de viúva de Rute e Noemi as teria isolado em muitos círculos sociais. Contudo, porque o amor de Deus havia enchido seu coração, Boaz desconsiderou qualquer indício de preconceito que pudesse ter tido e acolheu Rute à sua mesa.

Boaz não parou ao garantir que Rute se sentisse confortável apenas com suas ações. Não; ele também se certificou de que os outros trabalhadores tratassem Rute com aceitação e bondade, e não a deixou passar dificuldade enquanto ela aprendia as habilidades de seu novo ofício (Rt 2.15-16). Ele foi muito além para prover e cuidar dela.

Fazemos o mesmo com descrentes, novos crentes ou visitantes de nossas igrejas? Um cristão é, por definição, um destinatário do amor pactual de Deus. Portanto, um cristão deve ser o primeiro a incluir o pária — o cristão é o primeiro a dizer: "Você é bem-vindo aqui! Que bom que você está aqui. Por favor, participe! Quer se juntar a mim?" Somos chamados a enfrentar a maré muito comum da exclusividade egoísta e o hábito igualmente pernicioso de passar tempo apenas com aqueles que são como nós e dar boas-vindas apenas a estes.

Encontramos a bravura necessária para ser uma ponte e não uma barreira quando olhamos para nossa própria aceitação por Deus em Cristo. A inclusão de Rute por Boaz — apesar de sua raça, posição social e falta de experiência de trabalho — aponta para a história eterna do maior acolhimento de Deus. O Deus santo chamou através das divisões entre judeus e gentios, escravizados e livres, dizendo aos pecadores: "Olhai para mim e sereis salvos, vós, todos os confins da terra" (Is 45.22). Devemos voltar nosso olhar novamente para a cruz, pois lá aprendemos o que significa ser amado e acolhido por Deus. Só então seremos capazes de amar e acolher verdadeiramente os outros.

Então, veja como Deus em Cristo recebe você à sua mesa e, em seguida, pergunte a si mesmo: "Como o Espírito de Deus está me levando a superar uma barreira? Quem ele está me chamando a receber à minha mesa?"

TIAGO 2.1-13

20 DE MAIO

GRAÇA INESCAPÁVEL

[Nele] temos a redenção, pelo seu sangue, a remissão dos pecados, segundo a riqueza da sua graça, que Deus derramou abundantemente sobre nós. (Ef 1.7-8)

A graça de Deus para seu povo não conhece fronteiras, nem permanece dentro de limites. Para saber a verdade disso, não precisamos olhar para nenhum outro lugar além da cruz de Cristo, pela qual "temos a redenção, pelo seu sangue".

No livro de Êxodo, Deus instituiu a Páscoa, que pintou um quadro de liberdade comprada por um preço. Ele instruiu os israelitas a sacrificar um cordeiro da família e espalhar seu sangue pelas ombreiras das portas, para evitar a visita do anjo da morte quando ele passasse pelo Egito. Os moradores de cada uma dessas famílias fiéis evitaram a sentença de morte de Deus sobre o filho primogênito apenas porque um cordeiro havia morrido em seu lugar (Êx 12.3-13).

Os israelitas foram escravizados pelo Faraó. Da mesma forma, todos nós entramos neste mundo como escravos do pecado e da morte. O preço do nosso perdão foi o próprio sangue de Cristo, que alcançou a Redenção como o grande Cordeiro Pascal para todos os que cressem nele. É o seu sangue que nos liberta da morte, para a vida, eternamente. Cristo não veio à terra para nos dizer como nos tornarmos cristãos. Ele não veio para nos dizer o que temos de fazer para nos salvar. Ele veio para fazer o que não podíamos — para nos salvar. Ele agiu em nosso lugar, oferecendo perdão que é gratuito para nós, mas caro para Deus. Não ousemos pensar que Deus simplesmente decidiu ignorar nosso pecado; em vez disso, a morte de Cristo na cruz absorveu o julgamento que você e eu merecemos. A santidade de Deus exige que a penalidade do pecado seja paga — e seu Filho proveu o pagamento.

Ao considerar isso, Paulo é levado a exclamar: "Bendito o Deus e Pai de nosso Senhor Jesus Cristo" (Ef 1.3). Considerar a graça de Deus deve sempre nos levar ao louvor. Mas observe a frase que Paulo usa nos versículos 7-8: "a riqueza da sua graça, que Deus derramou abundantemente sobre nós". A graça de Deus é torrencial. É imensa. Ele derramou sobre cada um de seus filhos, sem reter nada. E ele continuará a fazer isso por toda a eternidade.

Imagine que você acabou de terminar sua refeição em um restaurante sofisticado e alguém pega sua conta, dizendo: "Deixa comigo — eu pago". Isso é o que Deus disse a você na maior escala imaginável. Ele não está dizendo que não há pagamento a ser feito. Ele está dizendo que já fez o pagamento. A graça de Deus está além de todos os limites, estendendo-se além do que os olhos podem ver ou o coração pode compreender. Portanto, embora você, ao olhar para o dia ou a semana que se passou, saiba que é pecador, também pode saber o seguinte: você não pode pecar tanto quanto Deus pode perdoar; e pode ter certeza de que aquele que começou uma boa obra em nós a completará no dia de Jesus Cristo (Fp 1.6). Você desfrutará da experiência de graça sobre graça sobre graça por toda a eternidade.

Foi a graça que me trouxe seguro até aqui,
E a graça me guiará para casa.[70]

OSÉIAS 3

21 DE MAIO
ENTRANDO NO REINO DE DEUS

*Em verdade, em verdade te digo: quem não nascer da água
e do Espírito não pode entrar no reino de Deus.* (Jo 3.5)

Quando lemos os Evangelhos, descobrimos que grande parte do ministério de Jesus envolveu a pregação das Boas Novas do Reino de Deus. Ele viajou por cidades e povoados dizendo às pessoas, essencialmente: *Há um reino e eu sou o Rei. Você ainda não está no reino, mas, se me seguir, será súdito do Rei e cidadão do reino.*

Quando oramos "Venha o teu reino" (Lc 11.2), portanto, nosso desejo deve ser que homens e mulheres sejam trazidos ao Reino de Cristo pelo novo nascimento — que se tornem seguidores comprometidos de Jesus. Oramos para que aqueles que vivem em rebelião contra Deus sejam "[libertos] do império das trevas e [transportados] para o reino do Filho do seu amor" (Cl 1.13). Jesus deixou perfeitamente claro que a única maneira de entrar em seu reino é por meio desse novo nascimento.

O encontro de Jesus com Nicodemos em João 3 ressalta essa verdade. Nicodemos era um homem religioso, um homem de autoridade e influência — e, no entanto, ainda estava inquieto, ainda em busca de algo. Ao conversar com Jesus, este apontou o pré-requisito necessário para *ver* e *entrar* em seu reino: nascer de novo pelo Espírito. Este novo nascimento é realizado, ele disse, não por natureza, mas como resultado do Espírito de Deus operando um milagre no coração humano. Ninguém é capaz de entrar no reino sem que ele opere nessa pessoa; ninguém está longe demais do reino a ponto de o Espírito não poder operar nele.

Quando oramos para que o Reino de Deus venha, estamos pedindo que os olhos sejam abertos e os ouvidos desobstruídos, para que homens e mulheres possam nascer de novo. O Rei está vindo para inaugurar seu reino eterno, e o Rei está trabalhando hoje, por meio de seu Espírito, para trazer homens e mulheres para esse reino. Até o dia do retorno de nosso Rei, que a consciência que você tem sobre a maneira como as pessoas entram no Reino de Cristo produza uma admiração crescente por sua própria conversão e uma paixão ardente por orar para o Espírito fazer o que só ele pode fazer no coração dos perdidos.

JOÃO 3.1-15

22 DE MAIO

ALIENAÇÃO CRUCIFICADA

Estando vós mortos nos vossos delitos e pecados, nos quais andastes outrora. (Ef 2.1-2)

Por mais estranho que possa parecer, por mais confrontador que possa ser, a Bíblia compara os não redimidos aos mortos-vivos. Fora de Jesus Cristo, homens e mulheres estão "mortos" em seus delitos e pecados.

A imagem bíblica da humanidade deve moderar nossas expectativas de como a vida pode ser fora do Reino de Deus. A educação é de vital importância. A legislação é claramente necessária. Mas nenhuma destas, nem as duas juntas, é capaz de lidar com as questões básicas do coração humano. Os remédios mundanos só nos levam até certo ponto porque não podem resolver o maior problema: nossa condição natural é a de estarmos "mortos nos [nossos] delitos e pecados, nos quais [andamos] outrora [...] e éramos, por natureza, filhos da ira, como também os demais" (Ef 2.1-3).

A alienação que marca a humanidade fora de Cristo é principalmente vertical: uma alienação de Deus. No entanto, os efeitos se espalham em outras direções. Paulo continua, em sua carta aos efésios, a descrever como essa alienação vertical afetou as relações horizontais entre judeus e gentios (Ef 2.11-12). A hostilidade profundamente arraigada entre judeus e gentios no mundo antigo foi causada por nada menos profundo do que o pecado humano. Ambos estavam separados de Deus, conforme representado pela cortina que pendia no templo, e ambos estavam separados um do outro pelo muro metafórico que existia entre eles (v. 14).

A verdade é que tais hostilidades estão destinadas a continuar à parte de Cristo. Embora seja bom investir em nossas comunidades e trabalhar para uma mudança real em nossa sociedade e para o bem do nosso próximo (e, de fato, Deus direciona seu povo a fazer isso — veja, por exemplo, Jr 29.7), não é aqui que um cristão concentra sua energia primária no ministério ou coloca sua esperança de renovação. Em Jesus, e somente em Jesus, Deus criou e ainda está criando uma nova sociedade onde as barreiras divisórias são quebradas pela graça. Deus proveu na igreja local autêntica "o modelo genético" para "um mundo quebrado refeito".[71] Quando as pessoas encontrarem igrejas onde esse modelo é visto, elas experimentarão um gostinho do que Deus está planejando fazer quando o pecado, as lágrimas e a tristeza não existirem mais; quando, em um novo céu e em uma nova terra, tudo o que ele intentou estiver completo.

A alienação — tanto vertical quanto horizontal — é inevitável à parte de Cristo. Todavia, em Cristo, assim como na sociedade que ele está construindo e da qual ele é o cabeça, tal alienação foi crucificada. Levar a sério a realidade do pecado significa que você e eu investiremos da maneira como pudermos em nossa igreja local, a fim de garantir que seja um lugar onde a graça derrubou barreiras e o modelo do futuro Reino de Deus está claro. Até chegarmos lá, temos agora a oportunidade de trabalhar e desfrutar do antegosto.

2 JOÃO 1-13

23 DE MAIO

EU QUERO VER

Pôs-se a clamar: Jesus, Filho de Davi, tem compaixão de mim!
E muitos o repreendiam, para que se calasse; mas ele cada vez gritava mais: Filho de
Davi, tem misericórdia de mim! Parou Jesus e disse: Chamai-o. (Mc 10.47-49)

Ao redor do cego, a Páscoa se aproximava e a multidão se amontoava. Havia uma grande sensação de antecipação. Para a maioria da multidão, não havia tempo para parar — certamente não para os mendigos sempre presentes que estavam nos portões da cidade. Eles estavam *sempre* lá, bem conhecidos das pessoas nos arredores de Jericó. Muitos da multidão provavelmente teriam visto com tanta frequência esse homem cego, Bartimeu, que nem o notavam mais.

A multidão estava tão consumida por Jesus, que Bartimeu provavelmente foi considerado um terrível inconveniente. A reação deles aos seus clamores por misericórdia — repreendê-lo e tentar silenciá-lo — sugere que eles pensavam que esse membro marginalizado da sociedade claramente não poderia fornecer nenhuma contribuição útil para o que Jesus estava fazendo. Porém, ao tentar silenciá-lo, eles se tornaram uma barreira para a missão de Jesus — a mesma pessoa que afirmavam estar seguindo e a mesma causa que afirmavam estar buscando.

Esse cego em particular não tinha apenas um interesse pequeno em Jesus, então ele continuou clamando-lhe. A narrativa de Marcos demonstra a compaixão perfeita de Cristo com uma frase simples: "Parou Jesus" — duas palavras de graça. Você pode imaginar a reação da multidão quando Jesus disse às pessoas que estavam repreendendo o homem: "Chamai-o"? Isso, sem dúvidas, trouxe um pouco de constrangimento merecido!

Talvez haja pessoas na sua vida pelas quais você tem dificuldade de orar. Talvez haja alguns que você só queira repreender ou ignorar. Talvez você simplesmente não queira lidar com a inconveniência. Pode parecer incômodo convidar alguém para a igreja, sentar-se com essa pessoa, comer com ela e se envolver em sua vida. É complexo e exige tempo e esforço. Preferimos que estes ouçam o Evangelho de outra pessoa. É tão fácil cair nessa maneira de pensar sem realmente perceber; mas, quando o fazemos, nos tornamos como a multidão: uma barreira para as pessoas encontrarem seu Salvador. Jesus nos diz: *Não os repreenda. Chame-os. É precisamente por isso que eu vim.*

Que Deus nos perdoe quando nós, como a multidão, estamos cheios de indignação com a interferência em nossos planos e a inconveniência em nossas preferências, causadas por aqueles que estão clamando pela misericórdia dele. Somente Cristo faz a obra de abrir os olhos cegos, mas ele nos confiou a responsabilidade e o privilégio de proclamar estas palavras: "Tem bom ânimo [...] ele te chama".

MARCOS 10.35-45

24 DE MAIO
LANÇANDO TODAS AS SUAS PREOCUPAÇÕES

Humilhai-vos, portanto, sob a poderosa mão de Deus, para que ele, em tempo oportuno, vos exalte, lançando sobre ele toda a vossa ansiedade, porque ele tem cuidado de vós. (1Pe 5.6-7)

A ansiedade pode aumentar às vezes, quando menos esperamos, e rapidamente nos sobrecarregar. Ou pode ocupar uma residência indesejada e aparentemente permanente em nossa vida. Poucas pessoas não a experimentam; pode assumir rostos diferentes e pode ser impelida por circunstâncias diferentes, mas o problema em si é notavelmente comum.

Quando enfrentamos a ansiedade, muitas vezes tentamos ignorá-la distraindo a mente: "Deixe-me ouvir música. Deixe-me dar uma volta. Deixe-me correr alguns quilômetros. Deixe-me fazer *alguma coisa*... Apenas me deixe fugir!"

Observe, porém, que, neste versículo, Pedro não diz que devemos negar, ignorar ou fugir da ansiedade. Em vez disso, devemos "[*lançar*] sobre ele toda a [nossa] ansiedade". A palavra grega para "lançar" aqui é uma palavra de ação decisiva e enérgica. Pode ser usada para descrever o descarte de um saco de lixo. Não nos esforçamos muito para movê-lo; simplesmente o pegamos e jogamos na lixeira. De igual forma, em vez de passar por nossos dias pressionados pelo fardo da ansiedade, devemos lançá-lo, arremessá-lo, sobre o Senhor.

Fazer isso exige que desistamos de nosso orgulho — nosso desejo de controlar e triunfar sobre as circunstâncias. Ser humilde é o que nos permite entregar nossas preocupações a Deus: a presença da humildade leva à ausência da ansiedade. Quando tentamos lidar com as coisas em nossas próprias mãos através de muita preocupação, indicamos uma ausência de humildade; estamos mais preocupados com nós mesmos do que com nosso Pai celestial, ou estamos mais determinados a navegar nosso próprio curso do que a deixar isso com ele.

Sempre haverá uma circunstância que pode nos deixar ansiosos. Pedro não se refere a nenhuma circunstância específica; em vez disso, ele aborda a ansiedade produzida pelas circunstâncias. Nossa ansiedade em si é o que lançamos sobre o Senhor, fazendo exatamente o que a Bíblia manda fazer: humilhar-nos sob a mão de Deus, dizendo "Meu Pai sabe o que é melhor. Ele cuida de mim melhor do que eu posso cuidar de mim mesmo." Quando as preocupações nos sobrecarregam, podemos nos recusar a ser sobrecarregados por elas, lembrando-nos da disposição do Senhor de ajudar.

Você pode estar passando por dificuldades hoje, imaginando como chegará ao dia seguinte. Talvez tenha passado muito tempo desde que você se ajoelhou ao lado de sua cama e realmente lançou seu fardo sobre o único que é capaz de carregá-lo, dizendo: "Deus, não posso viver minha vida com esse fardo nas costas. Toma-o. É teu."

Se essa pessoa é você, não hesite mais. Lance suas preocupações nos braços amorosos de seu Pai celestial e experimente a liberdade e a paz que somente ele pode prover.

LUCAS 12.22-34

25 DE MAIO

PREPARANDO-SE PARA A MORTE

Disse, pois, Marta a Jesus: Senhor, se estiveras aqui, não teria morrido meu irmão. Mas também sei que, mesmo agora, tudo quanto pedires a Deus, Deus to concederá. Declarou-lhe Jesus: Teu irmão há de ressurgir. Eu sei, replicou Marta, que ele há de ressurgir na ressurreição, no último dia. Disse-lhe Jesus: Eu sou a ressurreição e a vida. Quem crê em mim, ainda que morra, viverá; e todo o que vive e crê em mim não morrerá, eternamente. Crês isto? (Jo 11.21-26)

Nenhum de nós sabe o que um dia trará. Na verdade, todos nós vivemos com uma medida de incerteza; não podemos estar preparados para todas as provações que surgem em nosso caminho. De fato, como muitos apontaram, a única certeza da vida é que ela terminará. Vivemos em um mundo caído e sabemos que "o salário do pecado é a morte" (Rm 6.23). Morrer, portanto, é uma realidade para a qual precisamos nos preparar.

Qualquer consideração sobre a morte e sobre morrer que não preste muita atenção às palavras de Jesus é incompleta. Um ótimo lugar para começar, então, é a instrução sólida que Jesus forneceu logo após a morte de seu amigo Lázaro.

Como se esperaria, as irmãs enlutadas de Lázaro estavam profundamente preocupadas com o que havia acontecido com seu irmão. Em resposta, Jesus disse que Lázaro ressuscitaria. Marta, não entendendo completamente essa declaração, disse: "Eu sei [...] que ele há de ressurgir na ressurreição, no último dia". Nesse momento, Jesus levou a conversa um passo adiante, dizendo: "Eu sou a ressurreição e a vida".

E então veio o desafio para Marta: "Crês isto?"

Sua resposta a essa pergunta afeta tanto como você vive quanto como lida com a morte. Jesus não apenas venceu a morte, mas abriu um caminho para que *você* vença a morte também. Quando você acredita que Jesus é a ressurreição e a vida, mesmo que a sua estrutura física falhe, a morte simplesmente se torna uma transição, uma passagem de um reino da vida para outro.

Um desafio que os crentes enfrentam em relação à morte não é simplesmente nos prepararmos para sua iminência, mas também aprender a ajudar os outros a enfrentá-la. Porém, não importa a situação, as palavras de Jesus fornecem a base para o conselho afetuoso. Devemos falar tanto biblicamente quanto honestamente, explicando a realidade da eternidade e a esperança que é encontrada em Jesus. Nossas palavras, ecoando as de Cristo, não devem ser abruptas ou insensíveis, mas cheias de sabedoria e de graça.

Você não pode saber como viver até que tenha resolvido a questão de como morrer. O amanhã não é prometido a nenhum de nós, mas a eternidade é garantida a todo seguidor daquele que é a ressurreição e a vida. Você pode se preparar — e a seus amigos e entes queridos — para enfrentar o dia da morte com calma e confiança, em vez de ter medo e incerteza, mantendo próximas estas preciosas palavras: "Eu sou a ressurreição e a vida. Quem crê em mim, ainda que morra, viverá; e todo o que vive e crê em mim não morrerá, eternamente." Sim, cremos nisto.

JOÃO 11.1-44

26 DE MAIO

A PALAVRA IMUTÁVEL DE DEUS

Pela fé, Abraão, quando posto à prova, ofereceu Isaque; estava mesmo para sacrificar o seu unigênito aquele que acolheu alegremente as promessas, a quem se tinha dito: Em Isaque será chamada a tua descendência. (Hb 11.17-18)

A vida pode parecer esmagadora. Cada dia traz novos desafios, mesmo que os antigos continuem sem resolução. É fácil permitir que nossa fé esbarre na pedra de tropeço de nossa própria falta de compreensão sobre nossas circunstâncias — pegar o bastão da fé, por assim dizer, e jogá-lo no chão, dizendo: "Estou acabado. Não posso correr mais nem um metro." Nesses momentos, a Palavra de Deus nos encoraja a lembrar que a fé cristã é uma fé duradoura que permanece resoluta. É possível permanecer obediente aos mandamentos de Deus, mesmo quando tudo ao nosso redor parece contradizer o que ele prometeu.

Até a cruz, talvez em nenhum lugar na Escritura encontramos um momento mais esmagador do que na vida de Abraão. Foi um momento que ocorreu inteiramente por instigação de Deus:

> Acrescentou Deus: Toma teu filho, teu único filho, Isaque, a quem amas, e vai-te à terra de Moriá; oferece-o ali em holocausto, sobre um dos montes, que eu te mostrarei. [...] Chegaram ao lugar que Deus lhe havia designado; ali edificou Abraão um altar, sobre ele dispôs a lenha, amarrou Isaque, seu filho, e o deitou no altar, em cima da lenha; e, estendendo a mão, tomou o cutelo para imolar o filho. (Gn 22.2, 9-10)

O mandamento de Deus a Abraão era claro — e, no entanto, parecia contradizer a promessa de Deus de que, por meio da descendência de Abraão, "todas as nações da terra" seriam "benditas" e que "por Isaque será chamada a tua descendência" (v. 18; 21.12). O cumprimento das promessas de Deus dependia da sobrevivência de Isaque. Se Isaque morresse, como a promessa poderia ser cumprida?

No entanto, Abraão ainda obedeceu. Mesmo que suas circunstâncias pudessem tê-lo levado a duvidar e questionar a Palavra de Deus, pela fé Abraão disse: *Deus tem um plano nisso. Sua promessa é que, por meio de Isaque, todas as nações da terra serão benditas. Portanto, ele deve trazê-lo de volta à vida — para ressuscitá-lo dentre os mortos* (Hb 11.19). É por isso que antes, quando Abraão havia saído para realizar o sacrifício ordenado, ele disse a seus servos: "Esperai aqui, com o jumento; eu *e o rapaz* iremos até lá e, havendo adorado, *voltaremos para junto de vós*" (Gn 22.5, ênfase acrescentada). Que expressão de fé! Não deixe isto passar batido: quando a ordem foi dada a Abraão, ele obedeceu. Embora parecesse contradizer diretamente as promessas que Deus havia feito, Abraão fez seu trabalho e decidiu deixar Deus fazer o dele.

Nós também podemos fazer isso. Não permita que suas circunstâncias, por mais assustadoras que sejam, diminuam sua obediência ou façam você questionar as promessas de Deus. Séculos depois que Abraão e Isaque subiram e desceram aquela montanha, o próprio Filho de Deus ressuscitou da sepultura ao lado dessa mesma montanha, como o testemunho final da verdade de que Deus cumpre suas promessas. Portanto, você pode enfrentar com confiança, esperança e oração o que quer que o hoje traga, dizendo: "Eu posso continuar. Ainda não acabou. Deus fará a sua parte, e assim eu posso fazer a minha."

GÊNESIS 22.1-19

27 DE MAIO
COMBATENDO A PREGUIÇA ESPIRITUAL

*Um pouco para dormir, um pouco para tosquenejar,
um pouco para encruzar os braços em repouso, assim sobrevirá a tua pobreza como
um ladrão, e a tua necessidade, como um homem armado.* (Pv 24.33-34)

Todos nós já vimos isso. Nos mundos dos esportes, dos negócios e das universidades, indivíduos menos talentosos muitas vezes vão mais longe do que aqueles com maiores habilidades, devido a uma característica: diligência. Tais pessoas estão dispostas a levar a sério o desafio da preguiça e fazer o que precisam para superar o fascínio dessa preguiça. Provavelmente você é uma dessas pessoas ou *aspira* e trabalha para ser.

Porém, se formos honestos com nós mesmos, essa mesma diligência muitas vezes está ausente em nossa vida espiritual.

Se você e eu quisermos combater a preguiça espiritual, precisamos de uma espécie de avaliação: temos alguma indicação de como estamos indo? Quando refletimos sobre o ano passado, fizemos algum progresso? Fizemos alguma memorização da Bíblia recentemente? Usamos "momentos ociosos" para ler ou meditar na Palavra ou orar a nosso Senhor? Ou a preguiça nos levou a fazer o que é fácil, e não o que é melhor, e nos impediu de armazenar a Palavra de Deus dentro de nosso coração?

Quando nos pedem que participemos no serviço cristão, como reagimos? Talvez não seja uma recusa de imediato, mas até mesmo uma pitada de relutância é um sinal perigoso. E quanto a ouvir a Palavra de Deus quando é pregada, quando nos atinge com poder e impacto e sabemos que exige aplicação e mudança? Agimos como cumpridores da Palavra, e não apenas como ouvintes (Tg 1.22)?

Suas respostas a essas perguntas podem ajudá-lo a seguir em frente e evitar o gotejamento lento da preguiça (uns minutos a mais na cama em vez de um devocional matinal aqui, uma temporada de uma série em vez de uma reunião de oração, ou uma partida de esportes no lugar de uma conversa sobre Jesus lá), que leva à pobreza espiritual. Não se torne um mestre de negócios espirituais inacabados e boas intenções não cumpridas. Muitas vezes, todos os planos iniciados e mensagens de carinho a alguém, as muitas palavras de arrependimento e pedidos de ajuda morrem em nossa mente enquanto nos reviramos na cama, "Como a porta se revolve nos seus gonzos" (Pv 26.14). Fuja desse comportamento e, em vez disso, corra para Cristo, pedindo a ele que sacuda o seu coração e o transforme em um homem ou mulher de ação.

Você quer ser útil a Deus? Você deseja fazer a diferença: alcançar as pessoas nos mares da vida, em todos os seus problemas e vazios, e fazer parte dos meios pelos quais Deus edifica sua igreja? Não negligencie sua alma dando espaço à preguiça. Sem diligência em seu relacionamento com Deus, você não produzirá frutos verdadeiros em sua vida. "Amanhã" é a palavra favorita do diabo. "Eis, *agora*, o tempo sobremodo oportuno, eis, *agora*, o dia da salvação" (2Co 6.2, ênfase acrescentada). Seja útil a Deus *agora*.

PROVÉRBIOS 24.27-34

28 DE MAIO
DISCÓRDIA E DIVISÃO

Vós, porém, amados, lembrai-vos das palavras anteriormente proferidas pelos apóstolos de nosso Senhor Jesus Cristo, os quais vos diziam: No último tempo, haverá escarnecedores, andando segundo as suas ímpias paixões. São estes os que promovem divisões, sensuais, que não têm o Espírito. (Jd 17-19)

As pessoas que procuram causar divisão não eram exclusivas da igreja do primeiro século; elas estiveram ativas ao longo da história da igreja. A instrução de Judas aqui é, portanto, tão prática para nós hoje quanto para os crentes a quem ele escreveu em primeiro lugar.

Aqueles que causavam divisão na igreja primitiva compartilhavam uma combinação prejudicial de erro moral e doutrinário. Eles estavam desprovidos do Espírito, promovendo a sensualidade e "andando segundo as suas paixões" (Jd 16), mas de alguma forma conseguiram se infiltrar entre o povo de Deus. Judas os descreve como "rochas submersas" (v. 12), que ficam apenas o suficiente abaixo da superfície da água para passar despercebidas e, no entanto, são capazes de causar estragos absolutos se algum navio as atingir. De fato, essas rochas são capazes de afundar esse navio.

Em resposta a esses charlatães, Judas exortou seus companheiros crentes a não esquecer as "palavras anteriormente proferidas pelos apóstolos", que haviam advertido que "no último tempo" — o tempo entre a ascensão e o retorno do Senhor — haveria aqueles que zombariam do ensino de Cristo e de seus apóstolos escolhidos, e tolerariam ou até promoveriam o comportamento impelido por nossos desejos. Na providência de Deus, a igreja primitiva foi prevenida para não ser pega com a guarda baixa por aqueles que, dessa forma, causariam divisões — e, na verdade, nós também somos alertados quanto a isso.

No entanto, a Palavra de Deus não nos chama apenas a estar atentos àqueles que criam discórdia e divisão; também nos direciona a lidar misericordiosamente com aqueles que lutam com dúvida genuína. Devemos nos "[compadecer] de alguns que estão na dúvida" e "[salvá-los], arrebatando-os do fogo", do erro e do pecado (Jd 22-23), enquanto resistimos ao ensino e aos objetivos dos falsos mestres. Manter esse equilíbrio é um grande desafio! E, no entanto, Judas não se esquiva da exortação. Os crentes que estão seguros em sua fé e doutrina são chamados a restaurar os caídos em um espírito de gentileza (veja Gl 6.1) e a intervir na vida daqueles que estão brincando com fogo.

Uma vez que Deus o salvou e guardou, você é chamado a estar alerta ao perigo e tirar os outros da chama, de forma corajosa, mas gentil. E você é chamado a se manter no amor de Deus e a orar diligentemente (Jd 20), para ser capaz de detectar erros e resistir àqueles que dividem a igreja de Deus. Então você será capaz de ficar de pé com seus irmãos e irmãs e dizer com Judas: "Ao único Deus, nosso Salvador, mediante Jesus Cristo, Senhor nosso, glória, majestade, império e soberania, antes de todas as eras, e agora, e por todos os séculos. Amém!" (v. 25).

JUDAS 1-25

29 DE MAIO
O SIGNIFICADO DA CRUZ

Tendo em vista a manifestação da sua justiça no tempo presente, para ele mesmo ser justo e o justificador daquele que tem fé em Jesus. (Rm 3.26)

Sem a morte de Cristo na cruz, não há Evangelho. É por meio do sacrifício de Jesus que Deus Pai tornou possível a homens e mulheres pecadores terem comunhão com ele. Se quisermos conhecer a Deus, devemos encontrá-lo no Senhor Jesus Cristo.

Somente através da cruz, Deus mostra justiça em punir o pecado e misericórdia em perdoá-lo, abrindo o caminho para pessoas como você e eu entrarem no céu sem arruinar a santidade dele. A cruz é a resposta de Deus ao próprio pecado *e* à sua ira contra o pecado. Para aqueles que não acreditam, a resposta de Deus parece absolutamente tola, mas aqueles que acreditam entendem que a cruz é o próprio poder de Deus (1Co 1.18).

Se Deus simplesmente negligenciasse o pecado ou parasse de se irar com ele, então ele deixaria de ser Deus; pois a justiça de Deus é inerente ao seu caráter, e a justiça exige que o pecado seja punido. Ele não pode fechar os olhos para o mal. Esta é uma notícia maravilhosa para nós, quando sofremos nas mãos dos outros; também é uma notícia muito séria para nós, porque somos pecadores.

A cruz de Cristo é a maneira pela qual Deus pode ser justo *e* declarar inocentes os pecadores que colocaram sua fé neste Salvador crucificado. Para lidar com o pecado, Deus, em sua graça, enviou seu próprio Filho para receber o castigo que os pecadores merecem. Nossa salvação é por meio de substituição. Pare e reflita sobre isso. É impressionante, primeiro, que Deus apresentasse esse plano e, segundo, que ele fosse adiante com isso. Considerar a cruz deve sempre nos levar a um louvor em admiração e humildade.

Essa substituição é o motivo pelo qual todos os sacrifícios do Antigo Testamento apontam para Jesus. Na morte de Cristo, a ira de Deus, que é sua disposição justa para com o pecado, é satisfeita, e seu amor por nós é ampliado. Homens e mulheres que passam a confiar em Jesus não precisam mais enfrentar sua ira; em vez disso, somos convidados a nos alegrar com o amor demonstrado na cruz. De fato, todas as bênçãos e benefícios do Evangelho se tornam nossos como resultado do que Jesus realizou em sua vida, morte e ressurreição.

Jesus veio para sofrer toda a condenação de Deus pelo pecado. Quando Cristo tomou o nosso lugar, ele trouxe à cruz o julgamento que merecemos e devemos encarar no último dia, para que possamos estar diante do trono de Deus e dizer: "Eu estou com ele. Ele viveu a vida que eu não poderia viver. Ele morreu no meu lugar."

Em sua primeira carta, João escreve sobre como às vezes "nosso coração nos [acusa]" (1Jo 3.20). Esta é uma experiência comum a toda a humanidade. Mas o cristão não precisa cauterizar sua consciência para silenciar a voz acusadora, nem deve ser esmagado por essa voz. Podemos ser muito honestos sobre a profundidade de nossa pecaminosidade, porque o amor de Deus é ainda mais profundo. "Agora, pois, já nenhuma condenação há para os que estão em Cristo Jesus" (Rm 8.1). Jesus veio ao nosso encontro na cruz. Pecador perdoado, você irá encontrá-lo e se maravilhar lá com ele?

LUCAS 15.11-32

A Bíblia em um ano: 2Rs 19–21; Mt 15.21-39

30 DE MAIO

PROVISÃO PROMETIDA

Perguntou-lhes Jesus: Filhos, tendes aí alguma coisa de comer? Responderam-lhe: Não. Então, lhes disse: Lançai a rede à direita do barco e achareis. Assim fizeram e já não podiam puxar a rede, tão grande era a quantidade de peixes. (Jo 21.5-6)

O que levamos a Jesus? Apenas a nossa necessidade.

A cena da pesca pós-ressurreição em João 21 ecoa uma cena de pesca anterior para os discípulos no Mar da Galileia, registrada em Lucas 5. Em ambas as histórias, apesar de sua experiência profissional de pesca, os discípulos se afadigaram mais e mais, todavia não pegaram nada. Em ambos os casos, Jesus apareceu e fez com que voltassem com uma tremenda carga de peixes. O primeiro encontro foi para ensiná-los a serem pescadores de homens; o segundo foi para lembrá-los de continuar em seu trabalho de acrescentar ao Reino de Deus. Ambos os milagres ilustraram a questão de que os discípulos só poderiam ter sucesso através do poder de Deus. Jesus estava tanto no controle do Mar da Galileia, quando os discípulos não pescaram nada, quanto ele estava quando pescaram tudo. Ele era tão soberano sobre o vazio deles quanto sobre a plenitude deles. Cristo deseja que vejamos nossa pobreza, a fim de podermos nos curvar maravilhados diante de sua provisão. Quando você e eu estamos bem conscientes de nosso próprio vazio, podemos confiar que Deus está no controle disso também. Ele nos convida a buscar que cada vazio na vida seja preenchido com a bondade e a força dele.

Quando Jesus chamou os discípulos para perguntar se eles haviam pescado algum peixe,[72] ele os forçou a enfrentar sua condição de carência e a responder honestamente. Cristo também tem perguntas para nós em nosso vazio hoje. Ele não está procurando desculpas, diálogos ou debates. Ele quer que reconheçamos honestamente nossa necessidade. A condição dos discípulos reflete a nossa: sem a ajuda do Senhor, não podemos nem mesmo fazer o que somos bons em fazer. Não podemos falar nem ouvir, cantar nem escrever, trabalhar nem brincar sem a graça capacitadora de Deus. Como Jesus já havia dito no Evangelho de João: "Sem mim nada podeis fazer" (Jo 15.5).

Jesus não abandonou os discípulos à miséria deles, nem providenciou apenas o suficiente para sobreviverem; ele proveu *abundantemente* uma grande quantidade. Tal provisão reflete como, ao prometer a vida eterna a todos os que creem nele, Jesus continua a dar incomensuravelmente mais do que poderíamos pedir ou imaginar. Quando Cristo intervém em nossa vida pelo seu Espírito, ele não faz correr apenas um fio d'água através da vida para nos provocar; ele promete que de nosso coração fluirão rios de água viva (Jo 7.38). Assim como Jesus passou a convidar os discípulos para a praia, a fim de tomarem café da manhã com ele (21.9-10), ele o convida à própria mesa para saciar sua fome. E, enquanto ele o convida para se juntar à mesa, ele também vem até você no caminho, oferecendo força mais do que suficiente para a jornada.

Jesus disse: "Bem-aventurados os que têm fome e sede de justiça, porque serão fartos" (Mt 5.6). Traga sua necessidade a ele hoje. Seja honesto sobre sua própria falta. E então confie que ele dará muito mais do que você precisa para caminhar em direção ao seu lar celestial, servindo aos propósitos gloriosos dele enquanto você caminha.

JOÃO 21.1-14

31 DE MAIO

NUNCA SUPERAMOS

E a vós outros também que, outrora, éreis estranhos e inimigos no entendimento pelas vossas obras malignas, agora, porém, vos reconciliou no corpo da sua carne, mediante a sua morte, para apresentar-vos perante ele santos, inculpáveis e irrepreensíveis, se é que permaneceis na fé, alicerçados e firmes, não vos deixando afastar da esperança do evangelho que ouvistes e que foi pregado a toda criatura debaixo do céu. (Cl 1.21-23)

A maioria dos ocidentais do século XXI diria que os seres humanos são, em geral, bons. Um dia de notícias, no entanto, rapidamente questionará tal noção. E um dia em nossa própria companhia também deve minar essa alegação. Afinal, se formos completamente honestos, devemos admitir que nosso próprio coração é rebelde e sem controle — e as soluções populares para esse problema, como maior educação ou mudanças nas circunstâncias sociais, nunca parecem consertar as coisas. A humanidade continua uma bagunça.

Quando nos voltamos para a Bíblia, descobrimos uma verdade feia sobre nós mesmos: a razão pela qual nos sentimos alienados das pessoas ao nosso redor — a razão pela qual às vezes *me* sinto alienado de *mim mesmo* — é porque estamos alienados de *Deus*. Nossa alienação horizontal é indicativa de uma alienação vertical muito mais grave. Deus nos fez para que pudéssemos ter um relacionamento com ele, mas a nossa mente está afastada dele. Não pensamos nele. Nós não o amamos. Nós nem mesmo o procuramos.

Contudo, também há boas notícias. Como seguidores de Cristo, enquanto outrora estávamos definhando, agora fomos renovados. Estávamos alienados, mas agora fomos reconciliados. Vivíamos num lugar escuro, e agora fomos trazidos para a luz. Estávamos presos, e agora fomos libertos. Estávamos mortos, e agora vida nos foi dada juntamente com Cristo. Essa é a experiência daqueles que conhecem a Deus como ele se revelou por meio de sua Palavra.

Essa transformação não é simplesmente o resultado de uma decisão de renovar a vida. Em algum momento, a maioria de nós pensou: "Estou virando uma nova página e fazendo uma mudança. Serei mais grato este ano do que fui no ano passado." E que bom! Não há nada de errado com isso. Nossos amigos e familiares provavelmente ficariam felizes em ouvir isso. Só que isso, de maneira isolada, não é o objetivo final para um cristão. Antes, a mudança na vida do cristão é motivada e iniciada pela graça salvadora de Deus. Continuamos como começamos: pela graça.

As Boas Novas do Evangelho são o fato de que Jesus, o Nazareno, veio em nosso favor para pôr fim à nossa alienação. Ele, e apenas ele, fez o que mais precisávamos, mas não podíamos fazer por nós mesmos. Portanto, o chamado para nós é muito simples: "[permanecermos] na fé […] não [nos] deixando afastar […] do evangelho". Nunca precisamos nos afastar do simples Evangelho do Cristo crucificado, ressurreto e reinante; na verdade, não ousamos. E, no entanto, como é fácil para nós esfriarmos diante dessas verdades; como é fácil para a familiaridade produzir, se não desprezo, então complacência. Portanto, considere seu coração honestamente. Reconheça o seu pecado. E volte ao Evangelho mais uma vez, admirado pelo fato de "que tu, meu Deus, devesses morrer por mim".[73]

SALMO 32

1º DE JUNHO

O FARDO DO PROFETA

O oráculo que o profeta Habacuque viu. (Hc 1.1)[74]

A importância dos verdadeiros profetas nunca esteve em quem eles eram, mas na mensagem que proclamavam. O mesmo deveria ser dito de nós também.

Veja Habacuque, por exemplo. O conteúdo biográfico sobre ele é praticamente inexistente. Tudo o que sabemos sobre ele é derivado do livro de profecia que leva seu nome, e isso nos diz muito pouco; você não pode encontrá-lo em nenhum outro lugar do Antigo Testamento. Todavia, esse silêncio é significativo. As credenciais de Habacuque estavam inteiramente em seu chamado.

Encontramos essa mesma perspectiva em toda a profecia bíblica. Sabemos mais sobre alguns profetas do que outros, mas mesmo as coisas que sabemos não são profundas ou convincentes. Amós, por exemplo, era simplesmente um "boieiro e colhedor de sicômoros" antes que Deus colocasse a mão sobre ele (Am 7.14). De igual forma, quando João Batista foi pressionado por informações sobre quem ele era, testemunhou: *Eu sou a voz do que clama no deserto. Sou uma lâmpada que está alumiando por algum tempo, mas Jesus é a Luz do Mundo. Sou um dedo que aponta para Cristo; convém que ele cresça e que eu diminua* (veja Jo 1.23; 5.35; 3.30).

Neste versículo de abertura de Habacuque, a palavra para "oráculo" às vezes é traduzida como "fardo".[75] Qual era o fardo? Foi o fardo que o profeta sentiu ao ver as coisas de acordo com a visão que Deus tinha dado, de olhar para circunstâncias que outros tinham visto, mas não entendiam, e de trazer a sabedoria e os desígnios de Deus para aqueles que ouviam.

Apesar de nossas preocupações modernas com personalidades e credenciais, na pregação, ensino e compartilhamento do Evangelho, é a *mensagem* que deve sempre ser o foco principal. Cada sermão pregado, lição ensinada e conversa do Evangelho que temos acaba murchando como grama. Seu único valor é encontrado à medida que a verdade infalível e a confiabilidade da Palavra de Deus se ancoram na alma do ouvinte. Como David Wells escreve, a pregação — e qualquer forma de comunicação da verdade de Deus, baseada na Palavra de Deus — "não é uma conversa, um bate-papo sobre algumas ideias interessantes... Não! É *Deus* quem está falando! Ele fala através dos lábios balbuciantes do pregador, onde a mente desse pregador está no texto da Escritura e seu coração está na presença de Deus."[76]

Quer sejamos chamados a pregar, ensinar ou compartilhar a Palavra de Deus com o próximo, há uma lição importante aqui: em nosso âmago, deve haver uma humildade genuína que vem da compreensão da natureza convincente do chamado de Deus sobre nossa vida. Contudo, também deveria haver uma certa empolgação com isso, pois a que preferiríamos dar nossa vida, se não a esta mensagem que é muito maior do que nós mesmos, cujos efeitos na vida dos outros durarão toda a eternidade? Hoje, não se preocupe tanto com as aptidões e habilidades do mensageiro; em vez disso, preocupe-se em compartilhar a mensagem, da maneira como foi chamado para fazer isso e com quem quer que seja.

ROMANOS 10.11-17

2 DE JUNHO

ELE ACHARÁ FRUTO?

E, vendo de longe uma figueira com folhas, foi ver se nela, porventura, acharia alguma coisa. Aproximando-se dela, nada achou, senão folhas; porque não era tempo de figos. Então, lhe disse Jesus: Nunca jamais coma alguém fruto de ti! E seus discípulos ouviram isto. (Mc 11.13-14)

Aqui está uma narrativa "cheia de dificuldades".[77]
O que é surpreendente sobre Jesus amaldiçoar uma figueira aqui é que este é um milagre de destruição. Tudo o mais que vemos Jesus fazendo até este ponto no Evangelho de Marcos foi um milagre de transformação ou de restauração. Como essa é uma aberração completa em contraste com as outras ações de Jesus, precisamos nos aprofundar em seu significado.

No Antigo Testamento, tanto a videira quanto a figueira são rotineiramente usadas como metáforas para descrever o status dos israelitas diante de Deus. Quando frutos bons estão crescendo da videira ou da árvore, tudo está bem; quando frutos maus ou nenhum fruto está crescendo, o povo de Deus se desviou.

Enquanto Jesus observava o vazio total que era representado nas atividades religiosas naquela época, estas palavras do profeta Miqueias podem ter vindo à sua mente: "Ai de mim! Porque estou como quando são colhidas as frutas do verão, como os rabiscos da vindima: não há cacho de uvas para chupar, nem figos temporãos que a minha alma deseja" (Mq 7.1).

Jesus amaldiçoar uma figueira, então, estava longe de ser arbitrário. Esta cena foi uma parábola de simbolismo profético. Ele usou a figueira para demonstrar o julgamento que estava prestes a cair sobre Jerusalém. Jesus havia chegado ao centro da vida religiosa em busca de abundância em oração e frutos, e não havia encontrado nada disso. A figueira estéril era emblemática de um legalismo cerimonial e religioso que alegava satisfazer o coração faminto e agradar a Deus, mas, quando as pessoas se comprometiam com tal religião, não havia nada lá para satisfazer — e esse ato do Filho divino mostra que Deus estava longe de estar satisfeito.

Tal aviso profético tem algum significado para nós, que vivemos tão longe de figueiras e templos? Sim! O desafio de dar bons frutos também é para nós. No entanto, também devemos ter cuidado para não confundir as observâncias religiosas ou a justiça própria que obedece às regras com o fruto verdadeiro. O povo de Deus está sempre em perigo de um legalismo vazio substituindo um relacionamento vibrante. Qual é a maneira de prestar atenção à advertência da figueira seca? Em outro lugar, Jesus nos diz: "Todo ramo que, estando em mim, não der fruto, [o Pai] o corta [...]. Eu sou a videira, vós, os ramos. Quem permanece em mim, e eu, nele, esse dá muito fruto; porque sem mim nada podeis fazer" (Jo 15.2, 5). Em outras palavras, não devemos procurar melhorar, e sim conhecer mais a Jesus.

Algum aspecto do que essa figueira representa é verdadeiro para sua vida? Quando Jesus vier e nos sondar, encontrará fruto em nossos ramos? Ele achará fé? Permaneça humildemente conectado a Jesus, nossa Videira, e seu Espírito produzirá em você o próprio fruto que ele está procurando.

JOÃO 15.1-11

3 DE JUNHO

DEIXANDO UM LEGADO

Sê sóbrio em todas as coisas, suporta as aflições, faze o trabalho de um evangelista, cumpre cabalmente o teu ministério. (2Tm 4.5)

Cada um de nós está deixando um legado. Todos os dias, estamos adicionando algo ao retrato de nossa vida e, um dia, aquilo que deixamos para trás — nossas decisões, nossas contribuições, nossas prioridades — permanecerá, pelo menos por um tempo, para que outros reflitam e considerem.

No final da segunda carta de Paulo a Timóteo, encontramos as palavras de um homem mais velho cuja vida estava chegando ao fim: "Estou sendo já oferecido por libação" (2Tm 4.6). Nesse contexto, ele exorta Timóteo a levar suas responsabilidades a sério, a considerar seu legado e a contemplar os legados úteis e os prejudiciais deixados por muitos que Paulo encontrou.

No capítulo inicial, Paulo lembrou a Timóteo que "todos os da Ásia me abandonaram; dentre eles cito Fígelo e Hermógenes" (2Tm 1.15). Esses indivíduos recebem uma menção na Bíblia, e é para registrar o fato de que abandonaram um homem necessitado. Paulo também alerta Timóteo a estar atento a pessoas como Himeneu e Fileto, cuja "linguagem [...] corrói como câncer" e que "se desviaram da verdade", ou como Alexandre, o latoeiro, o qual, diz Paulo, "causou-me muitos males" (2.17-18; 4.14). Quando olhamos para os retratos que esses indivíduos deixaram para trás, vemos um legado de deserção, falso ensino e oposição ao Evangelho.

Mas a carta de Paulo também está repleta de menções àqueles que deixaram legados úteis e benéficos. Por exemplo, Loide e Eunice demonstraram fé sincera, a qual Paulo tem certeza de que agora habita no jovem pastor Timóteo (2Tm 1.5). Da mesma forma, Paulo exorta seu protegido a se lembrar de Onesíforo, que, "muitas vezes, me deu ânimo e nunca se envergonhou das minhas algemas; antes, tendo ele chegado a Roma, me procurou solicitamente até me encontrar" (v. 16-17). Onesíforo deixou um legado de fé, coragem e convicção. Se ele dissesse que estaria em algum lugar, ele estava lá. Era um homem em quem Paulo podia confiar plenamente.

Todos nós estamos deixando um legado. Quando saímos de uma sala, deixamos para trás o aroma de Cristo, que espalha o conhecimento dele por toda parte (2Co 2.15-16), ou deixamos o cheiro menos agradável da autopromoção, ou o vácuo de dizer e não ser nada demais. Um legado de fidelidade, piedade, bondade, gentileza, honestidade, integridade, amor e paz é um legado que será lembrado com carinho. O mais importante, porém: ele irá direcionar as pessoas para aquele cuja vida mais importa — o Senhor Jesus.

Um legado é o acréscimo de decisões diárias para fazer a diferença para Cristo: amar a ele e amar o nosso próximo, buscar a paz e falar dele. Hoje, você construirá uma pequena — ou talvez grande — parte de seu próprio legado. Portanto, faça a obra que Deus preparou para você fazer e faça a diferença para ele. Afinal, nunca sabemos quando acabamos de fazer nosso depósito final no legado que estamos deixando.

TITO 2.2-14

4 DE JUNHO

DEVEMOS RESPLANDECER

Fazei tudo sem murmurações nem contendas, para que vos torneis irrepreensíveis e sinceros, filhos de Deus inculpáveis no meio de uma geração pervertida e corrupta, na qual resplandeceis como luzeiros no mundo. (Fp 2.14-15)

Como pessoas que foram libertas pelo sangue de Cristo, devemos resplandecer. Deve haver uma glória sobre aqueles que conhecem a Jesus. Mas a murmuração sempre obscurecerá essa glória. Embora seja uma música infantil, estas letras devem sempre ressoar conosco:

Abandone a sua casa na Rua da Murmuração
E mude-se para a Praça Sol a Brilhar,
Pois lá é o lugar onde Jesus vive,
E tudo é alegria lá.

É vital que os cristãos tenham uma compreensão sólida da realidade de que, por causa de Jesus, fomos purificados da culpa e da mancha do pecado. Temos uma liberdade notável em Cristo e, por meio da habitação do Espírito, experimentamos essa liberdade e a esperança que ela proporciona em meio ao caos da vida e num mundo que rejeita a Cristo. O Evangelho não é apenas um caminho inicial para a nossa fé; é o caminho *por inteiro*. E o Senhor gentilmente fornece lembretes constantes da verdade de que somos seus filhos para que possamos progredir em nossa caminhada com ele.

Nossa posição em Cristo é inalterável. Uma vez que fomos adotados em sua família, Deus nunca afrouxará sua mão sobre nossa alma. Durante nossa melhor semana, não estamos mais perto de Deus do que durante nossa pior semana, porque nossa posição com o Pai é construída sobre a justiça de Cristo, não sobre a nossa. Somos reconciliados com Deus não por causa de algo feito *por* nós ou *dentro* de nós, mas *para* nós.

Como Martinho Lutero disse, de certa forma, o Evangelho está inteiramente fora de nós.[78] Se olharmos constantemente para dentro para ver quão bem estamos indo, sentiremos como se não tivéssemos posição diante de Deus. Todavia, quando percebermos que o propósito eterno de Deus é nos conformar à imagem de seu Filho, *e* que o processo contínuo de obedecer a Cristo permite isso, começaremos a experimentar a alegria capacitada pelo Espírito que Deus tão graciosamente provê. Quando isso acontecer, teremos muito menos motivos para reclamar!

Devemos desenvolver nossa própria salvação com temor e tremor, porque é a boa obra de Deus em nós que nos permite viver para o seu prazer e, ao fazê-lo, para nossa alegria e contentamento (Fp 2.12-13). Ao fazermos isso, aprendemos a resplandecer de fato — e os outros verão Cristo através de nós. Então, sobre o que você anda resmungando? A glória de ser um filho de Deus esfriou para você? Hoje, quando perceber que está prestes a murmurar, seja em seu próprio coração, seja para outra pessoa, transforme essas palavras em palavras de gratidão por tudo o que o Senhor fez e está fazendo por você. Então você irá resplandecer.

MATEUS 5.1-16

5 DE JUNHO

ADORANDO ATRAVÉS DE PROVAÇÕES E FADIGAS

Tudo o que ele fazia o Senhor prosperava em suas mãos. (Gn 39.3)

Se tudo o que José tivesse fosse sua famosa túnica de cores vivas, ele teria sido arruinado quando seus irmãos a tiraram dele e o venderam como escravo. Mas havia caráter dentro do homem que usava aquela túnica — e, quando José a perdeu, ele não perdeu o caráter. Em vez disso, continuou a ser formado e estruturado como escravo na casa de Potifar. Neste cadinho de aflição, Deus derramou bênção e favor sobre a vida de José.

Teria sido compreensível se, sendo escravo em uma casa egípcia, José tivesse se retirado para um casulo de isolamento, recusando-se a se envolver no mundo ao seu redor, protestando contra o paganismo do Egito e ressentindo-se da autoridade de Potifar. Essa abordagem, no entanto, não lhe daria oportunidade de testemunhar. Em vez de se fechar, José aparentemente determinou que ele seria o melhor servo que Potifar já teve, pois sabia que, em última análise, ele servia a Deus.

Enquanto José prosperava por causa da bondade de Deus, ele permaneceu um escravo. Sua vida cotidiana estava cheia de trabalho penoso — algo com que a maioria de nós pode se identificar! Porém, se você e eu queremos nos desenvolver nas piores ou mais mundanas circunstâncias, devemos aprender a aproveitar as experiências rotineiras da vida e ver a mão de Deus abençoando-as, sejam elas quais forem.

Como José foi capaz de confiar em Deus através de suas provações, Potifar, nos é dito, viu que o Senhor estava com José e causou todo o seu sucesso. José não precisava dizer a Potifar que havia um favor especial em sua vida. Quando a bênção de Deus está em uma vida, ela será aparente — e às vezes, como vemos com Potifar, até mesmo os incrédulos não podem deixar de notar.

Precisamos aprender a viver com a consciência de que cada assunto com o qual lidamos, cada momento que passamos e cada movimento que fazemos é uma oportunidade de trazer glória e louvor a Deus. Onde quer que estivermos, podemos (como Paulo escreveu àqueles que eram, como José, tanto o povo de Deus quanto escravizados) "[trabalhar] de todo o coração, como para o Senhor e não para homens, cientes de que [receberemos] do Senhor a recompensa da herança. A Cristo, o Senhor, é que [estamos] servindo" (Cl 3.23-24). Somente quando entendemos que fomos criados para a glória de Deus, podemos transformar as provações e fadigas da vida em atos de adoração. Nossas responsabilidades, diz a Bíblia, são oportunidades para revelar nossa dependência de Deus e evidências de sua bênção. Quer sejamos diretores executivos de empresas ou varredores de rua, quer acabemos negociando ações, construindo casas ou trocando fraldas, seremos humildes e elevados conforme oramos:

Ensina-me, meu Deus e Rei,
A te ver em todas as coisas,
E o que eu fizer em qualquer coisa,
A fazê-lo como se fosse para ti.[79]

GÊNESIS 39

6 DE JUNHO
SEJA SINCERO CONSIGO MESMO

*Bem-aventurado o homem a quem o Senhor não atribui iniquidade
e em cujo espírito não há dolo.* (Sl 32.2)

Em *Os irmãos Karamázov*, de Dostoiévski, um dos personagens dá a outro este conselho: "Acima de tudo, não minta para si mesmo. Um homem que mente para si mesmo e ouve sua própria mentira chega a um ponto em que não discerne nenhuma verdade em si mesmo ou em qualquer lugar ao seu redor e, assim, cai em desrespeito consigo mesmo e com os outros."[80] Quase três milênios antes, Davi também descreveu os potenciais efeitos do autoengano sobre como realmente somos.

A honestidade é vital para a descoberta da felicidade. Pessoas alegres e satisfeitas não mentem para si mesmas ou para qualquer outra pessoa. Não podemos nos enganar e desfrutar de felicidade genuína; engano e felicidade não dormem na mesma cama.

A Bíblia nos chama a sermos tão honestos sobre nós mesmos quanto é honesto sermos. Ela aponta um holofote para nosso coração e mente, revelando a verdade da situação humana. Somos informados de que vivemos em iniquidade, o que resulta em um viés interno inclinado a fazer o mal e uma natureza corrompida pelo pecado. Somos transgressores, indo aonde não devemos ir. Somos pecadores, incapazes de viver de acordo com nossos próprios padrões, muito menos com o padrão que Deus estabeleceu.

A surpresa deste versículo é que Davi começa com a palavra "bem-aventurado" ou "feliz", mas imediatamente introduz realidades duras, como nossa iniquidade e nossa capacidade de mentir a nós mesmos e a Deus sobre isso. Contudo, a razão pela qual ele pode fazer isso é porque a situação que ele enfrenta é mais do que igualada pela cura que Deus oferece.

Observe que Davi não diz: *Feliz é o indivíduo cuja iniquidade o Senhor não considera.* Ele diz: "Bem-aventurado o homem a quem o Senhor não atribui iniquidade". Porque Deus é santo, ele *precisa* considerar o pecado — mas ele o faz contra outra pessoa. Ele o atribui contra seu Filho, nosso Senhor Jesus Cristo. Encontramos nas palavras de Davi a incrível doutrina da justificação pela fé, que vemos pela primeira vez no relacionamento de Deus com Abraão, que "creu no Senhor, e isso lhe foi imputado para justiça" (Gn 15.6). No momento em que realmente acreditarmos que nossos pecados foram imputados ao nosso Salvador, seremos abençoados; seremos mais felizes do que nunca.

Portanto, o caminho para a bênção começa com honestidade. Não somos boas pessoas que cometem um erro ímpar. Não somos indivíduos maravilhosos com algumas falhas que podem ser atribuídas à nossa educação, ao nosso ambiente ou a não termos conseguido dormir na noite passada. Somos pecadores com corações enganosos, que ficam aquém dos padrões gloriosos de Deus, e, por natureza, estamos em posição de herdarmos apenas a ira (Jr 17.9; Rm 3.23; Ef 2.1-3). Seja honesto sobre quem você é. Seja específico sobre como você pecou contra o Senhor. Então você estará pronto para abraçar a notícia mais alegre do mundo: que, a cada dia, embora "nossos pecados [sejam] muitos, a sua misericórdia é maior".[81]

SALMO 38

7 DE JUNHO

AO SENHOR PERTENCE A VINGANÇA

*Ouvistes que foi dito: Olho por olho, dente por dente.
Eu, porém, vos digo: não resistais ao perverso; mas, a qualquer que
te ferir na face direita, volta-lhe também a outra.* (Mt 5.38-39)

Quando Jesus proferiu essas palavras familiares, com quem ele estava falando? A quem Jesus estava mandando suportar o mal e resistir à retaliação?

Pode parecer simples, mas essa pergunta chega a uma distinção importante que estava na mente do apóstolo Paulo ao escrever sua carta aos romanos. No capítulo 12, ele exorta seus leitores a "Não [tornar] a ninguém mal por mal" (Rm 12.17) e a "[vencer] o mal com o bem" (v. 21), ecoando o ensinamento do Senhor: devemos dar a outra face. No entanto, apenas alguns versículos depois, em Romanos 13, ele diz que Deus estabeleceu autoridades civis como seus servos com o propósito de aprovar o que é bom e punir o que é mau (13.1-4). Às vezes, então, o mal é retribuído, e outras vezes não é — pelo menos não imediatamente.

Tanto Paulo quanto Jesus reconheceram uma distinção importante que devemos lembrar entre a maneira como os cristãos devem responder ao mal sofrido por eles (tratada em Rm 12) e a execução do Estado de Direito (tratada em Rm 13).

Os cristãos não devem fazer justiça com as próprias mãos. Em vez disso, devemos confiar a retribuição do mal às autoridades que Deus colocou em prática. As autoridades civis são um exemplo. Quando cumprem seus papéis corretamente, servem como um terror para a má conduta, mas não para a boa. Elas estão lá para executar fielmente o Estado de direito e punir aqueles que o violam.

Entender que Deus é perfeitamente justo nos libertará para obedecer ao mandamento de Jesus de dar a outra face. Este não é um chamado para fingir que o mal sofrido por nós não é um mal ou para abraçar uma perspectiva desesperada que diz que não há justiça. Também não é um apelo a aceitar, quando somos vítimas, que não devemos recorrer às autoridades civis. Não; os cristãos são chamados a suportar o mal e podem fazê-lo porque ao Senhor pertence a vingança (Rm 12.19). Ocasionalmente, ele permite que a vingança seja realizada nesta vida, pois autoriza os governos humanos a "[portar] a espada" (13.4 NVI). Porém, no dia do Senhor, ele será aquele que executará diretamente a justiça, e todo o mal que é feito em seu mundo será recompensado na íntegra.

Você e eu, então, somos livres para buscar a justiça das autoridades que Deus instituiu para proteger as pessoas e punir as irregularidades. Da mesma forma, somos livres para dar a outra face, resistindo ao desejo natural de lidar com nossas próprias mãos e decretar nossa própria vingança. A justiça virá, mas não de nossas mãos.

MATEUS 5.38-48

8 DE JUNHO
A DÚVIDA DE GIDEÃO

*O Anjo do Senhor apareceu [a Gideão] e lhe disse: O Senhor é contigo,
homem valente. Respondeu-lhe Gideão: Ai, senhor meu! Se o Senhor é conosco,
por que nos sobreveio tudo isto?* (Jz 6.12-13)

O momento em Juízes 6 no qual Gideão encontra um anjo é um momento dramático e incongruente. O anjo o chama de "homem valente" enquanto ele está escondido em um lagar na tentativa de debulhar o trigo sem ser visto pelos midianitas invasores (Jz 6.11). Não há muita força ou valor nele!

É como se Deus focasse a câmera em Gideão como um microcosmo de seu povo. Talvez, naquele momento, Gideão tenha olhado por cima do ombro, imaginando se a saudação era realmente para ele. Afinal, o Senhor permitiu que o seu povo fosse reduzido a se esconder em cavernas. Então ele perguntou: "Se o Senhor é conosco, por que nos sobreveio tudo isto?"

É uma pergunta sensata: se Deus é quem ele afirma ser, então por que permite circunstâncias preocupantes em nossa vida? Certamente podemos nos identificar com isso. A vida de todos nós está cheia de "se", "mas" e "por quê". Devemos ser encorajados, no entanto, a saber que, se Deus pôde responder à pergunta de Gideão ou aos clamores de Israel, ele decerto pode lidar com nossas perguntas difíceis — mesmo que sua resposta nem sempre seja o que esperamos.

Quando os israelitas clamaram pela ajuda de Deus em Juízes 6.7, ele não respondeu enviando um guerreiro para livrá-los, mas um profeta para ensiná-los (v. 8). Deus sabia que eles precisavam ouvir sua Palavra no meio das provações. Em última análise, eles precisavam se voltar para Deus e confiar nas promessas dele. O profeta lhes disse, em linhas gerais, o que o anjo disse a Gideão: "O Senhor é contigo". A presença de Deus e a existência de provações podem coexistir.

As perguntas que levantamos são finalmente respondidas não em alguma lista de "cinco passos fáceis", mas na revelação de Deus de si mesmo por meio de sua Palavra. No caso de Gideão, a resposta de Deus parecia não ser nenhuma resposta. Não houve diálogo sobre as circunstâncias de Israel ou qualquer explicação sobre seus inimigos. Em vez disso, o Senhor se virou para Gideão e disse: "Vai nessa tua força e livra Israel da mão dos midianitas; porventura, não te enviei eu?" (Jz 6.14).

Gideão sentiu-se inadequado: "Com que livrarei Israel? Eis que a minha família é a mais pobre em Manassés, e eu, o menor na casa de meu pai" (Jz 6.15). Muitas vezes, porém, é exatamente quando admitimos nossa inadequação que Deus começa a operar em nós. Até chegarmos ao ponto em que possamos ver nossa fraqueza, não estaremos inclinados a orar, a andar firmes nas provações ou a parar de confiar em nós mesmos. Somente quando conhecemos nossas próprias deficiências e ouvimos a promessa de Deus de estar conosco e trabalhar em nós e através de nós, então nos comprometemos a servi-lo com tudo o que temos, por mais fracos que nos sintamos e sejamos. Afinal, em sua Palavra, Deus promete que nossa fraqueza, somada à sua força, é suficiente para qualquer tarefa a que ele nos chamar (Fp 4.13).

JUÍZES 6.11-24

9 DE JUNHO
MONTANDO O QUEBRA-CABEÇA

Examinai as Escrituras, porque julgais ter nelas a vida eterna, e são elas mesmas que testificam de mim. Contudo, não quereis vir a mim para terdes vida. (Jo 5.39-40)

Certo Natal, nossa família decidiu que nos tornaríamos uma família de quebra-cabeças. Arrumamos uma mesa, obtivemos o maior quebra-cabeça que pudemos encontrar e colocamos todas as suas peças sobre a mesa. Infelizmente, nosso entusiasmo logo se mostrou desigual para a tarefa. De vez em quando, um de nós caminhava até a mesa, pegava alguns pedaços, falhava em colocá-los no espaço correto — e então desistia e ia embora.

É perfeitamente possível que você e eu estudemos a Bíblia como se estivéssemos pegando peças de um quebra-cabeça, deixando de montá-lo e nunca vendo a magnífica imagem à nossa frente. Em outras palavras, como diz o livro de Hebreus, podemos estudar a Bíblia e descobrir que ela "de nada [nos] valeu", pois "não foi acompanhada de fé" da nossa parte (Hb 4.2 NVI). Podemos ser meticulosos em nosso estudo bíblico e disciplinados em nossa memorização bíblica, e, no entanto, o tempo todo nos recusamos a aceitar verdadeiramente o Messias sobre quem estamos lendo. A tais pessoas, Jesus oferece palavras desafiadoras: "Não tendes a sua palavra permanente em vós, porque não credes naquele a quem ele enviou" (Jo 5.38).

É preocupante pensar que, mesmo quando homens e mulheres se colocam em posição de considerar a Palavra de Deus, ainda podem se recusar a vir a Jesus, o Doador e Sustentador da vida. Por natureza, botamos os dedos nos ouvidos para silenciar a voz de Deus. Por natureza, a Escritura nos diz: "Não há quem busque a Deus" (Rm 3.11).

Como um autor escreve, embora "não haja vida nas próprias Escrituras [...] se seguirmos aonde elas nos levam, então nos levarão a ele, e assim encontramos vida, não nas Escrituras, mas nele por meio delas".[82] As palavras de Deus nas Escrituras e a Palavra de Deus encarnada estão entrelaçadas, com o Espírito trazendo a Palavra de Deus às pessoas para que elas possam encontrar e descobrir a Cristo.

Você está carregando peças da Bíblia em sua mente sem montá-las para depois dar um passo atrás e ver a bela imagem de Jesus, com os braços estendidos, pronto para salvar aqueles que virão a ele em arrependimento e fé? Você combinará seu conhecimento da Palavra de Deus com a verdadeira fé para evitar a armadilha de saber muito sobre as palavras sem nunca conhecer a Palavra? Você virá à Palavra de Deus todos os dias esperando encontrar Jesus enquanto seu Espírito opera por meio de sua Palavra? Sejamos aqueles que ecoam o profeta Samuel ao abrirmos a Palavra de Deus: "Fala, porque o teu servo ouve" (1Sm 3.10).

🎧 ♡ ✋ 2 TIMÓTEO 3.1-17

10 DE JUNHO
JUSTIÇA, MISERICÓRDIA E HUMILDADE

Ele te declarou, ó homem, o que é bom; e que é o que o Senhor pede de ti, senão que pratiques a justiça, e ames a benignidade, e andes humildemente com o teu Deus? (Mq 6.8)

Quando John Newton, escritor de hinos e pastor do século XVIII, pregou sobre este versículo, ele intitulou seu sermão "Sem acesso a Deus, senão pelo Evangelho de Cristo". Por que ele usaria um título que parece não ter nenhuma conexão com o versículo?! O próprio Newton comentou: "Quase não há uma passagem na Bíblia, em geral, mais mal compreendida que esta".[83] Seu título de sermão, ao que parece, visava corrigir as más interpretações comuns.

O título de Newton nos alerta para o perigo de ler as virtudes descritas aqui e depois tentar vivê-las *sem* o Evangelho, ou proclamá-las *no lugar do* Evangelho, como um meio de acesso a Deus. Nenhuma delas faz justiça à intenção do profeta — e do Senhor. A melhor maneira de entender Miqueias 6.8 não é como uma lista de coisas que *contribuem* para nossa justificação, mas como *evidências* de nossa justificação. Quando vemos dessa maneira, com a motivação e os objetivos adequados estabelecidos, podemos entender o que o Senhor estava chamando Israel para fazer, assim como a nós.

O Senhor, por meio de Miqueias, nos manda primeiro "[praticar] a justiça". Isso significa um compromisso de agir de acordo com a vontade e o propósito de Deus. Por exemplo, em Deuteronômio, Moisés diz que Deus "faz justiça ao órfão e à viúva e ama o estrangeiro, dando-lhe pão e vestes" (Dt 10.18). Queremos nos importar com as coisas com as quais Deus se importa, o que significa levar essas prioridades a sério, buscando "[fazer] o bem a todos, mas principalmente aos da família da fé" (Gl 6.10).

Em segundo lugar, o Senhor nos manda "[amar] a benignidade". Se fazer justiça é a ação, então a benignidade amorosa é a atitude do coração que a alimenta. É compaixão calorosa, garantindo que busquemos a justiça não como um cumprimento de algum dever, mas como uma ação alegre de benevolência.

Terceiro, devemos "[andar] humildemente". Em outras palavras, devemos andar em submissão à vontade de Deus, abraçando nossa total dependência dele a cada passo do caminho. Por que Miqueias termina esse versículo com humildade? Primeiro, porque a humildade é o necessário para reconhecer que não obedecemos perfeitamente ao chamado de amar a bondade e fazer justiça — e, portanto, precisamos do perdão do Senhor, e não apenas de seus mandamentos. E, segundo, porque, mesmo quando obedecemos a ele da maneira como Miqueias 6.8 nos chama, a fecundidade de nossas obras não depende de nós.

Você e eu não podemos consertar o mundo; devemos, em vez disso, confiar a solução ao Rei e Juiz do mundo. Fazer isso nos motiva e nos sustenta, com a ajuda de Deus, a viver o Evangelho que nos salvou, por meio de expressões de justiça, bondade e humildade, para o bem de nossos próximos, para o testemunho da igreja e para a glória de Cristo. Através dos séculos, Miqueias o chama hoje a refletir humildemente sobre sua necessidade do Evangelho, a olhar para o seu coração e pedir ao Espírito que o faça crescer em misericórdia, semelhantemente a Cristo, e então olhar para o seu mundo e buscar ativamente a justiça e a retidão.

🎧 ♡ ✋ MIQUEIAS 6.1-8

11 DE JUNHO

UM OUVIDO ATENTO, UMA VONTADE PRONTA

> *O Senhor lhe ordenou: Dispõe-te, e vai à rua que se chama Direita, e, na casa de Judas, procura por Saulo, apelidado de Tarso; pois ele está orando.* (At 9.11)

Na Bíblia, não há menção a Ananias antes de sua aparição em Atos 9, e há apenas uma breve menção a ele depois disso (At 22.12). Segundo todos os relatos, ele não era um homem tremendo que havia feito grandes coisas pelos padrões do mundo. Mesmo assim, Deus viu um coração fiel dentro dele e escolheu usá-lo de uma maneira tremenda na conversão de Saulo (que posteriormente se tornou conhecido como Paulo).

Como Ananias, você pode não ter feito coisas tremendas em sua vida, ido a lugares incríveis ou ganhado qualquer tipo de grande popularidade. Mas Deus tem como propósito colocar sua mão sobre certos indivíduos e usá-los para realizar sua vontade. Nossa parte é simplesmente ser como Ananias, com os ouvidos atentos e vontades prontas para ouvir e obedecer ao nosso Deus.

A ênfase neste versículo não está na maneira pela qual Deus falou a Ananias, mas na maneira pela qual Ananias respondeu: "Eis-me aqui, Senhor!" O ouvido dele estava sintonizado para ouvir a Deus. E o seu? Você ouve Deus falar através de sua Palavra? A postura do seu coração é tal que, seja o que for que ele esteja chamando você a fazer, você dirá: "Eis-me aqui, Senhor!"?

A resposta de Ananias a Deus é notável quando consideramos o que Deus o estava chamando para fazer e para quem. Ele tinha "ouvido a respeito desse homem [Saulo], quantos males tem feito aos teus santos em Jerusalém", e sabia que, em Damasco, Saulo tinha "autorização dos principais sacerdotes para prender a todos os que invocam o teu nome [do Senhor]" (At 9.13-14). No entanto, ele voluntariamente escolheu obedecer ao chamado de Deus, apesar de qualquer medo ou ressentimento que tivesse de Saulo e sua reputação. Ele ouviu e agiu. Quantas vezes inventamos desculpas para nossa própria inação em resposta ao chamado de Deus? Quantas vezes nos escondemos atrás de nosso medo ou vivemos com excesso de cautela, esquecendo que "Deus não nos tem dado espírito de covardia, mas de poder, de amor e de moderação" (2Tm 1.7)? Ananias exibiu esse espírito poderoso por meio de sua obediência.

Nossa cultura valoriza grandes nomes, grandes realizações e grandes classificações. Deus não tem as mesmas preocupações. Ananias não tinha grande nome ou magnificência; ele simplesmente tinha um ouvido aberto à voz de Deus e uma vontade obediente ao seu comando. Isso resultou em uma vida sacrificada pela utilidade no serviço de Deus. E, naquele dia, isso significava que ele foi o primeiro a estender tangivelmente o amor e a graça de Deus a Saulo, quando estendeu a mão e o chamou de "irmão" (At 9.17). Assim, embora possa ser um personagem pequeno na Bíblia, há muito que você e eu podemos aprender com ele. Você pode receber pouco ou nenhum reconhecimento por sua fidelidade a Cristo nesta vida. Você pode correr riscos e fazer sacrifícios a serviço dele e sentir que não gera grandes mudanças e ninguém percebe. Todavia, bem melhor do que qualquer coisa que este mundo possa dar, você pode esperar ouvir o "Muito bem, servo bom e fiel" de Deus (Mt 25.21) ao entrar no reino dos céus. Nenhuma boa obra feita a serviço dele é desperdiçada. Ele tece tudo na grande história da salvação.

ISAÍAS 6.1-13

12 DE JUNHO
A VONTADE DO PAI

Então, eu disse: Eis aqui estou (no rolo do livro está escrito a meu respeito), para fazer, ó Deus, a tua vontade. (Hb 10.7)

Quando pais e avós acalentam um membro recém-nascido de sua família, muitas vezes compartilham esperanças e planos para o que essa garotinha realizará ou para quem esse garotinho pode se tornar. Seria bastante notável, no entanto, se as crianças pequenas declarassem suas próprias intenções e propósitos na vida. No entanto, esta é mais uma maneira pela qual Cristo é único: ele *de fato* entrou no mundo declarando: "Eu vim para fazer a tua vontade, ó Deus".

Quando Jesus tinha 12 anos, seus pais o encontraram conversando no templo com os líderes religiosos e mestres. Maria e José estavam procurando por ele havia três dias, sem pensar em olhar lá, e ficaram perplexos; mas ele respondeu: "Não sabíeis que me cumpria estar na casa de meu Pai?" (Lc 2.49). Ele entendeu seu propósito expresso desde os primeiros dias.

Qual foi a vontade do Pai que Cristo veio realizar? A Bíblia nos diz que, ao enviar Jesus, Deus deu ao seu povo aquele que satisfaria todas as exigências da Lei por meio da plena submissão e que sofreria a penalidade do pecado para libertar homens e mulheres de sua escravidão. A vinda do Salvador foi planejada desde toda a eternidade e prometida por todo o Antigo Testamento, o "rolo do livro". Jesus — que entrou no mundo como um bebê em uma manjedoura — é o próprio cumprimento de nossa salvação.

A cada momento de sua vida, quer estivesse sendo tentado por Satanás ou passando por agonia no Jardim do Getsêmani, Jesus conhecia e se lembrava de seu propósito. Ele entendeu que estava lá de acordo com a vontade do Pai. Embora implorasse para que seu cálice de sofrimento passasse, ele se submeteu ao Pai em perfeita obediência. Como qualquer humano teria sido, ele foi tentado a recuar da vontade do Pai, mas ainda assim orou: "Todavia, não seja como eu quero, e sim como tu queres" (Mt 26.39-46).

Jesus não foi vago sobre o motivo de sua chegada — e, visto que ele viveu de acordo com a vontade do Pai, nós nos uniremos a ele na eternidade, regozijando-nos em tudo o que ele realizou em nosso favor.

Nem o trabalho de minhas mãos
Pode cumprir as exigências de tua lei;
Não poderia o meu zelo conhecer descanso,
Poderiam minhas lágrimas fluir para sempre,
Tudo pelo pecado não poderia expiar;
Tu deves salvar e tu somente.[84]

Hoje, você e eu podemos viver para fazer a vontade de Deus, não com medo de punição se não obedecermos, mas com a fé de que já somos abençoados em Cristo. Como ele sempre obedeceu, somos perdoados por nossos fracassos em fazer o mesmo e libertos alegremente para seguir a vontade de nosso Pai — não porque precisamos, mas porque desejamos.

ROMANOS 5.12-21

13 DE JUNHO
NAS TUAS MÃOS, ESTÃO OS MEUS DIAS

Quanto a mim, confio em ti, Senhor. Eu disse: tu és o meu Deus. Nas tuas mãos, estão os meus dias; livra-me das mãos dos meus inimigos e dos meus perseguidores. Faze resplandecer o teu rosto sobre o teu servo; salva-me por tua misericórdia. (Sl 31.14-16)

A maioria de nós é uma mistura de emoções e experiências. O bom, o ruim e o feio passam por nós regularmente. A questão principal é o que fazemos com esses sentimentos e experiências. Como ser um crente molda a maneira como vemos nosso mundo? "Nas tuas mãos, estão os meus dias" é uma afirmação curta para lembrar aos cristãos que, apesar dos desastres e dificuldades, estamos sob os cuidados do Deus Todo-Poderoso.

Nos versículos de abertura do Salmo 31, é evidente que Davi está angustiado. À medida que lemos, parece que o encontramos em uma posição de segurança só alguns versículos depois, apenas para ele retornar imediatamente a um estado de angústia. Esse ciclo de dor e alegria não é uma experiência incomum para o peregrino cristão. Na verdade, a recorrência de decepção e desconforto é bastante comum ao longo do caminho da fé.

Em seu livro *O refúgio secreto*, Corrie ten Boom conta a história de ansiar por sua primeira viagem de trem. Embora ainda faltassem muitas semanas para a viagem, ela ia regularmente ao pai e perguntava se ele tinha as passagens. Ele dizia a ela repetidas vezes que sim. Ela percebeu que seu problema era a falta de confiança em seu pai; ela não acreditava que ele cuidaria de tudo. Estava preocupada que ele perderia sua passagem e que, de alguma forma, ela ficaria sem o bilhete no dia em que viajaria. Nesta lição, ela aprendeu que Deus nos dá o bilhete no dia em que fazemos a jornada, e não antes.[85] Ele, é claro, é muito melhor em mantê-lo seguro do que nós.

Em nossas próprias peregrinações através das mágoas, decepções, perdas de entes queridos e fracassos pessoais, podemos aprender que isso, de fato, é verdade. Portanto, devemos confiar nele. No dia em que fizermos a jornada do tempo para a eternidade, se conhecemos a Cristo, sabemos que ele nos dará o bilhete. Se esse dia for hoje, então a passagem está a caminho. Se não, então que adianta ficarmos acordados na cama, deixando nossas emoções nos controlarem e nossas preocupações se aglomerarem sobre nós?

Não estamos à mercê de forças arbitrárias e impessoais; estamos nas mãos de nosso Deus amoroso. Ele nos diz: *Vinde a mim, todos os que estais cansados e sobrecarregados, e eu vos aliviarei. Vinde a mim com todos os vossos fardos, temores, pânicos e mágoas. Tomai sobre vós o meu jugo. Vivei sob meu governo amoroso, porque o meu jugo é suave e o meu fardo é leve; e achareis descanso para a vossa alma, para sempre* (veja Mt 11.28-30).

Esta é a sua segurança. Seus dias — curtos ou longos, ricos ou pobres, tristes ou felizes — estão nas mãos dele. Ele dará a você boas obras para fazer todos os dias e, em seguida, no seu último dia, ele o levará com segurança ao lugar onde seus dias são infinitamente longos, inimaginavelmente ricos e indizivelmente felizes.

SALMO 31

14 DE JUNHO

A REALIDADE DO LUTO

*Jesus, vendo-a chorar, e bem assim os judeus que a acompanhavam,
agitou-se no espírito e comoveu-se. E perguntou: Onde o sepultastes? Eles lhe
responderam: Senhor, vem e vê! Jesus chorou.* (Jo 11.33-35)

O luto é "uma tristeza que abala a vida por causa da perda. A tristeza rasga a vida em pedaços; abala a pessoa dos pés à cabeça. Afrouxa-a; ela se desfaz pelas costuras. O luto é realmente nada menos do que uma perda devastadora."[86] Você pode conhecer essa experiência muito bem. Lembro-me de sua primeira intrusão na minha vida quando eu era adolescente e minha mãe morreu. Nada poderia ser como antes.

Você não precisa viver muito como crente para descobrir que a fé não nos isola da tristeza e do medo dela. Paulo escreveu sobre a experiência de quase morte de seu amigo Epafrodito: "Com efeito, adoeceu mortalmente; Deus, porém, se compadeceu dele e não somente dele, mas também de mim, para que eu não tivesse tristeza sobre tristeza" (Fp 2.27). A ideia de perder Epafrodito partiu o coração de Paulo. Ele entendeu que a morte não era o fim, mas também reconheceu que, na experiência da perda, ou mesmo na probabilidade dela, há verdadeira tristeza.

O luto é difícil, porque algo foi perdido e certas alegrias agora se foram irremediavelmente. Mas também sabemos que o luto é uma realidade sobre a qual a Escritura fala claramente — uma realidade que um dia será redimida por uma alegria muito maior. E sabemos que o luto é uma realidade com a qual nosso Salvador está pessoalmente familiarizado. Enquanto Jesus estava diante do túmulo de seu amigo Lázaro, ele — a segunda Pessoa da Trindade — se entristeceu com aqueles que se reuniram lá. Embora estivesse prestes a ressuscitar Lázaro dos mortos, ele ainda chorava, porque estava sinceramente triste. O mistério nesta cena é que Jesus se identificou tanto com nossa humanidade, que derramou lágrimas genuínas pela perda de seu amigo amado.

Embora a Bíblia nos apresente a realidade da vitória de Cristo sobre a morte e a sepultura, ela não nos chama a algum tipo de triunfalismo brilhante e desumano. Em vez disso, como escreve Alec Motyer, "as lágrimas são apropriadas para os crentes — sem dúvidas, elas devem ser ainda mais copiosas, pois os cristãos são mais sensíveis a todas as emoções, seja de alegria ou tristeza, do que aqueles que não conheceram nada da graça suavizante e vivificante de Deus".[87]

O fato de que nossos entes queridos que morreram em Cristo agora estão com ele alivia, mas não remove a angústia da perda e da solidão. Continuamos ansiando pelo dia em que essa dor terá cessado. Até esse dia chegar, podemos encontrar conforto em saber que Jesus era "homem de dores e que sabe o que é padecer" (Is 53.3) ao olharmos para ele como nosso exemplo, ao vermos que ele é "a ressurreição e a vida" (Jo 11.25), e ao recorrermos a ele para a nossa eternidade. Saber disso é o que permite que o luto e a esperança coexistam em nosso coração.

JOÃO 14.1-7

15 DE JUNHO

A CIDADE DO HOMEM

Retirai-vos dela, povo meu, para não serdes cúmplices em seus pecados e para não participardes dos seus flagelos; porque os seus pecados se acumularam até ao céu, e Deus se lembrou dos atos iníquos que ela praticou. (Ap 18.4-5)

Não devemos ficar surpresos ou alarmados quando os cristãos enfrentam oposição contínua. A disposição natural da humanidade é de desafio orgulhoso a Deus e, portanto, contra o seu povo. O homem, sobre o fundamento instável de seu orgulho, "edifica uma cidade" (para usar a linguagem pictórica do Apocalipse) e arquiteta um estilo de vida que se opõe aos caminhos de Deus.

A humanidade tem feito isso desde a Queda. O primeiro projeto de construção sem Deus foi na planície de Sinar, em um lugar chamado Babel (Gn 11.1-9) — o lugar que mais tarde recebeu o nome de Babilônia e para o qual o povo de Deus foi exilado. Apocalipse 18, portanto, refere-se à cidade do homem, construída em desafio a Deus, como a Babilônia; e a Babilônia é então personificada como uma prostituta, seduzindo as pessoas a cometer adultério espiritual. Atraente e sedutora, a cidade do homem é eficaz em afastar muitos de Deus. É "a grande cidade que domina sobre os reis da terra" (17.18), e sua influência é significativa e destrutiva.

Como, então, os cidadãos da cidade de Deus devem responder a esse rival mundano? Devemos estar no mundo, mas não ser do mundo. Em outras palavras, devemos ser sal, que tem um sabor distinto e uma qualidade conservadora; e devemos ser luz, que expõe o que as trevas encobrem, mas que também guia os outros ao longo do caminho para a segurança (Mt 5.13-16). Devemos viver na tensão de ser membros deste mundo, mas não pertencer aqui: residir aqui, mas também estarmos separados daqueles cujos corações e mentes estão contra Deus. Os pecados da cidade do homem não devem caracterizar o crente, diz João, para não "[participarmos] dos seus flagelos". Se nos rendermos à sedução da Babilônia, provaremos que nossa identidade nunca foi verdadeiramente a de um cidadão do Reino de Deus.

Aqueles que seguem a Cristo devem estar comprometidos com a verdade da Bíblia. O cristianismo é mais do que um código moral. É mais do que uma estrutura para viver ou um método para melhorar a vida de alguém. Onde está a cruz nisso? O cristianismo é distinto de todas as outras religiões, pois nos apegamos à morte de Jesus na cruz como nosso meio de reconciliação com Deus. Já estivemos mortos em nossos pecados, merecedores da ira e do julgamento de Deus — porém ele nos redimiu por meio da vida perfeita de Cristo, de sua morte expiatória e ressurreição vitoriosa.

Por enquanto, o mundo continua como sempre foi. Mas um dia Cristo voltará e silenciará todos os falsos profetas, todos os cidadãos da Babilônia e até mesmo o próprio diabo. Podemos ver a igreja pressionada, ridicularizada, contrariada por meio de legislação e perseguida. O mundo nos verá como fracos, do lado errado da história, e indignos de respeito ou aceitação. Contudo, temos esperança nesta afirmação triunfante: nem as portas da Babilônia nem as portas do inferno prevalecerão, porque Cristo edificará e guardará sua igreja (Mt 16.18). Então, por ora, enquanto você vive na Babilônia, qual de seus pecados você acha mais atraente? De que maneira você está mais tentado a viver como se esta cidade fosse tudo o que existe? E que oportunidades você recebeu para ser sal e luz para aqueles ao seu redor? Certifique-se de resistir à cidade do homem e de chamar outros para a cidade de Deus.

APOCALIPSE 18.1–19.10

16 DE JUNHO

UM CHAMADO AO COMPROMISSO

Rogo-vos, pois, irmãos, pelas misericórdias de Deus, que apresenteis o vosso corpo por sacrifício vivo, santo e agradável a Deus, que é o vosso culto racional. (Rm 12.1)

Quando solicitado a explicar o impacto de sua vida, William Booth, que fundou o Exército da Salvação, respondeu em uma frase impressionante: "Jesus Cristo me possui por inteiro".

Não havia nada de presunçoso ou orgulhoso nessa resposta. Era simplesmente a única maneira de Booth explicar por que ele, um homem comum de meios insubstanciais, havia sido usado de maneira tão notável e teve um impacto tão notável naquele momento específico da história.

O que significaria para Jesus Cristo possuir você por inteiro?

No início de Romanos 12, depois de 11 capítulos gloriosos celebrando a salvação quanto ao pecado, a qual Deus operou na cruz, e sua misericórdia soberana ao eleger um povo para si mesmo, Paulo faz o chamado àqueles que confiam em Cristo para comprometerem 100% de si mesmos — corpo, mente e espírito — com o Senhor Jesus Cristo. A palavra que ele usa para "rogar" aqui vem do grego *logikos*, que nos dá nossa palavra "lógica". Em outras palavras, sua exortação não se baseia em emoção ou manipulação. Em vez disso, Paulo está fazendo uma súplica racional e urgente aos seus leitores, tudo com a força da misericórdia de Deus.

Não há dimensão de nossa humanidade que não seja afetada por nossa rebelião deliberada contra Deus. No entanto, por sua misericórdia, Deus não considera os pecados do seu povo contra eles, e ele reteve a condenação que merecemos. Em vez disso, tomou nossos pecados e os imputou contra seu único Filho amado.

Se ignorarmos a parte "pelas misericórdias de Deus" deste apelo, perderemos o rumo imediatamente. Este é um chamado para que as pessoas que receberam a graça capacitadora de Deus ofereçam suas vidas — não para que possam ser aceitas, mas pelo fato de já serem aceitas. Tal apelo é para aqueles de nós que já fomos libertos pela graça, para nos tornarmos tudo o que Deus deseja que sejamos, totalmente devotos a ele.

Deus não nos pede que ofereçamos nosso dinheiro ou posses. Ele quer que ofereçamos não menos do que isso, e sim mais: ofereçamos a nós mesmos. Tudo o que somos, tudo o que pensamos, tudo o que sentimos, tudo o que fazemos e tudo o que sabemos — oferecermos isso ao Deus que deu seu Filho por nós é a única resposta lógica à sua misericórdia. Quando nos entregamos plenamente a Deus, todas as nossas capacidades, por mais limitadas que sejam, podem ser usadas para sua glória e para os seus propósitos. A vida cristã não tem a opção de meias medidas ou ressalvas. É uma vida de completo comprometimento.

Há algo glorioso sobre o tipo de compromisso que diz: "Estou depositando tudo de mim". Se você for com tudo, não há limite para o que acontecerá dentro e através de você. Você será o tipo de pessoa que pode dizer: "Jesus Cristo me possui por inteiro"?

FILIPENSES 1.19-30

A Bíblia em um ano: Jr 30–31; Mt 26.1-25

17 DE JUNHO

MENTES RENOVADAS

Não vos conformeis com este século, mas transformai-vos pela renovação da vossa mente, para que experimenteis qual seja a boa, agradável e perfeita vontade de Deus. (Rm 12.2)

As torres de controle do aeroporto são lugares fascinantes. Para salas tão pequenas, elas contêm uma tremenda capacidade e poder. As instruções dadas a partir dessas torres evitam o caos e garantem a segurança. Se algo der errado nelas, o impacto é sentido além de seus muros e muitas vezes constitui um grande perigo.

De igual forma, poderíamos dizer que nossa mente é a torre de controle do nosso corpo. O que fazemos com nosso corpo está diretamente relacionado ao que está acontecendo em nossa mente. Em nossa mente, temos a capacidade de considerar possibilidades, tomar decisões, julgar nossos sentimentos e moldar nossos afetos. Não é de admirar, então, que Paulo diga que, se quisermos "[apresentar nosso corpo] por sacrifício vivo" em resposta à misericórdia de Deus para conosco em Cristo (Rm 12.1), nossa mente é crucial.

Ser cristão envolve assumir uma mentalidade radicalmente alterada que resulta em pensamentos cada vez mais puros e comportamento santo, que não são vistos em uma vida sem Cristo. Como Paulo escreveu antes em Romanos: "os que se inclinam para a carne cogitam das coisas da carne; mas os que se inclinam para o Espírito, das coisas do Espírito" (Rm 8.5). Essa mudança de perspectiva vem pelo poder do Espírito Santo à medida que ele nos instrui na verdade da Palavra de Deus.

Tal mudança é um processo. Todos os dias, estamos sendo conformados à imagem de Jesus Cristo. Nossa mente — na verdade, nossa vida inteira — está sendo renovada. Não somos nem tudo o que deveríamos ser nem tudo o que vamos ser, mas também não somos o que já fomos. E, quando nossa mente está sob a jurisdição do Espírito de Deus e da Palavra de Deus, o resto inevitavelmente seguirá segundo a intenção dele. Percebemos que o caminho de Deus é o melhor e temos o prazer de andar nele. Pensamos antes de agir. Recusamo-nos a ser moldados pelos padrões deste mundo, aprendendo a ver onde estão nos vendendo uma mentalidade baseada numa mentira e não na verdade da Palavra de Deus.

Portanto, confie que o poder da Palavra de Deus renovará sua mente e peça ao Espírito que a opere em você. Procure maneiras pelas quais o mundo está chamando você para se conformar e veja-as como oportunidades para permitir que sua mente seja transformada pela sabedoria divina. E faça isso não porque você deveria, mas porque é sua alegria, pois você sabe que "feliz o homem que acha sabedoria, e o homem que adquire conhecimento; porque melhor é o lucro que ela dá do que o da prata, e melhor a sua renda do que o ouro mais fino. [...] Os seus caminhos são caminhos deliciosos, e todas as suas veredas, paz" (Pv 3.13-14, 17).

PROVÉRBIOS 3.1-18

18 DE JUNHO

ENXERGANDO-NOS CORRETAMENTE

*Pela graça que me foi dada, digo a cada um dentre vós
que não pense de si mesmo além do que convém; antes, pense com moderação,
segundo a medida da fé que Deus repartiu a cada um.* (Rm 12.3)

Ninguém está imune ao pecado da autoexaltação. Para encontrar evidências disso, basta entrar em qualquer sala de aula do jardim de infância. Neste pequeno grupo de crianças, em breve alguém estará cantando seus próprios louvores sobre a construção da torre de blocos mais alta ou desenhando o melhor retrato de família — em outras palavras, pensando em si mesmo mais do que deveria.

Comparar-nos constantemente com outras pessoas é uma maneira mundana de pensar. Uma visão exagerada de nós mesmos é um problema terrível — que coloca os outros para baixo e ignora nosso lugar diante de Deus. A resposta, no entanto, não é encontrada na autodepreciação, que é o erro oposto e igual à autoexaltação. Esse autodesprezo também é produto do orgulho, porque ainda surge da comparação. Ainda é autofocado.

A visão do cristão sobre si mesmo deve ser fundamentada em uma mente renovada por Deus (Rm 12.2). Com essa perspectiva, encontramos nosso valor na misericórdia e graça de Deus. Todo o nosso significado, identidade, valor e papel encontram seu fundamento em quem Deus é e no que ele fez por nós, não por causa de quem somos ou do que fizemos por ele.

Somos lembrados dessa perspectiva adequada do eu quando cantamos as linhas "Quando examino a maravilhosa cruz, na qual o Príncipe da glória morreu".[88] Examinar a cruz é se concentrar no Evangelho — a verdade de que outro morreu em nosso lugar e sofreu nosso castigo. Ao fazer isso, percebemos que "meu ganho mais rico eu considero como perda, e despejo desprezo sobre todo o meu orgulho". A cruz nos exalta e nos humilha ao mesmo tempo; isso nos liberta da necessidade de avançar na vida e nos permite reconhecer as maneiras pelas quais Deus nos agraciou. Isso é pensar em nós mesmos "com moderação".

A igreja, então, deve ser visivelmente diferente do mundo na maneira como vemos a nós mesmos e uns aos outros. Quando nos reunimos, unidos pelo Evangelho, tudo o mais que se relaciona com nossa identidade, embora não seja irrelevante, perde seu significado primário, e usamos nossos dons não para agradarmos a nós mesmos, mas para servirmos aos outros.

Olhe para a cruz, onde seu Salvador sangrou e morreu por seus pecados, porque ele o ama. Não há espaço para você se sentir orgulhoso. Não há necessidade de você se comparar com os outros. Em vez disso, você pode usar tudo o que ele lhe deu em serviço altruísta e alegre aos outros.

1 CORÍNTIOS 4.1-7

19 DE JUNHO

PERTENCEMOS UNS AOS OUTROS

*Assim também nós, conquanto muitos,
somos um só corpo em Cristo e membros uns dos outros.* (Rm 12.5)

De vez em quando, alguém pode perguntar: "Você pertence a este lugar?" Geralmente isso é perguntado em relação a um *country club*, uma academia ou algo semelhante. Eles estão se perguntando: "Este é um lugar que identifica você como membro em suas listas? As pessoas aqui o conhecem, o aceitam e sentiriam sua falta se você se ausentasse?"

Paulo frequentemente usa a ilustração do corpo para descrever a igreja. Não precisamos forçar nossa imaginação para entender isso. Todos nós temos um corpo que é composto por uma variedade de partes, e cada parte tem uma função única. Nem todas as partes são vistas, mas todas elas são importantes. Se uma parte não está funcionando ou está faltando, isso faz a diferença para todas as outras. A eficácia de todo o corpo de alguém depende de seu controle pela cabeça. Isso vale também para o corpo de Cristo, cada igreja local: o corpo espiritual funciona adequadamente apenas quando trabalha em conjunto debaixo do senhorio de Jesus. Quando isso acontece, funcionamos em…

- *unidade*, porque não estamos vivendo isolados uns dos outros.
- *pluralidade*, porque somos feitos de partes diferentes.
- *diversidade*, porque as funções do corpo são necessariamente variadas.
- *harmonia*, que apreciamos quando as coisas estão funcionando em coesão.
- *identidade*, mostrando que nenhum de nós pode, em última análise, ser "eu mesmo" quando está sozinho.

Em outras palavras, quando, como indivíduo, você entende a natureza do corpo de Cristo, entende melhor quem você é e onde se encaixa. Como membro do corpo de Cristo, você pertence a algum lugar. Se a graça de Deus nos transformou, devemos descobrir que é cada vez mais importante para nós termos sido chamados a nos relacionar uns com os outros — em comunidade. Somos diversos nos dons que nos foram dados; nenhum de nós pode compor o corpo individualmente, mas somente juntos. Cada um de nós pertence um ao outro. Nós nos reunimos como igreja, então, a fim de nos entregarmos uns aos outros e, em última análise, ao nosso Senhor. Contribuímos para o corpo com nossa presença, nossas canções, nossas orações e nossa comunhão. Como Isaac Watts escreveu:

*Minha língua repete seus votos:
"Paz seja nesta casa sagrada!"
Pois ali habitam meus amigos e parentes.*[89]

A igreja não é um lugar para você simplesmente comparecer e assistir. Ela é um corpo. É sua parentela — sua família. Você precisa da sua igreja; e sua igreja precisa de você. Quanto mais comprometido com sua igreja você estiver, mais abençoado você será; pois poucas coisas na vida são melhores do que quando Deus une o seu povo, exatamente porque pertencemos uns aos outros.

1 CORÍNTIOS 12.12-27

20 DE JUNHO
DONS DO ALTO

Nós, conquanto muitos, somos um só corpo em Cristo e membros uns dos outros, tendo, porém, diferentes dons segundo a graça que nos foi dada. (Rm 12.5-6)

Os dons espirituais são ferramentas, não brinquedos. Eles não devem ser usados para atrair pessoas a nós mesmos, e sim empregados por Deus, por meio de nós, para os propósitos dele e para sua glória.

Quaisquer que sejam nossos dons — sejam eles habilidades para falar ou servir —, são dados para o bem-estar da igreja. Deus dá esses dons para que, ao usá-los segundo a sua intenção, o corpo de Cristo como um todo possa ser fortalecido. Eles não são dados como uma oportunidade para promover a causa de um indivíduo ou para exibições de grandeza, mas para que a unidade, harmonia e progresso de todo o povo de Deus sejam fortalecidos. É por isso que temos dons que diferem: para aprendermos a servir uns aos outros e depender uns dos outros.

No entanto, os dons de Deus só são capazes de promover harmonia e bem-estar quando são exercidos em um espírito de humildade genuína. O corpo de cada igreja local cresce apenas conforme "a justa cooperação de cada parte" (Ef 4.16). Antes de encorajar seus leitores a usar seus dons, Paulo já havia prefaciado seu discurso sobre dons espirituais mencionando a humildade, exortando a cada um que "não pense de si mesmo além do que convém; antes, pense com moderação" (Rm 12.3). Sem humildade, os dons espirituais podem levar ao caos. Não daríamos ferramentas elétricas aos adolescentes sem a devida instrução e supervisão, nem daríamos a eles motosserras para correr por aí — a menos que quiséssemos um caos absoluto! Da mesma forma, os dons espirituais devem ser usados para sua função adequada e da maneira correta, para que o caos não ocorra. Logo, Paulo diz à igreja de Corinto — uma igreja cheia de dons, mas não cheia de sabedoria sobre como usá-los — que, embora seja bom desejar e celebrar os dons espirituais, o "caminho sobremodo excelente" de usá-los é fazê-lo com paciência, bondade e humildade — isto é, com amor (1Co 12.31–13.7).

Devemos lembrar que dons são *dádivas*. Sua fonte é Deus; portanto, vangloriar-se como se fossem nossos é tolice, e usá-los para nosso próprio benefício é indesculpável. Se, no entanto, praticarmos a humildade ao utilizá-los e aprendermos a viver em harmonia uns com os outros, veremos o fruto da obra de Deus em nós e através de nós. De que maneiras Deus o dotou? Alegre-se com isso. De que maneira ele está chamando você a usar esses dons para o bem de sua igreja e para a glória de seu Filho? Vá e faça isso.

EFÉSIOS 4.1-16

21 DE JUNHO

AMOR CRISTÃO SEM HIPOCRISIA

O amor seja sem hipocrisia. (Rm 12.9)

Um filme pode captar magnificamente a dissonância que pode ocorrer entre o que um personagem diz e o que realmente está acontecendo dentro de sua mente. Geralmente é visto em um close nos olhos: "Ora, que maravilhoso vê-lo novamente, Sr. Jenkins!", diz a boca dela, e ainda assim, pela expressão, o público percebe que não é isso que ela quer dizer. O que ela realmente quer dizer é: "Eu teria evitado esbarrar em você se pudesse, Sr. Jenkins, mas agora estou presa aqui com você".

O que a boca diz não é necessariamente a verdade. Muitos corações foram partidos e vidas arruinadas por alguém que disse "Eu te amo" sem realmente amar. O verdadeiro amor cristão, de acordo com a Escritura, é sempre sem hipocrisia. Paulo confronta o perigo da superficialidade e do engano encorajando o crente a amar com sinceridade — isto é, com um coração que corresponda às nossas palavras. Somos libertos da tirania de agir como se gostássemos de todos ou pensássemos que temos de ser apreciados por todos; e em Cristo também somos sobrenaturalmente capacitados a amar mesmo aqueles que antes não gostaríamos de ter por perto.

De fato, o amor cristão, diz W. E. Vine, "nem sempre corre com as inclinações naturais, nem se gasta apenas com aqueles por quem alguma afinidade é descoberta".[90] Em outras palavras, não é natural. O que é natural é amar apenas aqueles que consideramos amáveis — aqueles que são como nós, que se encaixam em nossa estrutura e atendem às nossas expectativas. Mas o amor sem hipocrisia não é convencional. Transcende os limites de raça, intelecto e status social. Transcende todos os limites estabelecidos pelo homem.

Este é o amor de Romanos 5.8: "Deus prova o seu próprio amor para conosco pelo fato de ter Cristo morrido por nós, sendo nós ainda pecadores". O amor sincero só pode vir como um produto da graça de Deus. É um reflexo do sacrifício de Jesus por nós. Quando o amor de Deus molda a vida de um crente, nossas palavras e ações transbordam desse amor.

A esperança de Paulo era que, quando as pessoas vissem a igreja primitiva em Roma, dissessem: "Há algo diferente na maneira como essas pessoas se amam". O chamado de Deus para você em seus relacionamentos com outros cristãos hoje é o mesmo. Não se contente com um amor superficial, fraco ou falso. Não deixe seu coração esfriar mesmo quando você estiver dizendo todas as coisas certas. Que o seu amor seja sem hipocrisia — olhando para aquele que o amou até a morte, mesmo você sendo o pecador que é. Que sua oração seja por um amor diferente e mais profundo, para que você possa apontar para aquele de quem flui todo o amor verdadeiro.

JOÃO 15.12-17

22 DE JUNHO
NÃO HÁ NEUTRALIDADE

Detestai o mal, apegando-vos ao bem. (Rm 12.9)

Qualquer paciente que tenha sido submetido a um transplante de medula óssea sabe da importância de ser isolado de qualquer possibilidade de infecção. Como seu sistema imunológico está tão esgotado, ele está mais suscetível a doenças do que a pessoa comum. Se um visitante chega tossindo e cuspindo, tratar como algo que "não é nada demais" seria abominável para o paciente e para seus médicos. Qualquer doença deve ser resistida como uma praga, porque suas consequências são potencialmente fatais.

O amor cristão deve refletir esse tipo de mentalidade radical quando se trata do mal. Não podemos dizer que amamos sem hipocrisia os outros se valorizamos, ou mesmo apenas toleramos, o mal em nosso coração e nos distanciamos do bem. Não podemos brincar com a maldade, buscando estabelecer alguma abordagem "deixa a vida me levar" para pecados específicos. "Detestar" é uma palavra tão forte quanto é possível para Paulo usar. Ele não tem nenhuma ideia de neutralidade quando se trata de pureza.

No início deste versículo, Paulo já instruiu seus leitores a "que o amor seja sem hipocrisia". Não é interessante, então, que Paulo imediatamente vá de "amor" para uma palavra que essencialmente significa "ódio"? Muitas vezes pensamos que, se amamos, não devemos odiar nada nem ninguém — mas isso é apenas sentimentalismo. Paulo deixa claro que o amor "não se alegra com a injustiça" (1Co 13.6). Se você ama seu cônjuge com uma pureza apaixonada, você odeia tudo o que roubaria seu relacionamento; caso contrário, seu amor não é amor. O mesmo se aplica ao nosso amor pelas coisas de Deus. Não podemos amar a santidade sem odiar o seu oposto.

À medida que Paulo continua, ele passa do negativo para o positivo, usando a mesma frase, "unir-se", que Jesus usa para descrever o relacionamento de marido e mulher (veja Mt 19.5).[91] Paulo não usa essa frase arbitrariamente. O casamento é a união humana mais próxima possível — psicológica, intelectual e espiritualmente. Então Paulo está dizendo aqui que o amor cristão deve ter um compromisso de "supercola" com a bondade.

Devemos ter cuidado para não cairmos na armadilha do mundo de chamar "ao mal bem e ao bem, mal" ou ser aqueles "que fazem das trevas luz e da luz, trevas" (Is 5.20 NVI). O povo de Deus entende que há um tempo para o amor e um tempo para o ódio (Ec 3.8). Então, como você descreveria sua atitude em relação ao mal — especialmente quanto àqueles pecados que são mais atraentes para você ou mais celebrados por aqueles que vivem ao seu redor? O que mudaria se você os detestasse? Hoje, confie no Espírito de Deus para capacitá-lo a amar adequadamente, odiando o que Deus odeia, ecoando a oração de John Baillie: "Ó Deus, dá-me o poder de seguir o que é bom. Agora, enquanto oro, que não haja nenhum propósito secreto do mal formado em nossa mente, que aguarda por uma oportunidade de cumprimento."[92]

MARCOS 9.42-50

23 DE JUNHO
AMOR FRATERNAL

Amai-vos cordialmente uns aos outros com amor fraternal,
preferindo-vos em honra uns aos outros. (Rm 12.10)

Os irmãos mais novos tendem a cotovelar e cutucar uns aos outros e a reclamar uns dos outros. Se formos honestos, às vezes nossa ideia de "amor fraternal" na igreja é marcada mais por esse tipo de pensamento e conduta do que por amor e gratidão. Quando olhamos uns para os outros, em vez de cantar que estamos felizes por fazermos parte da família de Deus",[93] muitas vezes podemos pensar no fundo: "Estou surpreso que *você* faça parte da família de Deus".

Paulo nos chama para um caminho melhor.

Neste versículo, o amor é descrito usando palavras de família. *Philostorgoi*, traduzido aqui como "amor", vem da palavra grega *storge*, que se refere ao amor dedicado dos pais aos filhos. *Philadelphia*, traduzida aqui como "com amor fraternal", é a palavra usada para o amor entre irmãos (como no nome da cidade de Filadélfia, a "Cidade do Amor Fraterno"). Em Romanos 8, Paulo já lembrou seus leitores de que eles estão juntos como membros de uma família pela graça de Deus (Rm 8.12-17). Agora, porque cada um deles foi trazido para a família sobre o mesmo fundamento — a saber, Jesus —, eles têm todos os motivos para se dedicarem uns aos outros.

Esse tipo de amor requer não apenas afeição genuína, mas também humildade. A NIV[94] traduz a segunda frase deste versículo como "Honrem uns aos outros mais do que a si mesmos". Isso se assemelha ao que vemos em Filipenses 2, onde Paulo escreve: "por humildade, [considere] cada um os outros superiores a si mesmo" (Fp 2.3). A Escritura nos chama a colocar os outros em primeiro lugar. Devemos aprender a tocar o segundo violino sem reclamar (ou procurar perversamente sermos elogiados por isso). O único elemento competitivo entre uma família da igreja deve ser o de ver quem pode se levantar e fazer mais bem aos outros.

Pensar nesse tipo de afeto fraternal amoroso nos traz de volta a Jesus, que gosta de nos chamar de seus irmãos e irmãs (Hb 2.11-15). Pois Jesus, "subsistindo em forma de Deus, não julgou como usurpação o ser igual a Deus; antes, a si mesmo se esvaziou, assumindo a forma de servo" (Fp 2.6-7). É Jesus quem mostra o que é a verdadeira afeição fraternal; é Jesus quem ama sua família perfeitamente dessa maneira, superando todos os outros em demonstrar honra; é a Jesus que somos chamados a ser semelhantes e a quem estamos vivendo em semelhança, cada vez que escolhemos amar com amor fraternal, igual a Cristo. Hoje, então, ame como ele.

1 SAMUEL 20

24 DE JUNHO
ENTUSIASMO DIVINO

*No zelo, não sejais remissos; sede fervorosos de espírito,
servindo ao Senhor.* (Rm 12.11)

Imagine uma cozinha em uma antiga fazenda britânica, na qual há uma panela no fogão, cheia de água borbulhando. Essa é a imagem que Paulo fornece aqui em relação ao compromisso espiritual. Ele essencialmente diz que, em Cristo, devemos manter a panela espiritual fervendo. Não devemos esquentar e depois esfriar — não devemos nos entusiasmar em um momento e perder o fôlego no outro.

Uma vez que a graça de Deus se apoderou de nós, fomos transformados por Cristo e recebemos a sua justiça pela fé, devemos aplicar essa justiça à nossa vida. Parte dessa justiça aplicada é fazer a obra de Jesus com um certo entusiasmo divinamente inspirado e divinamente ordenado.

É fácil, porém, ser propenso à preguiça e cair numa indiferença espiritual. O livro de Provérbios tem muito a dizer, muitas vezes com um toque de humor, sobre os perigos e os resultados de uma vida preguiçosa. Um provérbio descreve um homem tão preguiçoso, que, tendo colocado a colher na tigela na qual está comendo, não consegue levantá-la (Pv 19.24; 26.15). Outro descreve a preguiça em um homem que se enterra sob seus cobertores e fica lá: "Como a porta se revolve nos seus gonzos, assim, o preguiçoso, no seu leito" (26.14).

Em contraste, o objetivo final do zelo capacitado pelo Espírito é servir ao Senhor. Como é importante para nós manter esse objetivo em mente! Quando fazemos isso, reconhecemos como até mesmo a atividade mais trivial — cumprimentar um cliente, limpar uma bagunça em casa, carregar ou descarregar a máquina de lavar louça, ensinar uns aos outros, tomar notas, aplicar uma injeção, falar com nossos filhos, qualquer coisa — pode se tornar um ato espiritual de adoração. Mesmo a parte mais rotineira do nosso dia pode refletir nosso entusiasmo divino.

O que leva seu zelo espiritual ao ponto de ebulição nos dias de hoje? Servir a Cristo em adoração? Compartilhar a sua fé com um colega ou estranho? Cuidar de seus pais idosos? Apoiar a obra de Cristo em todo o mundo? Seja o que for, não deixe de lado seu zelo. Mantenha a água fervendo, servindo ao Senhor a cada momento de cada dia, em resposta à graça que ele derrama sobre você a cada momento do dia. Vá a ele todas as manhãs e peça-lhe para garantir que você não se canse. Então, em todas as coisas, será proclamado o nome dele, e ele será glorificado.

GÁLATAS 6.1-10

A Bíblia em um ano: Jr 50; Fp 2

25 DE JUNHO
ALEGRAI-VOS COM OS OUTROS

Alegrai-vos com os que se alegram e chorai com os que choram. (Rm 12.15)

A alegria compartilhada é uma grande expressão de solidariedade. Normalmente usamos a expressão "solidarizar" para descrever um luto compartilhado, mas também se aplica à alegria. Entendemos a solidariedade quando a usamos em uma frase, mas a palavra em si pode ser difícil de definir. Portanto, considere o oposto: apatia. Se a apatia é semelhante a dizer: "Eu não poderia me importar menos", a solidariedade é semelhante a dizer: "Eu não poderia me importar mais". A solidariedade é uma identificação com a experiência de outra pessoa.

Muitos de nós achamos natural "[chorar] com os que choram". É instintivo para nós entrar na decepção e na dor daqueles que amamos e chorar ao ver ou pensar em sua tristeza. Isso é uma coisa boa, pois "[levar] as cargas uns dos outros" é "[cumprir] a lei de Cristo" (Gl 6.2). Entrar na alegria e no sucesso dos outros, no entanto, é muitas vezes o maior desafio, porque exige trabalharmos contra a inclinação da decadência de nossa natureza humana, que é propensa ao ressentimento e à amargura. Em vez de o sucesso de alguém servir como uma ocasião para abençoarmos a Deus e lhe agradecermos, isso facilmente se torna uma ocasião para a inveja.

A maioria de nós sabe como não expressar inveja. Mas há uma enorme diferença entre não *expressar* inveja e não *sentir* inveja. Podemos modificar nosso comportamento o suficiente para não demonstrá-la, mas é necessário transformação espiritual para nos levar ao ponto de não senti-la. Essa transformação começa com uma compreensão correta de nossa identidade como membros do corpo de Cristo. Paulo diz que "nós, conquanto muitos, somos um só corpo em Cristo e membros uns dos outros" (Rm 12.5). Estar em Cristo significa que somos membros dele e uns dos outros.

Dito de outra forma: se estamos em Cristo, estamos todos no mesmo time. Quando entendermos isso, será tão natural para nós entrar na alegria de outra pessoa quanto é para um jogador de futebol se alegrar com o gol de vitória de seu companheiro de equipe, como se ele mesmo o tivesse marcado. Como povo de Deus, ganhamos e perdemos — alegramo-nos e sofremos — *juntos*.

A Palavra de Deus chama você a deixar que "o amor seja sem hipocrisia" (Rm 12.9) — e o amor sem hipocrisia à semelhança de Cristo conforma seus sentimentos para que a inveja dê lugar à alegria, e a apatia à verdadeira solidariedade. Existe alguém de quem você está distante de alguma forma, seja em sua alegria, seja na tristeza? Já pensou a quem você poderia encorajar hoje? Quase certamente há alguém que precisa que você estenda a mão e faça-o saber que você está com ele, orando por ele, permanecendo à disposição enquanto ele caminha por um vale profundo. Da mesma forma, haverá alguém cuja alegria você pode compartilhar, e pode simplesmente mostrar-lhe que você louva a Deus pelo favor dele na vida dessa pessoa. Seja alguém de quem se possa dizer cada vez mais: "Ele não poderia se importar mais". Peça ao Deus de toda compaixão e consolo que trabalhe em você, pelo seu Espírito, para moldá-lo a ser essa pessoa hoje.

2 CORÍNTIOS 1.2-7

26 DE JUNHO
VIVA EM HARMONIA

Vivam em harmonia uns com os outros. (Rm 12.16)[95]

Discordar graciosamente requer habilidade e piedade. É fácil nos darmos bem com pessoas com quem compartilhamos tudo em comum, quando não há preocupação com desentendimentos. Mas viver em harmonia com pessoas que parecem diferentes e vivem de forma diferente de nós — isso é um verdadeiro sinal de maturidade cristã. Portanto, a expectativa do apóstolo Paulo é que, como cristãos, nos esforcemos para fazer exatamente isso.

O chamado de Paulo para a harmonia não é um chamado para um tipo de uniformidade, na qual todos nos vestimos da mesma forma, agimos da mesma forma, votamos da mesma forma e falamos da mesma forma. Na verdade, a igreja em Roma era certamente um grupo variado de pessoas, diversificado em antecedentes e em dons. Paulo enfatizou que essas diferenças não deveriam se tornar uma fonte de divisão ou vergonha.

Como a versão King James traduz este versículo, Paulo queria que os membros na igreja romana "fossem da mesma opinião uns para com os outros". Da mesma forma, ele rogou aos coríntios: "em nome de nosso Senhor Jesus Cristo que entreis em acordo quando discutirdes, e não haja divisões entre vós; pelo contrário, sejais unidos no mesmo pensamento e no mesmo parecer" (1Co 1.10 A21).

O Evangelho não apaga nossas distinções ou nossas divergências. Na verdade, a unidade que o povo de Deus compartilha nas coisas principais — o Evangelho de Cristo e a verdade de sua Palavra — nos liberta para reconhecer nossas distinções e discordâncias em questões secundárias. A unidade cristã não está, em última análise, em nossa política, em nosso status social ou na cor que achamos que o tapete deveria ter, mas naquele que sabemos ser "o caminho, e a verdade, e a vida" (Jo 14.6).

Infelizmente, as igrejas podem se distrair com suas divergências, e os cristãos podem elevar muito suas preocupações e preferências pessoais. Alguns de nós tornam cada questão em algo passível de divisão, e assim nos tornamos legalistas, fazendo distinções pequenas e desnecessárias, nunca felizes até que estejamos em uma igreja de uma pessoa só. Outros de nós, porém, diante de qualquer questão, não se posicionam, mas comprometem as próprias crenças, e assim nos tornamos liberais teológicos, deixando que as verdades centrais do Evangelho se tornem negociáveis. A harmonia pela qual Paulo nos chama a lutar é a harmonia do Evangelho. Precisamos nos conhecer bem o suficiente para discernir se somos propensos a ser legalistas ou liberais. Precisamos pedir a Deus que nos conceda clareza de mente e caridade de coração para com nossos irmãos e irmãs em Cristo. E então precisamos tirar um momento para examinar nosso coração e ver se há alguém com quem não estamos de acordo, tomando medidas para promover, e não corroer, a harmonia do Evangelho, pois foi para nos conduzir a isso que Cristo morreu.

🎧 ♡ ✋ SALMO 133

A Bíblia em um ano: Jl; Fp 4

27 DE JUNHO

À VONTADE COM CRISTO

Em lugar de serdes orgulhosos, condescendei com o que é humilde. (Rm 12.16)

Uma casa pode ser uma coisa maravilhosa. Para muitos de nós, o lar é onde podemos ser honestos, onde estamos com nossa família e onde todas as coisas — até mesmo as falhas — parecem familiares. Talvez o mais importante, porém, é que um verdadeiro lar é onde podemos ser nós mesmos, com humildade genuína. Essa deve ser nossa experiência na comunhão do povo de Deus.

O chamado de Paulo para que os cristãos, "em lugar de [serem] orgulhosos, [condescendam] com o que é humilde", é uma maneira de nos chamar a tratar uns aos outros como família na casa de Deus. Outra maneira de traduzir o comando "[condescendam] com o que é humilde" é dizer "estejam dispostos a fazer um trabalho servil". Ambas as traduções são úteis; não devemos ter tanto orgulho de que haja pessoas com quem não condescendamos ou trabalhos que nos recusamos a fazer.

No mundo secular, a respeitabilidade é medida por status, importância, influência, riqueza, intelecto e assim por diante. Esse não deve ser o caso entre homens e mulheres cristãos. De fato, uma das características distintivas do povo de Deus deve ser que características como materialismo, orgulho e calúnia, que marcam a comunidade em geral, não prevalecem mais.

Como poderíamos ousar ceder à influência da cultura que nos cerca quando nosso Senhor se descreveu como não tendo "onde reclinar a cabeça" e como sendo "manso e humilde de coração" (Mt 8.20; 11.29)? Ele não veio para salvar os que estão bem, mas sim os que estão doentes (Mc 2.17). Ele continua a chamar os fracos do mundo para envergonhar os fortes (1Co 1.27). Até mesmo o apóstolo Paulo, aquele mestre da Lei celebremente qualificado, considerou todo o seu currículo um lixo para ganhar a Cristo (Fp 3.8).

Jesus está edificando uma igreja, e a igreja que ele está edificando é a família de Deus. Nosso Pai está no céu, nosso Irmão mais velho está reinando, e nossos irmãos e irmãs estão adorando conosco. Da próxima vez que estiver com a família da igreja, saia da sua zona de conforto e conheça um membro da família com quem normalmente não interage. Da próxima vez que lhe pedirem para fazer um trabalho ou assumir um papel para o qual você não seria naturalmente atraído, pergunte-se se esta é uma oportunidade de ser humilde e não arrogante. Afinal, nosso Irmão mais velho não considerou uma cruz indigna dele, e foi na cruz que ele morreu para elevar pecadores humildes como você e eu. Estamos na mesma altura sob sua cruz. Logo, a família dele deve ser marcada pelo amor humilde.

MARCOS 1.40—2.17

28 DE JUNHO
A PAZ QUE É POSSÍVEL

Se possível, quanto depender de vós, tende paz com todos os homens. (Rm 12.18)

A Bíblia é um livro maravilhosamente prático. Sua sabedoria é rica e realista, e, quanto mais vivemos, mais significativamente a ouvimos falando de todas as nossas situações. À medida que envelhecemos, muitos de nós percebemos que nossos pais muitas vezes estavam certos em suas advertências e sabedoria; e, conforme caminhamos pela luz da Palavra de Deus, ela se mostra certa no momento oportuno, todas as vezes.

Paulo exibe essa sabedoria atemporal e realista aqui. Por um lado, isso parece simplista: *apenas tente estar em paz com todos*. Não é difícil de entender. Mas não é só isso que ele está dizendo. A instrução é precedida por duas qualificações: "se possível" e "quanto depender de vós". A implicação é que nem sempre isso será possível!

Paulo não está fornecendo uma brecha aqui. Ele não está nos mandando ficar em paz enquanto pudermos controlar nosso temperamento ou emoções, como se, caso contrário, fôssemos livres para abrigar amargura. Seu chamado para nós é para garantir que qualquer conflito contínuo em nossa vida aconteça apesar de nós, não por nossa causa. A responsabilidade pela animosidade contínua nunca deve ser atribuída à nossa relutância em buscar a reconciliação.

Porém, mesmo que tenhamos feito a nossa parte, há duas situações em que a paz pode não ser possível. Uma delas é quando a outra parte não está disposta a estar em paz conosco. Podemos estar lidando com alguém com a intenção de nos prejudicar e sem interesse em resolver o conflito. Nessa situação, pode não ser possível mudar essa pessoa ou evitar sua crueldade — mas *será* possível não revidarmos. Quando garantimos que não estamos contribuindo para o conflito, estamos buscando a paz o "quanto depender de nós".

O outro obstáculo surge quando os termos de paz são incompatíveis com os princípios de santidade, verdade e justiça. O escritor de Hebreus tinha essa situação em mente quando instruiu seus leitores: "Segui a paz com todos e a santificação, sem a qual ninguém verá o Senhor" (Hb 12.14). Essas não são duas instruções desarticuladas; nosso esforço pela paz e pela santidade não deve nos levar a direções separadas. A busca da paz não deve se tornar a busca da paz a qualquer preço. Alguns de nós precisam tomar cuidado para que nosso desgosto por conflitos e confrontos não nos leve a buscar a paz à custa da retidão.

Você não pode mudar um coração; isso é prerrogativa do Senhor. Você não deve comprometer sua integridade; essa é a principal preocupação do Senhor. Mas Deus está lhe dando um imperativo, tanto quanto couber a você, para que você busque a paz. Você precisa ser motivado por essa ordem para moderar suas palavras, mudar seu comportamento ou dar o primeiro passo para reparar um conflito hoje?

DANIEL 6

29 DE JUNHO

AMOR EM AÇÃO

Amados, mas dai lugar à ira; porque está escrito: A mim me pertence a vingança; eu é que retribuirei, diz o Senhor. Pelo contrário, se o teu inimigo tiver fome, dá-lhe de comer; se tiver sede, dá-lhe de beber; porque, fazendo isto, amontoarás brasas vivas sobre a sua cabeça. (Rm 12.19-20)

As "brasas vivas" nesta passagem não são uma metáfora para vingança ou dor. Em vez disso, significam a vergonha e o remorso que os indivíduos sentem quando, em vez de dar a eles a retribuição que achamos que merecem, mostramos bondade e generosidade. É o efeito causado quando os cristãos tratam aqueles que os prejudicaram de uma maneira que é inteiramente sem malícia ou vingança e, portanto, fundamentalmente sobrenatural. Quando isso acontece, João Calvino observa, a mente do inimigo pode muito bem ser "dilacerada de uma destas duas maneiras. Ou nosso inimigo será suavizado pela bondade, ou [...] ele será picado e atormentado pelo testemunho de sua consciência."[96]

Essas brasas, portanto, não devem, em última análise, trazer mágoa, mas cura. Nossas ações generosas são para incentivar a reconciliação, atraindo o indivíduo *para* nós, não o empurrando *para longe* de nós. É como a misericórdia que recebemos de Deus quando ainda éramos seus inimigos (Rm 2.4; 5.8). Se formos honestos, porém, essas não são realmente as brasas que estamos procurando quando somos injustiçados e feridos. Muitos de nós ficaríamos bastante felizes em descobrir que a brasa na verdade *cairia* na cabeça de nossos inimigos, queimando-os e deixando cicatrizes. Afinal, não é nada menos do que eles merecem! Mas isso reflete nossa queda, e não nossa fé. Isso não se parece nem soa como Jesus. É isso que torna esses versículos tão incrivelmente desafiadores.

Observe que a Palavra de Deus nos chama não apenas a não reagir em vingança, mas a sermos proativos na bênção. Quando conseguimos não retaliar, ainda não obedecemos totalmente. Como discípulos de Jesus, não devemos apenas nos abster de fazer o mal aos nossos inimigos; na verdade, devemos fazer o bem a eles. É fácil nos convencermos de que ignorar nossos inimigos cuidará do problema ou é o máximo que podemos realisticamente esperar fazer; mas aqui descobrimos que, na verdade, devemos mostrar hospitalidade a eles! Nosso papel é responder às transgressões com um espírito de generosidade, confiando que Deus sempre julgará com justiça, de modo que não precisamos julgar e, de fato, não devemos fazer isso (1Pe 2.23).

Mesmo como membros do corpo de Cristo, muitos de nós ainda procuram justificar suas ações ou pensamentos desobedientes e retributivos. No entanto, embora a mente de nossos inimigos possa ser capaz de lidar com nossos argumentos e seu espírito seja forte o suficiente para resistir às nossas ameaças, o amor em ação pode levá-los ao arrependimento.

Como seu coração precisa ser transformado ou suas ações afetadas por esses versículos? Não se esquive do desafio deles. Parte do crescimento à semelhança de Cristo é procurar maneiras de fazer o bem aos seus inimigos, agindo a partir do transbordamento da bondade e generosidade radicais de Deus.

LUCAS 22.47-53

30 DE JUNHO

VENCENDO O MAL

Não te deixes vencer do mal, mas vence o mal com o bem. (Rm 12.21)

Enquanto estudava na Universidade de Cambridge na década de 40, uma jovem se tornou secretária do Partido Comunista. O inverno de 1946-47 foi fenomenalmente severo, fazendo com que os canos de água congelassem parcialmente e, portanto, resultando em escassez de água. As alunas estavam limitadas a um banho por semana e, enquanto esperavam na longa fila, havia muita murmuração e disputas por posição — inclusive por parte da Secretária do Partido Comunista.

Uma das garotas que tinha acesso mais direto ao banheiro era cristã. A estudante comunista notou, com o tempo, que essa garota nunca reivindicava seus direitos e respondia gentilmente ao egoísmo dos outros. A cristã estava praticando e vivendo o que a jovem comunista afirmava acreditar, mas não fazia. Essa observação levou a uma conversa, uma conversão — e, enfim, a uma nova missionária no Extremo Oriente.

Sempre que tentamos derrotar o mal por nossas próprias palavras e ações malignas, somos consumidos. O mal não pode ser superado por uma força igualmente maligna. O mal é duplicado em vez de anulado. Se perdermos o controle de nós mesmos ao nos envolvermos com um inimigo, então fomos derrotados não por essa pessoa, mas pelo Maligno. Somos nós que fomos vencidos e perdemos a oportunidade de fazer o que é certo aos olhos de Deus.

Vencer o mal é uma noção popular em nossa cultura. Ouvimos isso em músicas e lemas motivacionais. Muitas vezes, a ideia é que, se pudermos ao menos "ficar juntos", teremos sucesso em derrotar os males que nos atormentam. É uma ideia nobre, mas não tem o poder necessário. *Não podemos* vencer o mal por conta própria; simplesmente não funcionará. "Somos mais que vencedores" *apenas* "por meio daquele que nos amou" (Rm 8.37). O poder de Deus por seu Espírito e sua Palavra nos dá tanto o ímpeto quanto a força de que precisamos para triunfar.

Este é o caminho que Jesus tomou. Ele não executou vingança com suas próprias mãos, mas se confiou às mãos do Pai. Cristo foi para a cruz, onde o amor triunfou sobre o mal. Ao escolhermos ser gentis, fazer o bem e andar no caminho da cruz, experimentaremos o poder de Deus operando em nós para vencer o mal com a bondade de seu amor.

O escritor de hinos Charles Tindley nos lembrou dessa verdade quando escreveu:

Com a Palavra de Deus como uma espada minha,
Eu vencerei um dia [...]
Se Jesus for meu líder,
Eu vencerei um dia.[97]

Pela graça dele, você vencerá todos os desafios e injustiças deste mundo algum dia. E, à medida que você responde o errado com o certo, o desprezo com a bondade, e a negatividade com a bênção, pela graça dele você vencerá o mal com o bem hoje.

1 PEDRO 3.8-14a

1º DE JULHO

EM NOSSO FAVOR

Ora, o povo cometeu grande pecado, fazendo para si deuses de ouro. Agora, pois, perdoa-lhe o pecado; ou, se não, risca-me, peço-te, do livro que escreveste. (Êx 32.31-32)

Quando os israelitas foram redimidos da escravidão, Deus os instruiu a pedir a seus antigos proprietários e senhores egípcios ouro, prata e roupas para levar com eles enquanto atravessavam para a terra prometida. Isso forneceria o material para a construção da tenda do tabernáculo, onde Deus habitaria no meio do seu povo.

Os israelitas não tinham ido muito longe, quando Moisés foi chamado ao Monte Sinai para se encontrar com Deus. Todavia, quando Moisés se foi por mais tempo do que o esperado, o povo ficou impaciente e exigiu de seu irmão, Arão: "faze-nos deuses que vão adiante de nós" (Êx 32.1). Então Arão lhes respondeu: "Tirai as argolas de ouro [...] e trazei-mas", e ele usou esse ouro para fazer um bezerro de ouro: "Então, disseram: São estes, ó Israel, os teus deuses" (vv. 2, 4). Deus lhes havia fornecido tudo de que precisavam para a obra para a qual ele os chamaria, mas, em vez disso, abusaram de seus dons para perseguir suas próprias ambições e adorar um falso deus de sua própria feitura. Podemos não fazer um bezerro de ouro, mas não estamos imunes de fazer a mesma coisa com o que Deus graciosamente nos deu.

Quando Moisés voltou, ficou consternado com tudo o que observou. Curvando-se ao chão diante de Deus, ele intercedeu em nome do povo, dizendo essencialmente: *Tu és o Deus que fizeste uma aliança com o teu povo. Por favor, guarda tua aliança! Mesmo que tenhamos tomado o que tu providenciaste para nós e desperdiçado na construção de falsos deuses, não nos abandones. Por favor, não abandones a obra das tuas mãos* (Êx 32.11-13).

É notável que Moisés, o qual era totalmente inocente, se identificasse tanto com o povo. É ainda mais notável que ele esteja mais disposto a ser apagado do "livro" do povo do Senhor do que ver o povo rejeitado por Deus.

Na intercessão de Moisés, vemos vislumbres do que finalmente seria cumprido no Novo Testamento. Deus nunca é o autor de assuntos inacabados quando se trata de seus filhos. Cristo intercede por nós, e, "quantas são as promessas de Deus, tantas têm nele o sim" (2Co 1.20). Em outras palavras, as promessas de Deus — de que ele sustentará o seu povo e completará a boa obra que começou neles — são totalmente cumpridas no próprio Jesus.

Somos "propensos a nos desviarmos" e "propensos a deixar o Deus que nós amamos".[98] Somos aqueles que usam o que Deus dá para irmos atrás de nossos ídolos. Precisamos de um intercessor — e temos um! O Senhor Jesus foi morto para que pudéssemos ser perdoados de nossos pecados. Quando confessamos nosso pecado a Jesus, estamos indo àquele que já interveio em nosso favor. Que o notável amor dele por você conquiste seu coração de volta, para não mais vagar atrás de ídolos, e você volte a usar tudo o que tem para servir ao Deus que lhe deu tudo de que precisa.

TIAGO 4.4-10

2 DE JULHO
LEGADOS DA FÉ

A fé é a certeza de coisas que se esperam, a convicção de fatos que se não veem. Pois, pela fé, os antigos obtiveram bom testemunho. (Hb 11.1-2)

Com o que a fé se parece? No capítulo 11 de sua carta, o autor de Hebreus aborda essa questão, apresentando-nos uma galeria de retratos, por assim dizer, dos santos da antiguidade — homens e mulheres que obtiveram bom testemunho por causa de sua fé. Este registro bíblico de bom testemunho não se destina a elevar esses indivíduos a algum status sobre-humano. Em vez disso, devemos ver Noé, Moisés e o resto como pessoas ordinárias, das quais podemos obter força e encorajamento ao refletirmos sobre como Deus os ajudou e honrou a fé deles.

Se quisermos seguir o exemplo deles de uma fé viva e vivida, precisamos primeiro ver o que a fé desses indivíduos *não* era. Não era um sentimento caloroso e confuso derivado de emoções ou circunstâncias, nem era uma vaga noção de que tudo daria certo no final. Não: para esses homens e mulheres, a fé na prática significava acreditar no que Deus havia dito, acreditar em sua Palavra e, em seguida, regular suas vidas de acordo com isso. Em outras palavras, como esses versículos nos dizem, a fé deles era uma convicção segura de que o que Deus havia prometido realmente se concretizaria.

Além disso, esses santos da antiguidade consideravam sua realidade futura como se fosse o presente, e o que era invisível como se fosse verdadeiramente visível. Embora não vissem as promessas de Deus cumpridas em sua vida, confiaram na fidelidade de Deus à sua Palavra, à luz da eternidade. A fé deles era uma confiança profunda não em suas circunstâncias no presente, mas naquele que havia feito promessas sobre seu futuro.

Ao viver sua fé de maneira tão visível, esses santos causaram um impacto radical em seus dias — e nós também podemos causar nos nossos. Sempre que um indivíduo, um casal, uma família ou uma igreja estão preparados para acreditar em Deus e fazer o que ele diz, vidas serão transformadas. Se fizermos isso, entenderemos melhor quem é Deus e o que ele fez, e estaremos melhor posicionados para fazer a diferença neste mundo e para a eternidade.

De tudo o que era verdade sobre os santos apresentados em Hebreus 11, a única característica unificadora que os trouxe a esta galeria de retratos foi sua fé no Deus vivo — uma garantia de que as promessas de Deus eram capazes de suportar o peso de suas esperanças e uma convicção constante de que o que Deus havia dito era tão real quanto o que eles podiam ver. Essa é a sua fé? Medite em todas as promessas que são suas, da parte de Deus, em Cristo. Reflita sobre todas as promessas que Deus já manteve ao longo da história e supremamente na morte e ressurreição de seu Filho. Então você será capaz, com alegria e determinação, de definir suas prioridades e tomar suas decisões com base nas promessas dele, não em suas próprias circunstâncias.

HEBREUS 11

3 DE JULHO

FILHO DO ENCORAJAMENTO

Tendo chegado a Jerusalém, procurou juntar-se com os discípulos; todos, porém, o temiam, não acreditando que ele fosse discípulo. Mas Barnabé, tomando-o consigo, levou-o aos apóstolos; e contou-lhes como ele vira o Senhor no caminho. (At 9.26-27)

Certa noite, na década de 60, um hippie despenteado chegou a uma igreja muito grande e adequada perto da costa, em São Francisco. Quando ele entrou, nenhum dos obreiros o cumprimentou. A igreja estava lotada e, enquanto olhava ao longo das fileiras, ninguém se moveu — e assim ele continuou a andar. Certo momento, tendo caminhado até a frente sem encontrar um assento, ele se sentou bem no meio do corredor, de pernas cruzadas no chão. Nesse instante, o diácono sênior — um homem pequeno em um terno, com um alfinete na gravata — começou a andar para a frente, vindo do fundo da igreja. Ele caminhou até o jovem — e sentou-se no chão ao lado dele!

Aquele diácono era um "Barnabé". Um Barnabé de um grupo de 500 fez toda a diferença na vida de um novo convertido.

Como um novo convertido ao cristianismo, Paulo não tinha para onde ir. Os crentes em Jerusalém estavam com medo e duvidavam que ele tivesse experimentado uma mudança radical de vida. Paulo precisava de alguém neste momento de sua vida para encorajá-lo, liderá-lo e apresentá-lo à igreja. Para essa tarefa, Deus escolheu um homem comum que ele estivera formando esse tempo todo. Este homem era um estrangeiro de Chipre, com uma grande formação religiosa, que havia recebido um novo nome por aqueles que o conheciam: Barnabé, que significa "filho do encorajamento" (At 4.36).[99] Foi essa característica de Barnabé — sua natureza encorajadora — que o tornou influente na vida de Paulo. A Escritura não nos diz que Barnabé dirigiu Paulo a qualquer lugar, desenhou-lhe um mapa ou sugeriu alguém com quem ele pudesse conversar. Não, simplesmente nos dá quatro palavras maravilhosas: "Mas Barnabé, tomando-o consigo". Quando você leva alguém aonde ele precisa ir, isso envolve tempo, esforço e um rearranjo de planos. Onde muitos não se preocupariam, Barnabé chegou junto.

Barnabé se tornaria companheiro de Paulo em sua primeira grande viagem missionária (At 13.1-3). Não apenas o início da vida cristã de Paulo, mas o início de seu testemunho aos gentios deve muito a esse herói em grande parte desconhecido. Somente no céu se tornará aparente o quanto dos sucessos do ministério de Paulo foram resultado da maneira como Deus inicialmente e continuamente colocou Barnabé ao seu lado.

Precisamos de pessoas com o espírito de Barnabé em nossas igrejas — pessoas que exalem esse tipo de compaixão, que dediquem tempo, esforço e reorganizem seus planos para alcançar e acolher aqueles que são novos ou que estão lutando. De fato, em muitas congregações, tais pessoas já estão lá; a igreja é sustentada todas as semanas como resultado de homens e mulheres que reconhecem que não há momentos sem importância em seus dias. Não há encontros casuais. Não há pessoas irrelevantes. Não há tarefas insignificantes. Toda igreja precisa dessas pessoas, que estão dispostas a fazer o que é necessário para "tomar" alguém como Barnabé tomou Paulo. Esse será você?

AT 4.32-37

4 DE JULHO

UM JUGO DE LIBERDADE

Vinde a mim [...]. Porque o meu jugo é suave, e o meu fardo é leve. (Mt 11.28, 30)

Um jugo é uma estrutura de madeira colocada nas costas de bois ou outros animais fortes, unindo-os para transportar uma carga pesada. O objetivo do jugo é distribuir uniformemente o peso em ambos os lados, possibilitando que os animais andem enquanto o carregam.

Jesus usa essa ilustração para oferecer àqueles que podem segui-lo a chance de encontrar liberdade incomparável debaixo de seu jugo. Com seu convite para tomar seu jugo "suave" e "leve", Jesus se distingue da mera religião, com seu pesado fardo de regras e regulamentos. Os fariseus do tempo de Jesus estavam obcecados em fazer o que era certo — não apenas buscando cumprir a Lei de Deus, mas também adicionando um grande número de suas próprias regras. Tais obrigações e expectativas criadas pelo homem criam fardos esmagadores. Dizer repetidamente "Vamos, tente mais arduamente; vamos, faça isso" deixará exausto, metaforicamente, o pescoço de qualquer um.

Mas o jugo de Jesus é diferente.

Estar sob o jugo — a autoridade — de Jesus não é um fardo; é um deleite. Como isso é possível? Há uma liberdade encontrada em Cristo — não a liberdade de fazer o que queremos, mas a liberdade de fazer o que *devemos*. Uma vez que, por natureza, não podemos fazer o que devemos, estamos presos aos nossos próprios desejos. Esse caminho promete muito, mas entrega pouco. Precisamos de alguém — Jesus — para nos libertar de nossa escravidão ao pecado, para que possamos viver em liberdade e obediência à vontade de Deus: para nos tornarmos as pessoas que fomos projetados para ser. Assim é que os mandamentos de Cristo são "a lei perfeita, que traz a liberdade", e assim é que aqueles que lhes obedecem "[serão felizes] naquilo que [fizerem]" (Tg 1.25 NVI).

É por isso que declaramos com alegria: "Jesus é meu Senhor". Essa é a sua identidade — e, por causa do senhorio de Jesus, quando respondemos ao seu convite e recebemos o seu jugo sobre os nossos ombros, aceitamos uma nova obrigação de viver livremente sob a sua perfeita vontade. As questões de moralidade, sexualidade, negócios, família — todas essas coisas e muito mais estão reunidas sob o jugo do Senhor Jesus Cristo.

Para aqueles que ainda se sentem presos a um peso opressivo, sejam regras impossíveis ou desejos pecaminosos, Jesus estende o convite para ir e deixar que ele levante esses fardos. Você precisa ouvir isso hoje. Onde você está lutando com o pecado? Como você vê os mandamentos do Senhor como opressivos? De que maneiras você pode estar lutando contra os caminhos dele? Ouça-o novamente: *Venha a mim. Eu sou humilde. Eu sou gentil. Seu fardo é tão severo, que tive de morrer na cruz por você, e o fiz voluntariamente. Venha e junte-se a mim. Meu fardo é leve.*

ROMANOS 6.15-23

5 DE JULHO
UM CHAMADO PARA SER DIFERENTE

Amados, exorto-vos, como peregrinos e forasteiros que sois, a vos absterdes das paixões carnais, que fazem guerra contra a alma, mantendo exemplar o vosso procedimento no meio dos gentios, para que, naquilo que falam contra vós outros como de malfeitores, observando-vos em vossas boas obras, glorifiquem a Deus no dia da visitação. (1Pe 2.11-12)

Como os seguidores de Jesus devem agir? É uma pergunta vital. A resposta é simples e desafiadora: somos chamados a ser *diferentes* — diferentes daqueles que não seguem Jesus.

Por toda a eternidade, Deus planejou ter um povo próprio. O povo de Deus é chamado para ser um povo santo, separado tanto do pecado quanto para Deus, que é em si mesmo "Santo, Santo, Santo" (Is 6.3; Ap 4.8). Encontramos esse princípio de um povo separado registrado para nós por toda a Escritura. Em Levítico, por exemplo, o Senhor ordena que seu povo, os israelitas, não imite os egípcios e os cananeus em suas práticas pagãs. Em vez disso, eles são chamados a obedecer às leis e decretos de Deus (Lv 18.1-5).

Mas as leis de Deus não foram introduzidas para que seu povo pudesse simplesmente ter uma aparência de obediência. Não; a verdadeira obediência aos decretos de Deus é expressão de um coração transformado — um coração que se alegra com a santidade. Em outras palavras, Deus diz: *Vocês são o meu povo. Vocês pertencem a mim. Portanto, quero que vocês se deleitem em serem separados.* Nossas ações externas só durarão e só agradarão a Deus quando uma mudança interna já tiver ocorrido.

Assim, no Novo Testamento, encontramos Pedro exortando os crentes a se lembrarem de que eles são "raça eleita, sacerdócio real, nação santa, povo de propriedade exclusiva de Deus" (1Pe 2.9). Como povo de Deus hoje, ainda somos chamados a viver de forma diferente: a manter nossa conduta honrada e fazer escolhas sobre nosso entretenimento, finanças, relacionamentos — na verdade, sobre todas as facetas de nossa vida — que estejam de acordo com a exortação de Deus a sermos santos como ele é santo (1.16).

O grande desafio para nós, como crentes, é de nos identificarmos com o mundo em sua necessidade, mas não em seu pecado. As pessoas do nosso mundo não precisam de nós para fazê-las sentir-se confortáveis com seu comportamento imoral e rejeição ao seu Criador. Em vez disso, como Pedro explica, devemos viver de tal maneira que "[proclamemos] as virtudes daquele que [nos] chamou das trevas para a sua maravilhosa luz", para que outros possam ver as nossas boas obras e dar a Deus toda a glória (1Pe 2.9). Portanto, as palavras de Pedro devem provocar cada um de nós a perguntar: será que espero ser diferente? Estou disposto a ser diferente, mesmo que isso leve os outros a falarem contra mim? Amarei este mundo o suficiente para ser bastante diferente deste mundo, a fim de direcionar as pessoas deste mundo a um mundo melhor?

DEUTERONÔMIO 4.1-8

6 DE JULHO

TREINE COM DISCIPLINA

Todo atleta em tudo se domina;
aqueles, para alcançar uma coroa corruptível; nós, porém, a incorruptível.
Assim corro também eu, não sem meta; assim luto, não como desferindo golpes no ar.
Mas esmurro o meu corpo e o reduzo à escravidão. (1Co 9.25-27)

Corinto foi sede dos Jogos Ístmicos, os quais, em tamanho e importância, perdiam apenas para as Olimpíadas. O atletismo consumia a cultura. Seus cidadãos sabiam que, para um atleta, o esforço despendido durante uma corrida é apenas uma pequena fração do esforço exigido ao longo da vida. Então, quando Paulo escreveu à igreja em Corinto, ele não falou apenas de correr e competir. Ele também falou sobre treinamento.

Em Corinto, crianças de até 7 anos eram submetidas a exercícios rigorosos para se prepararem para a competição. Esperava-se que os participantes mostrassem haver passado por um treinamento rigoroso. Ninguém poderia correr uma corrida se não tivesse praticado por meses antes do evento. Da mesma forma, a vida cristã deve ser marcada por uma disciplina que revela um compromisso eterno de correr a corrida de Deus. É importante que nossas palavras sejam apoiadas por nossas ações. Expressar a determinação de viver a vida cristã sem que isso seja acompanhado de ações disciplinadas é um absurdo. É como expressar a necessidade de acordar mais cedo ou perder peso e resolver fazer essas coisas, mas nunca definir o alarme, praticar exercícios ou comer bem. A resolução é tornada inútil pela falta de ação.

A disciplina a que Paulo se refere não é um sentimento interior; em vez disso, é uma decisão voluntária e consciente sobre como usamos nosso tempo, em que depositamos nossas afeições e a maneira como abordamos toda a vida. Como o bispo inglês do século XIX J. C. Ryle escreveu: "A verdadeira santidade [...] não consiste meramente de sensações e impressões internas. [...] É algo da 'imagem de Cristo', que pode ser visto e observado por outros em nossa vida privada, hábitos, caráter e ações."[100]

Durante os tempos da antiguidade, quando o atleta triunfante retornava à sua cidade, ele não apenas atravessava o portão do qual havia partido; ele tinha uma parte do muro quebrada em sua honra. Ele entrava por um portão novinho em folha, e a população da cidade se reunia e o recebia com grande aclamação. O treinamento dentro da vida cristã não ganha a salvação. Isso é conquistado somente por Cristo. No entanto, isso nos garante uma entrada abundante no céu. Quando chegarmos ao seu reino, ouvir a saudação do Senhor de "Muito bem, servo bom e fiel" (Mt 25.21) será um momento de honra e alegria maior do que qualquer porta recém-feita!

Essa é a imagem da entrada no céu que a Palavra de Deus diz ser possível para aqueles que correrão a corrida, que suportarão o treinamento, que correrão para vencer. Então, pergunte a si mesmo: onde estou expressando determinação, mas não estou agindo? Em que área do crescimento cristão preciso implementar práticas disciplinadas para me tornar mais semelhante ao meu Senhor? E então espere ansiosamente pelo momento em que você terminar sua corrida e entrar na glória, pois isso motivará todo o treinamento de que precisa.

ROMANOS 13.8-14

A Bíblia em um ano: Dt 28-29; At 7.1-21

7 DE JULHO

A TENTAÇÃO DE JOSÉ

José era formoso de porte e de aparência. Aconteceu, depois destas coisas,
que a mulher de seu senhor pôs os olhos em José e lhe disse: Deita-te comigo.
Ele, porém, recusou. (Gn 39.6-8)

A tentação é uma sedução para o mal ou para o pecado. Todos já enfrentaram isso — até mesmo o próprio Senhor Jesus. Por si só, portanto, a tentação não é pecado; é a nossa resposta a ela que nos leva nos caminhos da justiça ou às areias movediças da desobediência.

As ações da esposa de Potifar demonstram como a tentação se manifesta. Sua abordagem primeiro foi sutil. Ela começou, em sua mente, a olhar para José de maneira diferente. Os olhos são uma porta de entrada para nossa alma e o caminho através do qual muitas tentações vêm. Um coração lascivo começa com olhos persistentes.

Tendo seus olhos enredado sua alma, ela perdeu qualquer noção de modéstia. Como ela poderia prosseguir para um convite tão descarado ao adultério? A resposta é que ela estava claramente alimentando a luxúria em sua imaginação, o que sem dúvida aumentará as chances de realmente fazermos o que estamos pensando. O pecado está sempre pronto para irromper em um instante, impulsionado por desejos cegos, furiosos e quase (embora nunca totalmente) irreprimíveis. Chega um ponto em que fomos tão longe na estrada em nossa mente, que tudo de que precisamos é a ocasião — e assim, quando a ocasião surge, o mesmo acontece com o pecado exterior.

Você e eu podemos aprender com as más ações da esposa de Potifar. Você pode ter certeza de que aquilo que você permite que seus olhos encarem e em que sua mente se concentre, mais cedo ou mais tarde, afetará como você age. As tentações e os desejos que elas despertam serão alimentados ou serão combatidos. Estamos preparados para "[levar] cativo todo pensamento à obediência de Cristo" (2Co 10.5) em vez de alimentar a luxúria ou outros pecados? Estamos dispostos a "[entrar] no reino de Deus com um só dos [nossos] olhos" (Mc 9.47), ou a vida eterna não é digna de tal preço?

Que tentações seus olhos e sua mente enfrentam hoje? Embora cada um seja um convite perigoso ao pecado, também oferece uma oportunidade de escolher a obediência. Ore por sabedoria e ousadia para reconhecer esses momentos e responder a essas tentações de uma maneira que o leve aos caminhos da justiça.

🎧 ♡ ✋ GÊNESIS 4.1-16

8 DE JULHO

VINDE HUMILDEMENTE, BUSCAI SINCERAMENTE

E, saindo os fariseus, puseram-se a discutir com ele; e, tentando-o, pediram-lhe um sinal do céu. Jesus, porém, arrancou do íntimo do seu espírito um gemido e disse: Por que pede esta geração um sinal? Em verdade vos digo que a esta geração não se lhe dará sinal algum. (Mc 8.11-12)

Professores de escolas e professores universitários muitas vezes experimentam dois tipos de questionadores: aqueles que perguntam humildemente, com interesse genuíno, e aqueles que visam desafiar como oposição. Os primeiros claramente procuram entender. Os últimos estão mais interessados em fazer avançar uma agenda, reforçar suas opiniões ou simplesmente parecer inteligentes.

Ao contrário das multidões de pessoas que testemunharam e se maravilharam com os milagres de Cristo, os fariseus muitas vezes desafiaram o ensino e o ministério público de Jesus para testá-lo e miná-lo. Eles não estavam lá para ver suas obras maravilhosas e considerar se ele era realmente a pessoa que afirmava ser. Eles estavam lá para fazê-lo tropeçar e prendê-lo.

Jesus respondeu às multidões que o seguiam com compaixão. Tinha bondade divina para com aqueles que vinham a ele com humildade de coração, reconhecendo a própria necessidade. Ele não afastou ninguém que viesse genuinamente em busca da verdade. Mas ele enfrentou os líderes religiosos antagônicos com frustração justa — impaciência divina para aqueles que procuravam provar sua própria posição e desafiar as reivindicações dele.

Há duas maneiras de fazer uma pergunta: com humildade ou arrogância. E o Mestre sempre sabe a diferença.

Algumas pessoas que dizem ser religiosas ainda não entendem nada do ensino da Bíblia. Elas ouvem sermões domingo após domingo, procurando razões para não descansar totalmente na obra concluída de Cristo. Fazem perguntas destinadas a manter o Senhor à distância e depois se perguntam por que nunca encontram respostas satisfatórias. Esse não é o caminho do filho de Deus. Com mansidão e curiosidade, devemos procurar aprender com nosso Mestre e, quando nosso coração estiver perturbado, ir a ele humildemente, pedindo ajuda para estarmos abertos à resposta, sem exigir que Jesus siga nossa agenda ou expectativas.

Se você tem um cérebro grande, a Bíblia é capaz de satisfazer seu intelecto. Se você tem uma cabeça grande, descobrirá que o orgulho distorce sua capacidade de ver a clareza e a verdade da Palavra de Deus. Cristo está mais do que disposto a atender à integridade intelectual, mas ele não está disposto a ceder à arrogância.

Todos nós temos perguntas para Jesus sobre este mundo, sobre nossa vida, sobre o caminho que devemos seguir. Jesus nunca rejeitará aqueles que vão a ele, e acolhe os pedidos de seus irmãos e irmãs. Todavia, além de considerar suas perguntas, considere seu coração. Faça suas perguntas, mas primeiro pense em como você está perguntando: está motivado pela fé em busca de compreensão ou pelo orgulho em busca de estar certo?

MARCOS 10.2-22

9 DE JULHO
UMA PALAVRA AOS PAIS

E vós, pais, não provoqueis vossos filhos à ira,
mas criai-os na disciplina e na admoestação do Senhor. (Ef 6.4)

Na sociedade romana, o poder de um pai prevalecia. Como William Barclay escreveu: "Um pai romano tinha poder absoluto sobre sua família. [...] Ele poderia amarrar ou espancar seu filho; ele poderia vendê-lo como escravo; e até possuía o direito de executá-lo. [...] Se alguma vez um povo soube o que era a disciplina parental, eram os romanos."[101]

Observe, então, que aqui Paulo não está simplesmente demandando o exercício da autoridade parental. Em vez disso, ele está tanto assumindo sua legitimidade quanto temperando-a. Sua instrução é primeiramente negativa: "Não provoqueis vossos filhos à ira". Ele exorta os pais a exercer moderação ao disciplinar seus filhos, para que eles não façam mais mal do que bem, irritando-os ou fazendo com que fiquem desanimados, ressentidos ou irados.

Como podemos provocar nossos filhos à ira? Através do egoísmo, severidade, inconsistência, irracionalidade, favoritismo, irritação, busca de falhas, não reconhecer progresso... No entanto, uma lista tão assustadora não deve nos desencorajar; em vez disso, devemos nos lembrar que essa responsabilidade está inteiramente além de nós, à parte da graça de Deus.

E, ainda assim, a instrução de Paulo não é apenas negativa, mas também positiva. O verbo "criai-os" também pode significar "nutrir". Há algo de hortícola nisso — um lembrete não apenas de que devemos criar nossos filhos com ternura, mas também de que isso não é uma tarefa momentânea; antes, é uma jornada ao longo de muitos anos. Ao mesmo tempo, nutrir envolve "disciplina" — a saber, a disciplina da Escritura, pela qual o próprio pai é conformado à imagem de Cristo — e "admoestação", que envolve gentilmente levar a Palavra de Deus à mente de nossos filhos, para que seu caráter seja realmente transformado.

Se você é pai, como pode realizar tal tarefa? É preciso graça. É preciso paciência. Em termos de mercado de ações, a paternidade não é *day trading*; é investimento de longo prazo. É incrível como uma criança de 4 anos que é constantemente tratada com amor e disciplina piedosa pode se tornar um jovem adulto atencioso e amoroso no final da adolescência. Portanto, se você não é pai, ore por aqueles que são. Eles precisam disso! E, se você é pai, considere sua própria abordagem. Como você está estabelecendo sua autoridade paternal em casa? De que maneiras você corre mais risco de provocar seus filhos ao fazer isso? Como você instruirá seus filhos na Palavra de Deus, e como você pode ver seu próprio caráter sendo formado à semelhança de Cristo por meio da experiência da paternidade? Em tudo isso, lembre-se de que ser pai é um ato de graça. Devemos cumprir nossas responsabilidades fielmente. Mas você será esmagado se não se lembrar de que a graça é suficiente para superar todo e qualquer erro — uma verdade para edificá-lo e mantê-lo de joelhos!

DEUTERONÔMIO 6.1-15

10 DE JULHO
O AGUILHÃO DA MORTE É EXTRAÍDO

Onde está, ó morte, a tua vitória? Onde está, ó morte, o teu aguilhão?
O aguilhão da morte é o pecado, e a força do pecado é a lei. Graças a Deus, que nos dá
a vitória por intermédio de nosso Senhor Jesus Cristo. (1Co 15.55-57)

A maioria das gerações recentes exibiu uma relutância generalizada em enfrentar a realidade da morte, e talvez nenhuma mais do que a nossa. As pessoas tentam constantemente encobri-la ou ignorar sua existência, na esperança de que talvez ela simplesmente desapareça. Porém, de todas as pessoas, os cristãos devem estar preparados para fazer o que muitos não querem: olhar a morte de frente e reconhecer que não há como negá-la e não há como escapar dela — mas que também não há necessidade disso, pois ela foi derrotada.

De fato, o cristianismo muda a maneira como vemos tudo. A Bíblia nos confronta com a realidade de que a vida é breve, a morte é certa e o julgamento nos espera. Mas também temos nas Escrituras declarações claras, maravilhosas e orientadoras sobre como pensar na morte de um crente.

Para o cristão, o aguilhão da morte é extraído. Considere isso da seguinte forma: se alguma vez, ao sair com uma criança, uma vespa irritada aparecer, você se colocará propositalmente entre a criança e a vespa para tomar ou "extrair" o aguilhão. Feito isso, a criança não tem nada a temer. Assim, Jesus, por meio de sua obra na cruz, lidou com a penalidade de nosso pecado. Ele quebrou o cativeiro do poder do pecado em nossa vida. Ele extraiu o aguilhão do pecado e da morte. A vitória de Cristo é a nossa vitória; a morte foi derrotada. Ainda experimentaremos a morte, mas apenas passaremos por ela. Ela não nos reivindicará.

A Escritura usa a imagem do sono para descrever um cristão que morreu, pois o sono é um estado temporário, não permanente. E a usa em relação ao nosso corpo, não à nossa alma. Em uma de suas cartas aos tessalonicenses, Paulo diz: "Pois, se cremos que Jesus morreu e ressuscitou, assim também Deus, mediante Jesus, trará, em sua companhia, os que dormem." (1Ts 4.14). Em outras palavras, podemos dizer a Jesus o que muitas crianças pequenas dizem à mãe ou ao pai na hora de dormir: "Você vai ficar comigo enquanto eu durmo?" E Jesus diz: *Sim, eu vou. Porém, ainda melhor que isso, estarei com você nesse sono.* Adormecer — morrer — em Cristo significa que somos conduzidos imediatamente à sua presença, a alegria do Senhor na glória.

Jesus está vivo e a cada novo dia pode nos lembrar de sua ressurreição. Todas as manhãs, despertamos para um novo nascer do sol como um lembrete daquele dia glorioso em que a trombeta soará, os mortos em Cristo ressuscitarão primeiro e todos os que estiverem vivos e permanecerem na terra serão arrebatados juntamente com eles. Como crentes, nascemos de novo com a esperança viva de que, como Jesus Cristo foi vitorioso sobre a sepultura, estaremos para sempre com ele. É assim que olhamos para a morte: olhamos através dela. E, uma vez que somos capazes de morrer sem medo, somos capazes de viver sem medo também.

APOCALIPSE 3.7-13

11 DE JULHO

MATURIDADE CRISTÃ

Não que eu o tenha já recebido ou tenha já obtido a perfeição; mas prossigo para conquistar aquilo para o que também fui conquistado por Cristo Jesus. [...] prossigo para o alvo, para o prêmio da soberana vocação de Deus em Cristo Jesus. Todos, pois, que somos perfeitos, tenhamos este sentimento; e, se, porventura, pensais doutro modo, também isto Deus vos esclarecerá. (Fp 3.12, 14-15)

Há poucas coisas tão cativantes quanto os jovens que embarcam em grandes fantasias e fazem afirmações irrealistas, seja sobre seus pais — "Meu pai pode fazer isso" ou "Minha mãe é ótima nisso" — ou sobre si mesmos. Não é tão cativante quando vem de alguém com 25 ou 50 anos! Nesse momento, alguém precisa dizer: "Aja de acordo com a sua idade, pelo amor de Deus!"

Assim como esperamos ver maturidade naqueles que são vividos, e assim como sabemos haver certas marcas de maturidade nos reinos físico, emocional e mental, devemos esperar ver maturidade dentro do reino da vida espiritual. E, se estamos de fato crescendo em maturidade, explica Paulo, certas características marcarão nossa vida e nossa caminhada com Deus.

A maior parte da nossa sociedade está constantemente nos pedindo para estarmos cientes do que somos, do que alcançamos ou de quão longe chegamos. Em contraste, a maturidade cristã tem como início uma consciência *do que não somos*. Onde a imaturidade nos leva a pensar em nós mesmos mais do que deveríamos (veja Rm 12.3), a maturidade rejeita afirmações exageradas. Em vez disso, é marcada por uma estimativa sensata do nosso progresso espiritual. Não é exemplificada por uma conversa elevada, mas por uma vida de consistência humilde e estável.

Na velha fábula "A Tartaruga e a Lebre", a lebre voa no início da corrida enquanto a tartaruga simplesmente caminha. A lebre está tão convencida de que venceu a corrida, que decide sentar-se e descansar, relaxar e adormecer. E, quando o sujeito que teve um começo tão dramático adormece, a pequena tartaruga faz algum progresso — no mesmo ritmo, devagar, devagar, devagar — até que finalmente ela é a vencedora e a lebre desaparece.

Pode ser um grande desafio estar cercado por lebres espirituais, sempre pulando e pulando, anunciando suas grandes aspirações e dizendo para onde estão indo, o que estão fazendo e o que estão alcançando. Quão desanimador eu acho isso enquanto simplesmente tento continuar na vida cristã!

Como um pastor sábio, Paulo não tenta ser a lebre. Em vez disso, ele nos encoraja dizendo: *Quero que saibam que sou um peregrino. Quero que vocês saibam que ainda estou em processo, ainda na jornada — que ainda tenho muito que fazer.* Paulo está avançando em direção à linha de chegada e está nos exortando a fazer o mesmo. Em vez de se vangloriar de um começo chamativo ou de um ritmo impressionante, suas palavras são um chamado a um compromisso resoluto e repetido com o básico.

Humildade e consistência: estas duas são marcas da vida cristã madura, que sabe que pela graça chegou até aqui, e pela graça seguirá em frente para chegar em casa. Como elas crescerão como marcas de maturidade em sua vida?

1 PEDRO 1.22–2.6

12 DE JULHO
UM CHAMADO A AÇÕES DE GRAÇAS

Celebrai com júbilo ao Senhor, todas as terras. [...] Entrai por suas portas com ações de graças e nos seus átrios, com hinos de louvor. (Sl 100.1, 4)

O centésimo salmo, com seu chamado à adoração, é um dos mais conhecidos no Saltério. No entanto, essa familiaridade pode dificultar o impacto em nosso coração. De muitas maneiras, é mais fácil estudar passagens que são menos familiares, porque não somos complacentes em nosso estudo. Não presumimos que já as conhecemos.

Nunca deveríamos nos sentir tão confortáveis com o convite para ações de graças a ponto de passarmos por cima dele, como se fosse apenas retórica. Este salmo nos exorta à ação! Como povo de Deus, somos chamados à adoração alegre e ao louvor agradecido.

"Celebrai com júbilo ao Senhor" é um convite à adoração exuberante e vocal. Tal louvor não deve ser tratado como uma obrigação forçada, como se tivéssemos engolido algo distintamente intragável. Em vez disso, deve ser uma resposta à atividade de Deus em nossa vida, o que nos leva, tomando emprestada uma frase de C. S. Lewis, a sermos "surpreendidos pela alegria". A oportunidade de adoração eleva o espírito do crente genuíno — e ninguém fica de fora da exortação. Deus fez "todas as terras" para o louvor de sua gloriosa graça.

Ele também nos convida a "[entrar] [...] em seus átrios, com hinos de louvor". Considere a experiência do plebeu do lado de fora do Palácio de Buckingham, em Londres, onde o melhor que você pode fazer é enfiar o nariz pelas grades e esperar por um vislumbre fugaz da realeza de longe. O portão é propositalmente fechado para proteger o soberano. Mas essa não é a nossa experiência com o Pai. A morte de Jesus rasgou a cortina do templo em duas (Mt 27.51) e abriu uma nova maneira de viver para nós. Por meio de Jesus, obtivemos acesso ao Pai, e os portões estão escancarados em boas-vindas.

Nossas expressões de gratidão na adoração alegre e louvor agradecido não devem estar ligadas às nossas circunstâncias ou sentimentos. O verdadeiro fundamento para a ação de graças é saber que o Senhor é Deus e que ele nos convidou para seus átrios, para cercar seu trono como seus súditos, mas também como seus filhos. Reconhecer isso é ter um terreno firme sob os pés, para que cada um de nós possa dizer com o salmista:

Tirou-me de um poço de perdição,
de um tremedal de lama;
colocou-me os pés sobre uma rocha
e me firmou os passos.
E me pôs nos lábios um novo cântico,
um hino de louvor ao nosso Deus. (Sl 40.2-3)

Um dia você estará lá, nos átrios dele. Até lá, todos os domingos você pode ficar com outras pessoas em sua igreja local — uma embaixada daquela sala do trono celestial — e antecipar esse dia futuro cantando com alegria ao Senhor.

SALMO 100

A Bíblia em um ano: Sl 4–6; At 9.23-43

13 DE JULHO
NOSSA DÍVIDA FOI PAGA

> *[Deus] vos deu vida juntamente com ele, perdoando todos os nossos delitos; tendo cancelado o escrito de dívida, que era contra nós e que constava de ordenanças, o qual nos era prejudicial, removeu-o inteiramente, encravando-o na cruz. (Cl 2.13-14)*

Por que Jesus Cristo veio à terra, morreu na cruz e ressuscitou dos mortos? Para proporcionar Redenção eterna e adoção divina para aqueles que creem. É uma realidade que nenhuma outra religião pode afirmar: o próprio Deus pagou a dívida do pecado humano para que pudéssemos ser chamados de seus filhos. O escritor do hino expressa a maravilha desse pagamento:

> *Ó redenção perfeita, a compra de sangue!*
> *Para todo crente a promessa de Deus;*
> *O ofensor mais vil que verdadeiramente crê,*
> *Naquele momento, de Jesus recebe o perdão.*[102]

Nosso encontro com a Redenção de Cristo é como a história da "Velha Betty", uma mulher idosa que viveu na pobreza por causa de uma dívida financeira substancial. Um dia, um ministro cristão e sua congregação decidiram graciosamente intervir na vida de Betty e quitar sua dívida. O ministro procurou Betty em sua casa, mas, com medo de ser presa, ela evitou as primeiras batidas à porta. Uma vez que ele finalmente foi capaz de contar a boa notícia, ela olhou para ele e disse: "Apenas pense: eu tranquei e barrei a porta contra você. Eu estava com medo de deixá-lo entrar, e aqui estava você, trazendo um presente tão generoso."

Em algum momento da vida, todos nós já fomos como a Velha Betty. Uma vez, sabíamos estar em dívida com o pecado. Estávamos sobrecarregados de arrependimento, com medo de que as pessoas viessem bater, prontas para revelar nossos problemas aos outros. Acima de tudo, tínhamos medo de Deus, pois a batida de sua mão à porta de nossa vida certamente só poderia significar julgamento. Mas então descobrimos que, em Cristo, Deus bate à porta para oferecer não o que nossas dívidas merecem, mas o que seu amor conquistou: um novo começo, um quadro em branco, uma nova história. Nossa dívida foi cancelada e, com alegria, abrimos a porta de nossa vida e o recebemos como nosso Salvador, Amigo e Senhor.

Ser cristão é viver na consciência dessa dívida paga. Não somos mais escravos do pecado e de sua penalidade; em vez disso, fomos libertos e adotados como filhos de Deus. E, agora, nossa adoção como filhos e filhas é o motivo pelo qual temos o grande privilégio de chamar a Deus de nosso Pai celestial e conhecê-lo tão intimamente. Não nos escondemos mais atrás de nossas portas, agarrando-nos a nossas dívidas, porque provamos a liberdade que veio bater à nossa porta e a deixamos entrar em nossa vida.

Que descanso é encontrado em saber que nossa dívida está cancelada! Que alegria é encontrada em saber que nosso status diante do Deus vivo foi transformado de devedores ansiosos para um de seus filhos e filhas adotivos. Agora, a pergunta é esta: como você permitirá que essas verdades mudem como você se vê e como vê as tarefas que estão diante de você hoje?

GÁLATAS 4.21–5.1

14 DE JULHO
A ÚNICA CURA PARA A ALMA

Naamã, comandante do exército do rei da Síria, era grande homem diante do seu senhor e de muito conceito, porque por ele o Senhor dera vitória à Síria; era ele herói da guerra, porém leproso. (2Rs 5.1)

De qualquer ângulo, Naamã parecia estar realizado.

Naamã era um homem da grande cidade síria de Damasco. Dois rios que começavam nas montanhas do Líbano fluíam com beleza intocada em um oásis fértil onde esta cidade havia sido construída. Era um lugar de riqueza e lazer, e fornecia as atrações culturais da arte, música e recreação. Como comandante bem-sucedido do exército sírio, Naamã tinha uma posição invejável de poder e prestígio, e era altamente considerado, inclusive por seu rei. E, sem dúvida, com seu poder e prestígio, vieram grandes posses.

Em outras palavras, aqui estava um homem com tudo a seu favor. Exceto uma coisa.

Havia uma dimensão na existência de Naamã que lançava extensas sombras sobre tudo o mais que ele desfrutava. Suas muitas conquistas orgulhosas foram ofuscadas e dominadas por esta única cláusula: "porém leproso". Tudo o que ele desfrutava — suas muitas oportunidades e suas posses — não chegava nem perto de resolver seu problema. Não havia nada que ele pudesse fazer... e a lepra estava arruinando a sua vida.

A doença física que atormentava Naamã é uma imagem da doença espiritual de que cada um de nós sofre. Sua lepra era uma doença cicatricial, contagiosa e feia. É uma imagem bíblica clássica da natureza da humanidade, que está contaminada pelo pecado.

Quando descrevemos a nós mesmos e nosso contexto para os outros, podemos listar quem conhecemos, os lugares em que estivemos e tudo o que alcançamos. No entanto, no final de tudo isso, sem Cristo, estamos inevitavelmente caminhando em direção à mesma palavrinha de Naamã: *porém...*

A lepra não tinha nenhuma consideração pelo status de Naamã, e o pecado não tem consideração pelo nosso. "Todos pecaram e carecem da glória de Deus" (Rm 3.23), e "todos" realmente significa "todos". Não há sequer um homem ou mulher que seja omitido do escopo dessa declaração abrangente. Não há riqueza que possa nos comprar do pecado e nenhuma bondade que possa cobri-lo.

Todos nós sofremos da lepra de nossa alma, para a qual não há cura sem Cristo. Somente quando admitimos que nosso status e posses não podem lidar com nosso maior problema, podemos nos voltar para Jesus, nosso Grande Médico, que assumiu nossa condição para que pudéssemos ser curados. Assim como ele estava disposto a estender a mão e tocar um leproso, tornando-se impuro, mas curando o homem inteiramente, assim na cruz ele se tornou pecado para que pudéssemos nos tornar justos aos olhos de Deus (2Co 5.21).

Hoje, você está cercado por naamãs: pessoas que desfrutam de prestígio, poder e posses — pessoas que são realizadas, mas que, não obstante, são arruinadas pelo pecado e enfrentam o julgamento. Aqui está uma verdade que mina nossa inveja dos outros e desperta compaixão. Como Naamã precisava de uma cura para sua lepra, todo homem e mulher precisa de uma solução para o pecado — e você conhece a cura.

LUCAS 5.12-32

15 DE JULHO
O MISTÉRIO DA VONTADE DE DEUS

[Ele está] desvendando-nos o mistério da sua vontade,
segundo o seu beneplácito que propusera em Cristo, de fazer convergir nele, na
dispensação da plenitude dos tempos, todas as coisas, tanto as do céu como as da terra.
(Ef 1.9-10)

Quando você assiste a novas construções em um prédio do lado de fora, tudo o que está acontecendo sob todos os andaimes e envoltórios da casa pode parecer um mistério. Algo está obviamente tomando forma, mas, para qualquer um que não seja o arquiteto, pode ser difícil imaginar plenamente o resultado final.

No desdobramento do drama do Antigo Testamento, o mistério da vontade de Deus se assemelha a andaimes e envoltórios, cobrindo certas partes da história bíblica até que, como Paulo coloca, "[chegasse] a plenitude do tempo" (Gl 4.4 NVI). Mesmo que os próprios profetas profetizassem sobre aquele que estava por vir, eles só podiam imaginar o significado completo por trás de todas as dicas e pistas contidas em seus escritos (1Pe 1.10-11).

Na linguagem bíblica, um "mistério" não é um quebra-cabeça esperando para ser resolvido pela engenhosidade humana. Em vez disso, é um segredo que está esperando para ser revelado por Deus. Por meio da obra de seu Espírito em nosso coração e mente, muitos dos mistérios de Deus se tornam compreensíveis para nós. À parte de sua obra, não podemos entendê-los.

Depois de sua ressurreição, quando Jesus teve a oportunidade de se dirigir aos viajantes infelizes na estrada para Emaús, ele lhes respondeu de uma maneira amorosa, mas estratégica (Lc 24.18-27). A princípio, eles não o reconheceram, perguntando: "És o único, porventura, que, tendo estado em Jerusalém, ignoras as ocorrências destes últimos dias?" (Que ironia!) Jesus simplesmente respondeu: "Quais?" Ele queria fazê-los falar. Então, depois de terem compartilhado a história de sua crucificação e ressurreição, ele lhes disse: "Ó néscios e tardos de coração para crer tudo o que os profetas disseram!" Eles ainda não haviam entendido o mistério — e assim, Lucas nos diz, o Senhor esclareceu: "Porventura, não convinha que o Cristo padecesse e entrasse na sua glória? E, começando por Moisés, discorrendo por todos os Profetas, expunha-lhes o que a seu respeito constava em todas as Escrituras" (Lc 24.25-27).

"O mistério da sua vontade" foi — na verdade, está sendo — dado a conhecer ao povo de Deus para que possa "convergir nele […] todas as coisas". Um dia, quando todas as estações que o Pai fixou por sua própria autoridade tiverem seguido seu curso, toda essa unidade se concretizará. Finalmente, os andaimes, lonas e envoltórios serão removidos, e veremos o edifício em sua conclusão. Até esse dia, podemos ser gratos por o Senhor nos ter revelado o mistério da salvação, e podemos andar em serviço e louvor a ele, confiantes de que, embora não entendamos os planos ou o progresso em direção à conclusão, o Arquiteto divino está trabalhando todas as coisas para o bem de seu povo e a glória de seu Filho.

APOCALIPSE 5.1-14

16 DE JULHO
CHAMADOS A SERVIR

E disse-lhes [Jesus]: Vinde após mim, e eu vos farei pescadores de homens. Então, eles deixaram imediatamente as redes e o seguiram. (Mt 4.19-20)

Você já esteve em algum lugar — talvez em um restaurante, consultório médico ou loja de departamentos — e perguntou a um funcionário por que ele faz o que faz? Talvez ele esteja tentando sustentar sua família. Talvez tenha um grande interesse naquela área desde jovem. Entre uma variedade de respostas, você ocasionalmente ouvirá alguém dizer: "Esta é a minha vocação". Em um sentido muito real, isso expressa com precisão a perspectiva do Novo Testamento sobre o ministério.

Aqueles que estão em Cristo são todos chamados a uma vida de serviço. Não é que todos somos chamados a Cristo, mas apenas alguns passam a servir; o serviço é parte integrante do discipulado cristão. Quando Jesus chamou seus discípulos para se tornarem "pescadores de homens", ele estava dizendo-lhes: *Eu tenho um trabalho para vocês fazerem. Quero que vocês se envolvam no meu ministério.*

Se um cristão é chamado para servir como pregador ou professor da Palavra de Deus, como líder de estudo bíblico para jovens, como voluntário no berçário da igreja, como testemunha em sua fábrica ou escritório, como pai que cria filhos em casa ou uma criança cuidando de um pai idoso, ou em algum outro papel, o chamado de Deus para o serviço também se aplica. Qualquer distinção entre "servos de tempo integral" e "servos leigos" é uma distinção não de valor, mas apenas de função. O serviço em si é o mais importante.

Nos termos da Bíblia, o serviço não é um caminho para a grandeza; o serviço é a grandeza. "Pois o próprio Filho do Homem não veio para ser servido, mas para servir e dar a sua vida em resgate por muitos" (Mc 10.45). Não servimos sacrificialmente na esperança de sermos "promovidos", como no local de trabalho ou nos círculos acadêmicos, nem servimos para que um dia não sirvamos mais. Jesus diz: "Se alguém quer ser o primeiro, será o último e servo de todos" (9.35). Quando nossas ações demonstrarem nossa compreensão desse paradoxo, toda a glória será para Deus.

O serviço cristão é, em última análise, nada menos do que o ministério do Senhor Jesus ressurreto no meio do seu povo e através deste. O apóstolo Paulo entendeu isso claramente quando escreveu: "Logo, já não sou eu quem vive, mas Cristo vive em mim; e esse viver que, agora, tenho na carne, vivo pela fé no Filho de Deus, que me amou e a si mesmo se entregou por mim" (Gl 2.20). Jesus deu sua vida por nós para que, em lugar da nossa vida, ele vivesse a sua vida através de nós. Se você entender isso, realmente será capaz de servir como Jesus serviu — e sua vida contará muito mais do que se você a tivesse usado para servir a si mesmo. Coloquemos o foco em nosso chamado hoje.

🎧 ♡ ✋ MARCOS 9.30-37

17 DE JULHO
PROTEGENDO-NOS CONTRA A INCREDULIDADE

Como diz o Espírito Santo: Hoje, se ouvirdes a sua voz, não endureçais o vosso coração como foi na provocação, no dia da tentação no deserto, onde os vossos pais me tentaram, pondo-me à prova, e viram as minhas obras por quarenta anos. (Hb 3.7-9)

Antes que os israelitas entrassem na terra prometida, Deus os fez enviar 12 espias para Canaã em uma missão de reconhecimento. Dois desses espiões, Josué e Calebe, são famosos por seu relatório separado em discordância da maioria, pois eles concluíram que a terra estava pronta para ser tomada. O povo, porém, não quis ouvi-los, demonstrando sua desconfiança de Deus. Apesar de todas as evidências que tinham da confiabilidade de Deus, os israelitas rapidamente voltaram a confiar em seu próprio julgamento.

Em um momento de incredulidade, o povo temia morrer, caso, como Calebe e Josué estavam pedindo, escolhesse confiar no poder de Deus para vencer um grande inimigo (Nm 13.25–14.4). Deus respondeu com julgamento: em vez de desfrutar da terra prometida, uma geração inteira passou o resto da vida no deserto, sem nunca experimentar a alegria que Deus havia oferecido a eles (14.21-23).

Como os israelitas, você e eu temos uma propensão à incredulidade. O escritor de Hebreus nos adverte: "Tende cuidado, irmãos, jamais aconteça haver em qualquer de vós perverso coração de incredulidade que vos afaste do Deus vivo" (Hb 3.12). Tal exortação não seria necessária se não fosse possível termos um coração pecador e incrédulo! Nós queremos pecar. *Queremos* seguir nosso próprio caminho. *Não queremos* confiar.

A incredulidade nos endurece de modo que, quando a Bíblia é pregada, ao invés da Palavra de Deus entrar em nosso coração e mente como sementes semeadas na terra pronta, nosso coração e mente se tornam como um telhado de zinco ondulado. Quanto mais a Bíblia é ensinada, mais seu efeito sobre nós se torna como a chuva batendo contra o que não pode permear.

Portanto, fique atento, para que seu coração não se torne impermeável à verdade da Escritura. Tenha cuidado para não se tornar alguém que defende a Bíblia, conta para outras pessoas sobre ela e cita passagens dela, mas ao mesmo tempo endurece seu coração contra o que Deus está dizendo a você nela.

Como nos protegemos contra tal incredulidade? Exorte os outros a se lembrarem do que Deus fez em Cristo e por meio dele, e peça-lhes que façam o mesmo por você (Cl 3.16). E peça ao mesmo Espírito que escreveu a Escritura que trabalhe em seu coração à medida que você ouve a voz dele. Conforme você é lembrado do poder e do cuidado de Deus, e conforme o Espírito opera em você, seu coração será abrandado para receber as sementes da Palavra dele.

LUCAS 13.18-35

18 DE JULHO
DEUS É REI

E Deus ainda lhe disse [a Jacó]: "Eu sou o Deus Todo-poderoso; seja prolífero e multiplique-se. De você procederão uma nação e uma comunidade de nações, e reis estarão entre os seus descendentes." (Gn 35.11 NVI)

O livro de Juízes conta a história dos israelitas na terra prometida após a morte de seu líder, Josué. É uma história deprimente, porque as pessoas se rebelaram muito rápido, iniciando um ciclo que se repete ao longo do livro. Primeiro, o povo pecou; segundo, Deus permitiu que eles fossem derrotados e oprimidos; terceiro, eles clamaram por ajuda; e, quarto, Deus interveio levantando um juiz, ou líder, para derrotar os inimigos de Israel e restaurar a paz na terra. Mas a paz nunca durou muito antes que a sequência fosse repetida.

Durante todo o período dos juízes, Israel entrou em colapso — de maneira religiosa, social, moral e econômica. Em resposta, o povo começou a pensar que a vida seria muito melhor se ao menos um rei fosse nomeado, como Deus havia declarado a Jacó que alguém seria. No entanto, procurando ser como as nações ao seu redor, eles rejeitaram a realeza de Deus — exatamente o que os tornava únicos. Eles queriam uma monarquia em vez de uma teocracia. E, em vez de procurar um rei que governasse sob Deus e os liderasse em obediência ao governo dele, eles estavam procurando um rei que governasse *no lugar* de Deus.

Notavelmente, apesar da pecaminosidade das motivações dos israelitas, Deus cumpriu o pedido deles. Muitos reis de Israel seguiram, mas nunca o rei do qual eles realmente precisavam. Ainda havia alguém maior por vir.

De uma maneira que só ele poderia orquestrar, Deus usou a demanda míope do povo por um rei como os de outras nações para cumprir o seu propósito final de um Rei que um dia governaria essas nações. Em dado momento, a linhagem real de Israel culminaria em Jesus, o Rei vindouro que Deus havia prometido — aquele cujo "cetro não se arredará de Judá, nem o bastão de entre seus pés, até que venha Siló; e a ele obedecerão os povos" (Gn 49.10). O verdadeiro reino seria estabelecido pelo Messias, que governaria sob a autoridade de Deus e seria o seu dom supremo para um povo indigno.

Veja como Deus é imenso: ele é capaz de agregar aos seus propósitos até mesmo pedidos tolos e más motivações! Deus é maior do que nossas escolhas e até mesmo do que nossos erros. Ele é soberano sobre cada passo em falso. Embora nós, como Israel, possamos falhar às vezes, com certeza podemos confiar em Deus para superar nossas falhas à medida que ele cumpre seus propósitos. E podemos obedecer de bom grado ao Rei em nossa vida hoje, em vez de procurar servir alguém ou alguma coisa em seu lugar.

2 SAMUEL 7

A Bíblia em um ano: Sl 20–22; At 13.26-52

19 DE JULHO

IRREVOGAVELMENTE ENTRELAÇADOS

Se há, pois, alguma exortação em Cristo, alguma consolação de amor,
alguma comunhão do Espírito, se há entranhados afetos e misericórdias, completai a
minha alegria, de modo que penseis a mesma coisa, tenhais o mesmo amor,
sejais unidos de alma, tendo o mesmo sentimento. (Fp 2.1-2)

Tornar-se cristão é um pouco como se casar. No casamento, dois indivíduos solteiros se unem e suas vidas se tornam irrevogavelmente entrelaçadas. Da mesma forma, quando abraçamos Cristo em todo o seu amor e aceitamos a salvação que ele conquistou para nós na cruz, somos unidos a ele — e nunca mais somos os mesmos.

Assim como os filipenses foram lembrados pelo apóstolo Paulo, hoje podemos reconhecer o encorajamento que existe como resultado de nossa união com o Senhor Jesus Cristo. Nosso relacionamento com ele é um dom da graça de Deus para nós, e podemos encontrar segurança no conhecimento de que, através do poder de seu Espírito, Jesus está conosco em todos os lugares aonde vamos. Se você está unido a Cristo pela fé, ele está mais perto de você do que você está de suas próprias mãos e pés. Sua vida está permanentemente entrelaçada com o Senhor.

Uma das dificuldades predominantes na vida do século XXI é que muitos de nós nos sentimos às vezes desamparados, desprovidos de companheirismo e sozinhos, mesmo quando estamos no meio de uma multidão. Podemos tentar disfarçar nossos sentimentos de isolamento com conversas superficiais ou com o verniz fino de um sorriso, mas às vezes nos afastamos da companhia de pessoas que se sentem desesperadamente perdidas. Na verdade, porém, os cristãos não precisam sentir esse desespero, porque conhecemos e experimentamos a segurança de nossa união com Cristo. Ele nos conhece completamente e nos ama infinitamente. Há um grande consolo em saber disso! A "consolação" de que Paulo fala aqui não é apenas um sentimento simples e aconchegante; a palavra descreve algo com poder e atratividade. É uma palavra *prática*: o consolo flui em nossos relacionamentos uns com os outros, pois o Espírito nos une não apenas a si mesmo, mas também uns aos outros, mesmo deste lado do céu. Quanto mais desfrutamos dos benefícios de nossa união com Cristo — o mais precioso dos quais é o próprio Cristo —, mais nos aproximamos e amamos mais profundamente nossos irmãos e irmãs na fé.

No entanto, embora tal consolo nos abençoe, também nos obriga. Nosso conhecimento da misericórdia e compaixão de Cristo deve nos obrigar a demonstrar afeição e simpatia uns pelos outros à medida que crescemos em nossa união com ele. É possível sermos endurecidos pelas colisões e contusões da vida, é possível faltar-nos a graça que se revela na ternura, é possível nos voltarmos tanto para nós mesmos, que deixamos de amar os outros. Como você precisa de incentivo ou consolo hoje? Reflita sobre sua união com Cristo e encontre-os nele. Em seguida, peça ao Espírito que mostre a você quem precisa de encorajamento ou consolo hoje, e seja o meio pelo qual o consolo de Cristo é trazido a essa pessoa.

COLOSSENSES 3.1-11

20 DE JULHO
O VERDADEIRO TABERNÁCULO E TEMPLO

Responderam, pois, os judeus, e disseram-lhe:
Que sinal nos mostras para fazeres isto? Jesus respondeu, e disse-lhes:
Derribai este templo, e em três dias o levantarei. (Jo 2.18-19 ACF)

Alguns entendem que a Bíblia é pouco mais do que uma mistura de informações filosóficas e petiscos espirituais. Nada poderia estar mais longe da verdade, pois a Bíblia contém o drama da intervenção de Deus em nosso mundo. O tema do Reino de Deus nos fornece uma maneira útil de entrar e seguir o fio de sua história. E, em cada reino, há uma morada para o rei.

Durante grande parte do Antigo Testamento, o tabernáculo era o lugar onde Deus habitava com Israel. Embora o tabernáculo estivesse entre o povo de Deus, não estava aberto para eles. Nem mesmo o próprio Moisés pôde entrar quando a nuvem da glória de Deus pousou sobre ele (Êx 40.34-35). Então, uma vez que Jerusalém se tornou a capital da terra, a tenda do tabernáculo foi substituída por um edifício permanente — o templo. Aqui estava Deus, o Rei de seu povo, habitando na capital de seu povo e de sua terra. Ainda assim, porém, o caminho para Deus foi barrado pela cortina que separava o Santo dos Santos do resto do complexo do templo (26.31-34).

E então "o Verbo se fez carne" e literalmente "tabernaculou entre nós" (Jo 1.14).[103] Ao ler o Novo Testamento, descobrimos que, assim como as pessoas da antiguidade olhavam para o tabernáculo em busca de um encontro com Deus, agora olhamos para uma pessoa — o próprio Deus, que se firmou em carne humana e viveu entre nós. A linguagem de João comunica especificamente que Deus, em Jesus, habitou fisicamente entre seu povo e agora habita em seu povo pelo seu Espírito (Jo 14.16-18). Ele está no meio de nós. Em outras palavras, Jesus é o verdadeiro tabernáculo.

Isto é o que ele estava procurando explicar quando, depois de ter purificado o templo, expulsando os comerciantes e cambistas que se estabeleceram lá, ele foi desafiado sobre sua autoridade para fazer uma coisa tão audaciosa (Jo 2.13-16 ACF) e respondeu: "Derribai este templo, e em três dias o levantarei". João explica que, depois que Jesus foi crucificado, foi sepultado e ressuscitou dos mortos, seus discípulos entenderam que "ele falava do templo do seu corpo" (v. 21 ACF).

Quando Jesus morreu, a cortina do templo rasgou, significando que, por meio de Cristo, agora temos acesso irrestrito a Deus; mas isso também mostra que o edifício do templo estava agora obsoleto, pois seu cumprimento havia chegado. Algumas décadas mais tarde, o templo em Jerusalém acabaria por ser destruído.

Se quisermos nos encontrar com Deus, devemos ir a Jesus. Não precisamos mais de um edifício específico, ou ícones, ou santuários especiais. Deus se encontra com o seu povo — quando estamos reunidos e quando estamos espalhados — não em lugares, mas na pessoa de seu Filho, o verdadeiro templo. Seja qual for o dia de hoje, e seja lá o que você estiver fazendo, não há nada nem ninguém entre você e um encontro vivo com o Deus santo. O Rei habita em você hoje.

JOÃO 2.13-22

21 DE JULHO
DO LEITE PARA O ALIMENTO

Pois, com efeito, quando devíeis ser mestres, atendendo ao tempo decorrido, tendes, novamente, necessidade de alguém que vos ensine, de novo, quais são os princípios elementares dos oráculos de Deus. (Hb 5.12)

Se você mantiver muitos equipamentos de exercícios em seu porão, mas nunca pegar os pesos para treinar os músculos ou fortalecer sua saúde cardiovascular, eles serão inúteis. Os músculos crescem através do uso constante. Um *personal trainer* pode ser útil, mas também devemos nos comprometer a nos treinar. Quando Paulo escreveu a Timóteo: "Exercita-te, pessoalmente, na piedade" (1Tm 4.7), estava enfatizando que nenhum modelo, líder ou amigo poderia fazer o trabalho duro por ele.

À medida que crescemos em nossa caminhada cristã, aprendemos verdades elementares, colocando-as lentamente em prática e crescendo em discernimento espiritual. Esse processo nos ajuda a fazer a transição do leite para o alimento sólido (Hb 5.12-14), da infância espiritual para a maturidade espiritual, para podermos enfim começar a ensinar aos outros. É um ciclo de vida projetado por Deus para expandir seu reino.

Mudando a metáfora: as verdades fundamentais do cristianismo são vitais; tudo o mais que aprendemos sobre Cristo é construído sobre elas. Mas não é produtivo acampar sobre elas para sempre. Devemos ser diligentes em progredir na vida cristã, esforçando-nos constantemente para crescer em santidade, pedindo ao Espírito que nos edifique à medida que nos aprofundamos em sua Palavra inspirada.

Deus não conforma seus filhos à imagem de seu Filho isoladamente da vida ou da instrução de sua Palavra. Enquanto você é treinado nas Escrituras e se apodera delas, você progride. Sua Bíblia mostra sinais de uso diário e disciplinado? Você procura intencionalmente aprender com aqueles que estão mais avançados em sua caminhada do que você, e luta com doutrinas difíceis em vez de deixá-las para "os especialistas"? E você lê, luta e medita com o objetivo de crescer em seu amor por Cristo e em sua capacidade de servir aos outros em sua igreja e comunidade, em vez de apenas saber mais? Nunca deixe dizerem de você que poderia ter crescido mais e feito mais para ajudar o povo de Deus. Procure crescer. Isso exigirá a ajuda de Deus, mas, ao buscá-lo, ele certamente honrará nossos esforços!

HEBREUS 5.7–6.3

22 DE JULHO
UM LEMBRETE PARA ORAR

Quando entrou em casa, os seus discípulos lhe perguntaram em particular: Por que não pudemos nós expulsá-lo? Respondeu-lhes: Esta casta não pode sair senão por meio de oração. (Mc 9.28-29)

Em Marcos 6, Jesus enviou os discípulos dois a dois para proclamar a necessidade de arrependimento. Ele lhes tinha dado não apenas instruções específicas, mas também "autoridade sobre os espíritos imundos" (Mc 6.7). Por causa disso, eles desenvolveram um grande histórico: "expeliam muitos demônios e curavam numerosos enfermos, ungindo-os com óleo" (v. 13).

Considerando seu sucesso anterior no ministério que Jesus lhes dera, é fácil ver por que os discípulos ficaram surpresos e confusos quando seus esforços para ajudar um menino com um espírito maligno se mostraram inúteis, até que Jesus chegou e interveio para restaurá-lo (Mc 9.14-27). Talvez, ao perguntar: "Por que não pudemos nós expulsá-lo?", os discípulos esperassem que Jesus lhes desse algum tipo de conhecimento secreto. Às vezes, é nisso que também acreditamos, entendendo mal a resposta de Jesus, como se dissesse que uma habilidade ou ministério muito especial é necessário. Mas esse não é o caso. Jesus está simplesmente lembrando a seus discípulos, e a nós, disso: *Vocês não tiveram sucesso porque se esqueceram de fazer algo muito importante: não oraram.*

Em seu sucesso, os discípulos se sentiram confortáveis. Eles haviam perdido a noção do fato de que era apenas por causa da imensa misericórdia e poder de Deus que eles podiam fazer qualquer coisa. Ainda estavam na companhia de Cristo, mas já estavam esquecendo. Eles precisavam de um lembrete.

Às vezes, precisamos ser lembrados também. Imaginar que o poder de Deus está simplesmente à nossa disposição e sob nosso controle equivale à incredulidade; é confiarmos em nós mesmos em vez de confiar em Deus. A oração, em contraste, é, em última análise, alinhar nossa vontade com a de Deus. É o reconhecimento de que Deus precisa fazer maravilhas porque nós mesmos não podemos. E, até que confiemos na graça de Deus, somos incapazes de intervir nas circunstâncias de qualquer pessoa e fazer uma diferença eterna.

Há muitas razões por que não oramos. Achamos que não precisamos. Nós não queremos. Superestimamos nossas próprias habilidades. Cada uma é uma presunção absoluta de nossa parte. Quando tentamos fazer as coisas por conta própria, muitas vezes nos vemos fracassando miseravelmente. Então, da próxima vez que você for tentado a descobrir algo sozinho, ou presumir que o poder de Deus o fará vencer porque aconteceu da última vez (e essa "próxima vez" provavelmente será hoje!), considere o que os discípulos esqueceram e o que Jesus lhes lembrou: ore àquele que tem todo o poder, que nos derrama misericórdia e que merece toda a glória. Pois, quando você ora e observa o que Deus faz, descobre que ele faz muito mais do que você ousou pedir ou imaginar (Ef 3.20).

MARCOS 9.14-29

A Bíblia em um ano: Sl 31–32; At 16.1-21

23 DE JULHO
DEUS SATISFARÁ NOSSAS NECESSIDADES

Nunca nos portamos desordenadamente entre vós, nem jamais comemos pão à custa de outrem; pelo contrário, em labor e fadiga, de noite e de dia, trabalhamos, a fim de não sermos pesados a nenhum de vós. (2Ts 3.7-8)

Depender de Deus não entra em conflito com trabalhar para ganhar o pão de cada dia. De fato, o trabalho e a capacidade de fazê-lo são parte da provisão de Deus. Se duvidarmos disso, devemos considerar o fato de que o próprio Jesus trabalhou. Embora ele tenha vindo do céu e todas as coisas pertençam a ele, trabalhou como carpinteiro por anos, confirmando o padrão que foi estabelecido para a humanidade em Gênesis (Gn 2.15).

Da mesma forma, os apóstolos, vivendo pela fé e buscando de todo o coração o crescimento da igreja, trabalharam diligentemente "de noite e de dia". Eles se recusavam a ser preguiçosos ou a comer a comida de alguém sem pagar. Como ministros do Evangelho, tinham o direito de pedir ajuda com as provisões (1Tm 5.17-18); no entanto, assumiram a responsabilidade por si mesmos e praticaram os ofícios que conheciam, servindo como "exemplo em nós mesmos, para nos imitardes" (2Ts 3.9).

No meio de nossos próprios trabalhos, devemos reconhecer que podemos abusar do trabalho de pelo menos duas maneiras: através da preguiça ou da hiperatividade. A advertência de Provérbios se aplica a nós: "O preguiçoso não lavra por causa do inverno, pelo que, na sega, procura e nada encontra" (Pv 20.4). Ou, como Paulo coloca, não devemos ficar ociosos. Mas devemos prestar atenção igualmente às palavras do salmista quando ele diz: "Inútil vos será levantar de madrugada, repousar tarde, comer o pão que penosamente granjeastes" (Sl 127.2). Sim, devemos trabalhar com as mãos. Se não estamos trabalhando para a glória de Deus, porém, somos deixados labutando em um ritmo febril, mas em vão.

Em nenhum lugar isso é mais aparente do que quando ignoramos o princípio sabático. Nada revela tanto nossa relutância em acreditar em Deus e confiar nele para a provisão diária quanto quando abusamos do mandamento de trabalhar seis dias e descansar por um (Dt 5.12-15). Por que achamos que precisamos trabalhar o dia todo, todos os dias? A resposta é, francamente, porque nos é difícil confiar que Deus atenderá às nossas necessidades. Devemos encontrar nossa segurança não em nosso trabalho, mas no Deus que fornece tanto o trabalho quanto os meios para realizá-lo.

Em nossa cultura materialista, não é fácil trabalhar fielmente enquanto aprendemos a ficar satisfeitos com nossa porção dada por Deus. Reserve um momento para refletir sobre seu próprio trabalho, seja em casa, seja no campo, na fábrica ou no escritório. De que maneira você é tentado à preguiça? E à hiperatividade? Como será para você trabalhar duro e confiar em Deus? Em um mundo enredado pelo materialismo, seu contentamento — em seu trabalho e na provisão de Deus — será um testemunho convincente do amor divino que por si só fornece a verdadeira satisfação.

DEUTERONÔMIO 5.1-3, 12-15

24 DE JULHO

IRA ÍMPIA

Tendo o senhor ouvido as palavras de sua mulher, como lhe tinha dito: Desta maneira me fez o teu servo; então, se lhe acendeu a ira. E o senhor de José o tomou e o lançou no cárcere, no lugar onde os presos do rei estavam encarcerados; ali ficou ele na prisão. (Gn 39.19-20)

Potifar era um astuto juiz de caráter. Como oficial do Faraó e capitão da guarda, ele teve muitas pessoas sob seu controle durante a maior parte de sua vida. Sua experiência permitiu-lhe ver que José tinha algo de distinto.

José não era como nenhum outro servo; ele era o *melhor* dos servos. Todos os negócios de Potifar prosperaram sob a jurisdição de José, e Potifar entregou tudo aos cuidados dele — tudo, isto é, exceto sua esposa.

Não é de surpreender, então, que Potifar tenha reagido com raiva e fúria quando sua esposa acusou José de tentar assediá-la. Qualquer marido competente reagiria dessa maneira. Há uma justiça a respeito desse tipo de proteção, e devemos esperar que Potifar a tenha exibido.

O erro de Potifar não foi sua resposta inicial, mas a velocidade com que ele pronunciou o julgamento contra José. Não há menção de Potifar processando as informações que foram dadas a ele, nem o vemos dando um passo atrás e colocando a acusação de sua esposa contra o pano de fundo do registro de integridade fiel de José. Em vez disso, Potifar permitiu que sua raiva controlasse o seu julgamento. A raiva cegou Potifar tanto para a verdade quanto para a razão.

Potifar também se permitiu ser indevidamente influenciado por sua esposa. Claro, todos nós somos influenciados por nossos companheiros mais próximos, e misericordiosamente em muitas ocasiões. Contudo, nenhum de nós deve ser excessivamente influenciado por qualquer pessoa, exceto por Deus. Quando permitimos que tal influência se estabeleça, especialmente em momentos de tomada de decisão, colocamos não apenas a nós mesmos, mas todos ao nosso redor em perigo. Em vez disso, devemos buscar segurança e vitória em uma "multidão de conselheiros" (Pv 11.14; 24.6) que nos orientarão para a sabedoria da Palavra de Deus em todas as circunstâncias. Quanto maior a magnitude e as consequências de uma decisão, mais conselhos devemos procurar e mais tempo devemos passar de joelhos.

Potifar se permitiu tomar uma decisão enquanto estava com raiva — e sua decisão foi injusta. A raiva descontrolada cega a mente. Uma vez acesa, é mais fácil deixar a raiva arder em chamas do que apagá-la. Porém, mesmo em circunstâncias nas quais a raiva é a resposta correta à injustiça ou ao pecado (e seguimos um Senhor que respondeu com raiva quando apropriado — veja Mc 11.15-18), não podemos dar permissão à raiva para direcionar nossas emoções e ditar nossas decisões. Esteja pronto a pedir a Deus que revele qualquer fonte de raiva contínua em sua vida, para que você possa se arrepender quando necessário, perdoar quando chamado e seguir em frente com sabedoria e fé.

GÁLATAS 5.16-24

A Bíblia em um ano: Sl 35–36; At 17.1-15

25 DE JULHO
GRAÇA, MISERICÓRDIA E PAZ

*Ao amado filho Timóteo, graça, misericórdia e paz,
da parte de Deus Pai e de Cristo Jesus, nosso Senhor.* (2Tm 1.2)

A maneira como Paulo se refere a Timóteo ao longo de suas cartas é impressionante. Ele não mantém esse homem mais jovem à distância; em vez disso, Paulo se dirige a Timóteo como seu "amado filho", seu "filho amado e fiel no Senhor" e um "cooperador" na proclamação do Evangelho (2Tm 1.2; 1Co 4.17; Rm 16.21).

Inicialmente, podemos não pensar que Timóteo era uma escolha óbvia para ser o destinatário das palavras ou cartas de Paulo, pelo menos não de uma perspectiva humana. Ele não era forte ou maduro, mas relativamente jovem, fisicamente frágil e naturalmente tímido — um sujeito bastante tímido, que devia parecer inexperiente demais para o que estava fazendo. Quando ele ficava ansioso, isso afetava o seu estômago (1Tm 5.23). Ele não era um candidato de alto calibre. Na verdade, porém, isso não é incomum. A maioria dos crentes são assim. Você e eu também.

E, no entanto, Timóteo era o homem de Deus.

Ele era o homem de Deus porque Deus o havia escolhido. Deus se deleita em pegar homens e mulheres — incluindo aqueles que são comparativamente jovens, naturalmente fracos, fisicamente frágeis ou obviamente reservados — e dizer: *Isso é o que eu preparei para você. Você é meu servo escolhido para a tarefa para a qual eu o designei.*

O evangelista do século XVIII George Whitefield foi usado por Deus para levar dezenas de milhares de pessoas à fé salvadora. Todavia, muitas vezes ele ficava impressionado com a perspectiva de seu próprio ministério. Certa vez, a caminho de pregar na capela da Torre de Londres, Whitefield registra: "Quando subi as escadas, quase todos pareciam zombar de mim por causa da minha juventude; mas logo ficaram sérios e extremamente atentos".[104] Por que a reação de seus ouvintes mudou? A resposta é simplesmente que Whitefield, como Timóteo, era o homem escolhido por Deus.

Quanto Timóteo deve ter absorvido na saudação de Paulo, que o lembrou de seus recursos! Deus havia redimido e comissionado Timóteo, e Deus forneceria graça para as provações, misericórdia para os fracassos e paz diante dos perigos e dúvidas.

Do que você e eu precisamos hoje? Exatamente aquilo de que Timóteo precisava: graça, misericórdia e paz. Tudo o que estava disponível para Timóteo também está disponível para nós. Então você pode se apoiar em Deus e nas provisões que ele fez para você em Cristo. Os recursos dele são suficientes para atender a todas as suas necessidades e realizar todas as tarefas para as quais ele o chama.

2 TIMÓTEO 1.1-14

26 DE JULHO
FOCO CENTRADO EM DEUS

*Eu sou a videira, vós, os ramos. Quem permanece em mim,
e eu, nele, esse dá muito fruto; porque sem mim nada podeis fazer.* (Jo 15.5)

Os fotógrafos amadores muitas vezes não sabem no que estão focando. Eles sabem o que *pensam* que estão focando, mas as fotos acabam contendo rostos borrados e edifícios tortos. Então eles podem olhar para o trabalho e responder: "Não era para isso que eu estava apontando!" Mas o fato é que as fotos revelam exatamente onde e como a lente foi posicionada.

Nos altos e baixos da vida — e em todos os momentos intermediários —, a maneira como você e eu reagimos às circunstâncias revela o ângulo da lente da nossa câmera, o foco de nosso coração e mente. O desafio para os crentes, então, é viver com um foco centrado em Deus.

Jesus deixou muito claro que, para abraçarmos um foco centrado em Deus, devemos primeiro entender quem somos sem ele. Na verdade, Jesus explicou a seus discípulos que, sem ele, nada poderiam fazer; afinal, "nele, tudo subsiste" (Cl 1.17). Nossa necessidade de Jesus não é parcial; é total. Nenhum de nós pode respirar sem a capacitação de Deus. Como podemos pensar em receber crédito por qualquer obra que ele tenha feito através de nós? Estamos absolutamente empobrecidos sem a ajuda divina.

Esse princípio percorre toda a Bíblia. Moisés, escolhido por Deus para tirar o povo israelita da escravidão, estava convencido de que não poderia fazer o trabalho a menos que Deus estivesse com ele — e ele estava certo (Êx 3.11-12). Amós era um cultivador de sicômoros e pastor; ele não tinha nada para contribuir para o ministério quando Deus o designou como profeta (Am 7.14-15). Daniel, da mesma forma, com sua incrível capacidade de interpretar sonhos, foi rápido em dar todo o crédito a Deus (Dn 2.26-28). Cada um desses homens reconheceu sua total dependência de Deus. Na verdade, ninguém nas Escrituras que alcançou grandes coisas para Deus o fez sem confiar totalmente em Deus. Por sua capacidade de fazer o trabalho para o qual foram chamados, eles olharam para cima em vez de olhar para dentro.

Como cristãos chamados a viver com um foco centrado em Deus, não devemos atribuir muita atenção a nós mesmos ou às nossas habilidades; pois, ao fazer isso, podemos muito bem obscurecer a graça e o poder de Deus em nossas vidas. Em Cristo, não devemos nos orgulhar de nossas habilidades ou buscar qualquer oportunidade de chamar a atenção para nós mesmos. Em vez disso, devemos apenas desejar sermos conhecidos como servos do Deus vivo, ser úteis em seu serviço enquanto ele opera em nós de acordo com seu bom propósito, apontar para longe de nós mesmos e para ele em tudo o que fazemos e dizemos.

Onde estará o seu foco hoje? E, quando o sucesso ou o louvor aparecerem em seu caminho, para quem você apontará?

LUCAS 17.7-19

A Bíblia em um ano: Sl 40-42; At 18

27 DE JULHO
◇◇◇◇◇◇◇◇◇
CONSIDERAI AQUELE

Considerai, pois, atentamente, aquele que suportou tamanha oposição dos pecadores contra si mesmo, para que não vos fatigueis, desmaiando em vossa alma. (Hb 12.3)

Você já foi tentado a desistir de sua fé? Talvez, durante uma semana difícil, tenha considerado suas circunstâncias e pensado: "Nada disso está funcionando em meu benefício. É hora de esquecer o cristianismo e viver como os outros vivem." Nesses momentos, é fácil olhar em volta e ver nossos amigos, familiares e colegas de trabalho incrédulos vivendo de maneira diferente e mais fácil, e aparentemente se divertindo. Olhares invejosos permitem que a dúvida e a desilusão se insinuem e roubem nossa determinação de permanecer no caminho reto e estreito.

Essa foi a experiência do salmista Asafe. Seus "[pés] quase [...] resvalaram" porque "[ele] invejava os arrogantes, ao ver a prosperidade dos perversos" que estavam "sempre tranquilos" (Sl 73.2-3, 12). Essa, ao que parece, também foi a experiência dos cristãos a quem o escritor de Hebreus se dirigiu. Eles "ainda não" tiveram de derramar sangue para permanecerem firmes na fé (Hb 12.4), mas estava claro que a luta contra o pecado por dentro e a luta para resistir à oposição por fora estavam cobrando seu preço.

O que eles deveriam fazer? *Considerai Jesus.* O antídoto bíblico para a fraqueza e o cansaço é fixar nossos olhos naquele que suportou a hostilidade — que suportou a cruz — a fim de obter a alegria diante dele (Hb 12.2).

Em algum momento de nossa vida, todos nós enfrentaremos sofrimento injusto em palavras, atos ou circunstâncias — e podemos admitir que não queremos ser abusados nem maltratados. Todos nós enfrentaremos a realidade de que ainda não derrotamos os pecados com os quais lutamos há anos e anos. Todos nós enfrentaremos dias em que não queremos estar na corrida, quando somos tentados a desistir e abandoná-la. O que você deve fazer nesses dias? Ouça a Palavra de Deus dizendo: *Considere-o. Considere a vida de Cristo: como era e para onde o levou.* Ele abriu a porta para a glória; agora seguimos o caminho atrás dele. Olhe para Jesus, que correu esta corrida e agora está "assentado à destra do trono de Deus" (Hb 12.2). Dia após dia, não importa se o percurso é ladeira acima ou se o vento é contrário: nós o consideramos e "[corremos], com perseverança, a carreira que nos está proposta" (v. 1).

🙏 ♡ ✋ FILIPENSES 3.3b-16

28 DE JULHO

SEJA UM PRATICANTE

Tornai-vos, pois, praticantes da palavra e não somente ouvintes, enganando-vos a vós mesmos. (Tg 1.22)

Como crentes, nossa vida pode e deve ser marcada por uma mente treinada e submissa à verdade da Palavra de Deus, e devemos cercar nossas circunstâncias com oração (Fp 4.6-8). Contudo, ainda assim, se quisermos conhecer e desfrutar do poder de Deus em ação dentro de nós, devemos pegar o que ouvimos nas Escrituras e colocar em prática. Devemos ser diligentes em nossa atenção às Escrituras a cada dia, e em nossa presença quando a Palavra de Deus está sendo exposta, mas nunca devemos cair na armadilha de pensar que ir à igreja, prestar atenção e ouvir concentradamente é o suficiente. Devemos ser "praticantes [...] e não somente ouvintes".

Em João 13, na noite anterior à morte de Jesus e depois de ensinar aos discípulos por um tempo, ele lhes fala de suas lições: "Ora, se sabeis estas coisas, bem-aventurados sois se as praticardes" (Jo 13.17). Se você se pergunta por que não está experimentando a bênção de Deus, pode ser porque não está colocando as palavras dele em prática. O Senhor nos deu uma rica instrução e nos deu o Espírito para ser nosso Ajudador. Agora somos responsáveis por exercitar nossa mente na verdade da Palavra de Deus e depois *praticar* o que aprendemos, recebemos e ouvimos.

Que grande tristeza é quando as igrejas se tornam como velhas bibliotecas empoeiradas, cheias de tantas vidas que são como volumes da verdade, apenas sentadas lá, nunca usadas. A tentação à medida que nos tornamos cada vez mais conscientes da verdade é apenas nos sentarmos e pensarmos sobre isso, sem nunca agirmos. Tiago coloca esse tipo de vida em termos diretos: isso é enganar a si mesmo. Não — uma igreja deve ser uma galeria de experiências vivas. Deve haver uma efusão nos crentes, de modo que, quando enfrentamos os muitos problemas do mundo — problemas aos quais nós mesmos não somos imunes —, podemos vê-los pelo que eles são e responder estendendo a verdade da Palavra de Deus enquanto nós mesmos a vivemos.

Determine hoje não ser apenas um ouvinte, enganando-se enquanto pensa ser um cristão em crescimento, quando na verdade está murchando. Decida ser um cumpridor da Palavra. Olhe honestamente para sua vida agora e identifique todas as áreas sobre as quais você ouviu falar como viver para Cristo, mas nunca obedeceu de fato. Essa será a parte de sua vida sobre a qual o Espírito está dizendo a você agora: *Não seja apenas um ouvinte. Seja um praticante — pois esse é o caminho onde a bênção se encontra.*

TIAGO 1.19-27

A Bíblia em um ano: Sl 46-48; At 19.21-41

29 DE JULHO

ABRAÇANDO AS INTERFERÊNCIAS

Andando ele pelo templo, vieram ao seu encontro os principais sacerdotes, os escribas e os anciãos e lhe perguntaram: Com que autoridade fazes estas coisas? Ou quem te deu tal autoridade para as fazeres? (Mc 11.27-28)

Nenhum de nós gosta de alguém interferindo na nossa vida. Quando alguém insiste em nossa atenção ou exige nossa obediência, instintivamente respondemos de maneira negativa. De um modo geral, não queremos que as pessoas nos digam o que fazer, muito menos em assuntos espirituais. É sempre tentador concordar com a noção, particularmente popular em nossos dias, de que nossa espiritualidade não é da conta de mais ninguém — um assunto pessoal a ser conhecido apenas por nós.

Ao ler os Evangelhos, então, podemos ficar bem inquietos à medida que fica claro que Jesus interfere em nossa vida. Sim, é para o nosso bem — mas, ainda assim, ele interfere. De fato, em sua autobiografia, C. S. Lewis se refere a Jesus como o "Interferente transcendental".

Desde o início do ministério de Jesus, as pessoas reconheceram que ele falava com autoridade (veja Mc 1.22, 27). Ele disse coisas de tal forma que não podiam ser contornadas ou simplesmente descartadas. Mas elas poderiam ser resistidas e rejeitadas. Seu ensino cheio de autoridade tornou-se um incômodo para os mestres religiosos, e eles começaram a se opor a Jesus, logo conspirando para matá-lo, para não terem de abrir sua vida espiritual para ele (3.6).

Como os líderes religiosos, muitas vezes preferimos uma espiritualidade pessoal moldada por nossa agenda e estilo de vida: "É nisso que eu acredito. Isso é o que eu defendo. Isso é o que sempre fizemos. Esta é a nossa bela tradição." Jesus vem e colide contra essas ideias, virando tudo de ponta cabeça, tomando valores inventados pelo homem e derrubando-os. Na verdade, no final do ministério terreno de Jesus, ele declarou que toda a autoridade lhe havia sido dada (Mt 28.18-19). Ele não compartilha essa autoridade com ninguém. Nossa vida espiritual é, de fato, da conta dele. Nós nos curvamos diante de sua autoridade e o abraçamos como Senhor e Salvador agora, ou um dia nos curvaremos diante dele e o encontraremos apenas como nosso Juiz.

Adicionar Jesus a um pequeno canto de nossa existência é fácil e não intrusivo; outra coisa inteiramente diferente é permitir que o "Interferente transcendental" assuma todos os aspectos da nossa vida e nos ordene obediência completa. Sua autoridade perfeita é uma questão que devemos considerar em todas as decisões que tomamos. Portanto, somos confrontados com a questão inquietante: *Estou vivendo de acordo com meus desejos naturais e as regras que criei? Ou estou buscando me submeter alegremente ao meu Salvador em todos os dias e em todos os sentidos?* É somente quando escolhemos nos curvar diante da autoridade de Jesus, reconhecendo seu senhorio sobre nosso tempo, nossos talentos, nosso dinheiro — nosso tudo —, que podemos realmente começar a abraçá-lo como Senhor e Salvador e desfrutar de conhecê-lo como amigo e guia. Você o está mantendo à distância de alguma forma? Esse é precisamente o lugar onde ele chama você para deixá-lo interferir; é o lugar onde você tem a oportunidade de realmente tratá-lo como aquele que tem toda a autoridade. Ele certamente perturbará sua vida — mas só ele tem o direito e só ele pode libertá-lo.

DANIEL 7.9-14

30 DE JULHO

SEU PODER EM NOSSA FRAQUEZA

Disse o Senhor a Gideão: É demais o povo que está contigo, para eu entregar os midianitas nas suas mãos; Israel poderia se gloriar contra mim, dizendo: A minha própria mão me livrou. Apregoa, pois, aos ouvidos do povo, dizendo: Quem for tímido e medroso, volte e retire-se da região montanhosa de Gileade. Então, voltaram do povo vinte e dois mil, e dez mil ficaram. (Jz 7.2-3)

O propósito de Deus para seu povo em todas as épocas é que possamos depender inteiramente dele. Quando Deus o chamou para salvar os israelitas, Gideão encarou uma tarefa esmagadora: seu exército teve de enfrentar os midianitas. Dizia-se que seu exército era tão avassalador quanto os gafanhotos, e "seus camelos [eram uma] multidão inumerável como a areia que há na praia do mar" (Jz 7.12). O exército de 32 mil homens de Gideão empalideceu em comparação.

E então o Senhor lhe disse: "É demais o povo que está contigo, para eu entregar os midianitas nas suas mãos". E assim 22 mil deixaram o exército. Sem dúvida, Gideão estava fazendo as contas e perguntando-se como ele poderia equiparar estrategicamente força com força com ainda menos soldados. O que ele não sabia era que estava prestes a aprender a necessidade da fraqueza.

Deus está sempre trabalhando em nossas circunstâncias para nos levar a uma maior dependência dele e a um louvor mais profundo por seu resgate. Na vida de Gideão, como em nossa própria vida hoje, Deus não deixou dúvidas de que só ele é Deus. Sua glória não será compartilhada ou roubada por mais ninguém. Simplificando, Deus é totalmente justo; nós não somos. Tanto naquela época quanto agora, ele nos ajuda a ver a necessidade de reconhecer humildemente nossa fraqueza para magnificar a sua grandeza. A verdade é que nosso orgulho é mais feio quando emerge como orgulho espiritual — quando começamos a nos vangloriar de nossas experiências com Deus ou de nossos sucessos para Deus. Essa era a tendência dos "superapóstolos" a quem Paulo se referiu em 2 Coríntios 12.11 (A21); eles pareciam tão poderosos, cheios de histórias para contar sobre como estavam cheios do poder do Espírito. Paulo, porém, simplesmente respondeu: "Mas, mesmo que quisesse gloriar-me, eu não seria louco, porque estaria dizendo a verdade. No entanto, abstenho-me de fazê-lo, para que ninguém pense de mim além do que em mim vê ou de mim ouve" (v. 6 A21). Ele entendeu que humildade, fraqueza e inadequação são fundamentais para a utilidade no Reino de Deus.

É por isso que Deus reduziu ainda mais o exército de Gideão a meros 300 (Jz 7.7). Ele iria realizar seu plano com tão poucas pessoas, que, quando a vitória chegasse, todos saberiam a fonte da vitória. E, na bondade de Deus, ele ainda faz isso por nós hoje. Ele nos lembra que aqueles que são mais úteis ao seu plano e propósito são aqueles que, aos olhos do mundo, não estão à altura da tarefa — porque então fica claro que é obra dele, e não dos outros. Esta é uma má notícia para você, se quiser manter seu orgulho e autodependência. É uma má notícia para você, se gostaria de receber elogios. É, no entanto, uma notícia incrível para você, caso saiba que é inadequado para as tarefas que Deus coloca diante de você. Você se sente totalmente mal equipado para lidar com qual das coisas que está enfrentando? Dependa dele, siga em frente em obediência, e você descobrirá que o poder de Deus é exibido em sua fraqueza (2Co 12.9-10) — e você o louvará ainda mais.

JUÍZES 7.1-23

31 DE JULHO

SAINDO EM FÉ

Pela fé, Abraão, quando chamado, obedeceu, a fim de ir para um lugar que devia receber por herança; e partiu sem saber aonde ia. (Hb 11.8)

Se procurarmos entender melhor o que significa colocar a fé em ação e acreditar na Palavra de Deus, não precisaremos ir além da vida de Abraão. Ele é descrito no livro de Romanos como o pai de todos os que têm fé (Rm 4.16). Ele estava "plenamente convicto de que [Deus] era poderoso para cumprir o que prometera" (v. 21), e essa foi a convicção que o estimulou à obediência e à ação.

O chamado de Deus a Abraão foi caro e radical: "Disse o Senhor a Abrão: Sai da tua terra, da tua parentela e da casa de teu pai e vai para a terra que te mostrarei" (Gn 12.1). Abraão foi convidado a deixar seu país, seus amigos e sua família — essencialmente, tudo o que ele conhecia e estimava. Todavia, Deus não parou por aí. Ele prometeu abençoar Abraão na nova terra, torná-lo "uma grande nação" e engrandecer seu nome (v. 2).

Abraão obedeceu e foi.

Por que alguém faria isso? Abraão não tinha nada para continuar, exceto o mandamento de Deus e as promessas que o acompanhavam. Mas isso foi o suficiente para ele! Isso é fé em ação. Isso é fé em todos os dias e em todas as gerações: acreditar em Deus e sair em obediência.

"Os chamados de Deus", lembro-me de uma vez ouvir o ministro escocês Graham Scroggie dizer, "raramente deixam um homem ou uma mulher onde o chamado os encontra. De fato, se não conseguirmos avançar quando Deus diz 'Vá', não podemos permanecer parados." Recusar-se a sair e agir com fé resulta em um movimento para trás, mesmo que nunca demos um passo.

Abraão, porém, avançou. Ele partiu em obediência, "sem saber aonde ia". Era suficiente para ele que Deus lhe mandasse ir, de modo que não precisava ser informado para onde iria. E, ao sair com fé, Abraão entrou no âmago do plano de Deus para salvar seu povo e trazer bênçãos ao seu mundo. Abraão descobriria que o único lugar para estar é onde Deus quer que você esteja, e o único propósito que você deve procurar cumprir é aquele que Deus lhe revelou.

Deus tem falado com você por meio de sua Palavra sobre sair em fé e obediência, sob a liderança dele? Portanto, "Hoje, se ouvirdes a sua voz, não endureçais o vosso coração" (Hb 3.7-8). O mandamento de Deus pode ser absolutamente contrário a tudo o que você tem planejado e pensado, e pode exigir que deixe para trás tudo o que representa segurança para você — porém, se ele está chamando, você deve ir.

ROMANOS 4

1º DE AGOSTO
RIQUEZA VERDADEIRA

É mais fácil passar um camelo pelo fundo de uma agulha do que entrar um rico no reino de Deus. (Mc 10.25)

É geralmente verdade que as coisas são mais fáceis para os ricos. O dinheiro abre portas. Na maioria das áreas da vida — educação, saúde, viagens e lazer —, descobrimos que os mecanismos são lubrificados pelo acesso a uma grande quantia de dinheiro. Não é de admirar que o dinheiro seja frequentemente considerado como o passaporte universal!

Mas há uma porta importante que a riqueza não abrirá automaticamente. O jovem rico descobriu que, ao buscar a vida eterna, sua riqueza provou não ser um benefício, mas uma barreira para sua entrada no Reino de Deus. Seu caminho para a salvação foi bloqueado pela relutância em entregar suas posses e seguir a Jesus, então ele terminou sua conversa com o Messias triste, com sua riqueza intacta, mas sua alma em perigo (Mc 10.22).

A tristeza desse homem era mais do que correspondida pela tristeza de Jesus. Ele reconheceu como era fácil confiar em posses e perder de vista o que realmente importava. E a maneira como Jesus via o jovem rico era consistente com seus ensinamentos em outras partes dos Evangelhos. Em uma ocasião, por exemplo, ele contou a história de um fazendeiro que derrubou seus celeiros para construir outros maiores (Lc 12.13-21). Esta foi uma escolha legítima, mas o homem confiou tolamente em sua riqueza para determinar sua condição espiritual, dizendo: "Alma: tens em depósito muitos bens para muitos anos; descansa, come, bebe e regala-te" (v. 19) — e Jesus disse que ele era, portanto, um tolo, pois não estava pronto para a morte e não podia comprá-la (v. 20). Afinal, "que aproveitará o homem se ganhar o mundo inteiro e perder a sua alma?" (Mt 16.26).

Muitas vezes, nós também somos culpados de encontrar nossa segurança em "coisas". Podemos fazê-lo através da aquisição de ativos para nós mesmos ou até mesmo por meio de doações filantrópicas para o bem de nossa reputação. De qualquer forma, porém, em nossas buscas, tão facilmente (parafraseando a música "Mr. Businessman") valorizamos as inúteis, desconsiderando o que é realmente inestimável.[105]

Nada que você ou eu tenhamos ou façamos é suficiente para pagar nosso caminho por meio da morte e para a vida eterna. "Para os homens é impossível", disse o Senhor Jesus a seus seguidores depois que o homem rico partiu; "contudo, não para Deus, porque para Deus tudo é possível" (Mc 10.27). O perigo da riqueza é que ela nos torna orgulhosos e autoconfiantes, e esquecemos que Deus, e somente Deus, é quem salva.

Você estaria disposto a desistir de sua riqueza (qualquer que seja o nível que você desfrute) se Jesus lhe pedisse para fazê-lo por ele? Ou você se conteria porque a demanda seria muito grande e o custo muito alto? Arrependa-se de qualquer maneira pela qual você tenha confiado em suas posses e regozije-se na salvação que vem por causa da misericórdia de Deus. Não é segredo o que Deus pode fazer. Quem quer que venha a ele, ele nunca mandará embora.

LUCAS 12.13-21

2 DE AGOSTO

VIVENDO NA PLENITUDE DO ESPÍRITO

E não vos embriagueis com vinho, no qual há dissolução, mas enchei-vos do Espírito, falando entre vós com salmos, entoando e louvando de coração ao Senhor com hinos e cânticos espirituais. (Ef 5.18-19)

Em certos momentos da vida, como o nascimento de um novo filho ou uma mudança de país, muita coisa parece acontecer de uma só vez. O início de uma nova vida em Cristo é talvez o maior exemplo. Quando cremos em Jesus, uma série de mudanças ocorrem simultaneamente: somos justificados pela fé, somos adotados na família de Deus, recebemos um novo status como seus filhos e filhas e, como este versículo destaca, somos habitados pelo Espírito Santo.

Quando alguém crê em Jesus, o Espírito Santo começa a residir nessa pessoa, proporcionando-lhe o desejo e o poder de fazer o que Deus deseja. Essa plenitude do Espírito é fundamental para a realidade da experiência cristã. É o direito de nascença de todos os que passaram a confiar em Cristo. E, no entanto, a verdade é que, mesmo como crentes, nem sempre vivemos na plenitude do Espírito de Deus. Ainda é possível entristecermos o Espírito que vive em nós, por nossa desobediência (Ef 4.30). Ainda é possível sermos mais influenciados por algo diferente dele — e é por isso que, aqui, Paulo enfatiza que não podemos estar sob a influência *tanto* do álcool *quanto* do Espírito.

Precisamos entender que, se somos filhos de Deus, nunca podemos nos afastar da paternidade de Deus; no entanto, viver em desobediência pode nos tirar o senso de sua bênção paterna, presença e prazer em nós. Uma criança que desobedece à sua mãe e seu pai ainda pode sentar-se à mesa do café da manhã, sabendo que eles ainda são seus pais e ela ainda é filha deles, mas o prazer do relacionamento será diminuído. Assim é conosco: não podemos viver em desobediência — não podemos permitir que alguma outra consideração, prioridade ou substância nos guie — e, simultaneamente, viver na plenitude do Espírito.

Este não é um problema que possamos resolver sozinhos. Não nos enchemos a nós mesmos do Espírito Santo. Não recebemos apenas a plenitude do Espírito de Deus; nosso próprio prazer de sua plenitude é por causa de Deus. Não podemos nos preencher, mas podemos e devemos nos abrir para sermos preenchidos. A expectativa para toda vida cristã é que essa evidência de estar cheio — o que Paulo chama de "fruto do Espírito" (Gl 5.22) — se torne gradualmente mais e mais aparente.

A grande necessidade de sua vida e de toda igreja reunida é ser cheia do Espírito — ser dirigida por ele e não por qualquer outra coisa. Isso é o que traz a verdadeira transformação, alegria, paz e amor. Isso é o que transborda em canções que louvam a Cristo em nosso coração, bem como com nossos lábios quando nos reunimos. Então, ore para que ele encha você de novo:

Espírito de Deus, desce sobre o meu coração;
Desmama-o da terra; move-o através de todos os seus batimentos;
Inclina-te para a minha fraqueza, poderoso que és tu,
E faze-me amar a ti como devo amar.[106]

EZEQUIEL 11.14-20

3 DE AGOSTO
O REINO TORNADO PERFEITO

E aquele que está assentado no trono disse: Eis que faço novas todas as coisas. (Ap 21.5)

Todo mundo sempre quer saber como a história termina. O livro de Apocalipse nos dá a oportunidade de avançar para a página final, a fim de que possamos caminhar para o fim da história com maior fé, confiança e alegria.

A Escritura é muito clara de que toda a história está se movendo em direção a um objetivo final. Esta é uma questão de extrema importância; Deus criou homens e mulheres para saber que algo existe além da morte. De fato, ele colocou a eternidade em nosso coração (Ec 3.11).

Toda religião e visão de mundo tentam dar sentido à história. O hinduísmo, por exemplo, ensina que a realidade onde nos encontramos não está se movendo em direção a um destino, mas está realmente andando em círculos — que a história é cíclica. O naturalismo ateu argumenta que não há padrão para a história e nenhum propósito ou objetivo final; a história é simplesmente a história de átomos se rearranjando (e cada um de nós também). Os cristãos, no entanto, reconhecem que a Bíblia mostra que a história é linear: houve um ponto de início, haverá um ponto final e há um propósito para sua direção. A vida, morte, ressurreição e retorno de Cristo são o tema central de toda a história. Toda a história da humanidade deve, portanto, ser vista dentro dessa estrutura. Jesus voltará; ele completará o plano eterno de salvação de Deus e estabelecerá o Reino perfeito de Deus. Ele fará novas e perfeitas todas as coisas.

Qual é o Reino tornado perfeito que Jesus traz? É um Reino que se centra em sua cruz. É um Reino que muda corações e vidas, e seus cidadãos se curvam diante de Jesus como Rei. É um Reino de amor e justiça, de compaixão e paz. Este Reino está crescendo e alcançando os confins da terra — e, no tempo determinado, que é desconhecido para nós, Deus Pai dará a seu Filho as nações como sua herança (Sl 2.8).

Mesmo agora, Deus está executando o seu plano soberano e o mistério de sua vontade. Quando João escreve sobre o fim dos tempos, ele nos lembra que "Ao nosso Deus [...] pertence a salvação" (Ap 7.10). Se a salvação pertencesse a outro ou fosse deixada ao acaso, o plano de Deus poderia não ser cumprido. Mas ele é o autor da história e quem governa o futuro. Ele se propôs a salvar o seu povo, e o fará. Um dia o ouviremos dizer: "Tudo está feito" (21.6).

Deus começou a obra de nossa salvação por meio da morte e ressurreição de Jesus, e um dia trará todas as coisas sob um Cabeça, Jesus. Portanto, se estamos unidos a Cristo, "somos mais que vencedores" (Rm 8.37), capacitados a reinar para sempre com o Filho. Como respondemos a isso? Com fé, confiança e alegria! Pois, embora não saibamos como será nossa vida, sabemos como a história termina — e como começa a nossa eternidade. Então oramos com ardente antecipação: "Pai nosso, que estás nos céus, [...] venha o teu reino" (Mt 6.9-10).

ISAÍAS 60

4 DE AGOSTO
NÃO HÁ LUGAR IDEAL

Irei ter convosco por ocasião da minha passagem pela Macedônia, porque devo percorrer a Macedônia. E bem pode ser que convosco me demore ou mesmo passe o inverno, para que me encaminheis nas viagens que eu tenha de fazer. [...] Ficarei, porém, em Éfeso até ao Pentecostes; porque uma porta grande e oportuna para o trabalho se me abriu; e há muitos adversários. (1Co 16.5-6, 8-9)

Há muitas razões para admirar o apóstolo Paulo, mas aqui está uma que é pouco mencionada: ele estava sempre planejando com antecedência. Ele não ficava estático a respeito de nada. Ele era como um general se debruçando sobre um mapa no quartel-general da batalha, dizendo: "Agora, onde podemos avançar a seguir? Para onde podemos enviar o próximo grupo de tropas? Onde podemos encontrar o inimigo?" Por causa de sua ambição justa, ele não permaneceu confortável em nenhum lugar por muito tempo.

Aqui está o que podemos aprender com Paulo: não há lugar ideal para servir a Deus, mas podemos sempre servir a Deus onde estamos. Ele escreve em suas cartas sobre ministrar em lugares tão dispersos como Éfeso, Macedônia e Corinto — mas, independentemente da geografia, ele percebeu que tudo o que deveria fazer era evangelizar os incrédulos e encorajar os cristãos. Quando seu serviço estava completo em um local, ele sabia que era chamado para seguir em frente.

Paulo não estava preocupado com conforto ou conveniência. Ele não aspirava a residir em uma pequena cabana no Mar Adriático, numa aposentadoria confortável. Mesmo quando ele podia dizer que "uma porta grande e oportuna para o trabalho se me abriu", ainda havia "muitos adversários". Ele aceitou os desafios à medida que surgiam e considerou a oposição um grande privilégio, não um obstáculo.

Muitos de nós somos condicionados a acreditar que, se estivermos em comunhão com Deus e estivermos realmente no lugar onde deveríamos estar, a vida correrá bem. Essa pode ser uma noção predominante, mas também é antibíblica. Achamos mesmo que podemos resistir a Satanás e não enfrentar seus dardos inflamados? Achamos que podemos invadir território inimigo e não encontrar oposição? Não somos chamados a ser pessoas que vivem de maneira complacente em comunidades cristãs aconchegantes e confortáveis, sem conhecer resistência. É possível amortecer nosso testemunho a ponto de sermos ineficazes para Cristo, mas isso não precisa ser o caso, nem deveria ser.

As mesmas condições que Paulo enfrentou nos cercam hoje: idolatria, imoralidade sexual, racismo, fanatismo religioso e uma série de outros males. Você tem uma oportunidade em meio à oposição, não importa onde Deus o plante, de servir ao reino dele. Como meu querido amigo Eric Alexander me disse uma vez: "Não há lugar ideal para servir a Deus — exceto onde ele o colocou!"

ROMANOS 15.17-33

5 DE AGOSTO

ARRUINADO E RESTAURADO

Que é isso que fizeste? (Gn 3.13)

As Terras Altas da Escócia estão cheias de castelos que não são mais habitados. À luz do sol do entardecer, não é difícil reconhecer que, ao mesmo tempo, esses devem ter sido lugares magníficos. Embora não tenham mais janelas ou tapeçarias, muito menos residentes, o esplendor dessas estruturas antigas remete à sua antiga glória, mesmo em sua condição agora de ruínas.

Este mundo está cheio de glória arruinada, pois este mundo está cheio de pessoas. Adão e Eva foram o ápice da obra criativa de Deus, e ele estava absolutamente satisfeito com eles. Eles foram criados com uma inclinação para fazer o bem. Porém, cobiçando um trono que nunca poderiam ocupar — o trono de Deus —, eles acabaram degradados, perdendo o lugar e os privilégios para os quais foram criados.

Ao tentar Eva, a primeira estratégia da serpente foi lançar dúvidas sobre o que Deus havia dito, desafiando sutilmente a veracidade de sua palavra — e ela sucumbiu. Ela acreditou na mentira de que não se podia confiar em Deus para fazer o bem. Tendo plantado a semente da dúvida, a serpente então a regou com ambição. Uma vez que uma pitada de incerteza começou a encher a mente de Eva, o apelo ao orgulho era mais do que ela poderia suportar.

Comer o fruto era errado simplesmente porque Deus havia ordenado não comê-lo. No entanto, a oportunidade de satisfação imediata pareceu anestesiar Adão e Eva quanto às consequências dolorosas de suas ações futuras e à ruína que viria sobre o esplendor que conheciam. Então, como se a desobediência em si não fosse ruim o suficiente, em meio ao engano e à desobediência, eles procuraram negar a responsabilidade.

Como Adão e Eva, nós também somos propensos a presumir que nós, e não Deus, somos os juízes finais da verdade. Uma vez que decidimos procurar remover o Deus Criador, que fala uma palavra cheia de autoridade e verdade, negamos a ele o direito de ordenar nossa obediência. Todavia, quando rejeitamos o governo de Deus, não nos tornamos nossos próprios mestres; simplesmente nos colocamos sob o domínio de toda uma série de mestres menores: engano, escuridão, desespero e morte.

"Que é isso que fizeste?" Todos nós acreditamos na mentira de que nosso caminho é melhor do que o de Deus. Mas ele chegou ao ponto de enviar seu Filho para que a dureza de nossa rebelião fosse esmagada por sua bondade, que "é melhor do que a vida" (Sl 63.3). Ele fez resplandecer a sua Palavra diretamente em nosso coração, para que possamos ver seu esplendor agora e para sempre, e para que possamos ser refeitos à sua imagem e restaurados à glória que Deus sempre planejou às criaturas portadoras da sua imagem. Ver a sua bondade e estar sob o seu domínio é o que nos liberta do domínio do engano, da escuridão, do desespero e, sim, até da morte.

GÊNESIS 3

6 DE AGOSTO
A GRANDE DIVISÃO

Supondes que vim para dar paz à terra?
Não, eu vo-lo afirmo; antes, divisão. (Lc 12.51)

Jesus veio trazer paz à terra, como os anjos cantaram no primeiro Natal (Lc 2.14)? Ou ele veio trazer divisão, como ele mesmo anuncia aqui?

Sim.

Vamos primeiro reconhecer a aparente contradição. A maneira como Jesus responde à sua própria pergunta aqui — "Supondes que vim para dar paz à terra? Não…" — parece mutuamente incompatível com a declaração dos anjos e com a instrução de Jesus aos seus seguidores para serem pacificadores (Mt 5.9). De fato, parece que Jesus está refutando a ênfase de todo o seu ministério terreno, associando-se à divisão e à discórdia. Como, então, devemos reconciliar as afirmações de Jesus de que ele traria tanto paz quanto divisão?

O que Jesus quis dizer quando falou sobre trazer divisão está diretamente ligado à obra que ele realizou para efetuar a paz. Em outras palavras, quando entendemos as Boas Novas — que "[Deus] o fez pecado por nós; para que, nele, fôssemos feitos justiça de Deus" (2Co 5.21) —, nunca mais somos os mesmos. É um trabalho magnífico demais para resultar em apatia.

Quando somos renovados em nosso âmago, tudo em nós muda — nossos valores, nosso foco, nosso propósito, nossos sonhos. Agora estamos em paz com nosso Criador e somos capazes de viver em paz com nós mesmos. Todavia, mais cedo ou mais tarde, essa transformação se mostrará divisiva. Ao compartilhar, falar e viver o milagre de nossa reconciliação com Deus, seremos recebidos com desdém, hostilidade e julgamento, às vezes até daqueles dentro de nossas próprias casas, como Jesus prosseguiu em advertir (Lc 12.52-53).

A vinda de Jesus para trazer a paz revelou a divisão e o conflito existentes entre o Criador e as criaturas portadoras da sua imagem, desde que Adão e Eva se rebelaram pela primeira vez. Suas palavras e ações, dirigidas como são pelos mandamentos do céu e não pelos caminhos deste mundo, desnudarão essa mesma divisão. Para muitos de nós, a divisão causada como resultado da confiança em Cristo é uma realidade difícil e dolorosa da vida.

No entanto, há uma grande esperança para todos nós: o objetivo final de Jesus não é a divisão, mas a harmonia. A Bíblia é absolutamente clara de que o Príncipe da Paz um dia reinará eternamente. Enquanto isso, não tenha ilusões: seguir Jesus tem um custo — um custo que você pode, pelo poder do Espírito dele, pagar alegremente ao correr o risco de divisão para manter a oferta divina de paz.

🎧 ♡ 🖐 ATOS 17.1-15

7 DE AGOSTO

CARECEMOS DE UM MILAGRE

Fostes regenerados não de semente corruptível, mas de incorruptível, mediante a palavra de Deus, a qual vive e é permanente. Pois toda carne é como a erva, e toda a sua glória, como a flor da erva; seca-se a erva, e cai a sua flor; a palavra do Senhor, porém, permanece eternamente. (1Pe 1.23-25)

O Evangelho não é uma exortação a pessoas bem-intencionadas, convidando-nos a adicionar um pouco de religião à nossa vida. A Palavra de Deus chega ao coração rebelde e ordena obediência. É uma palavra que traz os mortos à vida.

Como isso é feito? Somente pelo Espírito de Deus. É obra do Espírito alcançar o que não pode ser feito de nenhuma outra maneira, por nenhum outro meio: produzir nova vida. Por natureza, somos todos rebeldes contra Deus. Ninguém o busca (Rm 3.11). Mesmo que eu me chame de agnóstico, de alguém que está sempre buscando ou mente aberta, na realidade estou me rebelando. E Deus "ordena que todos os homens, em todos os lugares, se arrependam" (At 17.30 A21). Deus chama cada um de nós para fazer uma reviravolta — para nos afastarmos decisivamente do pecado e da rebelião e ficarmos sob seu domínio.

À parte de um milagre, não podemos fazer isso. Abandonados a nós mesmos, estamos mortos e sem esperança para a eternidade. Felizmente, é a própria tarefa do Espírito de Deus realizar esse milagre *por* nós. A nova vida é algo que Deus alcança, não algo que geramos. O Espírito nos convence do pecado e nos convence de que Jesus, por sua morte na cruz, lidou com isso.

A Escritura é absolutamente clara sobre isso: quando estávamos mortos em nossos pecados, fomos vivificados em Cristo (Ef 2.1-5). O Espírito nos leva a entender o que, por nós mesmos, não estamos preparados para encarar — a saber, que temos um problema profundo e endêmico que não podemos resolver. Precisamos de um milagre. E é isso que Deus faz. Ele traz nova vida. Ele nos salva por sua graça.

Tudo a nosso respeito desaparece; como a grama, Pedro nos lembra, todos nós um dia cairemos. Mas há uma semente que produz o que é imperecível, que é plantada em nós pelo Espírito e que florescerá e prosperará por toda a eternidade: a vida que nasceu de novo através do Evangelho. A Palavra de Deus permanece para sempre, assim como aquele que foi trazido à nova vida à medida que o Espírito opera por meio dela.

Uma vez que isso nos aconteceu, não vemos mais a Bíblia apenas como um livro de história ou uma história inspiradora. Pela obra do Espírito, ela se torna uma luz, iluminando a verdadeira vida, e nossos olhos são abertos para entender quem Deus é. É por isso que estudamos a Bíblia: para ver e conhecer melhor aquele que nos salvou e com quem passaremos a eternidade.

Então, que o amor de Jesus atraia você para ele. Que a alegria de Jesus lhe permita servi-lo. Que a paz e o contentamento que advêm de conhecer Jesus concedam a você estabilidade e clareza ao refletir sobre onde esteve, considerar onde está e meditar para onde está indo. Sua carne terrena cairá; mas você permanecerá para sempre.

SALMO 119.65-80

8 DE AGOSTO
LEMBRANDO-SE DA MISERICÓRDIA DE DEUS

E veio a palavra do Senhor a Jonas, filho de Amitai, dizendo: Levanta-te, vai à grande cidade de Nínive e clama contra ela, porque a sua malícia subiu até mim. E Jonas se levantou para fugir de diante da face do Senhor para Társis. (Jn 1.1-3 ARC)

Deus se deleita em salvar as pessoas.

Quando Deus ordenou a seu servo Jonas que fosse a Nínive e pregasse contra ela por causa de sua maldade, o profeta relutante reconheceu que o povo poderia se arrepender de seus maus caminhos e que Deus responderia com misericórdia (veja Jn 4.2). Ele sabia que Deus é "Deus compassivo, clemente e longânimo e grande em misericórdia e fidelidade; que guarda a misericórdia em mil gerações, que perdoa a iniquidade, a transgressão e o pecado, ainda que não inocenta o culpado" (Êx 34.6-7). Ele sabia a verdade que Deus um dia falaria por meio do profeta Jeremias: "No momento em que eu falar acerca de uma nação ou de um reino para o arrancar, derribar e destruir, se a tal nação se converter da maldade contra a qual eu falei, também eu me arrependerei do mal que pensava fazer-lhe" (Jr 18.7-8).

Jonas sabia que o coração de Deus é um coração de misericórdia — então Jonas se recusou a obedecer ao mandamento de Deus. Por quê?! Segundo parece, ele simplesmente não gostava do povo de Nínive, e isto era compreensível, pois os ninivitas eram pagãos agressivos, cruéis e violentos e eram temidos inimigos de Israel. Jonas não queria que o Senhor os poupasse — então, mais tarde, quando o povo de Nínive se afastou de sua maldade, Jonas "desgostou-se [...] extremamente e ficou irado" (Jn 4.1). Jonas sentiu que eles mereciam o julgamento de Deus. E ele estava certo! Contudo, felizmente, as maneiras de Deus lidar com nações, cidades e indivíduos não são as nossas maneiras. O desejo de Deus é mostrar misericórdia, e não trazer julgamento.

A compaixão de Deus por Nínive é um lembrete para nós de que ele não deseja que ninguém pereça, e ele se deleita em salvar as pessoas, especialmente aquelas que parecem menos merecedoras (2Pe 3.9). Jonas queria pregar apenas onde *ele* queria pregar e a quem ele queria pregar. Mas a mensagem do Evangelho é para todos, em todos os lugares. Hoje, as Boas Novas de Jesus não se limitam a pessoas "boas", a pessoas que se parecem, agem e pensam como nós. De fato, Jesus ordenou a seus seguidores: "Ide, [...] fazei discípulos de *todas* as nações" (Mt 28.19, ênfase acrescentada).

Que misericórdia imensa! Deus é apaixonado em sua busca pelos orgulhosos, teimosos e desafiadores — pessoas iguais a mim, pessoas iguais a você. Ele nos chama a sermos zelosos para "resgatar os que perecem, cuidar dos moribundos", para "falar-lhes de Jesus, o poderoso para salvar".[107] O Deus trino deseja salvar pessoas pecadoras — ele deseja a salvação delas o suficiente para vir e morrer por elas. Você compartilha o coração dele? Se você fizer isso, desejará a salvação daqueles ao seu redor — quem quer que sejam e o que quer que tenham feito — o suficiente para ir e compartilhar Cristo com eles.

🎧 ♡ 👆 1 CORÍNTIOS 9.19-23

9 DE AGOSTO
DESOBEDIÊNCIA E RELUTÂNCIA

E Jonas se levantou para fugir de diante da face do Senhor para Társis; e, descendo a Jope, achou um navio que ia para Társis; pagou, pois, a sua passagem e desceu para dentro dele, para ir com eles para Társis, de diante da face do Senhor. (Jn 1.3 ARC)

O curso da desobediência é sempre uma trajetória descendente — isto é, até que Deus intervenha. Na pressa de Jonas de fugir da ordem do Senhor para pregar uma mensagem de arrependimento aos ninivitas, ele "[*desceu*] para Jope", "*desceu* para dentro" do navio e "[*desceu*] até à terra, cujos ferrolhos se correram sobre" ele no ventre do grande peixe (Jn 2.6, ênfase acrescentada).

Quando Jonas estava dormindo profundamente sob o convés do navio, tentando fugir de Deus, "o Senhor lançou sobre o mar um forte vento [...] e o navio estava a ponto de se despedaçar" (1.4). No entanto, no meio de uma tempestade furiosa e da atividade febril dos marinheiros que gritavam, choravam, oravam e jogavam coisas na água, Jonas continuou dormindo.

Como Jonas poderia estar tão exausto? Decerto ele estava física e espiritualmente desgastado por sua decisão de fugir de Deus. Embora a desobediência possa ser estimulante no momento — embora possa proporcionar um burburinho momentâneo —, é sempre exaustiva no final. É difícil resistir contra os aguilhões (At 26.14). Dificilmente se pode encontrar um sono mais miserável ou desconsolado do que aquele que segue nossa rebelião contra uma palavra de Deus e o desejo subsequente de nos escondermos de qualquer um e de todos, retirando-nos para a privacidade de nossa cama.

Jonas queria que Deus o deixasse em paz. Deus, no entanto, era misericordioso demais para fazê-lo. Então ele enviou uma tempestade, e a tempestade enviou o capitão do navio para encontrar Jonas e despertá-lo. O capitão usou a mesma palavra que Deus havia falado anteriormente para chamar Jonas para pregar: "*Levanta-te*, invoca o teu deus!" (Jn 1.6 ARC, ênfase acrescentada; compare com 1.2).

Aqui, então, está um quadro de grande relutância — não apenas a relutância de Jonas em fazer o que lhe é ordenado, mas a relutância de Deus em deixar seu servo no desânimo e na miséria de seu pecado. Os três dias que Jonas logo passaria no ventre do grande peixe testificam ainda mais essa verdade sobre Deus. Embora a rebelião de Jonas merecesse punição, Deus logo o resgataria de perecer no mar e o restauraria para que ele pregasse julgamento e misericórdia ao povo de Nínive.

Deus vem a nós repetidas vezes em nossa desobediência, não querendo nos deixar chafurdando em nosso pecado. Mesmo que coloquemos os dedos nos ouvidos e finjamos não ouvi-lo, e mesmo que nos recusemos a obedecer, Deus vai atrás de seus filhos errantes. Ele nos ama tanto, que não quer nos deixar à nossa própria sorte. Em nosso pecado, não podemos fugir da misericórdia de Deus, aquele que nunca nos deixará nem nos abandonará.

JONAS 1

A Bíblia em um ano: Sl 77–78; At 27.27-44

10 DE AGOSTO
SENHOR DE TODA A CRIAÇÃO

Jonas se levantou para fugir de diante da face do Senhor para Társis; e, descendo a Jope, achou um navio que ia para Társis; pagou, pois, a sua passagem e desceu para dentro dele, para ir com eles para Társis, de diante da face do Senhor. Mas o Senhor mandou ao mar um grande vento, e fez-se no mar uma grande tempestade, e o navio estava para quebrar-se. (Jn 1.3-4 ARC)

Não estamos no controle da Criação. Mas Deus está — e ele é, portanto, digno de todo o nosso louvor e adoração.

O controle divino sobre os oceanos — na verdade, sobre toda a Criação — era motivo de louvor constante na obra dos salmistas. Quando lemos os Salmos, descobrimos repetidas vezes que o povo de Deus se deleita em louvar seu poder soberano sobre a ordem criada: seu controle sobre os mares, mesmo sobre o fluxo e refluxo de suas marés.

Vemos no Salmo 33, por exemplo, que "Ele ajunta as águas do mar num só lugar; das profundezas faz reservatórios" (v. 7 NVI). É um quadro dramático — e faz parte da excelência e glória de Deus. Da mesma forma que podemos nos mover e derramar um galão de limonada, o Deus Todo-Poderoso é capaz de simplesmente reunir os oceanos do mundo e colocá-los em jarros. Quão certo e apropriado, então, é que adoremos nosso Deus Criador com temor e reverência!

Da mesma forma, a autoridade de Deus sobre a Criação nos encoraja a confiar em seu cuidado providencial. Mais tarde, na história de Jonas, descobrimos que o Senhor "fez [...] nascer uma planta"; ele "enviou um verme" e "mandou um vento calmoso oriental" para cumprir seus planos para Jonas e para o povo de Nínive (Jn 4.6-8). Como isso é diferente da mentalidade pagã tanto nos dias de Jonas quanto nos nossos. Os tripulantes do navio de Jonas consideravam o mar uma força primitiva incontrolável, à mercê da qual estavam todos cativos. Da mesma forma, somos confrontados hoje com a noção de que a "Mãe Natureza" é uma força indomável e impiedosa. Mas a verdade é que todas as coisas, incluindo toda a ordem criada, são servas de Deus (Sl 119.91). Não somos deixados para sermos lançados no mar do acaso ou golpeados por forças cegas e impessoais. Não; Deus "enumera as estrelas, chamando todas pelo nome" (Sl 147.4 A21).

Somente o soberano Senhor Criador pode reunir os mares em montes e ordenar que toda a Criação faça o que ele manda. Não apenas isso, mas ele escolhe estabelecer seus mandamentos para o bem do seu povo. O grande vento que Deus lançou sobre o mar enquanto o barco de Jonas navegava em direção a Társis não pretendia ser uma maldição sobre ele, mas sim um chamado para que voltasse à obediência fiel ao seu Deus. Aquilo que Deus enviou sobre Jonas, disto Deus também o salvou. Que notável: Deus convocou o imenso poder de uma tempestade simplesmente para trazer uma criança errante de volta para casa.

Em verdade, todas as coisas estão arranjadas para a glória de Deus e o bem do seu povo — incluindo você. É a esse Deus que louvamos, nesse Deus confiamos e a esse Deus entregamos nossa vida. Que esta verdade esteja em seus lábios hoje: "Grande é o Senhor e mui digno de ser louvado; a sua grandeza é insondável" (Sl 145.3).

SALMO 145

11 DE AGOSTO
TERRA FIRME NOS AGUARDA

Então, Jonas, do ventre do peixe, orou ao Senhor, seu Deus, e disse:
Na minha angústia, clamei ao Senhor, e ele me respondeu. (Jn 2.1-2)

Aqui está uma palavra para o crente em dificuldades, para o crente desviado, para aqueles de nós que se encontram nas profundezas por causa de sua desobediência.

A ênfase do livro de Jonas não está tanto nas dificuldades de Jonas, mas na provisão de Deus. Deus usou medidas extraordinárias para salvar Jonas de seu pecado e desobediência. O profeta reconhece que foi Deus quem "[o lançou] no profundo, no coração dos mares" (Jn 2.3). Sim, foram os marinheiros que jogaram Jonas ao mar, mas Jonas reconheceu que o que aconteceu estava sob a mão soberana de Deus e que os marinheiros agiam como seus instrumentos. Deus foi atrás dele e o jogou nas águas revoltas para que ele chegasse a um lugar onde pudesse dizer: "Na minha angústia, clamei ao Senhor, e ele me respondeu".

Além disso, no ventre do grande peixe, o profeta sentiu o aguilhão de estar separado de Deus, de ser "expulso da [sua] presença" (Jn 2.4). Para Jonas, o terror físico de quase se afogar no oceano e ser engolido por um peixe empalideceu em comparação com estar para sempre afastado de seu Pai celestial. Jonas conhecia o amor de Deus; ele sabia o que era estar na presença de Deus. Ele foi capaz de entender o que significaria ser separado de Deus, embora — e esta é a perversidade do pecado — ele mesmo tivesse escolhido separar-se de Deus.

Que palavra para nós! É Deus que, quando nos afastamos dele, vem até nós nas tempestades e vales, que altera nossas circunstâncias para chamar nossa atenção, que nos permite sentir isolados e separados para que possamos dizer: "Este não é o meu lugar. Isso não é o que Deus quer. Não consigo sair desta situação. Mas ele é capaz."

Hoje, você pode estar lidando com um profundo sentimento de fracasso e arrependimento. Você tem corrido. Você desobedeceu à voz clara de Deus e tentou se esconder. Mas sua história não precisa terminar aí. Em sua graça e bondade, Deus está determinado a salvá-lo e a completar a obra em sua vida que ele começou (Fp 1.6). Na vida cristã, há sempre a necessidade de se arrepender, mas nunca qualquer razão para se desesperar.

Quando Jonas chegou a terra firme, não foi porque ele merecia. Foi pela graça de Deus. Da mesma forma, é somente Deus quem vem a nós em nosso pecado e desobediência para que ele possa nos purificar, salvar e restaurar aos seus propósitos. Você consegue ver terra firme hoje?

JONAS 2

A Bíblia em um ano: Sl 81-83; 1Pe 1

12 DE AGOSTO

MISERICÓRDIA PROCLAMADA

Veio a palavra do Senhor, segunda vez, a Jonas, dizendo: Dispõe-te, vai à grande cidade de Nínive e proclama contra ela a mensagem que eu te digo. Levantou-se, pois, Jonas e foi a Nínive, segundo a palavra do Senhor. Ora, Nínive era cidade mui importante diante de Deus e de três dias para percorrê-la. (Jn 3.1-3)

Deus é o Deus das segundas chances. Jonas respondeu ao chamado de Deus para avisar Nínive de seu julgamento vindouro fugindo para se esconder. Porém, quando o chamado veio de novo, ele não arrastou os pés pela segunda vez. Ciente de seu fracasso e da graça de Deus para com ele, Jonas parecia ansioso para pregar a eles na primeira oportunidade. Quando finalmente lemos sobre Jonas chamando o povo ao arrependimento, podemos imaginar o peso de sua própria experiência ao falar em primeira mão sobre as consequências divinas da desobediência. Ele trouxe uma advertência e, com ela, certamente um testemunho pessoal do fato de que Deus está disposto e é capaz de salvar pessoas pecadoras até mesmo das circunstâncias mais extremas. Embora mais tarde ele provasse não ter abraçado totalmente a magnitude e o escopo da graça de Deus (Jn 4.1-3), a misericórdia que Deus havia mostrado a Jonas com certeza permeou sua mensagem aos ninivitas. Aquele que recebera uma segunda chance por meio da provisão divina de um peixe agora oferecia uma segunda chance a uma cidade de homens e mulheres que haviam se afastado do Senhor com determinação.

Você já entendeu que Deus é o Deus das segundas (e terceiras e quartas) chances? Você já percebeu que não pode fugir da misericórdia de Deus ou sondar as profundezas de sua graça? Se sim, então você certamente estenderá a mensagem do Evangelho a outras pessoas. E a maneira como você faz isso refletirá a misericórdia que recebeu. Se os cristãos parecem frágeis, sem coração e legalistas ao falar sobre a fé, seus corações ainda não foram abrandados o suficiente pela misericórdia, graça e amor de Deus. Se, no entanto, houver um senso da maravilha vencedora e conquistadora da misericórdia de Deus nas palavras e ações de um cristão, é seguro presumir que essa pessoa conheceu tal misericórdia.

O escritor de hinos Charles Wesley, conquistado pela misericórdia de Deus, prontamente proclamou:

Profundidade da misericórdia! Pode haver ainda misericórdia reservada para mim?
Pode o meu Deus sua ira conter? Eu, o principal dos pecadores, poupar?
Eu resisti por muito tempo à sua graça: por muito tempo o provoquei em sua face;
Não quis ouvir seus chamados; entristeci-o por milhares de quedas...
Lá, por mim, o Salvador está de pé, mostra suas feridas e abre suas mãos:
Deus é amor! Eu sei, eu sinto; Jesus chora, mas ainda me ama.[108]

Reflita sobre a misericórdia de Deus para com você agora — ao trazê-lo à fé e depois em sua paciência contínua com você e perdão a você. Deixe que o sentimento de admiração por seu tratamento com você permeie a maneira como você conta a história de seu amor redentor aos outros. E, se você conhece alguma pessoa a quem não conseguiu mostrar a misericórdia de Deus ou compartilhá-la quando teve a oportunidade, ore agora por uma segunda chance — e depois aproveite-a.

SALMO 30

13 DE AGOSTO
UM LEMBRETE SOBRE ARREPENDIMENTO

*Os ninivitas creram em Deus, e proclamaram um jejum,
e vestiram-se de panos de saco, desde o maior até o menor. Chegou esta notícia
ao rei de Nínive; ele levantou-se do seu trono, tirou de si as vestes reais,
cobriu-se de pano de saco e assentou-se sobre cinza.* (Jn 3.5-6)

Você pode imaginar seu presidente ou primeiro-ministro fazendo uma transmissão nacional na qual pede que a nação desista de seus atos violentos, se afaste do mal que eles abraçaram e busque a misericórdia de Deus, para ele vir e salvá-los de seu julgamento? Isso é essencialmente o que aconteceu em Nínive, diante dos olhos de Jonas.

É bastante notável que os ninivitas acreditaram em Deus de forma tão rápida e completa. Ao ouvirem a advertência de Jonas sobre o julgamento vindouro, sua reação foi generalizada e sincera, como evidenciado por suas vestes de penitência. E essa resposta pública foi mais do que igualada pela resposta real. O rei trocou suas vestes, substituindo as vestes reais por pano de saco; mudou de lugar, trocando o trono por um assento no pó; e mudou de tom, emitindo uma proclamação de arrependimento.

Isso contrasta com muitas pessoas dos dias de Jesus, e talvez com as de nosso tempo. Como o próprio Jesus ensinou, os ninivitas "se arrependeram com a pregação de Jonas", enquanto inúmeras pessoas com quem ele falou se recusaram a reconhecer que "[algo] maior do que Jonas" — a saber, Cristo — foi agora proclamado (Lc 11.32). Eles rejeitaram o que o rei ninivita havia entendido quando disse: "Convertam-se, cada um do seu mau caminho [...]. Quem sabe se se voltará Deus, e se arrependerá, e se apartará do furor da sua ira, de sorte que não pereçamos?" (Jn 3.8-9 ACF). Ele reconheceu que o arrependimento dos ninivitas não significava necessariamente que Deus seria tolerante em sua reação. Ele ainda estava incerto sobre se a virada deles seria acompanhada por uma virada divina.

Isso é um lembrete para nós: mesmo os arrependidos não têm motivos para exigir a aceitação de Deus. Eles permanecem exclusivamente dependentes da graça de Deus. O arrependimento é necessário para o perdão, mas não o merece. Como o Filho Pródigo, a pessoa com um coração genuinamente arrependido diz: "Pai, pequei contra o céu e diante de ti; já não sou digno de ser chamado teu filho" (Lc 15.18-19). O arrependimento começa com o reconhecimento de que somos verdadeiramente merecedores do juízo de Deus e com a declaração da nossa necessidade desesperada da sua misericórdia.

Porque "[algo] maior do que Jonas" está agora aqui, podemos saber e declarar que o arrependimento sempre será recebido pelo perdão, pois "Todo aquele que invocar o nome do Senhor será salvo" (Rm 10.13). Mas devemos aprender com este rei pagão que não manipulamos a mão de Deus pelo nosso arrependimento ou obediência, e que o verdadeiro arrependimento não é superficial, mas sincero, sempre envolvendo uma mudança de atitude e de comportamento. Esta é uma lição a que devemos prestar atenção todos os dias de nossa vida cristã — pois, como Martinho Lutero afirmou: "Quando nosso Senhor e Mestre Jesus Cristo disse: 'Arrependei-vos', ele pretendia que toda a vida dos crentes fosse de arrependimento".[109]

LUCAS 11.29-32

A Bíblia em um ano: Sl 87-88; 1Pe 3

14 DE AGOSTO
NOSSO DEUS IMUTÁVEL

*Viu Deus o que fizeram, como se converteram do seu mau caminho;
e Deus se arrependeu do mal que tinha dito lhes faria e não o fez.* (Jn 3.10)

A Bíblia deixa claro que Deus é imutável. Ao mesmo tempo, o livro de Jonas afirma que ele pode mudar e de fato muda sua atitude em relação às pessoas e sua maneira de lidar com elas. Como devemos entender essa aparente contradição?

Vemos essa tensão em outras partes da Escritura. Em seu trato com o Rei Saul, por exemplo, Deus disse: "Arrependo-me de haver constituído Saul rei, porquanto deixou de me seguir e não executou as minhas palavras" (1Sm 15.11). Alguns versículos depois, todavia, lemos: "Também a Glória de Israel não mente, nem se arrepende, porquanto não é homem, para que se arrependa" (v. 29). Parece que Deus se arrepende de sua decisão, mas então nos é dito que ele não se arrepende.

No entanto, não há inconsistência final entre esses dois modos de expressão. Quando se afirma que Deus se arrepende ou muda de ideia, a linguagem descritiva é uma acomodação à nossa perspectiva humana finita. Parece que houve uma mudança em Deus, mas o que realmente mudou foi nossa conduta humana. Simplificando, Saul não era mais o homem que havia sido. Ele havia se tornado persistentemente desobediente, e Deus respondeu a essa circunstância alterada de uma maneira totalmente consistente com seu caráter. Da mesma forma, em resposta à pregação de Jonas, os ninivitas mudaram sua conduta — desta vez, na direção oposta: eles se afastaram do mal. Deus é sempre contra o pecado e favorável ao arrependimento e à fé; seu caráter não muda. Suas advertências têm a intenção de alertar os rebeldes e levá-los ao arrependimento — e, se o arrependimento ocorrer, então Deus responde de acordo com isso.

Só porque Deus responde dessa maneira, o pecador que crê em Jesus pode conhecer sua aceitação. Visto que "Jesus Cristo, ontem e hoje, é o mesmo e o será para sempre" (Hb 13.8), podemos saber que, quando chegamos em contrição e fé como de crianças, Deus nos recebe com compaixão e misericórdia. Essa é a sua natureza, e ele não mudará. Da nossa perspectiva, pode parecer que ele mudou de ideia — mas Deus sempre permanece fiel a cada palavra que já disse. Em um mundo que está sempre mudando e onde até mesmo o melhor de nós nem sempre consegue manter a própria palavra, aqui está um ótimo fundamento para sua confiança e alegria hoje.

JONAS 3

15 DE AGOSTO
EM HARMONIA COM O PLANO DE DEUS

Viu Deus o que fizeram, como se converteram do seu mau caminho;
e Deus se arrependeu do mal que tinha dito lhes faria e não o fez.
Com isso, desgostou-se Jonas extremamente e ficou irado. (Jn 3.10–4.1)

Até mesmo os profetas às vezes têm muito a aprender.

Depois de seu tempo no ventre do peixe, Jonas não era mais desobediente, mas estava perplexo em sua obediência, ainda lutando com a graça soberana de Deus. Embora, tendo inicialmente procurado fugir dos propósitos de Deus para ele, Jonas tivesse ido para onde Deus o mandou e dito o que foi ordenado a dizer, ele não estava de forma alguma em harmonia com o plano gracioso de Deus para Nínive. O avivamento havia irrompido em uma cidade que se endurecera completamente para o Deus de Israel — e o profeta de Deus respondeu com raiva contra seu Deus!

Porém, conquanto Jonas fosse bruto, intolerante e respondesse erroneamente à bondade de Deus, este não o descartou. Ele já havia fornecido um grande peixe para salvar Jonas da desobediência; ele poderia justificadamente ter fornecido um grande leão para comê-lo também! Mas ele não o fez, pois é gracioso e compassivo. Ele tratou Jonas com paciência e bondade para levá-lo à percepção de que o que estava errado, mais do que qualquer outra coisa, era sua atitude.

A reação de Jonas ao arrependimento dos ninivitas foi estranha para um pregador. Poderíamos esperar que ele fosse grato por Deus ter escolhido não rejeitá-lo, mas dar-lhe o privilégio de ser usado em seu serviço. Em vez disso, o arrependimento da cidade "[deu desgosto a] Jonas". Uma tradução literal deste versículo leva um passo adiante: "Era perverso para Jonas, uma grande perversidade". A ausência da calamidade que ele esperava — um julgamento que ele pensou e esperava que viesse sobre Nínive — provou ser uma calamidade em seu próprio coração e mente.

Por mais desagradável que pareça, podemos ver nossas atitudes e reações refletidas nas de Jonas. Podemos ir aonde somos enviados, podemos dizer o que nos é ordenado, podemos nos conformar externamente a tudo o que Deus nos chamou para fazer... e, ainda assim, no cerne de nossa vida, podemos não estar realmente em harmonia com a forma como seu plano está se desenrolando. Podemos desejar que o julgamento caia em vez de a misericórdia ser estendida. Podemos nos irritar com Deus quando ele abençoa os outros de maneiras que ele não nos abençoou, ou quando abençoa os outros sem que eles demonstrem o mesmo compromisso com sua missão que achamos ter. Podemos nos encontrar dizendo a Deus como ele deve organizar as coisas em seu mundo.

O que nos alinhará com sua compaixão e nos enviará alegremente em sua missão? Simplesmente isto: entender que não somos melhores do que ninguém — nem menos merecedores de sua ira, nem mais merecedores de sua bondade. Ao demonstrar a misericórdia de Deus, a cruz humilha nosso coração e enche-o com a mesma compaixão e graça que levou seu Filho ao Calvário. Você está lutando para viver com tal compaixão pelos outros? Olhe para a cruz e peça ao Senhor que lhe ensine o que Jonas também precisou aprender.

COLOSSENSES 1.21-29

16 DE AGOSTO
SERVOS INDIGNOS

E orou ao Senhor e disse: Ah! Senhor! Não foi isso o que eu disse, estando ainda na minha terra? Por isso, [eu] me adiantei, fugindo para Társis, pois [eu] sabia que és Deus clemente, e misericordioso, e tardio em irar-se, e grande em benignidade, e que te arrependes do mal. [...] E disse o Senhor: É razoável essa tua ira? (Jn 4.2, 4)

Quando as crianças fazem algo errado, muitas vezes buscam o perdão dos pais, o recebem e depois dizem: "Eu sei que estava errado, mas... havia uma razão perfeitamente boa para eu ter feito o que fiz". Vemos algo semelhante com o profeta Jonas. Deus o perdoou, o pegou e o colocou de volta nos trilhos, e ainda assim ele tentou justificar sua desobediência anterior. Ele estava simultaneamente se sentindo irado, discutindo e orando — o que não é uma tarefa fácil!

Na argumentação de Jonas, observe quantas vezes o pronome pessoal "eu" aparece. Havia "Jonas" de mais em seu discurso — e, portanto, em seu coração — quando ele apresentou seu caso como uma questão de ser a sua palavra contra a do Senhor. Ele tolamente supôs que seu caminho era melhor do que o de Deus.

A queixa de Jonas também estava enraizada em dois pesos e duas medidas. Embora ele tivesse sido recentemente o destinatário da compaixão e misericórdia de Deus, ele encontrou falhas em Deus por demonstrar essa mesma misericórdia para aqueles que Jonas achava que deveriam estar além da redenção.

O grande problema para Jonas era a graça soberana de Deus. Ele estava zangado com Deus por agir de uma maneira que ele não entendia ou aprovava. Mas o Senhor havia declarado havia muito tempo: "terei misericórdia de quem eu tiver misericórdia e me compadecerei de quem eu me compadecer" (Êx 33.19). A graça divina para com os pecadores nunca pode ser explicada. Não tem uma razão; simplesmente reflete quem Deus é.

Em resposta à reação de Jonas, o Senhor não perguntou se ele estava irado, mas se ele tinha o direito de estar irado. Esta era a questão central: Jonas — um representante de um povo a quem Deus havia favorecido mesmo quando se desviou, e que em sua desobediência conhecera pessoalmente a mão salvadora de Deus — tinha algum motivo válido para se opor à compaixão de Deus para com os outros? A resposta é claramente "não". Nem temos o direito de desafiar a Deus sobre como e a quem ele estende sua misericórdia ou como ele dirige todas as coisas para salvar o seu povo e glorificar seu Filho.

Se nos pegarmos irados com Deus e reclamando sobre o caminho que ele escolheu para cumprir os seus propósitos, é porque nos esquecemos de quão indignos somos de receber a graça de Deus. Aqui está o perigo: é nos tornarmos tão tolerantes com a nossa própria desobediência, que pensamos ter direito ao favor e à bênção de Deus. Mas tudo é graça, todos os dias. Somente quando formos dominados pela graça, seremos capazes de nos alegrar na abundância da misericórdia de Deus, a qual é derramada sobre os seus santos indignos.

JONAS 4

17 DE AGOSTO
PROVIDÊNCIA MISTERIOSA

Então, o Senhor Deus designou que nascesse uma planta, que subiu por cima de Jonas, para que fizesse sombra sobre a sua cabeça, a fim de o livrar do seu desconforto. Jonas, pois, se alegrou em extremo por causa da planta. Mas no dia seguinte, ao subir da alva, Deus designou um verme, o qual feriu a planta, e esta secou. (Jn 4.6-7)[110]

Quando Jonas deixou Nínive, a cidade havia sido salva, mas o profeta estava amuado. *Eu sabia que o Senhor os perdoaria, apesar de todo o mal que fizeram,* disse ele ao Senhor. *Agora eu prefiro estar morto do que ter de ver meus inimigos perdoados* (Jn 4.2-3).

Jonas fez um pequeno abrigo para si mesmo (v. 5), presumivelmente de pedras ou tijolos de barro; o calor do sol teria tornado muito desconfortável para ele sentar-se ao ar livre. Imagine-o sentado em sua pequena cabana, desejando estar morto e depois percebendo que uma planta maravilhosa estava crescendo ao seu redor. De repente, o calor do dia foi aliviado pela sombra desta planta — e Jonas ficou muito, mas muito feliz.

Mas sua alegria durou pouco. O mesmo Deus que providenciou a planta para fazer Jonas feliz também providenciou o verme que causou sua destruição. A planta murchou não de alguma maneira antinatural, mas como resultado de processos normais que ocorriam sob o controle divino de Deus.

Deus, o Criador, é soberano sobre tudo o que ele fez. Em sua misteriosa providência, ele continuava a trabalhar com seu servo de acordo com o propósito de sua vontade. Há uma frase recorrente no livro de Jonas: "Deus designou". Ele designou um grande peixe, uma planta, um verme e um vento calmoso oriental, tudo como expressão de seu amor e preocupação por seu servo (Jn 1.17; 4.8). Seja através de um peixe gigantesco ou de um pequeno verme, Deus estava operando — como ainda está —, direcionando tudo para o fim designado.

Vemos essa doutrina da providência abordada na Pergunta 27 do Catecismo de Heidelberg: "O que você entende por providência de Deus?" A resposta vem:

A providência de Deus é o seu poder onipotente e sempre presente, pelo qual, como com a sua mão, ele ainda sustenta o céu e a terra e todas as criaturas, e assim as governa de forma que plantas e ervas, chuva e seca, anos frutíferos e estéreis, comida e bebida, saúde e doença, riquezas e pobreza, na verdade, todas as coisas, não vêm por acaso, mas da sua mão paterna.[111]

Ao longo da jornada da vida, ao encontrar "plantas" que o deixam confortável e feliz e "vermes" que removem o conforto ou a companhia de sua vida, você pode encontrar encorajamento em saber que não está preso a alguma força cega e fatalista. Em vez disso, seu Pai celestial, que o abraça com amor, está ordenando tudo para que ele possa alcançar o propósito final dele em sua vida: torná-lo mais parecido com o Filho e trazê-lo para casa ao lado dele. Portanto, considere sua vida. Onde estão as plantas? Onde estão os vermes? E você procurará agradecer por ambos, seguro de que ambos são dados por um Pai amoroso para o seu bem eterno?

TIAGO 1.9-18

18 DE AGOSTO
UM MOTIVO DE PREOCUPAÇÃO

*Tens compaixão da planta que te não custou trabalho,
a qual não fizeste crescer, que numa noite nasceu e numa noite pereceu;
e não hei de eu ter compaixão da grande cidade de Nínive, em que há mais de cento e
vinte mil pessoas, que não sabem discernir entre a mão direita e a mão esquerda,
e também muitos animais?* (Jn 4.10-11)

Jonas se considerava uma vítima. Ele estava convencido de estar certo em acreditar que Nínive deveria receber julgamento e de Deus estar errado em ter resgatado a cidade. Ele também estava convencido de que Deus estava errado em permitir que a planta que provia sombra murchasse, deixando-o sofrer no calor.

Em resposta, Deus não se envolveu com o profeta de acordo com sua triste objeção, mas, em vez disso, levantou uma questão importante: "É razoável essa tua ira por causa da planta?" (Jn 4.9). Deus estava argumentando do inferior para o superior: se Jonas poderia estar tão fenomenalmente preocupado com uma planta que veio e se foi no espaço de 24 horas, ele, o Deus vivo, não tinha o direito de se preocupar com o povo de Nínive? Deus estava chamando Jonas para revisar sua escala de prioridades.

A pergunta de Deus a Jonas também é uma pergunta para nós. Existe alguma coisa em nossa vida com a qual estamos mais preocupados do que ver pessoas incrédulas se tornarem seguidores comprometidos de Jesus Cristo? Se estivermos atentos ao nosso próprio coração, podemos perceber que, em relação ao nosso tempo, finanças, dons e liberdades, "Existe alguma coisa?" rapidamente se torna "Quantas coisas?". Aqueles que nos observam podem pensar que estamos muito mais preocupados com assuntos de nosso próprio conforto do que com as muitas almas que nunca ouviram o Evangelho.

Qual foi a resposta de Jonas à pergunta de Deus? Não sabemos. O livro de Jonas termina com esta pergunta divina. Mas a pergunta mais importante não é sobre como Jonas respondeu. A ênfase de todo o livro está na compaixão do próprio Deus. A pergunta mais importante é esta: como nós, os leitores do livro, percebemos a graça de Deus? Seu exemplo estabelecerá em nós um padrão de preocupação com os outros que anseia afastá-los do pecado e fazê-los confiar em Deus? Nosso coração será mais parecido com o de Jonas ou com o do Senhor?

É hora de parar de colocar quaisquer preocupações mundanas à frente de alcançar as almas perdidas em nossas comunidades para Cristo. Temos a alegria de conhecer a compaixão de Deus em nossa vida por meio de Jesus. E a única resposta adequada a esse grande privilégio é nos entregarmos para que os outros também conheçam a ele. *Com o que você se importa mais?* pergunta Deus. *Sua casa? Suas posses? Seus aparelhos tecnológicos? Ou as pessoas em sua rua que não conhecem Jesus?*

MATEUS 28.16-20

19 DE AGOSTO
O VERDADEIRO REI

Este é o cálice da nova aliança no meu sangue derramado em favor de vós. (Lc 22.20)

Jesus cumpre as promessas de Deus e distribui todas as suas bênçãos. Ele inaugurou a nova aliança e assumiu seu papel há muito esperado como o verdadeiro Rei. De Jesus, todas as bênçãos fluem. Por meio dele, todas as promessas são cumpridas. A ele, toda a glória é dada.

Nós cristãos reconhecemos essas verdades à mesa da Ceia quando tomamos o cálice e lembramos que Jesus derramou seu sangue, o sangue da nova aliança, para o perdão de nossos pecados. Na cruz, Jesus morreu para receber a penalidade que merecemos, para que os pecadores, que não merecem sua misericórdia e graça, possam desfrutar das bênçãos do perdão.

Isso significa que, quando colocamos nossa fé em Jesus, podemos ter certeza de que ele tomou nosso pecado e seu julgamento e nos deu toda a sua justiça em troca. Jesus morreu a morte que merecemos. Ele viveu a vida perfeita que não poderíamos viver. Deus nos envolveu no manto de seu perdão através da provisão de seu Filho. Nunca devemos deixar de nos admirar que essas coisas sejam verdadeiras, pela fé, sobre *nós*.

Os profetas do Antigo Testamento eram claros: viria um Rei que seria descendente de Davi e cumpriria as promessas de Deus. Ele estabeleceria o governo de Deus, introduziria uma nova era e lidaria com os efeitos do mal. Jesus pode não ter se parecido muito com um rei enquanto estava pendurado na cruz, mas foi o seu momento de maior vitória. E, quando Jesus saiu do túmulo, sua ressurreição declarou que ele não era simplesmente o filho de Davi, mas também o Filho de Deus, capaz de vencer até mesmo o túmulo.

Toda autoridade repousa sobre ele, e por meio dele corre um fluxo interminável de graça e misericórdia. Somente aquele que é a fonte de tal poder pode transformar um coração e se mostrar digno das afeições de nossa alma. Jesus agora governa e reina à direita do Pai, mas também reina no coração daqueles que confiam nele. Não há melhor dia do que hoje para os perdidos desistirem de seus atos de rebelião, curvarem-se humildemente diante deste digno Rei, admitir que ele é o próprio Salvador de que tão desesperadamente precisam e pedir-lhe que reine no trono de sua vida. Cristo é o seu Rei? Então, como seu súdito, adore-o e louve-o, e, como seu embaixador, vá e deixe que os outros saibam sobre essa esperança que você encontrou.

1 CORÍNTIOS 15.12-28

20 DE AGOSTO
O MOMENTO DE ESCOLHA

Pela fé, Moisés, quando já homem feito, recusou ser chamado filho da filha de Faraó, preferindo ser maltratado junto com o povo de Deus a usufruir prazeres transitórios do pecado. (Hb 11.24-25)

Não podemos ser amigos do mundo e amigos de Deus ao mesmo tempo (Tg 4.4). Aqueles que tentam percorrer esse caminho do meio descobrem, mais cedo ou mais tarde, quão vazio e fútil ele realmente é: torna-nos, nas palavras de Kris Kristofferson, "uma contradição ambulante".[112]

Como filho adotivo da filha de Faraó, Moisés desfrutava de status social, conforto físico e riqueza material. Como israelita, fora do recinto do estabelecimento do Faraó, havia para ele apenas obscuridade, empobrecimento e escravidão. Moisés sabia que permanecer nas cortes do Faraó tornaria sua vida muito melhor de todas as maneiras mundanas. Ele poderia ter argumentado que isso também o capacitaria a exercer uma influência em favor do povo de Deus que nunca seria possível caso se unisse a eles.

Mas Moisés não ficou na família de Faraó. Em vez disso, ele renunciou aos privilégios da cidadania egípcia e se identificou com um grupo humilde, desprezado e oprimido de pessoas que não tinham direitos políticos. Por quê? Por que alguém desistiria de tanto para abraçar tão pouco?

A resposta é que Moisés percebeu que não poderia se identificar com o povo de Deus e os egípcios simultaneamente. Ele percebeu que era um escravo com seu povo ou um vendido na corte do Faraó. Ele não podia dizer que era um israelita que acreditava no Deus de seus antepassados e também vivia como um egípcio.

Moisés escolheu o mau tratamento e a desgraça, como se lê, "por causa de Cristo" (Hb 11.26 NAA) — por causa daquele da descendência de Eva e da família de Abraão que cumpriria todas as promessas de Deus a eles (Gn 3.16; 12.1-3). Seu cálculo foi o mesmo que foi feito mais de um milênio depois pelo apóstolo Paulo, o qual tinha exatamente o tipo "certo" de formação — a educação, a sofisticação, a herança —, mas disse: "considero tudo como perda, por causa da sublimidade do conhecimento de Cristo Jesus, meu Senhor" (Fp 3.8).

Moisés tomou uma decisão radical — o tipo de decisão radical que alguns de nós talvez precisemos tomar. Talvez sua formação seja relativamente semelhante à de Moisés; você cresceu com todas as suas necessidades materiais sendo atendidas e com grandes perspectivas no mundo. Quem quer que sejamos e de onde quer que tenhamos vindo, porém, todos enfrentamos o momento da escolha que Moisés fez. Viveremos como amigos do mundo ou de Deus? Não há meio-termo. Hoje, você vai viver de acordo com os padrões do mundo, rir das piadas do mundo, empregar as metodologias do mundo e adotar as prioridades do mundo? Ou você vai se posicionar com Jesus Cristo, ir absolutamente contra o fluxo, pregar suas cores no mastro e confessar por palavra e por ação que ele é o Senhor? Talvez hoje seja o dia em que, pela primeira vez, ou pela primeira vez em muito tempo, você precise viver "pela fé" e tomar essa decisão radical.

LUCAS 18.18-30

21 DE AGOSTO

AGORA E DEPOIS

Porquanto, para mim, o viver é Cristo, e o morrer é lucro.
Entretanto, se o viver na carne traz fruto para o meu trabalho,
já não sei o que hei de escolher. Ora, de um e outro lado, estou constrangido,
tendo o desejo de partir e estar com Cristo, o que é incomparavelmente melhor.
Mas, por vossa causa, é mais necessário permanecer na carne. (Fp 1.21-24)

Você se lembra das visitas a familiares quando você era criança? Talvez algumas visitas você tenha tido com pavor porque a pessoa que você estava visitando não era alguém de quem você se sentisse próximo ou gostasse. Mas então houve as visitas especiais àqueles que você realmente amava. Talvez você tenha sido recebido na porta deles com um abraço ou com o cheiro de biscoitos recém-preparados. Você mal podia esperar para vê-los! Eles eram preciosos para você, e você ansiava por estar na presença deles.

Para o apóstolo Paulo, Jesus era essa pessoa. Paulo estava alegre, mesmo enquanto preso, por causa do que Cristo significava para ele. Ele ansiava pela perspectiva de ser conduzido à sua presença. Jesus era tudo para ele.

Você e eu podemos dizer o mesmo sobre Jesus? Ou nossa alegria terrena está fixada em questões temporais como nosso casamento, filhos, meios de subsistência ou influência? Se tudo o que emociona sua alma e tudo o que forma sua identidade está envolvido em assuntos mundanos, então estar com Jesus perde seu fascínio. Logo, seria sábio lembrar que nossa identidade é encontrada nele, porque um dia tudo o mais será deixado para trás.

Você pode ter ouvido falar de alguém com uma mente tão celestial, que não é útil na terra. Bem, também podemos ter uma mente tão terrena, que não temos utilidade celestial. Às vezes, somos tentados a querer coisas como saúde perfeita, fim da tristeza e vida sem qualquer incerteza *agora*. A realidade é que vamos perder entes queridos, receber diagnósticos hospitalares terríveis ou enfrentar decepções e desastres. Mas tudo isso faz parte do *agora*. O dilema de Paulo nesta carta era equilibrar o *agora* com o *a seguir*. Embora desejasse partir, não era para escapar de suas circunstâncias atuais. Ele certamente suportou muitas provações difíceis, mas, para ele, o céu não era simplesmente alívio do sofrimento terreno. Ele não estava arrastando a vida para abraçar a morte; ele ansiava estar com Jesus porque sabia que seria fantástico.

Viver fielmente no presente enquanto antecipamos a realidade de estar com Jesus é algo que todos nós temos de trabalhar. Paulo reconheceu que, embora ainda respirasse, deveria continuar firmemente em seu ministério terreno até que Cristo o chamasse para o céu. Portanto, passe alguns momentos considerando Cristo em todas as perfeições amáveis dele. Então passe algum tempo desfrutando da grande verdade de que um dia você o verá quando ele o receber em sua glória. Em seguida, reflita sobre a verdade de que a porta para esse momento é a morte. Esse é o seu futuro. Um dia, será seu presente. E, até lá, você pode fazer o que Paulo fez e viver com tudo para Cristo, sabendo que a morte será apenas lucro.

2 TIMÓTEO 4.6-18

22 DE AGOSTO
ENCONTRANDO A DEUS NO FUNDO DO POÇO

E o senhor de José o tomou e o lançou no cárcere [...]. O Senhor, porém, era com José, e lhe foi benigno, e lhe deu mercê perante o carcereiro. (Gn 39.20-21)

Depois que a esposa de Potifar o acusou falsamente, José atingiu o fundo do poço... de novo. Mais uma vez, ele se viu condenado — não a um poço agora, mas a uma masmorra. O fundo de seu mundo havia sido removido.

E, no entanto, como homem de Deus — como homem de princípios —, José demonstrou paciência duradoura. Ele havia fugido da tentação sedutora da esposa de Potifar com base em suas convicções, tomando sua decisão com base na pureza e na retidão. Sem dúvidas, José temia a Deus mais do que temia uma masmorra. Ele não dormiria com a esposa de Potifar, pois fazê-lo seria pecar contra Deus. Para José, esse era o fim de qualquer discussão interna, e era base suficiente para sua decisão.

Tal visão nos manterá, também, no caminho estreito. A verdadeira fidelidade não vem do pragmatismo, mas do princípio. É a formação de decisões no lugar tranquilo, sem que toda a fanfarra da vida nos distraia. É obedecer apesar das consequências. É estar tão decidido a ser um homem ou mulher de Deus, que, quando a pressão para pecar é maior ou quando tudo desaba sobre nós, sabemos como responder.

Enquanto José sofria injustamente, Deus demonstrou o seu amor concedendo-lhe favor com seu carcereiro. Não há nada na narrativa que sugira que José tentou manipular as circunstâncias para sua própria vantagem — e, mesmo que José *estivesse* procurando por um amigo ou aliado, ele nunca teria previsto que o carcereiro preencheria esse papel! Mas Deus tinha outras ideias. A presença do Senhor permanece com seu povo mesmo nas circunstâncias mais extremas.

De vez em quando, todos nós nos sentimos como se estivéssemos na masmorra — um novo ponto baixo em nossa vida — e estamos confinados por um isolamento arrepiante. Talvez seja você hoje. Talvez você, como José, tenha sido vítima de falsas acusações ou esteja avaliando o custo de sua determinação em obedecer ao seu Senhor, ou talvez algo totalmente diferente esteja pesando sobre sua alma cansada. Não importa o que aconteça, o Senhor sabe. Ele nunca foi pego de surpresa, e ele ama você com um amor eterno. Seu amor é firme, e não alterado pelas circunstâncias. Ele o ama o suficiente para ter caminhado pela masmorra da morte e pelo terror do inferno para que você nunca precise passar por isso. Console-se em saber que, como o profeta Zacarias declarou, "aquele que tocar em vós toca na menina do olho [de Deus]" (Zc 2.8).

LUCAS 8.22-39

23 DE AGOSTO

DEUS É GRANDE O SUFICIENTE

Paulo, levantando-se no meio do Areópago, disse: Senhores atenienses [...] esse que adorais sem conhecer é precisamente aquele que eu vos anuncio. (At 17.22-23)

Não podemos declarar o Evangelho de Jesus sem entender a doutrina de Deus. Como J. B. Phillips escreve em seu livro *Your God Is Too Small* [Seu Deus é muito pequeno], "Muitos homens e mulheres hoje estão vivendo, muitas vezes com uma insatisfação interior, sem qualquer fé em Deus. [...] Eles não encontraram com suas mentes adultas um Deus grande o suficiente para 'explicar' a vida."[113] Não devemos poupar nenhuma palavra apropriada, então, quando falamos do caráter de Deus, de sua grandeza e de sua glória que é dada a conhecer.

Quando Paulo compartilhou o Evangelho, ele foi para os religiosos, os plebeus e os intelectuais, porque reconheceu que as Boas Novas de Deus eram abrangentes e suficientes para cada uma de suas preocupações (At 17.24-31). Podemos aprender com sua abordagem, a qual apresentou Deus aos ouvintes, identificando cinco aspectos-chave de sua natureza:

- *Deus é o Criador.* Ele fez o mundo, enquanto ele mesmo é incriado, distinto de sua Criação e fora do tempo. Ele não é uma força — nem mesmo a maior força de todas —, tampouco pode ser contido ou manipulado em uma forma de nosso próprio desígnio.
- *Deus é o Sustentador.* Ele é quem dá vida e fôlego. O Sustentador da vida não é servido por mãos humanas, nem precisa de sustento.
- *Deus é o Governante.* Ele comanda as nações. História, geografia, governos — todo o universo! — estão sob seu controle. Nenhum evento pega nosso Deus de surpresa; ele varre para dentro de seus propósitos até mesmo os atos pecaminosos do homem. Além disso, como Governante, ele colocou todos em um determinado lugar, em um momento da história, para que possamos buscá-lo, encontrá-lo e louvar seu santo nome.
- *Deus é o Pai.* Homens e mulheres são sua "geração" (At 17.28) e, no sentido de que ele deu vida a cada humano, começando com Adão, ele é o Pai de cada humano (Lc 3.38). Ele criou cada um de nós à sua imagem. Somos seres morais, feitos com um senso de certo e errado, e somos capazes de florescer verdadeiramente apenas em relacionamento com ele.
- *Deus é o Juiz.* Ele tem autoridade sobre toda a terra. Haverá um dia de julgamento justo e final, quando toda injustiça será tratada e todos os erros corrigidos. Na verdade, Deus já interveio em seu Filho Jesus, e na ressurreição de Jesus ele declarou a nomeação divina de Jesus como Juiz. É a bondade e a paciência de Deus que anunciam o julgamento, para que antes disso possamos nos arrepender e encontrar o perdão dele.

Deus é grande o suficiente para — na verdade, muito maior do que — o interesse de qualquer um na mera religião. Ele é grande o suficiente para você e para mim, para todos os nossos cuidados e nossas tristezas. Ele é grande o suficiente para satisfazer todas as buscas intelectuais e grande o suficiente para lidar com todos os anseios emocionais — e, em última análise, grande o suficiente para alguém viver por ele. Quando conhecer a Deus como ele realmente é, você viverá em alegre obediência a ele e falará com alegre confiança sobre ele.

ISAÍAS 44.6-8

24 DE AGOSTO

RECONHECIMENTO E REAÇÃO

Então, lhes disse: Lançai a rede à direita do barco e achareis. Assim fizeram e já não podiam puxar a rede, tão grande era a quantidade de peixes. Aquele discípulo a quem Jesus amava disse a Pedro: É o Senhor! Simão Pedro, ouvindo que era o Senhor, cingiu-se com sua veste, porque se havia despido, e lançou-se ao mar. (Jo 21.6-7)

Quando a figura parada na praia mandou os pescadores lançarem sua rede do outro lado do barco — e quando aqueles pescadores viram que, não tendo pescado nada a noite toda, suas redes estavam agora abarrotadas —, eles começaram a reconhecer quem foi que os chamou. Talvez até agora eles tivessem sido sobrenaturalmente impedidos de identificá-lo, como os homens na estrada de Emaús (Lc 24.16). Ou talvez a névoa matinal ou a distância da terra até o barco fosse o que os impedia de reconhecer plenamente seu Salvador.

Seja qual fosse o caso, não demorou muito para que João, "aquele discípulo a quem Jesus amava", percebesse quem havia falado com eles — e, assim que compartilhou sua percepção inicial com Pedro, este entrou em ação. O *reconhecimento* de João e a *reação* de Pedro formam uma parceria que exibe lindamente a intenção de Deus para a diversidade complementar. Deus pega os joões e os pedros deste mundo e os coloca juntos para que possam ser o que não podem ser por conta própria. Ao longo do Evangelho de João, vemos João exibir uma fé contemplativa e constante. Quando ele e Pedro visitaram o túmulo vazio, ele considerou o significado das roupas na sepultura vazia onde um corpo deveria estar, e creu (Jo 20.8). Sua declaração do barco também revela um homem que não considerou suas circunstâncias apressadamente, mas as ponderou e depois acreditou com confiança. Quando João percebeu que era Jesus diante dele, deu a conhecer a Pedro. Pedro reagiu ao reconhecimento de João como costumava fazer: tomando uma ação imediata, cheia de fé e apaixonada. Você pode imaginá-lo pulando na água e depois se debatendo, meio nadando, meio caminhando, esforçando-se desesperadamente para chegar ao seu Salvador na praia. Ele não demonstrou hesitação em sair do barco. Seu único pensamento era alcançar seu Senhor.

Sem a natureza contemplativa e perspicaz dos joões, os pedros deste mundo queimariam até serem reduzidos a cinzas de tanta excitação. Sem a ousadia dos pedros, os joões deste mundo definhariam em introspecção. Todos nós precisamos de parceiros para servir bem a Cristo. Se você é um Pedro ou um João, ou qualquer que seja seu temperamento particular, Deus o fez como você é para servir a um propósito no reino dele. Muitos de nós passam muito tempo desejando ser mais parecidos com os outros. Outros de nós não temos problemas em reconhecer nosso tipo de personalidade ou pontos fortes específicos, mas temos um problema em usá-los humildemente a serviço dos outros ou em sermos pacientes com os caminhos dos outros que são diferentes de nós. O que mudaria na maneira como você vê a si mesmo e seu propósito se percebesse que cada aspecto de seu temperamento é dado por Deus, e que Deus tem a intenção de que você o use não para seus próprios fins, mas em obediência a ele, na companhia de seu povo, para a glória de seu Filho?

1 CORÍNTIOS 12.12-27

25 DE AGOSTO
RENÚNCIA À RETALIAÇÃO

Amados, não vos vingueis a vós mesmos, mas dai lugar à ira de Deus. (Rm 12.19 A21)

A vingança é um dos nossos instintos mais naturais. É assim que o mundo funciona, pois vivemos em um mundo de competição feroz, onde, se você ficar no meu caminho, eu vou tirá-lo do caminho. É uma resposta natural ao ser injustiçado — mas não é uma resposta cristã. Portanto, devemos nos proteger contra isso continuamente. Mesmo que o tenhamos evitado ontem, isso não é garantia de que faremos o mesmo de novo hoje.

Talvez o campo esportivo seja o lugar onde mais vemos a facilidade com que a vingança se torna a motivação de nossos planos e ações. Se um jogador adversário comete uma falta contra você e ele não é pego e punido pelo juiz ou árbitro, o que você faz? Nosso instinto é encontrar uma maneira de retribuir. Então, traçamos e planejamos e escolhemos nosso momento e "ficamos quites". E, como acontece no campo esportivo, assim acontece na vida — pelo menos em nossa imaginação, se não em nosso comportamento.

Mas então a Escritura atravessa esse instinto natural com as palavras "não vos vingueis a vós mesmos".

Paulo não apenas delineou o princípio; ele o demonstrou. Ele estava ministrando em um ambiente que lhe dava todos os motivos para retaliação: ele mesmo foi difamado, espancado, ridicularizado e preso; e ele provavelmente ainda estava vivo quando o imperador Nero e seu governo estavam transformando cristãos em tochas no quintal do palácio. Eles amarravam seguidores fiéis de Jesus a estacas, jogavam essas estacas no chão, cobriam-nas de cera e as incendiavam — e ainda assim a ordem era: "não vos vingueis a vós mesmos".

Muitas vezes deixamos de distinguir entre a aplicação da lei divina, que é a prerrogativa de Deus; a aplicação da lei criminal, que é a responsabilidade ordenada por Deus ao Estado (Rm 13.1-4); e a prática da vingança pessoal, para a qual a Bíblia não nos dá nenhum mandato. Temos permissão para buscar a justiça criminal do Estado, sempre lembrando que não será perfeita e não foi projetada para ser final; mas, acima de tudo, somos chamados a nos confiarmos à justiça divina de Deus, assim como seu Filho fez (1Pe 2.23). Devemos viver lembrando que hoje provavelmente não é o dia do julgamento final e que você e eu certamente não somos o juiz.

Temos um chamado como cidadãos de um reino eterno, em vez de qualquer reino terreno. Os incrédulos não serão atraídos a Cristo se virem seus seguidores proclamando que ele é o justo Juiz e, em seguida, agindo como se fossem eles que têm o direito de julgar. Nossas ações afetarão aqueles ao nosso redor que estão lutando contra o pecado. Que eles sejam ganhos para Cristo por nosso amor e nunca sejam afastados de considerar a Cristo por conta de nossa retaliação.

ROMANOS 12.9-21

26 DE AGOSTO
O SALVADOR PACIENTE

Eles o despertaram e lhe disseram: Mestre, não te importa que pereçamos?
E ele, despertando, repreendeu o vento e disse ao mar: Acalma-te, emudece!
O vento se aquietou, e fez-se grande bonança. Então, lhes disse:
Por que sois assim tímidos?! Como é que não tendes fé? (Mc 4.38-40)

Quando a tempestade se alastrou e os discípulos temeram, Jesus demonstrou não apenas paz, mas também paciência em sua resposta a eles.

Eles o acusaram de não se importar que estivessem perecendo. No entanto, sua repreensão não era para eles, mas para o vento e as ondas. Isso é notável. Nenhum mestre já teve aprendizes tão lentos quanto Jesus teve nesses personagens — no entanto, nenhum outro aluno já teve um mestre tão paciente e perdoador.

Embora a paciência de Jesus tenha sido exibida por este episódio, não foi de forma alguma exclusiva aqui; ao longo de seu ministério, ele constantemente demonstrava paciência em resposta aos sentimentos e falhas de seus discípulos. Em Marcos 6, depois de Jesus ter alimentado cinco mil pessoas com cinco pães e dois peixes, os discípulos duvidaram dele quando o viram andando sobre as águas, mas ele amorosamente respondeu: "Tende bom ânimo! Sou eu. Não temais!" (6.50). Mais tarde, Jesus repetidamente os instruiu quanto à necessidade e ao propósito de sua morte, apesar da falta de humildade e compreensão deles (8.31-33; 9.30-32; 10.32-34). Quando ressuscitou, ele nem mesmo repreendeu os discípulos por serem surpreendidos pela ressurreição que ele havia predito. Em vez disso, alegre e calmo, fez perguntas instigantes e revelou-lhes sua verdadeira identidade.

Vemos nossa própria fé frágil refletida nos discípulos. Se estivéssemos com eles, provavelmente também estaríamos lutando com o medo e expressando nossas dúvidas e acusações a Jesus. No entanto, ainda hoje, Cristo nos mostra paciência através de nossos medos e dúvidas. Ele não nos rejeita por um momento de incredulidade. Ele não nos rejeita por covardia. Não há mestre como ele. Portanto, como destinatários da longânime paciência de Cristo, devolvamos essa paciência aos outros. Se você é pai, treinador, gerente, líder de ministério, professor ou simplesmente um amigo, lembre-se do exemplo de Jesus. Se quisermos que Deus tolere nossa fé vacilante, também devemos procurar demonstrar sua paciência aos outros e a nós mesmos.

Porém, nosso principal chamado não é o de seguirmos o exemplo de Jesus. Acima de tudo, fomos chamados a desfrutar de suas perfeições. Sua paciência não falhará. Ele nunca negligencia nem abandona aqueles sob os seus cuidados. Seus pecados e suas lutas não podem empurrá-lo além dos limites de sua tolerância. Ele será paciente com você hoje. Ele é o seu Salvador, seu Redentor, seu Mestre sempre paciente — seu Jesus.

ÊXODO 33.18-34.8

27 DE AGOSTO

ENCONTRANDO FAVOR

Porém Noé encontrou favor aos olhos do Senhor. (Gn 6.8 NAA)

O Noé da imaginação popular é um gigante espiritual, um herói da fé. Na verdade, porém, ele era apenas um homem comum. Ele era como todo mundo enquanto realizava suas tarefas diárias, ganhava a vida e criava seus filhos.

Antes que a história de Noé se desdobre, somos informados de que "Viu o Senhor que a maldade do homem se havia multiplicado na terra e que era continuamente mau todo desígnio do seu coração; então, se arrependeu o Senhor de ter feito o homem na terra, e isso lhe pesou no coração" (Gn 6.5-6). Nenhuma distinção é feita aqui. Sem exceção, toda a raça humana estava envolvida na maldade — incluindo Noé.

A questão é clara: todos pecaram. Todos estavam alienados de Deus. Todos devem enfrentar julgamento.

"Porém Noé..." Pela graça de Deus, a realidade do pecado e do julgamento é sempre temperada por um "porém" divino. A graça de Deus, inexplicável e imerecida, foi estendida a Noé. Essa foi a única coisa que acabou por distingui-lo do resto da humanidade. Deus escolheu Noé e sua família para serem os destinatários de sua graça, estabelecendo um relacionamento com ele que não existia antes. Por causa dessa graça, Noé se tornou um "homem justo" que "andava com Deus" (Gn 6.9).

Noé não podia reivindicar nada a Deus. Sem qualquer virtude de sua parte, e contra todas as probabilidades, Deus simplesmente interveio na vida de Noé.

Muitas pessoas têm a impressão de que a graça não é encontrada no Antigo Testamento — a impressão de que, nos primeiros dias, era tudo fogo e enxofre, lei e julgamento, e que só quando Jesus chega é que a graça aparece. A realidade, porém, é que a graça não apenas precede a Criação, mas também se desdobra no meio dos julgamentos ao longo da história e em todas as páginas da Bíblia.

E, em toda a Bíblia, a graça se manifesta. Noé construiu um barco em obediência às palavras de Deus quando as palavras de Deus eram tudo o que ele tinha para continuar. Quando experimentamos a graça em toda a sua plenitude, ela nos diminui e exalta a Deus. Isso nos faz perceber que a vida toda diz respeito a ele e à sua bondade para conosco. Isso nos leva a confiar em sua Palavra e obedecer a seus mandamentos.

A única coisa que distingue você da cultura ao seu redor é a mesma coisa que distinguiu Noé das pessoas de sua época: o favor imerecido e generoso de Deus. Portanto, esteja em guarda contra o orgulho espiritual, tanto quanto contra o compromisso mundano. Nenhum de nós é inteligente o suficiente para entender a ideia de salvação ou bom o suficiente para merecer a alegria da salvação. Você e eu não somos merecedores — mas, ainda assim, Deus interveio. Só quando a graça de Deus apertar nosso coração, nós, como Noé, andaremos no caminho do nosso Criador em vez do caminho do nosso mundo, e viveremos em humildade obediente e esperança confiante. Apenas a graça tem esse efeito.

GÊNESIS 6

28 DE AGOSTO
UMA JORNADA DE ARREPENDIMENTO

Estas coisas vos escrevo para que não pequeis. Se, todavia, alguém pecar, temos Advogado junto ao Pai, Jesus Cristo, o Justo. (1Jo 2.1)

O cristianismo depende da mensagem do perdão. Outras religiões podem oferecer moralismo. Elas podem oferecer métodos que nos ajudarão a arrumar nossa vida ou nos farão sentir que somos boas pessoas. O cristianismo, no entanto, é para os indignos, os perdidos, os aflitos e os pecadores. É para pessoas que precisam ouvir que podem ser perdoadas. Em outras palavras, é para todos.

Do início ao fim, o Evangelho consiste no que Deus faz, não no que devemos fazer. É Deus, por sua misericórdia, que nos dá o desejo de até mesmo querermos ser perdoados — e é apenas quando colocamos nossa fé em Jesus que somos totalmente perdoados. Quando nos voltamos para ele em arrependimento e fé, somos capazes de olhar para trás e dizer que fomos salvos da penalidade do pecado. Tudo o que estava contra nós, tudo o que nos impedia de conhecer a Deus, tudo o que nos impedia de descobrir seu amor e sua bondade — toda a penalidade que merecemos — foi erradicado, apagado através da obra salvadora do Filho de Deus na cruz.

Como crentes, então, podemos — devemos — nos alegrar com o fato de que o pecado não nos governa mais. No entanto, a realidade é que, em nossa vida terrena, ainda pecamos. Ainda erramos o alvo; ainda não conseguimos alcançar o padrão de Deus. E, quando o fazemos, o Maligno adora sussurrar: "Você é realmente salvo? Deus realmente vai lhe perdoar desta vez?" Ao que devemos responder: "Sim, eu sou; e sim, ele o fará, pois aquele que morreu por mim está neste momento advogando por mim".

Conhecer o perdão não é uma licença para pecar; na verdade, João escreveu com o propósito de "que não pequeis". Quando pecamos, a alegria que encontramos em Deus começa a desaparecer. Embora ele continue sendo nosso Pai celestial, não deve ser surpresa que, se abrigarmos o pecado, deixaremos de desfrutar de todas as bênçãos que ele preparou para nós.

E assim procuramos viver em obediência ao nosso Senhor e, no entanto, uma vez que não o faremos perfeitamente, também devemos viver em arrependimento diante do nosso Senhor. Jesus ressaltou a necessidade e a importância do arrependimento diário em João 13 quando, enquanto lavava os pés de seus discípulos, Pedro protestou e disse: "Nunca me lavarás os pés". Jesus respondeu: "Se eu não te lavar, não tens parte comigo" (13.8). O perdão não é nosso até sermos lavados por Jesus, e então ele continua a nos lavar através de nosso arrependimento e fé diários.

Um dia, você será levado para o céu e será salvo da presença do pecado. Porém, até esse grande dia, sua vida cristã deve ser uma jornada de arrependimento. Você *foi* salvo. Você *será* salvo. Todavia, por ora, dia a dia, você está *sendo* misericordiosamente salvo ao se arrepender e se voltar para Jesus.

ROMANOS 7.7–8.2

29 DE AGOSTO
UM NOME COMO NENHUM OUTRO

Louvem o nome do Senhor, porque só o seu nome é excelso;
a sua majestade é acima da terra e do céu. (Sl 148.13)

Deus se fez conhecido para nós, tornando seu nome conhecido para nós. Quando pensamos no nome de Deus, devemos pensar em sua natureza — sua essência, seu caráter e seus atributos. Seu nome o diferencia de todos e de tudo o mais, representando tudo o que ele é.

O encontro de Deus com Moisés na sarça ardente, registrado para nós em Êxodo 3, ressalta a relação entre o nome de Deus e seu caráter. Quando Moisés se aproximou da sarça, Deus o instruiu a tirar os sapatos de seus pés, pois estava pisando em terra santa. No diálogo que se seguiu, depois de ser ordenado a ir a Faraó e exigir a libertação dos israelitas, Moisés perguntou compreensivelmente: "Quando eu vier aos filhos de Israel e lhes disser: O Deus de vossos pais me enviou a vós outros; e eles me perguntarem: Qual é o seu nome? Que lhes direi?" A resposta de Deus? "Eu Sou o Que Sou" (Êx 3.13-14).

Deus usa o verbo *ser* — "Eu Sou" — para transmitir o seu nome. Ao usar esse verbo, ele distingue entre si mesmo e todos os falsos deuses, que deveriam se chamar "eu não sou". Os ídolos são feitos por mãos humanas — ou, em nossos dias, muitas vezes dentro de nosso coração. Os artesãos os moldam em madeira, pedra ou marfim e os prendem em pedestais. No entanto, eles inevitavelmente caem e precisam ser corrigidos. Um ídolo exige nosso serviço, mas não pode salvar. Nunca cumpre o que prometeu.

Entretanto, para o Criador dos confins da terra, é justificável e correto que ele seja conhecido como Eu Sou, pois ele é como nenhum outro. Ele não foi criado. Ele é completamente autoexistente. Ele é completamente autorrealizado. Ele não precisa de ninguém e de nada. O que ele sempre possuiu, ele ainda possui. Ele não tem nem começo nem fim. Ele cumpre todas as suas promessas. Ele é o Deus de vida e poder ilimitados.

Devemos exaltar seu nome, e apenas seu nome, pois é para isso que fomos feitos. Todos nós lutamos para não nos curvarmos diante de ídolos — aquelas coisas criadas que adoramos e pelas quais fazemos sacrifícios por acharmos que elas nos trarão vida. Porém, se quisermos adorá-lo como devemos, nossos ídolos devem cair diante dele. Ele é o único Criador, o único Eu Sou — o único que governa a terra e o céu.

ISAÍAS 46.3-11

30 DE AGOSTO
UMA ORAÇÃO OPORTUNA

Agora, Senhor, olha para as suas ameaças e concede aos teus servos que anunciem com toda a intrepidez a tua palavra [...]. Tendo eles orado, tremeu o lugar onde estavam reunidos; todos ficaram cheios do Espírito Santo e, com intrepidez, anunciavam a palavra de Deus. (At 4.29, 31)

Quando sentimos que nossa cultura está mais decididamente dando as costas ao Evangelho e se opondo mais ferozmente às afirmações das Escrituras, a questão natural é: o que fazemos? Nossa resposta não deve se basear no que é confortável, mas no que a Bíblia diz.

A igreja primitiva não era estranha à agitação social. Sabendo que a esperança e a salvação poderiam ser encontradas na morte e ressurreição de Cristo, Pedro pregou destemidamente no Pentecostes, apenas algumas semanas depois de ter negado conhecer Jesus e ser seu seguidor (At 2.1-41). A pregação ousada de Pedro e dos outros apóstolos levou ao rápido crescimento da igreja — mas também levou a tumultos e perseguição para os crentes (vv. 1-22).

Não é surpresa, portanto, quando lemos que eles elevaram suas vozes a Deus. Eles conheciam a oposição que enfrentavam, então oraram — com conhecimento, de maneira bíblica e ousada.

"Agora, Senhor..." Se nos pedissem para terminar essa oração, provavelmente pediríamos a Deus que removesse as ameaças, sufocasse a oposição ou nos mantivesse longe da perseguição. No entanto, essa não era a oração dos primeiros crentes. Em vez disso, eles oraram para que declarassem o Evangelho "com toda a intrepidez".

A oração deles continua sendo oportuna. Sem dúvidas, a grande necessidade do momento na igreja de Jesus Cristo é simplesmente esta: coragem cheia do Espírito e centrada em Cristo. Estamos vivendo numa cultura moldada por uma mistura incoerente de opiniões e tensões. Nesse contexto, Deus nos chama a sair e dizer: "Pois não me envergonho do evangelho, porque é o poder de Deus para a salvação de todo aquele que crê" (Rm 1.16). Ao proceder assim, faríamos bem em lembrar que no coração do Evangelho está a cruz. Se vamos anunciar a Palavra com ousadia, então declararemos, nas palavras de Isaías, que na cruz Jesus "foi traspassado pelas nossas transgressões e moído pelas nossas iniquidades; o castigo que nos traz a paz estava sobre ele, e pelas suas pisaduras fomos sarados" (Is 53.5). Como Rico Tice aponta, isso exigirá que sejamos corajosos o suficiente para atravessar a barreira da dor e arriscar a hostilidade daqueles que discordam, a fim de encontrar fome entre aqueles em quem o Senhor já está trabalhando.[114]

Todo o Evangelho foi dado a toda a igreja para alcançar o mundo inteiro. Se você é um músico, engenheiro, fazendeiro ou farmacêutico, não importa; a responsabilidade de Deus para cada um de nós é anunciar sua Palavra, o mistério do Evangelho.

Então, você está disposto a ser ousado o suficiente para orar por intrepidez? Não por uma vida fácil, confortável, saudável ou admirada, mas por uma vida de testemunho? Você tornará sua, diariamente, a oração da igreja primitiva, pedindo que pelo Espírito de Deus você seja cheio e encorajado a compartilhar seu Evangelho, custe o que custar, com um mundo que está desesperado pela verdade?

ATOS 4.1-22

31 DE AGOSTO

COMO SOMOS JUSTIFICADOS?

Mas o que, para mim, era lucro, isto considerei perda por causa de Cristo [...] por amor do qual perdi todas as coisas e as considero como refugo, para ganhar a Cristo e ser achado nele. (Fp 3.7-9)

A vida, muitas vezes, diz respeito ao que devemos fazer para ganhar acesso ou aceitação. "O que eu tenho de fazer para entrar naquela escola? Para ganhar aceitação por esse círculo social? Para alcançar o status de executivo?" Por natureza, os humanos, portanto, se perguntam a mesma coisa sobre as realidades espirituais: "que farei [*eu*] para herdar a vida eterna?" (Lc 18.18, ênfase acrescentada).

Muitas vezes dependemos de nossas atividades — comparecimento à igreja, oração, leitura da Bíblia. Sentimo-nos confiantes quando as cumprimos, e condenados quando não o fazemos. Vemos a Lei de Deus como uma escada que subimos para sermos aceitos por ele.

Na passagem que antecedeu este versículo, Paulo acaba de relatar todo o "lucro" terreno em sua vida, herdado e alcançado, desde seu nascimento privilegiado até sua educação de elite. A pureza de seu pedigree nunca esteve em questão desde o dia de seu nascimento. Paulo diz essencialmente: *Se esses fatores alcançam a aceitação de Deus, você pode ver que eu tinha todos eles. Eu garanti que todos os detalhes espirituais e religiosos estivessem corretos? Com certeza.*

Paulo uma vez pensou ser um milionário espiritual. Ele pensou estar avançando em santidade. Então, um dia, tudo mudou. Numa viagem de Jerusalém a Damasco, Paulo percebeu que estava espiritualmente falido — que nem sequer estava no caminho da santidade.

O que deu esperança a Paulo? Na mesma jornada, ele encontrou o Jesus ressurreto e crucificado (At 9.1-19) e compreendeu a doutrina da justificação: Deus declara que o pecador é justo com base na obra consumada de seu Filho.

Longe de ser uma escada, a Lei de Deus é mais como um espelho que nos mostra que estamos errados e não podemos nos colocar no lugar certo. Como Paulo, toda vantagem que antes considerávamos um lucro agora é vista como uma perda, um fracasso.

Como você pode saber que Cristo o aceita? Não porque você vai a ele com uma justiça própria; antes, porque seu pecado foi transferido para a conta de Cristo, que não conheceu pecado, mas se tornou pecado por você, para que você pudesse receber a justiça perfeita dele (2Co 5.21). Você não pode acrescentar nada para ser justificado com Deus. Você não pode subtrair nada de ser justificado com Deus. A justificação é plena porque Deus dá aos crentes a justiça de Cristo, e é final porque depende unicamente do dom de Deus através de seu Filho.

Agora que sabe que não pode perder sua entrada na vida eterna, você está pronto para desistir de tudo pelo bem daquele que obteve o seu acesso: reputação, riqueza, proeminência, status, posses. O que quer que você tenha pensado em ganhar, agora pode considerar com alegria a perda. Você está disposto a perder sua vida por Cristo, pois sabe que através de Cristo você ganhou a vida verdadeira. Do que você luta para desistir por Jesus? Deixe sua justificação ser o motor de sua obediência de todo o coração.

ATOS 26.1-29

1º DE SETEMBRO

TRANSBORDANDO DE GENEROSIDADE

*Disse mais Moisés a toda a congregação dos filhos de Israel:
Esta é a palavra que o Senhor ordenou, dizendo: Tomai, do que tendes,
uma oferta para o Senhor; cada um, de coração disposto, voluntariamente
a trará por oferta ao Senhor.* (Êx 35.4-5)

O povo de Deus dá com gratidão em resposta à graça dele.

Ou, pelo menos, deveríamos fazer assim. Muitas vezes, porém, nossas razões para dar são muito diferentes. Muitos veem o dar como algo que devem fazer ou deveriam fazer, talvez por causa de sua posição social ou das percepções dos outros. Alguns dão em resposta a uma medida de culpa, tentando reparar suas más ações. Outros dão por medo, pensando: "É melhor eu dar, ou Deus não vai querer me abençoar".

Mas o princípio de dar que percorre toda a Bíblia é muito diferente.

No deserto, enquanto os israelitas se preparavam para construir o tabernáculo para o Senhor, Moisés começou uma coleta para a obra. Seu pedido não era pesado ou manipulador; ele simplesmente disse ao povo que o Senhor estava disposto a receber de todos os que estavam dispostos a dar, e todo coração generoso trazia uma oferta. Eles não apenas deram do que tinham, mas também deram com base em quem eram e nas habilidades que Deus lhes dera, desde a construção e confecção de tecidos até o artesanato e a arte.

Muitos deram, e deram em um grau muito alto. Como resultado, Moisés teve de emitir uma segunda diretriz, enviando uma mensagem por todo o acampamento: "Nenhum homem ou mulher faça mais obra alguma para a oferta do santuário" (Êx 36.6). Eles sabiam que Deus lhes dera tudo o que tinham. Alimentados pela imensidão da bondade de Deus, eles transbordaram em generosidade — a ponto de Moisés ter de mandá-los parar!

O Senhor não precisa de nada, mas está disposto a receber daqueles que, por sua graça, são os beneficiários de seus muitos dons. Deus não administra sua graça em porcentagens; ele a concede — e da abundância de seu coração, em Jesus, ele deu ao seu povo uma bênção após a outra. Quando nós, os destinatários de sua graça, damos o nosso tempo, dinheiro, talentos ou qualquer outra coisa de forma abundante e grata, Deus é glorificado.

O desejo de Deus por corações generosos nunca diminui. Ele tem um plano para salvar as pessoas por meio da obra de seu Filho, e anseia por seguidores que estejam dispostos a participar da obra do Evangelho por meio de doações. É a graça, e somente a graça, que move uma pessoa a dar tanto sacrificialmente *quanto* alegremente. Se a sua doação — de seu tempo, seus talentos ou seu dinheiro — é limitada ou relutante, reflita sobre a graça de Deus em derramar tanto sobre você, principalmente no Senhor Jesus. Seja movido pela graça dele, e você encontrará abundante gratidão que transborda em generosidade, trazendo glória e louvor a Deus.

JOÃO 12.1-8

2 DE SETEMBRO
REVERÊNCIA POR CRISTO

[...] sujeitando-vos uns aos outros no temor de Cristo. (Ef 5.21)

As pessoas se submetem umas às outras por muitas razões — com base na política ou nas estruturas sociais, ou mesmo com base no pragmatismo. Às vezes, é muito mais fácil (e certamente melhor!) apenas se submeter às pessoas do que correr o risco de parecer rude ou conflituoso.

Nenhuma dessas razões, no entanto, constitui os fatores motivadores para a submissão cristã. Em vez disso, a característica distintiva de nossa submissão uns aos outros deve ser que ela é feita "por reverência a Cristo". Ajoelhar-se diante de Jesus nos impede de nos preocuparmos com nós mesmos. A reverência por Cristo não apenas nos afasta de nós mesmos; ela nos puxa em direção a Jesus. Nele vemos como atender ao chamado da submissão, pois foi o próprio Jesus quem ensinou: "quem quiser tornar-se grande entre vós, será esse o que vos sirva [...] tal como o Filho do Homem, que não veio para ser servido, mas para servir e dar a sua vida em resgate por muitos" (Mt 20.26, 28). Ele não apenas disse essas palavras, mas também as viveu.

Considere, por exemplo, a lavagem dos pés dos discípulos por Jesus em João 13. Como João registra: "Sabendo [Jesus] que o Pai tudo confiara às suas mãos, e que ele viera de Deus, e voltava para Deus, levantou-se da ceia, tirou a vestimenta de cima e, tomando uma toalha, cingiu-se com ela. Depois, deitou água na bacia e passou a lavar os pés aos discípulos" (Jo 13.3-5). O que estava acontecendo aqui? Nada menos do que a submissão de Deus Filho a Deus Pai. Aquele que veio de Deus e é Deus estava se tornando nada ao "[assumir] a forma de servo" (Fp 2.7).

Jesus veio para fazer não a sua própria vontade, mas a de seu Pai (Jo 6.38). Como resultado, ele aceitou as dificuldades. Ele foi isolado e maltratado. Ele suportou maldade, mal-entendidos e morte. Jesus foi quebrado para que nossa vida quebrada possa ser reparada e transformada. Foi ele quem veio para morrer na cruz, submetendo-se à vontade do Pai, a fim de que pudesse providenciar um resgate para todos os que são humildes o suficiente para se curvar e dizer: "*Esse* é exatamente o Salvador de que preciso".

Quando consideramos Cristo como ele realmente é, não podemos deixar de sermos movidos a reverenciá-lo. Quem mais respeitaríamos e amaríamos mais do que a divina segunda Pessoa da Trindade, que estava disposta a se submeter até a morte em obediência ao seu Pai e para o bem do seu povo? E, quando reverenciamos a Cristo, estamos prontos para ter a mesma atitude que ele: uma atitude que não busca proeminência, nem se esforça para obter autoridade ou defender nossos próprios direitos, mas que obedece a Deus submetendo nossos próprios interesses aos de nossos irmãos e irmãs.

Existem muitas razões pelas quais podemos optar por nos submeter a outro (e muitas outras razões pelas quais podemos optar por não fazê-lo). Porém, que isto seja verdade para você: submeta-se aos outros em sua igreja por reverência a Cristo, que se submeteu a seu Pai e, ao fazê-lo, se tornou seu Salvador.

FILIPENSES 2.17-30

A Bíblia em um ano: Sl 137-139; 2Co 11.16-33

3 DE SETEMBRO

UMA PALAVRA PARA AS ESPOSAS

Esposas, que cada uma de vocês se sujeite a seu próprio marido, como ao Senhor. (Ef 5.22 NAA)

A palavra "submissão" tende a acionar todo tipo de reação negativa. Em parte, devido à realidade de que, como John Stott escreveu há mais de 40 anos, "submissão à autoridade está fora de moda hoje em dia. Tal submissão é totalmente oposta às atitudes contemporâneas de permissividade e liberdade."[115] As quatro décadas seguintes apenas aumentaram a reputação negativa da submissão, principalmente dentro do casamento.

Contudo, permanece o fato de que, entendida devidamente e aplicada corretamente, a submissão está no âmago dos relacionamentos como Deus os estabeleceu. Filhos devem se submeter aos seus pais (Ef 6.1), membros da igreja devem se submeter aos líderes de sua igreja (Hb 13.17), e, aqui, esposas devem se submeter ao marido "como ao Senhor". A submissão a outros, dependendo dos papéis aos quais fomos chamados na vida, é um aspecto essencial de nossos relacionamentos uns com os outros.

Portanto, a submissão de uma esposa ao seu marido reflete o ordenamento divino de Deus para o casamento. Mas como, especificamente, devemos entender esse ensinamento? Primeiro de tudo, o diretivo para a esposa se submeter ao seu marido de forma nenhuma implica que ela seja inferior. A Bíblia é *bastante* clara no sentido de que homens e mulheres são iguais em dignidade, uma vez que ambos são feitos à imagem de Deus (Gn 1.27). Como crentes, também somos iguais na Redenção — e essa igualdade é vista no fato de que, juntos, somos herdeiros da graça de Deus (1Pe 3.7). Nossa posição como homens e mulheres perante Deus é completamente igual. A diferença em papel não significa uma diferença em valor.

Em segundo lugar, as mulheres devem se submeter ao *seu próprio marido*, não a todos os homens em geral. Paulo não está dando uma instrução geral sobre o lugar das mulheres na sociedade; ele está dando uma ordem específica a respeito do papel das esposas na família. Dentro desse contexto, o desejo de uma mulher de se submeter ao seu Senhor é revelado em parte pela sua submissão ao próprio marido.

Em terceiro lugar, essa submissão não é o mesmo que obediência incondicional. Os maridos não devem coagir a própria esposa, nem devem chamá-la a se submeter, e certamente não a fazer o que Deus não ordenou. Uma esposa não está nas mãos de alguém que tem autoridade para ordenar o que ele bem quiser. Em vez disso, um marido deve "[amar] a própria esposa como a si mesmo", entregar-se por ela e conduzi-la em santidade (Ef 5.33). Se você é um marido, então é preciso deixar claro que, se você em qualquer momento buscar desviar sua esposa da obediência a Cristo ao invés de aprofundá-la, sua esposa não está sob nenhuma obrigação bíblica de seguir sua liderança.

Se você é uma esposa, a Bíblia não a chama a uma obediência de escravo, sem nenhum tipo de reflexão. Em vez disso, sua submissão deve ser uma lealdade alegre e comprometida a seguir a liderança do seu marido como parte da parceria mútua que busca a glória de Deus em todas as coisas. De todo o coração e sem relutância alguma, esse tipo de submissão é apenas possível pela capacitação de Deus para que você possa fazer ao seu marido "bem e não mal, todos os dias da sua vida" (Pv 31.12). Essa submissão bíblica com certeza está fora de moda. Frequentemente não é fácil. Porém, aos olhos de Deus e do seu povo, ela é bela.

PROVÉRBIOS 31.10-31

4 DE SETEMBRO
A INTENÇÃO DE DEUS PARA O CASAMENTO

Por isso, deixa o homem pai e mãe e se une à sua mulher, tornando-se os dois uma só carne. Ora, um e outro, o homem e sua mulher, estavam nus e não se envergonhavam. (Gn 2.24-25)

O casamento é um dom dado por Deus que manchamos pelo nosso pecado. Esses versículos descrevem uma parceria de amor perfeitamente confiante, perfeitamente livre de vergonha e perfeitamente unida. Infelizmente, um efeito tangível de nossa vida em um mundo caído é que, fora dos filmes, nenhum casamento é apenas e sempre assim. A tragédia do pecado humano é que está em nossa própria natureza buscar corromper o que Deus criou para o nosso bem e sua glória, fazendo com que a beleza e o prazer do casamento segundo a intenção de Deus sejam perdidos. Contudo, há esperança! Para os crentes, o Espírito de Deus nos permite considerar o casamento de acordo com o propósito dele.

Devemos primeiro reconhecer que, fora de Cristo, homens e mulheres estão em rebelião total contra os propósitos de Deus. Não é que estejamos simplesmente confusos sobre a natureza do casamento; é que nossos desejos pecaminosos são completamente opostos até mesmo ao que entendemos. O casamento, como nos é dado na Bíblia, é muitas vezes percebido como uma gaiola, uma restrição ou um artifício humano inventado há muito tempo — uma espécie de vestígio inútil deixado pelas gerações anteriores. Se vemos o plano de Deus para o casamento sob essa luz, é porque estamos predispostos a dizer: "Não gosto dos planos de Deus. Farei isso do meu próprio jeito."

Quando somos unidos a Cristo, no entanto, Deus nos permite ver o casamento de acordo com a sua intenção. Não importa o que qualquer governo legisle: a Escritura é absolutamente clara no sentido de que qualquer relacionamento que não seja monogâmico e heterossexual não pode ser e não é um casamento diante de Deus, porque é isso que ele decidiu que o casamento deveria ser desde o princípio. A afirmação de Jesus da representação do casamento em Gênesis 2 demonstra que nada entre o início e agora mudou o propósito de Deus (Mt 19.4-6). Não devemos adulterar ou reajustar a Bíblia para acomodar tendências sociais que definiriam o casamento de maneira diferente. Embora o padrão de Deus para o casamento bíblico possa ser desprezado por nosso mundo caído, se acreditarmos que a Bíblia é a própria Palavra de Deus, então defenderemos seu ensino — em como escolhemos ordenar nossa própria vida e em como falamos e oramos pelos relacionamentos de outras pessoas.

Como crentes, devemos reconhecer que a preocupação de Deus com os casamentos em todas as culturas e em todos os momentos é que eles reflitam o amor e o compromisso de Cristo com seu povo (Ef 5.22-25). E devemos lembrar que tudo o que está quebrado e distorcido como resultado da Queda, isto o Senhor Jesus veio renovar e reparar. Somente em Cristo e através deste é possível ver o casamento de acordo com o padrão e plano de Deus. Em vez de vivermos à nossa própria maneira, ele graciosamente nos convidou a curvar nosso coração sob o seu propósito, que é como nenhum outro. Para alguns, exigirá grande sacrifício pessoal para obedecer aos mandamentos de Deus nesta área. Para todos nós que vivemos no século XXI, isso exigirá coragem para defender os caminhos de Deus diante dos homens. Em seu contexto e circunstâncias particulares, o que significará para você pensar, falar e agir de uma maneira que reflita o propósito de Deus para seu grande dom do casamento?

GÊNESIS 2

5 DE SETEMBRO

UMA PALAVRA PARA OS MARIDOS

Maridos, que cada um de vocês ame a sua esposa, como também Cristo amou a igreja e se entregou por ela, para que a santificasse. (Ef 5.25-26 NAA)

Pela graça de Deus, todo casamento cristão é mais do que casamento.
    O propósito do casamento humano é apontar para fora de si mesmo, para o casamento final feito no céu: o de Cristo, o Noivo, e a igreja, sua noiva. O casamento, em outras palavras, consiste no propósito final de Deus de "fazer convergir em Cristo todas as coisas, tanto as que estão no céu como as que estão na terra" (Ef 1.10). É por isso que Paulo oferece instruções específicas para os maridos: para que o casamento de cada um possa exibir a união que Deus planejou.
    No casamento, o objetivo principal do marido não é garantir que sua esposa seja física e emocionalmente sustentada. Isso faz parte, é claro, mas seu objetivo final deve ser que sua esposa esteja preparada para encontrar Jesus.
    Para esse fim, a palavra que Paulo usa para "amor" aqui, *agape*, é importante: expressa autossacrifício e auto-humilhação. Diz respeito ao que damos, não ao que recebemos. Consiste no que devemos, não no que nos é devido. Não se trata de buscar o que é bom para você; trata-se de se entregar pelo que é realmente bom para sua esposa, para que ela possa ser "santa e sem mácula" (Ef 5.27). Esse foi o propósito pelo qual Cristo deu sua vida por sua igreja; e, como uma imagem disso, é aquilo pelo qual um marido deve se entregar, buscando-o para a sua esposa.
    Todavia, se você é marido, como você ama dessa forma no dia a dia da vida? Um passo prático é procurar a ausência de "NAD". Ou seja, você deve renunciar à *negligência*, física, emocional e espiritualmente — e, se as responsabilidades de carreira, lazer ou igreja interferirem, talvez seja necessário reavaliar seus compromissos. Você também precisa renunciar ao *abuso*, que, embora inclua pecados mais flagrantes, também engloba menosprezar sua esposa, depreciá-la, tratá-la com desrespeito ou agir como se ela fosse muitíssimo afortunada por ser casada com você. E, finalmente, você precisa garantir que nunca *desvalorize* o seu casamento, o que pode se tornar muito fácil com o passar do tempo.
    No entanto, por mais úteis que sejam esses lembretes práticos, o critério final e a motivação para o amor é o amor em forma de cruz de Cristo por sua noiva. Sem uma visão clara de como Jesus ama sua igreja, nossas melhores intenções fracassarão, e nossos fracassos nos esmagarão. Portanto, devemos olhar para Cristo, que, embora não precisasse de ninguém nem de nada, veio e se entregou para que nós, em nossa necessidade, rebelião e vazio, fôssemos apanhados em seu abraço, acolhidos em seu coração, trazidos para sua família e considerados parte de sua noiva.
    Você se vê dizendo: "Por que ele me amaria assim?" Se assim for, você vê o alto chamado que é para os maridos "[amarem] a sua esposa, *como também Cristo amou a igreja*". Então, se você é um marido, ou espera ser um dia, deve começar com a oração: oração para que o Espírito Santo lhe permita pensar biblicamente, viver em obediência e amar de verdade, de forma altruísta. E, se você é uma esposa, ou espera ser um dia, essa também deve ser sua oração por seu marido, por causa de sua alegria e da dele, mas acima de tudo para a glória de Deus.

EFÉSIOS 5.22-32

6 DE SETEMBRO
A CONSEQUÊNCIA DA INVEJA

O coração em paz dá vida ao corpo, mas a inveja apodrece os ossos. (Pv 14.30 NVI)

A inveja é um câncer espiritual, destruindo uma pessoa de dentro para fora.

As consequências da inveja são graves. O Rei Salomão não mede palavras ao nos alertar sobre esse diagnóstico com uma ilustração explícita, e, como alternativa, nos direciona para uma vida de saúde e paz.

A inveja nos prejudica. Mesmo que não faça nada a mais ninguém, ainda destruirá aquele que inveja. Isso influencia nossa percepção dos outros. Isso gera um espírito destrutivamente crítico, levando-nos a ver o nosso próximo com suspeita e ira injustificadas. Isso nos deixa incapazes de sermos felizes pelos outros e prejudica qualquer chance de contentamento, pois sempre há alguém com mais para nos ressentirmos. A inveja faz os ossos apodrecerem.

A inveja pode invadir de maneira rápida e sutil. Veja o apóstolo Pedro, por exemplo. Antes da crucificação, ele havia vacilado ao negar a Cristo três vezes. João registra que, após sua ressurreição, Jesus fez o café da manhã para Pedro e alguns outros discípulos na praia, e Jesus falou com Pedro, restaurando seu relacionamento, lembrando-o de seu chamado a Pedro para segui-lo e encarregando-o de pastorear e alimentar o seu povo. Se você tivesse perguntado a Pedro no dia anterior o que seu coração mais ansiava, teria sido isso. Porém, quando Jesus acrescentou que um dia Pedro seria chamado para dar a vida pelo seu Senhor, como Pedro reagiu? Olhando para João e dizendo: "E quanto a este?"

Jesus, no entanto, plenamente consciente dos perigos da inveja, respondeu: "Se eu quero que ele permaneça até que eu venha, que te importa? Quanto a ti, segue-me" (Jo 21.22).

Como é fácil, mesmo em momentos de grande avanço, que a inveja nos infecte e nos faça esquecer tudo o que Jesus fez por nós e nos deu! Como, então, encontramos algum tipo de cura para essa podridão espiritual?

A última coisa que queremos fazer é a primeira coisa que precisamos fazer: reconhecer a inveja pelo que ela é — pecado — e trazê-la à luz da presença de Deus por meio da confissão. Então, devemos rejeitar a inveja em oração, momento a momento, pedindo ao Espírito que nos capacite a refletir sobre tudo o que temos em Cristo, até que sejamos tomados não pela inveja, mas pela alegria. Aqueles que consideram suas bênçãos são mais capazes de louvar a Deus pelas bênçãos que ele concede aos outros. E um coração em paz dá vida.

Não deixe sua inveja corroer você sem controle. De que forma isso se apodera de você? Confesse, ore sobre isso e lute com a verdade do Evangelho.

JOÃO 21.15-23

7 DE SETEMBRO
O POVO DE DEUS

Porque judeu não é quem o é exteriormente, nem é circunciso quem o é apenas no exterior, na carne. Mas judeu é quem o é no interior, e circuncisão é a do coração, realizada pelo Espírito, não pela letra. (Rm 2.28-29 A21)

Todo reino tem cidadãos, e o Reino de Deus não é diferente. Quem, então, são os cidadãos no Reino de Deus? Quem é o povo de Deus?

O povo de Deus compreende todos os que colocaram sua fé em Jesus Cristo. Essas pessoas não fazem parte do Reino de Deus por causa de seu intelecto, poder ou qualquer outro fator externo, mas simplesmente e apenas porque Deus escolheu amá-las e, assim, deu-lhes o dom da fé em seu Filho. Jesus repreendeu os fariseus por presumirem ser membros da família de Deus por causa de sua linhagem: "Se fôsseis filhos de Abraão", disse ele, "faríeis as obras de Abraão" (Jo 8.39 ACF). E o que Abraão fez? Ele confiou nas promessas de Deus; ele "creu em Deus, e isso lhe foi imputado para justiça" (Gl 3.6).

Somos membros plenos da família de Deus, então, não por causa de algo que fazemos, mas pela obra do Espírito de Deus em convencer nosso coração, fazendo-nos crer e nos levando ao arrependimento. Não precisamos nos submeter aos requisitos rituais da lei judaica ou ser descendentes físicos de Abraão para sermos incluídos no povo de Deus. Em Romanos 2.29, Paulo essencialmente pergunta: *Quem são os filhos de Abraão?* A resposta é: qualquer um que se submeta à "circuncisão […] do coração, realizada pelo Espírito".

Ao considerarmos essas verdades, podemos nos perguntar se Paulo achava haver algum benefício em ser judeu. Paulo explicou que havia realmente uma vantagem fenomenal, porque os judeus foram os primeiros a receberem as promessas de Deus, dando a eles uma oportunidade única de entender os sinais que apontavam para o cumprimento em Cristo (Rm 3.1-2). Mas esse entendimento em si mesmo não faz de ninguém um cidadão do Reino de Deus. Isso está aberto e reservado para aqueles que se tornam súditos de seu Rei. Quer sejamos judeus, quer gentios — independentemente de nossa origem, de onde nascemos e de como fomos criados —, Deus oferece salvação a todos os que chegam à fé em Cristo. Nossa cidadania no Reino de Deus não está ligada à etnia ou ao exterior, mas à fé humilde e como de uma criança no Messias.

O mundo está cheio de pessoas que lutam para encontrar onde se encaixam ou se esforçam para manter sua posição em uma empresa, sociedade, círculo de amizade ou até mesmo em sua própria família. Deus não pede que você lute ou se esforce, mas simplesmente que desfrute. Se você pertence ao povo de Deus pela fé em Jesus, então você foi resgatado pelo nome dele, foi liberto da vergonha e faz parte do seu povo. É aqui que você se encaixa; é aqui que você encontra o seu lar.

EFÉSIOS 2.11-22

8 DE SETEMBRO

ALEGRAI-VOS SEMPRE

Alegrai-vos sempre no Senhor; outra vez digo: alegrai-vos. (Fp 4.4)

Como devemos nos alegrar sempre? É possível conseguir isso? Ou devemos entender a exortação de Paulo de "[nos alegrarmos] sempre no Senhor" como uma espécie de declaração hiperbólica que Paulo nunca pretendeu que realmente experimentássemos em nossa vida cristã?

Não, não devemos! Paulo quis dizer o que disse. Como crentes, devemos de fato nos alegrar sempre. Uma das razões pelas quais experimentamos tanta dificuldade com esse apelo é porque tendemos a pensar na alegria da mesma maneira incorreta como vemos o amor — a saber, como um produto de nossas emoções, em vez de um servo de nossas vontades. Quando vista assim, a alegria é um produto de nossas circunstâncias e nossos sentimentos; e, com essa visão, só é possível nos alegrarmos quando estamos nos sentindo bem, quando o sol está brilhando e quando tudo parece estar indo como queremos.

Mas a Bíblia quer dizer o que diz quando nos orienta a nos alegrarmos sempre, inclusive quando a vida não é o que desejávamos, quando as nuvens estão se acumulando e nos sentimos deprimidos. Portanto, devemos procurar entender a alegria biblicamente.

Em Habacuque 3, lemos que o profeta tremeu no dia da angústia que estava por vir (3.16). Tudo no reino dos sentimentos levava Habacuque ao pânico. Todavia, em vez de sucumbir à ansiedade, ele fez seus sentimentos cederem ao que sabia sobre seu Provedor. Com a força do pensamento correto, Habacuque concluiu: "Ainda que a figueira não floresça, nem haja fruto na vide; o produto da oliveira minta, e os campos não produzam mantimento; as ovelhas sejam arrebatadas do aprisco, e nos currais não haja gado, *todavia, eu me alegro no Senhor*" (vv. 17-18, ênfase acrescentada). Ele demonstra que é possível se alegrar sempre — mesmo em meio a profundas provações e dores —, quando nossa alegria não depende de fatores externos, mas somente de Deus.

O propósito de Deus é que nosso pensamento seja inspirado e moldado por sua revelação — o que ele deu a conhecer de si mesmo por meio de sua Palavra e Criação. Tomando emprestadas as palavras de Johannes Kepler, cientista do século XVI, devemos "pensar os pensamentos de Deus segundo ele". À medida que aprendermos a pensar corretamente, seremos cada vez mais capazes de alinhar nossas emoções com nosso pensamento correto.

Quando sua alegria está enraizada no caráter imutável de Deus, você é liberto de manter a alegria em cativeiro com as suas circunstâncias. Sim, sua alegria pode ser desafiada pelas dificuldades e decepções do seu dia, mas não será derrubada. Hoje, nos momentos em que sua alegria for desafiada, leve estas palavras aos lábios:

É o que eu sei de ti, meu Senhor e Deus,
Que enche minha alma de paz, meus lábios de música:
Tu és minha saúde, minha alegria, meu cajado, minha vara;
Apoiado em ti, na fraqueza eu sou forte.[116]

SALMO 20

A Bíblia em um ano: Jz 4–6; Jo 3.1-15

9 DE SETEMBRO

O SERVO HUMILDE

*Vós me chamais o Mestre e o Senhor e dizeis bem; porque eu o sou.
Ora, se eu, sendo o Senhor e o Mestre, vos lavei os pés, também vós deveis lavar
os pés uns dos outros.* (Jo 13.13-14)

Andrew Martinez foi um dos maiores carregadores de tacos da história do golfe, trabalhando para grandes nomes como Johnny Miller, John Cook e Tom Lehman. Ele próprio também era um atleta talentoso. Parte do que o tornava extraordinário como carregador de tacos era sua devoção ao seu chefe, que começava assim que ele entrava na área do auxiliar e vestia o macacão branco. Em seu papel, ele se esquecia. Ele ainda era Martinez, mas o nome nas costas era diferente; ele existia apenas para servir a outra pessoa, apesar de seu próprio dom e capacidade.

Na noite anterior à sua morte, naquela que é uma das cenas mais memoráveis de sua vida terrena, Jesus lavou os pés de seus discípulos. Uma das razões pelas quais ele fez isso foi para modelar o serviço humilde, pois o trabalho de lavar os pés era o papel de um escravo, não de um rei. Todos nós podemos nos beneficiar de seguir seu exemplo: o Criador lavou os pés de suas criaturas e, ao fazê-lo, serviu tanto a seus discípulos contenciosos quanto a seu traidor, Judas. Tal ação estava muito além da hospitalidade típica que esse ritual implicava.

As ações de Jesus foram um exemplo para seguirmos ("também vós deveis"), mas não foram meramente um exemplo — e, se tudo a que nos apegamos neste relato é o chamado para copiar o comportamento humilde de Jesus, corremos o risco de nos perdermos no moralismo e perder a intenção plena e gloriosa de Cristo. Ao lavar os pés de seus discípulos, Jesus sabia o que o futuro imediato reservava. Ele estava ciente de que um momento de grande tristeza — sua vindoura crucificação — era iminente. Sua ação mostrou que o futuro está sempre nas mãos amorosas do Pai. A purificação dos pés de seus seguidores simbolizava a futura purificação de suas almas — uma purificação não pela água em sua bacia, mas por seu sangue na cruz. Em sua humildade, o Filho de Deus se oferece para nos lavar da mancha de nosso pecado, e precisamos corresponder a sua humildade com a nossa, aceitando nossa necessidade desesperada e pedindo que sejamos lavados.

Somente quando reconhecermos como fomos servidos por nosso Salvador, serviremos aos outros da mesma maneira. Pedro, que na época estava confuso com o que Jesus estava fazendo (Jo 13.6-8), um dia entenderia a mensagem de seu Senhor. Anos mais tarde, ele encorajaria seus companheiros crentes: "Humilhai-vos, portanto, sob a poderosa mão de Deus, para que ele, em tempo oportuno, vos exalte" (1Pe 5.6). Ele sabia que o exemplo de Cristo deveria fazer muito mais do que modificar nosso comportamento; deveria nos humilhar e depois nos garantir nosso perdão.

De que maneira você é chamado para lavar os pés dos outros hoje? Como você pode sacrificar seu próprio tempo ou conforto para servir às pessoas ao seu redor de maneiras que só podem ser motivadas pelo amor humilde? E o mais importante: como você pode servir aos outros de uma maneira que lhes revele o maior ato de serviço — a purificação que o sangue de Cristo, derramado na cruz, provê?

JOÃO 13.1-17

10 DE SETEMBRO

O SACERDOTE DE QUE PRECISAMOS

Tendo, pois, a Jesus, o Filho de Deus, como grande sumo sacerdote que penetrou os céus, conservemos firmes a nossa confissão. [...] Acheguemo-nos, portanto, confiadamente, junto ao trono da graça, a fim de recebermos misericórdia e acharmos graça para socorro em ocasião oportuna. (Hb 4.14, 16)

O Antigo Testamento sublinha repetidas vezes o peso da responsabilidade sobre os sumos sacerdotes em Israel (veja, por exemplo, Êx 29 e Lv 16). Ser o sumo sacerdote não era algo a encarar levianamente. Só ele poderia entrar no Santo dos Santos, a câmara interna do templo judaico. Apenas ele poderia oferecer um sacrifício de sangue "pelos pecados de ignorância do povo" (Hb 9.7). Embora ele não fosse sem pecado, servia como um advogado de sua comunidade diante de Deus.

Porém, como o escritor de Hebreus nos mostra, houve um Grande Sumo Sacerdote — a saber, Jesus — que fez o que nenhum outro sacerdote poderia fazer e assumiu uma responsabilidade cujo peso nenhum outro humano poderia suportar.

Jesus não atravessou uma cortina para entrar no Santo dos Santos no templo de Jerusalém. Em vez disso, como Filho de Deus, ele atravessou os céus, de modo que agora aparece em favor de nós diante do trono do Pai. Não precisamos lamentar sua ausência física na terra, não apenas porque ele está presente conosco através do Espírito Santo, mas também porque sua ausência significa que agora mesmo ele está falando diretamente com Deus Pai em favor de nós (Hb 7.25).

É por isso que, no Novo Testamento, o ministério não é separado para uma ordem de sacerdotes que fazem sacrifícios de sangue. Aqueles que são chamados por Deus e recebem o privilégio e a responsabilidade de liderar e ensinar o povo de Deus não precisam advogar diante de Deus por seu povo da maneira como os sacerdotes do Antigo Testamento fizeram. Como nosso Grande Sumo Sacerdote ofereceu *o* único grande sacrifício pelos pecados, não há necessidade de nenhum outro advogado. De fato, seu sacerdócio não deixa espaço para outras ofertas pelo pecado, seja no céu ou na terra. Só ele poderia morrer por nós e falar por nós, e só ele fez isso.

A própria grandeza do sacerdócio de Cristo está no fato de que ele se ofereceu por nossos pecados de uma vez por todas. Não precisamos de nada mais do que reconhecer que "[ele], no entanto, porque continua para sempre, tem o seu sacerdócio imutável" (Hb 7.24). Somente Jesus é capaz de salvar aqueles de nós que se aproximam de Deus com base nos méritos dele. Ele sempre vive para interceder por seu povo. Ele está fazendo isso, neste exato momento, por você. Logo, você pode viver confiante no acesso à sala do trono celestial sempre que orar e no acesso de sua alma no dia em que morrer. Hoje, tudo o que você precisa fazer é se apegar à sua confissão de fé no Grande Sumo Sacerdote, que cumpriu todo o necessário.

HEBREUS 7.23-28

11 DE SETEMBRO
HISTÓRIAS DA PROVISÃO DE DEUS

Vós, na verdade, intentastes o mal contra mim; porém Deus o tornou em bem, para fazer, como vedes agora, que se conserve muita gente em vida. (Gn 50.20)

As crianças que amam seus avós tendem a amar as histórias deles. Como avô de José, Isaque certamente teria tido a oportunidade de sentar-se com ele e contar história após história da provisão de Deus — para falar a verdade à vida de seu neto. Você e eu só podemos imaginar como José deve ter apreciado as histórias e instruções de Isaque. Mas a bondade de Deus para com sua família nas gerações passadas parece ter sustentado José mesmo em seus momentos mais dolorosos, pois uma verdade notável sobre esse homem é que ele estava sempre ciente de que Deus estava no controle. Certamente José estava aprendendo a dizer, como o salmista cantaria mais tarde: "Eu creio que verei a bondade do Senhor na terra dos viventes" (Sl 27.13).

De fato, José teve uma oportunidade após outra para testemunhar o cuidado providencial de Deus. Como um menino de 17 anos, ele viu Deus operando, mesmo em meio ao ódio de seus irmãos. A sugestão de Rúben de que o colocassem no poço acabou poupando sua vida, mas foi a intervenção de Deus que deu a Rúben essa ideia e permitiu que os irmãos de José seguissem seu plano.

Pouco depois, uma caravana ismaelita chegou no momento certo, como se fosse por desígnio divino (o que foi!). Eles estavam fazendo seus negócios como de costume; poderiam ter olhado para José e dito: *Esqueça. Não precisamos dele.* No entanto, a providência de Deus determinou que eles comprariam José.

Em cada caso, Deus usou os interesses e desejos egoístas dos outros como instrumentos para salvar a vida de José e, enfim, a vida de muitos.

A verdade de Gênesis 50.20 é o fundamento da vida de José: embora seus irmãos intentassem o mal, Deus intentava o bem — e as intenções de Deus sempre vencem. O pai terreno de José pode ter voltado a Canaã, mas seu Pai celestial foi com ele para o Egito. Seu caminho pode ter sido desviado pela inveja de seus irmãos, pela luxúria da esposa de Potifar, pela ira de Potifar e pelo egoísmo do copeiro, mas foi supremamente dirigido por seu Deus, para o bem de seu povo.

Valorizamos essa verdade sobre Deus, como José fez? Deus cumprirá seus propósitos, mesmo quando não temos ideia do lugar para onde estamos indo ou o que ele está fazendo. Esta é a nossa esperança em todas as circunstâncias. Quando as provações vierem, então, não devemos evitá-las, pois sabemos que elas vêm das mãos de um Pai bondoso e que de alguma forma promovem seus planos para salvar e sustentar seu povo. Vemos a bondade de Deus na vida de nossa família espiritual nas gerações passadas — na Escritura e ao longo da história da igreja. Você pode ter certeza de que, em todos os seus dias e dúvidas, em todos os seus medos e fracassos, em todos os seus relacionamentos fraturados e sonhos partidos, você permanece sob o cuidado paternal de Deus.

GÊNESIS 49.28–50.21

12 DE SETEMBRO

ELE NOS GEROU

Segundo o seu querer, ele nos gerou pela palavra da verdade. (Tg 1.18)

Johnny Carson, o lendário apresentador de televisão, descreveu uma vez uma interação entre um adolescente descontente e um pai desapontado enquanto brigavam um com o outro. O adolescente, prestes a bater a porta e fugir, gritou: "Eu não pedi para nascer!" Em resposta, o pai gritou de volta: "E, se você tivesse pedido, eu teria dito não!"

Nenhum de nós pediu para nascer. E, na verdade, nenhum de nós pediu para nascer de novo. Tiago aponta a verdade humilhante de que nosso nascimento espiritual não foi algo que induzimos Deus a fazer. Na bondade de Deus, nosso novo nascimento em Cristo foi escolha dele, sem a pressão de nosso desamparo e sem a ajuda de nossa suposta bondade. Ele agiu unicamente de acordo com sua vontade livre e soberana. Jesus disse: "O vento sopra onde quer, ouves a sua voz, mas não sabes donde vem, nem para onde vai; assim é todo o que é nascido do Espírito" (Jo 3.8).

Além da obra do Espírito em nos revelar Cristo, nosso coração tolo permanece obscurecido, e o pecado tem um efeito mortal em nosso senso de moralidade. Por natureza, estamos perdidos nas garras do pecado, precisando desesperadamente saber a solução para nossa situação, mas incapazes até mesmo de ver qual é a natureza de nosso estado. Porém, mesmo tendo cada um se tornado um membro da família de Deus pela graça, através da fé, ainda estamos às vezes inclinados a acreditar que nossa salvação é o resultado do que fizemos — que escolhemos, e devemos continuar a escolher, nos afastar do pecado e nos voltar para Deus em confiança como de uma criança. A verdade é que foi "segundo o seu querer" que Deus "nos gerou" quando ouvimos e fomos capacitados por ele a responder à "palavra da verdade". Quando juntamos as peças, descobrimos que nossa escolha por ele foi e só é possível por ter ele nos escolhido.

Como disse Alec Motyer:

> Não é mais possível para nós sermos agentes ou contribuintes para o nosso novo nascimento do que nos foi em nosso nascimento natural. Todo o trabalho, desde a escolha inicial até a conclusão do ato, é dele. [...] E, até que a vontade dele mude, sua Palavra se altere ou sua verdade seja provada falsa, minha salvação não pode ser ameaçada ou perdida.[117]

Que segurança, paz e consolo são encontrados em saber que a bondade de Deus por meio de Jesus Cristo não apenas *levou* você ao arrependimento e à fé, mas também o *manterá* na fé! Se sua fé e salvação dependessem de você, elas nunca estariam seguras, e você sempre estaria ansioso. Mas dependem dele, "em quem não pode existir variação ou sombra de mudança" (Tg 1.17). Você não pediu para nascer; ele o quis. Portanto, você pode ter certeza de que é seu filho — agora, amanhã, todos os dias e para sempre.

🎧 ♡ ✋ EZEQUIEL 36

13 DE SETEMBRO

ATÉ QUANDO? POR QUÊ?

Até quando, Senhor, clamarei eu, e tu não me escutarás? Gritar-te-ei: Violência! E não salvarás? Por que me mostras a iniquidade e me fazes ver a opressão? (Hc 1.2-3)

É tentador supormos estar muito distantes das circunstâncias descritas no Antigo Testamento. Contudo, ao lermos a queixa de Habacuque nesses versículos, podemos reconhecer que, embora estejamos distanciados cronológica e geograficamente, não estamos tão longe da situação na qual ele se encontrava.

Habacuque descreveu problemas com pessoas *no meio* do povo de Deus. Eles se desviaram do que Deus havia planejado para eles, e não havia fim à vista. Pior, Deus aparentemente não estava intervindo. A questão como Habacuque a via era dupla: o tempo de Deus (*Por quanto tempo tolerarás o mal?*) e a tolerância de Deus (*Por que toleras isso?*). Essas perguntas também podem ser encontradas nos lábios de muitos crentes atentos hoje ao olharem para a igreja: "Até quando *isso* vai continuar? Por que o Deus bom, moral e todo-poderoso a quem servimos tolera a podridão espiritual e moral entre aqueles que professam ser seus seguidores?"

Você já lutou com essas perguntas? Você não está sozinho; este não é um problema novo. O povo fiel de Deus lutou com isso ao longo da história. Aqui estão duas observações que serão benéficas para nós ao confrontarmos os "até-quandos" de nossa vida.

Primeiro, podemos ser gratos por Deus não ser tão *in*delicado a ponto de responder às nossas orações em nosso prazo. Os "atrasos" de Deus são sempre propositais. Sua perspectiva é muito mais abrangente do que poderíamos imaginar. Ele pode demorar para lidar com nosso egoísmo ou uma área de desobediência em nossa vida, para nos ensinar a confiar nele ou nos salvar de nós mesmos. Essa é uma das razões pelas quais a Bíblia frequentemente nos chama a esperarmos no Senhor. Nossas decepções, fracassos e confusões podem ser colocados sob a segurança abrangente do propósito eterno de Deus.

Em segundo lugar, podemos seguir o exemplo do profeta ao pedir ajuda a Deus. Habacuque levou sua queixa ao único lugar aonde devemos levar a nossa: ao Senhor. Ele reconheceu o que o salmista diz: "O meu socorro vem do Senhor, que fez o céu e a terra" (Sl 121.2). Os Salmos estão cheios de crentes piedosos trazendo sua confusão e perguntas a Deus. Isso nos dá permissão para fazer o mesmo. Ele entende quando gritamos "Até quando?" e "Por quê?". Sua resposta final nos é dada em Jesus e seu triunfo. Ele adora trazer os vislumbres do amanhecer após as noites mais escuras. Então, quando você olha para seu próprio coração ou vida, ou para a igreja, e é levado a perguntar: "Até quando, Senhor, clamarei eu?", pode encontrar consolo em palavras como estas:

> Deus ainda está no trono,
> E ele se lembrará dos seus;
> Embora as provações possam nos pressionar e os fardos nos afligirem,
> Ele nunca nos abandonará.[118]

SALMO 121

14 DE SETEMBRO

COMPARTILHANDO EM SERVIÇO

Acerca do irmão Apolo, muito lhe tenho recomendado que fosse ter convosco em companhia dos irmãos. (1Co 16.12)

O corpo de Cristo não é lugar para bandos de um homem só, pelo menos quando se trata da obra do ministério. A vida cristã é um jogo de equipe, não uma competição. O apóstolo Paulo nos lembra disso repetidas vezes em suas cartas à igreja primitiva.

Mesmo na infância da igreja de Corinto, Paulo sabia que as guerras territoriais eram uma ameaça e que algumas pessoas preferiam o cuidado de Apolo do que o seu (1Co 3.3-7). Se o próprio Paulo estivesse cuidando de seus próprios interesses e reforçando sua própria reputação e a confiança desta igreja nele, ele poderia ter se assegurado de que Apolo nunca mais voltasse a Corinto. Mas lemos que ele não fez isso. Na verdade, muito pelo contrário. Tudo o que ele queria era que o povo de Deus fosse ministrado. Ele sabia que o ministério foi projetado para ser um esforço compartilhado.

Deus escolheu reunir a equipe do ministério da igreja primitiva de maneiras maravilhosas. Veja Timóteo, por exemplo. Paulo disse aos coríntios: "E, se Timóteo for, vede que esteja sem receio entre vós, porque trabalha na obra do Senhor, como também eu; ninguém, pois, o despreze. Mas encaminhai-o em paz, para que venha ter comigo, visto que o espero com os irmãos" (1Co 16.10-11). Para muitos, Timóteo teria parecido inadequado para o serviço: ele era naturalmente tímido (o que é provável, porque Paulo lembrou a igreja de tratá-lo gentilmente), fisicamente frágil (ele era conhecido por tomar um pouco de vinho por causa de seu estômago) e mais jovem do que a maioria (1Tm 4.12; 5.23). Mas Paulo sabia que Deus havia designado uma tarefa a Timóteo, e planejava ajudá-lo a cumpri-la.

Uma série de outros — homens e mulheres como Febe, Prisca, Áquila, Fortunato e Acaico — também se reuniram no ministério com Paulo. Nenhum deles se parecia ou agia da mesma forma. Eles não eram talentosos da mesma maneira. Mas todos ainda eram vitais no trabalho do ministério. O mesmo é verdade para o corpo da igreja hoje: todos nós somos encarregados de tarefas diferentes pelo Senhor. Portanto, é crucial que resistamos ao desejo de servir apenas com aqueles com quem somos mais semelhantes ou com quem estamos mais impressionados. Não devemos dizer: "Bem, eu só gosto da maneira como ele prega", "Eu só posso ouvir a voz dela" ou "Eu simplesmente não me dou bem com ele". Em vez disso, devemos ser gratos por todos os servos de Deus.

A maioria de nós viverá a própria vida sem que ninguém saiba sobre nós além do nosso círculo imediato de influência. Mas pode ser o suficiente para estar escrito em nosso epitáfio: "Aqui jaz Fulana de Tal: uma grande ajuda para aqueles que ela conhecia". Você acredita que "há uma obra para Jesus que só você pode fazer"?[119] Quando Deus coloca a mão em você e atribui uma tarefa, você a leva a sério, embora pareça irrelevante? Devemos servi-lo juntos em comunidade, como uma equipe unida em nome de seu reino. Haverá alegria e satisfação em fazer a sua parte e em encorajar os outros enquanto fazem a deles, hoje.

1 CORÍNTIOS 3.1-23

15 DE SETEMBRO
A VANTAGEM DA FRAQUEZA

Em nós não há força para resistirmos a essa grande multidão que vem contra nós, e não sabemos nós o que fazer; porém os nossos olhos estão postos em ti. (2Cr 20.12)

Não é preciso muito para vermos nossas inadequações — especialmente em viver e servir a Deus. Quando as circunstâncias da vida nos pressionam, tornamo-nos dolorosamente conscientes do desafio diante de nós e podemos rapidamente nos sentir recuando dele. Ficamos cansados de pessoas nos dizendo o que podemos fazer quando sabemos que não podemos; porém, ao mesmo tempo, não estamos dispostos a enfrentar nossa fraqueza em um mundo que nos chama a sermos fortes e confiantes.

Se você se encontra nessa situação, tenha coragem. Você não está sozinho.

O Rei Josafá de Judá foi um fenômeno que implementou mudanças que ajudaram o povo de Deus a redescobrir a Lei de Deus (2Cr 19). Ele os lembrou da importância de entender e obedecer à Palavra de Deus, para que pudessem servir a Deus fielmente, de todo o coração e com coragem.

No entanto, Josafá não estava imune ao medo. Quando os inimigos de Judá ameaçaram sua nação, ele estava bem ciente da superioridade deles e da inadequação de seu próprio povo. No entanto, ele também sabia que a resposta adequada à inadequação era depender inteiramente de Deus. Ao confrontar a realidade de sua impotência e incerteza, ele manteve o olhar firmemente fixo no alto, orando: "não sabemos nós o que fazer; porém os nossos olhos estão postos em ti".

Quando o inimigo nos sussurra que somos um desastre ou completamente inúteis, podemos colocar suas mentiras contra a verdade da Palavra de Deus e dizer: "Estou plenamente certo de que aquele que começou boa obra em vós há de completá-la até ao Dia de Cristo Jesus" (Fp 1.6). Quando nos sentimos impotentes em nossa batalha contra a tentação, podemos descansar na verdade da Palavra de Deus e dizer a nós mesmos: "Deus é fiel e não permitirá que sejais tentados além das vossas forças; pelo contrário, juntamente com a tentação, vos proverá livramento, de sorte que a possais suportar" (1Co 10.13). Quando nos perguntamos se fomos abandonados, podemos ter certeza de que "ele tem dito: De maneira alguma te deixarei, nunca jamais te abandonarei" (Hb 13.5).

Quando admitirmos nossa fraqueza, nosso poderoso Salvador a usará para nosso bem e para sua glória. Quando não sabemos o que fazer, podemos manter os olhos nele e pedir que nos guie e nos liberte, assim como ele fez com Josafá e toda a Judá (2Cr 20.14-17, 22-25).

Tal como acontece com os homens e mulheres que serviram ao Senhor em toda a Bíblia, Deus ainda escolhe usar pessoas improváveis, tímidas e hesitantes. O que diferenciava esses indivíduos não era sua força, habilidade ou autoconfiança, mas que eles não eram consumidos por suas fraquezas; em vez disso, eles as abraçavam e confiavam no poder de Deus para vencer.

Você fará o mesmo?

2 CRÔNICAS 20

16 DE SETEMBRO
DIVIDENDOS ETERNOS

Não que eu procure o donativo, mas o que realmente me interessa é o fruto que aumente o vosso crédito. Recebi tudo e tenho abundância; estou suprido, desde que Epafrodito me passou às mãos o que me veio de vossa parte como aroma suave, como sacrifício aceitável e aprazível a Deus. (Fp 4.17-18)

A versão de Paulo de "Obrigado por seu apoio financeiro" ao escrever à igreja de Filipos é inovadora, para dizer o mínimo: ele diz que a generosidade deles o deixou feliz não por causa do que suas ofertas significavam para *ele*, mas por causa do que suas ofertas significariam para *eles*. Ele lhes diz que a oferta deles será mais benéfica para eles do que para ele, o destinatário!

A empolgação de Paulo com a generosidade deles fluiu da certeza de que eles se beneficiariam disso por toda a eternidade. Sua confiança estava fundamentada nos ensinamentos de Jesus. No Evangelho de Lucas, por exemplo, Pedro disse a Jesus: "Eis que nós deixamos nossa casa e te seguimos" (Lc 18.28). Não sabemos exatamente qual foi a motivação de Pedro para essa observação, mas temos a resposta de Jesus: "Ninguém há que tenha deixado casa, ou mulher, ou irmãos, ou pais, ou filhos, por causa do reino de Deus, que não receba, no presente, muitas vezes mais e, no mundo por vir, a vida eterna" (vv. 29-30). Jesus estava dizendo que, se Pedro e os outros discípulos haviam desistido das coisas, investiram muito mais em seu futuro.

A Bíblia é absolutamente clara sobre os dias atuais e a proximidade da eternidade. Achamos fácil viver de uma maneira pela qual a eternidade não tem relação com a forma como ofertamos, pensamos e vivemos agora, mas o fato é que a eternidade pode estar a um fôlego de distância para cada um de nós e dura muito mais do que esta vida fugaz. Portanto, é apropriado dar em antecipação dos ricos dividendos que serão pagos na vida eterna.

Nossa capacidade de dar com as mãos abertas e à luz da eternidade está enraizada na generosidade do próprio Deus, que é *o* grande Doador. Talvez a melhor maneira de errarmos ao dar seja não dar nada. Podemos ser tentados a pensar que não podemos nos dar ao luxo de dar — mas a verdade é que não podemos nos dar ao luxo de *não* dar! Como Jesus tão amorosamente nos promete: "Dai, e dar-se-vos-á; boa medida, recalcada, sacudida, transbordante, generosamente vos darão; porque com a medida com que tiverdes medido vos medirão também" (Lc 6.38).

Portanto, considere seus investimentos — não em planos de aposentadoria, ou no mercado de ações, ou em um fundo universitário, mas o tipo de pagamento que "aumenta para o seu crédito" na eternidade. Há grande ganho em dar o Evangelho. Deixe a vida por vir determinar seus gastos em sua vida hoje, e você se verá dando com generosidade e alegria.

2 CORÍNTIOS 8.1-15

A Bíblia em um ano: Lm 3–5; Jo 6.52-71

17 DE SETEMBRO

NÃO HÁ OUTRO

Olhai para mim e sede salvos, vós, todos os limites da terra;
porque eu sou Deus, e não há outro. (Is 45.22)

Todos os dias, à medida que o amanhecer se aproxima, multidões se dirigem às margens do Ganges, na Índia, para adorar o rio e o sol nascente. Muitos espalham as cinzas de entes queridos na água, na esperança de garantir sua felicidade eterna. Representando os milhões de hindus na Índia, esses homens e mulheres acreditam que "deus" está em tudo.

Embora as imagens e sons de tal adoração possam parecer bem distantes de muitos de nós, em outro sentido, estamos muito mais perto disso do que estamos preparados para reconhecer.

Olhe em volta, para a nossa própria cultura, e você notará que a idolatria e suas sutilezas são tão predominantes como sempre. Ela é encontrada na noção de que o que você acredita não importa, uma vez que as grandes religiões do mundo "concordam com o essencial". Variedades corrompidas e diluídas de cristianismo são abundantes, pois somos muito bons em adorar um "Deus" que inventamos, que por acaso se encaixa em nossos desejos e concorda com nossas escolhas. E formas superficiais de panenteísmo podem ser descobertas em spas de luxo e aulas de ioga, pois também somos muito bons em tratar a nós mesmos e nossos corpos como deuses.

Na verdade, temos centenas de deuses substitutos — ídolos que nos prometem liberdade, mas, na realidade, humilham e escravizam. Adore o sexo, e ele corroerá sua capacidade de amar ou ser amado. Adore o álcool, e ele vai enredar você. Adore o dinheiro, e ele o consumirá. Adore sua família, e você (ou eles) entrará em colapso sob o fardo de expectativas não cumpridas. Adore qualquer deus substituto, e você descobrirá que ele não pode satisfazer.

Se nos envolvermos cada vez mais com ídolos, isso muitas vezes acompanhará uma crescente perda de confiança na Bíblia como a Palavra infalível de Deus. Quando isso acontece, não há mais lugar para uma declaração direta das reivindicações exclusivas de Jesus, o Nazareno, como a segunda Pessoa da Trindade, Criador do universo, Senhor ressurreto, Rei ascendido e — algum dia — o Cristo que retorna. Portanto, é um ato de graça — embora inquietante — que, em sua Palavra, Deus diga: *Estou ordenando que vocês, todas as pessoas em todos os lugares, se arrependam, se convertam de seus pequenos ídolos e adorem a mim, o Criador, o Sustentador, o Governante, o Pai, o Juiz* (veja At 17.30).

Qual é o antídoto para o desejo contínuo do seu coração de adorar ídolos, que ofendem o Senhor e não podem salvar? Simplesmente isto: "Olhai para mim e sede salvos, vós, todos os limites da terra; porque eu sou Deus, e não há outro". Identifique os ídolos que você é propenso a adorar e coloque-os ao lado do Criador e Sustentador de todas as coisas. Ele é Deus; eles não. Ele pode salvar; eles não. Afaste-se novamente deles e volte-se para Deus.

ISAÍAS 45.18-25

18 DE SETEMBRO

AGORA E PARA TODO O SEMPRE

Vi novo céu e nova terra, pois o primeiro céu e a primeira terra passaram, e o mar já não existe. (Ap 21.1)

O que sabemos sobre o retorno de Jesus Cristo? A Bíblia nos diz certos fatos que são diretos. Sabemos que Jesus voltará de maneira pessoal, física, visível e gloriosa. Sabemos também que o tempo de seu reaparecimento será secreto, será repentino e trará separação entre aqueles que estão esperando por ele e aqueles que o estão rejeitando.

Além disso, o que foi declarado aos santos sofredores no primeiro século, no livro do Apocalipse, ainda está sendo declarado a nós: ninguém deve se alarmar com os problemas do nosso mundo, porque Jesus está no controle. O poder reinante de Cristo será estabelecido quando seu reino vier em toda a sua plenitude permanente, e seu retorno inaugurará um novo céu e uma nova terra.

Essa ideia de que o céu pode vir à terra — que um dia a "nova Jerusalém" descerá "do céu, da parte de Deus" (Ap 21.2) — ecoa imperfeitamente em tantas outras visões modernas do mundo, especialmente no Ocidente. Nossa cultura é por natureza confiante e, portanto, tenta restaurar nosso mundo com um pouco mais de educação, um pouco mais de bem-estar social e um pouco mais de consideração por todos. No entanto, nenhuma agenda feita pelo homem pode realmente realizar a restauração de que nosso mundo precisa. O esforço humano pode melhorar as coisas, mas não pode torná-las perfeitas. O céu não virá à terra até que Cristo o traga. A Criação é atualmente mantida nas garras do pecado, e somente Deus, no final de todas as coisas, pode e irá consertá-la, enquanto seu povo se curva diante do Cordeiro e declara seus louvores.

Por enquanto, você e eu vivemos como exilados numa terra estrangeira. Vivemos em um mundo hostil a Cristo, hostil à sua Palavra e hostil a uma vida vivida em obediência a ele. A tentação para nós, como crentes, é fugirmos e nos escondermos, nos reunirmos em um pequeno amontoado sagrado e não nos preocuparmos com o mundo. Porém, assim como Jeremias mandou os exilados na Babilônia buscarem a prosperidade da cidade onde estavam (Jr 29.7), então devemos buscar a prosperidade do mundo onde estamos. Isso exige que estejamos neste mundo, embora não sejamos dele, vivendo uma vida e falando palavras que apontam para um lugar diferente.

Alegrar-se com a história triunfante do Cristo crucificado, ressurreto, reinante e que um dia retornará é o que nos dá confiança para apontar para além deste mundo. A esperança de seu retorno e vida eterna em sua presença são a motivação perfeita para uma vida de santidade contínua e evangelismo zeloso em seu nome. Olhe agora com os olhos da fé para o retorno dele — e então vá e viva para a prosperidade daqueles ao seu redor hoje.

1 CORÍNTIOS 15.50-58

19 DE SETEMBRO

UM SACRIFÍCIO DO CORAÇÃO

Pela fé, Abel ofereceu a Deus mais excelente sacrifício do que Caim; pelo qual obteve testemunho de ser justo, tendo a aprovação de Deus quanto às suas ofertas. (Hb 11.4)

O que torna nossas ações louváveis a Deus?

Gênesis 4 relata a história dos dois primeiros filhos nascidos neste mundo — Caim e Abel: "Aconteceu que no fim de uns tempos trouxe Caim do fruto da terra uma oferta ao Senhor. Abel, por sua vez, trouxe das primícias do seu rebanho e da gordura deste. Agradou-se o Senhor de Abel e de sua oferta; ao passo que de Caim e de sua oferta não se agradou" (Gn 4.3-5). É a esse sacrifício que o autor de Hebreus se refere quando nos fala sobre Abel e sua fé.

Em primeiro lugar, ele nos diz que foi "pela fé" que Abel ofereceu um sacrifício melhor do que seu irmão. Foi por meio desse sacrifício que Abel "obteve testemunho de ser justo". Seria fácil perder-se em teorias especulativas sobre Deus ter aceitado as ações de Abel, mas não as de Caim. Contudo, precisamos nos manter concentrados nos fatos que nos são fornecidos — e, no cerne do que nos é dito, este fato é inequívoco: as ações que Deus aceita são satisfatórias não por causa de seu conteúdo material, mas porque são uma expressão externa de um coração dedicado e obediente.

A razão pela qual o sacrifício de Abel era aceitável não era porque ele ofereceu um animal em vez de um vegetal. A distinção não era entre os sacrifícios oferecidos, mas entre os próprios sacrificadores. João Calvino, comentando sobre isso, observa que o sacrifício de Abel foi preferido ao de seu irmão por nenhuma outra razão além de "que foi santificado pela fé".[120]

Essa distinção concorda com o que Deus comunica por meio dos profetas. Em Isaías, por exemplo, Deus diz: "Não continueis a trazer ofertas vãs; o incenso é para mim abominação, e também as Festas da Lua Nova, os sábados, e a convocação das congregações; não posso suportar iniquidade associada ao ajuntamento solene" (Is 1.13). É como se Deus estivesse dizendo: *Não estou interessado em todo o balido dos bezerros, dos bodes e dos cordeiros. Anseio por obediência mais do que sacrifício* (veja 1Sm 15.22). *Se você quiser confiar nessas obras como um meio de se tornar aceitável a mim, quero que saiba que isso nunca acontecerá.*

"Sem fé é impossível agradar a Deus" (Hb 11.6). Nossas boas obras são resultado de nossa aceitação por Deus, não um meio de aceitação. Elas são nossa resposta ao seu amor, não um meio de garanti-lo. Se suas ações, como as de Abel, devem trazer glória e prazer a Deus, será porque são uma expressão externa de seu amor, devoção e fé pessoal nele. Então, hoje, não obedeça a ele para ser aceito por ele ou permanecer aceito por ele. É a fé que garante isso. Da mesma forma, não fique aquém de obedecer-lhe só porque você já é aceito pela fé. Em vez disso, aproveite seu lugar nas afeições dele e deixe que o prazer dele seja a motivação para sua obediência.

ISAÍAS 1.10-20

20 DE SETEMBRO
ADMITINDO QUE SOMOS POBRES

Bem-aventurados vós, os pobres, porque vosso é o reino de Deus. (Lc 6.20)

Jesus exalta o que o mundo despreza, e rejeita o que o mundo admira.

Esse é o grande desafio das bem-aventuranças e a mais desafiadora dentre elas se encontra aqui no ensino de Jesus sobre a riqueza. Vivemos em um mundo que clama para sermos bem-sucedidos, particularmente no domínio das finanças e da riqueza material. O conforto é um rei em nossa cultura de consumo, e essa cultura é a água onde todos nós nadamos.

Então, confronta-nos o fato de Jesus iniciar o seu ensino neste sermão dizendo: "Bem-aventurados vós, os pobres". O que ele está fazendo? Ele está sugerindo que a pobreza material é de alguma forma a chave para a salvação? Claro que não! Em vez disso, está explicando que aqueles que realmente se tornam conscientes de sua pobreza *espiritual* entrarão no Reino de Deus.

Há, é claro, aqueles que afirmam que Jesus estava ensinando que, se você é pobre, deve ficar muito feliz, pois é automaticamente uma parte do reino dos céus. Mas esse tipo de pobreza não é a chave para entrar no Reino de Deus, nem as próprias riquezas são a principal razão para a exclusão de alguém. Na verdade, pobres e ricos são bem-vindos ao Reino ao perceberem sua necessidade de perdão e confiarem em Jesus como seu Salvador. Se não fosse esse o caso, então uma mulher chamada Lídia, que vivia em Filipos como uma próspera comerciante, nunca teria tido seus olhos e coração abertos para a verdade do Evangelho (At 16.11-15). Não: é uma consciência de nossa pobreza espiritual sem Cristo que é necessária.

É importante notar, no entanto, que a pobreza financeira pode muito bem ser um meio de bênção espiritual. Tal pobreza muitas vezes leva homens e mulheres a descobrir sua total dependência de Deus não apenas para necessidades físicas e materiais, mas também para bênçãos espirituais. Por essa razão, a pobreza tende a produzir uma resposta muito maior ao Evangelho do que a riqueza. Desfrutar de abundância material pode tão facilmente nos cegar para nossa necessidade mais profunda: a necessidade de sermos trazidos para o Reino de Deus. A riqueza é muitas vezes o terreno em que o orgulho floresce, de modo que nosso coração se esquece de que, tanto para os ricos quanto para os pobres, "como a flor da erva" nós "passaremos" (Tg 1.10).

Como João Calvino explicou: "Aquele que é reduzido a nada em si mesmo e confia na misericórdia de Deus é pobre de espírito".[121] A pobreza traz suas provações; mas você já percebeu que a riqueza também, em suas tentações de orgulho, autoconfiança e mornidão espiritual?

Então, estamos dispostos a admitir nossa pobreza espiritual? Ou estamos muito confiantes e satisfeitos com nossas riquezas terrenas? Aqui está uma maneira de saber a verdadeira resposta a essas perguntas: seu coração pode ecoar a oração de Agur em Provérbios: "não me dês nem a pobreza nem a riqueza" (Pv 30.8)?

LUCAS 6.20-36

21 DE SETEMBRO

A BÊNÇÃO DA PERSEGUIÇÃO

Bem-aventurados sois quando os homens vos odiarem e quando vos expulsarem da sua companhia, vos injuriarem e rejeitarem o vosso nome como indigno, por causa do Filho do Homem. Regozijai-vos naquele dia e exultai, porque grande é o vosso galardão no céu; pois dessa forma procederam seus pais com os profetas. (Lc 6.22-23)

É uma verdade evidente para quase todos nós que é imensamente importante todas as pessoas gostarem de nós. Portanto, é um choque saber que Jesus ensinou enfaticamente sobre a bênção que conheceremos quando os outros nos odiarem, nos excluírem e nos insultarem "por causa do Filho do Homem".

É por causa do nosso relacionamento com Jesus que tal condenação vem. Na verdade, Jesus descreveu algo que será verdade para todo crente: quando estivermos do lado de Cristo, seremos rejeitados pelo mundo. Jesus desenvolve essa verdade em outras partes na Escritura. Por exemplo, na noite anterior à sua morte, ele lembrou aos seus seguidores que o mundo o odiava antes de odiá-los e que, como seus servos, eles devem (e nós também) esperar a mesma perseguição que nosso Senhor experimentou (Jo 15.18-20).

Você pode ter experimentado tal perseguição na escola; talvez você tenha tomado uma posição pela Bíblia e, de repente, se viu isolado de seu grupo de colegas. Você pode ter experimentado a dor de ser condenado ao ostracismo por um grupo de amizade ou ignorado numa oportunidade de promoção no trabalho, porque explicou a alguém quem é Jesus, por que ele morreu e o que isso significa. Você pode até conhecer a dor de ser desprezado por membros de sua própria família por causa de sua fé. Se você se levanta e se posiciona por Cristo, então, de forma bastante sutil e ainda assim muito clara, o ódio começa a se espalhar e a sensação de desprezo é quase esmagadora.

Não há nada fácil ou agradável em ser difamado ou deixado de fora quando vivemos em obediência a Deus. De fato, há uma grande mágoa que acompanha a rejeição. Como, então, devemos encontrar bênção e conforto em meio a isso?

Devemos nos apegar à verdade que Jesus fala aqui: quando nos encontramos na extremidade receptora do ódio do mundo como resposta à nossa fidelidade ao Filho do Homem, nada deu errado — estamos, na verdade, em um lugar para conhecer a bênção. Em outras palavras, esse tipo de maus-tratos é uma evidência tangível de nossa fé genuína e relacionamento com o Senhor. Além disso, Jesus promete que, se o reconhecermos diante dos homens, ele também nos reconhecerá diante de seu Pai no céu (Mt 10.32).

O homem ou mulher que leva uma vida santa — que está preparado para falar e obedecer à Palavra de Deus com ousadia e que se recusa a buscar o caminho intermediário inexistente entre uma vida obediente e uma vida popular — acabará por colidir com os ímpios e incorrer na inimizade do mundo. Como você está sendo chamado a arriscar a rejeição para falar de Cristo ou viver para Cristo? Não desanime! Em vez disso, responda à calúnia contra você ou ao fato de não gostarem de você por causa do Evangelho alegrando-se, "porque grande é o vosso galardão no céu". O mundo não tem nada a oferecer que chegue perto de se comparar com isso.

DANIEL 3

22 DE SETEMBRO

A LEI DO AMOR

*Digo-vos, porém, a vós outros que me ouvis:
amai os vossos inimigos, fazei o bem aos que vos odeiam.* (Lc 6.27)

Quando você lê a Bíblia e ela descreve o cristianismo, e então você olha para si mesmo, por acaso já se perguntou se você é um cristão? Eu já.

Nem nossa segurança como crentes nem o amor de Deus por nós dependem de nossa capacidade de viver certos princípios cristãos; em vez disso, ambos dependem do que Cristo alcançou por nós na cruz. Mesmo assim, a Bíblia nos ensina a procurar evidências de nossa salvação no presente. Se realmente somos filhos do Pai, somos obrigados a demonstrar um amor pelos outros que se assemelha ao amor de Jesus por nós.

Jesus nos chama a amar as pessoas de uma maneira que não esteja relacionada à sua atratividade, mérito ou amabilidade. Sabemos que é exatamente assim que Deus nos ama — seu amor não se baseia em nos comportarmos melhor, merecermos a atenção dele ou demonstrarmos estar predispostos ou ser úteis a ele. Nenhuma dessas coisas contribui para o amor de Deus por nós. Não — "Mas Deus prova o seu próprio amor para conosco pelo fato de ter Cristo morrido por nós, *sendo nós ainda pecadores*" (Rm 5.8, ênfase acrescentada).

A maior medida de nossa fé, então, é o amor — amor que reflete o que recebemos em tanta abundância. Nós nos envolvemos em amor *agape* — amor incondicional e sacrificial — porque é uma expressão do caráter de Deus e de tudo o que ele fez por nós. Não exercemos esse tipo de amor por nossos inimigos porque sejamos cegos para quem eles realmente são, mas porque olhamos para o amor de Deus por nós. Jesus diz que, quando vemos os outros como eles são — em toda a sua feiura e rancor, toda a sua maldição, todo o seu ódio e toda a sua falta de vontade de nos pagar o que nos devem —, devemos ser realistas sobre tudo isso e depois amá-los. *Ao ver toda essa inimizade,* diz Jesus, *quero que você ame seus inimigos.*

Por natureza, somos incapazes de demonstrar tal amor. Mas considere o tipo de diferença que faríamos à nossa cultura se estivéssemos preparados para viver, de maneira cotidiana e extraordinária, um amor cristão que procura fazer o que é melhor para aqueles que agiram em inimizade contra nós. Isso seria revolucionário — sem sombra de dúvida.

ATOS 9.10-28

23 DE SETEMBRO
IMITANDO A MISERICÓRDIA DO PAI

*Amai, porém, os vossos inimigos, fazei o bem e emprestai,
sem esperar nenhuma paga; será grande o vosso galardão, e sereis filhos do Altíssimo.
Pois ele é benigno até para com os ingratos e maus. Sede misericordiosos,
como também é misericordioso vosso Pai. (Lc 6.35-36)*

"Sede misericordiosos, como também é misericordioso vosso Pai" é uma declaração resumida do famoso ensinamento de Jesus nas bem-aventuranças (Lc 6.20-23) e, de fato, seria um bom lema para a vida de cada crente. Essas palavras ressaltam tudo o que Jesus disse antes sobre como devemos tratar os outros — especialmente aqueles que nos odeiam por causa de nossa fidelidade a ele (v. 22).

Isso deve, no entanto, nos levar a perguntarmos: ser misericordioso se parece na verdade com o quê? Como nosso sábio e terno Pastor, Jesus não nos deixa descobrir esse princípio por nós mesmos. Em vez disso, ele nos dá instruções específicas sobre o que significa imitar nosso misericordioso Pai celestial.

Deus "é benigno até para com os ingratos e maus". Como seus filhos, devemos perceber que somos chamados a demonstrar essa mesma bondade amando nossos inimigos, retribuindo o bem com o mal e dando aos outros sem esperar nada em troca. Observe que Jesus não lista isenções ou cláusulas de saída aqui.

Tendo nos chamado para sermos vasos da bondade de Deus, Jesus diz imediatamente que não devemos julgar os outros (Lc 6.37). Ele não está nos mandando suspender nossas faculdades críticas em nossos relacionamentos; temos de usar a mente para discernir entre a verdade e o erro, ou o bem e o mal. Da mesma forma, Jesus não está ensinando que devemos fechar os olhos para o pecado ou nos recusar a apontar erros. Em vez disso, quando Jesus nos ordena a não julgar, ele está condenando um espírito de julgamento farisaico, que exalta a si mesmo, hipócrita e severo — uma abordagem que busca destacar as falhas dos outros e sempre traz consigo o sabor da amargura.

Um espírito cruel viola completamente a exortação de Jesus de transbordar de misericórdia tanto para com o amigo quanto para com o inimigo. Cada um de nós precisa identificar qualquer espírito de julgamento que possa estar abrigando, erradicá-lo e substituir a crueldade pela bondade e a dureza pela compreensão.

É assim que mostramos aos outros o tipo de misericórdia que Deus nos mostrou. Uma história (possivelmente apócrifa) é contada sobre como, quando a Rainha Elizabeth II era uma menina, ela e sua irmã, Margaret, ouviam de sua mãe antes de irem a uma festa: "Lembrem-se: filhas reais, maneiras reais". Seu comportamento não as tornaria membros da família real, mas demonstraria sua participação nessa família.

Cristão, você e eu somos membros da família real do universo, com o Rei da Criação como nosso Pai. Certifique-se de que seus modos reflitam quem você é e de quem você é. Seja misericordioso, como também é misericordioso o seu Pai.

EFÉSIOS 4.25-5.2

24 DE SETEMBRO
FALE VIDA, NÃO CONDENAÇÃO

Não julgueis e não sereis julgados; não condeneis e não sereis condenados. (Lc 6.37)

A razão pela qual às vezes presumimos ter o direito de condenar outra pessoa é que isso apela à nossa natureza pecaminosa. Se formos honestos, no minuto em que adquirimos qualquer posição de liderança ou autoridade, grande ou pequena, é chocante a rapidez com que somos confrontados com a tentação de condenar em vez de demonstrar misericórdia.

Precisamos lembrar que não somos qualificados para condenar. Por quê? Porque não podemos ler o coração de outra pessoa. Não podemos avaliar os motivos de outra pessoa com precisão. Somente Deus pode dizer: "eu sou aquele que sonda mentes e corações, e vos darei a cada um segundo as vossas obras" (Ap 2.23). Já que você e eu não somos Deus, não devemos condenar.

Uma das maneiras pelas quais facilmente e muitas vezes ignoramos o mandamento de Jesus aqui é com nossa língua; pronunciamos condenação dizendo coisas que prejudicam a reputação de alguém. Nos círculos cristãos, podemos até ter maneiras inteligentes de fazer nossa calúnia soar como um pedido de oração ou uma preocupação — mas, na verdade, metade das vezes temos o prazer de dizer: "Você ouviu falar *dela*? Você sabe sobre *ele*? Você sabe por que eles fizeram *aquilo*?" O espírito farisaico entre os crentes — de condenar os outros para nos mostrarmos sob uma luz melhor em comparação —está vivo e passa bem.

Portanto, devemos ser excepcionalmente cautelosos com a forma como usamos nossas palavras. Em vez de usar a boca para condenar, devemos pedir ao Espírito Santo que nos capacite a falar palavras de vida. Antes de abrirmos a boca, devemos seguir o conselho da missionária Amy Carmichael e perguntar: *O que estou prestes a dizer é gentil? É verdade? Isso é necessário?* A Escritura é absolutamente clara sobre este ponto. De fato, o livro de Provérbios nos ensina que "A boca do insensato é a sua própria destruição, e os seus lábios, um laço para a sua alma", porém "O mexeriqueiro descobre o segredo, mas o fiel de espírito o encobre" (Pv 18.7; 11.13).

Temos em Jesus um Salvador cujo sangue nos purifica do pecado de cada palavra descuidada e de cada comentário condenatório — um Salvador que nos perdoa da tendência pecaminosa que surge em nosso coração de tentar desempenhar um papel que é somente dele. À luz disso, precisamos nos arrepender diariamente dos pecados de nossos lábios e pedir ao Espírito um desejo renovado de tornar as palavras de nossa boca e as meditações de nosso coração aceitáveis aos olhos de nosso Pai (Sl 19.14).

LUCAS 6.37-45

25 DE SETEMBRO
A IMENSIDADE DO PERDÃO

Perdoai e sereis perdoados; dai, e dar-se-vos-á. (Lc 6.37-38)

Nada corromperá nosso coração e nossos pensamentos mais rápido do que um coração que não perdoa. Mas o inverso também é verdadeiro: nada concede liberdade, alegria e paz de coração e mente mais rapidamente do que a experiência genuína de oferecer perdão. De fato, nossa prontidão em perdoar é um teste decisivo de nosso status espiritual; quando perdoamos de coração, fornecemos evidências de que realmente somos filhos e filhas do Altíssimo (Lc 6.35).

Jesus muitas vezes coloca o fato de sermos perdoados e a nossa disposição de perdoar lado a lado (veja Lc 11.4). Então, quando pensamos em praticar o perdão, primeiro temos de perguntar onde podemos encontrá-lo. A resposta é que a fonte de todo perdão verdadeiro é encontrada somente em Deus. Na verdade, da abundância da misericórdia de Deus vem o perdão.

Esse perdão é tão indispensável para a vida e a saúde de nossa alma quanto o alimento é para nosso corpo físico. A Escritura está cheia de lembretes que apontam para Deus como alguém que perdoa. O salmista diz: "Se observares, Senhor, iniquidades, quem, Senhor, subsistirá? Contigo, porém, está o perdão" (Sl 130.3-4). Da mesma forma, o profeta Daniel diz: "Ao Senhor, nosso Deus, pertence a misericórdia e o perdão" (Dn 9.9). O divino Filho de Deus, ao ser cuspido e escarnecido, despido de suas vestes, espancado, pregado em uma cruz entre dois criminosos e abandonado em agonia, declarou: "Pai, perdoa-lhes" (Lc 23.34). O espírito de perdão de Deus não tem igual.

Como filhos de Deus pela fé em Cristo, devemos imitar nosso Pai e nosso Senhor praticando o perdão. É tão essencial para a vida do verdadeiro cristão que Jesus chega ao ponto de dizer que, se não estamos dispostos a perdoar, devemos nos perguntar muito seriamente se fomos realmente perdoados: isto é, se realmente compreendemos o Evangelho em nosso coração (veja Mt 6.14-15). Se você está abrigando a falta de perdão em seu coração, não arranje desculpas para ela nem faça pouco-caso. Em vez disso, leve o Evangelho até o coração. Reflita sobre a imensidão do que você foi perdoado por meio de Cristo. Reflita sobre a natureza perdoadora de seu Pai, a quem você é chamado a refletir em sua vida. Reconheça o fardo corruptor e desgastante da falta de perdão. Especifique o que você precisa fazer e para quem. Esse é o caminho para desfrutar da paz e da liberdade de perdoar assim como você foi perdoado.

LUCAS 7.36-50

26 DE SETEMBRO
O ARGUEIRO E A TRAVE

*Como poderás dizer a teu irmão: Deixa, irmão,
que eu tire o argueiro do teu olho, não vendo tu mesmo a trave que está no teu?
Hipócrita, tira primeiro a trave do teu olho e, então, verás claramente para tirar
o argueiro que está no olho de teu irmão.* (Lc 6.42)

Lembro-me de uma vez que, sentado diante da carteira enquanto fazia uma prova, virei o papel e imediatamente comecei a olhar em volta para ver se todos os outros se sentiam tão mal com a primeira questão quanto eu. Então fiquei surpreso com a exortação do professor: "Não perca tempo olhando para os outros. Apenas se concentre em si mesmo!"

Jesus faz um argumento semelhante nesses versículos, usando uma metáfora impressionante para instruir seus ouvintes a lidar com o próprio pecado antes de tentarem apontar os pecados dos outros. A palavra que Jesus usa para "argueiro" muitas vezes descreve pedaços muito pequenos de palha ou madeira. Em contraste, a palavra para "trave" se refere a uma viga de suporte de carga em uma casa ou estrutura. Se eu tenho uma trave no meu olho, isso claramente requer minha atenção mais do que um argueiro no de outra pessoa.

Como criaturas caídas, tendemos a pensar que é nossa responsabilidade lidar com a condição espiritual de todos os outros antes de lidar com a nossa. No entanto, Cristo não nos chamou para nos preocuparmos primeiro e principalmente com os ciscos dos outros. Não; ele diz que devemos ser diligentes em *nos* examinarmos à luz da Escritura e do padrão que ele estabeleceu.

A instrução de Jesus representa um grande desafio. Às vezes, podemos apontar as falhas dos outros sob o pretexto de nos preocuparmos com sua condição espiritual. Porém, se não formos honestos e implacáveis com nossos próprios pecados, isso é hipocrisia! Muitas vezes somos vítimas da noção equivocada de que, se eu puder encontrar sua falha e lidar com você, não terei de lidar com meus próprios problemas. É muito mais agradável contar a outra pessoa sobre sua condição terrível do que enfrentar a nossa.

Se realmente queremos ajudar os outros, devemos primeiro estar preparados para enfrentar o horror de nosso próprio coração — reconhecer, com Robert Murray M'Cheyne, que "as sementes de todos os pecados estão em meu coração".[122] Quando entendermos e acreditarmos nisso, então, quando nos aproximarmos dos outros, estaremos na posição de humildade e amor genuínos, ao invés da soberba da presunção. Entre essas duas perspectivas, há toda a diferença do mundo.

JUDAS 20-25

27 DE SETEMBRO

CONHECIDOS PELO FRUTO

Não há árvore boa que dê mau fruto; nem tampouco árvore má que dê bom fruto. Porquanto cada árvore é conhecida pelo seu próprio fruto. (Lc 6.43-44)

Os alunos sempre refletirão a instrução de seus mestres. Não importa quão longe um aluno possa se destacar além das habilidades de seu mestre, ele sempre estará em dívida com a orientação que foi dada.

Quando Jesus falou de árvores e seus frutos, foi com um olho nos líderes espirituais de seus dias. Ao elaborar seu argumento, ele nos deu um aviso: a saber, não escolher o mestre errado. E como devemos discernir entre bons e maus mestres? Jesus diz que é pelo fruto deles — os resultados que seguem seus ensinamentos e ações.

Devemos pensar nos frutos em relação ao caráter do mestre — e o caráter não pode ser testado medindo eloquência ou superdotação. Em vez disso, quando Jesus deu instruções sobre a videira e os ramos, ele deu a entender que a fecundidade é igual à semelhança de Cristo (Jo 15.1-8). Cada árvore é reconhecida por seu próprio fruto; portanto, o fruto do Espírito — amor, alegria, paz, longanimidade, benignidade, bondade, fidelidade, mansidão, domínio próprio (Gl 5.22-23) — será evidente na vida de um bom mestre.

Devemos também examinar o conteúdo da instrução do professor. Paulo abordou essa questão quando escreveu ao seu protegido pastoral Timóteo, orientando-lhe: "Tem cuidado de ti mesmo" — isto é, seu caráter — "e da doutrina" (1Tm 4.16). Nem todo mundo que aparece com uma Bíblia tem os melhores interesses do ouvinte no coração. Nem todo mundo que profere o nome de Cristo é um verdadeiro mestre da Palavra de Deus. Falsos profetas abundam. É imperativo, então, que, como crentes, aprendamos com a Bíblia não apenas a crescer em santidade, mas também a sermos capazes de reconhecer a sã doutrina, que é uma marca de um professor piedoso. Além disso, podemos nos confortar com a habitação do Espírito Santo, que nos ensina sobre tudo e nos permite distinguir entre verdade e falsidade (veja 1Jo 2.27).

Há uma correlação direta entre o caráter de um mestre e o conteúdo de seu ensino, e o impacto que ele causa sobre aqueles que são ensinados. Logo, escolha seus mestres e mentores espirituais com sabedoria. Não olhe para seus dons de fala, ou sua conexão cultural, ou sua confiança, ou seu humor, mas para o caráter e o conteúdo. Sem dúvida, você mostrará ao mundo o fruto do ensino que recebe. Quando as pessoas se aproximam de você, o que elas descobrirão? Verão julgamento, amargura, arrogância ou justiça própria? Sentirão passividade e falta de convicção? Ou provarão o doce fruto da alegria, da paz, do amor e da justiça?

2 TIMÓTEO 2.15-26

28 DE SETEMBRO
EVIDÊNCIA DE FÉ GENUÍNA

Por que me chamais Senhor, Senhor, e não fazeis o que vos mando?
Todo aquele que vem a mim, e ouve as minhas palavras, e as pratica, eu vos mostrarei
a quem é semelhante. É semelhante a um homem que, edificando uma casa, cavou,
abriu profunda vala e lançou o alicerce sobre a rocha. (Lc 6.46-48)

Jesus quer ver nossos lábios e nossas vidas se alinharem. Por isso, ele termina seu Sermão da Planície com a mais profunda das perguntas retóricas: "Por que me chamais Senhor, Senhor, e não fazeis o que vos mando?" Ele viu um contraste entre o que as pessoas estavam dizendo e como elas estavam se comportando, e ele queria chamá-las para realizar um sério autoexame espiritual. Ele queria que elas, assim como nós, enxergassem que uma profissão verbal de fé nele deve ser acompanhada de obediência moral a ele.

Jesus não ensinou que a entrada no reino dos céus é por meio das boas obras de obediência. A salvação é somente pela graça, somente pela fé, e nada mais (veja Ef 2.8). Tudo o que trazemos a Cristo é o pecado do qual precisamos ser perdoados. O que, então, ele está ensinando? Simplesmente isto: que somente aqueles que obedecem a ele — aqueles que expressam sua fé por suas obras — realmente ouviram e foram transformados pelo Evangelho. Como os reformadores observaram, é somente a fé que salva, mas a fé que salva não está sozinha. O apóstolo João, retomando as palavras de Jesus, diz em sua primeira carta: "Se dissermos que mantemos comunhão com ele e andarmos nas trevas, mentimos e não praticamos a verdade" (1Jo 1.6). A Escritura deixa claro que a maneira como ouvimos e obedecemos às palavras de Jesus tem significado para toda a eternidade, porque revela o verdadeiro estado e a realidade de nossa fé.

Nenhum acúmulo de obras religiosas visíveis e nenhum número de palavras religiosas será capaz de disfarçar nosso comportamento privado para Deus. O verdadeiro teste daqueles que proferem o nome do Senhor, diz Paulo — e não vamos fugir por um instante da demanda arrepiante disso — é que eles "[apartem-se] da injustiça" (2Tm 2.19). Aí está a evidência da fé genuína.

Embora nenhum de nós viva uma vida perfeita, todos somos chamados a viver vidas transformadas. Vivemos sob o senhorio de Cristo; seu Espírito está agora dentro de nós. Teremos sucesso total? Não. Mas seremos diferentes, e nossa vida demonstrará cada vez mais que, "deixando os ídolos, [nos convertemos] a Deus, para [servirmos] o Deus vivo e verdadeiro" (1Ts 1.9). Logo, considere sua própria vida. Você chama Jesus de Senhor? Muito bom! Todavia, de forma definitiva, você pode apontar para evidências em sua vida — no que você não faz e no que faz, nas tentações com as quais você luta e nas virtudes pelas quais você se esforça, e no perdão que seu arrependimento demanda — de que ele é verdadeiramente *seu* Senhor?

TIAGO 2.14-26

29 DE SETEMBRO

NOSSO PASTOR COMPASSIVO

*Vendo-a, o Senhor se compadeceu dela e lhe disse: Não chores!
Chegando-se, tocou o esquife e, parando os que o conduziam, disse:
Jovem, eu te mando: levanta-te!* (Lc 7.13-14)

A vinda do Reino de Deus não foi anunciada por vitórias espetaculares e dramáticas sobre os poderes e autoridades do mundo, mas por algo muito mais transformador: a grande compaixão de seu Rei.

Ao longo de seus relatos sobre Jesus, os escritores dos Evangelhos nos apresentam a compaixão incomparável de Cristo, demonstrando-a encontro após encontro. Nesses incidentes, o poder de Cristo é revelado à medida que sua compaixão é estendida. No capítulo 7 de seu Evangelho, por exemplo, Lucas destaca a resposta compassiva de Jesus a uma viúva triste — uma resposta que elimina quaisquer dúvidas sobre sua grandeza.

A mulher nesta parte da narrativa de Lucas estava em verdadeira necessidade. Seu marido já havia partido, e agora seu filho acabara de morrer. Em uma antiga sociedade do Oriente Médio, isso significava que ela não tinha meios de proteção ou provisão. Ela enfrentava uma vida de tristeza, solidão e precariedade — e então o fim da linhagem familiar.

Mas Jesus entrou na extremidade da vida desta mulher e, "Vendo-a, o Senhor se compadeceu dela e lhe disse: Não chores!".

Tudo o que foi preciso para despertar a compaixão de nosso terno Pastor foi ver essa mulher de luto. Literalmente, essa palavra "compadeceu" significa "suas entranhas se moveram" — nosso equivalente seria "revirou seu estômago". Quando Jesus, por meio de quem e para quem todas as coisas foram criadas, vê tristeza e pesar neste mundo quebrado, ele *sente* isso. Aqui está um Rei que se importa profundamente.

Ainda mais belo é que Jesus tinha o poder de atender às necessidades dessa viúva e, por isso, escolheu fazer algo que só ele poderia fazer: trazer os mortos de volta à vida. Ele não apenas restaurou a vida a um filho falecido para uma mãe de luto e, assim, atendeu sua necessidade e eliminou sua dor. Mais importante ainda, Jesus se revelou à multidão (e a nós!) em todo o seu poder, bondade e autoridade — até mesmo autoridade sobre a morte.

Cenas como essa nos mostram que Jesus não simplesmente comenta ou chora sobre a doença e a morte, essas grandes inimigas da humanidade. Ele as vence. Ele ouve os clamores dos tristes e os conforta, não apenas no sentido terreno e temporal, mas também de maneira final, perfeita e eterna, oferecendo-se como meio de salvação a todos os que creem.

Seu Rei não é apenas infinitamente poderoso; ele é infinitamente compassivo. E a combinação dessas duas qualidades nele é suficiente para levar você através de toda tristeza e pesar deste mundo, até que você esteja na presença dele e ele enxugue todas as lágrimas de seus olhos.

LUCAS 7.1-17

30 DE SETEMBRO

UMA MENTE, UM PROPÓSITO, UM ESPÍRITO

Completai a minha alegria, de modo que penseis a mesma coisa, tenhais o mesmo amor, sejais unidos de alma, tendo o mesmo sentimento. Nada façais por partidarismo ou vanglória, mas por humildade, considerando cada um os outros superiores a si mesmo. (Fp 2.2-3)

Embora seja, naturalmente, benéfico para os membros da igreja tomar a iniciativa no ministério, um corpo saudável de crentes não será impulsionado por ideias e agendas individuais. Nossas mentes devem primeiro estar unidas no Evangelho se a igreja realmente estiver sob a liderança de Cristo. Sem essa unidade, seremos impulsionados por nossos próprios desejos e agendas egoístas e concorrentes.

A Bíblia tem muito a dizer sobre a nossa mente porque, da forma como pensamos, assim somos. Quando treinarmos nossa mente para pensar corretamente, aprenderemos a amar adequadamente e a servir juntos em um só espírito e propósito. Parte de nossa batalha mental está enraizada em nossa velha natureza humana egoísta. Um dos nossos maiores obstáculos não é tanto o ódio quanto o amor próprio: estamos inclinados a uma atitude de presunção, que vai completamente contra o caráter de nosso Senhor, e nossa falta de humildade se torna um obstáculo que nos impede de experimentar harmonia com aqueles que nos rodeiam. Mesmo nossas boas ações muitas vezes têm motivos podres.

Se quisermos ser unificados em Cristo, não podemos insistir em nosso próprio caminho. Em vez disso, precisamos "[considerar] cada um os outros superiores a [nós] mesmos". Isso significa que nos lembramos do melhor nos outros antes de pensar em nós mesmos, que somos mais rápidos em perguntar o que seria melhor para os outros do que o que seria mais conveniente para nós mesmos, e que estamos dispostos a entrar na vida e nas lutas dos outros em vez de sermos indiferentes. A humildade genuína não toma o banco da frente ou começa com "eu" o tempo todo. Em vez disso, é "o nada que abre espaço para Deus provar seu poder".[123] É um traço, Paulo nos diz, que o próprio Jesus exibiu: "Portanto, cada um de nós agrade ao próximo no que é bom para edificação. Porque também Cristo não se agradou a si mesmo" (Rm 15.2-3).

Quando pensamos em nós mesmos em primeiro lugar, é difícil — impossível, na verdade — colocar a Palavra de Deus em ação. Porém, quando aprendemos a colocar os outros em primeiro lugar, estamos muito mais prontos para cuidar de suas preocupações antes das nossas. Ao fazer isso, podemos realmente ser unidos dentro do corpo de Cristo. Você provavelmente conhece pessoas que exibem esse tipo de humildade piedosa. Louve a Deus por elas agora e ore para que você veja como pode seguir-lhes o exemplo — e, acima de tudo, siga o exemplo do próprio Cristo. Ele considerou aquilo de que você precisava com um significado maior do que o conforto dele — até mesmo do que a própria vida. O desafio de Paulo para cada um de nós é este: "Tenham entre vocês o mesmo modo de pensar de Cristo Jesus" (Fp 2.5 NAA).

JOÃO 3.22-36

1º DE OUTUBRO
CORPO E ALMA

*Enquanto calei os meus pecados, envelheceram os meus ossos
pelos meus constantes gemidos todo o dia. Porque a tua mão pesava
dia e noite sobre mim, e o meu vigor se tornou em sequidão de estio.* (Sl 32.3-4)

Aqueles que trabalham nos campos da psicologia, psiquiatria e serviços sociais são frequentemente confrontados com uma forte correlação entre o que está acontecendo no coração e na mente de uma pessoa e o que está sendo exibido no corpo dessa pessoa. A Palavra de Deus fala sobre essa conexão e então vai mais fundo, pois nos diz que há uma conexão entre o estado do nosso corpo e o estado da nossa alma.

No Salmo 32, Davi fala muito pessoalmente com Deus, reconhecendo o peso que experimentou quando se escondeu nas sombras e se recusou a confessar seu pecado contra Bate-Seba e o assassinato de seu marido, Urias (veja 2Sm 11). E, através de Davi, o Espírito nos ensina que há uma ligação entre uma consciência torturada com falta de arrependimento e nosso bem-estar físico. Aqueles que estavam na companhia imediata de Davi poderiam não estar cientes do que estava acontecendo dentro dele espiritualmente, mas não poderiam ter evitado as indicações do que estava acontecendo com ele fisicamente.

A descrição que ele fornece acrescenta ao relato que ele dá em outro lugar: "Bate-me excitado o coração, faltam-me as forças, e a luz dos meus olhos, essa mesma já não está comigo. Os meus amigos e companheiros afastam-se da minha praga, e os meus parentes ficam de longe" (Sl 38.10-11). É uma imagem bastante devastadora.

Davi reconheceu sua condição pelo que era: um castigo. A Bíblia deixa claro que há um resultado natural para a luxúria, o excesso e o desrespeito aos mandamentos de Deus (veja Rm 1.24-25) — e Davi era culpado de tudo isso. A fragilidade, a perda de peso, a insônia, a sensação de rejeição, a melancolia, a ansiedade e o desespero muitas vezes assombram os indivíduos que procuram esconder seu pecado de Deus e negá-lo a si mesmos.

O que restaurou Davi não foi uma mudança completa de hábitos cotidianos ou ir para a cama mais cedo, mas sim lidar com a causa-raiz — seu pecado: "Confessei-te o meu pecado [...] e tu perdoaste a iniquidade do meu pecado" (Sl 32.5). Deus manteve sua mão pesada sobre Davi até que este colocou seu pecado nas mãos de Deus e lhe pediu que lidasse com isso. É uma bênção para nós quando Deus não nos permite esquecer nosso pecado — quando sentimos peso físico por causa de nossa doença espiritual. É o seu meio de nos levar a fazer o que mais precisamos: confessá-lo e pedir perdão por isso.

Você está abrigando o pecado? Não o esconda; confesse. Davi experimentou alívio libertador de sua dor e angústia quando buscou o perdão de Deus. Você também pode conhecer essa alegria, pois a promessa da Palavra de Deus é que, "se confessarmos os nossos pecados, ele é fiel e justo para nos perdoar os pecados e nos purificar de toda injustiça" (1Jo 1.9).

SALMO 51

2 DE OUTUBRO
A PROMESSA DA RESTAURAÇÃO

Desvendando-nos o mistério da sua vontade, segundo o seu beneplácito que propusera em Cristo, de fazer convergir nele, na dispensação da plenitude dos tempos, todas as coisas, tanto as do céu como as da terra. (Ef 1.9-10)

Em seu ensaio "On Fairy Stories" [Sobre histórias de fadas], J. R. R. Tolkien escreve sobre as razões pelas quais as pessoas são atraídas pelos contos de fadas. Essas histórias costumam estar no extremo oposto do espectro emocional de nossas notícias diárias: em vez de guerra, volatilidade financeira, pandemia e desgosto, os contos de fadas oferecem finais felizes que refletem os anseios do coração humano. Tolkien sugere que, na raiz desses anseios, há uma dor para Cristo endireitar o mundo — unir todas as coisas, restaurar todas as coisas e tornar o mundo tão absoluta e perfeitamente belo quanto era antes da rebelião de Adão. Você não anseia que Deus conserte tudo? Você não anseia pelo final feliz?

Presos em toda a Escritura, como em nossa vida, estão lembretes de que ainda não estamos lá. Vivemos em um mundo caído, repleto de alienação, frustração e desintegração. O primeiro Adão pecou, e a morte e o caos se seguiram. Mas um segundo Adão veio para desfazer o que Adão havia feito e realizar o que ninguém mais poderia. Deus consertará tudo. Na verdade, ele já começou a fazê-lo.

Ao longo de suas cartas às igrejas do primeiro século, Paulo reconheceu suas dificuldades e nunca as minimizou; mas ele também sempre lembrou a seus leitores que haveria um dia "em que os sofrimentos cessarão e as tristezas morrerão", e todos os nossos anseios serão satisfeitos.[124] Ele os encorajou a manter os olhos no que era definitivo para ajudá-los a lidar com os desafios imediatos.

Aquilo de que eles precisavam então é o de que precisamos agora. Se você se concentrar apenas no que vê bem na sua frente e não permitir que a promessa de restauração de Deus entre em sua visão, você não será capaz de lidar com os problemas que enfrenta. Eles crescerão fora de perspectiva. Eles virão a dominar. Drenarão sua esperança e felicidade. Não — sejam os problemas globais, nacionais ou pessoais, a melhor estratégia é manter os olhos no que a Palavra de Deus diz sobre o plano de Deus. Haverá um final feliz. Haverá um tempo em que todas as coisas estarão unidas sob um Rei perfeito.

O que está incomodando você hoje? Traga uma perspectiva eterna para as questões do tempo, com a ajuda do Espírito, e você pode encontrar segurança no plano perfeito dele. Você ainda não pode saber todos os detalhes da história deste mundo, mas pode saber que, para aqueles que confiam em Cristo, a cena final é um final feliz e interminável — e não é um conto de fadas.

ISAÍAS 65.17-25

3 DE OUTUBRO
DEVOTO À PALAVRA DE DEUS

Nós nos devotaremos à oração e ao ministério da palavra.
A proposta agradou a todos. (At 6.4-5 A21)

Embora os eventos cheios do Espírito de Pentecostes e o ministério resultante fossem extraordinários, os apóstolos e seus seguidores não começaram a dizer depois: *Bem, agora o Espírito de Deus me ensina; portanto, não preciso ouvir mais ninguém.* Em vez disso, quando cheios do Espírito Santo, todos eles estavam de ouvidos atentos para a pregação e o ensino cheios de autoridade da Palavra de Deus. Isso nos ensina uma lição importante: o Espírito de Deus sempre leva o povo de Deus a se dedicar à Palavra de Deus.

É por isso que o livro de Atos está cheio da centralidade da pregação. Os apóstolos reconheceram que o instrumento supremo de Deus para renovar seu povo à imagem de seu Filho foi e é por meio de sua Palavra, à medida que seu Espírito opera por meio dela. Aqui em Atos 6, vemos um exemplo da prioridade e proteção que os apóstolos deram àqueles chamados e equipados para ensinar. Os apóstolos reconheceram a importância séria de serem confiados como servos para trazer diante do povo as próprias palavras do próprio Deus.

Os livros do Antigo Testamento se referem aos "oráculos"[125] dos profetas; essa palavra também pode ser traduzida como "peso" (veja, por exemplo, Is 13.1 ACF). Descreve um peso sobre o coração e a mente que surge por causa da incrível responsabilidade de falar a verdade de Deus às pessoas. No século XIX, C. H. Spurgeon reconheceu esse fardo declarando que seu púlpito era mais influente do que o trono do rei da Inglaterra, pois ele trouxe uma mensagem do trono de Deus para aquele púlpito e entregou a verdade da doutrina cristã.

Precisamos orar e proteger aqueles chamados para ensinar as verdades da Escritura, seja a uma congregação, a crianças pequenas ou em qualquer outro contexto. Não é pouca coisa ficar regularmente entre um Deus santo e seu povo, declarando sua Palavra. É um fardo pesado, bem como um privilégio maravilhoso.

Além de orar por nossos mestres e pregadores, também devemos ser humildes e ansiosos para sentar e aprender sob o ensino cheio de autoridade da Palavra de Deus. Tal exemplo de devoção foi dado pela igreja primitiva em sua dedicação ao ensino dos apóstolos (At 2.42). A devoção nos dias de hoje deve parecer a mesma; devemos estar comprometidos com o ensino baseado nas verdades do Novo Testamento reveladas aos apóstolos e construídas sobre os fundamentos da doutrina do Antigo Testamento. Não devemos gastar todo o nosso tempo "maratonando" temporadas inteiras de séries que absorvem nosso tempo, redes de TV que confirmam o que já pensamos e livros ou videogames que oferecem uma fuga do mundo real. Em vez disso, precisamos nos banquetear com a Palavra de Deus. Deixe que esse seja o seu alimento espiritual, e você descobrirá a cada dia que o Espírito de Deus o leva mais fundo nas verdades e nas alegrias dentro dela.

SALMO 119.81-96

4 DE OUTUBRO

A PEDRA TRÊMULA

Depois de terem comido, perguntou Jesus a Simão Pedro: Simão, filho de João, amas-me mais do que estes outros? Ele respondeu: Sim, Senhor, tu sabes que te amo. Ele lhe disse: Apascenta os meus cordeiros. (Jo 21.15)

A aparição de Jesus na praia em João 21 ocorreu após a sua ressurreição e, portanto, após a sua crucificação e todos os eventos que a cercam — incluindo a negação covarde de Pedro sobre conhecer a Cristo. Podemos presumir com segurança que Pedro sentiu vergonha de seu fracasso de lealdade e fé. Podemos imaginá-lo contando aos outros discípulos: *Tive minha chance e estraguei tudo. Eu o traí. Aqui estou eu, aquele que pensou que seria o herói, como um testemunho da pior covardia.* Então, quando Jesus falou com ele, Pedro certamente se perguntou: *O que ele dirá? Que parte tenho em seu povo agora?*

Jesus não descartou o fracasso de Pedro; ele o reconheceu. Depois da refeição juntos, Jesus se dirigiu a Pedro pelo seu antigo nome, Simão, que significa "ouvir". No início de seu ministério, Jesus mudou o nome de Simão para Pedro, que significa "pedra" (Jo 1.42). Essa mudança simbolizava uma mudança que ocorreria no caráter e no chamado de Simão Pedro: ele estava trêmulo, mas se tornaria firme como uma pedra. Lá na praia, no entanto, Jesus queria lembrar Pedro de sua tremedeira. Antes que Pedro pudesse se firmar, ele precisava entender que seu comportamento não havia demonstrado uma fé firme nem qualquer ousadia mensurável enraizada no amor de Cristo.

Como Pedro, você e eu às vezes nos sentimos marginalizados por nossos fracassos, nossa apostasia, nossa incredulidade. Sentiremos a dor de uma fé deslocada; precisaremos que o Mestre Cirurgião estenda a mão e coloque nosso amor de volta no lugar, às vezes dolorosamente, mas sempre de forma restauradora. Observe que é realmente com o coração de Pedro, seu amor e devoção, que Jesus está mais preocupado. Outras qualidades são desejáveis e necessárias, sim, mas é o nosso amor por Cristo que é indispensável. Onde está o *nosso* amor? É edificado sobre areia vacilante ou sobre uma rocha firme?

No entanto, mesmo quando Cristo coloca nosso amor de volta em alinhamento, ele nos confia a obra do reino. Jesus ainda escolheu usar Pedro para edificar sua igreja. Como é surpreendente que Jesus tenha confiado seus "cordeiros" ao discípulo que (com exceção de Judas) mais o decepcionou e em quem estava a maior lacuna entre a profissão e a ação. Mas que encorajador para nós que Jesus o fizesse: pois, se ele estava disposto a usar alguém como Pedro, ele estará disposto a usar alguém como eu e você. Jesus ainda escolheu dar a Pedro grande responsabilidade, mas essa responsabilidade também deveria testá-lo. O teste do amor por Jesus é se uma vida exibe obediência e ação. O livro de Atos mostra como Pedro, com a capacitação do Espírito de Deus, respondeu ao teste.

A história de Pedro, a pedra trêmula, permanece como um lembrete para nós de que Deus é um Deus de graça e segundas chances. Nossas fraquezas revelam nossa necessidade de uma força que não é nossa, uma medida de poder que é encontrada apenas em nossa grande Rocha Eterna. Portanto, sabendo que essa força está disponível para nós do Salvador que morreu por nós e nos comissiona em seu serviço, você pode viver o dia de hoje e fazer a vontade dele por amor a ele.

ATOS 5.17-42

A Bíblia em um ano: Ez 35–36; Jo 17

5 DE OUTUBRO

OUSADIA CHEIA DO ESPÍRITO

Se ainda temes atacar, desce tu com teu moço Pura ao arraial;
e ouvirás o que dizem; depois, fortalecidas as tuas mãos, descerás contra o arraial.
Então, desceu ele com seu moço Pura até à vanguarda do arraial. (Jz 7.10-11)

É sempre mais fácil recuar com medo do que avançar com fé: mais fácil, porém nunca melhor.

Gideão sabia muito sobre o medo e a hesitação que ele gerava. Ele hesitou quando o anjo de Deus o chamou para liderar Israel (Jz 6.13, 15). Ele hesitou quando os inimigos de Israel se reuniram para se opor a ele (v. 36-40). E, ao que parece, ele hesitou novamente na noite anterior à batalha em que Deus havia prometido vitória (7.9-10). E, nesse medo e hesitação, Deus falou. Observe a graça e a paciência de Deus com Gideão quando diz: "Se ainda temes…" e o encoraja a levar seu servo para o acampamento com ele. Esta é uma maneira sensível de lidar com o medo de Gideão. Reconhece que, humanamente falando, havia uma grande razão para ter medo! Ele estava prestes a entrar em batalha contra um oponente cujos soldados superavam os dele em dezenas de milhares. Deus não o repreendeu por seu medo; em vez disso, Deus lhe deu uma razão para estar confiante.

Como Gideão, precisamos de tais palavras gentis de nosso Senhor. Muitas vezes demoramos a lembrar que podemos lançar todas as nossas preocupações sobre ele (1Pe 5.7). Podemos colocar todos os nossos fardos e medos aos seus pés. Temos permissão para ir a ele e dizer que não sabemos o que fazer. E sua resposta é sempre cheia de graça e sensibilidade para conosco.

O que torna essa história ainda mais bonita é a resposta de Gideão à sugestão gentil de Deus. Durante sua visita discreta ao acampamento inimigo, ele ouve dois homens discutindo um sonho, que um soldado interpreta significando que eles cairão sob "a espada de Gideão", porque "Nas mãos dele entregou Deus os midianitas e todo este arraial" (Jz 7.14). Quando Gideão ouviu isso e percebeu que Deus realmente foi antes dele para fazer o que lhe é impossível fazer sozinho, o que ele faz? "Adorou" (v. 15). Há tanta riqueza contida nessa resposta. Enfrentando probabilidades impossíveis, mas seguro da promessa de Deus, este líder temeroso, frágil e improvável derramou seu coração em louvor e, em seguida, utilizou sua coragem dada por Deus para reunir suas tropas. Sua ousadia veio de um momento privado e secreto entre ele e o Senhor.

Há uma diferença entre os esquemas orientados pela personalidade para manipular as pessoas e a ousadia genuína e cheia do Espírito. Um é produzido em um plano puramente humano e está apto a desmoronar; o outro só pode ser descoberto quando nos humilhamos diante de Deus, reconhecemos nossa inadequação e nos lembramos de sua suficiência. Esse é um lugar firme para nos posicionarmos. O antídoto para o medo não é exaltar a si mesmo, como muitos afirmam. É exaltar a Deus. É confiar na capacitação de Deus, que pode lhe conceder uma ousadia santa e humilde sem comparação.

Do que você está com medo agora? De que maneira você é tentado a ficar para trás, mesmo que Deus esteja chamando você para seguir em frente em obediência? Traga seus medos a Deus. Peça a ele que lhe mostre a capacidade dele de fazer o que você não pode. Então confie nele, adore-o e obedeça-lhe.

🎧 ♡ ✋ JOSUÉ 1.1-11

6 DE OUTUBRO
A DOUTRINA DA ESCRITURA

As sagradas letras [...] podem tornar-te sábio para a salvação pela fé em Cristo Jesus. Toda a Escritura é inspirada por Deus e útil para o ensino, para a repreensão, para a correção, para a educação na justiça, a fim de que o homem de Deus seja perfeito e perfeitamente habilitado para toda boa obra. (2Tm 3.15-17)

A autoridade, suficiência, infalibilidade e inerrância da Escritura são doutrinas absolutamente fundamentais para a obra contínua de Deus e sua igreja. Não podemos envolver com o Evangelho um mundo perdido e ferido, a menos que estejamos convencidos de sua origem divina. Como escreveu J. C. Ryle, sem a Bíblia como um "livro divino para se voltarem como base de sua doutrina e prática", os cristãos "não têm base sólida para a paz ou esperança presente e nenhum direito de reivindicar a atenção da humanidade".[126]

Paulo abordou essa mesma questão quando lembrou a Timóteo que "toda a Escritura é inspirada por Deus". Em outras palavras, a Bíblia não é um produto humano infundido com divindade; é um dom divino produzido através da instrumentalidade humana. Todos os seus livros, capítulos, frases e sílabas foram originalmente dados pela inspiração de Deus.

A doutrina da Escritura, como muitas outras doutrinas cristãs, pode ser difícil de lidar. Mas o fato de que algo é difícil de entender não prejudica sua veracidade. Além disso, quando se trata da doutrina das Escrituras, há questões que podemos considerar objetivamente. Por exemplo, é fácil ver que a Bíblia é uma obra completamente harmoniosa. Embora tenha sido escrita por mais de 30 autores ao longo de um período de cerca de 1.500 anos, todos os escritores contam a mesma história, dando o mesmo relato deste mundo, o caráter de seu Criador e o problema do coração humano, e apontando para o mesmo caminho maravilhoso de salvação através do sacrifício do Cordeiro de Deus — desde Gênesis até Apocalipse!

A Bíblia também transcende o tempo, a cultura, o gênero e o intelecto. Alguns livros podem se adequar a uma determinada pessoa, a uma determinada época ou a um determinado lugar, mas não há outro livro que resista perfeitamente aos desafios de todos os dias e de todas as épocas e às questões que confrontam a própria vida. As mentes mais brilhantes não podem esgotar as riquezas da Palavra de Deus, e, ao mesmo tempo, até mesmo meninas e meninos podem ler suas Bíblias e descobrir a verdade transformando a própria vida.

A autoridade, suficiência, infalibilidade e inerrância das Escrituras são os fundamentos sobre os quais devemos nos apoiar; e temos ajuda divina para fazê-lo. O mesmo Espírito que inspirou a Palavra de Deus ilumina a Palavra de Deus e nos convence de que ela é a Palavra de Deus, dada a nós para que possamos crer naquele que é o Verbo feito carne. É à medida que o Espírito faz essa obra em você que sua fé na autoria divina da Escritura é sustentada e passa de apenas um assentimento intelectual a uma doutrina para uma fome ativa por mais da Palavra — e mais daquele que é tanto seu autor quanto seu tema.

🙏 ♡ ✋ SALMO 12

7 DE OUTUBRO
UMA VIDA DISTINTA

Então, o mesmo Daniel se distinguiu destes presidentes e sátrapas,
porque nele havia um espírito excelente; e o rei pensava em estabelecê-lo
sobre todo o reino. Então, os presidentes e os sátrapas procuravam ocasião para acusar
a Daniel a respeito do reino; mas não puderam achá-la, nem culpa alguma; porque
ele era fiel, e não se achava nele nenhum erro nem culpa. (Dn 6.3-4)

Depois de ser capturado e levado para o cativeiro na Babilônia, Daniel tornou-se parte de um seleto grupo de jovens israelitas que foram escolhidos para fazer parte da corte do Rei Nabucodonosor. Embora ele tenha sido levado para o exílio, tenham lhe dado um nome diferente e tenha se distanciado por muitos quilômetros da familiaridade e da família, em tudo isso Daniel propôs em seu coração que não se contaminaria com a comida e a bebida do rei (Dn 1.12-16). Ele se destacou como um homem íntegro em meio à decadência moral de seu tempo.

Daniel se distinguia dentro da estrutura dos governos a que servia pela qualidade de sua vida. Ao longo de muitos anos, sua lealdade provou ser inquestionável. Era um homem de consistência, a qual ele exibia através de uma sucessão de reinos. Ele tinha uma capacidade extraordinária de enfrentar e superar dificuldades, bem como a sabedoria dada por Deus, que lhe permitia dar conselhos que alterariam o curso da história humana.

Embora as posições governamentais que Daniel ocupava fossem suscetíveis à corrupção, ele se distinguiu dizendo "não" a todos os tipos de desonestidade. Ele não era negligente nem antiético, nem havia uma lacuna entre suas atividades públicas e sua vida privada. Ele era irrepreensível aos olhos de seu semelhante. Mesmo os colegas que estavam com ciúmes e o desprezavam por causa de sua distinção não conseguiam encontrar motivos para reclamar.

Cheios de inveja, esses oficiais finalmente decidiram conspirar contra Daniel. Eles não gostavam de seu compromisso inabalável com seu Deus ou do fato de ele ocupar uma posição de poder. Eles não conseguiram lidar com a maneira como ele demonstrou ao longo de sua vida uma convicção inabalável sobre o poder e a pureza de Deus. A vida santa muitas vezes traz esse tipo de desdém. Daniel foi incriminado não porque fosse um sujeito mau, mas porque defendia a verdade. Ele amava o que Deus amava e vivia isso.

Sua vida é marcada por uma convicção semelhante? Suas ações declaram a verdade sobre seu Deus? Você está preparado para cultivar diligentemente uma paixão pela integridade? Você está mais preocupado em obedecer a Deus do que com o que os outros pensam de você? Jesus advertiu seus seguidores de que eles seriam insultados e sofreriam perseguição por sua causa (Mt 5.11), mesmo quando vivessem de uma maneira que revelasse e louvasse seu Pai (vv. 14-16). Viva com o tipo de devoção que Daniel tinha; seja inequívoco em seu compromisso de amar o que Deus ama, e então viva isso.

1 PEDRO 2.9-17

8 DE OUTUBRO
SUPERANDO O ATRITO

Andeis de modo digno da vocação a que fostes chamados, com toda a humildade e mansidão, com longanimidade, suportando-vos uns aos outros em amor, esforçando-vos diligentemente por preservar a unidade do Espírito no vínculo da paz. (Ef 4.1-3)

Um dos subprodutos do atrito é o calor: quando dois ou mais objetos se esfregam um contra o outro, a temperatura aumenta. Da mesma forma, quando você coloca pessoas pecaminosas juntas — mesmo na igreja, onde o pecado não reina mais, porém ainda permanece —, é provável que haja atrito. Não deveríamos nos surpreender com isso. Não somos tijolos perfeitamente criados, todos lindamente posicionados para se encaixarem. Somos pessoas duras e imperfeitas. Contudo, da mesma forma, não devemos permitir que o atrito nos distraia do nosso foco final.

O atrito não desaparecerá por ser ignorado; em vez disso, é superado à medida que nos concentramos em Cristo e valorizamos o que ele valoriza para o corpo de crentes: prioridades como hospitalidade, carregar os fardos uns dos outros, encorajamento mútuo, oração e doação. Esses valores não nos levam a perguntar "O que o corpo de Cristo pode fazer por *mim*?", mas "O que *eu* posso fazer pelo corpo de Cristo?". Somente quando trabalhamos a partir dessa perspectiva, nossa autopiedade, problemas e preocupações começam a desaparecer.

Embora o atrito deva ser esperado, não deve ser tolerado. Como crentes, devemos exibir evidências de corações humildes e arrependidos. Quando não exibimos, é correto que outros na igreja nos ajudem e, se necessário, nos desafiem e disciplinem com amor. Os líderes da igreja durante a Reforma disseram que, para uma igreja ser uma igreja verdadeira, tinha de haver a pregação da Palavra de Deus, a celebração dos sacramentos e o exercício da disciplina da igreja.

Tolerar a divisão impenitente em uma igreja não apenas permite que o calor causado pelo atrito não seja controlado, mas pode levar à destruição. Não deixaríamos que alguém se sentasse à nossa mesa de jantar e destruísse nossa família com uma atitude ruim; no entanto, como é fácil tolerar o atrito e a divisão na igreja para que ela pareça um lugar agradável e aconchegante. Mas devemos seguir o caminho mais difícil. O futuro da igreja depende disso.

O atrito virá. Faremos bobagens. Então, vamos precisar suportar uns aos outros em amor. Teremos de ser pacientes uns com os outros. Vamos precisar "[fazer] todo o esforço" para manter a unidade que o Espírito nos traz quando ele nos insere na família de Deus pela fé (Ef 4.3 NVI). Em outras palavras, precisaremos ser semelhantes a Cristo, pois é o seu amor abnegado *agape* que nos mostra como amar uns aos outros sacrificialmente e como superar conflitos. A unidade é um dom precioso, e, portanto, o atrito precisa ser tratado — com gentileza e paciência, mas ainda assim tratado. Talvez haja alguém com quem você precise falar hoje. Talvez haja alguém a quem você precise pedir perdão, ou oferecer perdão, ou caminhar ao lado para ajudá-la a resolver seu atrito com outro membro da igreja.

TIAGO 3.13-18

9 DE OUTUBRO
GARANTIDO COM UM JURAMENTO

Por isso, Deus, quando quis mostrar mais firmemente aos herdeiros da promessa a imutabilidade do seu propósito, se interpôs com juramento, para que, mediante duas coisas imutáveis, nas quais é impossível que Deus minta, forte alento tenhamos nós que já corremos para o refúgio, a fim de lançar mão da esperança proposta; a qual temos por âncora da alma, segura e firme. (Hb 6.17-19)

Um juramento deve ter grande peso tanto para a pessoa que o faz quanto para a pessoa que o recebe. É um apelo decisivo ao maior poder disponível, destinado a acabar com todas as dúvidas sobre a palavra de alguém e confirmar a confiabilidade da promessa que está sendo feita. Embora as pessoas tenham repetidamente feito juramentos sem sentido por meio de mentiras e perjúrios, eles ainda têm o propósito de demonstrar a integridade da palavra de alguém.

Um juramento, é claro, é tão bom quanto o caráter do indivíduo que o faz. Portanto, sabemos que as promessas de Deus são confiáveis por nenhuma outra razão além do fato de que *ele* as fez. Ele não precisava garantir sua promessa com um juramento; a simples promessa de Deus a seu povo é suficiente para comandar nossa crença. No entanto, ele foi um passo além, jurando por si mesmo, já que não pode jurar por ninguém ou nada maior.

Deus nos trouxe do reino da desesperança para a realidade da esperança, e a âncora de nossa alma está segura e certa. Está fixada a um objeto imóvel — as promessas de Deus — e fixada no reino celestial invisível pelo Deus que não pode mentir. Essas promessas são tão seguras, na verdade, que compartilhá-las com outras pessoas no evangelismo é atraente para elas, porque vivemos em um mundo cheio de desespero e uma cultura que tenta cobrir seu descontentamento com sorrisos falsos, férias e ganhos materiais.

Como é maravilhoso podermos ser pessoas fundamentadas na fé, ancoradas pelas promessas de nosso Deus. Jesus Cristo é digno de nossa confiança, e podemos saber que, "quantas são as promessas de Deus, tantas têm nele o sim" (2Co 1.20), cuja vida, morte, ressurreição e ascensão alcançaram para nós uma vitória decisiva e eterna.

Em quais promessas de Deus você acha mais difícil confiar e construir sua vida? Lembre-se de quem fez essas promessas. Ele é o mesmo Deus que jurou a Abraão, idoso e sem filhos, que seus descendentes seriam tão inumeráveis quanto as estrelas no céu acima dele — e que cumpriu sua promessa. Ele é o mesmo Deus que jurou a seus discípulos que seria rejeitado e morto e depois de três dias ressuscitaria — e que cumpriu sua promessa. Lembre-se de quem fez as promessas que você acha difíceis de acreditar. Lembre-se de como ele é. Essa é a âncora para a sua alma e a esperança para o seu futuro.

SALMO 105

10 DE OUTUBRO
AMPARADO PELA ORAÇÃO

Os filhos de Israel deixaram a tua aliança [...]
e eu fiquei só, e procuram tirar-me a vida. (1Rs 19.14)

Certa vez, uma conferência de pastores organizou um seminário que lidava com o desespero e a depressão no ministério. De uma forma que era fenomenalmente encorajadora ou terrivelmente deprimente, foi o seminário mais assistido de toda a conferência, um evento completamente lotado. Os pastores, alguns acompanhados pela esposa, procuravam esperança e respostas sobre o que fazer ao enfrentar um severo desânimo no ministério.

O profeta Elias saberia como o ministro mais aflito naquela sala estava se sentindo. Ele experimentou desesperança em seu próprio ministério. Certa vez, ele ficou sozinho diante de 450 homens armados — profetas do falso deus Baal, que se opunham totalmente a ele — e experimentou Deus descendo em grande poder e derrotando seus inimigos. No entanto, imediatamente depois disso, ele recebeu uma mensagem ameaçadora da Rainha Jezabel e fugiu para o deserto. Ele passou uma noite abatido numa caverna, convencido de que era o único que restava zeloso por Deus. E, neste estado mais abatido, Deus se encontrou com Elias e o encorajou, inclusive com a promessa de que "[conservou] em Israel sete mil, todos os joelhos que não se dobraram a Baal" (1Rs 19.18).

Sua fé e seu crescimento na semelhança com Cristo são de grande encorajamento para seu pastor. O apóstolo Paulo, ao ouvir que a jovem congregação em Tessalônica ainda estava firme em sua fé, escreveu que, "agora, vivemos" e descreveu "toda a alegria com que nos regozijamos por vossa causa, diante do nosso Deus" (1Ts 3.8-9).

Os servos de Deus em todas as áreas do ministério não estão imunes ao desânimo. O caminho do serviço cristão está cheio de altos e baixos; há dias deliciosos e dias desastrosos. Quando estamos desanimados, pode parecer difícil continuar, mas Deus usa o seu povo para suportar pastores e líderes ministeriais pela fé e crescimento deles, como também por suas orações. Quando C. H. Spurgeon mostrava às pessoas ao redor o Tabernáculo Metropolitano em Londres, ele as levava para baixo para lhes exibir a "sala da caldeira". Não havia caldeira lá; em vez disso, havia assentos. Aqui, várias centenas de pessoas se reuniam todos os domingos de manhã para orar por Spurgeon enquanto ele pregava. Ele sabia que a eficácia de seu ministério dependia daqueles que oravam e do Deus que respondia às suas orações.

Se você está no ministério (remunerado ou não) e está se sentindo desanimado, considere o seguinte: você impactou vidas por toda a eternidade. Relembre os últimos dois anos e, entre as dificuldades, você será capaz de ver evidências da obra de Deus através de você. Deixe que isso o encoraje! E, quem quer que você seja, quanto tempo faz desde a última vez que escreveu uma nota de encorajamento ou orou por aqueles que servem no ministério ao seu redor? É de vital importância que você faça isso. Mesmo que esses líderes continuem a pregar e ensinar as mesmas mensagens e ministrar da maneira exata como sempre fizeram, será muito mais eficaz quando simplesmente orarmos por eles com fé. Todos nós temos a responsabilidade — na verdade, o *privilégio* — de fazê-lo.

1 TESSALONICENSES 2.17–3.13

11 DE OUTUBRO

ALEGRIA EM NOSSAS PROVAÇÕES

> *Meus irmãos, tende por motivo de toda alegria o passardes por várias provações, sabendo que a provação da vossa fé, uma vez confirmada, produz perseverança. Ora, a perseverança deve ter ação completa, para que sejais perfeitos e íntegros, em nada deficientes.* (Tg 1.2-4)

Por muito tempo, imaginei que via todo mundo com um carrinho de mão. Eu também tenho um carrinho de mão. Nós os empurramos, e por dentro estão nossas provações, tentações, medos, fracassos, decepções, mágoas e anseios. Essas são as coisas que nos acordam e nos mantêm acordados às três horas da manhã.

Viver neste mundo coloca exigências sobre nós, nos confronta com desafios e nos fustiga de maneiras dolorosas e tristes. Quando enfrentamos essas dificuldades, muitas vezes nos orientam a negá-las, escondê-las, afastá-las ou viver acima delas. Ao mesmo tempo, somos tentados a nos ressentir de nossas provações e ficar cada vez mais amargos.

A perspectiva bíblica sobre as dificuldades difere muito de todas essas opções. Tiago disse que é possível conhecer a alegria pura e completa *em* nossas provações. Ora, como isso é possível? Receber alegria nas provações parece ser uma contradição absoluta. A maior parte da vida ocidental do século XXI é vivida de forma a manter as provações à distância. Parece óbvio que o caminho para a alegria é evitar as provações.

Tiago, no entanto, nos diz que a maneira pela qual podemos "[ter] por motivo de toda alegria" não é nos mudarmos para uma cidadela onde os problemas estão ausentes, mas sim ter nossas atitudes em relação a esses problemas transformadas. Ao dizer "sabendo", ele está nos lembrando de que temos de colocar nossos sentimentos sob a regra do que *sabemos* ser verdade. O que sabemos? Essa fé por si só não desenvolve perseverança. A verdadeira fé é provada e fortalecida quando é testada. As coisas que procuramos evitar são as exatas coisas que nos moldam.

Temos de ser honestos sobre as provações que enfrentamos. Ainda não estamos no céu e, portanto, nossa fé ainda está sendo testada. Não é revelada em uma experiência feliz e sobrenatural, mas nas dificuldades da vida cotidiana. E o teste da verdadeira fé sempre produzirá perseverança. Isso nos tornará mais parecidos com Jesus. Isso nos tornará mais capazes de confortar os outros. Portanto, podemos confiar que, apesar de todas as nossas dificuldades, Deus continuará a moldar em nós uma fé perfeita e completa. É quando nos apegamos a essa promessa que somos capazes de "[ter] por motivo de toda alegria" quando uma provação se aproxima ou percebemos que já estamos mergulhados em uma. Somos capazes de pensar: "Eu não teria escolhido este caminho, mas o Senhor escolheu e ele vai usá-lo para me mostrar mais de si mesmo e me tornar mais semelhante a ele".

O que está no seu carrinho de mão hoje? São coisas que você não teria escolhido. Mas o que mudaria se você as visse como oportunidades para sua fé ser testada, fortalecida e aperfeiçoada? Esse é o caminho para uma alegria mais profunda e insuperável.

ROMANOS 5.1-11

12 DE OUTUBRO

CRIADO PARA BOAS OBRAS

Quanto aos nossos, que aprendam também a distinguir-se nas boas obras a favor dos necessitados, para não se tornarem infrutíferos. (Tt 3.14)

Você não está aqui por acaso, mas pela escolha de Deus. Você não inventou a si mesmo, nem teve alguma parte em sua própria criação. Você foi intricadamente tecido no ventre (Sl 139.13). A mão de Deus formou você para ser a pessoa que você é; ele criou você no exato momento em que ele desejou, e ele o colocou neste ponto da história para que você, em Cristo, pela graça, através da fé, possa fazer boas obras — boas obras que ele planejou para você fazer (Ef 2.10).

Em outras palavras, você recebeu graça sobre graça para fazer o bem.

Embora o conceito de "fazer o bem" possa não ser nosso primeiro pensamento quando consideramos o impacto da graça transformadora de Deus sobre nós mesmos, isso foi praticamente o número um na lista do apóstolo Paulo. Em sua carta a Tito, ele escreve que Deus, em Jesus, "a si mesmo se deu por nós, a fim de remir-nos de toda iniquidade e purificar, para si mesmo, um povo exclusivamente seu, *zeloso de boas obras*" (Tt 2.14, ênfase acrescentada). Esse destaque aparece várias vezes ao longo da carta, culminando na exortação final de Paulo: "Quanto aos nossos, que aprendam também a distinguir-se nas boas obras".

O zelo particular de Paulo pelas boas obras era e é completamente contracultural, tanto em sua época quanto na nossa. Vivemos num mundo cheio de atrativos para buscar uma vida egocêntrica de lazer. Como, então, devemos imitar Paulo e nos distinguir em boas obras?

Primeiro, precisamos deixar claro que nossa busca por boas ações não merece o favor de Deus. Não fazemos o bem para *sermos* salvos, mas *porque* somos salvos. Sem a graça como fundamento, o chamado à vida virtuosa é puro ato exterior e nos esgotará ou nos inchará. Em segundo lugar, precisamos lembrar que nossa busca por boas ações traz prazer a Deus; vivemos "não para que agrademos a homens, e sim a Deus, que prova o nosso coração" (1Ts 2.4). Portanto, devemos ser marcados pela bondade que honra a Deus e exalta a Cristo como um testemunho vivo de nossa grande salvação.

Nossa capacidade de fazer o bem também é, diz Paulo, um comportamento aprendido. Somos chamados a "aprender a nos distinguir" no bem. Nossas ações não devem ser apenas o resultado de uma onda emocional ou acontecer apenas quando sentirmos vontade. Em vez disso, devemos nos esforçar diariamente para fazer a obra do reino que Deus planejou para cada um de nós, e fazê-lo com intenção e habitualidade. E devemos olhar para aqueles mais maduros em sua fé, que vivem esse tipo de vida, e procurar aprender com eles.

Em Cristo, todos os seus dias e todas as suas ações podem ser bons para alguém e para alguma coisa. Aprenda a começar cada dia pedindo a ajuda dele para fazer o bem aos outros como uma resposta à graça dele para você, confiando que ele graciosamente permitirá que você dê evidências de sua fé através de suas ações.

TIAGO 1.27—2.13

13 DE OUTUBRO
ASPIRANDO A UMA PÁTRIA SUPERIOR

*José permaneceu habitando no Egito, ele e a família de seu pai;
e viveu cento e dez anos. [...] Disse José a seus irmãos: Eu morro; porém [...] Certamente
Deus vos visitará, e fareis transportar os meus ossos daqui.* (Gn 50.22, 24-25)

Cerca de 60 anos do fim da vida de José são resumidos pela frase "José permaneceu habitando no Egito". Presumivelmente, esses foram anos mais tranquilos do que o drama registrado da sua juventude. Mas 60 anos inteiros certamente não são sem sentido. Considerar esses anos na vida de José nos leva a refletir: pelo que estamos vivendo? O que estamos planejando fazer com esse tempo que Deus nos deu?

É muito fácil passar nossa vida indo atrás de horizontes terrenos, tais como sucesso de carreira, estabilidade financeira ou luxos confortáveis. É sedutor o mito de que a vida consiste em trabalhar como um escravo em seu emprego por tanto tempo quanto puder a fim de forrar o ninho onde você pretende se estabelecer — que o propósito da vida é se preparar para a aposentadoria. Bem no ponto em que crentes muitas vezes estão numa posição — financeira, emocional, social — de ter uma porção incrível de tempo para servir ao Reino de Deus, é que eles começam a falar em hibernar.

Como seguidores de Jesus, não podemos viver como se este mundo fosse tudo que existisse. Contudo, alguns de nós não podem dizer com integridade: "Há mais do que apenas esta vida", porque tudo que estamos fazendo com nosso tempo, talentos e dinheiro parece estar dizendo: "É isso *que* importa! É por isso que eu trabalho 60 horas por semana. É por isso que eu não vou para casa nem tiro férias. É por isso que eu perdi o culto novamente no último domingo. É por isso que eu não disponho de tempo nem assumo riscos para servir e compartilhar o Evangelho com meu próximo. Afinal, é isso que importa."

Uma coisa é ter uma fé vibrante e inabalável quando estamos em meio a uma batalha; é outra coisa completamente diferente o desafio de viver uma vida de constante obediência através da rotina diária. Para que uma vida seja bem vivida — especialmente no que está relacionado aos nossos recursos e legado —, precisamos considerar não apenas o que *queremos* na vida, mas o que *devemos fazer* com a vida. Precisamos de uma visão do horizonte celestial.

José tinha um propósito para sua vida e para aqueles anos finais mais tranquilos. Sua visão estava fixada além das fronteiras do Egito. Ele não estava focado em si mesmo; ele era responsável de assegurar que seus filhos e os filhos de seus filhos não se acomodassem muito confortavelmente no Egito, mas em vez disso permanecessem desconfortáveis o suficiente para poderem verdadeiramente se estabelecer um dia na terra prometida. Deus havia lhe dado paz, prestígio e prosperidade no Egito — tudo o que tantos de nós buscamos hoje. No entanto, ele sempre olhou para além do Egito. Ele sabia que ali não era verdadeiramente o seu lugar, tampouco o lugar de qualquer um do povo de Deus. Ele ainda não estava em casa. Nós também precisamos viver de tal forma que auxiliemos nossos entes queridos e nosso próprio coração a "[aspirar] a uma pátria superior, isto é, celestial" (Hb 11.16). O que for que você tiver ou não tiver hoje, você ainda não está em casa. Há coisas maiores e melhores do que isso. Certifique-se de que seu tempo, talentos e dinheiro reflitam esse conhecimento.

1 TESSALONICENSES 5.1-11

14 DE OUTUBRO

SOFRIMENTO INJUSTO

Amados, não estranheis o fogo ardente que surge no meio de vós, destinado a provar-vos, como se alguma coisa extraordinária vos estivesse acontecendo; pelo contrário, alegrai-vos na medida em que sois coparticipantes dos sofrimentos de Cristo, para que também, na revelação de sua glória, vos alegreis exultando. (1Pe 4.12-13)

Qualquer verdadeiro crente acabará por enfrentar um sofrimento injusto. Se estivermos genuinamente seguindo a Cristo, haverá épocas em que nos encontraremos no lado sofredor da acusação, calúnia ou difamação. Pode acontecer em nossa casa, local de trabalho ou escola; pode até mesmo acontecer dentro de uma igreja.

Essas provações são um verdadeiro desafio. Quando expomos objetivamente os fatos diante de nós, pensamos: "Quer saber? Ele não tinha o direito de dizer isso! Ela não tinha o direito de pensar isso! Eles não tinham o direito de fazer isso! Ainda assim, aqui estou eu. Isso não é justo!"

Quando confrontados com o sofrimento, nossa grande tentação é considerá-lo como um infortúnio estranho — como totalmente fora de sintonia com o que quer que signifique seguir a Jesus. No fundo, é fácil pensar que tudo deve ser fácil quando estamos seguindo a Jesus. Por um tempo, em algumas áreas do mundo (incluindo grande parte do Ocidente hoje), podemos concordar alegremente com essa suposição. Mas então enfrentamos uma "prova de fogo" e, de repente, nossa experiência de vida prova que ser cristão não é, de fato, fácil.

Pastoreando a igreja em seus dias, Pedro os encorajou a não se surpreenderem com provações difíceis. Como um pai sentado para conversar com uma criança antes que ela faça seu caminho no mundo, Pedro exortou os crentes a esperar o sofrimento. Não no sentido de que, em algum momento, eles agiriam erroneamente e, portanto, receberiam justiça legítima. Não, era que eles sofreriam simplesmente por causa de seu compromisso com Jesus Cristo. Pedro lhes disse que isso fazia parte da vida do cristão. Não deve ser uma surpresa, mas uma expectativa.

Afinal, como o próprio Jesus disse a seus discípulos na noite antes que ódio do mundo o pregasse na cruz: "não é o servo maior do que seu senhor. Se me perseguiram a mim, também perseguirão a vós outros" (Jo 15.20). Considere a maneira como Jesus foi tratado no salão de Pilatos. Durante o interrogatório, Pilatos disse de Jesus — pela primeira de três vezes! — "Eu não acho nele crime algum" (18.38; 19.4, 6). Ele estava convencido de que os oponentes de Jesus estavam tentando manipular as circunstâncias, e estava confiante de que Jesus não era culpado das acusações. Contudo, em vez de soltar Jesus, Pilatos o pegou e o açoitou antes de entregá-lo para ser crucificado. Todas as tristezas e sofrimentos que Jesus experimentou foram injustos. E, quando escolhemos seguir a Cristo, portanto, somos chamados a estar dispostos a sofrer como ele sofreu.

Você está enfrentando uma prova de fogo hoje ou se recuperando de passar por uma? Anime-se! Quando a caminhada cristã é dolorosa, estamos sofrendo pela causa daquele que sofreu muito, muito mais por nós. Estamos nos entregando àquele que se entregou a nós. E podemos esperar pelo dia quando as provações terão passado, quando a justiça será feita e viveremos na glória de nosso Salvador para sempre.

JOÃO 15.18-16.4

15 DE OUTUBRO
PAZ PERMANENTE

Finalmente, irmãos, tudo o que é verdadeiro,
tudo o que é respeitável, tudo o que é justo, tudo o que é puro,
tudo o que é amável, tudo o que é louvável, se alguma virtude há
e se algum louvor existe, seja isso o que ocupe o vosso pensamento. (Fp 4.8)

Desejamos conhecer a paz de Deus e sentir sua presença. Mas a paz de Deus, que guarda nosso coração e mente (Fp 4.7), não acontece no vácuo. Não vai acontecer espontaneamente. A paz duradoura de Deus só será experimentada quando treinarmos nossa mente naquilo que agrada a ele. Então, para conhecer a paz, primeiro pergunte: "Qual deve ser meu padrão de pensamento?"

Este versículo dá a resposta de Paulo. Ele nos encoraja a construir nossa estrutura para pensar com base no que é excelente e louvável. Para esse fim, ele nos fornece uma lista de seis virtudes fundamentais de uma vida de pensamento cristão.

A primeira é a *verdade*. O cinturão da verdade deve ser preso antes que possamos nos beneficiar de quaisquer outros aspectos da armadura de Deus (Ef 6.14). Portanto, aqui, a verdade — encontrada objetivamente em Cristo e experimentada subjetivamente à medida que proclamamos o Evangelho a nós mesmos e aos outros — vem em primeiro lugar. Em segundo lugar, Paulo nos direciona para "tudo o que é *respeitável*" — ou "nobre", como dizem algumas traduções. Fixar nossa mente no que é majestoso ou inspirador é o oposto de contemplar o que é imoral e terreno. Como crentes, não devemos alimentar nossa mente com entretenimento inútil ou trivialidades semelhantes, que preocupam tanto nossa sociedade secular. Em vez disso, devemos pensar naquilo que eleva nossa alma a Deus e suas grandes obras. Terceiro e quarto, Paulo nos chama a tomar decisões com base no que é justo e puro, em vez do que é conveniente ou agradável. Foi essa maneira de pensar que distinguiu José de Davi em situações semelhantes; pois, quando José foi perseguido pela esposa de Potifar, ele tomou a decisão de fugir dela com base no que era certo, não no que era fácil ou instantaneamente agradável a ele (Gn 39.6-12). Davi, por outro lado, seguiu seus sentimentos e cometeu grande injustiça ao dormir com Bate-Seba e assassinar o marido dela (2Sm 11). Ser uma pessoa salva não nos imuniza da impiedade, que começa na mente e termina em ação pecaminosa. Mas pensar como uma pessoa salva sim. Quinto e sexto, devemos pensar em "tudo o que é amável" e "tudo o que é louvável" — ou, como é traduzido na Versão *King James*,[127] o que é "de boa fama". Quando pensamos dessa maneira, ouvimos relatos que edificam as pessoas, em vez de relatos que desmantelam, desapontam e destroem. Essa é uma mentalidade que promove o amor fraternal e acompanha a graça de Deus à medida que funciona em nossa vida.

Adapte seu pensamento ao padrão que Paulo fornece e certifique-se de acompanhá-lo com oração (Fp 4.6-8), e você terá muito pouco espaço para a ansiedade — aquele estado mental perturbador e destruidor de alegria que tantas vezes se arrasta em nossa vida. Em vez disso, treine sua mente para pensar os pensamentos de Deus segundo ele, e você pode experimentar uma medida maior da paz e presença dele.

SALMO 119.97-104

16 DE OUTUBRO
GUARDE SEUS LÁBIOS

*O que guarda a boca conserva a sua alma,
mas o que muito abre os lábios a si mesmo se arruína.* (Pv 13.3)

O puritano Thomas Brooks escreveu certa vez: "Conhecemos os metais pelo tilintar e os homens pela fala".[128]

Palavras raramente são neutras. Deus ouve cada palavra que falamos — nossa vida está exposta diante dele, e a Bíblia tem a incrível capacidade de sondar os recessos até mesmo daquilo que procuramos esconder de nós mesmos e dos outros.

Cada um de nós é marcado por lembranças de palavras que nos são ditas. Talvez reflitamos sobre a alegria das primeiras palavras de uma criança ou ainda sintamos a amargura das palavras dolorosas de um amigo. Desde os nossos primeiros dias, aprendemos a usar as palavras tanto para causar danos quanto para trazer alegria. O Rei Salomão estava certo: "A morte e a vida estão no poder da língua" (Pv 18.21).

Somos todos caídos. Portanto, palavras ofensivas fluem facilmente de nossa boca. Ela pode ser imprudente, como o balanço descuidado de uma espada, e desprotegida durante os momentos em que respondemos antes de ouvir. Às vezes, simplesmente falamos demais; inevitavelmente, dizemos coisas que deveríamos ter guardado para nós mesmos. As palavras podem destruir o próximo, esmagar os sentimentos de um amigo e incendiar nossos relacionamentos com os outros. Uma palavra errada pode estragar o caráter de uma pessoa, manchar uma reputação ou prejudicar a utilidade da vida de outra pessoa por muito tempo. Sabemos de tudo isso, mas como achamos difícil guardar a própria boca! Quantas vezes fechamos a boca tarde demais, só depois de a termos aberto e causado danos a nós mesmos ou aos outros.

Se fôssemos verdadeiramente honestos sobre as falhas de nossa língua, daríamos muito mais folga uns aos outros. E seríamos muito mais sérios na busca, pela capacitação de Deus, de guardar nossa própria boca e banir palavras ruinosas. Que bela demonstração de graça seria para nossos amigos, familiares e próximos! Jesus é o único homem perfeito; ele nunca pecou com suas palavras (Tg 3.2). Se procurarmos ser como ele dessa maneira, talvez encontremos mais pessoas maravilhadas com as palavras compassivas, ternas e gentis que saíram dos próprios lábios de Cristo (Lc 4.22).

Embora suas palavras e suas obras em si mesmas não alcancem nada para você diante da porta do céu, elas são evidências de que sua profissão de fé no Senhor Jesus Cristo é verdadeira. Como será para você levar a sério estas palavras: "Sejam todos prontos para ouvir, tardios para falar e tardios para irar-se" (Tg 1.19 NVI)?

TIAGO 3.2-12

17 DE OUTUBRO
NOSSO MESTRE PACIENTE

Eles, contudo, não compreendiam isto e temiam interrogá-lo. (Mc 9.32)

Eu imagino uma estudante sentada numa sala de aula, olhando para uma fórmula no quadro. Os símbolos da fórmula são completamente sem sentido para ela, mas ela tem medo de levantar a mão para fazer uma pergunta esclarecedora. Muitos de nós provavelmente já experimentamos uma situação semelhante, presos em um dilema: por um lado, temos medo de sermos expostos ou de onde a resposta nos levará se perguntarmos, mas, por outro lado, sabemos que ficaremos impossivelmente presos se não perguntarmos.

Embora os discípulos vivessem na companhia de Jesus, ouvissem regularmente seus ensinamentos, recebessem suas instruções e vissem seus feitos milagrosos, eles ainda lutavam para entender o quadro geral de seu ministério. Muitas vezes, Jesus falou claramente com eles sobre tudo o que estava à sua frente — sua traição, morte e ressurreição. No entanto, eles enfrentaram o pior dos problemas: "Eles, contudo, não compreendiam isto e temiam interrogá-lo".

Pedro, Tiago e João tinham acabado de testemunhar a transfiguração de Jesus (Mc 9.2-8). Ele era o Filho de Deus. Mas a sinceridade da crença dos discípulos em Jesus como Messias não foi acompanhada por sua compreensão do que significava para ele ser realmente o Messias. Sua percepção do Messias estava turva e incompleta, causando confusão e medo. Talvez eles não tenham pedido para Jesus explicar mais porque não queriam admitir sua ignorância; ou talvez porque não estivessem dispostos a confrontar as implicações do que ele estava lhes dizendo, tanto para si mesmo (vv. 30-31) quanto para eles (8.34-35).

Mesmo depois da morte e ressurreição de Jesus, os dois discípulos na estrada para Emaús precisavam que ele os levasse de volta a todo o panorama da Bíblia para poderem entender seu sofrimento e juntar tudo (Lc 24.26-27). Imediatamente antes de sua ascensão ao céu, os discípulos ainda não tinham certeza da natureza do Reino de Cristo. Desta vez, porém, eles pediram respostas a Jesus; e Jesus não disse: *Vocês voltaram com a mesma pergunta? Quantas vezes mais vocês vão falhar?* Em vez disso, ele graciosamente explicou que seu reino não viria pelo restabelecimento do templo em Jerusalém, mas avançaria através da obra do Espírito Santo em cada um dos discípulos (At 1.8).

Talvez você se identifique com os discípulos aqui, ache difícil entender tudo o que é ensinado na Palavra de Deus ou não tenha certeza de que realmente deseja confrontar as implicações do que começou a entender. Mas você não precisa viver assim, cheio de medo. Como é bom que Jesus seja um professor tão gentil e paciente — tão gentil e paciente com seus discípulos, tão gentil e paciente com você e comigo. E como é bom que o Espírito Santo habite dentro de você, capacitando-o a fazer tudo o que seu Senhor o chama a fazer (Ez 36.26-27; Gl 5.16). Hoje, então, se você se perceber sem sabedoria e entendimento, simplesmente peça a Deus, "que a todos dá liberalmente e nada lhes impropera" (Tg 1.5).

1 CORÍNTIOS 2.1-16

18 DE OUTUBRO

PREPARANDO-SE PARA A AÇÃO

*Portanto, estejam com a mente preparada, prontos para agir;
estejam alertas e ponham toda a esperança na graça que será dada a vocês
quando Jesus Cristo for revelado.* (1Pe 1.13 NVI)

O treinamento para se tornar um piloto envolve horas e horas de preparação intensa. Parte desse treinamento ocorre em simuladores onde a intensidade é alta o suficiente para induzir transpiração e estresse. Por que os pilotos são submetidos a um treinamento tão rigoroso? Para que eles possam aprender a tomar as decisões certas quando isso realmente importa!

Quando se trata de pureza, muitas vezes as pessoas caem em pecado porque tentam tomar decisões vitais no calor do momento. Isso não vai bastar. Se quisermos manter a pureza, precisamos fazer escolhas com antecedência e com base na Palavra de Deus.

É por isso que Pedro nos manda preparar nossa "mente [...] prontos para agir [...] [estando] alertas". A versão *King James* traduz este versículo: "Cingi os lombos da vossa mente".[129] Em outras palavras, devemos manter o controle de nossa mente — para controlar nossos processos de pensamento — a fim de podermos correr atrás do que é bom e fugir do que é mau.

Se não prepararmos nossa mente para a ação, seremos facilmente seduzíveis e propensos à tragédia. Tendemos a tomar decisões difíceis e que alteram a vida no calor do momento em que nossas emoções estão envolvidas e nossos desejos estão gritando conosco. Mas uma vida de pureza não acontece por acidente; é um ato de determinação absoluta motivado pelo Espírito de Deus, guiado por sua Palavra e capacitado por seu poder.

Precisamos nos comprometer com a pureza, como o salmista fez quando disse: "Jurei e confirmei o juramento de guardar os teus retos juízos" (Sl 119.106). Assuma seu compromisso antes que seja tarde demais.

E aqui está uma sugestão para o tipo de compromisso a ser feito: decida viver no *centro* do caminho estreito, não no limite. O jovem em Provérbios 7 que foi vítima da tentação de uma "mulher proibida" estava vivendo no limite; ele "passava pela rua junto à sua esquina, e seguia o caminho da sua casa; no crepúsculo" (Pv 7.5, 8-9 ACF). A lição da Bíblia é clara: não se coloque no lugar errado na hora errada.

Não há nada a ganhar vivendo no limite quando se trata de pureza. Assuma seu compromisso *antes* que a tentação o confronte, para que, quando o dia mau chegar, você esteja pronto para dizer: "Não, eu já tomei essa decisão". Mantenha sua vida no centro do caminho estreito e decida ficar lá. No dia em que Cristo Jesus voltar e, pela graça, seu povo estiver ao redor de seu trono, nenhum de nós dirá que a busca da santidade não valeu o esforço.

PROVÉRBIOS 7

A Bíblia em um ano: 1Sm 15–16; 2Pe 1

19 DE OUTUBRO
SILÊNCIO E SOFRIMENTO

Ouvindo, pois, três amigos de Jó todo este mal que lhe sobreviera, chegaram, cada um do seu lugar [...]. Sentaram-se com ele na terra, sete dias e sete noites; e nenhum lhe dizia palavra alguma [...]. Então, respondeu Elifaz, o temanita, e disse: Se intentar alguém falar-te, enfadar-te-ás? Quem, todavia, poderá conter as palavras? (Jó 2.11, 13; 4.1-2)

Os amigos de Jó nos mostram como responder quando alguém está passando pelas profundezas da dor e da tristeza — e depois nos mostram como não devemos agir.

Os amigos de Jó sentaram-se na primeira fila para testemunhar a profundidade de seu sofrimento e tiveram dificuldade para trazer a ele qualquer medida de conforto por suas palavras. A resposta deles foi fortemente teórica e bastante inútil.

Há um grande perigo em comentar sobre a aflição ou falar com alguém que está sofrendo se não tivermos experimentado algo semelhante ou não tivermos tempo para ouvi-lo bem e orar a Deus humildemente. Jó 16 descreve esses mesmos amigos como consoladores miseráveis — aqueles que "[poderiam] amontoar palavras" contra Jó e cujas palavras não tinham fim (16.4 A21).

Em busca de uma cura instantânea e uma resposta rápida ao sofrimento de Jó, seus amigos amontoaram as acusações. Zofar, em particular, lembrou a Jó que ele merecia algo pior do que o que estava experimentando no momento (Jó 11.4-6). Na mesma linha, Elifaz sugeriu que talvez Jó estivesse se afastando de Deus e precisasse ouvi-lo com mais atenção (22.21-23). Esses homens adotaram uma abordagem excessivamente simplista para o sofrimento de Jó — uma abordagem que feriu em vez de curar. Eles foram rápidos em sacar a arma e prontos com uma resposta a todo e qualquer lamento de Jó. Quando Elifaz perguntou, ao abrir a boca pela primeira vez: "Quem, todavia, poderá conter as palavras?", ele deveria ter respondido: "Eu!"

Jó foi mordaz sobre os meios deles de aconselhá-lo: "Vós, porém, besuntais a verdade com mentiras e vós todos sois médicos que não valem nada. Tomara vos calásseis de todo, que isso seria a vossa sabedoria!" (Jó 13.4-5). E, na verdade, seus amigos haviam feito exatamente isso — para início de conversa. Eles sentaram-se com ele por uma semana sem falar.

Na experiência do sofrimento, o silêncio na presença do sofredor é muitas vezes uma ajuda muito maior do que muitas palavras. É bem possível que Jó tivesse experimentado maior conforto e companheirismo se seus amigos tivessem mantido sua resposta inicial: juntar-se a ele no chão, sentados, sem dizer uma única palavra.

O silêncio é muitas vezes um ingrediente que falta em nossa resposta ao sofrimento. Embora decerto não seja a única resposta necessária, é muito subvalorizada. Se nos esforçarmos, sem uma agenda, para nos desconectar de todo o barulho ao nosso redor e ouvir as vozes do sofrimento, poderemos progredir muito mais nessa contemplação silenciosa do que qualquer um de nós imagina. E poderemos então ter coisas muito mais úteis a dizer, tanto no que dizemos quanto na forma como dizemos. Jó certamente pensava assim. Existe alguém a quem você poderia abençoar com sua presença silenciosa esta semana?

SALMO 42-43

20 DE OUTUBRO
PACIÊNCIA SOBRENATURAL

Exortamos vocês, irmãos, a que advirtam os ociosos, confortem os desanimados, auxiliem os fracos, sejam pacientes para com todos. (1Ts 5.14 NVI)

A paciência é uma virtude. Também é um grande desafio!

Quando o apóstolo Paulo encerrou sua primeira carta aos tessalonicenses, ele o fez com uma explosão de princípios inestimáveis. Cada um é como uma pedra preciosa em um colar, uma verdade sábia para usar em torno de nosso pescoço enquanto traçamos nosso caminho pela vida (Pv 3.3). Destaca-se entre esses princípios o mandamento de ser paciente.

No grego, Paulo usa a palavra *makrothumeo*, um termo que literalmente significa "de coração comprido" e que as Escrituras geralmente usam para descrever o caráter de Deus (por exemplo, Rm 2.4; 2Tm 1.16; Tg 5.10). A paciência não tem pavio curto com aqueles que falham. Paulo nos manda ter esse tipo divino de paciência ao lidarmos com os insubmissos, os desanimados e os fracos. Encontrar cada um desses nos dá a oportunidade de viver uma paciência piedosa.

Como ganhamos esse tipo de paciência? Não vem naturalmente! Portanto, precisamos, primeiro, olhar para Deus. Temos um Deus que é "compassivo e bondoso; tardio em irar-se [*makrothumeo*] e rico em bondade" (Sl 103.8). Ele olha para nosso coração rebelde e ainda assim nos perdoa. Ele olha para nossos repetidos fracassos e, no entanto, não desiste de nós. Ele olha para nossas dúvidas e ansiedades e, não obstante, é gentil conosco. Somos chamados a espelhar essa paciência. E então precisamos, em segundo lugar, pedir ajuda a Deus. Essa paciência sobrenatural é algo que somente Deus, por seu Espírito, pode produzir em nossa vida. Paulo, por exemplo, orou para que os colossenses fossem "fortalecidos com todo o vigor, segundo o poder da sua glória, para que, com alegria, tenhais toda perseverança e paciência" (Cl 1.11 A21). Cada um de nós precisa de alguém para fazer essa oração em nosso favor, bem como precisamos orar por nós mesmos. Cada um de nós deveria estar fazendo o mesmo pelos outros, porque é uma oração que Deus está ansioso para responder. Quando o poder de Deus é liberado em nossa vida, podemos suportar quando sentimos vontade de desistir, e assim podemos estender a paciência quando sentimos vontade de perdê-la.

Como você responderá aos incômodos da vida cotidiana — enquanto espera na fila do drive-thru ou no sinal verde, quando o carro à sua frente não se mover? Como você responderá aos seus irmãos e irmãs insubmissos, desanimados ou fracos? Nessas situações e com essas pessoas, faça do seu lema simplesmente a *paciência*. As pessoas ao seu redor não ficarão particularmente impressionadas com seu conhecimento teológico, mas com certeza notarão sua impaciência, a qual comunica que você acha que seu tempo e interesses são mais importantes do que os delas. Porém, inversamente, elas notarão sua paciência, comunicando-lhes que você está valorizando os interesses e o bem-estar dos outros acima dos seus (Fp 2.3) — assim como seu Pai celestial faz.

Sem dúvida, você terá oportunidades hoje de mostrar paciência divina quando for tentado a demonstrar impaciência humana. Nesses momentos, reconheça a imensidão da paciência de Deus para com você, e certamente crescerá em sua paciência para com os outros.

COLOSSENSES 1.9-12

A Bíblia em um ano: 1Sm 19–21; 2Pe 3

21 DE OUTUBRO
APROVADO POR DEUS

*Procure apresentar-se a Deus aprovado,
como obreiro que não tem de que se envergonhar.* (2Tm 2.15)

Você está vivendo pelo louvor de quem?
Por natureza, desejamos a aprovação dos outros. Porém, como crentes, a aprovação que devemos desejar acima de tudo é a aprovação do próprio Deus. Vale a pena fazer uma pausa para considerar a incrível verdade de que, hoje, o que fazemos pode trazer prazer ao Deus que sustenta o universo (1Ts 4.1), e que, um dia, ele saudará aqueles que viveram tudo para ele com as palavras maravilhosas: "Muito bem, servo bom e fiel" (Mt 25.21, 23). Imagine ouvir essas palavras, dirigidas a você, dos lábios divinos!

Como, então, devemos viver "como alguém aprovado" por Deus — como "um obreiro que não tem de que se envergonhar"?

Em primeiro lugar, devemos nos determinar a manter a fé até o fim. Paulo, fazendo a curva em sua última volta, declarou a Timóteo: "Combati o bom combate, completei a carreira, guardei a fé" (2Tm 4.7). A vida de Paulo não foi caracterizada por pequenas explosões de entusiasmo seguidas por períodos de inércia crônica. Ele entendeu que a corrida da fé era uma maratona ao longo da vida até o fim.

Não queremos ser conhecidos por breves ímpetos de vez em quando. Especialmente devemos evitar ser aqueles que só fazem a obra de Deus quando outros cristãos estão nos observando. Em vez disso, queremos correr duro todos os dias, lembrando que os olhos de Deus estão sempre sobre nós.

À medida que avançamos na fé, podemos lembrar que nos foi prometida uma "coroa de justiça" que foi "guardada" para nós, "a qual o Senhor, reto juiz, [nos] dará naquele Dia" (2Tm 4.8). E devemos lembrar que não corremos com nossas próprias forças. Em vez disso, devemos ter toda a confiança de que "aquele que começou boa obra em [nós] há de completá-la até ao Dia de Cristo Jesus" (Fp 1.6). Deus promete nunca nos deixar ou nos abandonar ao longo do caminho (Hb 13.5). Se a linha de chegada parece muito distante, somos chamados a não nos concentrar na fita, mas a olhar para Jesus, mantendo os olhos fixos no "Autor e Consumador da [nossa] fé" (Hb 12.2).

Nunca subestime o impacto de uma única vida vivida para a glória de Deus. Considere a perspectiva de estar diante de seu Pai celestial como um obreiro aprovado, e você chegará ao lugar onde diz com humildade: "Senhor, quero fazer o meu melhor para conhecer a tua aprovação em minha vida. 'Eu sou apenas um, mas sou um. O que eu posso fazer, devo fazê-lo. E o que devo fazer, pela graça de Deus o farei.'"[130]

MATEUS 25.14-46

22 DE OUTUBRO

TODAS AS RESPOSTAS DE QUE PRECISAMOS

> *Enquanto Paulo os esperava em Atenas, o seu espírito se revoltava em face da idolatria dominante na cidade. Por isso, dissertava na sinagoga entre os judeus e os gentios piedosos; também na praça, todos os dias, entre os que se encontravam ali. E alguns dos filósofos epicureus e estoicos contendiam com ele.* (At 17.16-18)

Ao se dirigir aos intelectuais de sua época na cidade de Atenas, Paulo descobriu que seus ouvintes haviam sido influenciados por duas ideias fundamentais: o estoicismo e o epicurismo. O estoicismo sustenta que os eventos do mundo são determinados por um destino impiedoso, frio e impessoal, enquanto o epicurismo ensina que o bem é determinado pelo que traz mais prazer. Nenhuma dessas filosofias se sustenta para os filhos do Deus Todo-Poderoso.

Uma das características mais distintivas do cristianismo é a maneira pela qual somos capazes de articular nossa visão do mundo. Em contraste com grande parte da cultura ao nosso redor, sabemos que nosso tempo está nas mãos de Deus (Sl 31.15) — não estamos presos nas garras de forças cegas nem jogados em um oceano de chances. Se as pessoas foram atraídas pelo marxismo, hinduísmo, niilismo ou qualquer uma das inúmeras outras filosofias e religiões, todas elas enfrentam questões e inseguranças em relação às suas crenças. Elas foram pegas em uma luta por uma sociedade sem classes ou num ciclo interminável de nascimento e morte? Talvez estejam convencidas de que a vida não tem sentido algum. Não importa quais sejam as perguntas ou crenças de alguém, Deus fornece todas as respostas de que precisam. Em vez de viver a vida enjaulados por um destino sem sentido e indiferente ou por uma incerteza sem fim, como crentes agora vivemos com uma esperança infalível. Nós, como Paulo, somos agora mordomos de todas as respostas que Deus nos deu por meio de sua Palavra — respostas que devemos compartilhar com todo o mundo. Ele nos deu uma grande confiança, e seu nome é Jesus.

A questão, portanto, não é se temos uma mensagem que possa responder aos anseios mais profundos de cada ser humano e às várias objeções de todas as outras filosofias e religiões: nós temos. A questão é se vamos compartilhar essa mensagem. Quando Paulo estava em Atenas, ele viu o que os outros não viram. Ele não desfrutou dos locais impressionantes nem ficou admirado com a reputação intelectual da cidade. Ele viu uma cidade perdida em adoração de ídolos, e "seu espírito se revoltava"; pois, cada vez que um ídolo é adorado, furta-se do Senhor Jesus a glória que só ele merece. E "por isso", sem levar em conta sua própria reputação, Paulo raciocinou e proclamou o Evangelho da esperança da ressurreição aos habitantes daquela cidade (At 17.18).

Onde quer que você viva, de uma forma ou de outra, você se encontra em uma Atenas moderna. Quais são os ídolos que aqueles ao seu redor estão adorando? Seu espírito se revolta por isso? Você tem uma resposta que satisfaz o desejo humano de uma forma que nenhum ídolo pode. Você tem a oportunidade de trazer glória a Deus. Com quem você pode argumentar hoje, dizendo: "Consegue ver que o que você está adorando não o satisfaz? Posso avisá-lo de que você está ignorando o Deus que traz significado e esperança, mas que não será escarnecido? Posso falar sobre as respostas que encontrei ao conhecer Jesus Cristo?"

1 TESSALONICENSES 1.1-10

23 DE OUTUBRO
O NOVO E MELHOR ADÃO

Porque, como, pela desobediência de um só homem,
muitos se tornaram pecadores, assim também, por meio da obediência de um só,
muitos se tornarão justos. (Rm 5.19)

Adão, o primeiro homem, foi feito à imagem de Deus. O Senhor deu a Adão um papel único em toda a Criação, mas ele não conseguiu cumpri-lo e foi expulso do Éden. Deus então fez um novo começo com os israelitas; eles foram chamados para ser seu povo. Eles mostravam o caráter do Senhor conforme e quando obedeciam à sua Lei. Como Adão, porém, os israelitas falharam em seu papel e foram enviados para o exílio.

Gloriosamente, quando chegamos ao Novo Testamento, descobrimos que, onde Adão e Israel falharam, Jesus teve sucesso. Jesus é o que o povo de Deus deveria ser: o novo e melhor Adão, o verdadeiro Israel. Ele é descendente de Adão e se identifica com a raça de Adão. Ele se identifica conosco completamente, mas, ao contrário de Adão, Jesus foi tentado e não pecou (Hb 4.15).

O que temos no Senhor Jesus é o único ser humano que já obedeceu a Deus perfeitamente, o único com quem Deus está sempre satisfeito. Ele guardou cada letra da Lei. Portanto, Jesus é a única pessoa que viveu que não merece ser banida da presença de Deus. Mas ele *foi* banido. Na cruz, ele enfrentou de bom grado o castigo que os pecadores merecem — pecadores que estão ligados ao pecado de Adão.

Toda a humanidade encontra sua herança em Adão, tanto por natureza quanto por descendência. Nascemos em pecado e nos unimos a Adão em nossa rebelião contra Deus. Não há exceção. A única resposta à situação da humanidade é que homens e mulheres sejam apresentados à única pessoa que guardou a Lei perfeitamente e que não merecia ser banida de Deus, mas foi obediente até a morte na cruz para que os pecadores possam, pela graça através da fé, receber tudo o que ele merece em vez de suportar tudo o que Adão merecia.

Essa verdade está no centro de tudo. Para os crentes, tudo o que antes era verdade sobre nós encontrou sua raiz naquele único ato de Adão, enquanto tudo o que é verdade sobre nós agora é resultado da obediência de Cristo.

Se você não tem segurança, talvez seja culpado de tentar examinar sua própria vida espiritual para ver se está fazendo o suficiente. Mas você não é salvo por nada feito por si mesmo. Como o escritor do hino nos lembra, somos salvos por uma obra feita por nós:

Porque o Salvador sem pecado morreu,
Minha alma pecaminosa é considerada livre,
Pois Deus, o justo, está satisfeito
Em olhar para ele e me perdoar.[131]

ROMANOS 5.6-21

24 DE OUTUBRO
CANÇÕES DE LIVRAMENTO

*Tu és o meu esconderijo; tu me preservas da tribulação
e me cercas de alegres cantos de livramento.* (Sl 32.7)

Se você assistir a filmes antigos de Robin Hood ou Rei Arthur em preto e branco, verá rainhas que vão pelos campos de batalha a cavalo. Elas não vão sozinhas em suas jornadas, mas soldados montados cavalgam ao redor delas, cercando-as com proteção.

Em dias difíceis, podemos nos lembrar de que Deus "aos seus anjos dará ordens a [nosso] respeito, para que [nos] guardem em todos os [nossos] caminhos" (Sl 91.11), e que ele nos cercou com um grupo de outras pessoas que estão seguindo a bandeira de Cristo — a saber, nossa igreja. A vida cristã deve ser uma jornada corporativa, não individualista. Temos o benefício de nos unirmos pela causa de Cristo. Devemos nos cercar daqueles que fornecem "cantos [ou "canções", NVI] de livramento". Quando adoramos juntos, experimentamos os benefícios do livramento que Deus nos provê.

Quando estamos desorientados pela vida ou conscientes de nossas falhas, fracassos, desânimos e dúvidas, o antídoto não é tentarmos nos levantar com nossas próprias forças. Em vez disso, podemos olhar para as maravilhas do que Jesus fez e ter certeza de que estamos ouvindo de irmãos e irmãs em Cristo o que Jesus fez. Com a ajuda de um simples hinário ao lado da Palavra de Deus, podemos encorajar uns aos outros durante os dias mais sombrios, enchendo nossa mente com a verdade através da música e da Escritura.

Alec Motyer escreveu certa vez: "Quando a verdade entra em um credo ou livro de hinos, ela se torna a posse confiante de toda a igreja".[132] Com palavras profundamente enraizadas na teologia, podemos diariamente dizer a nós mesmos: "Ele é tudo de que preciso para passar por isso". Então, na companhia do povo de Deus, podemos adorar juntos, pedindo ao nosso Senhor graça e paz. Uma igreja viva sempre será uma igreja que canta.

Você não foi feito para adorar em uma ilha. Isto faz parte da adoração comunitária: estar cercado por canções de livramento. Você está ligado pelo seu Criador para estar na assembleia daqueles que afirmam a você, como você afirma a eles, palavras memoráveis como estas:

*Cante, oh, cante sobre o meu Redentor!
Com seu sangue ele me comprou;
Na cruz ele selou meu perdão,
Pagou a dívida e me libertou.*[133]

SALMO 147

25 DE OUTUBRO

UM ESPINHO NA CARNE

E, para que não me ensoberbecesse com a grandeza das revelações, foi-me posto um espinho na carne, mensageiro de Satanás, para me esbofetear, a fim de que não me exalte. (2Co 12.7)

Se você reunir muitos músicos talentosos que estão interessados apenas em suas partes individuais, você não terá uma orquestra. O que você produzirá é meramente um ruído discordante: uma afronta ao ouvido atento. No entanto, quando esse dom é exercido em altruísmo e humildade, sob a liderança de um maestro e a regra de uma partitura, você obtém uma música bonita e harmoniosa.

Assim como o desejo de um músico pela grandeza individual é a sentença de morte da utilidade orquestral, o mesmo acontece com nossa fé cristã. Um dom espiritual nunca deve ser motivo de orgulho — porque, afinal, é um dom! No entanto, muitas vezes somos tentados a tomar os dons dados por Deus e atribuí-los a nós mesmos como se os tivéssemos desenvolvido ou os merecêssemos, ou usá-los para nós mesmos como se fossem nossos. Isso nos coloca em extremo perigo de alimentar ideias exageradas sobre nossa própria importância — e aqueles com os dons mais significativos geralmente correm o maior perigo.

O próprio Paulo teve de enfrentar essa tentação. Ele era particularmente brilhante, tinha uma educação excelente, vinha do melhor tipo de formação e era influente para muitas vidas (veja Fp 3.4-6).

Ao enfrentar os falsos apóstolos da época, que estavam fazendo afirmações elaboradas sobre seu conhecimento de Deus, Paulo descreveu honestamente ter tido visões extraordinárias (2Co 12.2-4). Ele era um alvo principal para um ego inflado. O que o protegia disso? Um espinho em sua carne. Ele não especifica exatamente o que era e, portanto, seria sensato não especular. O que importa não é o que era, mas o que isso realizou; pois Paulo reconheceu que esse espinho na carne era um lembrete humilhante de Deus de sua fraqueza inerente, dado para que ele não se vangloriasse de sua própria importância e para que continuasse a confiar em Deus.

Como os falsos mestres a quem Paulo se dirigiu, muitas vezes somos tentados a permitir que nossa influência e aparente sucesso, sejam estes grandes ou pequenos, sirvam como o meio pelo qual julgamos nosso valor. No fim das contas, porém, tais assuntos temporários serão expostos como temporários e desaparecerão.

Na providência e bondade de Deus, o "espinho" de Paulo nos ajuda a entender nossas próprias dificuldades, como doença, dificuldade financeira, desafios relacionais, o esforço de criar filhos e até mesmo a luta contínua contra o pecado. Deus sabe o que está fazendo quando permite esses elementos necessários, desconfortáveis e implacáveis em nossa vida. Melhor ser um crente humilde assediado por espinhos do que ser orgulhoso e autoconfiante, não atormentado por nada, porém deixando de ser crente. Precisamos conhecer nossa própria fraqueza para continuar a confiar na graça de Deus para nossa salvação eterna e no poder de Deus para nossa vida diária. A questão, portanto, não é se os espinhos virão até você, mas se você permitirá que Deus use seus "espinhos" para lembrá-lo de que somente ele é a fonte de seus dons e aquele que o torna espiritualmente útil.

2 CORÍNTIOS 11.30–12.10

26 DE OUTUBRO
TEOLOGIA QUE SUSTÉM

Disse José a seus irmãos: Eu morro; porém Deus certamente vos visitará e vos fará subir desta terra para a terra que jurou dar a Abraão, a Isaque e a Jacó. [...] Morreu José da idade de cento e dez anos. (Gn 50.24, 26)

O fato de que a Bíblia está cheia de relatos da morte de indivíduos deve fazer com que cada um de nós enfrente a realidade de nossa própria morte final. Todos os nossos dias são limitados. Deus não escolheu nos informar da data de nossa morte, mas o salmista nos diz que todos os dias de nossa vida foram escritos no livro de Deus antes que qualquer um deles acontecesse (Sl 139.16). José viveu até os 110 anos de idade, mas, ainda assim, como todos nós, ele teve de aceitar sua mortalidade.

José entendeu e aceitou sua morte. Não havia raiva contra o apagar da luz, para usar as palavras do poeta Dylan Thomas,[134] mas sim o que nossos antepassados puritanos teriam chamado de "boa morte". O que é que nos permite morrer bem? Uma teologia forte — uma forte compreensão de quem Deus era e é. No final, José fortaleceu sua fé ao trazer à mente evidências do cuidado providencial de Deus ao longo da vida para com ele e suas promessas ao seu povo. Por causa de sua fé na bondade de Deus, ele poderia enfrentar a morte diretamente. Ele não estava assustado ou egoísta; ele não se agarrava a sombras ou a esperanças vãs. Em vez disso, suas palavras foram breves, focadas em sua família e em Deus. Tal resposta só pode vir de uma visão do mundo moldada pelo caráter e propósito divinos.

Cremos, como José, que Deus libertará o seu povo? Podemos enxergar evidências dessa crença em nossa própria vida? Já olhamos para a fidelidade de Deus e descobrimos que, independentemente da angústia ou da miséria pelas quais passamos, podemos dizer com o salmista: "De Deus dependem a minha salvação e a minha glória; estão em Deus a minha forte rocha e o meu refúgio" (Sl 62.7)?

É a boa teologia, não os sentimentos, que nos sustentará na vida e nos consolará enquanto lutamos com a morte. Quando os dias difíceis chegam, é então que nos apegamos ao que sabemos ser verdade. De José e sua vida, podemos aprender esta incrível verdade: o Deus que nos uniu ordenou todos os nossos passos, em todos os nossos dias, e ele tece nossa vida na grande história do cumprimento soberano de suas promessas a seu povo. Com fé neste Deus, podemos enfrentar a morte cantando:

Com misericórdia e com julgamento
Minha teia de tempo ele teceu;
E, sim, o orvalho da tristeza
Foi seduzido por seu amor;
Bendirei a mão que guiou,
Bendirei o coração que planejou,
Quando entronizado onde a glória habita
Na terra de Emanuel.[135]

SALMO 62

27 DE OUTUBRO
RECEBIDO POR JESUS

Deixai vir a mim os pequeninos, não os embaraceis, porque dos tais é o reino de Deus. Em verdade vos digo: Quem não receber o reino de Deus como uma criança de maneira nenhuma entrará nele. Então, tomando-as nos braços e impondo-lhes as mãos, as abençoava. (Mc 10.14-16)

No século XXI, quando pensamos em crianças, tendemos a nos concentrar em suas qualidades subjetivas; elas são bonitinhas e fofinhas, e às vezes pensamos erroneamente que são perfeitas e o centro do universo. Tais visões contemporâneas das crianças na verdade impedem nossa capacidade de entender o que Jesus quis dizer quando afirmou: "Deixai vir a mim os pequeninos".

São as características objetivas das crianças que estão verdadeiramente no centro da ilustração de Jesus. As crianças não votam. Elas não têm carteira de motorista. Os adultos não costumam pedir que tomem decisões sobre eventos significativos em suas próprias vidas ou na vida de suas famílias. Em sua infância, elas são totalmente dependentes de outra pessoa. Falando sem rodeios, as crianças são pequenas e indefesas, sem muita reivindicação ou mérito aparente.

Não é uma maravilha, então, que as crianças sejam tão calorosamente recebidas por Jesus? Todavia, embora seja decerto maravilhoso, não devemos nos surpreender quando consideramos a frequência com que Deus usa os mansos e humildes de maneiras poderosas. Não podemos esperar entrar no céu por causa de nosso próprio mérito ou valor. Em vez disso, o Reino de Deus pertence a pessoas carentes, solitárias e desamparadas, que não têm direito ou mérito próprio — pessoas como crianças.

Ao chegarmos a um acordo com o que significa ser como uma criança, começamos a ver que nossa entrada no reino só pode vir depois de aceitarmos nosso próprio estado indefeso e dependente. Viemos a Cristo não com as mãos cheias de nossas próprias habilidades ou realizações, mas com as mãos vazias, prontas para receber. E, notavelmente, o Evangelho nos diz que devemos olhar para o próprio Deus, que se encarnou como um bebê indefeso. É justo, então, que a entrada em seu reino seja desfrutada por aqueles que seguem seu humilde exemplo.

O acolhimento de Jesus às crianças nesses versículos nivela nosso orgulho e nos levanta em nossa fraqueza. Talvez você considere seu trabalho louvável ou sua posição digna de nota, e se veja desejando ser um benfeitor e não um beneficiário. Ou talvez você saiba que os outros pensam muito pouco de você (ou você pensa pouco de si mesmo) e fica surpreso que Deus queira lhe dar qualquer coisa, e muito mais que ele esteja ansioso para passar a eternidade ao seu lado. Não importa qual seja seu caráter ou suas circunstâncias, venha a Jesus todos os dias em confiança infantil, ciente de sua fraqueza e desamparo. Este, e somente este, é o caminho para o Reino de Deus e o caminho para desfrutar da bênção da proximidade com ele.

LUCAS 11.1-13

28 DE OUTUBRO

ACAUTELAI-VOS!

*Acautelai-vos dos cães! Acautelai-vos dos maus obreiros!
Acautelai-vos da falsa circuncisão! Porque nós é que somos a circuncisão.* (Fp 3.2-3)

Em todos os escritos do apóstolo Paulo, talvez não haja lugar onde ele tenha feito uma declaração mais explícita do que neste versículo. Referir-se aos falsos mestres de sua época como "cães" era ainda mais audacioso e conflituoso do que é hoje. Mas Paulo não estava usando essa linguagem apenas para efeito; ele estava gravemente preocupado porque havia pessoas perigosas participando da igreja de Filipos.

Cultos e falsos mestres são quase sempre sem alegria, e esses homens maus em Filipos não eram diferentes. Eles eram o oposto do que afirmavam ser, insistindo que a Lei cerimonial do Antigo Testamento era uma qualificação necessária para o verdadeiro cristianismo. Eles se dirigiram aos crentes filipenses, que haviam descoberto a alegria no Senhor, perguntando, em essência: *Você é realmente um verdadeiro cristão se não prestar muita atenção ao rito externo da circuncisão?* Este aviso de Paulo para "se acautelarem" foi feito para lembrar à jovem igreja que um cristianismo "aumentado" na verdade distorce o verdadeiro Evangelho. Acrescentar ao Evangelho sempre subtrai sua alegria e até a salvação.

Portanto, quando lemos a palavra "cães" neste versículo, não devemos pensar em um animal de estimação amigável. Paulo não estava se referindo a um golden retriever. Pense em um carniceiro, um vira-lata doente que anda ao redor de latas de lixo e pode machucá-lo muito com uma mordida. Paulo enfatizou que esses homens, ao insistir que as pessoas deviam atender aos requisitos da Lei para serem qualificadas para a graça, eram igualmente perigosos. Eles estavam desviando a atenção de Cristo, diluindo a suficiência de sua morte, ressurreição e ascensão.

Paulo constantemente advertia sobre as trágicas consequências do falso ensino — e, visto que amava o povo da igreja de Filipos, descrevendo-os como sua "alegria e coroa" (Fp 4.1), ele se opunha a qualquer pessoa e qualquer coisa que os desviasse do único caminho para a glória. Ele desejava que permanecessem vigilantes.

Nós também poderíamos facilmente esquecer que as Boas Novas não são uma mensagem de "Faça o seu melhor e seja bom o suficiente!", mas sim "O seu melhor nunca é suficiente — porém Jesus é".

Aqui estão as Boas Novas, afinal: pela fé somente em Cristo, somos a verdadeira "circuncisão" — isto é, aqueles que foram separados como o verdadeiro povo de Deus, não porque tivemos alguma carne removida, mas porque Cristo foi removido por nós. Em cada geração, há sempre aqueles que desejam insistir nas características externas da fé e — implícita ou explicitamente — tornar tais observâncias necessárias para a salvação. Mas nenhum ritual externo ou desempenho religioso pode salvar. Não coloque sua confiança em sua carne — em sua frequência à igreja, sua leitura diária da Bíblia, seu desempenho como cônjuge, pai, obreiro, evangelista ou qualquer outra coisa. Coloque tudo em Cristo. Ele, e somente ele, é suficiente.

GÁLATAS 2.11-21

29 DE OUTUBRO

ESTENDENDO A BONDADE DE DEUS

> Rute contou a sua sogra onde havia trabalhado e disse:
> O nome do senhor, em cujo campo trabalhei, é Boaz. Então, Noemi disse a sua nora:
> Bendito seja ele do Senhor, que ainda não tem deixado a sua benevolência
> nem para com os vivos nem para com os mortos. (Rt 2.19-20)

Hoje, você pode tornar visível o Deus invisível.

Quando Rute partiu para os campos para colher, ela nunca poderia saber quão maravilhosa seria a provisão de Deus. Ela já havia se refugiado em Deus, mas através de Boaz descobriu que o Senhor era capaz de fazer muito mais abundantemente do que tudo o que ela poderia ter pedido ou pensado.

Quando Deus estabeleceu sua aliança com Israel, ele revelou sua própria bondade como alguém que "faz justiça ao órfão e à viúva e ama o estrangeiro, dando-lhe pão e vestes" (Dt 10.18). Ele deu sua Lei ao seu povo não para torná-los legalistas, mas para que exibissem seu caráter e trouxessem glória ao seu nome por meio da obediência. Parte dessa Lei criou uma estrutura para suprir a necessidade daqueles em circunstâncias difíceis.

Quando Boaz obedeceu às instruções da Lei, estendendo seu convite a Rute para vir e comer (Rt 2.14), ele o fez graciosamente. Ele havia recebido a bondade de Deus e percebeu que poderia, por sua vez, compartilhá-la com os outros. Ele colocou literalmente as mãos e os pés para obedecer aos mandamentos de Deus — e Rute descobriu ainda mais do coração de Deus como resultado. Além disso, a graciosidade de Boaz foi combinada com generosidade: ele não apenas convidou Rute para um banquete, mas também lhe ofereceu um lugar entre seus ceifeiros. Ele a encorajou a comer o suficiente. Ele permitiu que ela tirasse os melhores grãos, não apenas as sobras. Apesar de suas diferenças sociais e raciais, ele não a alienou nem a manteve à distância. Muito pelo contrário: Boaz foi além do que a Lei de Deus havia estabelecido.

Este é apenas um vislumbre das boas-vindas que Deus nos dá por meio de Cristo ao nos convidar para sua mesa celestial. E esta é a oferta que todos nós, como cristãos, devemos personificar. Se alguém — seja viúvo, pobre, ferido ou amargo — entra em uma reunião da igreja ou em um lar cristão, deve haver um senso de aceitação fiel por causa de como o povo de Deus personifica seu cuidado pactual.

No final do dia, Rute ficou impressionada com o favor que Boaz continuava estendendo. Quando ela voltou para casa com sua provisão abundante, Noemi se alegrou com a generosidade, descrevendo-a com a palavra *checed* — a bondade amorosa contínua e a provisão misericordiosa de Deus. A *checed* de Boaz fez com que os corações de Rute e Noemi adorassem o Deus que é abundante em *checed* (Êx 34.6-7).

A bondade de Boaz transbordou da bondade graciosa, generosa e contínua que havia recebido de Deus. Como companheiros que recebem o cuidado do Senhor, quando estendemos essa bondade aos outros, eles também podem vir a conhecê-lo. O Deus invisível se torna visível para todas as gerações por meio da compaixão de seu povo. A quem você vai oferecer gentileza graciosa, generosa e inesperada hoje?

RUTE 2.14-23

30 DE OUTUBRO

O CONSOLO DA PROVIDÊNCIA DE DEUS

Disse-lhe Noemi, sua sogra: Minha filha, não hei de eu buscar-te um lar, para que sejas feliz? Ora, pois, não é Boaz, na companhia de cujas servas estiveste, um dos nossos parentes? Eis que esta noite alimpará a cevada na eira. Banha-te, e unge-te, e põe os teus melhores vestidos, e desce à eira. (Rt 3.1-3)

Deus é soberano; portanto, podemos fazer escolhas ousadas.
Como qualquer figura carinhosa faria, Noemi queria que sua nora viúva Rute se estabelecesse e que cuidassem dela. Então ela pediu a Rute que fosse a Boaz para pedir que ele assumisse o papel de provedor ao se casar com ela.

Claro, devemos ter cuidado para não lermos muitas noções contemporâneas nesta história do Antigo Testamento, uma vez que essa época tinha seu próprio conjunto de costumes. No entanto, também devemos lembrar que essa era a vida real de pessoas reais em uma aldeia real do Oriente Médio, as quais encontraram um Deus real e entregaram suas vidas sem reservas a ele. Assim sendo, existem verdades eternas a aprender. Primeiramente, podemos aprender que, embora a providência de Deus governe nossa vida, ela não limita nossa liberdade de tomar decisões. A soberania suprema de Deus não impediu o raciocínio de Noemi ou a resposta de Rute. O Senhor era soberano sobre tudo isso, mas não à custa de suas escolhas.

A história de Rute também é um lembrete de que, mesmo quando os erros alteram nossa vida, Deus os redime para nosso bem final e sua glória. O marido de Noemi não deveria ter mudado sua família da terra prometida para a terra de Moabe, os inimigos do povo de Deus; e seus filhos não deveriam ter se casado com mulheres moabitas, uma vez que a Lei de Deus proibia o casamento com outras religiões. No entanto, essas escolhas erradas levaram Rute a Noemi, a Deus e à linha da história da Redenção como ancestral de Jesus (Mt 1.1-6). Tal Redenção não é uma desculpa para nossa rebelião intencional, mas é uma garantia constante de que não precisamos nos desesperar por causa dos erros do passado.

Da mesma forma, a soberania de Deus ao tecer seu plano de Redenção, primeiro ao trazer seu Filho ao mundo e depois ao chamar seu povo à fé nele, é uma garantia constante à medida que enfrentamos decisões e consideramos este ou aquele curso de ação. Confiamos em Deus por meio de ações cheias de fé. Noemi não ficou apenas sentada em sua casa esperando que Deus agisse, dizendo: *Seja o que Deus quiser*. Não; ela agiu encorajando Rute a dar o próximo passo no que parecia estar se desdobrando.

Confiar na providência de Deus não significa que nos sentamos e esperamos que o plano se desdobre, cantando *Que será, será* — o que quer que seja, será —, pois "o futuro não é nosso para que vejamos".[136] Em vez disso, devemos citar as palavras de Jesus: "Não se faça a minha vontade, e sim a tua" (Lc 22.42). Depois que Jesus fez essa oração, ele passou a vivê-la em perfeita obediência, até a morte.

O caminho da vida pode ter muitas reviravoltas, mas a Palavra de Deus promete que "todas as coisas cooperam para o bem daqueles que amam a Deus, daqueles que são chamados segundo o seu propósito" (Rm 8.28). Tenha bom ânimo nesta promessa. Você está enfrentando uma decisão? Você está se perguntando qual caminho seguir? Deus é soberano e Deus salva. O que quer que você decida, viva com ousadia e livremente dentro do consolo da providência de Deus.

ATOS 16.6-15

A Bíblia em um ano: 1Sm 14–15; 1Jo 4

31 DE OUTUBRO
FORA DA SALA DE ESPERA

Chegou [Rute] de mansinho, e lhe descobriu os pés, e se deitou.
Sucedeu que, pela meia-noite, assustando-se o homem, sentou-se;
e eis que uma mulher estava deitada a seus pés. (Rt 3.7-8)

A vida cristã não é vivida numa zona de conforto.

Em Rute 3, encontramos Rute correndo um grande risco ao se aproximar de Boaz para solicitar que ele cuidasse dela como sua esposa. Ela, uma mulher solteira, foi no meio da noite a um celeiro cheio de homens depois que eles terminaram de celebrar a colheita completa. Assim que Boaz adormeceu, ela foi até ele coberta pela escuridão e descobriu seus pés. Se ela tivesse cometido um erro ou tivesse sido descoberta, não há como dizer o que esses homens teriam feito com ela ou o que as pessoas poderiam ter dito sobre seus motivos.

Esses eventos parecem estranhos aos nossos olhos do século XXI, mas as ações incomuns de Rute demonstram uma confiança sincera no cuidado e proteção de Deus. Deus havia estabelecido em sua Lei que Boaz poderia agir como um parente resgatador — um protetor e provedor — para Rute. Deus havia conduzido providencialmente Rute ao campo de Boaz, onde ele havia estendido o favor a ela. Sua história nos mostra repetidas vezes como Deus providencialmente governa todas as circunstâncias imprevisíveis para sua glória e o bem-estar de seu povo.

Como Rute, às vezes enfrentamos ocasiões na vida em que não podemos ver muito além do nosso próximo passo. Muitos de nós somos tentados a permanecer na sala de espera até que todos os detalhes estejam aparentemente claros e conhecidos. Queremos nos sentir seguros e no controle. No entanto, se insistirmos em nunca nos movermos até que nos sintamos assim, nossa vida falará pouco de progresso espiritual e testemunhará pouco da obra milagrosa de Deus. O medo de ir na direção errada não nos leva a lugar nenhum.

Quando não podemos ver além de nosso próximo passo ou quando surgem momentos de incerteza na vida — e eles *virão*! —, temos de confiar em Deus e agir com base na verdade de sua Palavra e confiar na orientação de seu Espírito. O plano de Rute não era seguro e certo, mas ela prosseguiu porque confiava em Deus, que lhe havia provado sua fidelidade repetidas vezes.

Você precisa começar a pensar assim? Você precisa olhar além das fronteiras da sua zona de conforto para aquilo a que Deus pode estar chamando você? Se Rute foi motivada pela confiança e obediência, pelo que você está motivado? O que há em sua vida neste exato momento que fala de fé? Pode haver uma decisão a tomar, um lugar para ir, um empreendimento a realizar ou uma conversa cujas implicações você não conhece por completo, e tudo o que você pode dizer é: "Não tenho ideia de como isso vai acontecer, mas é o que Deus está me chamando a fazer". Nessas situações, a Palavra de Deus chama você a usar a sabedoria e depois prosseguir com fé, passo a passo, confiando naquele que morreu por você e que promete estar "convosco todos os dias até à consumação do século" (Mt 28.20). Confie sua vida não à segurança de sua zona de conforto, mas à orientação da mão providencial do Senhor.

RUTE 3

1º DE NOVEMBRO

O PARENTE RESGATADOR

Sou Rute, tua serva; estende a tua capa sobre a tua serva, porque tu és resgatador. (Rt 3.9)

Aqui está uma verdade que faz toda a diferença: você tem um parente resgatador.

O segundo capítulo de Rute termina com Noemi revelando que Boaz é um parente distante e "um dentre os nossos resgatadores" (Rt 2.20). Muito antes da história de Rute acontecer, Deus estabeleceu práticas que afetariam não apenas ela, mas também o povo de Israel e todo o seu povo ao longo da história redentora.

As duas velhas práticas do Antigo Testamento que precisamos entender para reconhecer o contexto e a alegria desta história são o levirato e o *goel*. O processo do levirato regulava os costumes israelitas de novo casamento para que, se um homem morresse, seu nome e linhagem familiar não morressem com ele nem ficassem vulneráveis aos caprichos de outras pessoas (Dt 25.5-10). *Goel*, por sua vez, é um verbo hebraico que significa "recuperar ou resgatar" e é frequentemente (e melhor) traduzido como "parente resgatador". A Lei de Moisés estabelece essa responsabilidade em Levítico 25, onde prevê um parente que pode cuidar e prover para um membro da família menos afortunado sob certas circunstâncias. O parente resgatador tinha a responsabilidade de fazer tudo o que fosse necessário para proteger a terra e apoiar seu parente.

Boaz voluntariamente manteve ambos os costumes, provendo para Noemi e Rute e cuidando delas em sua vulnerabilidade e necessidade. Boaz não foi apenas um dos ancestrais de Jesus, mas nisso ele prenunciou a vinda de Cristo como nosso próprio Parente Resgatador.

Assim como Rute se lançou aos pés de Boaz, desesperadamente necessitada e dependente de seus cuidados, nós nos lançamos aos pés de Cristo, buscando sua misericórdia. E, como Boaz lidou com Rute, assim Cristo lida com todo pecador que vai a ele em arrependimento, cobrindo-o com o sangue da aliança, pelo qual ele nos acolhe em toda a paz, segurança e contentamento de estar sob sua asa (Sl 91.4). Ele abranda nossas tristezas, acalma nossos medos e seca cada uma de nossas lágrimas. Rute chegou a Boaz como uma estrangeira sem dinheiro e enriqueceu com todas as suas bênçãos. Chegamos a Jesus em pobreza espiritual e nos tornamos coerdeiros com ele (Rm 8.17). Assim como Boaz tomou Rute e a fez sua noiva, Cristo nos toma e nos faz sua noiva (Ap 19.7-8).

A Bíblia está cheia de exemplos de Deus provendo para seu povo e preservando-o muito antes que eles percebam necessitar disso. O plano redentor de Deus para Rute em Israel e para todo o seu povo ao longo da história foi estabelecido não apenas a partir do estabelecimento do papel de parente resgatador, mas desde o início dos tempos (Ef 1.3-7).

Hoje, tenha certeza de que Jesus é o Noivo e Parente Resgatador de sua igreja. Tenha certeza de que ele assumiu a responsabilidade de fazer tudo o que é necessário para cuidar e prover para você e trazê-lo com segurança para sua eterna terra prometida. Tenha certeza de que o que quer que o ataque por dentro e por fora, você está seguro sob a asa dele.

SALMO 57

A Bíblia em um ano: 2Sm 19-20; 2Jo

2 DE NOVEMBRO

DETERMINADO A FAZER O CERTO

Então, Boaz disse aos anciãos e a todo o povo: Sois, hoje, testemunhas de que comprei da mão de Noemi tudo o que pertencia a Elimeleque, a Quiliom e a Malom; e também tomo por mulher Rute, a moabita, que foi esposa de Malom. (Rt 4.9-10)

A pergunta que devemos nos fazer todos os dias quando confrontados com várias circunstâncias é: "Qual é a coisa *certa* a fazer?"

Foi isso que Boaz considerou quando decidiu ir ao portão da cidade. Ele queria se casar com Rute e sustentá-la e protegê-la como seu parente resgatador. Mas ele sabia que havia um parente mais próximo de Rute do que ele, que poderia escolher assumir esse papel. Boaz era um homem íntegro, incapaz de simplesmente se permitir sair correndo em uma grande onda de emoção quando Rute o pediu em casamento na eira. Sua visão estava claramente definida em ganhar Rute de forma legítima.

Boaz priorizou fazer a coisa certa em vez de priorizar sua reputação. Ele foi para o lugar mais público — o portão da cidade — a fim de buscar um casamento com uma estrangeira, o que potencialmente poderia ter prejudicado sua reputação e legado. O parente mais próximo não estava disposto a correr esse risco (Rt 4.6). Este homem nem sequer recebe um nome na Escritura. Eis uma lição para nós: não devemos nos esforçar para fazer e salvaguardar um nome para nós mesmos. Deixemos outra pessoa fazer um nome para nós e nos elogiar. Devemos simplesmente nos esforçar para fazer o que é certo.

As palavras de Boaz revelam que uma de suas motivações era "preservar o nome do falecido na sua herança" (Rt 4.10 A21) — preservar o nome de Elimeleque, o falecido marido de Noemi, continuando sua família. Isso é altruísmo. Isso é impressionante. Se Boaz tivesse se preocupado apenas consigo mesmo e com seus desejos, ele poderia ter levado Rute embora como esposa. Em vez disso, cumpriu sua responsabilidade e assumiu publicamente a situação. Na época, a passagem do título de parente resgatador era costumeiramente selada com a troca pública de uma sandália (v. 7). Essa troca simbolizava algo maior — a saber, o compromisso, o amor e o sacrifício pessoal de Boaz por Rute. Da mesma forma, a cruz está à vista do público, e lá vemos o compromisso, o amor e o sacrifício de Cristo em nosso favor. Custou financeiramente a Boaz casar-se com Rute. Custou a Cristo sua própria *vida* nos redimir e nos tornar sua amada noiva.

Ambos os sacrifícios — de Boaz e de Cristo — ganharam grandes recompensas e legados, proporcionando um futuro e uma esperança: um para uma jovem moabita e sua sogra; o outro para toda a humanidade. A busca de Boaz pela retidão resultou em um casamento que desempenhou um papel fundamental em toda a história, continuando uma linhagem que enfim levou ao nascimento de nosso Salvador (Mt 1.5). E, por causa do sacrifício de Cristo, agora esperamos o dia quando permaneceremos na glória, veremos seu rosto e louvaremos seu nome para sempre. Nosso Noivo veio e legitimamente nos conquistou a um grande custo para si mesmo. Imagine a alegria de Rute quando soube que Boaz havia dado sua sandália e confirmado que se casaria com ela. Uma alegria semelhante deve ser nossa ao olharmos para a cruz e sabermos que somos de Cristo. E o exemplo de Boaz deve ser nosso ao olharmos para as decisões e dificuldades do nosso dia e aprendermos simplesmente a perguntar: "Qual é a coisa certa a fazer?"

RUTE 4.1-12

3 DE NOVEMBRO
UMA ALIANÇA DE COMPROMISSO

*Todo o povo que estava na porta e os anciãos disseram: Somos testemunhas [...].
Assim, tomou Boaz a Rute, e ela passou a ser sua mulher; coabitou com ela,
e o Senhor lhe concedeu que concebesse, e teve um filho.* (Rt 4.11, 13)

Nos tempos bíblicos, o portão da cidade era o principal centro da atividade local, servindo como mercado e centro cívico. Comerciantes, mendigos, autoridades municipais, líderes religiosos e uma série de outros se reuniam lá para conduzir negócios, administrar a lei, receber esmolas, fazer compras e socializar. Foi para aquele lugar lotado que Boaz foi declarar publicamente seu compromisso de se casar com Rute. O casamento deles nos leva a considerar a definição bíblica de casamento.

Primeiro, o casamento bíblico deve envolver *amor comprometido*. Esse amor não se baseia puramente em emoções ou circunstâncias, mas permanece profundamente enraizado e incondicional em todas as estações e situações da vida. Isso se reflete nos votos que a igreja usa hoje em cerimônias matrimoniais — compromisso na alegria e na tristeza, na riqueza e na pobreza, na saúde e na doença.

Em segundo lugar, o casamento envolve *testemunhas comprometidas*. Quando um homem e uma mulher se casam, eles se tornam uma unidade sob uma aliança de amor e cuidado. Como seres humanos falíveis, precisamos que os outros nos responsabilizem por esse compromisso. É por isso que as cerimônias de casamento devem ter pelo menos uma testemunha para atestar a formação de uma nova união, uma nova família. Boaz colocou isso em prática no portão da cidade, onde uma multidão de pessoas e os anciãos da cidade testemunharam sua promessa de tomar a mão de Rute em casamento. Eles foram então capazes de mantê-lo em sua palavra.

Terceiro, o casamento piedoso deve ter *comunhão comprometida*. O propósito de Deus é que o casamento reflita a crescente profundidade da intimidade que experimentamos com ele como sua noiva desejada. A relação pessoal entre marido e mulher deve se aprofundar dentro do casamento por meio, entre outras coisas, da intimidade sexual. Tal união física só deve ocorrer dentro do contexto de um relacionamento comprometido, amoroso e reconhecido publicamente. Tentar isolar o compromisso físico do casamento dos aspectos emocional, psicológico, espiritual e intelectual zomba do propósito de Deus.

Grande parte da percepção mundial de amor e casamento empalidece em comparação com a beleza e o benefício de uma união heterossexual monogâmica confiável, fiel e comprometida. Quando vemos cada faceta desta aliança vivida, estamos vendo um vislumbre das riquezas do compromisso de nosso Noivo com sua igreja (Ef 5.22-27). O casamento cristão é uma bênção em si e um retrato dessa realidade ainda maior. Nenhum casamento além daquele maior é perfeito, mas todo casamento entre crentes deve se esforçar para retratá-lo. Em qualquer caso, como você pensa, fala, ora e se comporta em relação ao casamento (seja o seu próprio ou os casamentos ao seu redor), certifique-se de defender a definição bíblica e vivê-la.

CÂNTICO DOS CÂNTICOS DE SALOMÃO 6.4-12

4 DE NOVEMBRO
GLÓRIA NO ORDINÁRIO

Então, as mulheres disseram a Noemi: Seja o Senhor bendito, que não deixou, hoje, de te dar um neto que será teu resgatador, e seja afamado em Israel o nome deste. Ele será restaurador da tua vida e consolador da tua velhice [...]. Noemi tomou o menino, e o pôs no regaço, e entrou a cuidar dele. (Rt 4.14-16)

Um novo bebê ser apresentado a uma avó radiante não é uma cena incomum. Mas a história de Noemi e o futuro dessa pequena família tornam esta cena bastante extraordinária.

Noemi havia retornado a Belém depois de enterrar o marido e os filhos, de mãos vazias e triste. Agora sua vida e colo estavam cheios de alegria e esperança. Aqui estava uma geração futura de sua família para trazer vida e nutrição em sua velhice. Nesse sentido, a criança trouxe sua liberdade — redenção. Porém, ao olharmos para esta cena comum deste lado da encarnação, também sabemos que ela declara notícias extraordinárias: por causa do cuidado gracioso de Deus para com duas viúvas indefesas, todo o Israel — na verdade, toda a humanidade — foi ajudado. Por meio de Rute, Deus continuou uma linhagem familiar que mais tarde levaria ao Rei Davi e depois ao próprio Jesus Cristo.

Mesmo Jesus, este Rei dos reis e Senhor dos senhores, foi encontrado entre as coisas ordinárias da vida. Ele também estava deitado no colo de alguém. Ele tinha pais terrenos comuns. Ele nasceu em uma estrebaria, não num grande palácio. Sua vitória veio por intermédio da cruz de um criminoso, não de um trono conquistado. Isso não é o que a maioria esperaria do Deus Todo-Poderoso encarnado — no entanto, assim como os sábios procuraram Jesus primeiro no palácio (Mt 2.1-3), muitas vezes começamos a procurá-lo nos lugares errados. E, quando fazemos isso, corremos o risco de acabar como uma "Mara" em vez de uma "Noemi" (Rt 1.20), sentindo amargura em vez de desfrutar de contentamento.

Os planos eternos de Deus se desdobram no meio das pessoas comuns — comuns em lugares comuns fazendo coisas comuns. Se você leva uma vida comum, isso deve encorajá-lo! Muito poucos de nós seremos uma nota de rodapé na história. Se você é uma mãe comum criando filhos comuns fazendo coisas comuns todos os dias, um avô comum contando as mesmas velhas histórias comuns, ou um estudante comum cumprindo sua rotina comum em casa, nos trabalhos e atividades — independente do tipo de pessoa comum que você seja —, a glória de Deus pode ser encontrada ao seu redor. E sua fidelidade no meio do ordinário pode, pela graça de Deus, se tornar o meio de um impacto extraordinário por causa do Evangelho.

Quando você for tentado a sentir que não está fazendo muito — a acreditar na mentira do diabo de que você não pode fazer a diferença ou está fora dos propósitos de Deus —, lembre-se disto: muito tempo depois que as realizações humanas, as palavras e a sabedoria desaparecerem, a fidelidade, a bondade, a integridade, o amor e a gentileza que Deus opera em você e por meio de você serão vistos como tendo um impacto mais dramático na vida de homens e mulheres do que você jamais poderia imaginar. Esta é a maravilha da história de Noemi e a maravilha de toda a história — que a extraordinária glória de Deus está operando no ordinário. Essa verdade pode mudar a maneira como você se sente e vive o seu dia.

RUTE 4.13-21

5 DE NOVEMBRO

O MISTÉRIO DA HISTÓRIA

As vizinhas lhe deram nome, dizendo: A Noemi nasceu um filho.
E lhe chamaram Obede. Este é o pai de Jessé, pai de Davi. (Rt 4.17)

A história importa. *Sua* história importa.

Você é quem você é, em algum grau significativo, por causa de quem eram seus pais, quem eram seus avós e assim por diante. Inevitavelmente, você e eu somos produtos de nossas linhagens — e, como resultado, somos a prova viva da providência de Deus, que nos trouxe a este lugar neste momento.

Quando Rute deu à luz Obede, neto de Noemi, ela não poderia saber o que o narrador diz ao leitor: Obede seria o avô do grande Rei Davi — e, portanto, seria o ancestral de Jesus. Mas Deus sabia, é claro; e aqui vemos o plano redentor de Deus em ação. Rute e sua família não estavam sob o domínio de forças cegas nem foram arrastadas por um mar de chances. O nascimento de Obede foi mais um lembrete de que Deus se importa, Deus governa e Deus provê, e ele está sempre trabalhando nos bastidores das escolhas humanas e das reviravoltas da vida, cumprindo os seus propósitos.

Este é o mistério de toda a história: Deus juntou todos os elementos do nosso passado, separados e distintos como são, para nos levar e nos guiar a quem somos e onde estamos agora. Antes que nosso coração infantil pudesse conceber o que estava acontecendo, Deus estava provendo com graça e misericórdia para nós — nas mães que nos alimentaram, nos amigos da família que cuidaram de nós ou nos avós que vieram ao nosso redor.

Desde que você foi concebido, Deus o guardou e guiou, mesmo nos dias mais sombrios. Você e eu não somos montes aleatórios de moléculas. Somos criações divinas, e Deus está cuidando de cada um de nós. Não só isso, mas somos divinamente redimidos. Desde o início, Deus operou por meio de indivíduos e famílias, reunindo um povo que é seu. De Gênesis até Apocalipse, temos vislumbres desse propósito redentor e eterno. O próprio enxerto de Rute, uma moabita, nessa família redimida testifica da misericórdia soberana e abrangente de Deus, na qual ele usou seu casamento improvável com Boaz para produzir a linhagem do Rei Davi e de Cristo Jesus.

Exemplos como o de Rute devem fortalecer nossa fé no que Deus pode fazer. Eles devem nos encorajar a dizer aos nossos amigos e vizinhos que as glórias e tragédias que acontecem em nossa nação, as alegrias e tristezas em nossa própria vida, e as dores e decepções da vida familiar, todas encontram seu significado final não na história humana ou na biografia pessoal, mas como parte do plano de Deus. Ele se fez conhecido como amoroso e santo, pessoal e infinito, Criador e Redentor, Sustentador e Governante. Ele nos trouxe para a grande história da Redenção — a única história que durará eternamente.

Isso é uma boa notícia. Esse é o alimento para nossa alma quando os dias ficam escuros e as dúvidas se tornam reais. Essa é a garantia de que Deus nunca desistirá de nós. Isso traz significado à vida.

MATEUS 1.1-18

6 DE NOVEMBRO
PROCURANDO POR SEGURANÇA

E eis que alguém, aproximando-se, lhe perguntou: Mestre, que farei eu de bom, para alcançar a vida eterna? [...] Disse-lhe Jesus: Se queres ser perfeito, vai, vende os teus bens, dá aos pobres e terás um tesouro no céu; depois, vem e segue-me. Tendo, porém, o jovem ouvido esta palavra, retirou-se triste, por ser dono de muitas propriedades. (Mt 19.16, 21-22)

Observar regras e regulamentos religiosos na tentativa de ganhar aceitação no céu não produz uma sensação de paz e segurança ou garantia de perdão. Nem nos dá a vida eterna.

Foi a falta de certeza do perdão que levou esse jovem a se aproximar de Jesus e fazer sua pergunta com ousadia. Ele era rico; Lucas acrescenta o detalhe de que ele era um governante, poderoso e influente (Lc 18.18) — o tipo de pessoa que o mundo admira e considera abençoada. Não só isso, mas ele estava falando sério sobre guardar os mandamentos de Deus (Mt 19.20). Deveríamos olhar para ele e pensar: "Se alguém chegaria à vida eterna, certamente é esse homem".

Portanto, esse homem provavelmente esperava que Jesus lhe desse um tapinha nas costas, pelo tanto que seguia as regras, e lhe garantisse sua recompensa celestial. Contudo, em vez disso, Jesus gentilmente apontou que ele não havia guardado a Lei de Deus perfeitamente. Na verdade, o jovem havia quebrado o primeiro mandamento: em vez de amar a Deus de todo o coração, alma, força e mente, ele adorou sua riqueza, como foi evidenciado pelo fato de que ele "retirou-se" de Jesus quando teve de escolher entre seu Mestre e seu dinheiro. Jesus mostrou a esse homem que os mandamentos de Deus não são uma escada que subimos para alcançar sua aceitação, mas um espelho que revela nossa verdadeira condição espiritual.

No fundo, o jovem governante rico tinha um problema cardíaco. Esse é o nosso problema também. A Bíblia diz que nascemos em desacordo com Deus e somos incapazes de nos colocar em um relacionamento correto com ele. *Não temos* amado a Deus de todo o coração, pois amamos outras coisas mais do que ele.

A incapacidade do jovem governante de obedecer à Lei de Deus e amar a Deus como deveria é nossa incapacidade também. Ninguém amou, ninguém pode e ninguém jamais amará a Deus e guardará seus mandamentos perfeitamente, exceto o próprio Jesus. Mas isso, na verdade, são Boas Novas! A salvação não depende de nós e do que fazemos. Em vez disso, a paz, a segurança, o perdão e a posição correta diante de Deus vêm quando nos lançamos em sua misericórdia: quando aceitamos a sua oferta de salvação como um presente gratuito, que não pode ser ganho ou comprado, e quando nos curvamos em humildade e gratidão diante da provisão que Jesus fez por sua morte expiatória na cruz.

Esse homem não teve de se afastar com tristeza de seu encontro com Jesus. Ele poderia ter desistido de seu orgulho e autossuficiência. Ele poderia ter conhecido a alegria de colocar Jesus em primeiro lugar, em vez da tristeza persistente de confiar em sua própria bondade e se apegar à sua riqueza. A autoconfiança sempre se mostrará fútil e induzirá ansiedade, assim como foi pra ele também é para nós. Porém, se formos diante de nosso Salvador em fé e confiança semelhante às de uma criança, podemos experimentar a verdadeira paz e a certeza da vida eterna. Logo, entronize Jesus em seu coração e esteja preparado para colocar tudo o que você é e tem em serviço dele. Vá a Jesus de mãos vazias e conheça a alegria e a vida que ele dá.

MATEUS 19.16-30

7 DE NOVEMBRO

A CIDADE SANTA

*Vi também a cidade santa, a nova Jerusalém,
que descia do céu, da parte de Deus.* (Ap 21.2)

Em Jesus, Deus veio do céu e desceu até nós — e, no final de todas as coisas, a cidade santa, a nova Jerusalém, também descerá do céu de Deus.

Deus está construindo uma nova Jerusalém que incluirá crentes de todas as eras e de todos os lugares — pessoas como você e eu. Seremos moradores da cidade vivendo em perfeita harmonia uns com os outros; a face de Deus estará diante de nós, e seremos marcados como seus (Ap 22.4). Essa companhia será uma multidão tão vasta e magnífica, que ninguém pode contá-la, com cidadãos vindos de todas as nações, tribos, povos e línguas (7.9). A descrição dessa vasta multidão foi concebida como uma fonte de esperança e encorajamento para a igreja nos dias do apóstolo João e também deve ser assim para nós. A igreja primitiva era muito, muito pequena em número — bastante insignificante para os padrões humanos, assim como foi em muitas épocas ao longo da história. Mas João nos diz que a igreja é realmente muito maior, mais vasta e mais significativa do que podemos imaginar, pois seus membros são cidadãos da nova Jerusalém, viajando como peregrinos sempre em frente, até que estejam em suas ruas.

Um dia, naquela cidade, inúmeros crentes adorarão juntos, e testemunharemos o cumprimento final da promessa de Deus a Abraão: "conduziu-o até fora e disse: Olha para os céus e conta as estrelas, se é que o podes. [...] Será assim a tua posteridade" (Gn 15.5).

Por enquanto, a Criação é marcada por divisão e discórdia. Estamos separados por idioma, nacionalidade e cultura — por inimizades antigas e suspeitas recentes. Um dia, porém, tudo isso será revertido. Deus está reunindo uma nova comunidade — uma cidade multirracial e multicultural sob seu reinado e governo. Quando finalmente formos todos reunidos, quando o céu vier à terra e o povo de Cristo for ressuscitado para habitar nela, seremos unidos pelo Evangelho do Senhor Jesus Cristo, porque o Evangelho é para todas as nações.

Consegue imaginar um dia assim? Não, não totalmente, é claro — mas, sim, o suficiente para forçá-lo para a frente por intermédio das provações e pressões desta vida e fazer com que você jogue fora tudo o que o impediria (Hb 12.1-2). Este mundo não é seu lar; um dia, porém, a cidade celestial descerá e será esse lar. Um dia você verá de verdade o que João viu nessa visão, e estará em casa.

APOCALIPSE 22

A Bíblia em um ano: Ed 1–2; 2Tm 1

8 DE NOVEMBRO
A GUERRA CONTRA A TENTAÇÃO

O pecado não terá domínio sobre vós;
pois não estais debaixo da lei, e sim da graça. (Rm 6.14)

Nesta vida, nunca estaremos isentos da tentação. Na verdade, quanto mais velhos ficamos, mais descobrimos que as mesmas velhas tentações — muitas vezes em novos disfarces — estão bem atrás de nós, mordendo nossos calcanhares e procurando nos derrubar. E, se isso não fosse ruim o suficiente, muitas vezes elas são acompanhadas por um lote inteiro de novas tentações!

Sim, a tentação é uma realidade e é inevitável. Mas por que isso acontece?

A primeira razão é que a mesma graça que nos reconcilia com Deus também nos opõe ao diabo, que, segundo a Escritura, nos convenceu de que ele era nosso amigo antes de confiarmos em Cristo. Quando a graça de Deus, em vez disso, nos torna amigos de *Deus*, ao mesmo tempo nos torna inimigos do grande inimigo de Deus. E, embora o Maligno não possa impedir Deus de salvar seu povo, ele pode reunir todos os seus esforços — a saber, a tentação — para nos atacar depois de termos sido salvos.

Em segundo lugar, quando nascemos de novo, o pecado não nos domina mais, porém continua a travar uma guerra contra nossa alma — e a tentação está entre suas maiores armas. Somos tentados pelo mundo: tudo o que está lá fora nos diz: "Se você conseguir isso, será feliz e aproveitará a vida". Também somos tentados por nossa carne. Nossa velha natureza pecaminosa — que ainda permanece em nós nesta vida presente, mesmo depois de confiarmos em Cristo — trava uma feroz batalha de retaguarda contra nosso novo eu.

No entanto, por mais fortes que sejam os apelos do Maligno — e eles *são* fortes —, por si só não têm o poder de nos obrigar a ceder à tentação. O diabo tem o poder de trazer o mundo até nós, mas ele não tem o poder de nos fazer pecar.

Portanto, não fique paralisado pelo medo nem seja complacente com as tentações que você enfrenta. Em sua guerra contra a tentação, você não precisa se perguntar se vai ganhar ou perder. Deus já declarou o xeque-mate; pois, como João escreve, "maior é aquele que está em vós do que aquele que está no mundo" (1Jo 4.4). A guerra acabou e a vitória está garantida. As batalhas ainda podem continuar, mas não podem afetar a conclusão final da guerra.

Com quais tentações você está lutando, ou a quais está cedendo? Reserve um momento para nomeá-las. E então se conforte com isto hoje: por mais poderosas que sejam essas tentações, o diabo é um inimigo derrotado, e Jesus Cristo reina vitorioso! O poder deste em você é suficiente para capacitá-lo a lutar contra a tentação, e sua morte por você é suficiente para Deus lhe perdoar!

ROMANOS 6.1-14

9 DE NOVEMBRO
FÉ PARA MOVER MONTANHAS

Jesus lhes disse: Tende fé em Deus; porque em verdade vos afirmo que, se alguém disser a este monte: Ergue-te e lança-te no mar, e não duvidar no seu coração, mas crer que se fará o que diz, assim será com ele. Por isso, vos digo que tudo quanto em oração pedirdes, crede que recebestes, e será assim convosco. (Mc 11.22-24)

Ao lermos nossa Bíblia, encontraremos versículos que parecem simples e fáceis de entender à primeira vista. Por outro lado, também existem versículos como este! "Tudo quanto em oração pedirdes, crede que recebestes, e será assim convosco", diz Jesus. Somos tentados essencialmente a evitar o que essas palavras dizem. Tentamos enterrá-las sob inúmeras ressalvas. A aplicação incorreta de tais versículos assustou tanto alguns de nós, que dificilmente damos atenção ao encorajamento e ao desafio que eles contêm.

Neste comando ousado, Jesus lembrou seus seguidores de confiarem em Deus, porque é realmente o fundamento da fé *em* Deus que dá significado a essa fé. Não devemos ter fé na fé ou fé em nós mesmos, mas fé apenas em Deus.

A metáfora que Jesus empregou — a de alguém ordenando que uma montanha fosse jogada no mar — talvez fosse familiar para os discípulos; era semelhante a uma figura de linguagem rabínica comum para realizar algo aparentemente impossível.[137] Os discípulos não teriam entendido errado que Jesus lhes sugerira *literalmente* arremessar o Monte das Oliveiras no Mar Morto a mais de um quilômetro abaixo deles. Eles teriam entendido suas palavras como uma declaração proverbial indicando que Deus quer fazer coisas extraordinárias por seus filhos.

Descobrimos provas vívidas do ensino de Jesus sobre fé e oração em todo o livro de Atos. Logo no início, quando um mendigo coxo pediu dinheiro a Pedro e João, Pedro lhe mandou levantar-se e andar (At 3.6). Talvez, enquanto falava com esse homem, Pedro estivesse se lembrando das palavras de Jesus e pensando consigo mesmo: "Tudo quanto em oração pedirdes, crede…"

Quando Deus é o objeto de nossa fé, podemos ter uma fé audaciosa — uma fé que acredita que o impossível é possível com ele. Podemos saber que estamos falando com alguém que é capaz de fazer muito mais do que podemos imaginar (Ef 3.20-21). Jesus essencialmente nos diz: *Eu quero que você ore de uma maneira a dizer que você realmente acredita em um Deus que é sábio demais para cometer erros, que é gentil demais para ser cruel e que é poderoso demais para ser subjugado pelas forças normais do universo.*

Não deixe de lado esses versículos com uma centena de ressalvas. Permita que eles repousem por um momento. Reconheça a verdade de que Deus é capaz de fazer coisas além de tudo o que você possa imaginar. Descanse na realidade de que ele não conhece impossibilidades. E então ore.

EFÉSIOS 3.14-21

10 DE NOVEMBRO

A REALIDADE DO MAL

Enganoso é o coração, mais do que todas as coisas, e desesperadamente corrupto; quem o conhecerá? Eu, o Senhor, esquadrinho o coração, eu provo os pensamentos; e isto para dar a cada um segundo o seu proceder, segundo o fruto das suas ações. (Jr 17.9-10)

A Bíblia é muito clara sobre a realidade do mal — e é igualmente clara quanto à personalidade daquele que está *por trás* do mal no mundo. Satanás, o Maligno, se opõe completamente ao bem-estar espiritual de suas vítimas. Ele é um leão feroz e (embora não esteja fora do controle soberano de Deus) é o governante deste mundo. Ele está por trás de todo pecado; e, antes que alguém nasça de novo do Espírito de Deus, essa pessoa na verdade pertence ao seu domínio, e suas ações más dão prova de sua propriedade.

Claro, a ideia de um Maligno real é ridicularizada pela maioria de nossos contemporâneos. Eles dizem: "Ah, você não pode acreditar na existência de uma força espiritual maligna chamada diabo, pode?" Porém, ao mesmo tempo em que minimizam a ideia de um diabo pessoal, essas pessoas não conseguem explicar por que somos capazes de fazer avanços tecnológicos tão grandes e, no entanto, somos incapazes de controlar os impulsos pecaminosos de nossa própria vida melhor do que as gerações anteriores. Por que isso é assim?

A Bíblia ensina que, quando Adão seguiu sua esposa ao se colocar sob a influência do enganador e do pecado, ele levou consigo toda a humanidade. Em outras palavras, quando Adão pecou, *todos* pecamos. Cada um de nós nasceu caído. Logo, nosso coração — o núcleo de nosso ser, a fonte de nossos sentimentos, nossos anseios, nossas decisões — é "enganoso […] mais do que todas as coisas, e desesperadamente corrupto". Jeremias antecipa o que Jesus diria aos fariseus: "Nada há fora do homem que, entrando nele, o possa contaminar; mas o que sai do homem é o que o contamina. […] Porque de dentro, do coração dos homens, é que procedem os maus desígnios, a prostituição" e toda sorte de maldade, tanto as flagrantes quanto as discretas (Mc 7.15, 21).

Embora essas verdades forneçam uma explicação convincente do que vemos no mundo, elas também nos confrontam com uma visão muito desafiadora de nós mesmos. A verdade é que não somos pessoas boas que cometem erros; somos pessoas pecadoras que precisam de misericórdia. Visto ser necessário humildade para aceitar como nosso coração é verdadeiramente, esses mesmos corações tenderão a preferir ser enganados por pregadores de autoestima e autoconfiança em vez de ouvirem profetas como Jeremias.

A verdade é que todos nascem com a necessidade de um transplante de coração — não físico, mas espiritual. Somente Deus pode realizar tal transformação. Assim como Deus nos imputou a culpa de Adão, pela graça ele credita aos crentes a justiça do Senhor Jesus Cristo. Como crentes em Jesus, fomos transformados de dentro para fora. Hoje, como todos os dias, o único antídoto para o seu coração enganoso é vir humilde e sinceramente diante do Senhor, orando: "Cria em mim, ó Deus, um coração puro e renova dentro de mim um espírito inabalável" (Sl 51.10).

MARCOS 7.1-23

11 DE NOVEMBRO

A PROMESSA E A BÊNÇÃO

De ti farei uma grande nação, e te abençoarei, e te engrandecerei o nome. Sê tu uma bênção! Abençoarei os que te abençoarem e amaldiçoarei os que te amaldiçoarem; em ti serão benditas todas as famílias da terra. (Gn 12.2-3)

Filhos têm uma maneira de ficar no caminho enquanto o jantar está sendo preparado. Às vezes, os pais têm vontade de gritar: "Escutem, por que vocês não saem da cozinha? Saiam agora!"

Na Torre de Babel, o povo fez mais do que ficar no caminho; eles viraram as costas para Deus. Determinados a ter seu próprio reino, construíram sua torre e tentaram alcançar os céus para ver o que poderiam fazer por sua própria força. Como resultado dessa rebelião, Deus trouxe julgamento diversificando suas línguas e espalhando-os por todo o mundo (Gn 11.1-9).

Sendo muito mais justificado do que um pai exasperado, Deus poderia ter mandado as pessoas embora e acabado com elas. Mas ele não fez isso.

Para demonstrar sua graça, na geração seguinte, Deus começou a reparar o que estava corrompido. Ele falou com um homem pagão idoso e sem filhos, chamado Abrão, cujo nome ironicamente significava "pai exaltado", e prometeu reverter o efeito de seu julgamento em Babel. As pessoas de lá tinham como objetivo tornar seu nome grande. Deus faria o de Abrão grande. Elas procuraram construir seu próprio reino. Deus faria do povo de Abrão uma grande nação. Elas planejaram encontrar bênçãos em um mundo sem Deus. Deus traria bênçãos à terra por meio da família de Abrão. O pecado seria revertido, e seus efeitos seriam desfeitos pela graça interveniente de Deus.

Nessa mesma aliança, Deus tomou Abrão e o fez Abraão, "o pai de uma multidão", ao prometer estender sua graça a este servo escolhido e às futuras gerações espalhadas por toda a terra.

A promessa de Deus a Abraão é uma expressão inicial da promessa do Evangelho. Ele fez uma promessa a Abraão, e os descendentes de Abraão mais tarde receberam a bênção. Eles acabariam percebendo, porém, que a promessa e a bênção abrangem todos os que creem em Jesus: "Pois todos vós sois filhos de Deus mediante a fé em Cristo Jesus [...]. E, se sois de Cristo, também sois descendentes de Abraão e herdeiros segundo a promessa" (Gl 3.26, 29). Assim, embora as promessas que Deus fez a Abraão tenham sido parcialmente cumpridas na nação de Israel do Antigo Testamento, elas foram finalmente cumpridas no Evangelho de Jesus Cristo e em seu povo.

Tenha apenas um pequeno vislumbre da imensidão desse cumprimento, e sua vida será mudada para sempre. Se você está em Cristo hoje, a promessa que Deus fez a Abraão tem seu nome nela. Você é um cidadão do céu e serve a um Rei descendente de Abraão chamado Jesus. O que Deus começou enquanto falava com Abrão passou a abranger você, conforme Deus chama as pessoas de volta ao seu reino, para desfrutá-lo face a face para sempre. O que quer que seja verdade sobre você hoje, pela fé você é um filho de Deus, um membro do povo de Abraão e um herdeiro dessas promessas gloriosas.

GÊNESIS 11.1-9; 12.1-9

12 DE NOVEMBRO
A RAZÃO POR QUE PERDOAMOS

Antes, sede uns para com os outros benignos, compassivos, perdoando-vos uns aos outros, como também Deus, em Cristo, vos perdoou. (Ef 4.32)

O perdão de Deus não é apenas uma expressão do coração dele (embora certamente seja isso), mas também uma promessa de sua Palavra. Nossa experiência do perdão de Deus está, portanto, diretamente ligada à nossa disposição de crer em sua Palavra.

O autor de Hebreus explica que nossa garantia de perdão repousa sobre nada além do sangue expiatório de Jesus (Hb 10.19-22). Além disso, quando nos aproximamos de Deus em arrependimento, ele promete não se lembrar mais de nossos pecados (v. 17). Deus se comprometeu a não manter um registro de nossas iniquidades (Is 43.25). Em outras palavras, se tentarmos voltar a Deus com questões com as quais ele já lidou, o encontraremos dizendo, de fato: *Meu querido filho, não tenho lembrança do que você está falando. Prometi nunca mais trazer isso à tona — e você também não deveria.*

O exemplo de Deus deve ser o modelo de como perdoamos aos outros. Perdoar aos outros não é questão de sentimento; é promessa e obediência. Quando você ou eu perdoamos a alguém, estamos essencialmente fazendo uma promessa de três pontos: primeiro, que não vamos trazer o assunto à tona com esse indivíduo outra vez; segundo, que não vamos trazê-lo à tona com mais ninguém; e, terceiro, que não vamos trazê-lo de volta para nós mesmos. Uma expressão genuína de perdão diz: "Quero fazer por você o que Deus, em Cristo, fez por mim".

Isso não significa que o perdão esteja meramente em nossa mente e seja apenas um ato da vontade. Claramente temos de perdoar de coração (Mt 18.35). Isso significa, no entanto, que nossas expressões de perdão são mais genuínas quando fluem de uma consciência e senso de gratidão por nosso próprio perdão da parte de Cristo, junto à obediência ao mandamento de Deus de perdoar.

Há alguém que você precise perdoar? Você pode não sentir vontade de estender o perdão a outra pessoa hoje — mas esse não é o problema. Como recebedor do perdão de Deus em Cristo, você é chamado a perdoar como ele lhe perdoou. Isso não é fácil, mas é possível. O Espírito de Deus pode permitir que você faça e cumpra sua promessa de fazê-lo. Quando você perdoa fazendo essa promessa tríplice em obediência ao mandamento de Deus, ele pode fazer (e fará) com que os sentimentos acompanhem a promessa.

MATEUS 18.21-35

13 DE NOVEMBRO
CONCORDANDO NO SENHOR

*Rogo a Evódia e rogo a Síntique pensem concordemente, no Senhor.
A ti, fiel companheiro de jugo, também peço que as auxilies, pois juntas se esforçaram
comigo no evangelho, também com Clemente e com os demais cooperadores meus,
cujos nomes se encontram no Livro da Vida. (Fp 4.2-3)*

As divisões corroem as igrejas por dentro.
É por isso que Paulo levou a sério os relatos de que duas mulheres da comunidade de Filipos haviam caído. Ele abriu espaço em sua carta para "rogar" que elas "[pensassem] concordemente". E, em sua abordagem para tratar do desacordo entre Evódia e Síntique, o apóstolo nos dá um modelo útil de reconciliação. Ele deixa claro que devemos nos lembrar de que estamos unidos com nossos irmãos e irmãs "no Senhor". Esta frase explica quem somos em nosso âmago: não pertencemos a nós mesmos; pertencemos a Cristo.

Então Paulo implora a Evódia e Síntique que se lembrem de sua unidade "no Senhor" e se submetam à instrução de Deus como veio por meio dos apóstolos, assim como nos submetemos à Palavra de Deus agora nas Escrituras. A Bíblia é clara que, como cristãos, devemos primeiro amar e servir a Deus. Logo, ao procurarmos agradar a Deus, ele trabalhará tanto em nosso coração, que desejaremos servir ao próximo para o bem deste, para edificá-lo (Rm 15.2).

Quando nos esquecemos de que pertencemos exclusivamente a Cristo, muito rapidamente começamos a defender nossas próprias agendas, estabelecer nossas próprias causas, lutar por nossos direitos pessoais e subir em nossos cavalos para disputar com qualquer um que não concorde conosco. A dissensão entre os crentes pode nos distrair com preocupações mesquinhas e muitas vezes periféricas, minando a energia dos argumentadores, bem como de todos os que estão envolvidos na disputa. Em vez de estender a mão, a igreja então se concentra internamente. É totalmente incongruente para nós insistir em nosso próprio caminho quando pertencemos a um Salvador que nunca o fez. Se Jesus tivesse pensado em si mesmo da maneira como tantas vezes e tão facilmente pensamos em nós mesmos, não teria havido encarnação, não teria havido cruz, não haveria perdão e não haveria esperança do céu para nós.

Não devemos fingir que a dissidência não existe entre os crentes. Ela existe. Porém, como uma companhia dos redimidos, devemos trabalhar por meio de nossas divergências sobre a força e a base de nossa unidade no Senhor. Nosso foco não pode permanecer em nós mesmos. Na cura e conserto de relacionamentos fraturados, devemos imitar a Cristo iniciando a reconciliação.

Este é um chamado para todos nós. Se você se encontra hoje no lugar de Evódia e Síntique, então o chamado para você é claro, embora desafiador: "pensem concordemente, no Senhor". Independentemente do que esteja promovendo discordância, sua unidade com outros cristãos é mais forte. E, se você se encontra hoje numa igreja com uma Evódia e uma Síntique, então você é chamado a agir da maneira como Paulo ordenou que seu "fiel companheiro" agisse: ajudar aqueles que estão divididos a se reconciliarem. O amor verdadeiro toma a iniciativa. O amor verdadeiro se envolve. O amor verdadeiro não permite que a divisão o corroa; em vez disso, busca a unidade que edifica.

JOÃO 17.1-26

A Bíblia em um ano: 1Cr 7–9; Lc 1.21-38

14 DE NOVEMBRO

MUDADO RADICALMENTE

Nem impuros, nem idólatras, nem adúlteros, nem efeminados, nem sodomitas, nem ladrões, nem avarentos, nem bêbados, nem maldizentes, nem roubadores herdarão o reino de Deus. Tais fostes alguns de vós; mas vós vos lavastes, mas fostes santificados, mas fostes justificados em o nome do Senhor Jesus Cristo e no Espírito do nosso Deus. (1Co 6.9-11)

A prova do cristianismo está no poder deste. Somente o poder de Cristo pode tomar homens e mulheres, perdidos para a vergonha, e torná-los filhos e filhas de Deus. Não há profundidade de culpa em que alguém possa cair ou grau de humilhação que alguém possa sentir que o coloque além da graça perdoadora de Deus.

Ao concluir uma lista longa e terrível, Paul afirma: "Tais fostes alguns de vós". Esta declaração é um grito de triunfo, não de remorso. É passado, não presente. Por quê? Por causa do poder transformador de Jesus. Nenhum homem pode mudar a si mesmo; nenhuma mulher pode mudar a si mesma — mas Jesus pode mudá-los!

Nós realmente acreditamos que uma transformação pessoal completa pode acontecer? Somos tentados a oferecer às pessoas correções superficiais, mas ao mesmo tempo, dizemos a elas que agora devem mancar pelo resto de suas vidas devido a pecados passados, ou asseguramos que são salvas pela graça, mas agora precisam trabalhar arduamente para mudar a si mesmas. De onde vieram essas mensagens?

Por acaso Jesus disse às pessoas: *Eu vou tocar sua vida e mudar você, mas eu quero que você saiba que só vai ser mudado um pouquinho — agora depende de você?* Não! Ele disse: *Vou fazer de você alguém novinho em folha, de dentro para fora. Eu vou transformar, libertar e mudar você.* Essa é a mensagem de Jesus. E esse foi o testemunho desses cristãos de Corinto. Eles eram um único tipo de pessoa — pecadores, sob o juízo de Deus. Mas então eles foram transformados. Agora eram diferentes. Então, como essa transformação começa? Com uma visão clara do nosso próprio pecado. Se eu não me reconheço como pecador, como poderia me reconhecer como salvo? Cada um de nós deve enfrentar as profundezas de sua própria depravação para que, quando a Palavra de Deus nos disser que Jesus veio para resgatar as pessoas de todas as provações e emaranhamentos da vida e dar-lhes seu Espírito para mudá-las de dentro para fora, estendamos nossas duas mãos em direção a ele. Isso é salvação! Isso é transformação!

Todo cristão é uma evidência viva do fato de que Deus muda vidas. Há homens e mulheres em todos os lugares que são provas vivas do poder recriador e transformador de vida de Cristo. Estamos preparados, então, para ter uma igreja cheia de pessoas que já foram sexualmente imorais, adúlteras, bêbadas e vigaristas? E estamos preparados para reconhecer que isso é o que nós mesmos éramos, porém não somos mais, e tudo pela graça? Ou queremos apenas igrejas de pessoas devidamente resolvidas — indivíduos razoavelmente aceitáveis que de fato acreditam que não precisam de Jesus?

Jesus salva e Jesus transforma. Pela fé, você não é o que era, e poderá dizer isso novamente no próximo mês e no próximo ano. Quem parece estar imerso demais no pecado para vir a Cristo? Ore por transformação divina. Que parte de sua própria vida parece muito resistente à mudança que agrada a Cristo? Ore por transformação divina. Você não pode mudar ninguém, incluindo a si mesmo. Mas Cristo é poderoso para fazer o que você não pode.

2 CORÍNTIOS 3.17–4.6

15 DE NOVEMBRO
O CUIDADO GENTIL DO PAI

Não vos inquieteis, dizendo: Que comeremos? Que beberemos?
Ou: Com que nos vestiremos? Porque os gentios é que procuram todas estas coisas;
pois vosso Pai celeste sabe que necessitais de todas elas; buscai, pois, em primeiro lugar,
o seu reino e a sua justiça, e todas estas coisas vos serão acrescentadas. (Mt 6.31-33)

Como criaturas no mundo de Deus, não estamos à mercê do destino ou do acaso. Não somos movidos por forças cegas e impessoais, nem precisamos nos preocupar com horóscopos, movimentos dos planetas ou distrações semelhantes.

Todavia, para aqueles que não conhecem e confiam em Deus como seu Pai celestial, é assim que o universo parece. Portanto, como a Escritura deixa claro, "os gentios" — ou seja, aqueles que não têm interesse em Deus — "procuram todas estas coisas". Tais indivíduos não têm certeza de que realmente houve um Criador — e, se houve, eles supõem, ele tirou as mãos da Criação desde que ela foi estabelecida. Na cabeça deles, cada subida e descida, cada ida e vinda da história humana, se resume ao acaso, com todos nós presos nas garras de um mecanismo vasto e sem rosto.

É uma imagem sombria. Felizmente, a Bíblia nos diz o contrário. De acordo com a Escritura, todas as coisas foram criadas por meio de Cristo e para Cristo, e ele permanece intimamente envolvido em sua Criação (Cl 1.16-17). À luz disso, Deus Filho afirma essencialmente em Mateus 6.26-33: *Por que você deveria se preocupar com comida, roupas ou qualquer outra coisa? Os pagãos se preocupam. Mas e você? Apenas mantenha seus olhos em mim, e eu cuidarei de você. Não há um pássaro no céu que eu não conheça. A própria grama do campo está vestida pelo meu grande poder, e eu vou cuidar de você também.*

De fato, a promessa de Cristo de que ele e seu Pai cuidam de nós é uma verdade ecoada maravilhosamente em Romanos 8.28: "todas as coisas cooperam para o bem daqueles que amam a Deus, daqueles que são chamados segundo o seu propósito". Se estamos em Cristo, todos os nossos dias e nossos desejos, nossas esperanças e nossos sofrimentos, nossos medos e nossas falhas estão sendo trabalhados de acordo com a vontade sábia, graciosa e amorosa de Deus.

Se você está sozinho hoje, ou passou a noite passada sozinho, ou tem medo da perspectiva de outra semana de relacionamentos fraturados ou difíceis, permita que a Palavra de Deus entre, aqueça e encha seu coração com uma consciência íntima do amor e da presença do Pai. Se você está sobrecarregado por preocupações financeiras, permita que Jesus acalme seus medos, dizendo que ele fornecerá aquilo de que você realmente precisa. Se você está lutando com problemas de saúde — sejam eles físicos ou emocionais —, tenha certeza de que ele sabe, se importa e o fará atravessá-los. Não importa o que aconteça ou quão difícil a vida se torne, o próprio Deus cuidará de você, porque ele se importa com você.

MATEUS 6.19-34

16 DE NOVEMBRO

UM CHAMADO AO TRABALHO COM PROPÓSITO

Tudo quanto fizerdes, fazei-o de todo o coração, como para o Senhor e não para homens, cientes de que recebereis do Senhor a recompensa da herança. A Cristo, o Senhor, é que estais servindo. (Cl 3.23-24)

O trabalho faz parte do plano criativo de Deus e, portanto, faz parte do nosso propósito na vida.

O trabalho existia antes da Queda: Deus deu a Adão e Eva o jardim "para o cultivar e o guardar" (Gn 2.15). Não fomos feitos para ficar sentados sem fazer nada! Em vez disso, fomos feitos à imagem de um Deus que ama trabalhar e criar.

Os escritores do Novo Testamento esperam que os crentes trabalhem — não apenas para imitar nosso Criador, mas também "a favor dos necessitados, para não se tornarem infrutíferos" (Tt 3.14). Este chamado para "[trabalhar] de todo o coração" não está além do nosso alcance; não é uma exortação para sermos super-humanos. Em vez disso, é um convite para vivermos em silêncio, cuidar de nossos próprios assuntos e trabalhar com nossas mãos (1Ts 4.11), para podermos prover não apenas a nós mesmos, mas também àqueles que estão em necessidade especial. As atividades rotineiras da vida são providências divinas para que possamos "[trabalhar] de todo o coração, como para o Senhor e não para homens". Em todas as nossas responsabilidades e compromissos diários — sejam eles investir milhões ou trocar fraldas, trabalhar em uma linha de montagem de fábrica, ou arar um campo, ou sentar em uma sala de reuniões —, podemos vê-los como os próprios instrumentos que Deus usará para os propósitos dele e para glorificar seu nome.

Trabalhar duro dentro dos limites que Deus ordenou para nós elimina a preocupação com o trabalho da pessoa ao nosso lado. Afinal, não somos nós quem julgará isso, nem eles! Deus, que se agrada quando trabalhamos diligentemente nas tarefas para as quais ele nos designou, é quem dará as recompensas no dia em que estivermos diante dele. É a aprovação dele sobre nosso trabalho, sobre como pensamos a seu respeito e nos conduzimos nele que importa, e não principalmente a aprovação do nosso chefe, dos nossos colegas ou de nós mesmos.

Na instrução de Paulo, não encontramos nenhuma brecha. É uma exortação direta para trabalhar, e trabalhar duro. Em outro lugar na Escritura, Paulo encoraja Timóteo também a ordenar aos crentes que deem provisão a seus parentes, especialmente aos membros de sua própria casa, "para que sejam irrepreensíveis" (1Tm 5.7). A implicação é clara: quando a graça está em ação em nossa vida, tornamo-nos comprometidos em atender às necessidades de nossos dependentes e daqueles que estão em dificuldade.

Você foi feito à imagem de Deus e criado para boas obras. Não importa qual seja a sua posição ou estágio da vida, você tem trabalho a fazer hoje na Criação de Deus. Certifique-se de trabalhar de todo o coração, com o melhor de sua capacidade. Certifique-se de trabalhar com piedade, preocupando-se com a boa opinião de Deus mais do que de qualquer outra pessoa. E certifique-se de trabalhar com alegria, por mais comum, repetitivo ou desafiador que seja, pois, ao fazer isso, você está servindo a Cristo e trazendo glória ao nome dele. Isso é o suficiente para transformar qualquer tarefa em algo glorioso!

PROVÉRBIOS 24.30-34

17 DE NOVEMBRO
BÊNÇÃOS E MALDIÇÕES

Se ouvires a voz do Senhor, teu Deus, virão sobre ti e te alcançarão todas estas bênçãos [...]. Será, porém, que, se não deres ouvidos à voz do Senhor, teu Deus, não cuidando em cumprir todos os seus mandamentos e os seus estatutos que, hoje, te ordeno, então, virão todas estas maldições sobre ti e te alcançarão. (Dt 28.2, 15)

Nas planícies de Moabe, junto ao rio Jordão, os israelitas estavam à beira de finalmente entrar na terra que Deus lhes havia prometido. Moisés se dirigiu ao povo pela última vez, tentando garantir que eles não arruinassem seu relacionamento com Deus por sua desobediência, como a geração anterior havia feito. Ele os lembrou do que Deus havia dito e feito no passado e os exortou, com base na grande intervenção de Deus e na fidelidade à aliança, a serem um povo separado para Deus.

Por meio das instruções de Moisés, Deus colocou diante de seu povo duas alternativas impressionantes — e os riscos eram altos. Ele lhes deu uma promessa de bênção e depois uma palavra de advertência. Ele lhes ofereceu uma pergunta simples: como iriam viver? Guardariam a aliança e desfrutariam de bênçãos na terra, ou desobedeceriam e seriam expulsos da terra?

As pessoas que estavam reunidas na fronteira da terra devem ter ouvido a Palavra de Deus e dito: *Ah, não, desobediência como essa nunca acontecerá conosco!* No entanto, avançamos algumas centenas de anos, e onde os encontramos? "Às margens dos rios da Babilônia, nós nos assentávamos e chorávamos, lembrando-nos de Sião. [...] Como, porém, haveríamos de entoar o canto do Senhor em terra estranha?" (Sl 137.1, 4). Cativos de um povo estrangeiro, os israelitas olham para trás e se perguntam como chegaram aonde estão.

Como criaturas que vivem num mundo caído, você e eu somos igualmente vulneráveis, tentados e testados. Estamos sempre a apenas uma única decisão de distância da desobediência e de nos afastarmos de Deus. Precisamos desesperadamente da graça sustentadora de Deus. Tragicamente, muitos que antes pareciam ser dedicados, comprometidos e se dirigiam para a terra prometida não apenas tropeçaram: caíram em descrença. E o pior erro que podemos cometer é pensar: "Ah, não, isso nunca vai acontecer comigo!"

O Maligno adora vir e nos dizer que a razão pela qual Deus nos deu sua Lei e estabeleceu seus mandamentos é porque ele quer azedar nossa vida, privar-nos de diversão e encher nossos dias de mágoa e dor. Essa é a mentira absoluta de todas as mentiras. Deus dá sua Palavra para o nosso bem! Todas as advertências da Escritura estão lá para nos cercar e nos conduzir com firmeza quando estamos à beira da ruína, e todas as promessas da Escritura estão lá para nos levantar quando estamos tímidos e inseguros, e todos os mandamentos da Escritura estão lá para nos levar à bênção da vida vivida no caminho de Deus, em sua presença, em seu mundo. O compromisso de Deus com o nosso bem é visto mais supremamente em seu Filho vindo para suportar a maldição de nossa desobediência, a fim de podermos desfrutar da bênção que ele, e somente ele, merece.

Você ama a Deus? Você sabe que Deus ama você? Então, preste atenção às advertências dele, obedeça a seus mandamentos e valorize o conforto de suas promessas.

GÁLATAS 3.10-14

18 DE NOVEMBRO
O CERNE DA QUESTÃO

Da mesma forma, como o homem está destinado a morrer uma só vez e depois disso enfrentar o juízo, assim também Cristo foi oferecido em sacrifício uma única vez, para tirar os pecados de muitos; e aparecerá segunda vez, não para tirar o pecado, mas para trazer salvação aos que o aguardam. (Hb 9.27-28 NVI)

A estatística final é que uma em cada uma pessoa morrerá. A morte é a única certeza da vida. Como cristãos, embora possamos temer o evento, não precisamos temer o resultado.

Não precisamos temer por esta razão: Jesus não veio apenas para aumentar a soma total de nossa felicidade ou para nos oferecer uma vantagem na vida ou nas riquezas deste mundo, mas para salvar os pecadores e nos resgatar do julgamento.

A Bíblia ensina que o julgamento e o castigo eterno de Deus cairão sobre aqueles cujos nomes não estão incluídos no Livro da Vida (Ap 20.11-15). Como, então, podemos ter certeza de que nossos nomes serão encontrados em suas páginas? Só há um caminho: crer no Senhor Jesus. Devemos olhar para Cristo, que perdoará e justificará livremente aqueles que vão a ele em arrependimento e fé. E ir a Jesus é mais do que mero consentimento intelectual, por mais necessário que seja. Não é suficiente estar em sintonia cerebral com a doutrina cristã. Devemos reconhecer nosso fracasso em tratar a Deus adequadamente. Nós o negamos e o desafiamos. Devemos entregar nossa vida à sua autoridade amorosa e confiar inteiramente no que Cristo realizou na cruz, para podermos encontrar aceitação diante de Deus.

O cerne da questão não é se acreditamos em certos fatos sobre Jesus ou a Bíblia, ou se purificamos nosso estilo de vida. A questão é: já ficamos com tanta sede espiritual, que dissemos "Senhor Jesus Cristo, dá-me a tua água viva para que eu não tenha mais sede"?

Mas e se Jesus nos rejeitar? E se não estivermos no Livro da Vida? Jesus mesmo se dirigiu a esse medo com uma promessa, dizendo: "quem vier a mim eu jamais rejeitarei" (Jo 6.37).

Você percebe a bondade do convite de Deus para você? Você já ouviu o chamado de Deus para se refugiar em Jesus? Você ouve isso de novo todos os dias e se refugia na sombra de suas asas (Sl 57.1)? Podemos dizer com o escritor do hino:

Vim a Jesus como estava,
Cansado, desgastado e triste;
Encontrei nele um lugar de descanso,
E ele me alegrou.[138]

Afinal, se nos refugiamos no Filho, podemos saber com certeza que ele carregou nossos pecados em sua própria morte e que, quando voltar, enfrentaremos não uma condenação terrível, mas uma recepção gloriosa. E então podemos ouvir a verdade de que "o homem está destinado a morrer" e, ainda assim, manter nosso coração ainda calmo.

SALMO 49

19 DE NOVEMBRO
UMA ADVERTÊNCIA CONTRA O DESCUIDO

Ninguém há que tenha deixado casa, ou irmãos, ou irmãs, ou mãe, ou pai,
ou filhos, ou campos por amor de mim e por amor do evangelho, que não receba,
já no presente, o cêntuplo de casas, irmãos, irmãs, mães, filhos e campos, com perseguições;
e, no mundo por vir, a vida eterna. Porém muitos primeiros serão últimos;
e os últimos, primeiros. (Mc 10.29-31)

A prioridade de Jesus não é que fiquemos confortáveis.

Quando uma conversa com Jesus sobre herdar a vida eterna terminou com um jovem rico deixando a cena triste porque não estava disposto a se separar de sua riqueza para segui-lo, Jesus disse a seus seguidores que "É mais fácil passar um camelo pelo fundo de uma agulha do que entrar um rico no reino de Deus" (Mc 10.25). Em resposta, Pedro, que gostava de deixar escapar as coisas em tais ocasiões, apontou os sacrifícios que ele e os outros discípulos fizeram para seguir a Jesus (v. 28).

Presumivelmente, Pedro estava tentando obter uma palavra tranquilizadora de que ele e os outros discípulos estavam "a salvo" do aviso de Jesus, já que haviam deixado para trás suas posses. E, de fato, Jesus respondeu oferecendo o encorajamento de que quem sacrifica muito por sua causa e pelo Evangelho certamente receberá muito em troca. Em outras palavras, Deus cuidará dessa pessoa nesta vida e na era por vir. Mas Jesus não estava preocupado em simplesmente fazer com que seus discípulos se sentissem bem consigo mesmos. Então ele prosseguiu com um fim inesperado: "Muitos primeiros serão últimos; e os últimos, primeiros".

Podemos imaginar Pedro, ao ouvir essas palavras, comparando-se ao jovem rico e sentindo-se tranquilo. Mas esse não parece ser o argumento que Jesus estava fazendo. Ele já havia lidado com as riquezas. Em vez disso, parece que Jesus estava alertando a seus discípulos: *Cuidado para que o descuido não pegue vocês.* Há aqueles que presumem ser "os primeiros" — muitos que são informados, pelo mundo ou pela igreja, de que são "os primeiros" — e um dia ficarão chocados com a avaliação de Jesus sobre eles. É para aqueles que deram tudo o que tinham por ele, muitas vezes de maneiras despercebidas por outros, que Jesus reserva a mais elevada exaltação.

Talvez nós, como Pedro, nos sintamos protegidos dos desafios de Jesus sobre riqueza e sobre sermos "os primeiros", ora porque não temos riquezas em primeiro lugar, ora porque já nos sacrificamos muito por Jesus. Podemos sempre encontrar alguém mais rico do que nós ou que desistiu menos do que nós e basear nosso senso de segurança nessa comparação. Mas Jesus não está preocupado em nos fazer sentir confortáveis. Em vez disso, ele nos chama do nosso relaxo para segui-lo com devoção. A pobreza relativa não é mais uma virtude do que a riqueza relativa. Ele prometeu cuidar de nós e nos chamou para encontrar nossa segurança em sua obra consumada por nós, não no que estamos fazendo por ele. Não ceda ao descuido que vem da comparação com os outros. Em vez disso, ouça o chamado de Jesus a Pedro quando, em uma ocasião posterior, Pedro perguntou a seu Senhor se a vida de João seria diferente da dele: "Quanto a ti, segue-me" (Jo 21.22).

SALMO 73

A Bíblia em um ano: 1Cr 25–27; Lc 4.1-30

20 DE NOVEMBRO
TRANSBORDANDO DE GRATIDÃO

Andai nele, arraigados e sobreedificados nele, e confirmados na fé,
assim como fostes ensinados, nela abundando em ação de graças. (Cl 2.6-7 ACF)

Se andarmos com um copo cheio e alguém esbarrar em nós inesperadamente, o que quer que esteja dentro dele sairá. O mesmo princípio também se aplica ao nosso caráter: se estivermos cheios de amargura, ingratidão, inveja ou ciúme, não será preciso muito "impacto" para o que está dentro de nós transbordar.

Como Paulo escreveu aos cristãos colossenses, ele os encorajou a serem marcados por um coração agradecido — uma característica fundamental da vida cristã. A palavra que Paulo usa para descrever essa gratidão, "abundando", vem de uma palavra grega bastante comum, *perisseuo*. Em outros lugares na Escritura e em outras traduções em inglês, sua raiz é traduzida como "transbordando".[139] O significado de Paulo é claro: quando as pessoas "esbarravam" nesses crentes, o que transbordaria, ele instruiu, deveria ser gratidão.

Quando homens e mulheres não foram transformados por Cristo, a ingratidão — junto com sua amargura, queixa, raiva e malícia resultantes — muitas vezes marca suas vidas. Em Cristo, no entanto, os crentes trocam a ingratidão pela ação de graças, a amargura pela alegria, e a ira pela paz. Tendo ouvido falar da graça de Deus em toda a sua verdade e tendo nos voltado para ele em arrependimento e fé, temos nossos pecados perdoados. Temos o Espírito habitando em nós. Temos uma nova família na igreja de Deus. Temos a vida eterna pela frente. Temos acesso à sala do trono celestial em oração. Em outras palavras, temos muito a agradecer. A gratidão se torna a canção, o transbordar, do cristão.

Esse tipo de gratidão tem efeitos significativos. Direciona o nosso olhar para Deus e para longe de nós mesmos e de nossas circunstâncias. Isso nos defende contra o sussurro do diabo, que nos incita ao desespero e à desconfiança no que Deus disse. Também nos protege do orgulho, erradicando de nosso vocabulário frases como "Eu mereço mais do que isso" ou "Eu não mereço isso". E nos permite descansar no conhecimento de que Deus realiza seu propósito amoroso não apenas em experiências agradáveis e encorajadoras, mas também em experiências inquietantes e dolorosas. É somente pela graça que aprendemos a "[dar] graças em *todas* as circunstâncias" (1Ts 5.18 NVI, ênfase acrescentada).

O antídoto para a ingratidão é encontrado apenas na união com Cristo. Você vê em si mesmo alguma ingratidão persistente sobre o que Deus escolheu não lhe dar? Leve-a ao pé da cruz, busque o perdão de Cristo e peça sua ajuda para ver tudo o que você recebeu gratuitamente em seu Evangelho. Reserve um tempo todos os dias para escrever e contar a si mesmo as bênçãos recebidas de Deus. Então você realmente transbordará de gratidão.

SALMO 103

21 DE NOVEMBRO

FIQUE QUIETO E OUÇA

Ai daquele que diz à madeira: Acorda! E à pedra muda: Desperta!
Pode o ídolo ensinar? Eis que está coberto de ouro e de prata, mas, no seu interior,
não há fôlego nenhum. O Senhor, porém, está no seu santo templo;
cale-se diante dele toda a terra. (Hc 2.19-20)

O mundo ao redor de Habacuque encontrava-se num estado de turbulência e parecia ter passado do ponto de recuperação. Seu próprio coração estava profundamente inquieto, levando-o a perguntar a Deus por que ele permitia tudo o que estava acontecendo (Hc 1.2-3). O profeta ansiava por algo a ser feito. Ele ansiava por respostas. Ansiava por mudanças. E disse Deus a Habacuque: *Lembre-se de que ainda reino. Lembre-se de quem eu sou e quem você é.* Deus ainda estava presente "no seu santo templo", governando soberanamente sobre toda a terra. Ele já havia ordenado os meios pelos quais sua vontade seria alcançada. Reconhecer isso foi um chamado à humildade e ao silêncio para Habacuque. Embora ele tivesse suas perguntas e reclamações, e embora tivesse permissão para suscitá-las com Deus, acima de tudo ele precisava escolher ouvir o que Deus disse e pensar sobre as palavras dele.

Vemos esse chamado ao silêncio em toda a Escritura. Deus diz por meio do salmista: "Aquietai-vos e sabei que eu sou Deus" (Sl 46.10). No Novo Testamento, quando Jesus estava diante de Pedro, Tiago e João no Monte da Transfiguração, em sua glória celestial, e Pedro, em seu medo, disse a primeira coisa que veio à mente, este foi o chamado divino que os discípulos ouviram: "Este é o meu Filho amado, em quem me comprazo; *a ele ouvi*" (Mt 17.5, ênfase acrescentada).

Quando os tempos são difíceis, alguns de nós, pelo seu caráter, respondem como ativistas: o problema precisa ser superado e, portanto, nos dedicamos a trabalhar por uma solução. Outros de nós respondem como pessimistas: o problema não pode ser superado, então simplesmente nos prendemos a ele ou perdemos tempo em atividades para escapar dele. Em ambos os casos, nossa resposta é motivada pela ausência de estarmos quietos diante de Deus para ouvir e pensar em suas palavras. Vivemos em um mundo de barulho constante: palavras, palavras, palavras — o balbucio dos especialistas, professores e políticos. Todavia, se não dermos ouvidos a Deus, acabaremos confiando em um ídolo que não pode falar (Hc 2.18-19). Os ídolos não podem realmente falar sobre nossa vida ou as circunstâncias em nosso mundo.

Quando os dias de dificuldade estão sobre nós, Habacuque nos lembra: "Cale-se diante dele toda a terra". Não temos todas as respostas, nem os especialistas. Não é errado fazer perguntas ou buscar soluções, mas é errado se isso vem à custa de simplesmente ficar quieto e ouvir a Palavra de Deus para ouvir a voz de Deus. O que quer que esteja acontecendo ao nosso redor, o que mais precisamos é lembrar que o Senhor está em seu santo templo, dirigindo a história de seu trono para o bem do seu povo. Essa é a base sobre a qual podemos construir uma estrutura para entender o que Deus está fazendo no mundo ao nosso redor.

Você sente como se as nações estivessem furiosas e os reinos se abalando? As montanhas estão se movendo e as ondas subindo (Sl 46.2-3, 6)? Fique quieto, saiba que Deus é Deus e ouça-o.

SALMO 46

22 DE NOVEMBRO

UM RETRATO DO CÉU

> *Vi, e eis grande multidão que ninguém podia enumerar, de todas as nações, tribos, povos e línguas, em pé diante do trono e diante do Cordeiro, vestidos de vestiduras brancas, com palmas nas mãos; e clamavam em grande voz, dizendo: Ao nosso Deus, que se assenta no trono, e ao Cordeiro, pertence a salvação.* (Ap 7.9-10)

Muitas de nossas ideias e canções sobre o céu têm mais a ver com o cristianismo da era vitoriana e visões do universo baseadas no ensino do filósofo grego Platão do que com uma consideração rigorosa e pensativa do que Deus revelou em sua Palavra. Não passaremos nossa eternidade apenas sentados nas nuvens e tocando harpas, como o céu é frequentemente retratado na arte. Faremos algo muito melhor. A Escritura nos mostra que cantaremos os louvores de Deus e adoraremos o Cordeiro.

O livro do Apocalipse nos chama a notar os círculos de louvor em constante expansão que cercam o Cordeiro. No primeiro círculo, vemos quatro criaturas viventes e 24 anciãos oferecendo incenso e cantando um novo cântico de louvor (Ap 5.8-9). O segundo círculo, nos versículos 11-13, consiste em dezenas de milhares de anjos dando honra a ele, acompanhados por todas as criaturas em toda a Criação. Em seguida, Apocalipse destaca aqueles que foram redimidos pelo sangue do Cordeiro (7.4, 9). Eles são descritos como 144 mil em número e como uma companhia incontável. Eles são retratados tanto como as 12 tribos de Israel quanto como pessoas de todas as nações e línguas. Essas descrições podem parecer mutuamente contraditórias, mas isso faz todo o sentido da perspectiva de Deus. O número exato representa perfeição e conclusão; porém, do ponto de vista humano, a multidão é tão vasta que você não consegue contá-la quando a vê diante de si. Aos olhos de Deus, o povo que é redimido são seus filhos e filhas escolhidos, representantes de todas as tribos. Ele conhece cada indivíduo. No entanto, seu povo é formado de todos os povos. Aqui está uma imagem do triunfo absoluto e total de Deus — e do povo de Deus exaltando-o e exultando por seu triunfo.

Assim, embora esta cena comece com as quatro criaturas e os 24 anciãos, ela progride para esses milhares e milhares, refletindo a declaração de Paulo de que, no fim, "ao nome de Jesus se dobre *todo* joelho, nos céus, na terra e debaixo da terra" (Fp 2.10, ênfase acrescentada). Nosso louvor se juntará ao das incontáveis multidões, e todos nós declararemos que Cristo é o Cordeiro que foi morto, que por seu sangue nossos pecados foram purificados, que com sua justiça estamos vestidos e que em sua companhia viveremos por toda a eternidade.

Um dia, nos juntaremos ao círculo de louvor em constante expansão em torno de Cristo, que dará um passo à frente como o Leão conquistador e o Cordeiro humilde, nosso amado Noivo. Mas não precisamos esperar até lá, pois podemos, agora mesmo, participar do cântico de adoração com os olhos fixos nele. Um dia você estará diante dele e o verá! E, dia após dia, você caminha em direção a esse dia.

APOCALIPSE 7.1-17

23 DE NOVEMBRO

A QUESTÃO DO SOFRIMENTO

Maldita é a terra por tua causa; em fadigas obterás dela o sustento durante os dias de tua vida. (Gn 3.17)

Ninguém é um estranho relação ao sofrimento. Quer se trate da morte de um ente querido, de um diagnóstico doloroso, de um conflito no trabalho, de um relacionamento arruinado ou de qualquer coisa semelhante, as provações não são exclusivas a uma única pessoa. Ao longo da Escritura, vemos numerosos relatos de sofrimento. À medida que vivemos a vida e lemos nossa Bíblia, torna-se indiscutivelmente evidente que o sofrimento faz parte da existência humana.

Quando aceitamos essa realidade, uma das perguntas mais críticas que nos fazemos é: "Por quê?" Por que as pessoas sofrem? Todas as visões de mundo e religiões oferecem suas tentativas de respostas: "A dor é apenas uma ilusão". "Não há Deus; a dor não tem sentido." "A dor está fora do controle de Deus." "A dor é a retribuição por atos passados em sua vida presente ou anterior." Todas essas respostas têm algo em comum: não oferecem esperança. Mas o próprio Deus nos oferece uma resposta melhor.

Ele poderia ter impedido Satanás de enganar, ou impedido Adão e Eva de serem enganados, ou até mesmo impedido o sofrimento completamente. Em vez disso, Deus escolheu usar o sofrimento para ensinar aos homens e mulheres o significado do amor voluntário e da obediência genuína, e de sua necessidade de um Salvador. É a nossa própria liberdade que torna possível aprender esta lição. Deus não nos fez para sermos autômatos. Ele queria que o servíssemos com liberdade e amor, não por força ou obrigação. Tragicamente, porém, nessa liberdade, a humanidade escolheu a vida à parte dele — com consequências terríveis. E, sempre que pecamos, mostramos que não somos diferentes de nossos primeiros antepassados.

Deus sabia que homens e mulheres precisavam ser confrontados com a verdade de que a rebelião contra ele é loucura. É por isso que ele os baniu da árvore da vida no Éden (Gn 3.22-24). É por isso que o mundo não funciona mais da forma como foi criado — e nem nosso corpo (vv. 16-19). Como uma criança rebelde percebendo a loucura de sua escolha, voltando de bom grado para casa e valorizando ainda mais sua família, podemos retornar livremente a Deus, ansiando por seu amor. Deus permitiu que o pecado viesse ao mundo em todo o seu horror para podermos sentir as consequências de nossas escolhas e aprender a amá-lo ainda mais, enquanto ele exibe a beleza de seu próprio amor em um mundo de maldade.

C. S. Lewis notoriamente colocou desta forma: "Deus sussurra para nós em nossos prazeres, fala em nossa consciência, mas grita em nossa dor. É o megafone dele para despertar um mundo surdo."[140]

Deus não é o autor do mal, mas ele é soberano sobre o mal. Portanto, podemos ter esta esperança: haverá um dia quando Deus acabará com todo o mal. Enquanto isso, ele decide deixar as coisas como estão para que, por meio de nossas provações, possamos nos apegar ao Servo Sofredor como nosso Salvador. Não deixe suas decepções com a vida em um mundo caído persuadi-lo de que Deus não está presente ou não se importa. Em vez disso, deixe-as levá-lo de novo e de novo ao seu Salvador, que promete um dia acabar com tudo o que está errado e que estende diante de você uma eternidade em que tudo está certo.

LUCAS 15.11-32

A Bíblia em um ano: 2Cr 7–9; Lc 6.1-26

24 DE NOVEMBRO

VINDE, AGRADECIDOS

Deem graças em todas as circunstâncias [...].
Que o próprio Deus da paz os santifique inteiramente. Que todo o espírito,
alma e corpo de vocês seja conservado irrepreensível na vinda de nosso Senhor Jesus
Cristo. Aquele que os chama é fiel, e fará isso. (1Ts 5.18, 23-24 NVI)

Dar graças nem sempre é fácil, mesmo quando, como nação, os Estados Unidos reservam um feriado com o propósito expresso de fazer isso. Durante este feriado, muitos se tornam profundamente conscientes das circunstâncias da vida que não despertam sentimentos de gratidão. Alguns podem estar enfrentando seus dias mais solitários, enquanto outros estão sobrecarregados pelo fardo esmagador de um ente querido que se afasta do Evangelho. Outros ainda entram nessa temporada muito desapontados como resultado de vários fracassos — um emprego perdido, um relacionamento arruinado, outra promoção perdida. Às vezes nos encontramos absolutamente presos, incapazes de sair do desânimo e nos sentindo tão longe da gratidão quanto o leste é do oeste.

Quando estamos enfrentando tais situações e lemos "Deem graças em todas as circunstâncias", muitas vezes nos perguntamos como devemos responder. No entanto, a Bíblia nunca oferece exortações sem também oferecer ajuda.

A resposta de como podemos mostrar gratidão constante está na obra santificadora de Deus em nós. A palavra "santificar" significa "separar para Deus". Quando o Senhor Jesus Cristo vem para governar e reinar em nossa vida, o Espírito Santo entra em nós para produzir a limpeza contínua necessária para o crescimento espiritual. É a obra de Deus que nos capacita a ser o que Jesus deseja que sejamos, "porque Deus é quem efetua em vós tanto o querer como o realizar, segundo a sua boa vontade" (Fp 2.13). Quando permanecemos em Cristo, "nele radicados, e edificados" (Cl 2.7) — estudando nossa Bíblia, aprendendo a orar, comungando com o povo de Deus, contando aos outros sobre ele —, somos lembrados de tudo o que ele é por nós e tudo o que ele fez por nós e em nós. Aprendemos a cantar com o salmista: "Graças te rendemos, ó Deus; graças te rendemos, e invocamos o teu nome, e declaramos as tuas maravilhas" (Sl 75.1). Quaisquer que sejam nossos próprios arrependimentos e decepções, somos capazes de transbordar de gratidão ao nos lembrarmos dos feitos maravilhosos de Cristo — sua cruz, sua ressurreição, sua ascensão e sua obra em nós, por seu Espírito, para nos trazer à fé e nos manter na fé.

Nossas provações podem ser difíceis e sombrias. Podemos não nos *sentir* gratos em todos os momentos. Tudo bem, porque essa não é a questão. Deus nos permite ser gratos de qualquer maneira. Ele providencia a força para cumprirmos as instruções de Paulo.

Se você está experimentando uma ausência de gratidão em sua vida agora, então precisa desviar sua atenção de suas circunstâncias, pelo menos por um momento, e refletir sobre o dom do amor de Deus por você. Ao permanecer em Cristo e permitir que o Espírito de Deus continue sua obra santificadora, ele o vivificará por dentro, para que, mesmo por meio de lágrimas, dor e decepção, você possa responder quando ele nos convidar: "Vinde, ó agradecidos, vinde".[141]

SALMO 149

25 DE NOVEMBRO
VIVENDO A VERDADE

Se sabeis estas coisas, bem-aventurados sois se as praticardes. (Jo 13.17)

Você se lembra de uma vez em que um estranho se aproximou de você do nada e perguntou o que você acredita sobre Jesus Cristo e a fé cristã? Imagino que você tenha tido pouquíssimas experiências como essa, se é que já teve alguma. Devemos estar preparados para tais encontros, com certeza; o apóstolo Pedro nos manda ficar prontos para dar uma razão para a esperança que temos (1Pe 3.15). Mas as oportunidades de explicar em que acreditamos na maioria das vezes resultam não de encontros aleatórios com estranhos, mas da maneira como vivemos dia após dia diante daqueles que nos conhecem bem.

Como vivemos e no que acreditamos deve refletir nosso apego a Cristo. Essa é uma das razões pelas quais Pedro diz que os cristãos são "povo de propriedade exclusiva de Deus" (1Pe 2.9). Nossa conexão com Jesus como aqueles que estão nele e pertencem a ele é abrangente. Isso significa que não temos a liberdade de *acreditar* no que quisermos; não somos livres para formar nossos próprios pontos de vista sobre casamento, sexualidade, finanças ou qualquer outra coisa. Nossa visão agora é refletir a de nosso Messias e Mestre, Jesus. Mas ele não se contenta com seus discípulos simplesmente sabendo a verdade. Eles também precisam estar vivendo a verdade: "Se *sabeis* estas coisas, bem-aventurados sois se as *praticardes*". Acreditar deve levar ao fazer. Também não somos livres para nos *comportar*mos da maneira como quisermos. Nossa conduta deve refletir a de nosso Salvador sacrificial, Jesus.

Muitas religiões contemporâneas e credos seculares não exigem nada do seu estilo de vida; deixam você livre para viver como quiser. (Na verdade, muitos fazem disto o seu princípio orientador: que você faça o que lhe parece certo.) Contudo, o chamado ao discipulado cristão é totalmente diferente, pois no fundo é um chamado para seguir um Rei que não é você. O chamado para a vida cristã não é meramente crer no Evangelho, mas "[viver], acima de tudo, por modo digno do evangelho de Cristo" (Fp 1.27).

Todos nós ficamos aquém do que é esperado de nós. Você tem alguém que o ajuda, e a quem você pode ajudar, a identificar áreas de comportamento que ainda não são dignas do Evangelho? Junte os braços com um irmão ou irmã em Cristo, irradiem a luz da Palavra de Deus uns sobre os outros e busquem trazer a verdade à vida!

A igreja é o principal meio designado por Deus para alcançar seu mundo. E você faz parte disso. Mas não espere que as pessoas ao seu redor perguntem sobre o Evangelho — ainda menos que se arrependam e creiam no Evangelho — se você não estiver vivendo esse Evangelho:

Você está escrevendo um Evangelho,
Um capítulo a cada dia,
Pelas obras que pratica,
Pelas palavras que diz.
Os homens leem o que você escreve,
Seja infiel ou verdadeiro,
Diga! O que é o Evangelho
Segundo você?[142]

JOÃO 13.31-35

A Bíblia em um ano: 2Cr 13–14; Lc 7.1-23

26 DE NOVEMBRO

POR QUE DAR?

Enriquecendo-vos, em tudo, para toda generosidade, a qual faz que, por nosso intermédio, sejam tributadas graças a Deus. (2Co 9.11)

Deus não é um desmancha-prazeres cósmico. Ele não nos pede para suportar uma existência decepcionante em que nos sentamos e fingimos felicidade. Em vez disso, ele ricamente provê sobre nós. Não temos de nos desculpar pelo que ele nos dá; mas temos de *compartilhar*.

A razão pela qual Deus nos dá tudo de que precisamos (e muitas vezes mais!) é que possamos, por sua vez, dar aos outros. Quando somos "[enriquecidos] em tudo", Paulo nos diz, é para "toda generosidade, a qual faz que, por nosso intermédio, sejam tributadas graças a Deus". O que recebemos como um presente de Deus, isto devemos dar como um presente de Deus. Tiago retoma essa ideia de forma desafiadora quando pergunta: "Qual é o proveito, se alguém disser que tem fé, mas não tiver obras?" (Tg 2.14). A resposta é clara: não é nada bom! Ao cumprir nossa responsabilidade de ajudar os necessitados, não apenas louvamos a Deus, mas também evidenciamos a realidade de nossa fé em Deus.

Deus nos provê não apenas recursos, mas também a graça de que precisamos para sermos verdadeiramente generosos — para abrirmos as mãos e outros poderem ser abençoados (2Co 8.1-3). Ele é quem "pode fazer-vos abundar em toda graça, a fim de que, tendo sempre, em tudo, ampla suficiência, superabundeis em toda boa obra" (9.8).

Um coração generoso nos protege do egoísmo e do desejo de acumular riqueza significativa para nós mesmos. A alegria da bênção de Deus não é encontrada em estabelecer um fundamento financeiro estável para podermos nos aposentar em algum lugar fantástico, deixar uma herança monetária maior ou encontrar conforto em uma poupança. Em vez disso, somos chamados a compartilhar a riqueza que ele nos dá agora, para que, à medida que os outros entrarem nessa alegria, encontrem a verdadeira satisfação em Deus, o Provedor.

Se formos honestos, a própria razão pela qual muitas vezes evitamos compartilhar generosamente é que achamos que Deus pode nos deixar sem provisão depois de darmos coisas para os outros. No entanto, a Escritura nos assegura que o mesmo Deus que cuidou de nós em nossa infância nos proverá em nossa velhice (veja Is 46.4).

A alegria pode ser encontrada em se libertar da escravidão ao que você possui. É seu privilégio e sua responsabilidade ser rico em obras e ansioso para compartilhar, quer você tenha recebido muito, quer apenas um pouco. Peça a Deus a graça de dar alegremente sem relutância, e lembre-se disto: você não pode dar mais do que Deus.

2 CORÍNTIOS 9.6-15

27 DE NOVEMBRO

PELA SUA MISERICÓRDIA

Não depende de quem quer ou de quem corre, mas de usar Deus a sua misericórdia. (Rm 9.16)

Deus não está vinculado a costumes feitos pelo homem, e ele não tem obrigação de se encaixar em nossas expectativas.

O melhor exemplo onde isso pode ser visto está, talvez, nas vidas de Esaú e Jacó. Esaú era o primogênito de Isaque, cujo pai, Abraão, havia sido escolhido por Deus para ser o portador de suas promessas de se tornar um povo e trazer bênçãos ao seu mundo (Gn 12.1-3). Como herdeiro habitual, Esaú normalmente teria recebido a bênção e a herança de Isaque, assim como Isaque as herdou de seu pai, Abraão.

Em vez disso, Deus escolheu o irmão de Esaú, o gêmeo mais novo, Jacó, para receber ambas.

Jacó não era apenas mais jovem, mas também era um personagem desagradável cujo nome essencialmente significa "ele trapaceia". Parece inacreditável que ele fosse escolhido — no entanto, a linha da promessa deveria fluir por intermédio de Jacó, e seus descendentes se tornaram Israel, o povo de Deus.

Às vezes tenho dificuldade com esse conceito, perguntando-me por que Deus escolheria Jacó. Parece injusto! No entanto, a Bíblia nos diz que, embora Jacó fosse uma escolha improvável, Deus determinou antecipadamente cumprir suas promessas por meio de Jacó em vez de Esaú: "ainda não eram os gêmeos nascidos, nem tinham praticado o bem ou o mal (para que o propósito de Deus, quanto à eleição, prevalecesse, não por obras, mas por aquele que chama)" (Rm 9.11). Ao escolher Jacó, Deus estava cumprindo seus propósitos desde toda a eternidade. Ele também estava ensinando este princípio: *Deus não escolhe com base no mérito.* Nenhum de nós merece pertencer a ele.

É aqui que às vezes as coisas ficam de ponta-cabeça. Olhamos para Jacó e nos perguntamos por que ele foi escolhido, quando deveríamos realmente olhar para Deus e nos maravilhar com sua graça. Ele diz: "Terei misericórdia de quem me aprouver ter misericórdia e compadecer-me-ei de quem me aprouver ter compaixão" (Rm 9.15). E Deus misericordiosamente nos chama também, embora não sejamos merecedores.

Quando percebemos plenamente nossa situação antes de nos tornarmos filhos de Deus — nossa rebelião, que merece condenação, ira e morte —, podemos começar a entender a grandeza do amor e da misericórdia de Deus por nós. Paramos de perguntar por que Deus não mostra misericórdia a alguns; começamos a nos perguntar por que Deus mostra misericórdia a qualquer um. Torna-se uma questão de profunda gratidão o fato de que ele nos fez seus herdeiros, filhos de Deus.

Você não fez nada para ganhar o favor do Rei. Você não pagou absolutamente nenhuma restituição por sua rebelião. Há apenas uma base sobre a qual você foi adotado na família dele: a misericórdia dele, dada gratuitamente e nunca merecida. Nas palavras do escritor do hino, "Jesus pagou tudo".[143] Esta verdade o manterá humilde quando os dias forem bons, e esperançoso quando você enxergar seu pecado; a salvação nunca está em seu mérito, mas sempre e somente na misericórdia de Deus.

ROMANOS 9.1-18

A Bíblia em um ano: 2Cr 17-18; Lc 8.1-25

28 DE NOVEMBRO
O CAMINHO PARA A FELICIDADE

Bem-aventurado aquele cuja iniquidade é perdoada, cujo pecado é coberto. (Sl 32.1)

Há vários anos, a BBC realizou uma pesquisa com cerca de 65 países do mundo e relatou quais eram os mais e os menos felizes. Quando os indivíduos foram questionados sobre o que contribuiu para sua alegria, não houve um consenso claro. O caminho para a felicidade era ilusório.[144]

Na tradução ESV,[145] o Salmo 32 começa com a palavra "bem-aventurado", mas "feliz" pode ser a tradução mais evocativa e mais adequada. De fato, a mesma palavra hebraica usada aqui é frequentemente traduzida para a palavra grega para "feliz" em outros lugares, tanto na Septuaginta (a tradução grega do Antigo Testamento) quanto no Novo Testamento. A palavra é usada no início do Sermão do Monte, onde Jesus começou a falar com seus seguidores, dizendo: "Bem-aventurados [isto é, felizes] os humildes de espírito" (Mt 5.3).

Muitos de nós gostaríamos de ser mais felizes do que somos. Mas como? Alguns pensam que, se pudessem viajar mais, ficariam contentes. Alguns pensam em termos mais grandiosos: por exemplo, que, ao estabelecer justiça em sua parte do mundo, eles seriam mais felizes. Outros argumentam que há alegria em apreciar a beleza da Criação ou explorar a espiritualidade. No entanto, somos continuamente confrontados pelo fato de que algo estraga nossos empreendimentos e se instala como poeira em todos os nossos sonhos. A felicidade derivada dessas coisas é sempre frágil; é facilmente quebrada e não pode durar. A busca pela felicidade ou a tentativa de se apegar à felicidade torna-se um fardo.

Nossa busca pela felicidade duradoura permanece fútil enquanto não olhamos para onde o salmista diz que ela se encontra fundamentalmente: em um relacionamento com nosso Deus Criador, que começa com o perdão. Talvez não pensemos em olhar para lá, porque parece paradoxal o fato de que encontraríamos felicidade se considerássemos primeiro a seriedade de nossas transgressões e nossa necessidade de perdão. Mas a palavra hebraica para "perdoado" na verdade significa "suspenso" ou "removido". A felicidade e a paz que desejamos só vêm quando o fardo do pecado é tirado. E então somos livres para desfrutar de tudo o que a vida oferece, sem pedir às coisas criadas ou às pessoas que suportem o peso de ser a fonte de nossa alegria suprema.

Essa verdade foi a experiência de Agostinho. Ele passou a primeira parte de sua vida em um compromisso irrestrito com a luxúria. Então, depois de ler a Bíblia e encontrar Deus em sua Palavra, ele emergiu de sua névoa, escrevendo mais tarde: "Ó Deus, nosso coração permanece inquieto até encontrar descanso em ti".[146] Você acredita no que Agostinho acreditava? A base para sua afirmação é encontrada no versículo de abertura deste salmo. Você não precisa andar pela vida sobrecarregado pelo pecado e tristeza, porque Deus lhe ofereceu perdão e um relacionamento com ele por meio de Jesus. Você não precisa correr atrás da felicidade da maneira como o mundo faz. Quando seus fardos são suspensos e você sabe que Deus conhece o pior de você e o ama de qualquer maneira, você experimenta uma felicidade fenomenal e duradoura.

SALMO 32

29 DE NOVEMBRO
ADORAÇÃO EM UNIDADE

Rogo-vos, irmãos, pelo nome de nosso Senhor Jesus Cristo,
que faleis todos a mesma coisa e que não haja entre vós divisões; antes, sejais
inteiramente unidos, na mesma disposição mental e no mesmo parecer. (1Co 1.10)

Uma igreja unida no Evangelho será uma igreja saudável. E nada corrói uma igreja tão rápido quanto a divisão.

Sempre foi assim para o povo de Deus. Em seus maiores momentos, vemos uma grande unidade. Por exemplo, depois de retornar do exílio na Babilônia, afirma-se em Neemias 8, os israelitas se reuniram com expectativa, "como um só homem", para ouvir a pregação pública de Esdras, o sacerdote, do Livro da Lei (Ne 8.1). Naquele momento, quase cinco mil homens e mulheres foram à praça pública diante da Porta das Águas em um espírito de unidade e compromisso mútuo de adoração. Seu foco não era simplesmente "O que estou *recebendo* deste ensinamento?", mas: "O que estou *contribuindo* para meus irmãos e irmãs que se reuniram comigo?"

É assim que o povo de Deus deve sempre adorar, para que haja unidade entre nós.

Quando estamos verdadeiramente andando com Cristo, ansiaremos por adorar comunitariamente com as pessoas que amam a Cristo. Embora nossa motivação às vezes possa murchar, com a ajuda do Espírito Santo é possível compartilhar o espírito de adoração do salmista: "Alegrei-me quando me disseram: Vamos à Casa do Senhor" (Sl 122.1). O culto da igreja reunida é muito mais do que um evento para você participar ou suportar; é uma declaração de lealdade compartilhada ao nosso Rei e um poderoso lembrete da profunda unidade que o povo de Deus desfruta.

Dentro de nossas congregações, não concordamos e nem sempre concordaremos. Todos nós temos preferências e convicções individuais. Porém, no centro da membresia na família de Deus, deve haver unanimidade em relação a questões centrais de nossa fé — questões como a autoridade da Bíblia, a centralidade e preeminência de Jesus, a necessidade de evangelismo e a prioridade da oração e adoração em nossa vida diária. Essas convicções compartilhadas permitem que o povo de Deus se reúna em unidade. Portanto, embora o humor do púlpito, a bela música e os programas significativos para as famílias possam ser presentes do Senhor, eles não devem ser nossa prioridade. Em vez disso, devemos estar em oração por nossos parceiros santos enquanto procuramos adorar juntos em unidade, pedindo que o avivamento venha de nosso próprio desejo de ouvir a Palavra de Deus pregada em verdade.

Afinal, quando uma congregação estiver em expectativa em constante oração, Deus certamente fará o que prometeu fazer por meio de sua Palavra. É fácil ter uma abordagem "eu em primeiro lugar" para a igreja e ser rápido para criticar — fácil, mas corrosivo. Certifique-se, no próximo domingo, de que você não está lá apenas para si mesmo, mas para os outros, e que você está pronto para construir e sustentar sua unidade compartilhada em como você canta e se comunica.

NEEMIAS 8.1-12

30 DE NOVEMBRO

DEUS OUVE NOSSOS CLAMORES

Os filhos de Israel gemiam sob a servidão e por causa dela clamaram [...].
Ouvindo Deus o seu gemido, lembrou-se da sua aliança. (Êx 2.23-24)

A promessa de alimento encorajou Jacó e sua família a deixar sua terra atingida pela fome e se mudar para o Egito com José. Por um tempo, tudo estava ótimo. Mas sua experiência piorou quando um novo rei chegou ao poder. Ele não gostava da ideia do povo de Israel crescendo em estatura e número, então ele os colocou para trabalhar, escravizando-os impiedosamente. Suas vidas estavam cheias de lágrimas e amargura.

O povo de Deus ainda tinha as promessas dele, mas essas promessas pareciam vazias. Tinha sido fácil confiar em Deus quando eles estavam livres e bem alimentados. Era muito menos fácil quando eles eram escravizados. Nos longos, longos anos de opressão, alguns devem ter dito a si mesmos: *Acho que Deus se esqueceu de sua promessa. Não tenho certeza se ele realmente fará o que disse.* No entanto, apesar disso, eles clamaram a Deus, buscando desesperadamente o resgate.

Deus não havia esquecido, e sua resposta veio. Deus ouviu o clamor deles; ele ouviu seus gemidos e, em resposta, implementou uma operação de resgate. Deus não os deixaria na miséria em que eles se encontravam. Ele iria cumprir seus propósitos para o seu povo e libertá-lo da escravidão. Ele "lembrou-se de sua aliança" — o que não quer dizer que suas promessas a Abraão haviam escapado de sua mente, mas que agora, exatamente no momento certo (embora, sem dúvida, seu povo teria preferido que fosse antes), ele se manifestou para manter sua aliança com seu povo.

É disso que o povo de Deus precisa ser lembrado agora, assim como fizeram naquela época: Deus ouve nossos gemidos, Deus conhece nossas circunstâncias e ele *agirá*. Nenhuma de suas promessas falhará. De fato, quando estamos sem palavras em nossa angústia, descobrimos que o Espírito Santo até intercede por nós por meio de nossos gemidos em oração (Rm 8.26-27). Esse é o nível da preocupação de Deus por cada um de nós e a profundidade de sua determinação de fazer o bem eterno para o seu povo.

Quando os gritos de sua alma parecem não ser ouvidos — quando você começa a se perguntar se alguém realmente se importa —, lembre-se de quem Deus se revelou ser, no Egito e supremamente em seu Filho:

Por que eu deveria me sentir desanimado,
Por que as sombras deveriam vir,
Por que meu coração deveria estar solitário
E ansiar pelo céu e pelo lar,
Quando Jesus é minha porção?
Meu amigo constante ele é:
Seus olhos estão no pardal,
E eu sei que ele me observa.[147]

Continue clamando por livramento. Deus ouve, se importa e opera em seu favor.

MARCOS 5.21-43

1º DE DEZEMBRO
O VERBO PREEXISTENTE

No princípio era o Verbo, e o Verbo estava com Deus, e o Verbo era Deus. Ele estava no princípio com Deus. (Jo 1.1-2)

A maioria de nossas imagens mentais de Jesus se deve mais à criatividade artística do que à teologia bíblica. A Bíblia não nos dá nenhuma descrição física de Cristo além de que ele "crescia em estatura" (Lc 2.52). É extremamente inútil para nós, então, imaginá-lo com cabelos loiros e olhos azuis impressionantes, como muitos na cultura ocidental fizeram. Tal imagem não apenas falha em lembrar que ele era um judeu do Oriente Médio; ela também nos impede de entender e reconhecer a incrível maneira pela qual o Evangelho de João o apresenta.

Desde o primeiro versículo, João nos fala da eternidade de Cristo, sua personalidade e sua divindade. Não importa quão longe consideremos o início do tempo, e não importa que modelo possamos ter em nossa mente de como o tempo começou: lá encontraremos o Filho de Deus pré-encarnado. Ele não foi criado, pois ele é o Criador. A criança na manjedoura era a mesma pessoa que colocou as estrelas no céu — incluindo a própria estrela que levou os sábios do Oriente a vir e adorá-lo.

Em sua eternidade, este Verbo, Jesus, é distinto do Pai e do Espírito, não em essência, mas em pessoa. Ele "estava com Deus", no entanto ele "era Deus". Embora possa parecer intrigante, João não estava escrevendo abstrações. Ele estava apresentando uma pessoa que conheceu, viu, ouviu e tocou. O palco está montado para que os leitores digam com o apóstolo: "a vida se manifestou, e nós a temos visto" (1Jo 1.2), porque esse é o poder do Verbo vivo de Deus.

Ao afirmar a realidade de que Cristo não estava apenas *com* Deus, mas *era* Deus, João quer que leiamos todo o seu Evangelho com a divindade de Jesus em mente. Quando viramos cada página, lemos as palavras de Jesus e observamos seus feitos, devemos ver que são as palavras e feitos do próprio Deus.

Se Jesus era simplesmente um bom homem, então o que lemos no Evangelho de João é, em última análise, blasfemo. Mas ele é mais do que um homem. Ele era, é e sempre será um com o Deus de toda a Criação. Precisamos entender os versículos iniciais de João para realmente compreender quem é Jesus, a fim de podermos, nas palavras de Bruce Milne, "adorá-lo sem cessar, obedecer-lhe sem hesitação, amá-lo sem reservas e servi-lo sem interrupção".[148] Se você está achando difícil adorar, obedecer, amar ou servir ao Senhor hoje, aqui está a resposta: olhe para ele. Afinal, quanto melhor entendermos que o Verbo que estava na manjedoura era o Verbo que estava com Deus e era Deus desde o início, mais naturalmente veremos nossos deveres cristãos se transformando em alegrias.

JOÃO 1.1-18

2 DE DEZEMBRO
CONHECENDO O CRIADOR

A verdadeira luz, que, vinda ao mundo, ilumina a todo homem. O Verbo estava no mundo, o mundo foi feito por intermédio dele, mas o mundo não o conheceu. (Jo 1.9-10)

Embora cada um dos Evangelhos adote uma abordagem diferente para detalhar a vida de Jesus, seu propósito é o mesmo: como João coloca, "para que creiais que Jesus é o Cristo, o Filho de Deus, e para que, crendo, tenhais vida em seu nome" (Jo 20.31). Essas palavras chegam perto do fim de seu Evangelho e tinham a intenção de lembrar até mesmo seus primeiros leitores de que Deus graciosamente tomou a iniciativa de ir atrás do seu povo para que pudéssemos conhecê-lo e amá-lo.

Embora Jesus fosse o Criador do mundo no qual entrou, o mundo não o reconheceu. Ele desceu do céu na forma de um homem, percorrendo as ruas da cidade e movendo-se entre nós para que pudéssemos viver com ele na luz, em vez de termos de viver nas trevas por toda a eternidade. No entanto, hoje, não muito diferente de dois mil anos atrás, muitos não entendem a imensidão do dom da vida neste mundo que Cristo nos deu e, portanto, perdem o dom da vida eterna que Cristo nasceu para nos oferecer, porque não o conhecem.

Em seu grande tratado no livro de Romanos, Paulo escreveu que os "os atributos invisíveis de Deus, assim o seu eterno poder, como também a sua própria divindade, claramente se reconhecem, desde o princípio do mundo, sendo percebidos por meio das coisas que foram criadas". Em outras palavras, como resultado da graça comum de Deus, a Criação exibe evidências suficientes para pelo menos nos levar ao ponto de nos tornarmos teístas. Por causa disso, homens e mulheres "são indesculpáveis" (Rm 1.20).

Mesmo com esse contexto, no entanto, Paulo prossegue dizendo que, embora homens e mulheres "[tivessem] conhecimento de Deus, não o glorificaram como Deus, nem lhe deram graças; antes, se tornaram nulos em seus próprios raciocínios, obscurecendo-se-lhes o coração insensato" (Rm 1.21). Eles sabiam da existência de Deus, mas, suprimindo esse conhecimento, recusaram-se a conhecê-lo como Senhor e Salvador.

Esta é uma advertência humilhante para nós. Se negligenciarmos dar a Deus a honra e o louvor que lhe são devidos, corremos o risco de esquecer as maneiras gloriosas pelas quais ele continua a ir atrás de nós, ainda hoje.

A palavra, a verdade e a história de Jesus foram disponibilizadas no mundo ocidental por centenas de anos — porém, ainda assim, muitas vezes homens e mulheres passam suas semanas sem qualquer reconhecimento de quem Jesus realmente é. Os crentes não estão imunes a viver vidas que, separadas das manhãs de domingo ou das devoções matinais, não têm evidência de conhecimento e relacionamento com Jesus como Senhor e Salvador. Imagine a diferença que faria se vivêssemos cada momento trazendo à mente as verdades de que ele é a luz e a nova vida dentro de nós, que ele torna possível viver com Deus por toda a eternidade, que ele é nosso grande Senhor e gentil Salvador, e que certamente vale a pena conhecê-lo.

1 CORÍNTIOS 1.18-31

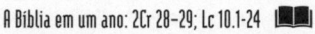

3 DE DEZEMBRO
DESAFIANDO A AUTORIDADE DE DEUS

Veio para o que era seu, e os seus não o receberam. (Jo 1.11)

Muitos atores creem estar aptos a desempenhar o papel de Hamlet. Em muitos casos, porém, simplesmente não estão. Eles simplesmente não têm a capacidade e a experiência para fazer isso — embora, é claro, isso não os impeça necessariamente de tentar!

Da mesma forma, todos os homens e mulheres são em algum momento tentados a desafiar a autoridade de Deus sobre suas vidas, acreditando erroneamente que podem desempenhar um papel para o qual somente Deus é adequado. Muitas vezes deixamos de confiar em sua mão divina em nossas circunstâncias. Em vez disso, questionamos sua vontade soberana. Tentamos roubar a parte para a qual apenas o Deus Criador é adequado.

A resistência à autoridade de Deus não é novidade. Enquanto Jesus desceu à terra em cumprimento das profecias do Antigo Testamento, durante todo o seu ministério ele não foi bem-vindo por seu próprio povo. Israel estava esperando pelo Messias — contudo, uma vez que ele chegou, eles questionaram sua autoridade e rejeitaram sua identidade. Eles conheciam essas profecias, mas estavam cegos para o seu cumprimento.

Dias antes de morrer nas mãos de líderes religiosos judeus e governantes gentios, Jesus contou sua parábola dos lavradores maus que rejeitaram o dono da vinha e mataram seu filho. O Senhor estava, em graça e coragem, apontando a cegueira dos principais sacerdotes, escribas e anciãos, que lhe exigiam justificar suas ações (Mc 12.1-12). Eles entenderam que Jesus estava afirmando ser o Filho de Deus. No entanto, tendo acabado de ser avisados por Jesus de que estavam agindo como os inquilinos que haviam apreendido o filho do proprietário, esses homens (com trágica ironia) imediatamente quiseram prendê-lo.

É tentador pensar: "Quão presunçosos são esses líderes religiosos em confrontar o Rei do universo e desafiar sua autoridade!" Mas cada um de nós não era diferente deles. Em nossa própria natureza pecaminosa, não queríamos receber o Filho a quem Deus enviou. Estávamos inclinados a viver na escuridão. Na verdade, gostávamos bastante da escuridão! João capta bem quando diz que a luz veio ao mundo, mas as pessoas amam as trevas em vez da luz porque suas ações são más (Jo 3.19). As pessoas, por natureza, não estão sentadas e esperando que a luz do Evangelho entre em seu coração. Todavia, por sua graça, Deus abre os olhos cegos para ver a identidade de seu Filho, para que as pessoas confiem nele e o adorem.

É por isso que a Bíblia sempre fala no "agora". Não há dia melhor do que hoje para viver para Cristo. Mesmo como crentes, somos chamados ao arrependimento e restauração contínuos em nossa caminhada com o Senhor, em vez de escolher agirmos como se fôssemos Deus em nossa própria vida. Conforme nosso coração se torna mais sensível ao nosso pecado e experimentamos a paciência contínua de Deus em relação a nós, sua bondade nos leva à santidade. E, quando você vive com Deus no centro de sua vida, com ele desempenhando o papel que só ele pode, você descobre que é capaz, com alegria e confiança, de cumprir o papel que ele lhe deu — viver a vida que ele lhe deu e o propósito para o qual ele o convidou ao "palco": uma vida gasta desfrutando, conhecendo e servindo a ele.

MARCOS 12.1-12

A Bíblia em um ano: 2Cr 30–31; Lc 10.25-42

4 DE DEZEMBRO

FILHOS DE DEUS

> *Mas, a todos quantos o receberam, deu-lhes o poder de serem feitos filhos de Deus, a saber, aos que creem no seu nome; os quais não nasceram do sangue, nem da vontade da carne, nem da vontade do homem, mas de Deus.* (Jo 1.12-13)

Em algumas igrejas, é rotina falar da paternidade universal de Deus e da irmandade resultante do homem. Mas devemos estar atentos aos limites de tais alegações. Embora, em certo sentido, seja verdade que somos todos filhos de Deus em virtude da Criação, o Novo Testamento nos lembra que também somos "filhos da ira" perdidos e precisamos ser adotados na família de Deus (Ef 2.3).

Não nos tornamos filhos de Deus por nenhum processo natural. Não é o resultado da genética humana ou mesmo do esforço humano. Ninguém nasce no Reino de Deus — e é por isso que Jesus disse a Nicodemos, um homem religioso com uma linhagem judaica impecável, que ele tinha de nascer de novo (Jo 3.3). Tornar-se um filho de Deus é um processo *espiritual* — algo que Deus, em sua misericórdia e graça, faz em nosso favor.

Pense no seu nascimento físico. Você não tinha nenhum controle sobre isso. Não foi algo que você conseguiu. O mesmo se aplica ao nosso novo nascimento em Cristo. Quando Deus faz com que alguém nasça de novo, a nova vida que se segue só é possível por causa da autoridade dele. Somente ele pode nos dar o direito de nos tornarmos seus filhos.

Afirma-se que o imperador Napoleão quase caiu da cela de seu cavalo quando largou as rédeas para ler alguns papéis que carregava consigo. Quando o cavalo começou a empinar, um jovem cabo interveio rapidamente, agarrando o freio do animal. Napoleão se virou para ele e disse: "Obrigado, capitão". "De que companhia, Majestade?", perguntou o soldado. "Dos meus guardas", respondeu Napoleão.[149]

Em um instante, o homem foi promovido, recebeu acesso ao quartel-general dos funcionários do general e tomou seu lugar entre os oficiais do imperador. Quando outros lhe perguntavam o que estava fazendo, ele poderia responder que era o capitão da guarda pela autoridade do próprio imperador.

Se você recebeu Jesus como seu Senhor e Salvador, você é um filho de Deus. Deus carimbou sua vida com uma nova identidade, e ninguém pode contestá-la. Você pode viver com a grande certeza de que Jesus, o Rei dos reis e o capitão de sua salvação, tornou possível que você fosse contado entre os filhos de Deus. Essa é a grande realidade que agora é o âmago de sua identidade, quem quer que você seja e o que quer que esteja acontecendo em sua vida. Essa é a grande realidade que lhe permite começar cada dia com a cabeça erguida, confiante de que, aconteça o que acontecer, você é um filho de Deus.

1 JOÃO 2.28–3.3

5 DE DEZEMBRO

ELE SE HUMILHOU

*E o Verbo se fez carne e habitou entre nós, cheio de graça e de verdade,
e vimos a sua glória, glória como do unigênito do Pai. [...] todos nós temos recebido
da sua plenitude e graça sobre graça.* (Jo 1.14, 16)

O ator Steve McQueen levou uma vida incrível, embora às vezes sórdida. Ele morreu em 1980, mas, antes que a doença o reivindicasse, um pastor fiel compartilhou o Evangelho com ele, e ele se curvou e confiou em Cristo. Após sua conversão, ele teve uma rotina fiel de estudo bíblico e adoração dominical que passou despercebida pelo público. Ele permaneceu admirado com a verdade de que, embora sua vida fosse confusa com divórcios, vícios e más escolhas morais, Deus lhe mostrara tanto amor.

McQueen começou a entender que Deus havia feito dele um nada, a fim de que, na descoberta de seu nada, ele pudesse se tornar algo. Deus faz o mesmo conosco também.

Nisso, somos chamados a seguir o padrão do próprio Jesus. Desde o dia de seu nascimento, Cristo deixou de lado sua glória ininterrupta para vir a este mundo caído e desamparado em nosso favor. Ele não veio em uma carruagem, mas para uma manjedoura; ele não veio com um cetro, mas para um estábulo. Jesus era tanto um servo terreno quanto o soberano celestial.

Dizer que ele se fez nada, no entanto, não significa que ele fez a transição de ser Deus para ser homem e depois voltar a ser Deus de novo. Quando lemos que "o Verbo se fez carne e habitou entre nós", devemos refletir sobre o paradoxo inspirador de que nosso maravilhoso Salvador se derramou em sua humanidade sem desistir de sua divindade. Ele é totalmente Deus e totalmente homem!

Nossa mente humana finita às vezes se concentra tanto na divindade de Cristo, que não nos lembramos de que ele não era menos humano do que você ou eu; e outras vezes podemos nos tornar tão preocupados com sua humanidade, que perdemos de vista sua divindade. As Escrituras mantêm as duas naturezas de Cristo em perfeita tensão: embora ele tenha sido encontrado em forma humana (Fp 2.8), não era apenas quem parecia ser.

Há mais em Jesus do que aparenta à primeira vista. Ele pode ter se parecido com qualquer outro homem, mas nenhum outro homem pode se levantar em um barco durante uma tempestade e acalmar o mar. Somente Deus pode curar os coxos ou restaurar a visão dos cegos. Somente este homem merece a adoração dos anjos e o louvor de toda a Criação. No entanto, Jesus não se aproximou da encarnação perguntando: *O que eu ganho com isso?* Antes, ele chegou sabendo que "não veio para ser servido, mas para servir e dar a sua vida em resgate por muitos" (Mc 10.45). Ele estava disposto a deixar tudo e se tornar nada para que aqueles que reconhecem o próprio nada possam receber tudo. Ele se tornou carne para poder servir, e ele lindamente modelou a humildade para todos os que poderiam segui-lo. Como você vai olhar para o exemplo dele em suas tarefas e responsabilidades hoje?

FILIPENSES 2.1-13

6 DE DEZEMBRO

PERMANECENDO ACORDADO

Já é hora de vos despertardes do sono; porque a nossa salvação está, agora, mais perto do que quando no princípio cremos. [...] Andemos dignamente, como em pleno dia, não em orgias e bebedices, não em impudicícias e dissoluções, não em contendas e ciúmes. (Rm 13.11, 13)

"A conversa descuidada custa vidas", proclamou uma campanha do governo britânico durante a Segunda Guerra Mundial. O governo queria que as pessoas estivessem cientes do perigo ao seu redor: que os ouvidos inimigos atentos estavam prontos para atacar a qualquer deslize da língua.

Aqui, Paulo nos dá um aviso semelhante para nossa vida cristã: o descuido pode custar vidas. O descuido nos torna suscetíveis ao perigo. Muitos de nós vivemos descuidadamente quando se trata de nossa vida espiritual, andando em uma espécie de sonho moral, deixando de ficar acordados e alertas para os perigos ao nosso redor. Isso nos deixa vulneráveis. Considere apenas duas razões pelas quais é vital permanecermos acordados e alertas em nossa busca pela pureza.

Primeiro, o apóstolo Pedro nos diz: "O diabo, vosso adversário, anda em derredor, como leão que ruge procurando alguém para devorar" (1Pe 5.8). Não nos iludamos: o pecado é predatório. O inimigo é um leão. Lembre-se da maneira como o Senhor falou com Caim quando ele estava com raiva de seu irmão: "Eis que o pecado jaz à porta; o seu desejo será contra ti, mas a ti cumpre dominá-lo" (Gn 4.7).

Você sabe quem é a presa fácil? Um cristão isolado. Quando estamos isolados, ficamos vulneráveis e sem responsabilidade. Nós "[andamos] dignamente" com mais facilidade em uma companhia piedosa. Como filhos do dia, não devemos ser atraídos pela escuridão, porque a escuridão cria isolamento. A paixão pela pureza exige que andemos na luz e com os filhos da luz.

Segundo, devemos ficar acordados e alertas, porque a eternidade nos espera. O que tornou os heróis de Hebreus 11 dignos do título de "heróis"? Eles estavam procurando uma cidade além de si mesmos. Eles procuraram uma cidade cujo fundamento e construtor era Deus (Hb 11.10).

Moisés, por exemplo, não sucumbiu à tentação da satisfação instantânea. Ele não vendeu sua alma em troca de um momento. Ele não desistiu de seu ministério, futuro e família por conforto e privacidade. Em vez disso, escolheu um caminho mais difícil. E qual foi a explicação? "[Ele] considerou o opróbrio de Cristo por maiores riquezas do que os tesouros do Egito, porque contemplava o galardão" (v. 26). Moisés não era sem defeito, e nós também não. Mas isso não deve nos eximir de viver por causa de Cristo em questões de pureza. Afinal, nossa salvação está se aproximando cada vez mais, e queremos estar prontos para o Senhor Jesus quando ele aparecer.

Seja qual for o seu passado, sejam quais forem seus erros e decepções recentes, não é tarde demais para acordar e ficar alerta. O inimigo não dormirá, e a eternidade valerá a pena. Peça a Deus hoje que escreva um compromisso em seu coração para uma vida de pureza, para que hoje você caminhe de forma adequada e cuidadosa, com a cabeça erguida e os olhos fixos naquele glorioso dia futuro de sua salvação.

EFÉSIOS 6.10-20

7 DE DEZEMBRO

ANDANDO COM DEUS

Depois que gerou Matusalém, Enoque andou com Deus durante trezentos anos [...]. Enoque andou com Deus até que não foi mais visto, porque Deus o havia tomado. (Gn 5.22, 24 A21)

A fé genuína não é um breve lampejo. É um ato decisivo e uma atitude constante.

Enoque, segundo se conta, "andou com Deus" — mas nem sempre foi assim. Está claro em Gênesis 5 que houve um tempo na vida de Enoque em que a fé começou. Na verdade, lemos que, "Depois que gerou Matusalém, Enoque andou com Deus". Talvez, como em muitas experiências de vida, as responsabilidades e os desafios da paternidade tenham revelado rapidamente a Enoque as suas inadequações. Seja qual for o caso, parece ter chegado um momento na vida de Enoque em que ele parou de acreditar em si mesmo, parou de depender de si mesmo e começou a acreditar e depender de Deus.

Mas a fé de Enoque não era apenas uma escolha deliberada; era também um relacionamento contínuo. A fé começa e continua como um ato decisivo. Enoque "andou com Deus" até que "não foi mais visto". E, como resultado de sua fé duradoura, Enoque foi levado por Deus. Ele não sentiu o gosto da morte.

A experiência quase única de fim de vida de Enoque antecipa a glorificação do corpo, que será a experiência de todos os crentes quando Jesus Cristo voltar. Paulo explica que "A trombeta soará, os mortos ressuscitarão incorruptíveis, e nós seremos transformados. Porque é necessário que este corpo corruptível se revista da incorruptibilidade, e que o corpo mortal se revista da imortalidade" (1Co 15.52-53). Quando andamos com Deus, lembrando que todas as dimensões de nossa vida estão sob seu controle e restrição, estarmos reunidos em nosso futuro eterno mudará nosso corpo e nosso ambiente, mas não mudará nossa companhia.

O relacionamento contínuo de Enoque com Deus culminou em seu gozo da presença de Deus para sempre. Se vamos passar toda a eternidade em adoração ao nosso Deus, então, ao adorá-lo na terra, estamos simplesmente começando o que nunca terminará. Se vamos passar toda a eternidade em comunhão e adoração, então nossa experiência aqui é uma preparação para o que acontece lá. Portanto, caminhe com ele hoje. Esteja ciente de sua presença. Seja dependente de sua graça e poder. Seja rápido em pedir-lhe perdão. Esteja alerta para a orientação dele. Caminhe com ele hoje, até que hoje seja o dia quando você o verá face a face.

1 TESSALONICENSES 4.13-18

8 DE DEZEMBRO
CRESCENDO EM CONTENTAMENTO

De tudo e em todas as circunstâncias, já tenho experiência, tanto de fartura como de fome; assim de abundância como de escassez. (Fp 4.12)

A natureza indescritível do contentamento não é nova em nossa era. No século XVII, a questão do contentamento era premente o suficiente para que o puritano Jeremiah Burroughs escrevesse um livro inteiro sobre isso, *The Rare Jewel of Christian Contentment* [A joia rara do contentamento cristão], que continua sendo um clássico da devoção cristã. No entanto, a maioria das estantes hoje não acomoda esse livro. Em vez disso, é muito mais provável encontrarmos títulos alimentando a fantasia de que nossa satisfação depende de preocupações mundanas, como a abundância de nossas posses ou a consumação de nossos desejos.

Se formos honestos com nós mesmos, devemos admitir que somos facilmente arrastados pelas marés da cobiça, bombardeados por um espírito descontente que está diretamente ligado às nossas circunstâncias. Como crianças pequenas, muitas vezes ficamos descontentes com o que nos é dado ou frustrados por nossos amigos terem mais. Como resultado, nos determinamos a fazer o que for preciso para "consertarmos" nossas circunstâncias financeiras, sociais ou físicas.

É fácil acreditar que a abnegação ou a indulgência são a resposta para a cobiça. Por um sentimento de falsa humildade, por exemplo, eu poderia dizer que não tenho interesse em suéteres de caxemira, mas apenas em suéteres horrivelmente ásperos que me fazem entrar em uma erupção cutânea — mas isso apenas geraria orgulho em minha própria falsa visão da aparente santidade. Por outro lado, eu poderia comprar todos os suéteres que encontrasse na esperança de me livrar do meu desejo por mais!

Nenhuma dessas abordagens glorifica o Senhor. Em vez disso, o que glorifica o Senhor é esperar nele, aquele que ricamente nos provê dons para o nosso prazer. Embora não coloquemos nossa esperança nas riquezas materiais, os cristãos reconhecem que todo dom de Deus é o resultado de sua providência graciosa e que o glorificamos desfrutando do que ele oferece da maneira como ele nos chama para desfrutar em sua Palavra. Somos livres para desfrutar das coisas — mas não devemos transformar essas coisas em deuses, perseguindo-as e servindo-as como se suprissem nossas necessidades e satisfizessem nossos anseios. O contentamento é obtido quando nos lembramos de que Cristo é o Senhor, e nada mais é.

Isso não vem naturalmente. Você e eu, como Paulo, temos de aprender isso à medida que amadurecemos na fé. Qualquer que seja sua atitude em um dia sombrio, ou sua resposta quanto a ser preterido para uma promoção, ou qualquer outra coisa, a pergunta que você deve fazer permanece a mesma: como isto se relaciona com a total suficiência de Cristo, segundo a qual ele é suficiente para eu encontrar contentamento nesta circunstância? O contentamento é uma joia rara e uma coisa preciosa de encontrar.

SALMO 16

9 DE DEZEMBRO

UM ATAQUE INTERNO

Cada um é tentado pela sua própria cobiça, quando esta o atrai e seduz. Então, a cobiça, depois de haver concebido, dá à luz o pecado; e o pecado, uma vez consumado, gera a morte. (Tg 1.14-15)

Todo pecado é um ataque que vem de dentro.

Como criaturas feitas à imagem de Deus, temos todos os tipos de desejos, e nossos desejos não são necessariamente ruins. Como resultado da Queda, porém, todos os nossos anseios têm um potencial incrível para o mal. Mesmo os desejos dados por Deus podem ser distorcidos e usados para a maldade.

Somos mestres em justificarmos nossa propensão ao mal como culpa do diabo, de nossos colegas, de nossa hereditariedade ou de nosso ambiente. A Escritura, porém, diz que somos tentados por nossos próprios desejos. Para todos nós, a tentação de desobedecer a Deus e satisfazer nossos desejos, sejam eles maus ou distorcidos, emerge de dentro.

O diabo pode vir e nos seduzir, mas apenas nós tomamos a decisão de desobedecer. Jesus deixou isso perfeitamente claro: "O que sai do homem, isso é o que o contamina" (Mc 7.20). Toda tentação vem até nós quando somos arrastados e seduzidos por nossos próprios desejos. E a tentação, quando sucumbimos a ela, acaba levando à morte.

O fascínio da tentação é visto muito claramente na loucura dos peixes. Eles avistam a isca; ela brilha e refulge; eles vão em frente — e são fisgados! Se a isca for atraente o bastante, os peixes não podem ignorar o anzol.

Somos realmente muito mais espertos do que os peixes? Se a isca parecer agradável, tentamos nos convencer de que não há gancho lá. Mas o gancho está lá. "O pecado, uma vez consumado, gera a morte." O caminho do pecado leva ao destino do julgamento e, no caminho, marca nossa vida de maneiras que o tempo nunca apagará — embora, em sua misericórdia, Deus possa redimir até mesmo estes pecados.

Enquanto vivermos nesta terra, nunca estaremos isentos da tentação. Em Gênesis, Deus adverte Caim: "eis que o pecado jaz à porta; o seu desejo será contra ti, mas a ti cumpre dominá-lo" (Gn 4.7). Esta é uma imagem reveladora: o pecado está sempre esperando dentro de nós, sempre pronto para nos atacar.

Esteja determinado, então, a lidar com todo avanço invasivo do pecado. É uma batalha diária. Hoje, recuse-se a permitir que seus olhos vagueiem, sua mente contemple ou suas afeições corram atrás de qualquer coisa que o afaste de Cristo. Como? Aprendendo a questionar seus desejos, perguntando: "Este é um desejo piedoso que eu deveria alimentar ou um desejo pecaminoso contra o qual eu deveria lutar?" E aprenda a usar a armadura de Deus: "embraçando sempre o escudo da fé, com o qual podereis apagar todos os dardos inflamados do Maligno" (Ef 6.16). Afinal, é em sua fé no Filho de Deus como seu Soberano e seu Resgatador que você encontra poder para permanecer firme e perdão para quando cair.

1 CORÍNTIOS 10.1-13

10 DE DEZEMBRO

NÃO SE CANSE DO QUE É BOM

E não nos cansemos de fazer o bem, porque a seu tempo ceifaremos, se não desfalecermos. (Gl 6.9)

Se você é como eu, pode se lembrar de ter estudado assuntos na escola que lhe faziam olhar para sua lição de casa com um sentimento de desesperança. Talvez você sentisse que o professor havia determinado que você era uma causa perdida. Esse é um ambiente difícil para aprender. João Calvino certa vez observou algo semelhante, escrevendo: "Não há nada que possa nos alienar mais de prestar atenção à verdade do que ver que nos consideram estar além da esperança".[150]

É fácil nos sentirmos sem esperança em nossa caminhada cristã — fácil "nos [cansarmos] de fazer o bem". Talvez muitas de nossas contribuições para as necessidades do povo de Deus tenham sido abandonadas simplesmente porque ficamos desanimados com seus efeitos ou desanimados por nossa própria incapacidade contínua de lidar com a derrota do pecado e o crescimento em santidade. Temos de persistir nisso! Ao trabalharmos para obedecer ao Senhor na vida cristã, Deus opera em nós para nos mudar e nos fazer crescer (Fp 2.12-13). E João assegurou aos crentes de sua época sobre sua fé em Cristo quando disse: "Nós sabemos que já passamos da morte para a vida, *porque amamos os irmãos*" (1Jo 3.14, ênfase acrescentada). Quantos de nós terminariam essa frase dessa maneira? No entanto, o próprio Jesus disse: "Nisto conhecerão todos que sois meus discípulos: se tiverdes amor uns aos outros" (Jo 13.35).

Não desista. Quando o apóstolo Paulo escreveu aos tessalonicenses, reconheceu sua exemplar "operosidade da [...] fé, da abnegação do [seu] amor e da firmeza da [sua] esperança em nosso Senhor Jesus Cristo" (1Ts 1.3). O que era verdade para a igreja em Tessalônica poderia ser verdade para nós: nossa expressão de fé pode, como a deles, ser prática, tangível e persistente. Eles não eram um breve lampejo, seguido dum entusiasmo que rápido evapora; seus atos de bondade cristã foram constantes ao longo do tempo.

Fazer o bem é cansativo, mas devemos ter cuidado para não nos cansarmos disso. Pois um dia o Rei da Glória dirá aos justos: "Sempre que o fizestes a um destes meus pequeninos irmãos, a mim o fizestes" (Mt 25.40). Até esse dia chegar, temos o privilégio de obedecer e servir a Cristo com esperança inabalável. Então, como você está mostrando expressões tangíveis de bondade cristã para com o andarilho, o estranho, o prisioneiro em aflição, a viúva, o desamparado? É hora de pedir a Deus força e propósito para cuidar de sua obra e começar, ou recomeçar, a "fazer o bem"?

🎧 ♡ ✋ ATOS 6.1-7

11 DE DEZEMBRO
CRESCENDO SOB A PALAVRA DE DEUS

Arrependei-vos, e cada um de vós seja batizado em nome de Jesus Cristo para remissão dos vossos pecados. (At 2.38)

Se você é cristão há algum tempo, provavelmente notou que é fácil perder o entusiasmo e comprometimento em seu estudo da Palavra de Deus, seja individualmente, seja nos domingos na igreja. O Evangelho pode parecer tão simples, que corremos o risco de deixá-lo escapar — porém, em nossa fraqueza, sempre precisamos ouvir sua verdade pregada a nós. Precisamos ouvir hoje a mesma coisa que no primeiro dia em que acreditamos. Não podemos desconectar nossa caminhada cristã da "palavra da verdade, o evangelho da [nossa] salvação" (Ef 1.13), porque Deus ordenou que os dois estivessem conectados. O Espírito de Deus opera por meio da Palavra de Deus para sustentar o povo de Deus.

Portanto, a primeira coisa que Pedro fez depois de receber o Espírito no dia de Pentecostes foi levantar-se e pregar um longo sermão; então, à medida que mais e mais pessoas ouviam e prestavam atenção à Palavra de Deus, cresciam como indivíduos e como um todo (At 2). Alternativamente, quando a Palavra de Deus não é ouvida, a igreja não cresce. Por que não? Porque o Espírito opera conforme a Palavra é ouvida, e a Palavra é ouvida conforme o Espírito opera. O sermão de Atos 2 está em sua Bíblia não apenas para mostrar como esses homens e mulheres chegaram à fé, mas também para apoiá-lo e encorajá-lo na sua.

Aqui está o que a Palavra produz quando o Espírito está trabalhando. Quando Pedro pregou naquele dia, este foi o efeito sobre seus ouvintes: "compungiu-se-lhes o coração e perguntaram a Pedro e aos demais apóstolos: Que faremos, irmãos?" (At 2.37). Em outras palavras, havia *convicção*. Pedro respondeu: "Arrependei-vos, e cada um de vós seja batizado em nome de Jesus Cristo para remissão dos vossos pecados, e recebereis o dom do Espírito Santo". E eles o fizeram. Então também houve *comprometimento*. Por fim, os novos crentes se reuniram para ouvir a doutrina dos apóstolos, partir o pão e orar (v. 42). Logo, havia *comunidade*. Convicção, comprometimento e comunidade — e tudo começou com um sermão inspirado pelo Espírito!

Crescer em nossa fé envolve coração e mente. Temos a responsabilidade de nos colocar debaixo do ensino bíblico e buscar o estudo da Palavra de Deus individualmente, pedindo ao Espírito de Deus que nos mostre Cristo nas páginas de nossa Bíblia e nos faça amá-lo mais. Se você está perdendo o entusiasmo ou comprometimento, em alguma medida, em sua leitura das Escrituras ou em sua vida cristã de forma mais ampla, volte a como você começou. Leia o Evangelho na Palavra de Deus. Seja convencido do seu pecado e comprometa-se a confiar e servir ao seu Salvador. Mergulhe na comunidade de crentes que Deus lhe deu para o seu bem. E peça a ele que trabalhe em você por meio de seu Espírito, para que o compromisso e a emoção que permearam aquela igreja de Jerusalém também sejam a sua experiência.

ATOS 2.22-41

12 DE DEZEMBRO
JUSTIÇA PERFEITA

Quando praticais o bem, sois igualmente afligidos e o suportais com paciência, isto é grato a Deus. Porquanto para isto mesmo fostes chamados, pois que também Cristo sofreu em vosso lugar, deixando-vos exemplo. (1Pe 2.20-21)

C. H. Spurgeon disse uma vez à sua congregação em Londres: "Se, meu querido amigo, você estabelecer a regra de que ninguém jamais o insultará sem ter de pagar por isso, nem o tratará com desrespeito sem receber de volta na mesma moeda, você não precisa orar a Deus pela manhã para ajudá-lo a realizar sua determinação".[151] Seu argumento era simples: defender nossa reputação e nos vingarmos daqueles que nos traem vem naturalmente até nós. Suportar o sofrimento e deixar a ação do julgamento para Deus, por outro lado, não.

No entanto, promulgar julgamentos é uma responsabilidade pela qual somos totalmente incompetentes. Quando revidamos, nunca sabemos com que força bater, e, quando alguém diz algo doloroso, muitas vezes respondemos com algo muito pior. No fundo, tendemos a pensar que venceremos o ódio com mais do mesmo; em vez disso, ampliamos a maldade. Sem dúvidas, o mal *deve* ser punido, e o mal *será* punido. Mas não deve ser punido por nós.

Somente Deus é perfeito em seus julgamentos e em sua justiça. Ele corrigirá todos os erros. Há um trono mais alto do que qualquer outro que este mundo já viu, e, um dia, nesse trono, todas as jurisdições corruptas, falhas de julgamento e erros da justiça humana serão corrigidos.

Entretanto, isso não deve ser um manto para nossa própria vingança. Não devemos desejar nada além da salvação de nossos inimigos. Para aqueles que nos insultaram, que trabalharam contra nós ou nos minaram, nossa responsabilidade é clara: devemos abençoar e orar por eles (Mt 5.44; Lc 6.28).

Jesus é nosso exemplo: "Quando ultrajado, não revidava com ultraje; quando maltratado, não fazia ameaças, mas entregava-se àquele que julga retamente" (1Pe 2.23). Você não sofrerá injustiça maior do que ele; assim, em todas as situações, você é chamado a responder como ele.

Em quais situações e com quais pessoas você está tentado a revidar com força em vez de responder ao errado com o certo? Estas três coisas o ajudarão a agradar a Deus, fazendo o bem a tais pessoas. Primeiro, *fixe seus olhos em Jesus*. É difícil olhar para Cristo na cruz dizendo: "Pai, perdoa-lhes, porque não sabem o que fazem" (Lc 23.34), e depois prosseguir para executar a vingança, sob qualquer forma. Em segundo lugar, *deixe a graça de Deus maravilhá-lo*. Lembre-se de quem você é por natureza e quem você se tornou pela graça. É impossível se maravilhar com a graça e desejar mal aos outros. E, terceiro, *concentre-se na eternidade e no trono mais elevado de Deus*. Sua situação terrena não é o quadro completo, e você não precisa ver a justiça feita no aqui e agora. Portanto, peça a Deus para ajudá-lo a fazer o bem e perseverar, mesmo quando você se deparar com o mal. Ele está pronto para ajudá-lo a realizar algo que está totalmente de acordo com o que ele ordenou.

TITO 2.11-14; 3.1-7

13 DE DEZEMBRO
UM RESGATE POR MUITOS

*Pois o próprio Filho do Homem não veio para ser servido,
mas para servir e dar a sua vida em resgate por muitos.* (Mc 10.45)

Gosto de pagar contas. Posso não gostar do tamanho das contas ou da frequência com que elas chegam, mas é maravilhoso quando realmente são pagas. Nos dias em que as contas eram muitas vezes pagas pessoalmente, achava satisfatório, em especial, passar minha conta pelo balcão com meu pagamento e depois recebê-la de volta marcada como "PAGA".

Nesses versículos, Jesus faz referência à sua morte com a pequena frase "resgate por muitos". Alguns exemplos do Antigo Testamento fornecem contexto para o uso da palavra "resgate" por Jesus aqui.

A Lei judaica afirmava que, quando o boi de um homem matava alguém, tanto o boi quanto o dono deveriam ser mortos. No entanto, se um resgate fosse imposto ao proprietário, ele poderia pagá-lo para redimir sua vida (Êx 21.29-30). Em outras palavras, o dono do boi poderia comprar sua própria vida pagando uma quantia em dinheiro. O mesmo era verdade para libertar um parente da servidão ou liberar um campo ou propriedade de uma hipoteca (veja Lv 25). Em cada caso, o resgate envolvia uma intervenção decisiva e dispendiosa para libertar alguém de uma forma de cativeiro.

Todas essas situações no Antigo Testamento eram situações materiais. Aquilo a que Jesus estava se referindo, no entanto, era uma situação moral. Somos escravizados pelo pecado e ofendemos a Deus. Jesus explicou que somente sua intervenção decisiva — essa compra dispendiosa de nossa vida — poderia nos libertar e nos tornar completos. Como o escritor do hino coloca: "Ele tomou meus pecados e minhas dores, tornando-os seus".[152]

Cristo é nosso resgate. Ele "nos resgatou da maldição da lei, fazendo-se ele próprio maldição em nosso lugar", para que possamos ser libertos de nossa escravidão quando colocarmos nossa confiança nele (Gl 3.13). Pela sua morte, Jesus quitou o julgamento contra todos os que creem nele. Quando ele clamou: "Está consumado!", usou a palavra grega *tetelestai*, que era escrita em uma conta para declarar que havia sido paga (Jo 19.30). Na ressurreição de seu Filho, o Pai providenciou o recibo do pagamento. A dívida, justificadamente levantada contra nós e grande demais para pagarmos, agora está inequivocamente marcada: "PAGA".

Às vezes, o Maligno virá em oposição contra nós, e nosso próprio coração nos acusará. "Você está realmente perdoado? Sem dúvidas você já pecou demais! Deus ama você de fato? Você tem mesmo um lugar na glória por toda a eternidade?" Quando você ouvir esses sussurros, lembre-se de que Cristo caminhou até o próprio tribunal de justiça e acertou a conta que era contra você. O Pai o ressuscitou dentre os mortos; portanto, você pode encontrar total segurança no fato de que ele nunca mais exigirá pagamento por nenhuma dessas acusações. Sua conta foi quitada de uma vez por todas. Você foi resgatado.

COLOSSENSES 2.8-15

14 DE DEZEMBRO

O SALVADOR QUALIFICADO

Vindo, porém, a plenitude do tempo, Deus enviou seu Filho,
nascido de mulher, nascido sob a lei, para resgatar os que estavam sob a lei,
a fim de que recebêssemos a adoção de filhos. (Gl 4.4-5)

Uma das melhores maneiras de obter uma amostra das crenças de uma cultura é conversar com crianças em idade escolar. Uma vez, por exemplo, quando lhe perguntaram quem era Jesus, uma criança que estava crescendo no Reino Unido respondeu: "Foi ele quem tirou dos ricos e deu aos pobres"! (Parecia que ela estava misturando Jesus e os discípulos com Robin Hood e seus Homens Alegres!) Quando lhe perguntaram: "O que é um cristão?", outra criança respondeu: "Eles não são as pessoas que cultivam seus próprios vegetais?"

Nesta época do ano, muitos que não passam muito tempo durante os 11 meses do ano pensando em Deus, se veem refletindo sobre a razão do nascimento de Jesus. Inúmeros amigos, colegas e parentes provavelmente diriam que Jesus é, na melhor das hipóteses, uma espécie de mistério. Essas respostas são um lembrete preocupante de que a mensagem do cristianismo não é tão óbvia para nosso próximo quanto podemos pensar. Quem é Jesus deve primeiro ser claro em nossa própria mente e importante em nosso próprio coração se quisermos articular isso para os outros.

Jesus se destaca entre outras figuras da religião, história e humanidade, uma vez que somente ele possui as qualificações para ser o Salvador do nosso mundo. Sua vinda não é considerada pelo apóstolo Paulo como uma intervenção acidental; foi uma designação divina. Quando Paulo diz: "Deus enviou seu Filho", implica que ele foi enviado de um estado anterior de existência. A vida de Jesus não começou quando ele "[nasceu] de mulher" como uma criança em Belém; ele era antes do próprio tempo começar (Jo 1.1-3). Sem deixar de ser o que ele era — a saber, Deus —, ele se tornou o que não era — a saber, um homem, "nascido sob a lei", devendo ao Pai obediência plena e perfeita: coisa que ele, e mais ninguém na grande massa da humanidade através dos tempos, alcançou.

Se Deus quer salvar, então o Salvador deve ser Deus. Se o homem deve suportar o castigo por ter pecado, então o Salvador deve ser um homem. Se o homem que leva sobre si a punição do pecado deve ser ele mesmo sem pecado, então quem, além de Jesus Cristo, atende a essas qualificações? Jesus era excepcionalmente qualificado para cumprir o plano de salvação de Deus.

Não havia outro bom o suficiente
Para pagar o preço do pecado;
Só ele poderia abrir o portão
Do céu e nos deixar entrar.[153]

Quem é Jesus? Ele é Deus Filho, nascido como homem. Ele é o guardião da Lei perfeito, que morreu para libertar aqueles que não guardaram a Lei. O que é um cristão, então? É alguém que foi libertado da penalidade do pecado e adotado na família de Deus. Essa é uma mensagem que devemos pregar a nós mesmos todos os dias, e devemos orar por uma oportunidade de compartilhá-la com outra pessoa todos os dias. Afinal, é a mensagem mais surpreendente e gloriosa de toda a história.

GÁLATAS 3.23-4.7

15 DE DEZEMBRO

POR QUE O JUSTO SOFRE?

Antes de ser afligido, andava errado, mas agora guardo a tua palavra. [...] Foi-me bom ter eu passado pela aflição, para que aprendesse os teus decretos. (Sl 119.67, 71)

Quando nos deparamos com o sofrimento, seja em nossa própria vida ou na vida dos outros, muitas vezes nos perguntamos por que aqueles de nós que professam a crença em Deus ainda sofrem. Deus não nos ama? Qual poderia ser o propósito dele em nosso sofrimento?

Quando a Bíblia aborda a questão da dor e do sofrimento, ela o faz dentro do quadro de que Deus é bom e todo-poderoso e tem um plano eterno para criar um povo que seja seu, para conformá-lo à imagem de seu Filho e trazê-lo em segurança para a glória (Tt 2.14; Rm 8.29; 2Tm 4.18). Ele fará o que for preciso para alcançar esses objetivos — mesmo que isso signifique permitir tristezas temporárias.

Aqui estão alguns exemplos do que o sofrimento pode alcançar:

- *O sofrimento traz semelhança.* A maior parte do sofrimento é, na verdade, apenas a realidade de viver em um mundo caído e imperfeito. Todos nós experimentamos dor, doença e tristeza. Os justos e os injustos veem o sol e sentem a chuva (Mt 5.45). Os justos e os injustos vivem com os efeitos do sofrimento.
- *O sofrimento é corretivo.* Assim como um pai disciplina seus filhos para que eles saibam e façam a coisa certa, Deus às vezes usa o sofrimento para nos levar de volta ao caminho certo quando estamos nos desviando (Hb 12.5-13).
- *O sofrimento é construtivo.* O sofrimento não apenas pode nos corrigir, mas também pode formar caráter dentro de nós (Tg 1.2-5). Você já olhou para as pessoas e se perguntou: "Como ela ficou tão esperançosa? Como ele é tão empático com a minha decadência?" Provavelmente é porque eles passaram pelo sofrimento, cresceram com ele e aprenderam a cuidar dos outros através dele.
- *O sofrimento é glorificador.* Deus sempre trabalha através do sofrimento para trazer glória a si mesmo, ainda que seja anos, décadas ou gerações depois. Assim como o cego em João 9, Deus pode usar uma vida de dor ou decepção para, no fim das contas, mostrar um exemplo milagroso de seu próprio poder. Podemos questionar por que estamos passando por uma experiência difícil, mas em alguns momentos, ao longo da jornada de nossos dias, podemos perceber: "Ah, é por isso que passei por tanta dor; é por este exato momento, para que Deus seja glorificado".
- *O sofrimento é cósmico.* Embora nem todo sofrimento seja parte de um grande drama espiritual, alguns sofrimentos certamente são. Jó é talvez o exemplo mais profundo disso, pois Deus o usou para demonstrar diante de Satanás que uma pessoa pode amar e confiar em Deus por quem ele é, e não apenas pelo que alguém pode obter dele (Jó 1).

A verdade é que você sofrerá na vida. Mas você não precisa sofrer sem esperança. Você pode se lembrar dos propósitos maiores de Deus através do sofrimento. A pergunta que você e eu precisamos fazer a nós mesmos não é "Por quê?", mas: "Eu vou...?" Vou acreditar nas promessas de Deus? Vou me apegar aos propósitos de Deus? Vou confiar nele?

Jó 1

16 DE DEZEMBRO

A MISERICÓRDIA ALI ERA GRANDE

Pois nós também, outrora, éramos néscios, desobedientes, desgarrados, escravos de toda sorte de paixões e prazeres, vivendo em malícia e inveja, odiosos e odiando-nos uns aos outros. Quando, porém, se manifestou a benignidade de Deus, nosso Salvador, e o seu amor para com todos, não por obras de justiça praticadas por nós, mas segundo sua misericórdia, ele nos salvou. (Tt 3.3-5)

Você não precisa de um corpo de bombeiros para ir à sua casa se ela não estiver pegando fogo; nem gostaria que um médico administrasse um soro intravenoso quando você está perfeitamente saudável. É inútil. Da mesma forma, até que estejamos verdadeiramente conscientes de nossa necessidade de perdão, a história da graça e misericórdia de Deus realmente não significa muito para nós. Vamos achá-la irrelevante.

De vez em quando, somos todos culpados de olhar em volta e reconhecer que os outros estão terrivelmente carentes de perdão, enquanto fechamos os olhos para nossas próprias necessidades. "Felizmente", dizemos a nós mesmos (embora não gostemos de admitir isso), "não sou como *eles*." Pela graça de Deus, porém, logo percebemos que também fomos indelicados, dissemos e fizemos coisas que não deveríamos, ou deixamos de fazer o que deveríamos. Nesses momentos de convicção, estamos cientes de nossa necessidade de perdão e somos gratos quando ele é estendido por aqueles a quem ofendemos.

Em outras palavras, não podemos ter todo o lado positivo do perdão sem o lado negativo de reconhecer nosso pecado. Primeiro, precisamos nos ver corretamente: por natureza, somos como ovelhas perdidas, rebeldes contra Deus, vasos vazios que precisam ser preenchidos. Precisamos aceitar que, por mais que continuemos na vida cristã e por mais que o Espírito nos mude nesta vida, nunca superamos nossa necessidade de graça, pois nunca superamos nossa própria pecaminosidade. Precisamos perceber o que merecemos por nossos pecados antes de nos curvarmos maravilhados com a percepção de que um Salvador perfeito morreu em nosso lugar e pagou tudo o que devemos para podermos receber o perdão de Deus.

Nossa grande necessidade é continuarmos a nos voltar para Cristo em fé e arrependimento. Cada um de nós, não importa onde estejamos em nossa caminhada com Cristo, precisa orar para que Deus nos mostre a verdade sobre nós mesmos e sobre nosso Salvador. Então, à medida que crescemos em nossa compreensão de tudo o que merecemos, adoraremos esse mesmo Salvador cada vez mais a cada dia. Ficaremos admirados com o amor de Deus e tudo o que Jesus fez por nós.

Faça uma pausa agora, portanto. Peça a Deus: "Mostra-me a mim mesmo" e reflita sobre seu próprio pecado. Em seguida, peça a ele: "Mostra-me meu Salvador" e desfrute da realidade e da alegria de sua misericórdia. Então a bondade e a misericórdia dele ao salvá-lo consumirão suas afeições para que você se junte alegremente ao coro:

A misericórdia ali era grande e a graça gratuita;
O perdão se multiplicou para mim;
Ali minha alma oprimida encontrou liberdade
No Calvário.[154]

EFÉSIOS 2.1-10

17 DE DEZEMBRO
PROVAÇÕES NECESSÁRIAS

*Nos gloriamos nas próprias tribulações,
sabendo que a tribulação produz perseverança.* (Rm 5.3)

Seja qual for o domínio da experiência, a perspectiva é sempre crucial. Na arte, ajuda o artista a criar uma imagem, a fim de que um copo pareça pronto para ser preenchido ou uma cadeira pareça firmemente plantada no chão em vez de suspensa no ar. Da mesma forma, nas provações da vida, a perspectiva correta é necessária se quisermos dar a resposta certa. A menos que pensemos corretamente sobre elas, não podemos responder adequadamente.

As provações são o meio pelo qual nossa confiança em Jesus como nossa única esperança é testada. Elas ajudam a definir se a fé que professamos é genuína ou falsa. Quando tudo está indo bem, é bastante fácil sentir-se confiante. Porém, quando falhamos de forma abrupta — quando a vida familiar começa a se desintegrar, quando o corpo ou a mente falham, quando nossas esperanças para esta vida são frustradas —, começamos a descobrir se nossa fé é sincera. E, quando se prova genuína através dos testes, há alegria, pois esse tipo de fé é "muito mais preciosa do que o ouro perecível, mesmo apurado por fogo" (1Pe 1.7).

As dificuldades também nos ajudam a medir o crescimento de nossa fé — se estamos estagnados ou florescendo. Decepções e lágrimas muitas vezes trazem mais progresso e crescimento em nossa fé conforme colocamos a Palavra de Deus em prática de maneiras que não tínhamos antes e aprendemos o valor supremo de Cristo de maneiras que não tínhamos reconhecido antes. Como diz um escritor, "O vento da tribulação sopra a palha do erro, da hipocrisia e da dúvida, deixando o que sobrevive ao teste [...], o elemento genuíno do caráter".[155]

Testes desenvolvem o poder de permanência. A vida cristã não é uma corrida de algumas centenas de metros; é uma maratona que dura toda a nossa vida. Os corredores de maratona percorrem quilômetros que parecem difíceis e exaustivos, mas continuam em frente. Eles não se surpreendem com o fato de doer. Eles esperam que doa. Mas eles sabem que, além das dificuldades, ali está o fim. As provações que enfrentamos ao longo do nosso caminho também exigem e produzem a resistência de que precisamos para correr bem nossa corrida espiritual.

Olhe para a vida de qualquer cristão que tenha olhos suaves e um coração terno, e você quase certamente descobrirá que ele chegou a essa bondade através da experiência das provações. É fácil querer resultados sem esforço. É assim que isso funciona. Deus geralmente faz florescer nossa fé no solo da aflição.

A pergunta a fazer é: "Eu acredito nisso?" Se você se perguntar isso, mudará drasticamente sua perspectiva e sua resposta às dificuldades da vida. As provações ainda podem enchê-lo de dor, medo e incerteza — porém, ao mesmo tempo, você poderá considerá-las com alegria, sabendo que sua resistência espiritual está sendo desenvolvida e, portanto, sua capacidade de alcançar a linha de chegada está sendo aprimorada.

🎧 ♡ ✋ 1 PEDRO 1.3-9

18 DE DEZEMBRO

A ELE OUVI

*Então, Pedro, tomando a palavra, disse: Mestre, bom é estarmos aqui
e que façamos três tendas: uma será tua, outra, para Moisés, e outra, para Elias.
Pois não sabia o que dizer, por estarem eles aterrados. A seguir, veio uma nuvem que
os envolveu; e dela uma voz dizia: Este é o meu Filho amado; a ele ouvi.* (Mc 9.5-7)

Para Pedro, os dias que levaram à transfiguração de Jesus foram uma montanha-russa. Num minuto ele estava declarando: "Tu és o Cristo, o Filho do Deus vivo" (Mt 16.16), e no minuto seguinte Jesus estava dizendo a ele: "Arreda, Satanás! Tu és para mim pedra de tropeço, porque não cogitas das coisas de Deus, e sim das dos homens" (v. 23). Pedro havia subido ao ponto de declarar a verdadeira identidade do homem que o chamara para se tornar um pescador de homens; então ele caiu nas profundezas de ser informado pelo Filho do Deus vivo de que estava sendo influenciado pelo Maligno e era um obstáculo à missão do Filho. Ele cairia ainda mais e se elevaria ainda mais (26.69-75; At 4.5-20). Se você, como eu, descobriu que sua vida cristã é uma série de altos e baixos, deixe o exemplo de Pedro ser um incentivo para você.

Em Mateus 17, Pedro se viu de repente em um monte com o Jesus transfigurado e radiante conversando com Moisés e Elias. Compreensivelmente, Pedro "não sabia o que dizer", porque ele e seus dois amigos "[estavam] aterrados" (Mc 9.6). Ele não sabia o que estava dizendo (Lc 9.33) — mas isso não o impediu!

O vislumbre de majestade que Pedro recebeu o deixou atordoado. Ele estava sugerindo erguer alguns abrigos para o Senhor e esses dois grandes profetas do Antigo Testamento, quando, de repente, em um momento que lembra o batismo de Jesus, uma voz do céu veio dizer-lhe a resposta correta ao que ele estava vendo: *Basta, Pedro! É hora de ouvir Jesus. Este é meu Filho, a quem eu amo. Ouça-o.*

Este é o chamado insistente de Deus em todos os momentos, para todas as pessoas, em todos os lugares. A Palavra de Deus é tão viva e ativa hoje, através da Escritura, quanto era quando Pedro a ouviu no Monte da Transfiguração. Quando lemos nossa Bíblia, temos a oportunidade de contemplar o mesmo vislumbre de majestade e experimentar o mesmo antegozo da glória que Pedro, Tiago e João, enquanto o Espírito opera em nosso coração.

Nós, como Pedro, podemos achar nossa caminhada cristã "acidentada em seu curso [...]. Hoje, é uma profundidade quase sem som; amanhã, uma altura quase sem escala."[156] Contudo, quando a Palavra implacável e eterna de Deus entra em nossa vida, somos redirecionados para Jesus, o Filho amado de Deus, aquele que sempre agradou ao Pai e vem se revelar a nós. A questão é: vamos ouvi-lo?

2 PEDRO 1.16-21

19 DE DEZEMBRO
GLÓRIA FUTURA

Pela fé, José, próximo do seu fim, fez menção do êxodo dos filhos de Israel,
bem como deu ordens quanto aos seus próprios ossos. (Hb 11.22)

O livro de Gênesis termina com a morte de José, mas isso não estava nem perto do fim da história. Ele marca apenas o início da história da provisão e libertação de Deus, que continua por todo o resto da Bíblia e em nossa vida hoje.

José tomou muito cuidado com o que aconteceria com seus restos mortais após sua morte, não por causa de algum interesse mórbido, mas para oferecer um símbolo da provisão de Deus no passado e a promessa de uma libertação futura. Os ossos de José direcionavam as futuras gerações de Israel para promessas que ainda não haviam sido cumpridas.

Apesar de todas as provações e experiências extraordinárias que definiram a vida de José — ser perseguido por seus irmãos, injustamente acusado pela esposa de Potifar, favorecido pelo Faraó, posicionado dentro da corte real egípcia, reunido com sua família e assim por diante —, o autor de Hebreus escolheu não destacar nenhuma dessas coisas, mas sim a fé de José para o que estava por vir. Por quê? Porque era extremamente significativo.

José não queria que sua família estabelecesse suas raízes muito profundamente no Egito. Ele sabia que a terra prometida estava chegando. Em vez de um funeral elaborado, então, ele apenas pediu que seu corpo fosse embalsamado, colocado em um caixão e deixado no Egito (Gn 50.22-26). Por quê? Ele não queria que seus ossos fossem enterrados. Ele queria que seu corpo estivesse pronto para ser movido quando chegasse a hora de viajar para a terra prometida. Ele reconheceu que o próprio caixão seria um memorial do fato de que a esperança da terra prometida era tão certa quanto qualquer promessa que Deus já havia feito. Quando dias difíceis viessem para as futuras gerações desta crescente família de refugiados, como ele certamente imaginava que viriam, ele queria que fossem capazes de olhar para a promessa. Eles poderiam olhar para seu caixão, de pé, e dizer: *José tinha certeza de que iríamos embora. Se ele não tivesse certeza, não nos deixaria carregar seus ossos por aí assim.*

Hoje, você não tem o caixão de José cheio de ossos para olhar. Em vez disso, você tem um túmulo vazio para lembrá-lo da provisão de Deus no passado e de sua esperança prometida para o futuro. Cristo é "nossa ajuda em eras passadas, nossa esperança para os anos vindouros". Ele é "nosso lar eterno".[157] Por causa dele, você pode viver dias difíceis e morrer em seu último dia, seguro em sua esperança no céu, nossa grande terra prometida.

LUCAS 23.32-43

20 DE DEZEMBRO
CONFISSÃO E ALÍVIO

Davi mandou [buscar Bate-Seba] e a trouxe para o palácio; tornou-se ela sua mulher e lhe deu à luz um filho. Porém isto que Davi fizera foi mau aos olhos do Senhor. [...] O Senhor enviou Natã a Davi. (2Sm 11.27; 12.1)

Se pararmos de tentar encobrir nosso pecado, Deus estará disposto a cobri-lo.

O pecado de adultério de Davi com Bate-Seba (ou muito possivelmente até o estupro desta) foi agravado por seu encobrimento, providenciando que seu marido, Urias, fosse morto. Mas o plano parecia ter funcionado magistralmente. Davi se casou com Bate-Seba, e ninguém soube de nada. Seguiu-se um tempo de engano e silêncio. Davi acreditava que tinha tudo sob controle. O pecado frequentemente nos engana, fazendo-nos pensar assim. Mas o que os outros pensam de nós e o que Deus diz de nós são, muitas vezes, casos bem diferentes.

Deus sabia o que os outros não sabiam. Ele enviou um profeta ao rei. No entanto, Natã não apareceu à porta de Davi para ir direto às acusações ousadas. Ele simplesmente contou uma história sobre um homem rico com muitos rebanhos e manadas pegando injustamente o único cordeiro de um homem pobre, o que despertou a compaixão de Davi pelo homem injustiçado e a raiva pelas ações do homem rico. Então Natã entregou a devastadora moral da história: "Tu és o homem" (2Sm 12.7).

"O Senhor enviou Natã a Davi." Eis aí seis palavras de uma maravilhosa graça! O Senhor não permitiria que seu servo Davi descansasse confortavelmente em seu pecado. Por mais desagradável e difícil que tenha sido para o rei enfrentar seu pecado, a razão pela qual Deus enviou o profeta a Davi foi porque ele o amava. Deus concedeu a Davi algo que ele não merecia, e este respondeu às palavras de Natã com humildade e arrependimento. Como Deus interveio e Davi confessou, a história terminou não com desespero e culpa, mas com libertação e graça (veja Sl 32.5-6). Como Derek Kidner escreve, "O alívio de admitir o erro, e a graça que o acompanha [...], ambos superam completamente o custo".[158]

Isso é verdade para nós não menos do que foi para Davi. Podemos temer que, se desistirmos de nossos próprios jogos de encobrimento do pecado, nossa reputação sofrerá. Porém, se você está acomodando a imoralidade em sua vida, não importa quão bem pode escondê-la do mundo observador. Em última análise, o mundo observador é irrelevante: Deus conhece seu coração. É por causa da fidelidade de Deus que ele nos persegue e não nos deixa permanecer confortáveis em nossa desobediência e rebelião. Embora possamos não ter um profeta como Natã enviado a nós, temos a Palavra de Deus para abrir diante de nós; é "viva, e eficaz, e mais cortante do que qualquer espada de dois gumes, [...] apta para discernir os pensamentos e propósitos do coração. E não há criatura que não seja manifesta na sua presença" (Hb 4.12-13) — incluindo tanto a criatura que escreve estas palavras quanto a que as lê. Deus expõe nosso pecado para que o levemos a ele e seja coberto com o sangue de seu Filho.

O que ele está apontando para você agora? Você está tentando desculpar, justificar ou esconder isso? É hora de admitir o erro e parar de encobri-lo. O custo do pecado é em muito superado pelos benefícios do perdão.

2 SAMUEL 11.1–12.25

21 DE DEZEMBRO
SUBMISSÃO E HUMILDADE

Dando sempre graças por tudo a nosso Deus e Pai, em nome de nosso Senhor Jesus Cristo, sujeitando-vos uns aos outros no temor de Cristo. (Ef 5.20-21)

Quando as pessoas participam de uma orquestra, elas perdem algo de sua própria individualidade. Uma sinfonia não é uma performance solo. Embora os músicos não percam suas identidades, eles são, no entanto, integrados na orquestra. O grupo é mais significativo como um todo do que um indivíduo por conta própria, e o coletivo produz algo que nenhum músico individual poderia criar.

Paulo expressa uma ideia semelhante quando escreve sobre "[sujeitar-vos] uns aos outros" — embora aqui, é claro, o grupo não seja uma orquestra, mas a igreja.

Embora possamos ter uma variedade de respostas ao conceito de submissão, devemos ter conhecimento de que a Bíblia o usa de maneira direta e frequente. Para Paulo, a unidade e a saúde da igreja dependiam de os cristãos entenderem a submissão corretamente e colocarem isso em prática entre si.

Como é levar a sério a questão da submissão mútua dos crentes? Em parte, significa que cada um de nós percebe não ter o menor motivo para se sentir excessivamente satisfeito consigo mesmo ou superior a outra pessoa. Em outras palavras, demonstramos submissão mútua revestindo-nos de humildade. Isso é dificultado, é claro, pelo nosso orgulho — um grande desafio que todos enfrentamos e é intensificado por vivermos em uma cultura que está constantemente nos pressionando para a dianteira.

No entanto, a igreja deve se destacar nesse tipo de ambiente. Como povo de Deus, entendemos que não podemos nem sequer acordar de manhã sem a capacitação dele. O fato é que somos totalmente dependentes dele (At 17.24-25). O Evangelho é a chave para a verdadeira humildade, pois nos lembra que Deus fez por nós em Jesus aquilo de que mais precisamos e que somos totalmente incapazes de fazer por nós mesmos.

A verdadeira humildade não é autodepreciação; é liberdade de nós mesmos. É a liberdade de sermos nós mesmos e nos esquecermos de nós mesmos. É a liberdade que vem de saber que não somos o centro do universo. Quando você mantém tal humildade em vista, está preparado para se submeter aos outros — para trazer tudo o que você é e usá-lo para servir ao bem maior, sob a direção de outros, com os interesses dos outros como sua prioridade. Então sua igreja pode produzir algo bonito — uma comunidade que exibe o Evangelho. Portanto, não espere que os outros em sua igreja sejam esse tipo de cristão. Hoje, humildemente, decida que você será esse cristão.

EFÉSIOS 4.1-16

22 DE DEZEMBRO

UMA ADVERTÊNCIA CONTRA A OCIOSIDADE

Passei pelo campo do preguiçoso e junto à vinha do homem falto de entendimento; eis que tudo estava cheio de espinhos, a sua superfície, coberta de urtigas, e o seu muro de pedra, em ruínas. [...] Um pouco para dormir, um pouco para tosquenejar, um pouco para encruzar os braços em repouso. (Pv 24.30-31, 33)

Imagine dirigir pela estrada e chegar a uma casa que está em ruínas e cheia de ervas daninhas. Primeiro, você presume que ninguém mora lá. Mas então você vê alguém através de uma janela quebrada. Você se pergunta se o proprietário está doente e incapaz de cuidar da propriedade. Então ele sai e parece cheio de saúde. Acontece que ele é simplesmente preguiçoso.

Esta, é claro, é a cena descrita neste provérbio: um preguiçoso vive na terra, e sua vinha é um testemunho de sua preguiça.

Os preguiçosos não agem com o desejo de viver na pobreza e na desgraça. Em vez disso, quando desafiados com o trabalho, sua atitude é marcada por características-chave que muitos de nós podemos encontrar em nossa própria vida se estivermos dispostos a olhar para o espelho da Palavra de Deus.

Um preguiçoso não apenas gosta de sua cama; ele é preso a ela, fazendo muito movimento, mas nenhum progresso em direção a algo substancial (Pv 26.14). Ele nunca se recusa, diretamente, a fazer coisa alguma. Em vez disso, ele apenas adia as tarefas pouco a pouco, momento a momento, e se engana pensando que vai lidar com elas algum dia.

Um preguiçoso também é mestre em dar desculpas. Não possuindo mente para o trabalho, ele sempre encontra razões para continuar em sua ociosidade. Não há nada difícil em tirar o saco de lixo transbordante, mas a pessoa preguiçosa inventará razões para seu fracasso em cumprir até mesmo os deveres mais simples.

Os preguiçosos, ironicamente, sempre estarão famintos por realização, porque, em virtude de sua postura de coração, nunca a encontram. Está sempre "lá fora em algum lugar", mas nunca é feita. As almas dos preguiçosos anseiam e não recebem nada, não porque não consigam, mas porque não querem. Em sua superabundância de descanso, eles estão inquietos.

Quando a preguiça vem marcar nossa existência, podemos nos convencer de que realmente estamos preparados para correr 15 quilômetros, começar a escrever esse artigo ou terminar esse projeto — mas estamos apenas vivendo no reino da imaginação, até que nossa realidade seja mudada pelo poder e graça de Deus.

Cuidado para não olhar para a ociosidade como algum tipo de detalhe menor ou pequeno problema. A preguiça não é uma enfermidade. É um pecado. Pouco a pouco, isso pode afetar toda a nossa vida, crescendo com um poder imperceptível — e Satanás anseia por nos levar à derrota. De que maneira você se sente tentado a ser preguiçoso? Que coisa você está adiando ou para a qual está dando desculpas, e por quê? Você vai confrontar esse pecado e pedir a Deus para ajudá-lo a lidar com ele de forma implacável, imediata e constante?

2 TESSALONICENSES 3.6-15

23 DE DEZEMBRO

SENHOR, TU SABES

Pela terceira vez Jesus lhe perguntou: Simão, filho de João, tu me amas? Pedro entristeceu-se por ele lhe ter dito, pela terceira vez: Tu me amas? E respondeu-lhe: Senhor, tu sabes todas as coisas, tu sabes que eu te amo. (Jo 21.17)

O coração do cristianismo não está em fazer um curso de teologia sistemática ou em memorizar doutrinas a serem regurgitadas. O ponto focal para o cristão é uma relação com Jesus — ser conhecido e amado por ele, e amá-lo de volta.

Vemos isso ilustrado em primeira mão quando, depois de compartilhar uma refeição na praia com seus discípulos, o Jesus ressurreto iniciou uma conversa particular com Pedro. Essa conversa resultou na convicção e no chamado de Pedro. Supremamente, porém, mostra o conhecimento íntimo e o cuidado de Cristo por aqueles que o amam. A maior preocupação de Cristo foi a resposta de Pedro à sua pergunta: "Tu me amas?"

Nessa conversa, Jesus fez essa pergunta a Pedro repetidamente. A pergunta não pretendia provocar mero sentimentalismo; exigia uma decisão. A repetição serviu como um forte lembrete das três negações de Pedro de conhecer a Cristo (Jo 18.15-18, 25-27) e forçou Pedro a reconhecer que suas ações recentes não mostraram seu amor por Cristo. Ele não podia oferecer suas próprias obras para se justificar.

Chegaremos à mesma conclusão ao considerarmos os momentos em que tropeçamos. Quando Cristo nos faz a mesma pergunta, não há nada que possamos dizer ou fazer em nossa defesa para provar nosso amor. A única coisa que Pedro poderia pleitear diante do Pai, diante de Cristo, era a própria onisciência de Deus: "Senhor [...] *tu sabes* que eu te amo". Da mesma forma, nosso único apelo é ao coração compreensivo de Jesus.

Nossas ações podem nos desencorajar, nossas circunstâncias podem ter nos esbofeteado e espancado, e nosso amor por Deus pode ser fraco — mas podemos nos consolar na verdade de que Jesus conhece nosso coração! Ele sabe que nosso coração falhará. Ele sabe que nossa fé pode ser fraca. Mas nossas falhas são a própria razão pela qual ele veio a este mundo, morreu na cruz e ressuscitou.

Se estamos precisando de restauração, mas não temos nada a dizer em nossa defesa, a maravilhosa esperança que possuímos é que podemos dizer: "Senhor, *tu sabes*". E, se estamos precisando que nosso amor seja reavivado, mas não temos nada dentro de nós para acendê-lo, a maravilhosa verdade é que podemos olhar para nosso Senhor pendurado em uma cruz por amor a nós: afinal, "nós amamos porque ele nos amou primeiro" (1Jo 4.19).

Reserve um momento e reflita sobre a imensidão e a intimidade da graça e do amor de Deus por você. Jesus suportou todas as suas falhas na cruz para que você pudesse morrer para o pecado e viver para ele (1Pe 2.24), e ele continua a buscar o relacionamento com você, apesar de todas as suas imperfeições. Ele conhece você por completo e, ainda assim, ama-o perfeitamente.

Você o ama? Pois certamente não há ninguém mais digno.

1 JOÃO 3.16-24

A Bíblia em um ano: He 12–13; Lc 21.1-19

24 DE DEZEMBRO
O SERVO DO NATAL

Te farei mediador da aliança com o povo e luz para os gentios;
para abrires os olhos aos cegos, para tirares da prisão o cativo e do cárcere,
os que jazem em trevas. (Is 42.6-7)

No Natal, muitos de nós nos sentimos tremendamente confortáveis ao pensar na familiar história da Natividade. Cheios de todos os tipos de sentimentalismo, é perfeitamente possível que nos desvinculemos por completo de todo o panorama do propósito de Deus: permitir que a familiaridade com a cena nos cegue para a verdade inspiradora de que, ao olharmos para o bebê numa manjedoura em Belém, estamos olhando para o Servo de Deus.

Este Servo, Jesus, tinha uma missão. Mesmo Maria e José tinham apenas uma ideia de tudo o que ele realizaria — porém, centenas de anos antes de Jesus chegar, Deus havia anunciado o que faria para cumprir seu propósito (Is 42.1-4).

Jesus veio para abrir os olhos dos espiritualmente cegos. Durante o seu ministério terreno, ele deu uma ilustração maravilhosa disso concedendo cura física aos cegos. A maior questão, no entanto, não dizia respeito ao corpo, mas à alma. Ele veio para abrir os olhos de homens e mulheres que estavam cegos para a verdade de Deus.

O Servo também veio para libertar os cativos da prisão. Muitos de nós sentimos o cativeiro de nossa culpa, tentando inúmeras soluções esperadas para lavar tudo. Mas nada funciona, exceto Jesus. Ele quebra nossas correntes e nos liberta. Outrora escravos do pecado, agora fomos resgatados. Nosso Salvador liberta da masmorra aqueles que estão nas trevas, contanto que vejam a luz dele.

A história do Servo não é sobre o que devemos fazer, mas sobre o que Jesus fez. Ele desceu à masmorra, à nossa escravidão, à nossa cegueira, e disse: *Você falhou, quebrou a Lei e é totalmente incapaz de corrigir sua condição. Mas eu salvo pecadores. Abro olhos cegos. Liberto cativos. Trago luz. Eu fiz tudo o que era necessário para você. Volte-se para mim com fé simples e confiança semelhante à de uma criança, e você verá. Você será livre, e sua escuridão dará lugar à luz do sol.*

Aquele que fez tudo isso é aquele que você está olhando enquanto considera o presépio familiar. Nunca impeça que isso comova você e o inspire a louvar e adorar o divino Filho, que veio como nosso Servo.

LUCAS 1.26-56

25 DE DEZEMBRO

VINDE, ADOREMOS DE JOELHOS

Vamos até Belém e vejamos os acontecimentos que o Senhor nos deu a conhecer. Foram [os pastores] apressadamente e acharam Maria e José e a criança deitada na manjedoura. (Lc 2.15-16)

*Vinde a Belém e vede
Aquele cujo nascimento os anjos cantam;
Vinde, adoremos de joelhos,
Cristo, o Senhor, o Rei recém-nascido.*[159]

Quando cantamos esse tipo de palavra em nossas canções de Natal, muitos de nós não se ajoelham fisicamente. Entendemos que o convite dessa canção é metafórico. No entanto, se quisermos realmente contemplar a Cristo, devemos estar prontos para aceitar o convite de nos ajoelharmos na postura de nosso coração. O que isso significa? Significa vir com humildade e expectativa, e em reconhecimento de que essa pessoa é digna de tal homenagem.

Assim como os pastores, somos compelidos e capacitados a ir a Deus, pois ele é um Deus que busca. Na Natividade, ele tomou maravilhosamente a iniciativa, enviando seu Filho ao mundo como um bebê indefeso e falando aos pastores por meio do anjo: "Não temais; eis aqui vos trago boa nova de grande alegria, que o será para todo o povo: é que hoje vos nasceu, na cidade de Davi, o Salvador, que é Cristo, o Senhor" (Lc 2.10-11). Deus tomou a iniciativa na graça, e os pastores responderam com fé. Eles acreditaram na mensagem angelical e ansiosamente começaram a procurar a manjedoura. Priorizando sua busca acima da própria vida e de tudo o que sabiam, eles imediatamente procuraram conhecer por si mesmos o Redentor do mundo. Que ilustração maravilhosa de como devemos responder à mensagem de Deus!

Alguns podem ver os pastores com escárnio, considerando-os tolos em sua simples crença e resposta. O que impede um homem ou uma mulher de confiar na mensagem de Deus como eles? Uma palavra: orgulho. O orgulho teria mantido os pastores nos campos, de posse do anúncio angélico, mas não de um relacionamento com o Cristo. O orgulho nos impedirá de vir a Cristo de joelhos e nos cegará para a verdade de que conhecer a Deus realmente requer de nós um espírito contrito e um coração humilde (Sl 51.17).

Na Igreja da Natividade, em Belém, é impossível simplesmente entrar. A porta está muito baixa. Se você quiser entrar no lugar que representa o nascimento do Senhor Jesus, há apenas uma maneira de fazê-lo: inclinar-se, curvar-se e ajoelhar-se. Esta é uma bela imagem — e nos leva a perguntar: *Estou preparado para me humilhar diante de Cristo? Estou disposto, como aqueles pastores, a desistir de minhas suposições prévias e planos anteriores para conhecer e seguir este Redentor?* Verifique seu coração neste dia de Natal: que sua postura seja, para sempre, aquela que se curva diante da glória de Deus e adora aquele que primeiro se humilhou ao vir a nós como um Rei infante.

LUCAS 2.1-20

26 DE DEZEMBRO
O NATAL SEGUNDO CRISTO

Por isso [Cristo], ao entrar no mundo, diz: Sacrifício e oferta não quiseste; antes, um corpo me formaste; não te deleitaste com holocaustos e ofertas pelo pecado. (Hb 10.5-6)

Os Evangelhos de Mateus e Lucas nos apresentam todo um elenco de personagens de Natal com os quais somos bastante familiarizados: José, Maria, os pastores, os sábios e assim por diante. Às vezes, até consideramos aqueles que são menos conhecidos, como Zacarias, Isabel, Ana e Simeão. A cada temporada de Natal que passa, provavelmente recebemos sermões e estudos da perspectiva de quase todos os membros do elenco. No entanto, há uma exceção notável: surpreendentemente, poucos de nós já ponderaram o Natal do ponto de vista de Jesus.

Neste versículo, o autor da carta aos Hebreus nos diz que, quando Jesus subiu ao palco da história, ele tomou as palavras do Salmo 40 em seus lábios. Assim como o sapatinho de cristal da Cinderela cabia apenas no seu pé, essas palavras não cabem em ninguém além de Jesus.

Deus estava se preparando para o primeiro Natal ao longo dos séculos do Antigo Testamento, pois todos os sacrifícios do Antigo Testamento eram meras sombras da realidade para a qual apontavam. Esses sacrifícios envolviam a morte de animais que precisavam ser empurrados para o altar. Eles não tinham escolha nessa questão; simplesmente eram pressionados a servir. Todavia, antes mesmo de experimentar a humanidade, Jesus sabia que o seu papel — seu sacrifício — seria diferente. Ele consentiu de bom grado. Na mais humilde das formas e em um cenário inesperado, Deus Filho assumiu um corpo que lhe havia sido preparado — preparado "[como] resgate por muitos" (Mt 20.28). Ele olhou para este mundo corrompido e seu povo pecador, e disse a seu Pai: *Sim, eu irei para lá. Eu me tornarei um deles e morrerei por eles.*

Pedro compreende o peso da morte de Cristo quando escreve: "carregando ele mesmo em seu corpo, sobre o madeiro, os nossos pecados, para que nós, mortos para os pecados, vivamos para a justiça; por suas chagas, fostes sarados" (1Pe 2.24). Jesus, sendo totalmente Deus e totalmente homem, veio a este mundo para fazer em seu corpo o que nenhum sacrifício animal poderia fazer: Ele suportou nosso castigo, purificou nossa consciência e estendeu a misericórdia divina. Ele realizou perfeitamente tudo o que é necessário para homens e mulheres pecadores entrarem em comunhão com Deus.

Isso é muito diferente da promessa da mera religião, na qual regras e esforços se tornam mecanismos fúteis para tentar subir ao céu. Em contraste, a mensagem da manjedoura é de misericórdia libertadora. Deus tomou maravilhosamente a iniciativa e veio nos resgatar por meio de Jesus. Não precisamos fazer uma longa jornada para encontrar a Deus, porque Cristo, o Rei recém-nascido, conhecia seu papel. Qual é a resposta certa? Simplesmente se curvar diante dele em humildade, louvá-lo de todo o coração e esperar por ele com expectativa durante todos os nossos dias.

SALMO 40

27 DE DEZEMBRO
A FRAGILIDADE DA VIDA

> *Atendei, agora, vós que dizeis: Hoje ou amanhã, iremos para a cidade tal, e lá passaremos um ano, e negociaremos, e teremos lucros. Vós não sabeis o que sucederá amanhã. Que é a vossa vida? Sois, apenas, como neblina que aparece por instante e logo se dissipa. Em vez disso, devíeis dizer: Se o Senhor quiser, não só viveremos, como também faremos isto ou aquilo. (Tg 4.13-15)*

A Bíblia não condena a perspicácia nos negócios ou o planejamento futuro. O que a Bíblia condena, no entanto, é uma maneira de pensar orgulhosa e egocêntrica que, intencionalmente ou não, deixa Deus fora de nossas decisões e planos futuros — uma mentalidade que pressupõe certezas que nunca nos são prometidas.

Tiago nos confronta em termos inequívocos com a realidade de nosso conhecimento e compreensão finitos. Na verdade, ele nos lembra que precisamos aceitar o que não sabemos. Queremos poder planejar com semanas e meses de antecedência? Claro que queremos! Mas Tiago ressalta que não sabemos nem o que acontecerá amanhã. É o orgulho que nos leva a presumir que nossa próxima respiração está garantida.

Ele então passa a nos lembrar de nossa fragilidade. O fato é que nossa vida é "como neblina que aparece por instante e logo se dissipa". Como uma neblina matinal que paira sobre a grama e desaparece ao primeiro toque dos raios do sol, nossa vida é transitória; um dia, ela aparentemente desaparece, sem sequer um traço para ser visto pelas gerações futuras.

À luz de nossa fragilidade e limitações, como devemos pensar no futuro? Tiago não apenas denuncia nosso pensamento e planejamento presunçosos, mas também fornece o antídoto. Muito simplesmente, precisamos aprender a fazer planos com humildade, reconhecendo nossa completa dependência do cuidado providencial de Deus. Nada em todo o universo — incluindo nós — continuaria a existir por uma fração de segundo à parte de Deus. Como Alec Motyer escreve: "Recebemos mais um dia não como resultado da necessidade natural, nem por lei mecânica, nem por direito, nem pela cortesia da natureza, mas pelas misericórdias pactuadas de Deus".[160]

O amanhã não está prometido. Podemos planejar isso, mas não podemos presumir controlá-lo. Somente a misericórdia de Deus nos permite despertar para cada novo dia. O pecado da presunção é exposto como loucura quando percebemos que nossa própria vida está fundamentada nos dons sustentadores de Deus. Não podemos ignorar nossas limitações e a brevidade da vida, mas podemos permitir que essas realidades moldem e transformem nosso pensamento e nossas decisões em prol de sua glória. Portanto, considere seus planos para hoje, para amanhã, para o próximo ano e para mais adiante em sua vida. Você orou por eles? Você reconheceu que os planos dele são soberanos e que todos os seus são contingentes aos dele? Levante seus planos para ele agora e coloque-os nas mãos dele. Você não pode controlar o futuro. Mas você não precisa, pois conhece aquele que controla.

MATEUS 6.25-34

28 DE DEZEMBRO
O ANTÍDOTO PARA O ORGULHO

Vede, guardai-vos do fermento dos fariseus e do fermento de Herodes. (Mc 8.15)

É preocupante considerar quantas pessoas viram o Senhor Jesus, ouviram seus ensinamentos e testemunharam seus milagres — e ainda assim se recusaram a acreditar.

No mesmo dia em que o viram alimentar quatro mil com alguns pães e peixes — revelando ser o Deus que provê para o seu povo no deserto (Mc 8.1-10; veja Êx 16) —, os fariseus pediram a ele um "sinal do céu" (Mc 8.11). Em resposta, Jesus advertiu a seus seguidores: "Guardai-vos do fermento dos fariseus e do fermento de Herodes".

Os fariseus eram marcados pela hipocrisia; Herodes, pela hostilidade. Os fariseus desejavam manter suas suposições hipócritas de que mereciam a bênção de Deus e, portanto, não tinham lugar para um Salvador. Herodes desejava manter o poder que exercia sobre o povo, então não tinha lugar para o Rei. Portanto, eles estavam comprometidos com uma cegueira para a verdade. Sua abordagem se recusava a acreditar ou entender quem era Jesus. Eles estavam essencialmente dizendo: *Eu não quero mesmo descobrir o que Jesus quer dizer, e certamente não aceitarei que ele é meu Salvador ou meu Rei.* Jesus advertiu contra assumir essa mesma atitude, porque mesmo uma pequena quantidade de fermento — de incredulidade — pode fazer uma diferença significativa.

Quando o orgulho ergue sua cabeça feia, pode nos levar a julgar as Escrituras em vez de aprendermos com elas. Quando julgamos a Palavra de Deus, porém, o que podemos considerar como ajustes triviais e insignificantes da verdade será, na verdade, o fermento — a levedura — que se espalha por todo o pão de nossas convicções.

O desafio de Jesus para nós é aceitá-lo humildemente como ele é — permitir que ele nos salve de nossos pecados e governe toda a nossa vida. Ele pacientemente nos lembra de novo e de novo quem ele é. Seu desafio é profético e parental, direto e amoroso.

Precisamos da obra de Cristo para vencer os efeitos do fermento do orgulho. É preciso intervenção divina para entender a obra de Cristo em nossa vida. É por isso que as pessoas podem ler a Bíblia e não ver nada — podem ouvir a história do Evangelho e não escutar nada. Até que os olhos do entendimento sejam abertos e nossos ouvidos desentupidos, permaneceremos inalterados. Porém, todos os dias que o Espírito de Deus nos mostra a beleza de Jesus e nos lembra de nossa necessidade desesperada por ele, nosso coração e nossa mente podem cantar:

Não sei como o Espírito se move, convencendo os homens do pecado,
Revelando Jesus através da Palavra, criando fé nele.
Mas eu sei em quem tenho crido e estou convencido de que ele é capaz.[161]

O antídoto para o fermento dos fariseus e de Herodes é a obra do Espírito. Não seja tão orgulhoso a ponto de presumir que você não precisa dele. Ore para que ele mostre Jesus a você de novo em sua Palavra hoje, para que você possa adorar seu Salvador e Rei com cada parte de sua vida.

LUCAS 18.9-14

29 DE DEZEMBRO
ÉPOCAS DE ESPERA

Então, [Deus conduziu Abraão] até fora e disse:
Olha para os céus e conta as estrelas, se é que o podes. E lhe disse: Será assim a tua
posteridade. Ele creu no Senhor, e isso lhe foi imputado para justiça. (Gn 15.5-6)

Se nossa fé deve permanecer firme em épocas de espera prolongada, então devemos ter confiança nestas verdades: primeiro, que Deus tem o poder de fazer o que prometeu; e, segundo, que o próprio Deus é suficiente para atender a todas as nossas necessidades, em todas as épocas.

A fé de Abraão foi testada na sala de espera da vida. Durante anos, ele viveu numa terra estrangeira, esperando que seu "filho gerado por [ele] mesmo" viesse ao mundo como Deus havia prometido (Gn 15.4 NVI). E foi sua confiança nas promessas de Deus enquanto ele esperava que Deus "lhe [imputou] para justiça".

Paulo, quando escreve sobre a fé de Abraão durante esse tempo, diz: "Não duvidou, por incredulidade, da promessa de Deus; mas, pela fé, se fortaleceu, dando glória a Deus, estando plenamente convicto de que ele era poderoso para cumprir o que prometera" (Rm 4.20-21). Em outras palavras, Abraão acreditava que nada nem ninguém poderia ficar no caminho de Deus enquanto este cumpria sua palavra falada — mesmo quando ele não podia ver como Deus cumpriria as promessas. Sua fé não era um salto cego no escuro. Em vez disso, era uma crença baseada no caráter de Deus.

Avançando para hoje, uma das grandes promessas às quais nos apegamos é que o Senhor Jesus prometeu preparar um lugar para nós e que ele virá para nos levar para si mesmo (Jo 14.3). Logo, quando acreditamos em sua Palavra, somos preenchidos da esperança do céu. Podemos ter certeza, sem sombra de dúvida, de que Jesus está voltando pessoalmente, está voltando visivelmente e está voltando para os seus. Essas promessas para nós são tão certas quanto a promessa que Deus fez a Abraão, pela qual ele esperou 25 anos antes de ser cumprida.

Além disso, através da experiência de Abraão, vemos que somente Deus é suficiente para nos conduzir através de períodos de espera. Em Gênesis 17, Deus aparece mais uma vez a Abraão para fortalecer sua fé. Como? Ao revelar *quem ele é*: "Quando atingiu Abrão a idade de noventa e nove anos, apareceu-lhe o Senhor e disse-lhe: Eu sou o Deus Todo-Poderoso [*El-Shaddai*]; anda na minha presença" (17.1). Este termo hebraico, *El-Shaddai*, pode significar "Deus que é suficiente". Em outras palavras, Deus afirmou suas promessas a Abraão com base em seu próprio caráter.

A vida cristã é uma vida de espera. E todos os "aguente firme" e "ainda não" de Deus são parte integrante do propósito dele. Cada época de espera é uma oportunidade para você acreditar na Palavra de Deus. E, enquanto você espera, certamente pode confiar nele para atender a todas as suas necessidades. Descanse nisto: o Deus em quem você acredita é capaz de fazer tudo o que ele prometeu.

GÊNESIS 17.1-8

A Bíblia em um ano: Zc 9–12; Lc 23.26-56

30 DE DEZEMBRO
TODAS AS COISAS FEITAS NOVAS

Eles serão povos de Deus, e Deus mesmo estará com eles.
E lhes enxugará dos olhos toda lágrima, e a morte já não existirá, já não haverá
luto, nem pranto, nem dor, porque as primeiras coisas passaram. (Ap 21.3-4)

Toda a ideia de um novo céu e uma nova terra é difícil de compreender. Mas podemos dizer com absoluta certeza que Deus vai pegar o que é presente e transformá-lo, e ele já determinou que ninguém nem nada será capaz de destruir seu Reino aperfeiçoado. Podemos dizer isso com tanta certeza porque ele é o Deus poderoso para cumprir suas promessas, vistas mais gloriosamente em uma cruz de madeira e num túmulo vazio. Agora, nos bastidores do que chamamos de história, Deus está se preparando para trazer seu Reino em toda a sua plenitude — e é, de fato, algo que ele tem preparado desde toda a eternidade. Quando Cristo voltar, ele dará início a este novo Reino, um novo céu e terra onde habita a justiça.

Quando o Reino aperfeiçoado de Deus for finalmente estabelecido, o pecado terá sido punido, a justiça terá sido satisfeita e o mal terá sido destruído. Não haverá mais morte, luto, choro ou dor. Todas essas serão apenas "as primeiras coisas" que terão "passado". Quando Deus levar seu Reino à materialização, quando seu plano perfeito se desenrolar, ninguém nem nada será capaz de arruiná-lo.

A palavra "novo", como é usada para descrever o novo céu e a nova terra em Apocalipse, não está descrevendo tempo ou origem; está descrevendo *tipo* e *qualidade*. Em outras palavras, Deus vai transformar a Criação para que ela reflita toda a glória e magnificência que ele originalmente planejou. Satanás não terá a satisfação de ver Deus destruir sua Criação. Em vez disso, Deus vai usar fogo para purificá-la, assim como ele usou água nos dias de Noé (2Pe 3.5-7).

Assim, a nova terra ainda será terra. Será um lugar físico habitado por pessoas físicas, mas agora "se encherá do conhecimento do Senhor, como as águas cobrem o mar" (Is 11.9). Não é de admirar, então, que toda a Criação esteja na ponta dos pés, ansiando por ser libertada de sua escravidão ao pecado e à decadência (Rm 8.19-22)!

Vale a pena esperar por essa Nova Criação. Vale a pena viver e até morrer por isso. Deus vai renovar todas as coisas — nossa alma, nossa mente, nosso corpo e até mesmo o ambiente em que vivemos. Nenhuma das coisas que atualmente estragam a vida na terra estará presente, e tudo o que se espera, tudo o que se antecipa, encontrará seu cumprimento.

Portanto, "[aguardamos] ansiosamente" (Rm 8.23 A21). Nunca há necessidade de se desesperar, não importa quão sombria a vida possa se tornar — pois o dia quando Deus enxugará suas lágrimas está adiante. E "com paciência o aguardamos" (v. 25). Nunca há necessidade de procurar aproveitar tudo o que você acha que precisa agora, não importa quão tentador isso seja — pois o dia em que Deus trará toda a alegria e satisfação que você poderia imaginar está logo aí. Deixe esse desejo e a paciência serem seu lema hoje.

ROMANOS 8.18-25

31 DE DEZEMBRO

A BREVIDADE DA VIDA

Quanto ao homem, os seus dias são como a relva; como a flor do campo, assim ele floresce; pois, soprando nela o vento, desaparece [...]. Mas a misericórdia do Senhor é de eternidade a eternidade, sobre os que o temem. (Sl 103.15-17)

A vida passa muito mais rápido do que imaginamos. Lembro-me vividamente do nascimento do meu primeiro filho — e então parecia que ele era um adolescente apenas algumas semanas depois. Quando éramos crianças, o tempo entre 1º e 25 de dezembro se estendia por anos; agora os anos correm cada vez mais rápido. De repente, acordamos mais velhos ou ouvimos falar da morte de alguém que tinha a nossa idade, e percebemos que a vida é de fato muito breve. Florescemos por um tempo, mas não para sempre.

À medida que envelhecemos, nossas habilidades físicas e mentais desaparecem, velhos amigos se vão, costumes familiares outrora rotineiros se desintegram, e nossas ambições de longa data perdem seu potencial ou apelo. Essas realidades, no entanto, não devem nos levar ao desespero, mas sim nos estimular. Como a grama, temos um número limitado de dias, mas há oportunidades em cada um deles! Como Derek Kidner, estudioso da Bíblia, escreve: "A morte ainda não chegou até nós: deixemo-la sacudir suas correntes para nós e nos impelir à ação".[162] Com os minutos que restam em nossa vida, podemos levantar os olhos e contemplar os "campos" — aqueles que vivem e trabalham ao nosso redor e ainda não conhecem Jesus como seu Senhor e Salvador, que não estão desfrutando do amor firme e eterno do Senhor. Como Jesus disse, estes campos já "branquejam para a ceifa" (Jo 4.35).

A Bíblia não nos encoraja a esperarmos até nos formarmos, ou nos casarmos, ou nos estabelecermos, ou nos aposentarmos, antes de começarmos a servir a Cristo. Em vez disso, ela nos chama a fazer isso hoje. A pessoa sábia entende que temos tempo limitado e que a melhor maneira de vivê-lo é com as incumbências do Senhor.

Então, se você está no início da vida, ou sente que está no auge da vida, ou está olhando para a vida que já passou, antes que a força em suas mãos falhe e seus dentes, olhos e ouvidos fiquem fracos, você escolherá viver tudo para Jesus Cristo? Se você esperar até amanhã, amanhã pode ser tarde demais. Como C. T. Studd disse uma vez, há...

Apenas uma vida,
Que logo passará.
Somente o que é feito
Por Cristo durará.

Portanto, olhe para seus dias nesta vida como a "relva" que eles são. Viva-os no temor do Deus que o amará eternamente — e não os gaste construindo seu próprio império de areia, mas sim na obra do único reino que dura para sempre. E ore para que, ao fazer isso, o Senhor "[confirme] a obra das [suas] mãos" (Sl 90.17), tanto hoje quanto durante todo o ano que o dia de amanhã trará.

SALMO 90

AGRADECIMENTOS

Muito antes da frase "Verdade para a vida" ter se tornado o título deste devocional, era o nome tanto do programa de ensino diário da Bíblia como da organização ministerial localizada no nordeste de Ohio. Se não fosse pela equipe da Verdade para a Vida, este projeto nunca teria visto a luz do dia. Sou especialmente devedor a Alyssa Scheck, Constance Brannon Boring, Kate Nees, Katie Tumino e Matt Damico pela sua ajuda com a escrita; a Adam Marshall pela sua experiência em todo o processo editorial; e a Ryan Loague por fazer este projeto sair do papel e ajudar a garantir sua precisão teológica. Por último, seria negligente se não mencionasse Bob Butts. Ele me encorajou por muito tempo a fazer algo como isto, e, bem, cá estamos. Ele revisou cada uma destas páginas e forneceu opiniões úteis, tudo isso enquanto liderava operações diárias em Verdade para a Vida. Meus agradecimentos também vão para a minha editora, The Good Book Company, e, em particular, para o meu editor, Carl Laferton. Como sempre, foi uma alegria trabalhar com esses irmãos e irmãs.

NOTAS

1. Keith Getty e Stuart Townend, "Holy Spirit, Living Breath of God" (2005).
2. Cecil F. Alexander, "All Things Bright and Beautiful" (1848).
3. Lynn DeShazo, "More Precious Than Silver" (1982).
4. Atribuído a Beatrice Cleland, "Indwelt", em, por exemplo, *Our Aim: A Monthly Record of the Aborigines Inland Mission of Australia* 68, número 7 (17 de março de 1955), p. 1.
5. Charlotte Elliott, "Just As I Am, Without One Plea" (1835). Tradução em português de J. Th. Houston, "Desprendimento".
6. John Lennon e Paul McCartney, "In My Life" (1965).
7. *Commentary on the Harmony of the Evangelists Matthew, Mark, and Luke*, trad. William Pringle (Calvin Translation Society, 1845), Vol. 2, p. 347. Publicado no Brasil em português pela Editora Fiel, *Harmonia dos Evangelhos*.
8. Joseph Medlicott Scriven, "What a Friend We Have in Jesus" (1855). Tradução em português de Robert Hawkey Moreton, "Quão bondoso amigo é Cristo".
9. *Losing Our Virtue: Why the Church Must Recover Its Moral Vision* (Eerdmans, 1998), p. 204.
10. Marc Levy, *If Only It Were True* (Atria, 2000), p. 208. Publicado no Brasil em português por Bertrand, *E se fosse verdade...*
11. Abraham Kuyper, "Sphere Sovereignty", em *Abraham Kuyper: A Centennial Reader*, ed. James D. Bratt (Eerdmans, 1998), p. 488 (itálico acrescentado).
12. William Cowper, "God Moves in a Mysterious Way" (1773). Tradução em português de Solano Portela, "Misterioso é o nosso Deus".
13. Isaac Watts, "With Joy We Meditate the Grace" (1709).
14. John H. Newman, "The Dream of Gerontius" (1865).
15. John Newton, "Amazing Grace" (1779).
16. John Newton, "Amazing Grace" (1779).
17. Charles Wesley, "Rejoice, the Lord Is King!" (1744).
18. Do latim, "uma coisa pela outra".
19. Rosamond Herklots, "Forgive Our Sins as We Forgive" (1969).
20. Fanny Crosby, "On the Victory Side" (1894).
21. *Commentary on a Harmony of the Evangelists Matthew, Mark, and Luke,* trad. William Pringle (Calvin Translation Society, 1846), Vol. 3, p. 19.
22. Fanny J. Crosby, "We Are Building" (1891).
23. "My Credo", citado em Michael White e John Gribbin, *Einstein: A Life in Science* (Free Press, 2005), p. 262.
24. Breve Catecismo de Westminster, Pergunta 1.
25. N.T.: *King James Version* [Versão do Rei Tiago].
26. N.T.: Versões para o português como a ACF, ARC e A21 traduzem de igual modo: "um certo discípulo".
27. Horatius Bonar, "Christ for Us" (1881).
28. https://www.nytimes.com/1978/06/25/archives/12-white-teachers-and-children-killed--by-guerrillasin-rhodesia.html. Acessado em 19 de fevereiro de 2021.
29. J. White, "For Me to Live Is Christ" (1969).
30. John Newton, "Though Troubles Assail" (1775).
31. *Look to the Rock: An Old Testament Background to Our Understanding of Christ* (Kregel,

1996), p. 58–59.
32. Erich Sauer, *In the Arena of Faith: A Call to the Consecrated Life* (Eerdmans, 1966), p. 30.
33. Eric J. Alexander, "The Basis of Christian Salvation" (sermão, 1984).
34. Augustus Toplady, "Rock of Ages" (1776).
35. Confissão de Fé de Westminster 13.2.
36. *The Screwtape Letters* (1942; HarperCollins, 2001), p. 44. Publicado no Brasil em português por Thomas Nelson Brasil, *Cartas de um diabo a seu aprendiz*.
37. Anônimo (possivelmente Robert Keene), "How Firm a Foundation" (1787).
38. Phyllis Thompson, *Climbing on Track: A Biography of Fred Mitchell* (China Inland Mission, 1953), p 12.
39. William E. Littlewood, "There Is No Love Like the Love of Jesus" (1857).
40. *Feathers for Arrows: or, Illustrations for Preachers and Teachers, from My Note Book* (Passmore & Alabaster, 1870), p. 171.
41. "A Treatise Concerning Religious Affections, in Three Parts", em *The Works of Jonathan Edwards*, ed. Sereno Dwight, revisado e corrigido por Edward Hickman (1834; reimpresso por Banner of Truth, 1979), 1:276.
42. Sarah Pierpont Edwards para Esther Burr, 3 de abril de 1758, em *Memoirs of Jonathan Edwards,* por Sereno Dwight, em Edwards, *Works*, 1:clxxix.
43. William W. How, "It Is a Thing Most Wonderful" (1872).
44. Thomas O. Chisholm, "Great Is Thy Faithfulness" (1923).
45. N.T.: Do grego *nōthroi*.
46. Confissão de Fé de Westminster 13.2.
47. Eliza E. Hewitt, "More about Jesus" (1887).
48. John H. Sammis, "Trust and Obey" (1887).
49. Jeremy Taylor, "Considerations upon the Circumcision of the Holy Childe Jesus", em *The Great Exemplar of Sanctity and Holy Life According to the Christian Institution, Described in the History of the Life and Death of the Ever Blessed Jesus Christ, the Saviour of the World* (1649), p. 61.
50. João Calvino, *The Gospel According to St John 11–21 and The First Epistle of John,* trad. T. H. L. Parker, ed. David W. Torrance e Thomas F. Torrance, Calvin's New Testament Commentaries (Eerdmans, 1994), p. 156.
51. Albert B. Simpson, "What Will You Do with Jesus?" (1905).
52. William R. Newell, "At Calvary" (1895).
53. Isaac Watts, "Alas! and Did My Savior Bleed?" (1707).
54. George Swinnock, "The Christian Man's Calling", em *The Works of George Swinnock, M.A.* (James Nichol, 1868), vol. 1, p. 194.
55. W. G. Ovens, "Wounded for Me" (1931).
56. *The Life of Elijah* (Banner of Truth, 1963), p. 201.
57. William Shakespeare, *O Mercador de Veneza*, Ato 4, Cena 1.
58. Charles Wesley, "Christ the Lord Is Risen Today" (1739).
59. John Newton, "Come, My Soul, Thy Suit Prepare" (1779).
60. Anne R. Cousin, "The Sands of Time Are Sinking" (1857).
61. George Lawson, *Lectures on the History of Joseph* (Banner of Truth, 1972), p. 5.
62. Cecil Frances Alexander, "There Is a Green Hill Far Away" (1848).
63. Bob Dylan, "Gotta Serve Somebody" (1979).
64. "The Weight of Glory", em *The Weight of Glory and Other Addresses* (Harper Collins, 2001), p. 26. Publicado no Brasil em Português por Thomas Nelson Brasil, *O peso da glória*.
65. *Faithful Leaders and Things That Matter Most* (The Good Book Company, 2021), p. 83.

66 William Cowper, "God Moves in a Mysterious Way" (1774).
67 Alec Motyer, *A Scenic Route Through the Old Testament*, 2ª ed. (IVP UK, 2016), cap. 3.
68 John Keble, "New Every Morning Is the Love" (1822).
69 Edward Mote, "My Hope Is Built on Nothing Less" (1834).
70 John Newton, "Amazing Grace" (1779).
71 Christopher Ash, *Remaking a Broken World: The Heart of the Bible Story* (The Good Book Company, 2019), p. 163.
72 N.T.: Algumas versões em inglês traduzem a pergunta de Jesus em João 21.5 como: "Filhos, vocês têm algum peixe?"
73 Charles Wesley, "And Can It Be?" (1738).
74 Tradução do autor.
75 N.T.: Em português, as versões ACF e ARC traduzem como "peso".
76 *The Courage to Be Protestant: Truth-Lovers, Marketers and Emergents in the Postmodern World* (IVP, 2008), p. 230. Publicado no Brasil, em português, por Editora Cultura Cristã, *Coragem para ser protestante: amantes da verdade, marqueteiros e emergentes no mundo pós-moderno.*
77 C. E. B. Cranfield, *The Gospel According to Mark,* Cambridge Greek Testament Commentary, ed. C.F.D. Moule (1959; reimpressão, Cambridge University Press, 2000), p. 354.
78 "Two Kinds of Righteousness."
79 George Herbert, "The Elixir", *The English Poems of George Herbert,* ed. Helen Wilcox (Cambridge University Press, 2007), p. 640.
80 Fiódor Dostoiévski, *The Brothers Karamazov: A Novel in Four Parts with Epilogue,* trad. Richard Pevear e Larissa Volokhonsky (1990; reimpressão; Farrar, Straus, and Giroux, 2002), p. 44.
81 Matt Papa e Matt Boswell, "His Mercy Is More" (2016).
82 G. Campbell Morgan, *The Gospel According to John* (Marshall, Morgan, and Scott, 1933), p. 94.
83 *The Works of the Rev. John Newton* (1808), Vol. 2, p. 543.
84 Augustus Toplady, "Rock of Ages" (1776).
85 *The Hiding Place* (1971), cap. 2. Publicado no Brasil em português: *O refúgio secreto.*
86 Jay E. Adams, *Shepherding God's Flock: A Handbook on Pastoral Ministry, Counseling, and Leadership* (Zondervan, 1975), p. 136.
87 J. Alec Motyer, *The Message of Philippians,* The Bible Speaks Today (IVP Academic, 1984), p. 90.
88 Isaac Watts, "When I Survey the Wondrous Cross" (1707).
89 Isaac Watts, "How Pleased and Blest Was I" (1719).
90 *Vine's Expository Dictionary of Old and New Testament Words* (Thomas Nelson, 1997), s.v. "love".
91 N.T.: Em ambos os versículos, a palavra grega é *kollaomai,* traduzida para o português como "apegar" em Rm 12.9 e "unir" em Mt 19.5, segundo algumas versões. Em inglês, a palavra é traduzida como *hold fast* em ambos os casos.
92 "Sixth Day, Evening", em *A Diary of Private Prayer* (Fireside, 1996), p. 31.
93 Gloria Gaither e William J. Gaither, "The Family of God" (1970).
94 N.T.: *New International Version* (Nova Versão Internacional, em inglês).
95 Tradução do autor.
96 *The Epistles of Paul the Apostle to the Romans and to the Thessalonians,* Calvin's Commentaries, ed. David F. Torrance e Thomas F. Torrance, trad. Ross Mackenzie (Eerdmans, 1995), p. 279.
97 Charles Albert Tindley, "I'll Overcome Some Day" (1900).

98 Robert Robinson, "Come, Thou Fount of Every Blessing" (1758).
99 Tradução do autor.
100 *Holiness* (Reformed Church Publications, 2009), p. 8. Publicado no Brasil em português por Editora Fiel, *Santidade*.
101 *The Letter to the Hebrews,* The New Daily Study Bible (Westminster John Knox, 2002), p. 208.
102 Fanny Crosby, "To God Be the Glory" (1875).
103 Tradução do autor.
104 *George Whitefield's Journals (1737-1741),* ed. William V. Davis (Scholars' Facsimiles and Reprints, 1969), p. 57.
105 Ray Stevens, "Mr. Businessman" (1968).
106 George Croly, "Spirit of God, Descend upon My Heart" (1854).
107 Fanny Crosby, "Rescue the Perishing" (1869).
108 Charles Wesley, "Depth of Mercy" (1740).
109 As *95 Teses*, Primeira Tese.
110 Tradução do autor.
111 Catecismo de Heidelberg, Pergunta 27.
112 "The Pilgrim, Chapter 33" (1971).
113 *Your God Is Too Small: A Guide for Believers and Skeptics Alike* (Touchstone, 2004), p. 8.
114 *Honest Evangelism* (The Good Book Company, 2015), p. 15.
115 *The Message of Ephesians,* The Bible Speaks Today (IVP Academic, 1979), p. 215.
116 Horatius Bonar, "Not What I Am, O Lord, but What Thou Art" (1861).
117 *The Message of Ecclesiastes,* The Bible Speaks Today (IVP Academic, 1985), p. 60.
118 Kittie L. Suffield, "God Is Still on the Throne" (1929).
119 Elsie Duncan Yale, "There's a Work for Jesus" (1912).
120 *Commentaries on the Epistle of Paul the Apostle to the Hebrews,* trad. John Owen (Calvin Translation Society, 1853), p. 267.
121 *Commentary on a Harmony of the Evangelists, Matthew, Mark, and Luke,* trad. William Pringle (The Calvin Translation Society, 1845), Vol. 1, p. 261 (ênfase acrescentada).
122 Citado em Andrew Bonar, *Memoir and Remains of Robert Murray M'Cheyne* (Banner of Truth, 1995), p. 153.
123 Andrew Murray, *Humility: The Beauty of Holiness,* 2ª ed. (1896), p. 50.
124 Stuart Townend, "There Is a Hope" (2007).
125 N.T.: A palavra hebraica aqui, *maśśa'* (מַשָּׂא), é comumente traduzida como "oráculo" em inglês. Em português as traduções variam, mas com o mesmo sentido da Palavra de Deus por meio dos profetas. E é inclusive como o Novo Testamento se refere nas traduções em português (veja, por exemplo, Rm 3.2; Hb 5.12; 1Pe 4.11).
126 *Bible Inspiration: Its Reality and Nature* (William Hunt, 1877), p. 6.
127 N.T.: Como também na ARA.
128 "The Unsearchable Riches of Christ," em *The Complete Works of Thomas Brooks,* ed. Alexander Balloch Grozart (James Nichol, 1866), Vol. 3, p. 178.
129 N.T.: Similar à ACF em português.
130 Atribuído a Edward Everett Hale.
131 Charitie Lees Bancroft, "Before the Throne of God Above" (1863).
132 *Look to the Rock: An Old Testament Background to Our Understanding of Christ* (Kregel, 2004), p. 222, nota 48.
133 P. P. Bliss, "I Will Sing of My Redeemer" (1876).
134 "Do Not Go Gentle Into that Good Night" em *In Country Sleep, And Other Poems* (Dent, 1952).
135 Anne R. Cousin, "The Sands of Time Are Sinking" (1857).

136 Ray Evans, "Que Será, Será" (1956).
137 Alfred Edersheim, *The Life and Times of Jesus the Messiah* (Longmans, Green, and Co., 1898), Vol. 2, p. 376 (nota de rodapé).
138 Horatius Bonar, "I Heard the Voice of Jesus Say" (1846).
139 N.T.: Como na NVI em português.
140 *The Problem of Pain* (Harper Collins, 2001), p. 91. Publicado no Brasil em português por Thomas Nelson, *O problema da dor*.
141 Henry Alford, "Come, Ye Thankful People, Come" (1844).
142 Comumente atribuído a Paul Gilbert.
143 Elvina M. Hall, "Jesus Paid It All" (1865).
144 Michael Bond, "The Pursuit of Happiness", New Scientist, 4 de outubro de 2003, https://www.newscientist.com/article/mg18024155-100-the-pursuit-of-happiness/. Acesso em 13 de abril de 2021.
145 N.T.: *English Standard Version* [Versão Padrão em Inglês].
146 *Confissões* 1.1.
147 Civilla D. Martin, "His Eye Is on the Sparrow" (1905).
148 *The Message of John*, The Bible Speaks Today (IVP Academic, 2020), p. 21.
149 James Montgomery Boice, *The Gospel of John: An Expositional Commentary* (Zondervan, 1975), Vol. 1, p. 89.
150 *Commentaries on the Epistle of Paul the Apostle to the Hebrews*, trad. John Owen, Hebreus 6.9.
151 "Overcome Evil with Good", *The Metropolitan Tabernacle Pulpit* 22, nº 1317, p. 556.
152 Charles H. Gabriel, "My Savior's Love" (1905).
153 Cecil Frances Alexander, "There Is a Green Hill Far Away" (1848).
154 William R. Newell, "At Calvary" (1895).
155 James B. Adamson, *The Epistle of James*, The New International Commentary on the New Testament (Eerdmans, 1976), p. 54.
156 Octavius Winslow, *Soul-Depths and Soul-Heights* (Banner of Truth, 2006), p. 1.
157 Isaac Watts, "O God, Our Help in Ages Past" (1719).
158 *Psalms 1–72,* Kidner Classic Commentaries (1973; reimpresso, IVP, 2008), p. 151.
159 James Chadwick, "Angels We Have Heard on High" (1862), trad. da canção tradicional francesa "Les Anges dans Nos Campagnes".
160 *The Message of James*, The Bible Speaks Today (IVP Academic, 1985), p. 162.
161 Daniel Webster Whittle, "I Know Whom I Have Believed" (1883).
162 *The Message of Ecclesiastes*, The Bible Speaks Today (IVP UK, 1976), p. 104.

FIEL
MINISTÉRIO

O Ministério Fiel visa apoiar a igreja de Deus de fala portuguesa, fornecendo conteúdo bíblico, como literatura, conferências, cursos teológicos e recursos digitais.

Por meio do ministério Apoie um Pastor (MAP), a Fiel auxilia na capacitação de pastores e líderes com recursos, treinamento e acompanhamento que possibilitam o aprofundamento teológico e o desenvolvimento ministerial prático.

Acesse e encontre em nosso site nossas ações ministeriais, centenas de recursos gratuitos como vídeos de pregações e conferências, e-books, audiolivros e artigos.

Visite nosso site

www.ministeriofiel.com.br

TRUTH
FOR LIFE

Truth For Life é o ministério de ensino de Alistair Begg e está comprometido em ensinar a Bíblia com clareza e relevância para que os incrédulos sejam convertidos, os crentes sejam estabelecidos e as igrejas locais sejam fortalecidas.

Para mais informações, acesse:

truthforlife.org

VOLTEMOS AO EVANGELHO

O Voltemos ao Evangelho é um site cristão centrado no evangelho de Jesus Cristo. Acreditamos que a igreja precisa urgentemente voltar a estar ancorada na Bíblia Sagrada, fundamentada na sã doutrina, saturada das boas novas, engajada na Grande Comissão e voltada para a glória de Deus.

Para acessar mais de 4.000 recursos gratuito, visite:

www.voltemosaoevangelho.com

FIEL
Devocional

Sabendo da necessidade de muitos cristãos em serem auxiliados em suas devoções diárias, o Ministério Fiel concentrou em uma só página seus recursos para devocionais, incluindo a versão em áudio/vídeo e também em LIBRAS deste livro, e diversos outros recursos em áudio, vídeo, artigos e livros.

Acesse

fiel.in/devocional

e aprofunde sua devoção a Deus.

Esta obra foi composta em Adobe Garamond Pro Semibold 9,0, e impressa
na Promove Artes Gráficas sobre o papel Polen 70g/m²,
para Editora Fiel, em Fevereiro de 2024.